ROBERT'S
RULES OF ORDER

(12th Edition)

ROBERT'S RULES OF ORDER

(12th Edition)

Henry M. Robert

罗伯特议事规则

（第 12 版）

［美］亨利·罗伯特 著

袁天鹏 孙涤 译

格 致 出 版 社

为无数会议带来秩序和效率的《罗伯特议事规则》以罗伯特将军的姓氏命名。自 1876 年出版以来，罗伯特将军以及他的继承者通过不懈努力，修订增补，至今已至第 12 版，成功推动了议事规则普及这项伟大的事业。

唯一官方指定权威版本 最新修订版 中文全译本

· 澄清和精炼既有规则，采纳新的解释，解决常见问题
· 添加和更新部分动议
· 提供电子会议规则范例
· 扩充附录图表
· 使用段落编号，便于交叉引用

原版总销量已逾 **600** 万册！

《罗伯特议事规则简明版（第三版）》同步更新。

《罗伯特议事规则》完整的版本谱系

第 1 版	1876 年 2 月	《协商会议议事规则袖珍手册》（封面标题：《罗伯特议事规则》）
第 2 版	1876 年 7 月	
第 3 版	1893 年	
第 4 版（全面修订，罗伯特将军增加了 75% 的内容）	1915 年	《罗伯特议事规则（修订版）》
第 5 版	1943 年	
第 6 版（75 周年）	1951 年	
第 7 版（增加了两倍以上的内容，重新组织全书，力求做到完备自洽）	1970 年	《罗伯特议事规则（新修订版）》
第 8 版	1981 年	
第 9 版	1990 年	
第 10 版（千禧年版）	2000 年	
第 11 版	2011 年	
第 12 版	2020 年	

离开了规则，每个人都自由行事，结果就是每个人都得不到真正的自由。

——亨利·罗伯特

在一个人民做主的国家里，很少有一门知识能像议事规则这样，只需稍加学习即可如此显著地提高效率。

——亨利·罗伯特

只有建立了规则，组织的决定才能够协调一致、前后统一，不会随着领导人的反复无常而反复无常，也不会被某些人的强词夺理所操纵左右。一个严肃的组织必须时刻维护自己的秩序、尊严和规范。

——托马斯·杰斐逊

作者简介

亨利·马丁·罗伯特
（Henry Martyn Robert）

"罗伯特议事规则"创始人。在民间组织和教会当中从事了多年的会议实践后，亨利·罗伯特开始研究议事规则，并于1876年2月出版了第1版《罗伯特议事规则》。1901年，他从美国陆军退役以后开始从事工程咨询工作，并把生命的最后十年全部奉献给议事规则的编撰事业。

莎拉·科尔宾·罗伯特
（Sarah Corbin Robert）

罗伯特的儿子小罗伯特之妻，《罗伯特议事规则》修订版的受托人。这套规则在历史上最全面的一次修订，即1970年出版的《罗伯特议事规则（新修订版）》，就是在她的带领下完成的。

亨利·M.罗伯特三世
（Henry M. Robert III）

罗伯特将军之孙。最早从协助母亲莎拉·科尔宾·罗伯特编撰1970年版的《罗伯特议事规则（新修订版）》开始，参与这套规则的发展事业。他同时持有圣约翰学院（美国马里兰州安纳波利斯市）名著课程体系的学位以及拉瓦尔大学（加拿大魁北克省）的物理学学位。他在美国议事规则专家协会（National Association of Parliamentarians）担任议事规则专家。

威廉·J.埃文斯
（William J. Evans）

马里兰州巴尔的摩市迈尔斯与斯托克布里奇律师事务所（Miles & Stokebridge）合伙人。毕业于约翰斯·霍普金斯大学，并获得马里兰大学法学院法律学位。他于1979—1981年任美国议事规则专家协会会长，也曾担任过该协会议事规则专家。从1970年开始，他参与了连续四版《罗伯特议事规则》的修订编撰工作。

丹尼尔·H. 霍尼曼
（Daniel H. Honemann）

马里兰州律师，巴尔的摩怀特福德、泰勒与普莱斯顿律师事务所（Whiteford，Taylor & Preston）高级顾问。毕业于麦克丹尼尔学院，并取得马里兰大学法学院法律学位。他参与了《罗伯特议事规则》第 9 版与第 10 版的编撰工作。

托马斯·J. 鲍尔奇
（Thomas J. Balch）

华盛顿特区社会活动家和立法分析师。他曾任美国议事规则专家协会议事规则专家。毕业于威廉姆斯学院和纽约大学法学院，是伊利诺伊州的执业律师。参与了《罗伯特议事规则（第 10 版)》的编撰工作。

丹尼尔·E. 西博尔德
（Daniel E. Seabold）

霍夫斯特拉大学数学系教授，主要研究领域为逻辑学和集合论。毕业于麦克丹尼尔学院，并在加州大学伯克利分校获得数学博士学位。

希姆尔·戈伯
（Shmuel Gerber）

毕业于纽约城市大学斯塔滕岛学院获计算机科学学士学位。2008—2009 年期间担任《美国议事规则专家》季刊助理编辑，是一名职业的文字编辑和议事规则专家。

译者简介

袁天鹏

议事规则专家，美国议事规则专家协会（NAP）中国第一位会员。主译《罗伯特议事规则》第 10 版与第 11 版，开创了议事规则的中国化推广。为企业、政府、公益组织、城市与农村社区等提供培训和咨询，开展议事规则基层实践。

孙涤

美国加州州立大学（长堤）商学院教授，易经学者。北京大学、浙江大学、浙江财经大学等多个院校兼任教授。曾任中国建设银行总行投资银行部总经理、深圳发展银行首席信息官、留美中国经济学会会长、美国华裔教授学者协会会长、美国富布赖特学者等。有 20 余本中文著作在国内刊行，并在报刊和网络上辟有专栏传播经济管理的理念和实践。

推荐序一　百年《罗伯特议事规则》为何仍值得关注

桑玉成

《罗伯特议事规则(第 12 版)》的出版是一件非常有意义的事情。

说实在的,尽管这本书一版再版,现在已经出到了第 12 版,原版各种语言译本的累计销售量也突破了 600 万册,但是在我们国家,还不能说达到了应有的被知晓、被关注程度。

应该是三四年前,上海市委党校向我征集给领导干部开设的讲座课程,我首先就列出了一门课程叫做"'罗伯特议事规则'解读"。党校教务部门也非常赞同,就请我给处级干部班作了一个该课题的讲座。

课后我有意请教务部门收集了学员的反映。教务部门收集到的反馈大致是,讲座内容挺新的,老师讲得也不错,就是在我们实际的工作环境中很难遵循和运用。这一点我深以为然。

我偶尔也给领导干部作关于领导科学的讲座。在这样的讲座开始的时候,我首先要讲一个逻辑前提:

我们学习领导科学,首先必须有一个基本出发点,那就是我们希望了解、学习、领悟、运用一些我们尚不清楚、不理解的知识、原理或者方法,来提高我们的领导水平和领导能力。反过来说,如果一个领导者充分相信自己的领导水平和领导能力已经达到了很高的程度,因而无须"做加法",那么在这种情况下,我们开设相关主题的讲座就是毫无意义的。

同样,在决策过程中,如果领导者觉得完全可以凭借自己的理性判断作出正确决策,不需要通过其他程序,甚至认为所谓的程序只能起到束缚领导手脚、影响领导效率的作用,那么,我们讨论议事规则这类问题也是多此一举的。

其实我完全预料到了类似的情况。所以我在做关于罗伯特议事规则的讲座时,并没有过多地切入该议事规则本身,而是从几个常见的工作案例讲起。在这里,我们也来看看这样三个例子。

案例一:某单位召开职工大会,履行的一个事项是:由全体职工(300 人)投票选举产生职工代表。职工代表共 17 人,根据单位章程,候选人应为 19 名,差额为 10%。届时,所有职工拿到列有 19 名候选人的投票表,要在 19 名候选人中选出 17 名。据说,几乎所有职工对于这样的选择都表示非常为难,困扰他们的一个问题是:凭什么以及如何将其中的 2 名候选人"踢出去"?

案例二:某高校由 9 人组成的学术委员会,进行某老师教授资格评定的投票,结果如下:同意 4 票,弃权 3 票,无效票 1 票,反对 1 票。按照规则,同意票未能过半数而没有通过。这里的问题是,首先学术委员会委员对某老师教授资格评定的投票,是委员的"责任"而不是"权利","权利"可以放弃(弃权)而"责任"必须承担。其次,"弃权"票表明投票人并没有对被投票人作出是与否的判定,凭什么都按照"反对"票计算? 最后,"无效票"的责任到底如何追究?

案例三:一个单位共有 11 名领导每周开一次工作例会,讨论由各领导提出的应该由工作例会决定的事项。在过去的一个月(4 周)内,有 3 位领导提交的讨论事项占据了所有讨论事项的 50%以上;有 3 位领导没有提交任何讨论事项。你如何看待这样的情况? 规则上,一般都没有关于每位领导应该在多少时间内提交多少个应该被讨论的事项,但是如果一位领导总是不提出需讨论事项,是否属于正常范畴?

当然,如果领导者碰到类似上述问题的时候始终抱持这样的态度和立场,即我让你们选出谁就选出谁,我说职称投票怎么计算就怎么计算,我说讨论什么就讨论什么……那么,我们也就完全可以不去考虑议事规则这类的问题。

关于议事规则的讨论,必须是有制度性前提和基础的。无论是主观上还是客观上,我们在谈到议事规则的时候,必须有这样一些预设性前提。

首先,我们所要议决的"事",是所有相关人的事,不是一个人的事。可以设想,如果是我一个人的事,我今天晚上吃什么,或者买一件什么样的衣服,完全可以由我一个人自主任意决定,而不需要跟其他人商量或者讨论。

其次,我们事先有约定,这个约定可以是成文的,也可以是惯例,对涉及所有相关人的事情作出决定,需要经过我们多数人的同意。

再次,决定任何事情,善于用他人的智慧来弥补个人智慧的不足,当能提高科学决策的水平,所谓"集众人之智,成众人之事"。

最后,即使领导者感到,在处理一件事情上的多人意见有悖于领导者个人一向主张的取向,尊重多数人的意见也始终是作出决定的原则。

这些前提可以认为是罗伯特议事规则的"元规则"。也就是说,唯有在这几方面达成共识,才能进一步了解、把握并遵循议事规则本身的问题。

托马斯·杰斐逊在《美国参议院议事规则参考手册》中的一段话可以帮助我们认识到议事规则的重要性:

> 只有建立了规则,组织的决定才能够协调一致、前后统一,不会随着领导人的反复无常而反复无常,也不会被某些人的强词夺理操作左右。一个严肃的组织必须时刻维护自己的秩序、尊严和规范。

杰斐逊这里提到的问题,邓小平同志也曾有过精辟的论述,似有异曲同工之妙。在《解放思想,实事求是,团结一致向前看》重要讲话中,邓小平同志说:"为了保障人民民主,必须加强法制。必须使民主制度化、法律化,使这种制度和法律不因领导人的改变而改变,不因领导人的看法和注意力的改变而改变。"

一个半世纪以来,为什么《罗伯特议事规则》一直受到普遍关注?我认为主要原因就是:《罗伯特议事规则》为人类解决集体生活难题提供了准则、方法和技术。

在中国近代政治史上,孙中山先生是第一个意识到有必要重视议事规则的人。作为民主主义的思想家和革命家,孙中山先生认为,要使"民权"从口号落到实处,第一步就是要学会怎样开会、怎样通过议事规则来决定公共事务。正因此,孙中山先生在他著名的《建国方略》三部曲中,有一部《民权初步》(初名《会议通则》)。《会议通则》正是在参考了《罗伯特议事规则》的基础上写成的。为扩大传播,孙中山先生曾在报上公开声明放弃版权。后来,为引起广泛关注,将书名更改为"民权初步",作为《建国方略》的组成部分。

伟大的思想家和革命家都是善于运用一般原理与具体实践相结合原则

的人。孙中山先生的《会议通则》正是结合本国的实际，运用了"罗伯特议事规则"的一般精神和原则，编撰的一套适合中国民众的议事规则和手册。

其实，正如我们看到的，《罗伯特议事规则》经过后人的不断修订、增补和完善，已经越来越精细、周密。总体而言，这套规则适用于所有严格意义上的"委员会体制"的组织，比如各种议会、商会、理事会、自治会等。

但必须指出的是，针对不同的国度、不同的会议、不同的人数、不同的事项，可以而且也应当有不同的具体议事规则。在这个意义上，"罗伯特议事规则"也不一定是一把万能的钥匙。但是，"罗伯特议事规则"提出的基本原则、精神内涵以及技术规范等，无疑对我们有着深刻的启示。这种深刻的启示至少有这样三点：

第一，我们必须具有遵循议事规则的意识。这是现代组织管理的基本要求，也是一个现代领导者的基本素养。具有了遵循议事规则的意识，就可以避免独断专行、一意孤行等不当领导行为。

第二，遵循议事规则的基本出发点是为了最大程度地达成共识并形成决定。从这个意义上来说，议事规则也是有效处理复杂问题的路径和手段。

第三，通过议事规则形成的事务处理决定，一定比由任何一个个人形成的更有效、更有信服力。

2019年10月，党的十九届四中全会通过的《中共中央关于坚持和完善中国特色社会主义制度　推进国家治理体系和治理能力现代化若干重大问题的决定》指出，如何从完善党和国家领导体制的目标出发，进而从推进国家治理体系和治理能力现代化的高度来认识、把握和运用议事规则，对于推进中国的政治建设和政治发展，具有十分重要的意义。

我们通常意义上所言之"领导体制"，主要包括组织结构、组织制度、议事规则。三个层次互相连接，互为一体，即通过具体的组织结构，根据一定的组织制度，按照相应的议事规则，作出集体性的领导行为，以实现有效的领导。

在这里，议事规则固然是由组织结构及组织体制决定的，但是议事规则的被重视、被遵循程度，会直接影响组织结构和组织体制的科学性和有效性。

正如前文所提到的案例，在我们的实践中，对议事规则的重视和遵循程度还有很大的空间。不同层级、不同类型的组织中或多或少都存在一般性问题。这些问题主要有：第一，一些决策主体在主观上缺乏重视议事规则的意识；第二，不同组织、不同事项的议决方式缺乏明晰的界定；第三，现有议事规则的相关表述概念不清、边界模糊，或者不具有可操作性，给实践中的把握增加了难度；第四，既定的领导体制及其原则在议事规则中得不到切实的遵守；第五，领导体制和领导过程中存在着非正式的隐性规则，影响既定议事规则的有效性和权威性。

细细想来，我们现在有一些事情办不好，或者虽办好了但还是得不到普遍的认同，其原因盖出于此。大家的事情应该由大家商量着办，公共的事务应该按照公共的规则来办，这既是人之常情，也是构建良好社会和有效制度的基本原则。

使越来越多的人认识到议事规则的重要性，让越来越多的人把尊重、遵循议事规则作为组织行为和领导行为的习惯，这应该是《罗伯特议事规则》的出版最为重要的意义之所在。

是为序。

2022 年 8 月于上海

推荐序二　规则为什么重要

王　石

1999 年,我辞去万科总经理职务,同年与万通冯仑、建业胡葆森一道发起了中城联盟,成为首任轮值主席。当时民间商会组织在中国还是新生事物,虽有章程,但比较粗糙,对于组织日常工作和发展的考虑并不详备。比如新的轮值主席如何产生,就没有明确的规定,最后采用的是不成文的规矩:轮值主席由将卸任的主席和已卸任的前主席共同推举,一半以上的理事会员通过则生效。表面上是民主选举,实际上是幕后的大佬们操作,这样一直持续了六届。到了 2012 年,出现四名候选人,与之前不同,这次选举切实按照规则,充分竞争,最终更年轻、更具有服务意识的候选人当选主席。从轮流坐庄,到选贤任能,走了整整 12 年。一个商会组织如此,何况一个转型中的国家?

之后我又在阿拉善 SEE 生态协会、中国企业家俱乐部、亚布力论坛、深商会、欧美同学会 2005 委员会、世界自然基金会等民间组织中担任职务,这么多年下来,我的体会是:组织的治理,需要把美好的愿景落实为切实的具体行动,在这个转化过程中,充分探讨、凝聚共识有时候比效率更重要,会上各种声音争争吵吵,看似慢,实际有慢的价值,吵而不破,折中妥协,才是治理应有的常态。

如果说政治是妥协的艺术,那么《罗伯特议事规则》就是把艺术变成科学的尝试。最早接触这套规则,是在 2008 年的 4 月,当时阿拉善 SEE 生态协会苦于议事效率不高,准备起草《SEE 议事规则》,SEE 的成员以企业家为主,企业家阅历丰富,个性鲜明,表达欲望强烈,又很难被人说服,SEE 最初开会是比较凌乱的,如随便打断别人讲话,不经举手申请就发言,讲话不控制时间,不围绕动议展开,讲的过程中跑题等。为其制定议事规则急需成熟的范本,因此 SEE 与《罗伯特议事规则》的译者和推广者袁天鹏签订了委托协议,成为中国第一家为了议事规则而与袁天鹏签约的机构。

袁天鹏根据 SEE 历次会议的记录和视频资料,结合"罗伯特议事规则",提交了 100 条《SEE 议事规则》的初稿。SEE 秘书处逐条讨论,将 100 条压缩为 43 条。2008 年 12 月底,SEE 理事大会通过《SEE 议事规则》,开始运用这套规则议事,尽管执行中有争论,有异议,但大家按照"动议—辩论—表决"的流程进行,与主题无关的争吵、为议事规则而产生的争吵减少了,这次会议至少比以往节约了两个小时。由不习惯到慢慢习惯,由习惯形成规则,由规则变成传统,SEE 的民主议事规则逐渐走向成熟。今天,SEE 已成为公认管理最规范的民间非政府组织(NGO),代表中国民间环保组织多次参加国际环保会议,亦成为国际上规模最大的沙漠生物多样性环保组织,SEE 遵循"罗伯特议事规则"的民主程序已经成为中国民间 NGO 组织的一个标杆,它的影响力已超出了环保层面。在这个过程中,《罗伯特议事规则》功不可没。2009 年当我卸任 SEE 会长时,我把发表自己离任感言的时间交给了两个人,其中一位就是袁天鹏,他始终站在会场一角,记录全场发言是否符合议事规则,这是我们这个组织的"遗传基因"。比起感谢和回忆,我把离任感言的时间留给代表未来的因素。

通俗地讲,《罗伯特议事规则》就是关于如何开会的指南。大家都开过会,然而无论在企业还是在社会组织中,开会效率都是一个令人头疼的问题。现状是我们凭借着个人经验或者与会者的权威来保证会议效果,但这是一种靠能人不靠制度的思路,不具有大范围内的可复制性。《罗伯特议事规则》一书,至少在四个方面远胜同类指南。

首先,它是人类议事智慧的严谨梳理,篇幅虽大,但紧紧围绕多数方、少数方、成员个体、成员整体、缺席者五大权利框架展开分析,既关心会议的决策效率,也意在防止民主表决变成多数人的暴政,同时划清了个体利益与整体利益的边界。

其次,该书虽然已出 11 版,其间根据时代发展做过重大修订,但仍保留着罗伯特将军的初衷——把人们从议事规则分歧所造成的混乱中解放出来,在原则的稳定性与方法论的适应性之间取得了很好的平衡。

再次,《罗伯特议事规则》虽事无巨细地考虑了会议可能出现的各种情况,但它在行文风格上,是建议性的而非规制性的,也即列出典型情况及针对性措施,并不急于推荐所谓"最佳实践"或"制度红线"。

最后也是最重要的一点,《罗伯特议事规则》没有意识形态色彩,它基于常识的力量和冷静客观的语言,无论左中右,都能在这里找到改进各自会议的技术方案。

罗伯特早年从军,后来把全部精力投入议事规则的编纂;袁天鹏先生早年从事技术工作,后来专职推广罗伯特议事规则,教国人如何科学开会。这种精神追求上的契合,是最新版《罗伯特议事规则》翻译质量的保证。现在第11版的中文版即将付梓,通读全书,它基本保持了第10版的体系,结合通信技术的发展做了更新。也许在初学者看来,它条目众多、文本庞大、结构陌生,但100多年的长销不衰,已经证明了罗伯特议事规则的生命力,它保持了严谨性、稳定性、建设性和中立性,值得各级各类组织借鉴并应用,从中发现组织治理的精髓,进而窥见人类治理自身的奥秘。

2015 年夏

第 12 版追伸

《罗伯特议事规则》聚焦于组织治理。第12版中文版细致梳理了中英文中诸多相关术语的共性与差异,对译法进行了更新,从而更有效地打通了"组织—会议—议程—动议"以及"组织—章程—成员—负责人"这两条概念"经络",更深入地揭示了组织、人与规则之间的内在逻辑,彰显着"和懂规则的人在一起"的组织治理之道。

第12版加大了对电子会议特别是互联网会议的支持力度,专门用一项附录阐述如何在保持协商会议本质的基础上拓展新机制,继续展现其在原则稳定性与方法论适应性之间的精巧平衡。

互联网会议的兴起也使我们在组织之外,将议事规则的启示投射到更广泛的公共舆论空间。互联网曾被寄予期许,构建"真理越辩越明"的思想市场,但正如市场呼唤法治的保障,若无中立规则的平衡与制约,众声喧哗也可能意味着另一种万马齐喑。

时隔七年,世界大变局,但自然的大道不会变,对公平、公正和效率的追求更显重要。愿《罗伯特议事规则》第12版继续带给我们新的思考。

2022 年夏

推荐序三　决策的程序和语法

季卫东

2006 年夏天在 CES 上海年会上与孙涤兄重逢时,曾听他谈到翻译亨利·M.罗伯特议事规则的计划和进展。读过孙文先生写于 1917 年的《民权初步》的人,都能领会这项作业的"为往圣继绝学"之深远意义。因此,我一直在翘首期待译著发行的消息。前不久接到他的电话,告知经过近两年的努力,书稿即将由世纪出版集团格致出版社付梓,并嘱我作序。这当然是很荣幸的,并且义不容辞。

众所周知,早在 90 年前,孙文先生就提出了"集会者,实为民权发达之第一步"的命题,并且强调习练、演试罗伯特议事规则之类集会方法论的重要性。令人遗憾的是,20 世纪里接踵而来的战乱、权谋、强制、意气之争以及形形色色的暗盘交易,使得基于程序和论证规则的协商式民主政治的构思一直无从落实。究其原因,最根本的一条正是讨论和决定的过程往往不符合甚至是在践踏那些公平合理的议事规则。

进入多元化、信息化以及全球化的时代之后,在某些场合,情况似乎还略见颓落。例如,即使属于同一组织或团体的人们也时常感到沟通困难,自上而下的传达和调节不再灵通,严格遵守先例或传统的那种整合方式还难免有些因循落伍之虞,等等。而另一方面,适当协调不同价值以预防冲突的社会需求日益迫切,为了应付各种崭新的挑战更须集思广益。与此相应,怎样加强沟通、相互理解以及合作式的集体决定正在成为 21 世纪人类的根本性任务。

在这样的背景下,重温孙文先生的遗训是适时的。2007 年,孙涤兄在推出编著《议事规则导引——公司治理的操作型基石》(与郑荣清合作)之后,又与袁天鹏合作,完整迻译《罗伯特议事规则(第 10 版)》这部宏著,其立意非常高远,当然不限于为 90 年前的命题续写新篇章,还试图把企业治理、组织治理、国家治理以及全球治理等不同层面的有序化原理,通过共和主义决策的会议技巧衔接成天衣无缝的整体。

《罗伯特议事规则》在本质上属于对社团和会议进行有效率的民主化运营的操作手册,可以为制度设计提供一套编码,可以为不同群体之间交换意见、达成和谐提供约定俗成的语法。对涉及各种私人利害关系的社会事务做出决定之际,尤其是在资源有限的条件下,不同的实体性价值冲突在所难免,有时还会表现得极其激烈,甚至残酷。即使出于善意或公心的目的以及具体诉求,相互之间也有抵牾之处,需要适当的权衡和调整。为了排难解纷、促进妥协、做出正确的决定,必须制定和施行公平合理的标准,通过中立的、客观的、有效率的技术性方式来统筹兼顾各个方面。在这个意义上,罗伯特议事规则是纯粹程序主义的。

通读《罗伯特议事规则(第 10 版)》,我认为值得反复咀嚼和认真实践的是贯穿全书的"三纲五常"。这里的所谓"三纲"指三大权利,即多数者的权利(多数者的意志可以约束少数者)、少数者的权利(尊重少数意见,只要有一名动议、一名附议即可成立动议)以及缺席者的权利(必须满足有效人数,提供事先告知)。需要注意的是,这些都属于群体性权利。在公共选择过程中,作为行动前提的个人权利以及受到行动影响的整体权利也不可忽视,应该纳入议事规则"三纲"的视野之中进行适当的考量。

所谓"五常"是五项基本原则,包括:(1)基于保障个人权利和平等自由的理念而确立的一人一票原则;(2)以进行真正的对话性论证和充分审议为目的而确立的一时一件的原则;(3)为节约会议成本、提高决策效率而确立的一事一议的原则——已经议决的事项不再重复讨论,除非有 2/3 以上的多数赞成再议;(4)多数票决定原则,即过半数可通过具有全体约束力的议案,重大事项应提高多数通过的量化标准(例如 2/3 或者 3/4 的绝大多数);(5)有效人数生效原则,即出席者在没有达到有效人数的情况下做出的表决没有效力。

就会议运营而言,罗伯特议事规则提供了大量的标准、手段以及具体的机制设计案。不妨特别提起的是会议主持人的权限和职能、对会议纪要的严格要求,以及促进讨论的组织方式这三个基本方面。针对现实中存在的话语空间非理性化的问题，动议因附议而成立、动议人首先发言、发言不得离开主题、尚未得到发言权者不得动议、在议事中的发言不受追究、发言不得进行人身攻击、发言权的行使受到适当节制等一系列技术性规则，也的确应该如孙文先生所说，作为"议事之学……童而习之"。

纵览今日世界，民主业已成为一种潮流，然而对民主的理解仍然存在微妙的差异。约瑟夫·A.熊彼特曾经提出了一个经典定义，即民主是关于个人通过竞争选票获得决策权的制度安排，着眼点在竞争性选举。与此不同，尤根·哈贝马斯认为民主是沟通行为与法律形式相互交叠的结果，是一种通过程序进行自主性决策的实践。这种程序民主观实际上把价值相对化的契机嵌入公共决策过程，能在促进对话和协商的同时增强社会的反思理性，有利于矫正各类原教旨主义的偏颇。在某种意义上也可以认为，罗伯特议事规则从系统边界的安定化、结构性正义以及讨论的操作技术等不同层面或者维度，给哈贝马斯式的程序性民主的构思提供了前提条件和实例。

这本享誉世界的操作性手册不是从特定的意识形态或者道德规范来衡量是非或界说正义，再反过来推导出正确的决策过程，而是相反，它认为协商审议的程序本身即具有本源性价值。也就是说，在讨论过程中，不预设关于正确答案的实质性标准，而是以根据议事规则进行辩论和证明的结果来决定取舍。因此，在组织和会议的运营中应该确立这样的信念：程序正义优先于结果正义——这就是罗伯特议事规则给我们的启示。借用孙文先生的表述，即民权初步始于程序。

2007 年霜叶初染时节，于神户六甲台

第 11 版追伸

《罗伯特议事规则》第 11 版根据原著 2011 年增补本进行了较大幅度的重新修订。除了技术性调整之外，特别值得留意的变更有以下四点：(1)加强了对规则执行的问责。主要表现为第 20 章"纪律惩戒程序"的全面刷新，特别是对会场内外的不当活动以及官员失职和渎职的调查、审理以及处分。(2)针对现实的复杂性，扩大了规则适用上政策性考量的回旋余地，即保障有效管理的裁量权。例如对于规模较小的董事会和委员会的议事，容许采取变通规则、特殊规则、非正式规则、长效规则。(3)鉴于通信技术高度发达的现状,为了提高决策效率,更加重视电子会议形式。为此,《罗伯特议事规则》最新版本把电子会议单列为一节进行处理,扩充了有关程序安排。(4)由于社会变化速度加快,为了适当应对这样的趋势,本书一方面新增先例规则以加强组织化的便捷性和稳定性,另一方面也提供了事后调整和补救的各种措施。由此可见,《罗伯特议事规则》第11版的实质性变化就是裁量、问责、决策效率、事后救济这四维及其构成的两组对角关系的适当平衡。

2015年出梅之际,于上海鹿鸣苑

第12版补记

《罗伯特议事规则》第12版与时俱进,反映了数字信息技术对公正程序的影响。例如,对上一版关于电子会议的内容做了类型化处理和具体规定,重点在于防止线上形式减弱议论和协商的要素,加强主体与主体之间的互动;另外,还列举了在哪些情况下使用表决器这样的电子设备即被视作满足"不记名书面表决"的条件。在新冠肺炎疫情防控的背景下,人类大举向虚拟空间迁徙,不仅电子会议已经司空见惯,还出现了进入"元宇宙"办公、研讨以及竞选的现象。这样的修订和补充虽然是技术性的,但具有深远的意义。

程序正义有着客观的评价标准,但也在很大程度上取决于人们的主观感受和满意度。为了增强决策过程中人们的公平体验,新版的议事规则在操作的细节上颇下功夫。例如,对"通知""改期""调整辩论限制""暂停""秩序问题""恢复""重议"等动议的处理做了进一步澄清和改进,注重不同规则之间的融贯性与合理性;增加了关于选项、辩论、表决、选举以及会议纪要的微调规则,特别是加强了对破坏规则现象的矫正和补救;在信息公开和稳私衰退的背景下,还对保密和解密问题做出了非常细腻的制度安排。

总而言之,第12版更新的基本特征不妨用两个关键词来表述,那就是会议的"虚实共生"与规则的"主客一统"。

2022年夏至,于上海

附:《民权初步》序

中华民族,世界之至大者也,亦世界之至优者也。中华土地,世界之至广者也,亦世界之至富者也。然而以此至大至优之民族,据至广至富之土地,会此世运进化之时、人文发达之际,犹未能先我东邻而改造一富强之国家者,其故何也? 人心涣散,民力不凝结也。

中国四万万之众,等于一盘散沙,此岂天生而然耶? 实异族之专制有以致之也。在满清之世,集会有禁,文字成狱,偶语弃市,是人民之集会自由、出版自由、思想自由,皆已削夺净尽,至二百六十余年之久。种族不至灭绝亦云幸矣,岂复能期其人心固结、群力发扬耶!

乃天不弃此优秀众大之民族。其始也,得欧风美雨之吹沐。其继也,得东邻维新之唤起。其终也,得革命风潮之震荡。遂一举而推覆异族之专制,光复祖宗之故业,又能循世界进化之潮流,而创立中华民国。无如国体初建,民权未张,是以野心家竟欲覆民政而复帝制,民国五年已变洪宪元年矣!所幸革命之元气未消,新旧两派皆争相反对帝制自为者,而民国乃得中兴。今后民国前途之安危若何,则全视民权之发达如何耳。

何为民国? 美国总统林肯氏有言曰:"民之所有,民之所治,民之所享。"此之谓民国也。何谓民权? 即近来瑞士国所行之制:民有选举官吏之权,民有罢免官吏之权,民有创制法案之权,民有复决法案之权,此之谓四大民权也。必具有此四大民权,方得谓为纯粹之民国也。革命党之誓约曰:"恢复中华,创立民国。"盖欲以此世界至大至优之民族,而造一世界至进步、至庄严、至富强、至安乐之国家,而为民所有、为民所治、为民所享者也。

今民国之名已定矣。名正则言顺,言顺则事成,而革命之功,亦以之而毕矣。此后顾名思义,循名课实,以完成革命志士之志,而造成一纯粹民国者,则国民之责也。盖国民为一国之主,为统治权之所出。而实行其权者,则发端于选举代议士。倘能按部就班,以渐而进,由幼稚而强壮,民权发达,则纯粹之民国可指日而待也。

民权何由而发达? 则从固结人心、纠合群力始。而欲固结人心、纠合群力,又非从集会不为功。是集会者,实为民权发达之第一步。然中国人受集会之厉禁,数百年于兹,合群之天性殆失,是以集会之原则,集会之条理,集会之习惯,集会之经验,皆阙然无有。以一盘散沙之民众,忽而登彼于民国主人之位,宜乎其手足无措,不知所从;所谓集会,则乌合而已。是中国之国民,今日实未能行民权之第一步也。

然则何为而可?吾知野心家必曰:非帝政不可。曲学者必曰:非专制不可。不知国犹人也,人之初生,不能一日而举步,而国之初造,岂能一时而突飞?孩提之学步也,必有保姆教之,今国民之学步,亦当如是。此《民权初步》一书之所由作,而以教国民行民权之第一步也。

自西学之东来也,玄妙如宗教、哲学,奥衍如天、算、理、化,资治如政治、经济,实用如农、工、商、兵,博雅如历史、文艺,无不各有专书,而独于浅近需要之议学,则尚阙如,诚为吾国人群社会之一大缺憾也。夫议事之学,西人童而习之,至中学程度,则已成为第二之天性矣,所以西人合群团体之力,常超吾人之上也。

西国议学之书,不知其几千百家也,而其流行常见者,亦不下百数十种,然皆陈陈相因,大同小异。此书所取材者,不过数种,而尤以沙德氏之书为最多,以其显浅易明,便于初学,而适于吾国人也。此书条分缕析,应有尽有,已全括议学之妙用矣。自合议制度始于英国,而流布于欧美各国,以至于今,数百年来之经验习惯,可于此书一朝而得之矣。

此书譬之兵家之操典,化学之公式,非浏览诵读之书,乃习练演试之书也。若以浏览诵读而治此书,则必味如嚼蜡,终无所得。若以习练演试而治此书,则将如啖蔗,渐入佳境。一旦贯通,则会议之妙用,可全然领略矣。

凡欲负国民之责任者,不可不习此书。凡欲固结吾国之人心,纠合吾国之民力者,不可不熟习此书,而遍传于国人,使成为一普通之常识。家族也、社会也、学堂也、农团也、工党也、商会也、公司也、国会也、省会也、县会也、国务会议也、军事会议也,皆当以此为法则。

此书为教吾国人行民权第一步之方法也。倘此第一步能行,行之能稳,则逐步前进,民权之发达必有登峰造极之一日。语曰:“行远自迩,登高自卑。”吾国人既知民权为人类进化之极则,……,而定之以为制度矣,则行第一步之功夫,万不可忽略之也。苟人人熟习此书,则人心自结,民力自固。如是,以我四万万众优秀文明之民族,而握有世界最良美之土地、最博大之富源,若一心一德,以图富强,吾决十年之后,必能驾欧美而上之也。四万万同胞,行哉勉之!

民国六年二月二十一日　孙文序于上海

译者导读

一、"罗伯特议事规则"与中国

《罗伯特议事规则》是美国最广受认可的议事规则标准。2008 年 1 月，我们翻译并出版了本书第 10 版的中文版（比英文版晚八年），并开始在各界推广和传播这套规则的操作与理念，获得了广泛的认可。第 11 版中文版于 2014 年面世，比英文版（2011 年）晚三年。今天，本书第 12 版的中文版，在英文版出版发行一年半以后，也与大家见面，成为《罗伯特议事规则》的最新官方标准版本。

在今天的美国社会中，数以万计不同类型的组织将《罗伯特议事规则》作为自己不可缺少的议事规则标准。自 1876 年问世以来的 140 多年间，它为美国带来了议事规则的和谐与稳定，其中的理念和原则早已成为美国乃至更广泛地域上人民的常识和习惯。中国在飞速发展，也迫切需要这样的规则来实现广泛的公平与效率，完善制度建设，保证社会的和谐与稳定。而在中文版第 10 版出版后近 15 年的今天，在世界格局与社会潮流发生着急速、深刻、剧烈的变化的今天，我们深感，对议事规则的需要不仅没有减少或过时，反而更加根本而急切。

最早将"罗伯特议事规则"引入中国的是孙中山先生。他于 1917 年写就《民权初步》（又名《会议通则》），称之为《社会建设》，与《孙文学说》《实业计划》并称为《建国方略》。该书所依据的是"数种""西国议学之书"，虽"以沙德氏之书为最多"(Harriette Lucy Shattuck, *The Woman's Manual of Parliamentary Law*),但也大量参考了《罗伯特议事规则》。其实这些著作的本质是相同的。"议学"这个术语从此出现在中国,并正式具备了确切的含义。孙中山认为,西方人从小就学习使用的议事规则逐渐成为人的素质和教养的一部分。具备这种教养和素质的人们聚在一起,不仅可以保持各自的个性和风格,更能够团结在一起形成集体力量。

商务印书馆于 1995 年出版了王宏昌先生翻译的一本《议事规则》,也为"议学"的传播做出了贡献。其所依据的英文版本最早由贝尔出版公司出版于 1907 年。根据第 12 版原著的导言,贝尔出版公司未曾担任过《罗伯特议事规则》的官方出版商。

《罗伯特议事规则》一直在经历不断的修订和改进,业已取得巨大的发展。1970 年以后,罗伯特家族还组成了"罗伯特规则协会"(The Robert's Rules Association),专门从事这套规则的修订工作。同时,美国也出现了以美国议事规则专家协会(National Association of Parliamentarians,简称 NAP)为代表的专门推广"罗伯特议事规则"并培养议学专家的机构。这套规则历经 140 多年而经久不衰,且不断发展进化,用事实说明了自己的价值和生命力。

基于这些事实,把最新、最完整、最权威的议学经典,系统、严密而且通俗地呈现在中国读者的面前,成为一项需要持之以恒的使命。2008 年至今,我们在坚持着这项使命。

但是,对于"罗伯特议事规则"在中国的推广事业来讲,翻译只是一个基础。

会议,是整个社会公共治理的一个最具有代表性的缩影。然而,中国的会议普遍存在着一些问题,例如不公平、低效率、会众的参会素质低,等等。没有议事规则,会议的召集、发言、表决等缺少规定,无法有效地把大家的意愿形成统一的行动,也无法有效地制约权力的行使,甚至不能保障会议决定的严格有效。要么是位高权重的人垄断了会议,要么是与会的各方争吵不休,不欢而散,没有结果。与会者不会发言,不会动议,不会辩论;要么就沉默,要么就如同打架,不能心平气和地倾听和说服,不会用规则来维护自己和尊重别人的权益。与会者忽视会议的礼仪,粗鲁,散漫,破坏会议的秩序和章程,甚至颠倒黑白、拉帮结伙、玩弄权术。要解决中国的会议问题,必须依据议事规则建立会议制度。中国的管理在传统上不够重视制度建设,会议制度也是如此。没有议事规则,会议开得如何就取决于会议主持人的素质和态度,难以杜绝错误的决策,也难以充分发挥与会者的主动性。依靠贤人的思路是不可靠的,因为贤人不常得,而且没有制衡者和挑战者,贤人也常常会变质。

所以,对于"罗伯特议事规则"的推广来说,最重要的是要展开广泛的实践,要在不懈的探索中逐步建立起适合中国的议事规则体系。

二、"罗伯特议事规则"的内涵

议事规则是人类社会各种群体活动的操作型基石。经过几个世纪的摸索,西方社会已经建立起一种通行的会议机制。"罗伯特议事规则"正是这一领域最卓越的人类文明成果。如果用一句话来概括"罗伯特议事规则"的实质,那就是:它是在竞争环境中为公正平衡和正当地维护各参与方的利益而设计的精妙程序。

但是要想真正把这套规则描述清楚,却绝非只言片语所能及。

"罗伯特议事规则"蕴含着丰富的理念,包括:法治、民主、权利保护、权力制衡、程序正当、程序性竞争、逐利与制衡、自由与制约、效率与公平,等等。但它又毫无矫饰地把自己的角色定位为一套"工具"。它通篇极少对理念进行专门论述,而是把理念融会在规则之中,直接面向"实践"、面向"细节"、面向"可操作性",用平实而严密的语言陈述规则,而其规则却无处不流露着理念的光辉。

"罗伯特议事规则"是一门学科,一套体系。它的基础是一系列的"元规则"。这些"元规则"遵循严格的逻辑推理发展成一系列"基本规则",再由这些"元规则"和"基本规则"进一步推理出"具体规则",并针对实践中所遇到的问题,分别发展成几大分支,包括:组织的治理结构、会议的有效性、议程的制定与调整、20多种程序动议、发言与辩论、表决与选举、文件制度、纪律惩戒程序,等等。各分支的"具体规则"环环相扣又交叉纵横,形成了完备自治的体系。事实证明这套规则体系正可以媲美一部设计精巧的机器,其精妙的安排,不仅彰显了它所追求的理念,更显示出其对人性的深邃洞察以及对逻辑系统的精准把握。

"罗伯特议事规则"又是一些常识,一些普适价值。它虽有逻辑的一面,但是它的逻辑是简单而朴素的,依然是以人们的常识为基础,为常人的智慧所易于理解的。每个人都能够依据常识,经过适当的学习,理解并掌握所需要的规则。正如罗伯特所指出的:"很少有一门知识能像议事规则这样,只需稍加学习即可如此显著地提高效率。""罗伯特议事规则"承认人类有"追求自由"和"追逐利益"的天性,进而洞察人类在协调平衡和群体博弈中的价值规律。这些规律所揭示的"普适价值"正是以具有普遍意义的人类天性和常识为基础的。

"罗伯特议事规则"已然取得了最广泛的认可和应用。这证明了罗伯特的思想——建立通用的议事规则标准,同时为个性化留出适当的空间——是正确而可行的。尽管各种组织的宗旨不同,但从议事制度的角度考虑,大多数组织是完全可以使用同一套议事规则的。当今整个社会的协商合作已经呈现全面化、多样化的发展态势,真正的需求不在于每个组织有能力制定各自的规则——事实上绝大多数组织缺乏这种能力——而是在于人们需要使用相同的议事规则,对于处在不同地域的不同组织,情况都相类似。

必须同时指出的是,"罗伯特议事规则"从未以任何形式寻求其垄断地位,它一直坚持"一个组织必须通过正式的程序、以书面的形式指定本规则为其议事规则标准,本规则才能真正生效",也即其自身在组织中的"正当性"(legitimacy)必须源自组织的真实意愿。一个组织自己指定的"特别议事规则"优先于"罗伯特议事规则"本身。这充分表明"罗伯特议事规则"承认组织的多样性,承认自己的正当性源自组织的授权,而不是要反过来去掌控组织的命运。所以,只要遵循本规则的基本规则去筛选和制定最符合一个组织自身的目标和利益的特别议事规则,就不会有堕入教条束缚的困扰。

从"罗伯特议事规则"发展的轨迹来看,它至少有两个发展方向:一个是"完备",一个是"简化"。"完备"是为了不断地把新情况和新问题纳入规则体系中去,从而避免"任意的灵活变通"导致决策被任意操纵左右或变得反复无常。"简化"的目的,则是在不违反"元规则"的前提下,达到公平与效率的最佳平衡。例如:"默认一致同意"是一种特殊的表决方式,它既赋予主持人加速会议进程的权力,又赋予每个成员收回这一授权的权利,因而可以在不破坏公平的前提下,大幅提高效率。规则既然要兼顾"公平、透明、制衡",

有时不得不适度地牺牲效率。除此之外，认为"规则有损效率"的论断则往往出于误解和误判。其中的根源，一是规则制定得不好，的确有可能降低效率；二是规则制定后不能很好地适应多变且善变的环境。所以，要想使"规则"不影响"效率"就必须有一套"制定规则"和"修改规则"的有效机制。在这套机制下，规则制定机构定期召开会议，经过自由和充分的辩论，所有的人把自己的智慧用于如何创新地提出更有效率、更便利、更能适应多变的环境且更能照顾所有人利益的规则，并迅速淘汰失效的规则、修改有缺陷的规则、拓展有局限的规则。"通情达变"理应提倡，只要经过动议、辩论和表决等正当程序，被采纳的修改和补正意见就成为"新的规则"。"罗伯特议事规则"正是一套用来"制定规则"和"修改规则"的元规则。它的机制有着强劲的生命力，既推动着自己，也推动着各种规则，朝着更完备和更简化的方向不断发展完善。

"罗伯特议事规则"也推动着每个使用者去提升自身"运用规则的素养"，包括使用规则的意识、知识和技能。对规则的尊重远远不是被动地遵守，在更大的程度上它意味着我们能够通过"使用"规则保证多数人的意愿得以实现；通过"使用"规则维护少数人的意愿能够得到充分的表达，甚至使少数人乃至个人的意愿经过充分的表述和辩论之后成为多数人的意愿。实际上，"罗伯特议事规则"是规范化了的"议事手段"，其目的正是帮助每一个人促进自己的利益，它所鼓励的正是"规范化竞争"和"程序性竞争"。而只有当每个参与者都充分使用这些"议事手段"的时候，"程序性竞争"的环境才能够真正建立起来。

如今，在人们最热切关注的市场规则和企业治理等领域里，"罗伯特议事规则"的现实意义更加凸显出来。要使人们与生俱来的"自利"诉求能在市场经济里得到有理有节的扩展，大众的"逐利"行为得以持续向上地延展，公平的竞争和公正的制衡是关键。而"罗伯特议事规则"通过精巧的逻辑，考量在各种具体而细微的情况下如何求得均衡的方法。越来越多的人通过企业组织参与到经济社会活动中去，企业治理因而关乎个人的利益和社会的福祉。这套规则能够帮助我们有效地完善企业的治理结构，改进科学决策，强化制衡机制和合规运营，避免内部人控制，防止对社会、法治、环境的侵害，以及避免大股东对小股东利益的侵占。

总之，"罗伯特议事规则"有力地推动了社会组织治理结构的完善，增强了集体决策的科学合理性,提升了组织运转的效率,降低了沟通决策的成本;它既能激发全社会的创造力,又能促进每个社会成员去维护和争取正当的权益,培养现代公民的人格,促进社会和谐与文明的发展。吸收借鉴这一具有普适价值的人类文明成果,体会它所蕴含的精神与原则,勤加实践,就一定能够获得议事规则旨在促进的组织的秩序与成员的尊严,并分享它所带来的公平与效率。

三、本书结构分解

第12版的《罗伯特议事规则》在结构、内容和使用方式上采用了很多精心的设计。这些设计有两个目的:一是要让它可以作为一本手册来使用,便于迅速地查找相关的概念和规则,便于在会议中迅速地做出程序性判断,直接指导实践;二是要让它可以作为一本由浅入深、自成体系的教科书,也就是说,通过对这本书的系统学习,任何人都可以全面掌握议事规则的原理、规则体系和操作方法。

第1—9节初步描述了议事规则的各项概念和规则。其中,第1节讲述了什么是会议和组织。第2节讲述了会议和组织有哪些规则,而议事规则在其中占据了什么样的位置。第3节讲述了召开会议的基本知识,如有效人数、礼节、会议程序、事务的引入、发言权的分配等。第4节讲述了处理"动议"的"六部曲"。第5、6、7节概述了所有的"动议"。第8、9节定义了一些重要概念,如会议的"场"、"次"、例行会议、临时会议等。

第10—39节详细描述了各种"动议"的规则,其中第10—37节每一节描述一种动议。第38节讨论动议的重提。第39节则讨论不当动议。

第40—60节深入、完整、详细地描述了议事规则的各类重要概念。其中:

治理结构方面,包括章程及其修改,官员,董事会,委员会,组织的成立、合并与解散等;

会议规程方面,包括有效人数、会议程序、议程、全体委员会、公众集会和代表大会的细节等;

动议处理方面,包括发言权、辩论规则、表决方式和程序等;

选举程序方面,包括提名与选举的方式、步骤、重要问题的分析等;

文件制度方面,包括章程、会议纪要、官员报告、董事会报告、委员会报告等。第 61—63 节详细描述了组织的纪律惩戒程序。

此外,在内容丰富的"原著导言"里,详细地介绍了"罗伯特议事规则"诞生和发展的漫长历史轨迹,以及其中所蕴含的精神力量。对于所有人来说,理解"罗伯特议事规则"对于人类社会的作用,理解它在今天所享有的崇高地位,理解它指导实践又在实践中不断完善的发展规律,理解如何把一套规则发展成传承百年的权威规范,理解议事规则标准化的必然性,理解议事规则所包含的法治、民主和权利保护的理念,了解这些背后的故事是很有意义的。在正文之前给出的"通用议事规则的根本原则",值得大家反复阅读,因为它们贯穿整部著作的始终,是体现于所有规则中的精髓。

四、本书工具特性说明

英文版从第 12 版开始使用"段落编号"(格式为"节序号:段落序号")来替代页码和行号作为正文内容的引用标记,每节中各段落连续编号,并标记在每段开头,但对于正文之外的前言、导言、附录等内容,仍然采用页码作为引用标记。

为发挥本书"工具性"的作用,保持原著书内"交叉引用"和书后关键字"索引"这两项重要的搜索工具,中文版第 12 版一方面增加正文每个段落开头的"段落编号"标记,另一方面保持正文以外部分的"边码",即"在页边标注英文页码",在每一页的左侧或右侧的空白处,在某一行的旁边,会标注一个斜体的罗马数字或阿拉伯数字。这个数字是"对应的英文原著的页码"。而中文版自身的页码,依然标注在书眉的位置。

所谓"交叉引用"是指用类似"请参阅……"这样的方式来引用书中其他部分的相关信息。交叉引用把大量相关信息集成起来,既能呈现完整的信息,又能揭示规则之间的逻辑联系。在中文版中,如果"请参阅"后面紧跟的是段落编号,那么请根据节序号和段落序号找到相应的内容;如果"请参阅"后面紧跟的是页码,那么这些页码所指的都是英文原著的页码。

所谓"索引"是指本书最后的一个关键字列表,每个关键字旁边注有若干段落编号、页码或节序号,分别指向这条关键字在书中出现的位置。"索引"是整书的"搜索引擎",在把本书作为工具来查找规则时,关键字能得到迅速定位。同样,在中文版中,"索引"所指向的页码都是英文原著的页码。

另外,索引分为两级,第一级是主关键字,第二级是主关键字的拓展、变形,或者是不同情况下的应用。

译文中的引号,除用来标记标准化的动议名称之外,还用来帮助断句和强调句子重点。每一节首次出现的术语,都在后面紧跟对应的英文。同时,对于理解句子至关重要的关键词语,也保留了其对应的英文。这些都是为了强化读者的理解,保证译法的统一性,以避免歧义和错误的出现。

五、如何引用本书

原著在书的开篇给出了这样的说明:

引用本书时

请采用如下节号和段落号的格式:

RONR (12th ed.) 12:67《罗伯特议事规则(第 12 版)》第 12 节第 67 段

RONR (12th ed.) 12:7(1)①《罗伯特议事规则(第 12 版)》第 12 节第 7 段(1)①

RONR (12th ed.) 35:10—12《罗伯特议事规则(第 12 版)》第 35 节第 10—12 段

请采用如下脚注引用格式:

RONR (12th ed.) 56:49n1《罗伯特议事规则(第 12 版)》第 56 节第 49 段脚注 1

第 12 版取代之前所有的版本。如果章程规定组织的"议事规则标准"为《罗伯特议事规则》《罗伯特议事规则修订版》或《罗伯特议事规则新修订版》,无论是否带有限定词"最新版本的",只要没有指定具体的版本,那么第 12 版将自动成为该组织的"议事规则标准"。如果章程指定前 11 版中某个具体的版本为组织的"议事规则标准",那么需要修改章程,把"议事规则标准"指定为"最新版本的《罗伯特议事规则》中文版",即各组织在自身的章程当中应包括如下授权:"本组织采用最新版本的《罗伯特议事规则》中文版为本组织的议事规则标准。"

六、第 12 版与第 11 版术语翻译对照

翻译第 12 版的过程，既是更新内容、勘误纠正的过程，也是重新审视、加深理解的过程。在第 11 版的基础上，我们梳理和微调了一些译法，以期更准确、更系统地表述规则。

下表列举了第 12 版与第 11 版术语译法的变化，并逐一进行了说明。

术语英文	第 12 版译法	第 11 版译法	修改说明
Point of Order	秩序问题	程序问题	实践中发现"程序问题"的说法会被误解为"程序性问题"或"程序性动议"，所以恢复"秩序问题"的译法。
quorum	有效人数	法定人数	"法定人数"沿袭了更早的译法，且遇争议时司法裁判会采纳此数为依据，但易被误解为由立法确立，实则由组织章程确立，且其意义在于确定会议有效的最低人数，所以译为"有效人数"更为恰当。
standing rules	一般管理规则	一般长效规则	虽然"standing"是"长效"的意思，但"规则"本身就含有"长效"的意思，而这里需要强调的是这类规则属于管理性质，而非议事规则性质，所以用"一般管理规则"可以表达得更清晰。
agenda	议程	日程	与"议程"相关的说法，英文和中文里都比较多，这里再次进行梳理和统一。"agenda"包含"所有议事性质"的会议内容，所以用"议程"表达其对议事的关注。其含义基本等同于"会议程序"（order of business），大体可通用，主要区别在于前者往往包含更多的细节，后者可指已成惯例的一套议程框架。
program	日程	时间表	"program"既包括议事性质的会议内容，也包含非议事性质的会议内容，例如宴会、节目表演等，且注重各项内容的具体时间，而此类会议多持续一天或几天，所以用"日程"来表达其对时间的关注。

（续表）

术语英文	第 12 版译法	第 11 版译法	修改说明
Program Committee	日程委员会	计划委员会	代表大会的"Program Committee"负责在会前起草日程,改为"日程委员会"更准确。
	计划委员会		非代表大会的"Program Committee"负责制定工作计划草案,仍叫"计划委员会"。
an order of the day	议程项	议程	"an order of the day"特指"议程"(agenda)中一项具体的内容,所以应译为"议程项",主要包含"普通议程项"和"特别议程项"。"orders of the day"是"an order of the day"的复数。
general order	普通议程项	普通议程	"general order"是"an order of the day"的一种,所以相应改译为"普通议程项"。
special order	特别议程项	特别议程	"special order"是"an order of the day"的一种,所以相应改译为"特别议程项"。
assembly	会议	会议组织	"assembly"是开会的主体。开会的主体可能不是固定组织,因而只能称为某"会议";有时固定组织的名称也是某某"会议"。
	组织		对于固定"组织"来说,开会的主体就是本"组织"。
	全体成员会议/全体会议		有时需强调是组织的"全体成员会议"或"全体会议",以区别于委员会或董事会。
	会议和组织		当泛指上述所有情况时,译成"会议和组织"。
society	组织	社团	一般情况下就译成"组织"。
	固定组织		译成"固定组织"以强调不是公众集会或代表大会等临时组织。
	社团/协会		具体的组织可以是"社团"或"协会"等。

（续表）

术语英文	第12版译法	第11版译法	修改说明
organization	组织/固定组织	组织	与"society"通用；强调已经建立的组织时前面加上"固定"，对应的英文可以是在前面加"permanent""organized"或"established"。
organization of a permanent society	成立组织	组建社团	"成立组织"包括了各种类型的组织，不只限于"社团"。
constituent units	组成机构	成员机构	"组成机构"泛指构成了这个更大组织的小组织，可能是成员机构、分支机构、下属机构等；此处用"机构"以避免重复，与"组织"同义。
president	组织负责人	主持人	"president"指的是组织负责人的职务头衔，具体可以是"总裁""会长""董事长""理事长""主席"等。组织负责人是组织的会议的默认主持人，但不一定是实际主持会议的主持人。
vice president	副主持人	副总裁/会长	"vice president"指的是"组织负责人的副职"，为避免使用具体的某种职务头衔，也因为不用担心跟实际主持会议的"主持人"混淆，所以使用"副主持人"来指代具体的职务头衔。
president-elect	当选主持人	当选总裁/会长	"president-elect"指的是"当选的下一任组织负责人"，为避免使用具体的某种职务头衔，也因为不用担心跟实际主持会议的"主持人"混淆，所以使用"当选主持人"来指代具体的职务头衔。
the chair	主持人	主席/主持人之位/主持之位	指实际主持会议的主持人（此时等同于"presiding officer"）。
	会议主持人		加上"会议"是为了进一步强调这是实际主持会议的人，而不一定是组织负责人。
	主持人席		指主持人所在的座位。
delegation chairman	代表团主持人	代表团磋商会议的主持人	简化名称。

(续表)

术语英文	第 12 版译法	第 11 版译法	修改说明
constituent president	组成机构负责人	成员单位的主持人	"constituent"改为"组成机构"。"president"改为"负责人"。
dispose of	解决	处理	会议引入一项动议后,必须对它做出明确的结论才能引入下一项动议,既可以是最终的结论,如通过或否决,也可以是暂时的结论,如委托、改期等。"dispose of"就是"做出明确的结论",不是"处理",而是"处理到有结果",应译为"解决",包括"最终解决"和"暂时解决"。
present	在场	出席/在场	"出席"指已经签到,"在场"指某一时刻正在会场。"present"强调的是"在场"。
adjourn *sine die*	最终休会	终止性休会	"*sine die*"是拉丁语,直译是"没有天",强调无后续会议,是这一"次"会议的最后一"场"会议,不一定"终止"会议和组织。
an order limiting or extending limits of debate	辩论限制	辩论控制	原来用"辩论控制"来指"调整辩论限制"动议所形成的"结论"(an order),现在看来用"辩论限制"即可。
a regular or properly called meeting	例行会议或合规召开的其他会议	例行或合规召集的会议	这个固定词组包含"regular meeting"和"properly called meeting"两部分,前者明确指"例行会议",后者不仅要求会议通知符合规则,还要求会议召开时满足有效人数,不仅包括临时会议,还包括后续会议。
prevailing side	获胜方	优势方/获胜方/多数方	"prevailing side"明确指向表决的最终获胜方,"多数方"或"优势方"都不一定是获胜方,例如在"三分之二表决"中。
call of meeting	会议通知	召集函	"call of meeting"的含义本来就等同于"notice of meeting",英文两种说法的含义没有区别,所以中文不再区分。
	召集函		对公众集会,因本并无组织,"召集函"比"会议通知"更恰当,"会议通知"也仍适用。

（续表）

术语英文	第 12 版译法	第 11 版译法	修改说明
question，business，matter	动议	问题/议题/事务	"question""business""matter"其实都是指"动议"，英文为避免重复而变换用词，中文则为避免歧义而尽量统一译为"动议"，个别情况也仍使用"议题"或"事务"。
consider	考虑	讨论	"consider"之前会根据上下文译为"考虑"或"讨论"，指动议处理程序六个步骤当中的后三步，即辩论、表决和宣布结果，应固定一个专有译法，故译为"考虑"。
Consider by Paragraph or Seriatim	逐段或逐条考虑	逐段或逐条讨论	同上，"consideration"译为"考虑"。
Consideration as a Whole	整体考虑	整体讨论	同上，"consideration"译为"考虑"。
take up the motion to reconsider	（着手）考虑重议	讨论重议	同上，"take up"指"take up the consideration"，译为"着手考虑"，直接说"考虑"也可以，指"会议着手考虑"。
call up the motion to reconsider	要求考虑重议	着手讨论重议	同上，"call up"指"call up the consideration"，译为"要求考虑"，而会议还未"着手考虑"。
Requests for Permission (or Leave) to Withdraw or Modify a Motion	动议人请求收回或修改动议	动议人请求收回或修改	之前为避免名字过长而省略"收回或修改"的对象，因为对象默认就是"动议人所提的动议"，但为避免歧义加上"动议"二字。
Arrangements Committee	组办委员会	组织委员会	这个委员会负责举办代表大会的事务性工作，"组办"比"组织"更准确，"组织"的含义较广。
For the Good of the Order	自由评述	自由评论	泛指对任何关乎组织利益的事情描述情况、发起呼吁、发表评论等，"评述"适用更广。
business meeting	议事会议	事务性会议/议事性会议	简化并统一译法。
gavel	议事槌	法槌	在议事会议上称"议事槌"更恰当。
member	成员	成员/会员	统一为"成员"。

袁天鹏　孙涤　2021 年 12 月

原著第 12 版前言

　　"罗伯特议事规则"是广为人知的通用议事规则，实际上，它是一系列版本的著作的通俗统称，而这本《罗伯特议事规则新修订版》第 12 版（*Robert's Rules of Order Newly Revised*，*12th Edition*，即 RONR 12th ed.）就是它的第 12 个版本，距离它的第一个版本——1876 年由亨利·马丁·罗伯特少校（后升至准将）出版——已有 144 年。本书附有一张"罗伯特议事规则"完整的版本谱系，而"原著导言"则描述了各个版本的历史。

　　本书既是总第 12 版，也是"新修订版"的第 6 版（新修订版指 1970 年的第二次全面修订），是最完整地囊括了最新发展的议事规则体系的"罗伯特议事规则"著作，有着独特的地位。

　　读者应该了解，如下三种资源被加入进来对《罗伯特议事规则新修订版》这本书形成了有益的补充。

　　第一，人们一方面需要一套尽可能综合、完备、详尽、精确的议事规则标准，尽可能覆盖协商会议中可能遇到的各种各样的议事规则问题；另一方面人们又希望它足够简单直白，使普通的参会者也能很快上手并应用基本的规则满足多数会议的需要；这两种需求之间的张力由来已久。

　　上次也就是 1970 年的全面修订，作者们通力协作提升本书的价值，使之既可作为研究"通用议事规则"（parliamentary law）的专著，又不违背其作为查阅手册的初衷。整书的结构和内容完备自恰，能够自我说明，章节的排列经过优化能最好地帮助读者建立整体全面的理解，有勇气的读者可按顺序通读。但也有很多议事规则的初学者发现，通读这样一本著作不如预想中简单，对能力和意愿都有一定要求。

2005 年，为了满足对简单易学的需求，《罗伯特议事规则简明版》(*Robert's Rules of Order Newly Revised In Brief*，以下简称《简明版》)应运而生。现在，对应第 12 版而更新修订的《简明版》也同步出版。第 12 版原著正文 633 页，再加上图表。所有这些规则都不可或缺，因为它们所针对的议事规则问题都已经遇到过，当然就可能再次遇到。这本书被设计成一本查阅手册，竭尽所能地对人们可能遇到的每一个议事规则问题都提供解答。 *xxiv*

但是，希望对议事规则建立初步了解的人会发现《简明版》较容易入门。只需 30 分钟一般读者就可以了解精髓，差不多 1.5 小时以后就可以了解所有的基础。其他章节讲授如何最有效地查阅第 12 版原著，如何做好代表大会的代表、主持人、副主持人、秘书、财务官等。最后附上实用的表格，帮助主持人和成员使用正确的口头表述方法来处理常用动议、主持和参加会议。

但必须着重强调的是，《简明版》是这本原著的入门级的补充，而不是替代。只有本书才足够全面可以担当组织的"议事规则标准"。它覆盖了很多重要而核心的问题：从章程的内容到纪律惩戒程序，这些在《简明版》中都几乎未予提及。

第二，第 12 版首次以纸质书和电子书两种形式同时出版。快捷的搜索和超链接式交叉索引是电子书最突出的功能。之前的几个版本用页码和行号来做交叉索引，并相应编排页面。为了最大程度地发挥电子书的功能优势，这一版开始使用段落编号来做交叉索引，每一节中的各个段落连续编号，并标记在每段开头。欢迎读者们按照"引用本书时"* 所示的方法，使用这些段落编号来引用本书中的规则。

此外，《罗伯特议事规则（第 12 版）》和《罗伯特议事规则简明版（第三版）》都通过美国法律出版社（American Legal Publishing）发布了电脑应用程序，配备强大的搜索工具、灵活的浏览效果以及很有用的额外材料，例如对"计票员"（teller）和"计时员"（timekeeper）的指导和表格样例、对"辅修正案"（secondary amendment）的逐步说明。

第三，罗伯特事业的继承者们建立了"罗伯特规则协会"（The Robert's Rules Association），专门负责推动本书的更新工作，而该协会又开设了一个

---

* 相关内容请参见"译者导读"第 22 页。——译者注

网站叫做 www. robertsrules. com，在其中的"问答论坛"（Question and Answer Forum），读者可以就议事规则的任何方面提出问题、参与讨论。

xxv　　　　从第 1 版发布之日起，罗伯特将军以及后来的继承者们就未曾间断地回复各种提问。"原著导言"中提到 1915 年修订版的情况："罗伯特多年间收到成百上千的信件，向他咨询在实际会议中遇到的但在以前的版本中未能解决的问题。基于这些信息，他重新组织书的结构，扩充新的规则，澄清混淆的概念，进行了大量的修改。"作者们需要在准备这一新版本的时候不断发现需要澄清的问题，而读者们在"问答论坛"上的提问则对此做出了重要贡献。

　　　　这个网站上还有一个栏目叫做"RONR 官方解释"（RONR Official Interpretations），在两个版本发布之间由作者们就读者提出的、有必要回答的问题集中回应并与读者分享。对于已经采纳《罗伯特议事规则新修订版》作为其"议事规则标准"（parliamentray authority）的组织来说，"RONR 官方解释"并不具强制约束力（binding），但他们确实是由作者做出的明确解读，所以应被认可为具有高度指导性（highly persuasive）。因而建议主持人或者为其提供咨询的"议事规则专家"（parliamentarians）仔细阅读这些解释文本。

　　　　随着会议中不断出现的情况对更加充分且深入的规则提出了要求，第 12 版对之前版本中的规则进行了澄清、修改和拓展。第 12 版对很多章节都做了相当大程度的修订，其中最主要的包括：

　　　　（1）更新第 14 节"改期"（Postpone to a Certain Time），使其标准描述特征（1）和特征（2）与"秩序问题"（Point of Order）和"申诉"（Appeal）的规则更加一致；删除了与第 41 节中关于被改期的事务再次得到处理时的规则重复的冗余部分；澄清了"改期"对绑定在被改期的动议上一起被改期的其他动议的影响，以及对后续的辩论和表决方式的影响。

　　　　（2）更新第 15 节"调整辩论限制"（Limit of Extend Limits of Debate），澄清了本动议的不同格式对于后续的附属动议所产生的不同影响，不再区分"只限定结束辩论的时间"与"既限定结束辩论的时间也指定表决的时间"这两种动议格式。

　　　　（3）更新第 17 节"暂停"（Lay on the Table），以更加有条理和逻辑的顺序阐述这部分规则。

（4）更新第 23 节"秩序问题"（Point of Order），澄清并拓展了当破坏规 *xxvi*
则的行为具有延续性时进行纠正和补救的规则。

（5）更新第 34 节"恢复"（Take from the Table），澄清了关于被暂停的
动议可以被恢复的时间限制的规则，以及恢复后的动议状态的规则。

（6）更新第 37 节"重议"（Reconsider），开篇增加了对重议规则的总结，
后面大幅地重新编排了本节规则的阐述顺序。

（7）更新"填空"（filling blanks；12：92—113）这一机制的相关规则，对
选项的提出、辩论与表决规则都做了大量的拓展和细化。

（8）更新关于"副主持人"（vice-president；47：23—31）这一职位的相关
规则，一方面澄清模糊之处，另一方面整合之前散落在全书各处的相关规则。

（9）更新第 48 节关于"会议纪要"（minutes；48：1—15）的部分内容，更
清晰地呈现批准会议纪要的不同程序；介绍会议可以如何决定在会议纪要
中记录除本书规定内容之外的更多信息，既可以只为一次会议而这样做，也
可以指定为例行做法；更清晰地列举那些需要记录正反双方表决票数的情
况；规定秘书可以依据会议决定把委员会报告作为附件记录在会议纪要中；
描述如何记录对"已经批准的会议纪要"的更正。

下面这些更新也很重要：

（10）细化了例行会议发送"会议通知"（notice；the call）的规则，包括哪
些情况下必须发送会议通知（9：2—4）。

（11）澄清"闭门会议"的保密性包含和不包含哪些方面，以及如何解除
保密性（9：26—27）。

（12）澄清什么情况下会议可以合规地通过一项与章程中议事规则性
质的条款有抵触的"程序主动议"［incidental main motion；10：26(1)n1］。

（13）澄清"试图改变已经决定了的内容的修正案不合规"这条限制，只
在做出决定的那次会议上适用（12：13，12：25，12：28，12：48，12：63，
12：65，12：74，12：90）。

（14）认可在哪些情况下，使用表决器这样的电子设备即被视作满足 *xxvii*
"不记名书面表决"的条件（45：42）。

（15）增加对提名展开辩论的规则（46：27—29）。

（16）细化关于"选举完成"的规则及其与填补空缺职位的关系
（46：44—45）。

（17）澄清把董事会会议纪要提供给非董事会成员的程序(49:17—19)。

（18）认可如果章程规定官员的任期为若干年，则实际的任期可以比刚好若干整年或多或少(56:27)。

（19）规定"章程修订案"(bylaws revision)必须由获得授权负责起草的委员会起草并提交方为合规(57:5)。

（20）澄清提交和通过"代表大会特别议事规则"(convention standing rules)所要遵循的程序(59:30—34)。

（21）拓展"在会场上应对主持人滥用权力"这部分内容，详细解释如何提出和贯彻"秩序问题"和"申诉"的程序(62:2—7)。

（22）增加一项附录以提供电子会议的规则范例。

www.robertsrules.com 上可以找到更完整的第 12 版更新列表。

作者们希望在此感谢伊克利普斯出版社(Eclipse Publishing Services)的马克·科西(Mark Corsey)，感谢公共事务出版社(PublicAffairs)的编辑罗伯特·皮金(Robert Pigeon)、执行编辑梅利莎·雷蒙德(Melissa Raymond)和出版人克莱夫·普里德尔(Clive Priddle)在编辑工作上给予的鼎力支持，感谢公共事务出版社所属的珀修斯出版集团(Perseus Books Group)及其身后的阿谢特图书集团(Hachette Book Group)。

亨利·M.罗伯特三世

丹尼尔·H.霍尼曼

托马斯·J.鲍尔奇

丹尼尔·E.西博尔德

希姆尔·戈伯

原著导言

　　本书是当今"通用议事规则"（general parliamentary law 或者 common parliamentary law）[*] 的一套成文编撰 ^{**}（不包括那些只在立法机构才使用的特殊规则）。本书也旨在成为一本标准手册，供各种组织或者会议采纳为其议事规则的标准和依据。当某一组织或者会议将此书指定为其议事规则的"议事规则标准"（parliamentary authority）^{***} 时，此书中的规则，再加上该组织或者会议制定的"特别议事规则"（special rules of order），就对该"会议体"（body）^{****}产生约束力，并共同构成"该会议体的议事规则"（that body's rules of order）。

　　"议事规则"（parliamentary law）这个词的原意是指英国议会协商议事时所遵循的规则和惯例，类似英国的"普通法"（common law），是通过裁定和先例，经过长期的不断积累发展而成的。随着新大陆的发现，这些规则和惯例被带到美洲，演变成美国立法机构运作与发展的基本原则。

　　"通用议事规则"（general parliamentary law）就是从上述美国初期的立

---

[*]　"通用议事规则"中的"通用"有两层含义：一方面是用来区别立法机构的专门议事规则，另一方面是指这些规则在全社会得到广泛的承认，具有通用性。"罗伯特议事规则"已经成为今天美国最有影响的"通用议事规则"，被各种组织、团体、机构和会议所采纳。另外，虽然有"law"这个词，但"general parliamentary law"不适合翻译成"通用议事法"，因为虽然它具有"法"的特征，但它并不是法律。——译者注

^{**}　英文为"codification"，意思是"成文编撰"或"成文法典"，指以书面的方式、正式严谨的语言记录下来的规则。如果这些规则具有法律效力，就成为法典。由于我们谈论的是议事规则，并不一定是法律，所以称"成文编撰"。——译者注

^{***}　"议事规则标准"指一个组织把一部"通用议事规则"指定为自己的标准和依据。本组织的议事规则以该"议事规则标准"为基准，如"采纳《罗伯特议事规则》作为本组织的议事规则标准"。但是，组织为自己制定的"特别议事规则"优先于"议事规则标准"中的条款。——译者注

^{****}　"会议体"泛指召开会议的主体，由参与者构成的群体、整体或全体，无论是否已建立为正式的组织，对应"会议""组织""机构"等概念，与"assembly"通用。——译者注

法程序出发,并在非立法的领域与其并行发展而形成的。"通用议事规则"在今天已经广泛地适用于各种不同目的和情况的非立法的组织或会议。当今的立法机构也会经常求助于"通用议事规则"以应对立法机构的规则或者先例所未能涉及的情况。当然这些议事规则必须仔细选择以适应立法机构的特别要求。

"协商会议"(deliberative assembly)是指适用议事规则的会议和组织。这个词最初是由埃德蒙·伯克(Edmund Burke)于 1774 年在英国的布里斯托尔(Bristol)向选民发表演讲时用来特指英国议会的;此后该词被用来泛指团体(在 1:1 详细列出的条件下)讨论和决定共同行动的会议。

任何以"通用议事规则"为基础而运作的协商会议都可以通过正式程序以书面形式再制定"特别议事规则"。这些"特别议事规则"(如 2:14—22 所详细说明的那样)可以与"通用议事规则"一致,或者互补,甚至不妨有所背离,并且以"特别议事规则"为准。在本导言第一段中提到,"议事规则"(rules of order)这个术语涵盖了这个团体所有的书面规则:无论是这本书或是其他成文编撰已经包含的,还是由该组织另外制定的。还有一个术语,"议事规程"(parliamentary procedure),虽然常常与"议事规则"(parliamentary law)这个词通用,但在本书中是指"通用议事规则"和组织为自己制定的"特别议事规则"的集合。

托马斯·杰斐逊(Thomas Jefferson)把"通用议事规则"称为"法律的议事学分支"。从美国建立开始,美国文化中就形成了这样的共识:"通用议事规则"一经确立,就具备了法律的特征。也就是说,它对所有的组织和会议都具有约束力,除非组织或会议另定"特别议事规则"。但是由于迄今为止还没有形成对"通用议事规则"的一个完整、统一的定义,组织或者会议还是要首先选定某个标准的成文编撰作为自己的"议事规则标准",以便在自己制定的规则不够全面的时候有所依据。

英国议会的早期起源

相信有一个比人类有记载的历史还要久远的传统,那就是开会——长老们,武士们,或者同一个部落的、社区的、城邦的人们,聚集在一起开会,就重要的事务发表意见并做出决定。古希腊历史学家修昔底德(Thucydides,公元前 460—公元前 400 年)在其著作《伯罗奔尼撒战争史》(雅典和斯巴达之间)中引述了大量的城邦人民以集会表决的形式做出决策的案例。例如,他在第一卷第 86—87 页中描述了在斯巴达召开的伯罗奔尼撒联盟决定对雅典宣战的一次会议,非常具体地记录了我们现在所称的"口头表决"(voice vote,书中叫"a decision by acclamation"),并借助了在现代议事规则中称为"起立重新表决"(a Division of the Assembly,请参阅 29:1—8)的程序。他这样写道:

> ……斯提尼拉伊达(Sthenelaïdas),当时的五位监察官(ephor)①之一,最后走上来对斯巴达人讲话:[首先控诉雅典人的所作所为已经践踏了斯巴达与雅典间持续了三十年的休战条约,并强调这是绝对不可以接受的]。

> 然后,他本人作为监察官提请斯巴达人会议表决。首先采用的是"口头表决",赞成和反对分别高声呼喊,以声音大小决定多少。但表决之后他说他无法分辨哪一方的呼喊声音更大。于是他说,因为他希望所有人都能清楚地看到究竟有多少人希望宣战,以此激发人们参战的激情,"斯巴达人,所有认为休战条约已遭践踏,雅典人已经侵略我们的,请站到那边,"并指出一块地方,"而所有不这样认为的,请站到另一边"。斯巴达人这样做了,结果是认为条约已遭破坏的人要远远胜出。

xxvi

普遍认为,英美议事规则的传统可以追溯到盎格鲁—撒克逊部落在公元 5 世纪向不列颠岛迁移之前的生活方式。对于当年的这些欧洲大陆人来说,部族是普遍存在的最大的政治单元。盎格鲁—撒克逊人仿效日耳曼部落的习俗,他们当中有公民权的自由民常常聚集在一起召开"村民会议"(Village-moot),为村落制定规则,维持公正。这些"村民会议"再选择代表去参加"百人会议"(Hundred-moot)。"百人会议"管辖更大的地区,处理申诉,仲裁村落之间的争议。类似的结构再向上一级,就是"部族会议"(Folk-moot)。"部族会议"掌管着部落的军队。

有理由相信,同样的组织机制被盎格鲁—撒克逊人带到了英格兰,并且"部族会议"改称"郡会议"(Shire-moot)。从公元 5 世纪早期盎格鲁—撒克逊人踏上英格兰之后的 200 年,英格兰岛的成文历史记载几近空白。随后,当盎格鲁—撒克逊人的英格兰面貌在历史中渐显雏形的时候,"郡会议"

---

① 当时的斯巴达每年选举出五位监察官(ephor, overseers)作为城邦最高官员,并构成"监察官会议"(board)。

(Shire-moot,后来又改叫为 Shire Court)就成为国王统治下的地方政府的治理机制,而国王的身边则有一个王国会议(叫做 witan,或者 witenagemot)。起初,每一个独立的王国有自己的王国会议,而且,凡是拥有土地的自由民,都是王国会议的成员。英格兰统一并基督教化以后,统一的王国会议通常由国王召集,其成员也变得只限于大地主、郡长、大臣、主教、大教士等那些由国王挑选出来的人。虽然实际上王国会议还不是一个民主制度,但是仍具备一些民主的特征。例如,国王的权威需要得到王国会议的认可,王国会议还会在王位传袭等事务中施加影响。

发生在 1066 年的诺曼底征服使英格兰屈从于说法语的诺曼底人严密的军事控制之下,但是盎格鲁—撒克逊人的政府组织结构却基本没有受到影响。

由诺曼底人担任的国王召集大臣、贵族、主教等人来开会。出席的人数依事务的重要性而定。但总的来说,这类会议就是众所周知的"大议事会"(Great Council),本质上,它是王国会议的延续。在封建制度下,每一个贵族都有义务应国王的要求为国王提供意见。早期的"大议事会"就是国王召集的、以听取意见为目的的封建议会。

从"大议事会"到我们今天所知的"议会"(Parliament)的转变发生在 13 世纪和 14 世纪初。"议会"这个词在更早一些的时候泛指协商性质的重要会议。在亨利三世(1216—1272 年在位)时期,这个词首次用来指一些特别的大议事会。这些会议之所以特别,就在于贵族们不再仅仅是被动地应国王之请来就国王提出的问题各自发表意见,而是要互相辩论,就国家的总体事务——而不再仅仅是国王的事务——进行讨论。首次具备如上特质的议会会议出现在 1258 年。

其后不久,英国议会出现了第二次重大变化:平民可以进入议会成为"平民议员"(representatives of the communities or Commons)。平民议员可以分为"郡选议员"(knights)、"镇选议员"或者"市选议员"(burgess)。虽然这种做法在之前已有若干先例,但首次有平民议员参加的全国议会是在 1275 年由爱德华一世召集的。起初,请来平民代表主要是为了让他们帮助通过税收法案,所以只在有这种需要的时候,议会会议才会包含平民。但在 1311 年以后,平民议员始终出席每次议会会议。英国议会开始逐渐形成由贵族议员和平民议员组成的两部分,并于 1340 年之后不久,演变成了英国议会的"上议院"(House of Lords)和"下议院"(House of Commons)。

英国议会规程的发展

又过了 450 多年,托马斯·杰斐逊在自己著作(即后面将要提到的著名的《杰斐逊手册》)的前言中写道:"(英国)议会的议事规则在起初很长一段时间里,是粗鲁、混乱、不体面的,但却一直朝着统一和严谨的方向不断演进。"②

杰斐逊所说的这些演进基本发生在 16 世纪后半叶并贯穿整个 17 世纪。这个漫长的时期充斥着议会特权和国王特权之间无休止的冲突。这些冲突激发了人们对于议事规则的需要,尤其是在下议院中。在同一时期,下议院出现了正式的"议事录"(Journal),这是在 1547 年,下议院的秘书自发地开始记录的。后来人们开始以"记事录"为依据寻找先例来解决议事规则方面的问题。根据历史记载,这最早发生在 1580 年至 1581 年间。记事录在 1623 年左右成为下议院的正式文件。

差不多在同一时期,也出现了专门撰写下议院议事规则的机构。第一版正式的英国下议院议事规则由托马斯·史密斯爵士(Sir Thomas Smyth)在 1562 年至 1566 年间编写。然后在 1583 年,作者去世 6 年之后,作为另一部书的一部分而发表。这部更大的著作即《论英国政府》(*De Repvblica Anglorvm: The manner of Governement or policie of the realme of England*)。其他一些作者也在这方面相继做出了努力。1689 年,小册子《议会》[*Lex Parliamentaria*,作者是乔治·皮特(George Petyt)和乔治·菲利普斯(George Philips)]罗列了当时这方面的著作和文献共 35 部作为参考。这本手册是为议员们准备的,方便携带以供随时查阅。书中涵盖了下议院议事录中有关议事规则的记录。这些记录很好地展现了议事规则演变的过程,并已呈现出我们今日使用的很多原则和规则的原型。下面就是一些例子:

- 同时只能有一项议题:1581 年。当一项动议被提出后,该动议所包含的事务成为当前唯一有效的议题,必须在它得到解决或者经"默认一致同意"被"暂停"后,才能进行下一项动议(《议会》第 158 页)。

---

② 托马斯·杰斐逊:《美国参议院议事规则参考手册》(以下简称《杰斐逊手册》),1801 年,1993 年 Applewood Books 出版社重印,前言第 15 页[Thomas Jefferson, preface to *A Manual of Parliamentary Practice for the Use of the Senate of the United States*(1801; reprint, Old Saybrook, Ct.: Applewood Books, 1993), p.xv]。

xxxiii

- 意见不同的双方应轮流得到发言权：1592 年。如果有多人同时要求发言，那么，主持人应该询问他们支持的是哪一方的观点，持与上一位发言人相反观点的人有发言优先权(同上，第 209 页)。
- 主持人必须请反方表决：1604 年。必须提请正反双方分别表决，缺一不可(同上，第 161 页)。
- 禁止人身攻击：1604 年。议长必须制止脱离议题本身的人身攻击。禁止辱骂或讥讽的语言(同上，第 157 页)。
- 辩论必须围绕当前待决动议：1610 年。如果发言人的言论显然与议题无关，而且其他与会成员已表现出对此的反感(如嘘声)，则应制止发言人的发言(同上，第 156 页)。
- 拆分议题：1640 年。如果一项待决动议可以被分成若干部分，且似乎不同成员支持不同的部分而反对其他部分，那么可以动议将该动议的议题拆分为两项或多项议题，即两项或多项动议。例如 1640 年 12 月 2 日的一次会议中曾将一个选举两名爵士的动议分成两个议题分别进行表决(同上，第 169 页)。

xxiv

议会规程来到美洲

当英格兰下议院的议事规则不断发展成熟的时候，西半球美洲大陆上英属殖民地也开始纷纷建立，其中的第一个殖民地就是 1607 年的弗吉尼亚。弗吉尼亚很快建立了美洲的第一个议会机构，并且由代表伦敦公司(London Company)的总督在 1619 年签署生效。这个机构也分为上下两院，下院"市民代表院"(House of Burgesses)由选举产生，上院是人数较少的"总督会议"(Governor's Council)。其他殖民地相继建立后，也都成立了类似的议会。随着一代代英国移民的到来，英国的议会规则也就被带到了美洲。

在每一个郡、镇或教区的会议上，英国议会的规则和惯例都被移植过来，只要这些规则或惯例与建立了该殖民地的宪章、特许证书或其他契约不相抵触。这种由一般的议事原则和各殖民地特殊情况相结合，并以书面文件为依据的新的自治模式，成为美洲独有的议事规则的发展历程，因为当时英格兰还没有成文宪法。这样，每个殖民地就都拥有了自己的立法机构，其从无到有的发展积累下来的经验帮助他们建立了后来各州自己的宪法。正是由于各殖民地这种将一般的议事原则和各自特殊情况相结合的模式,致使在美利坚合众国建立后很久,美国各地的人们所遵循的议事规则仍然有着非常大的差异。这种长期存在的差异,最终成为《罗伯特议事规则》得以成文的原因之一。

当英国的政策在18世纪随着英帝国的发展而变化,并最终引发美国独立战争的时候,美洲各殖民地的代表们聚在一起共商对抗英国议会的大计。*xxv*正是那些他们从英国议会学来的议事规则,最终帮助他们在分歧重重的不利情况下,形成了强有力的联合抵抗。

第一次大陆会议于1774年9月5日在费城召开,各殖民地的代表们彼此都很陌生,预先的安排也都是通过书信进行的。所以,大会的前两天就能取得下面这些成就,除了充分准备,我们不得不赞叹代表们在议事规则方面的历练。大会到9月7日就已经完成:(1)核查了每位代表的身份和资格,确立为正式代表;(2)通过了四条"辩论与表决规则";(3)通过了决议以成立委员会,负责研究殖民地的权利,梳理那些对各殖民地的生产和贸易造成影响的法规,向会议的目标迈进。

基于既有的规则和惯例,第二次大陆会议在战争环境下如期召开,委托起草并最终通过了《独立宣言》(The Declaration of Independence)。各州的议会基于差不多相同的又根据各自传统而略有区别的议事程序,或者修改各自的殖民地宪章以宣告独立,或者直接起草全新的州宪法。这些州宪法中的诸多条款都是在各自殖民地经过100多年的发展而逐渐成形的,且都源于英国法律,又都将英国法律发展演变以适应新的情况,所以这些州宪法很自然地为合众国的宪法奠定了基础。1787年,虽然面对诸多令人失望的严重分歧,宪法会议依然成功地形成了美国宪法。

截至18世纪结束的时候,英国议事规则传入美洲的过程可以总结为如下三个阶段:

- 在不抵触各殖民地宪章或其他根本制度的前提下,把英国议事规则应用到各殖民地内部;
- 当各殖民地的代表聚在一起为他们的共同利益磋商时,这些英国议事规则为他们的沟通提供了重要保障;
- 在议事规则的保障下建立了一部成文宪法,并在成文宪法之下,使用议事规则作为代议制政府运作规程的工具。

《杰斐逊手册》

美国的国会体制虽然已经取得了很大的发展,但是仍然年轻,需要进一步制度化。作为参议院(美国国会上院)议长兼美国副总统(1797—1801 年在任)的托马斯·杰斐逊看到了其中的问题。他曾对当时参议院的情况做过这样的描述:

> 美国的宪法允许(国会)参众两院分别制定自己的议事规则。参议院(Senate)由此制定了参议院的一些规则,但这些规则又很少派上用场,当出现议事秩序方面的问题时,无论有没有自己相应的议事规则作依据,议员们基本都是交给参议院议长(President of the Senate)裁定,而且也没有辩论或申诉的过程。议长的权力过大,其主观意愿或者判断会对议事的流程和最后的结论产生相当大的影响。议长自己也会希望能求助于一套公开的规则,能够作为参议院议事规则的必要补充,使得类似问题的解决能够有所依据。但是,这样的一套规则在哪儿呢?③

杰斐逊认为,英国的议会为美国的国会提供了最好的参考。他说:"英国议会是我们各州立法机构的原型,我们都以它为研究效仿的模板,而一些州对它所做的调整我们还不熟悉。英国议会的议事规则应该是我们所能找到的最完备和精妙的一套规则,它能够有效地提升协商会议辩论的效率,挖掘出协商会议真实的意愿。"④

"这样的话,就可以用三个部分组成参议院的议事规则:首先是宪法中指定的规则;其次是参议院本身制定的规则;最后,对于那些未被上述二者涵盖的情况,还可以使用英国议会的议事规则。"⑤基于这样的想法,杰斐逊于 1801 年编辑出版了《美国参议院议事规则参考手册》(*Manual of Parliamentary Practice*)。杰斐逊广泛地引用了英国约 50 部相关著作和文献,在其手册前言中(第 15 页)明确指出他取材于约翰·哈特塞尔(John Hatsell)的《英国下议院议事规则先例》(*Precedents of Proceedings in the House of Commons*)。哈特塞尔曾于 1768 至 1820 年间任英国下议院的秘书。他的

---

③ 《杰斐逊手册》,第 13—14 页。
④⑤ 同上,第 14 页。

这部著作出版于 1781 年,是迄今为止关于 18 世纪英国下议院议事规则的最权威著作。

《杰斐逊手册》第一次为我们定义并阐释了议事规则的根本原则,从而 *xxxvii* 为美国的立法程序提供了一套基本模型以及衡量一致性的尺度,因而拥有不可动摇的地位。随着各州立法机构和其他组织开始采纳这套规则,《杰斐逊手册》的权威性不断加强。美国众议院也采纳了《杰斐逊手册》,但是由于参众两院的诸多不同,众议院的规则进一步发展并在很大程度上超越了杰斐逊的工作。

《库欣手册》

《杰斐逊手册》出版后的几十年间,美国大量涌现了各种非立法性质的组织,包括政治的、文化的、科学的、慈善的、宗教的,等等,于是人们越来越迫切地感到需要一套适用于非立法性质的组织的议事规则。看起来人们很早就认识到,这些组织都具备协商的特质,需要应用与立法机构本质上相同的原则。不过比起立法机构,这些组织又有很多不同的地方,在设计议事规则时必须加以考虑,例如:

- 国会和多数州的立法机构是由两院组成,一次[session,参阅 8:2(2)] 会议往往持续几个月甚至一年,但是一般本地组织的一次会议也就是两三个小时的一场会议而已。
- 立法机构的议员是带薪工作的,所以可以依法强制他们出席会议,这样的话,其有效人数比例就比较大,例如,国会的有效人数就是过半数;但对于一个成员自愿加入的组织,要想运转起来,有效人数就必须少得多。
- 立法机构的工作是复杂繁重的,所以其主要工作都是由各常设委员会(standing committee)完成的;而一般组织的工作就是由组织的全体会议完成的,只有在必要的时候才会派设临时委员会(special committee)。

第一个试图满足上述需求的人是路德・S. 库欣(Luther S. Cushing,1803—1856 年),马萨诸塞州众议院秘书,同时也是一位著名的法学家。 *xxxviii* 1845 年,他的小册子发表了,叫做《议事规则手册:协商会议的程序与辩论规则》(*Manual of Parliamentary Practice：Rules of Proceeding and Debate in Deliberative Assemblies*)，通常称为《库欣手册》(*Cushing's Manual*)。1847 年库欣又补充了一节注释。他指出，这本手册"适合各种各样的会议和组织，但尤其适用于非立法性质的会议和组织"⑥，所以相应地，他去掉了那些只适合于立法机构的条款，但保留了那些他认为既适用于立法机构又适用于非立法机构的条款。

库欣对于非立法性质的组织和会议的议事规则，有如下主要主张：

(1)《杰斐逊手册》中指出的一般议事规则构成这个国家通用议事规则的基础(《库欣手册》，第 4 页)。

(2) 各州议会在此基础上经过修改，建立各自的议事规则，在一些特殊条款上有所区别(同上，第 13 页)。

(3) 很多一般的会议不仅仅使用通用议事规则，还会采纳其所在州的特殊规则(同上，第 14 页)。

(4) 但库欣认为不应该限制一个组织不能采纳其他州的规则(同上，第 14 页)。

(5) 无论是临时的会议还是固定的组织，都只需要使用通用议事规则，再加上会议和组织为满足自己的需要而制定的特殊规则(同上，第 14 页)。

基于最后一点，库欣认为他的书只应该包括那些他认为的最通用的议事规则(common parliamentary law)，然后指出各组织或者会议可以像国会和立法机构那样，针对需要的情况制定自己的补充规则。

《库欣手册》清晰简明，得到广泛的认可并成为标准，被视作经典，但是实践证明它还不够充分，无法实现它的初衷。问题就在于库欣所设想的——让各个组织各自设计编写一套适用于自己的完备的补充规则——事实证明是不现实的，一般的组织是没有能力做到的。美国内战之后，民间组织和会议的数量成倍增加，而他们遇到的议事规则上的问题也越来越严重，这引起了亨利·马丁·罗伯特(Henry Martyn Robert)的注意。

---

⑥　路德·库欣：《议事规则手册：协商会议的程序与辩论规则（第七版）》（波士顿 Taggard & Thompson 出版社，1847 年），第 4 页[Luther Cushing, *Manual of Parliamentary Practice：Rules of Proceeding and Debate in Deliberative Assemblies*, 7th ed.(Boston：Taggard & Thompson, 1847), p.4]。

罗伯特议事规则的诞生 xxxix

亨利·马丁·罗伯特(Henry Martyn Robert)⑦(1837—1923年)曾是美国陆军的工程兵长官,后升至准将。无论军队驻扎到哪里,在军队事务之余,他都积极参加教会组织、公共事务和教育活动。他的父亲是约瑟夫·托马斯·罗伯特医生(Dr. Joseph Thomas Robert,1807—1884年),一个成功的医生、浸信会牧师和教育家,现在的莫尔豪斯学院(Morehouse College)的第一任校长。1863年他旧病复发,被派到马萨诸塞州新贝德福德担任一个相对清闲的职务。就是在此期间,他开始对议事规则产生了兴趣。一次,他被请去主持一场会议。可他并不懂如何主持会议,也没人事先告诉他会遇到什么问题,只是说会议主题是万一南方军队从海上进攻,要如何做好本城防御,还说会议已经开了14小时。他为了帮忙,决定尽力而为。但他后来这么写道:"我就那么去了,天真地以为会议会自然而然地进行下去。然而我却遇到了极大的麻烦,难堪至极! 后来我决定一定要了解议事规则,否则绝不再参加任何会议。"⑧

后来,他在一本其他方面的书里面发现其中有几页写到了一些协商会议的规则,大概按优先级列出了四五种动议(请参阅5:10—13),并且指出有些是不能辩论的,有些是不能修改的。他就把这些抄写在一张纸条上,其后的几年他都把它随身放在钱包里,并感觉问题解决了。

1867年,罗伯特被提升为少校并派驻到旧金山,当时美国各州大量的移民正涌向那里,社会环境比较动荡。他和妻子在几个组织里面服务,希望改进当地社会环境,从而不可避免地要跟来自不同地方的人共处,并由此发现了很大的问题。他多年后在辛辛那提做演讲时这么描述当时的情况:"关于'议事规则到底该如何规定'的争执实在是太常见了。"大家来自不同的州,每个人都坚信自己州的议事规则是最正确的,而不同州的规则经常彼此矛 xl

---

⑦ 父母给他命名时用了一位前人的名字:亨利·马丁(Henry Martyn, 1781—1812年),一位英国圣公会赴印度的传教士,曾把《圣经》的大量篇幅翻译成东方语言,因传教工作操劳过度而身亡。死后他的笔记和书信由被称为"圣公会主教"的塞缪尔·威尔伯福斯(Samuel Wilberforce, 1805—1873年)于1837年出版,也就是亨利·罗伯特出生之年。

⑧ 亨利·马丁·罗伯特,辛辛那提演讲笔记,1916年,出自美国国会图书馆《亨利·M.罗伯特文集》(Henry Martyn Robert, notes for a lecture in Cincinnati, c.1916, in Henry M. Robert Papers, Library of Congress)。后面所涉及的罗伯特将军的引文,如无说明,则出处相同。

盾,谁当了主持人,就按照自己州的规则行事。这样一来,程序和规则方面的分歧和误解就不断出现,大量应该用在实质事务上的时间都被浪费在这上面,矛盾非常突出。

罗伯特认为,除非大家能在议事规则的具体内容上达成共识,否则无法有效地开展工作。他写道:

> 于是我去最大的书店找这方面最好的书。我找到《库欣手册》,还有《维尔森文摘》(*Wilson's Digest*)。后者记录了英国议会和美国国会约 2 400 个判例。我又请人找来《国会手册》(*Congressional Manual*),因为里面有《杰斐逊手册》,还有众议院规则,以及巴克雷(Barclay)的《众议院规程摘要》(*Digest of Rules and Practice of the House*),等等。

> 仔细分析这些材料,我越来越觉得明确地定义通用议事规则并非易事。例如,杰斐逊和库欣给了"结束辩论""改期""搁置"和"委托"同样的优先级。而众议院规定的优先级从高到低依次是"结束辩论""改期""委托""修改""搁置"。参议院不允许"结束辩论",还把"搁置"放在最高优先级。还有,如果"删除某段落"的动议被否决,众参两院都规定可以在以后对这一段落进行修改,但杰斐逊、库欣还有英国议会规则都规定不可以。在国会,动议的形式为"删除某段落",而在其他著作中,动议的形式应为"是否保留此段落为决议的一部分"。

> 还有,关于辩论,参议院允许每位议员对同一动议在同一天内发言两次,每次发言没有时间限制。而所有其他著作却只允许同一天就同一动议发言一次。众议院还限制每次发言时间为一小时。国会规定有些动议是不可辩论的。库欣提到通常立法机构里面对于"休会""暂停""结束辩论""会议程序"等动议是应该不经辩论直接表决的,而其他的著作则根本没有提到"不可辩论"这回事儿。

> 这些例子说明,在如此混乱的情况下,想要迅速地了解议事规则以便有效地展开合作是一件多么困难的事情。

于是,罗伯特决定自己起草一些议事规则。一开始他打算写 16 页左右,他以为应该够他和妻子所在的社团用了。那样的话,每个人都清楚哪些动议可以辩论,哪些动议可以修改,哪些动议需要"三分之二表决",还有动议之间的优先级顺序。[9]写了几页之后他就印出来试了一试,感觉还是很有

⑨　即当一个动议待决的时候,可以提出什么其他的动议,具体请参阅 5:8—13。

效的,大家的反馈很积极。但是他最后并没有把这个小册子写完,因为他发现仅仅"给很少的几个组织制定明晰的议事规则"并不可能真正地解决问题。

大约在 1871 年,罗伯特被派转到俄勒冈的波特兰,由于军队事务变得繁重起来,他不得不暂时将议事规则方面的研究放开,但他仍然抽出时间参与各种组织的活动,并逐渐明晰、强化了一些他在旧金山时就已经萌生的想法:(1)总体上讲,一般的组织不可能有能力为自己量身定制一套议事规则,也就是说,库欣的办法是行不通的;(2)即使一些组织真的制定出适合自己的一套议事规则,结果也会是更多不同版本的议事规则造成更多的混乱。真正的需求恰恰应该反过来——人们应该使用相同的议事规则,无论是在同一个地方的不同组织里面,还是在不同的地方之间;(3)尽管各种组织宗旨不同,但从议事规则的角度考虑,多数一般的组织完全可以在总体上使用同一套议事规则;(4)从可见的趋势来看,众议院议事规则的基础部分,例如动议的优先级顺序、动议的可辩论性等,受到越来越多的认可,而且经过几十年的发展,已趋于成熟——在这个发展过程中,也已经变得与杰斐逊和库欣所奠定的"旧的通用议事规则"相当不同。

罗伯特于是坚信人们需要一套新的议事规则,一本新的议事规则手册。"在总体原则上,以国会的规则为基础;在具体细节上,适应一般组织的需要。不仅要包括召集会议和运作会议的方法、官员及其职责、各种动议的名称,还要系统地阐述每种动议的目的、效果、可辩论性、可修改性;如果可以辩论,那么辩论可以在多大程度上针对主动议展开;还有,哪些情况下可以提出该动议,当该动议待决时可以提出其他什么动议,等等。"[10]

罗伯特设想,这样一本手册可以将前人的工作和自己的创新共同编织成一套统一完整的议事规则。在形式上要方便,能够被各类组织采纳为议事规则标准,同时又不妨碍各组织制定适应自身需要的特别议事规则;在内容上要以众议院的规则为主,除非发现在某些情况下有更适合的规则,毕竟一般组织不会像国会那样事务复杂繁重,政党分歧尖锐,会议经年累月。有时参议院的规则更可行,比如允许每人每天对同一个动议发言两次。

xlii

---

[10] 亨利·M.罗伯特:《协商会议议事规则袖珍手册(第一版)》,芝加哥 S.C. Griggs & Company 出版社,1876 年,前言第 3 页[Henry M.Robert, preface to *Pocket Manual of Rules of Order for Deliberative Assemblies*, 1st ed. (Chicago: S.C.Griggs & Company, 1876), p.3]。后续版本中保留并略有修改。

　　直到 1874 年 1 月,罗伯特率领的陆军工程部队在密歇根湖沿岸的密尔沃基(Milwaukee)执行任务时被严冬耽搁了三个月,他才有时间开始动笔。到 10 月时他已经完成了二稿,可供出版了。这份手稿本来就是全部,但后来出版时成为书的第一部分。一开始没人愿意出版,罗伯特决定自己出钱印刷 4 000 册。由于他还有公务在身,不能及时校对,而那台印刷机能提供给他的活字很有限,一次只能印出 16 页。

　　就这样,印刷工作进展缓慢,直到 1875 年底才得以完成。在印刷工作开始后不久,在妻子海伦·思雷舍·罗伯特(Helen Thresher Robert)一定程度的影响下,罗伯特决定为那些没有会议经验的人补充撰写一些内容作为第二部分,即"组织以及事务的处理"(Organization and Conduct of Business)。这部分的语言比较平实,并将第一部分的一些内容重新组织了一下,以便读者理解。1875 年底,含有两部分内容的《协商会议议事规则袖珍手册》(*Pocket Manual of Rules of Order for Deliberative Assemblies*)印刷完成,有 176 页的篇幅。

xliii
　　即使有 4 000 本已经印好的书在手,罗伯特还是得通过不合理的妥协换取一份出版合同,因为出版商担心没人会买这本书。罗伯特只好同意承担 4 000 册的装订费用,并且同意将其中 1 000 册免费送给各地的立法、教育和宗教机构。终于,在 1876 年 2 月 19 日,芝加哥的 S.C.Griggs and Company 出版了本书的第 1 版。而出版商在封面上所加的标题,正是《罗伯特议事规则》(*Robert's Rules of Order*)。第 1 版的原书恐怕现在早就难以寻觅了。

　　罗伯特估计剩下的 3 000 本可以卖两年,他就有时间将读者的意见和建议整理成第 2 版。没想到第一版立刻受到广泛赞誉,并在四个月内销售一空。这样,在第 1 版正式出版六周之后,第 2 版的准备工作就开始了。在 1876 年 7 月底,增加了 16 页的第 2 版也完成了。

　　第二年,书的第二部分"组织以及事务的处理"以及书中的表格"动议的规则列表"(Table of Rules Relating to Motions)得以单独成册出版,命名为《议事指南》(*Parliamentary Guide*)(每本卖 25 美分)。但这个版本没有卖多久,因为人们显然更需要完整的《罗伯特议事规则》(那时每本卖 75 美分)。但第二部分和这个表格,作为罗伯特手册的新颖独特之处,在后续版本中得到保留和发展。而在 1893 年,罗伯特进一步修改补充出版了第 3 版,比第 2 版增加了 26 页。

1896 年，Griggs 出版公司破产，新成立的 Scott，Foresman and Company 购买了前者的书单从而获得了《罗伯特议事规则》的出版权。而"罗伯特议事规则"这个名字，也就是《协商会议议事规则袖珍手册》封面上的短标题，准确地讲，只是指其最初的三个版本。到 1915 年第 4 版出版为止，前三版共卖出 50 多万册。

后续版本

《罗伯特议事规则修订版》(*Robert's Rules of Order Revised*)，是这套规则的第一次全面修订。罗伯特从 1912 年起，历时三年，全职投入，于 1915 年 5 月 5 日出版。罗伯特的第二任妻子，曾经是位教师的伊莎贝尔·霍格兰·罗伯特(Isabel Hoagland Robert)，也作为他的秘书和助理参与了修订（他的第一任妻子海伦于 1895 年逝世）。罗伯特后来描述说，这一版里他所投入的精力比前面三版的精力加起来还多得多。第 4 版的内容比 1893 年版增加了 75%，仅有不足 1/4 是直接延续来的。罗伯特多年间收到成百上千的信件，向他咨询在实际会议中遇到的但在前面的版本中未能解决的问题。基于这些信息，他重新组织书的结构，扩充新的规则，澄清混淆的概念，进行了大量的修改。

1923 年，罗伯特将军逝世。他唯一的儿子——亨利·M.小罗伯特(Henry M.Robert，Jr.)，是美国海军军官学院的数学和经济学教授，每年暑期在哥伦比亚大学教授议事规则。小罗伯特通过父亲建立的信托机构接管了父亲的位置，继承了父亲的事业，继续为广大读者解答议事规则方面的问题。父亲生前就表示希望儿子要继续根据需要对此书进行不断的改进。小罗伯特本打算从海军学院退休以后开始修改工作，但没想到他在 1937 年还没退休时就去世了。

小罗伯特的遗孀莎拉·科尔宾·罗伯特(Sarah Corbin Robert)成为《罗伯特议事规则修订版》新的受托人。跟伊莎贝尔一样，莎拉也曾是一名教师。罗伯特将军生前的最后两部著作，一本是浅显的《议事实践》(*Parliamentary Practice*，1921)，另一本是将军自认为完备详尽的《通用议事规则》(*Parliamentary Law*，1923)，莎拉都曾被请来做评价和提意见。由于丈夫在海军学院事务繁重，莎拉还曾代替丈夫在哥伦比亚大学讲授议事规则课程。

xliv

　　1943 年,伊莎贝尔和莎拉执笔,把罗伯特将军在 1915 年至 1923 年间记录下来的修改放进了一个新的版本,但没有改变 1915 年版的页码格局。1951 年,为了纪念《罗伯特议事规则》出版 75 周年,她们又在上一版的基础上,添加了前言和后记,并做了一些文字修改。这样,以《罗伯特议事规则修订版》为标题,这本书从 1915 年到 1970 年间基本保持了同样的格局。截至 1970 年,所有版本的累计销售量达到了 265 万册。

　　大概从 1960 年起,莎拉开始组织对本书的第二次全面修订。共同担任编辑的还有莎拉的儿子亨利 • M.罗伯特三世(Henry M.Robert Ⅲ)和巴尔的摩的律师威廉 • 埃文斯(William J. Evans)。后来,詹姆斯 • 克利里(James W.Cleary)也作为顾问加入进来。这次修订有两重目标:一是要对内容进行一次全面且深入的梳理;二是要把它从手册发展成为一本参考书,既可以被组织作为"议事规则标准",同时又要易于理解、自成体系,可被一般读者作为参考指南。这两点对于会议主持人、会议成员、议事规则专家甚至讲授议事学课程的老师来说都是同等重要的。但实现这双重目标的难度在开始时被低估了。直到 1970 年 2 月 19 日,就是第 1 版出版整整 94 年后,这第二次大修订才以《罗伯特议事规则新修订版》的标题正式出版。如同老罗伯特在 1915 年版本所耗费的精力比前面三个版本的总和还要多得多一样,1970 年的新修订版也耗费了比前面六个版本的总和还要多得多的精力。

　　在那之后,出现了本书历史上另外一位关键人物——约翰 • 罗伯特 • 雷德格雷夫(John Robert Redgrave),老罗伯特的曾孙。约翰很有商业头脑。老罗伯特最后一个儿辈的孩子过世以后,其建立的信托机构就由"罗伯特规则协会"(The Robert's Rules Association)代替,而约翰就是该协会的经纪人。

　　罗伯特的孙子和威廉 • 埃文斯于 1981 年推出的版本对全书的很多地方做了澄清和修改,但没有改变书的页码结构,因而属于小修订。这些修改也是对 1970 年至 1981 年这 11 年间读者反馈的总结,其中也包括一些重要的修改,如对"结束辩论"和"暂停"的一些修改、董事会作为一种会议类型所具有的特质、禁止打断投票、在不同的辩论限制或表决时间的约束下当分配的辩论时间用尽后如何处理"修正案"(amendment)等。1984 年,Scott, Foresman and Company 又将 1981 年版本以平装本形式再次发行,这还是第一次以平装本形式发行原典全书的最新版本。

　　1990 年,在进一步进行了小范围修改后,第 9 版面世。作者仍是罗伯特

三世、威廉·埃文斯,还有丹尼尔·霍尼曼(Daniel H. Honemann),他也是巴
尔的摩的律师。不过,随着新技术的应用,第9版首次非常轻松地实现了对
全书的一次全面的重排,实现了大量的修改和补充。第9版的前言中列出 *xlvi*
了完整的修改列表,其中最重大的两项是:较早版本中有一节是针对没什么
经验的主持人而写的,后来删去了,这次恢复了此节,并做了改进;另外就是
修改了一些诠释章程和其他文件时所用的原则。

   第10版是在2000年作为千禧年版发行的。这个版本的四位作者是:
罗伯特三世、威廉·埃文斯、丹尼尔·霍尼曼,还有一位是托马斯·鲍尔奇
(Thomas J. Balch)——住在弗吉尼亚的一位伊利诺伊州执业律师。第10
版的"前言"列举了该版本的重要修订。其中包括:澄清了"约定俗成的惯
例"(established custom)与"成文规则"(written rules)之间的关系,进一步
说明哪些情况下通过的动议或者已经实施的行动是无效的,因而任何时候
对他们提出"秩序问题"(Point of Order)都为时不晚,以及与此相关的,哪些
情况下不可以使用"暂缓规则"(Suspend the Rules)。

   第11版出版于2011年。随着威廉·埃文斯的辞世,这版的工作由亨
利·罗伯特三世、丹尼尔·霍尼曼、托马斯·鲍尔奇完成。丹尼尔·西博尔
德(Daniel E. Seabold)和希姆尔·戈伯(Shmuel Gerber)也加入了进来,前者
是纽约州亨普斯特德市霍夫斯特拉大学数学系教授,后者当时是纽约一家
本地周报《五镇犹太时报》(*Five Towns Jewish Times*)的主编。第11版的
更新包括:拓展电子会议的规则,拓展纪律惩戒程序,新增如何回应对选举
结果的质疑,允许以电子邮件发送会议通知给同意这样做的成员。

   第12版一如既往地向更准确、更完善的方向不断提升,也是为了解答
不断出现的新问题。就在第12版即将付梓之际,罗伯特将军的孙子亨利·
M.罗伯特三世,在为本书辛勤工作了60年之后,于2019年1月离我们而
去,享年98岁。

   罗伯特将军逝世之后,参与这本书的所有后续版本的作者,要么是罗伯
特的亲人、朋友和同事,要么是与这些人有着紧密职业联系的人。

罗伯特的影响

   "罗伯特议事规则"之所以诞生,是为了把会议和组织从议事规则的分

xlvii 歧所造成的混乱中解救出来。从这个角度讲,这本书实现了原作者所设立的目标(请参阅第 *xli* 页)。

　　如前所述,"罗伯特议事规则"以美国众议院的议事规则为基础,考虑了一般组织的实际情况,已然成为美国事实上的"通用议事规则",正如当年下议院议事规则在英国的地位一般。但是罗伯特仍然坚持,一个组织必须通过正式的程序、以书面的形式指定本规则为其"议事规则标准",本规则才能真正生效。可是,"罗伯特议事规则"得到越来越多、越来越广泛的承认,即使没有被每个组织一一指定,也已成为事实上的"通用议事规则"。于是,通过提供一套综合了"众议院的议事规则与实践"与"一般组织的实际情况"的成文议事规则,罗伯特为建立一套统一、清晰、完整的通用议事规则找到了一条成功的道路,在建立、健全并发展美国的议事规则的过程中,功不可没。前众议院议事规则专家克莱伦斯·加农(Clarence Cannon)评价它是"一套广泛满足各类组织需要的系统规则,虽然仍在个别细节上有解读上的分歧,但已经成为无可争议的标准和权威"[⑪]。

　　罗伯特曾说:"民主最大的教训,是要让多数方懂得他们应该让少数方有机会充分、自由地表达自己的意见,而让少数方明白既然他们的意见不占多数,就应该体面地让步,把对方的观点作为全体的决定来承认,积极地参与实施,同时他们仍有权利通过规则来改变局势。"[⑫]罗伯特在其职业生涯的后期主持了很多工程类的董事会。有趣的是,通过他的主持,这些董事会所形成的报告绝大部分都获得董事会成员们的全票通过。他在公共事务、社会服务和宗教性质的组织中也有着同样的情况。他似乎并不仅仅满足于多数通过,而是更喜欢全体一致。

　　表面看起来这很矛盾,但事实并非如此。罗伯特当然清楚当年英国议会上院的议事规则经历了怎样的曲折才从追求"全体共识"和"一致通过"发 *xlviii* 展到今天人们接受"过半数通过",正是因为人们认识到对"一致"甚至是"基本一致"的追求本身就会变成一种独裁。在一个追求"一致"的组织里,各种错误的感受——不愿被人视作反对领导,不愿因说出不同意见而遭到歧视,

---

⑪　《大英百科全书》1958 年版,词条"议事规则"(*Encyclopaedia Britannica*, 1958 ed., s.v. "Rules of Order")。

⑫　亨利·M.罗伯特:《通用议事规则》,1923 年,1975 年纽约 Irvington Publications 出版社重印,第 4 页[Henry M. Robert, *Parliamentary Law* (1923; reprint, New York: Irvington Publications, 1975), p.4]。

不愿被人说成是集体团结的障碍,等等——自然会导致在"全体一致"的假象下,做出的决定却没有人真正满意,结果也就没有人真正愿意去实施这些决定,没有人真正愿意为这些决定负责。更严重的问题是,共识希望覆盖的人数越多,实质包含的措施就越少,最后得到的决策往往笼统空泛,对解决实际问题无济于事,反而在实质上把权力交给负责执行的组织官员、工作人员或会议组织者,任其依己意愿,自行裁量。相反,罗伯特将军看到,"过半数表决"加上公开明晰的辩论,得到的决定虽只代表参与协商的多数成员,却能够更加明确地挖掘并呈现出组织整体的真实意愿。只有通过真诚的说服和对议事规则的娴熟运用,罗伯特将军才能够如此高度地统一众人的意见。

通用议事规则的根本原则

"通用议事规则"在构建时的一个核心原则，就是要谨慎仔细地平衡"组织"（organization）和"会议"（assembly）中个人和群体的"权利"（rights），包括：

- 意见占多数者，即"多数方"（majority）的权利；
- 意见占少数者，即"少数方"（minority）的权利，特别是对于占总人数少于 1/2 但大于 1/3 的所谓"强少数方"（strong minority）的权利；
- 每个成员的权利；
- "缺席者"（absentee）的权利；
- 所有上述人群作为一个整体的权利。

"通用议事规则"的实质就是通过适当的措施保护上述各项权利。正是对保护这些权利的不懈追求才换来了"通用议事规则"今天的发展。

"通用议事规则"使一个组织的全体成员通过会议协商的方式表达其总体的意愿。全体成员按照自己的意愿选出领导人，并将一部分权力授予领导人，但是同时，又必须明确地保留指定的权力，使组织仍然能够直接控制自身的事务，避免领导人的权力过大，避免领导人将自己的意志强加在组织的头上。

从根本上讲，是参与会议的"多数方"（majority）决定了一个会议的总体意愿*，但是这样的决定，必须要经过一个自由、充分的辩论协商过程才可

---

* 对于不同的议题，"多数方"不是固定的。这也是本书中把"majority"翻译成"多数方"而不是"多数派"的原因。"多数派"容易被误解成一个派系，相对固定的一群人。而"majority"在本书中仅仅是指在每一个单独的议题的表决中，票数超过了半数的那些人的一个抽象集合。——译者注

以做出。要想取消或限制个人或者"少数方"(minority)进行辩论的权利,必须得到"在场且投票者"(present and voting)的 2/3 或者更多票数的同意。

由此可以推出,每一个人或一群人,都有尽其最大努力把自己的立场变成总体意愿的权利,但这要在整体利益所能容忍的程度之内。也就是说,虽然这种权利是当然的,但并不等于说在任何时候坚持这种权利都是明智或有益的。

还有一条重要的原则是,改变会议和组织已经做出的决定,要比通过一个新的决定难度更大。这是为了避免会议和组织决策的不稳定。否则,类似出席人数微小变化这样的因素都可能会造成决策的重大变化。

从根本上讲,基于"通用议事规则"的会议和组织是自由的——最大程度地保护组织自身,最大程度地考虑组织成员的权利,并在此基础上,独立地做出组织的决定。

要能适用于各种规模的组织和会议,要面对从和谐一致到针锋相对的各种各样的局面,要合理考虑到每一位成员的意见,要用最少的时间,要就大量复杂程度各异的问题达成最大程度的一致,总之,要在如此之多的要求下最大程度地体现一个组织的总体意愿,应用"通用议事规则"是迄今为止人们找到的最好方法。

目 录

x

xix

xx

xxi

第 一 章

协商会议的类型和规则体系

§1. 协商会议

协商会议的特征

{1:1} "协商会议"(deliberative assembly)——泛指采用"通用议事规则"来运作的会议和组织——具有如下特征:

- 它是一个由人组成的集体;它有权举行会议,通过自由充分的讨论,以整个集体的名义自主地决定一致的行动。
- 它的会议要在"共同的场所"进行,或在等同于"共同的场所"的条件下进行,即所有人都有机会实时地参与相互的口头交流。[①]
- 它的成员——指有资格加入它的人——在会议和组织中通常可以根据自己的判断采取自由的行动。
- 在任何一项决定中,每位在场成员的观点都拥有相同的权重,并且通过投票/表决的方式表达;如果其投票属于获胜方,则该成员为此决定(通过或否决)承担直接的个人责任。
- 即使成员表达的意见与会议或组织的决定不同,也并不意味着该成员希望退出该会议或组织,会议或组织也无权以此为理由要求该成员退出。
- 如果有成员缺席——无论是立法机构还是一般的组织,对于任何正式建立的固定组织来说,缺席都是很难避免的——出席例行会议或

---

① 以书面的方式——例如信函、电子邮件或者传真等——进行协商,不符合"协商会议"的特征。因为以这些书面方式进行决策,会出现太多通用议事规则没有先例的情况,也会有太多的通用议事规则不能适用(请参阅 9:30—36)。

合规召开的其他会议﹡的成员可以代表全体成员做决定,但必须满足组织的治理规则所规定的限制条件[还必须满足"有效人数"(quorum of members),请参阅 3:3—5,以及第 40 节]。

{1:2} 本书的规则原则上适用于那些满足以上所有特征的会议和组织。当然,对于那些具有不同程度的协商性质但只部分满足上述条件的会议和组织,本书的规则和惯例也可在不同程度上适用。

{1:3} 需要对"**会议**"这个词特别注意,在中文里,它既可以指开会的主体,即人的集合或组织本身,也可以指开会这一事件和行为。而在英文里面,"assembly"是指开会的主体,"meeting"是指开会这一事件和行为。虽然实际应用的时候,二者常常可以互换——例如"公众集会"(mass meeting)是描述会议主体的,但它的英文用了"meeting"这个词——但还是应该注意分辨具体指的是主体还是行为。在本书中,"assembly"翻译成"会议""组织"或统称为"会议和组织","meeting"就直接翻译成"会议"。还要注意"一场会议"和"一次会议"的区别,英文里面"一场会议"用"meeting"这个词,而"一次会议"用"session"。具体的定义请参阅第 8 节。一次会议可以大概地定义为会议和组织处理事务的一个完整过程,一般要由一场或者若干场会议组成。

{1:4} 根据前面的定义,从议事规则的角度来说,会议或组织的"**成员**"(member)是指有权充分参与其议事过程的人。根据第 3、4 节的具体说明,这些权利包括"**出席权**""**动议权**""**辩论权**""**表决权**"等。除非经过"纪律惩戒程序"(disciplinary proceedings),否则不可以剥夺任何成员个体的上述基本权利,或任何与这些基本权利相伴的其他权利,例如"提名权"或给出某个动议的"事先告知"(give previous notice of a motion)的权利。有些固定组织对成员资格进行了分级,那么有些级别的成员就只拥有部分的权利。在本书中,除非特别声明,"成员"(member)一词指的是享有充分权利的人,有时还可以用"**有表决权成员**"(voting member)来明确和强调,即"有表决权"就一定有其他所有权利。

{1:5} 即使一个协商会议没有制定任何成文规则,通常也认为它仍然受

﹡　　"例行会议或合规召开的其他会议"(a regular or properly called meeting)的定义在 9:30。在合规召集的前提下,在满足"有效人数"的基础上,组织的成员在同一个场合正式集会以处理事务,这样的一场连续的活动就是一场会议,包括"例行会议",也可能包括"临时会议",以及作为这二者的延续的"后续会议"。——译者注

"通用议事规则"（general/common parliamentary law）的约束（如"原著导言"中描述的那样）。当然，这是在组织内部对"通用议事规则"的具体条款和做法有共识的情况下。不过大多数会议和组织都有成文规则，且分为若干级别，有的由组织自身制定，有的由组织的上级机构制定。这些规则，有些关乎组织的根本，有些阐述了组织的宗旨和使命，有些是对"通用议事规则"的诠释或补充，有些则规定了议事规则之外的其他事情。第 2 节介绍了一般情况下这种规则体系的构成，以及本书的规则在这样的体系中所处的地位。除了通用议事规则和组织自己制定的特别议事规则，组织的行为还受到其所在地方、州或者国家的法律法规的约束，并且这些法律法规有更高的效力。[②]

{1:6} 在协商会议中，形成决定的基本原则是：一个动议必须得到**"过半数表决"**（majority vote）才能成为会议和组织的决定或行动，也就是说在一次例行会议或合规召开的其他会议（请参阅 44：1—2）上，一半以上**"在场且投票"**（present and voting）的成员明确表示赞成，并对此决定负责。还有一些情况下，形成决定需要更高的表决额度，例如（1）法律规定的；（2）会议和组织根据自己的情况特别规定的；（3）某些议事程序会牺牲**"少数方"**（minority）、缺席者或成员中某一群体的正当权益，因此通用议事规则对这些议事程序规定了更高的表决额度。

{1:7} 当形成决定需要比"过半数表决"更高的表决额度时，最常采用的是**"三分之二表决"**（two-thirds vote），也就是说至少有三分之二"在场且投票"的成员明确表示赞成。在一些情况下，不管使用的是哪一种表决额度，都还要求**"事先告知"**（previous notice）。就是说对于本次会议将要进行讨论的议题，应该在上一次会议上或者本次会议的会议通知中进行言简意赅的描述（请参阅 10：44—51）。**"会议通知"**（the call of a meeting），是即将召开的下一次会议的书面通知，写明时间地点等信息，以信件或其他方式，在适当的时间提前传达给组织的全体成员。有关表决额度的规定在第 44 节有详细的描述，例如**"全体成员的过半数表决"**（majority of the entire membership），就是指全体成员的过半数。

{1:8} 无论何时，只要规则中提到表决额度，例如过半数、三分之二等，表决要想生效，必须有一个前提，就是表决时在场的成员人数必须达到一定的

要求,这个所谓的最少人数就是"有效人数"(quorum;请参阅 3∶3—5 以及第 40 节);在"有效人数"不满足时,只能对组织章程所允许的个别程序性动作 (procedural actions)做出有效力的决定。

协商会议的类型

{1:9} 协商会议有很多种。根据在议事规则上的不同特征,协商会议可以分为五种主要类型∶(1)公众集会(mass meeting);(2)固定组织的会议 (assembly of an organized society),特别是指本地组织的会议,或者多级组织的最基层组织的会议;(3)代表大会(convention);(4)立法机构(legislative body);(5)董事会(board)。下面分别简要描述。

【公众集会】

{1:10} 原则上讲,"公众集会"(mass meeting)是形式上最简单的协商会议,但并不是最常见的。公众集会一般没有固定的组织机构,由发起者来定义会议的议题和目标。任何人,或者某类人群中的任何人,只要对这些议题和目标有兴趣,就都可以参加,目的是决定并实施共同的行动。基于这种模式,有时需要接连开几场会议才能达成目标,就可以把这几场会议称为"一次会议"(session)。举例来说,与会者可以是某一政党的拥护者,或者是某城市中所有拥有房屋产权的人、所有反对某一增税政策的人,等等。必要的话可以限制只有相关的人才可出席。而一旦出席,每个人都有权以会议成员的身份参与议事,但一般要以在总体上支持发起方所宣称的会议目标为前提。

{1:11} 还要注意,虽然公众集会一般希望有众多人出席,但这并不是必要条件。构建一个组织的过程,开始就是采用公众集会的形式,通过几场会议,组织正式建立,之后的会议就不再是公众集会了。

{1:12} 公众集会在第 53 节有更深入的讨论。

【固定组织的基层会议】

{1:13} "固定组织的基层会议"(the local assembly of an organized society) *

---

* 之所以叫做"固定组织的基层会议",是因为它既不像"公众集会"那样没有固定的组织,也不像"代表大会"那样由代表一个多级组织的整体利益的代表们参加的大会,当然它更不是立法机构或者董事会。——译者注

是最常见的会议形式。"固定组织"就是已经组建成立的组织。"基层会议"的概念就是：如果是一个本身规模不大的本地组织，那么这类会议可以指它的全体会议；如果是规模较大、有总部又有分支机构、还可能跨不同地域的多级组织，那么这类会议不是指其全体会议，而是指其基层组织的会议，但这里的"基层"泛指"局部的"，并不一定是最底层的，主要是跟下面要讲到的"代表大会"相区别。对于这样的"本地组织"或"基层组织"来说，这类会议拥有最高权力，代表其全体成员做出决定和采取行动（除非组织章程或其他根本文件中有不同的规定）。这类组织的成员必须在成员名册上作为"有效的"（in good standing）③"有表决权成员"（voting members）登记后才有正式的资格。本地组织的章程中一般规定组织应按指定周期召开例行会议（请参阅 2:8—13），如每周、每月、每季度甚至每年；还应规定召集"临时会议"所需要的条件和程序（请参阅 9:13—16）。这类组织的每一场会议一般都单独构成了一次会议（请参阅第 8 节），一般不用分成几场会议完成一次会议的任务。

【代表大会】

{1:14} **"代表大会"**（convention）是由"代表"（delegates，但与"立法机构"的"代表"不是一个概念）组成的会议，一般是针对由很多"组成机构"（constituent units）组成的或者拥有很多"分支机构"（subdivisions）的大型组织而言的，是指由各组成机构或分支机构选出的**"代表"**共同参加，并以整个组织的名义举行并做出决策的会议。一般每次代表大会（session）的代表都只对这一次大会有效，下次大会要重新推选。*

{1:15} 最常见的代表大会就是那些州或者全国规模的协会召集各分会，并由各分会成员从自身当中推选代表参加的年会或者双年会。有时也会为了组建一个更大的协会或者联合会而召集代表大会；或者，类似公众集会，代表大会也可用来将各相关方以及各相关组织的代表召集起来共同应对某一问题。一次代表大会的时间一般不会超过一周。但原则上时间长度并没有限制，例如，起草一部新的州宪法所召开的制宪会议，就可能长达几周甚至数月。

{1:16} 代表大会的有权表决成员需要以有效的**"证明文件"**（credential）

---

③　"有效的"指成员权利没有因纪律惩戒或执行章程规定而被暂停。拖欠会费并非一定导致会籍无效（请参阅 45:1 和 56:19）。如果成员的部分权利被暂停（例如动议权和发言权），则其他权利并不受影响，例如出席权和投票权。

*　因而代表大会具有临时性，这一点区别于立法机构。立法机构虽然也由代表组成，但属于一种特殊的固定组织。——译者注

证明其代表资格，或者因其他理由而享有代表资格。"资格审查委员会"(Credentials Committee)必须对此进行核准并向代表大会报告。代表大会中的"全体成员的过半数表决"中的"全体成员"就是指代表大会成员名册记录的全体"有表决权成员"[请参阅 44:9(2)和 59:25]。

{1:17} 一次代表大会的结束通常也意味着代表大会的解散。对于州或全国规模的组织来说，一年或者两年之后下一次代表大会开幕时，将是一个新的代表大会。

{1:18} 代表大会在第 58、59、60 节深入讨论。

【立法机构】

{1:19} "立法机构"(legislative body)一般是指国会或者州议会，是依据宪法设立的、由选民选举产生并有固定任期的议员或代表组成的立法机构。这样的立法机构通常(但不是必须)由两部分会议体构成，称为"院"(house)。立法机构的一次会议(session)可能持续数月，其间可能会每天都有会议。参加会议本身就是这些议员的全职工作，而且是带薪的工作，所以可以依法强制他们出席会议。

{1:20} 一般来说，各州议会或国会都有各自完善的议事规则体系，以及相应的"解释"(interpretations)和"先例"(precedents)，所以某个特定的立法院的具体规则只有在他们自己的议事规则手册(manual)里面才能准确地找到。

{1:21} 但还应该注意，与此相关的，有一些规模比较小的公共机构，它们具备一定的立法职能，却不是完整意义上的立法机构，反而更接近"董事会"(board)或者固定组织的会议(the assembly of a society)，例如"市议会"(city council)就是如此。市议会每周或者每月召开一次会议，且市议会的议员在他们提供公共服务的任期内仍然继续他们原本各自的全职工作。

【董事会】

{1:22} "董事会"(board) * 在一般意义上讲，是泛指具备某种行政(ad-

---

* 英文"board"在不同的情况下可以翻译成不同的中文名称，比如"董事会"、"理事会"、"委员会"(但不同于 committee 所指的委员会，后面有对此专门的比较)，也可翻译成政府的部门，如"局"等。在本译本中，一般情况下将 board 统一称作"董事会"。这也是由"董事会"的中文含义决定的。"董"有监督、管理、统率、领导之意。"董事会"可以泛指有资格主管一个组织的一般事务的会议机构。中文中"理事会"与"董事会"含义是一样的，只是不同的叫法。中文"董事会"常常特指股份公司的"董事会"，但实际上股份公司的"董事会"只是"董事会"的一种。——译者注

ministrative)、管理(managerial)或"准司法"(quasi-judicial)权力的会议,而其成员既可以是选举产生的,也可以是由更高权力机关指派的。董事会与其他几种主要类型的协商会议有如下区别:

(1) 董事会通常比其他类型的协商会议规模要小;

(2) 无论董事会是否完全独立运作,它的权力和责任都是由自身之外的、更高的权力机关所委托或授予的。

{1:23} 有些董事会是由国家、州或基层政府指派的、代表政府行使特定功能的机构。例如村议会(a village board),其运作方式非常类似于市议会;还有教育委员会(a board of education)、考试委员会(a board of examiners)等。对于非股份制的企业或机构,如果没有全体成员大会,没有构成全体有表决权成员的人群,例如大学或基金会,那么董事会就是其最高治理机构(the supreme governing body)。这里董事会的成员都可以叫做"董事"*。类似地,对于股份制的企业,虽然"董事会"(the board of directors)是由一年一次的股东大会选举产生的,但董事会才是企业经营管理的最高权力机构(the highest authority)。与此相反,对于有全体成员大会的固定组织来说,董事会是全体成员大会的下属机构。全体成员会议通过董事会执行组织职能,贯彻组织决议。第49节详细讨论董事会。

委员会或小董事会议事规则的灵活应用

{1:24} 必须要注意区分"董事会"(board)和"委员会"(committee),以便理解后续的内容。董事会无论规模大小,都是一种类型的协商会议,这在前面刚刚说过。相反,委员会一般是指相对规模很小的机构,从属于一个大会,只能向上级机构汇报,并没有可独立行使的权力,因而"委员会"不是完整意义上的、独立的协商会议。这里要说的是,规模较大的董事会可以采用跟其他类型的协商会议同样的议事规则。规模较小的董事会以及委员会,大多数议事规则仍然适用,但可以适当地修改规则,允许更多的灵活性而放

---

* 英文可能是 director、manager、trustee、governor 等,它们都有"董事"的意思,而且在此环境中,都应做"董事"讲,而不再是"主任、经理、受托人、州长"等。还应该注意,"董事"有广义和狭义之分。广义上讲,"董事会成员"都可以称为"董事"。但严格意义上的"董事"只是"董事会成员"的一部分,请参阅 49:4 和 49:8。——译者注

弃一定的正式性(请参阅 49:21 和 50:25—26)。在第 49 节和第 50 节我们
还会深入讨论二者的区别。

§ 2. 会议和组织的规则体系

　　{2:1} 任何已成立的固定组织都需要一套规则来定义自己的组织架构和
运行模式。另外,每个会议和组织也都需要正式采纳一套议事规则,这主要
是由于人们对于"通用议事规则"的具体条款可能理解不充分或者存在分
歧,而这些分歧可能对一些重大问题产生不同的结果。

　　{2:2} 经验使人们意识到,组织应该有一些根本规则。这些规则是不容
轻易改变的,也不可以轻易"暂缓"(suspend)——就是说为了某个目的,暂
时不遵守某条规则,暂时忽略该规则的约束和限制,并在这个目的满足之后
立刻恢复。于是,一个组织的规则通常会分为若干级别:有些级别的规则对
于每个组织来说都是需要的,有些级别的规则是在某些情况下才需要的。
基于这样的框架,以"通用议事规则"为基础,会议和组织有权制定任何特殊
规则,甚至是与"通用议事规则"相抵触的规则,只要制定这些规则时所履行
的程序符合通用议事规则或者组织已有的规则。当然,还有一些底线是不
能逾越的,比如,对于有总部、州和地方多级结构的组织,任一级别组织的规
则不能违反上级组织的约束和限制;再有,任何组织的规则都不能违反各级
政府的相关法律。

　　{2:3} 一个组织的规则体系,一般可做如下分类:"法人证书"(Corporate
Charter)、"章程"(Constitution and/or Bylaws)、"议事规则"(Rules of Or-
der)和"一般管理规则"(Standing Rules)。其中,"议事规则"由"议事规则
标准"(Parliamentary Authority)(指定一本成文的通用议事规则作为本组
织的权威标准)和按需制定的"特别议事规则"(Special Rules of Order)共
同构成。下面分别介绍这些不同类别的规则。对于"章程",第 56 节和第 57
节有更深入的解释。

　　{2:4} 如果出现了任何成文规则都没有规定的情况,组织可以根据"惯
例"(established custom)来做出判断,下面也会进一步介绍。

法人证书

{2:5} "法人证书"(Corporate Charter)是一份法律文件,规定一个组织的名称、宗旨,以及法律要求提供的其他信息,以便注册成为一个法人。在美国,此处所谓的法律一般是指州法律,但对于一些特别类型的组织,可能需要使用联邦法律。如果一个组织需要持有财产、继承遗产、建立有法律效力的契约、雇佣职员、作为法人起诉或被起诉、使其官员和成员在一定的法律问题中免负个人责任等,那么该组织应当采取法人的形式,不过有些州的法律对此规定也不是绝对的。一般地讲,如果相关法律没有规定一个组织即将从事的活动必须采取法人的形式,该组织也可以不采用。*

{2:6} 法人证书应该由律师起草,然后在履行设立法人组织的法律程序(依据州的或联邦的相关法律)后得以生效。其后对于法人证书的任何修改也要符合有关法律的规定,如果法人证书对自身的修改也做了限制,那么这些限制也具有法律效力。

{2:7} 在法人组织中,法人证书拥有最高效力,所有其他规章制度,不得与法人证书相冲突。法人证书规定的一切,法人组织没有权力"暂缓",除非法人证书本身或有关法律允许这样做。因此,法人证书通常只应包含那些法律规定必须包含的信息以保证法人组织得以建立,然后尽可能把其他的事情交给章程或者更低级别的规则,但应遵循下面以及第 56 节中描述的原则。④

章程

{2:8} 一般来说,一个组织的"章程"[美国过去的做法是用"constitution"指"总章程",内容相对笼统但是更具根本性,而"bylaws"指"章程细则",内

---

④ 英文"charter"还有一层意思,指一个组织的上级机构(全国或者州)颁发的建立某一下级分支机构的特许证。虽然这样的特许证在法律上没有设立法人组织的效力,而且措辞也不是严格的,它仍然在该分支机构中拥有最高的效力,因为它至少规定了该分支机构的规则不得违背上级机构的规则。

*   英文"corporation"泛指法人组织,包括"法人团体"和"公司"。"法人证书"在各州也有不同的名称,如"执照""特许状""许可证明""注册证书"等(Certificate of Incorporation, Articles of Incorpo-ration, Articles of Association)。——译者注

容相对具体一些。但现在的趋势是将二者合并成一个文件。本书把这份合并后的文件统一称做"章程"(bylaws, 也有些组织用"constitution"或者"constitution and bylaws")]涵盖的是该组织所特有的根本性的规则,而不是指议事规则。"**章程**"(bylaws)具有如下特点:

(1) 无论组织是否采用法人的形式,章程应该具有本质上同样的形式和内容(除了对"名称"和"宗旨"放在哪个文件里可有所选择);

(2) 章程定义的是一个组织的主要特征。对于非法人的组织,章程是该组织赖以存在的根本性文件,对于法人组织,章程必须与法人证书一致;

(3) 描述组织如何运转;

(4) 组织认为重要的规则应该放在章程中,所谓"重要",体现在:①对这些规则的修改需要"事先告知"(previous notice),并且需要比"过半数表决"(majority vote)更高的表决额度,这个表决额度需要事先(在章程中)指定,比如"三分之二表决",否则不能修改;②不可"暂缓"这些规则,除非这些规则本身指出了可以暂缓的条件,或者这些规则虽然写在章程里,但显然是属于"议事规则"性质的。请参阅 2:14,以及 25:7—13 和 56:50—56。

{2:9} 章程中条款的数量常常取决于组织的规模和活动性质。但一般情况下,非法人的组织,其章程要涵盖如下内容:

(1) 组织的名称;

(2) 组织的宗旨;

(3) 组织的成员;

(4) 组织的官员;

(5) 组织的会议;

(6) 董事会(根据需要);

(7) 下属的委员会;

(8) 议事规则标准(指定一本"通用议事规则"的著作的名字);

(9) 章程的修改,即规定修改章程需要的规则和程序。

对于法人团体,其名称和宗旨已经在法人证书中规定,所以章程不应该含有第一、二两项。章程的具体内容在第 56 节讨论。

{2:10} 在过去,比较习惯的做法是将"总章程"和"章程细则"分开为两份文件,并规定"总章程"比"章程细则"更不容易修改(修改的表决额度高,只能在年度会议上修改,等等)。这时,"总章程"一般含有上面列表的前五项,再加上关于修改总章程的规定。然后其他几项就放在"章程细则"里面。当然"章程细则"也要包含如何修改细则的规定。有些地方的法律仍规定一些组织必须有分离的"章程"和"章程细则"。还有些历史较久又不常修改自身规章的组织今天还保留了这种分离的体系。这样分开的唯一好处是可以让一部分更根本性的条款更加难以修改,以保证组织的一些根本原则的延续性,而令其他的条款有发展、变化的灵活性。

{2:11} 分离的"总章程"和"章程细则"不适合法人团体,因为那样的话,"总章程"跟"法人证书"的内容基本就重叠了。即使在非法人的组织中,合并为一体的"章程"也是更好的选择,因为这样可以避免很多重复和自相矛盾的地方,为组织成员提供一套更加易于理解和方便使用的规则。

{2:12} 法人组织中"法人证书"是最高规则。在今天一般的非法人组织中,一体化的"章程"(bylaws)就是组织的最高规则,高于组织的所有其他规则。如果"总章程"(constitution)和"章程细则"(bylaws)分离,那么"总章程"高于"章程细则"。

{2:13} 章程,本质上就是站在组织整体的立场上对组织的会议所拥有的权力(也就是出席组织的某一次会议的所有成员所拥有的权力)做出的规定和限制。同样,章程中的条款也规定了组织中每一位成员的权利——无论这位成员是否在某次会议中在场。组织应该向每一位成员提供一份章程,如果有法人证书,还应连同法人证书一起,再加上所有的"特别议事规则"(组织另行制定的、章程所指定的议事规则标准所未尽的或与之不同的议事规则)和一般管理规则,使成员明确自己组织的规则体系。而每一位成员也都应该熟悉这些规则以便充分地参与组织事务。

议事规则

{2:14} "议事规则"(rules of order)就是指被会议和组织正式采纳的、成文的议事规则。这些规则关注的是成员在会议上如何有序议事,以及会议或组织的官员必须承担什么责任。议事规则的目标是保证会议顺畅有序地开展,并为解决程序上的分歧提供坚实的基准。

{2:15} 对比章程而言,议事规则的内容大体上是来自"**通用议事规则**"(general/common parliamentary law)的一般特性,而章程的内容则主要来自组织自身的特征。因此,虽然议事规则要在不同的环境中应用,但是这些规则本身,对于所有一般的会议和组织来说,几乎是一样的,而且跟"通用议事规则"也是吻合的。所以,通常的做法是,在章程中指定一本成文编撰,指明名称和版本,作为本组织的"**议事规则标准**"(parliamentary authority),然后再根据需要制定"**特别议事规则**"(special rules of order),以补充或修改议事规则标准中的条款。如果章程中没有指定任何议事规则标准,那么可以通过开会表决来采纳一本,所需要的表决额度与通过"特别议事规则"所需要的表决额度是一样的("事先告知"并"三分之二表决",或"全体成员的过半数表决"),但是最好的做法还是通过修改章程来指定一本。在公众集会中,或者在组织成立前的筹备会议中,也就是在组织尚未拥有任何成文规则之前,可以在这些会议的一开始,以"过半数表决"的额度通过决议指定一本"议事规则标准"。同时也可以通过一些单独的"特别议事规则",所需表决额度也是"过半数表决"。

{2:16} "特别议事规则"如果与"议事规则标准"中的议事规则相矛盾,"特别议事规则"优先。[5]一般的组织有了"议事规则标准"就足够了,很少需要"特别议事规则",除了下面这些情况:

- 有时应该用一条特别议事规则来规定组织的"会议程序"(order of business)(请参阅 3:16);
- 通常有必要用一条特别议事规则来规定在针对一个议题的辩论中,每个成员允许发言的次数和每次发言的时间;
- 对于成员人数不多——例如 10 人左右——的组织来说,可以通过一条特别议事规则来允许采用类似于小董事会(请参阅 49:21)的较非正式的议事规则。

{2:17} 特别议事规则通常以"决议"(resolution,请参阅 4:4—5 和 10:13—23)的形式通过,但是当这些决议以书面形式印刷出来的时候,要省

---

⑤ 但是,章程指定的那本"议事规则标准"如果规定,某一条具体的议事规则没有章程的授权不可以修改,那么就不可以通过跟那条议事规则相矛盾的特别议事规则。

去引导词"决定,……"(Resolved , That)。

{2:18} 在一个会议或组织指定了一本议事规则标准(比如本书)以后,该议事规则标准的所有条款——只要不与该组织的章程、特别议事规则或者任何有关的法律法规相冲突——就对该会议或组织产生了排他性的约束力,而不管其他的"通用议事规则"的著作是怎么规定的。但会有一些情况,指定的议事规则标准没有涉及、没有规定该如何处理,而别的著作有相应的规定,那么这些规定也是可以借鉴的,叫做"**具备指导性**"(persuasive),但它们对该会议或组织没有约束力,只是因为没有更适当的依据而拿来借鉴一下。

{2:19} 严谨的做法是要以书面的形式正式地指定一本"议事规则标准"。但也存在一些不够严谨但未尝不可的做法。例如非正式地指定一本著作为"具备指导性",或者经过长时间的积累,已经约定俗成地把某本成文编撰作为自己的议事规则标准。

{2:20} "特别议事规则"和"章程"是分别通过的,所以应该分开成两份文件,但应该装订在一本手册里,标上各自的标题。有些组织将某些特别议事规则性质的条款——常见的就是规定自己的"**会议程序**"(order of business)的条款——放在章程里面,这样做不是很可取。因为当你想"暂缓"执行这个会议程序的时候(例如改变议事的顺序),虽然属于议事规则性质,但它在章程里面,能不能暂缓可能出现争议。

{2:21} 议事规则,无论是写在议事规则标准中的,还是写在特别议事规则中的,都可以通过"三分之二表决"来"暂缓",这在第25节有更详细的解释(那里也列举了不能暂缓的情况)。而章程,严格地讲是不能暂缓的,除非章程中的条款规定了自己如何可以被暂缓,或者章程中的条款很明显的是属于议事规则性质的,那么这些规则可以通过"三分之二表决"来暂缓。

{2:22} 对于在章程之外制定的"特别议事规则",其通过和修改有两种表决额度可以选择:(1)"事先告知"(请参阅10:44—51)并"三分之二表决";(2)"全体成员的过半数表决"。章程最初是在组织建立时获得通过的,之后如果要在章程中增加或者修改章程中已有的特别议事规则性质的条款,那么要遵循章程的修改流程,详见第57节。

一般管理规则

　　{2:23} 本书所指的"**一般管理规则**"（standing rules）具备两个特点：
(1)一般管理规则更关心的是组织的一般管理细节，而不是议事的规则；
(2)一般管理规则的通过和修改所需的条件和程序，跟组织的一般事务是一
样的。举例来说，一般管理规则可以规定每次会议几点开始，或者规定如何
管理来宾名录。一般来说，一般管理规则不会在组织成立的时候立刻制定，
而是根据需要逐步完善。跟"特别议事规则"一样，"一般管理规则"也应该与
"章程"装订在一本手册里，标上自己的标题，也要省去引导词"*决定，……*"。
一般管理规则的通过不需要"事先告知"，任何一次会议的"过半数表决"就可
以了，只要这条规则没有抵触本组织任何既有的规则或已做出的决定；如有
抵触，就意味着需要废除或者修改既有的规则和决定，那么相应的具体表决
额度请参阅 35:2(7)。一旦通过，一般管理规则的效力就一直保持到它被取
消(rescind)或者修改(amend)为止。但是，对于仅在会议环境中有效力的
一般管理规则，在它得到通过之后的任何一次会议中，只需要"过半数表决"，
就可以"暂缓"它，再在提出"暂缓"的那次会议结束时恢复("暂缓"不对之后的
会议有效力)。不能"暂缓"那些在会议环境之外也有效力的一般管理规则。
　　{2:24} 但是，对于代表大会来说，"代表大会特别议事规则"（standing
rules in conventions）与"一般管理规则"（standing rules）的性质在某些方
面是不同的，这在本书 59:27—37 有更详细的解释。有些组织，特别是立法
机构，其"议事规则"在英文中被称做"standing rules" *。但不管一个组织
怎样命名自己规则体系中的各类规则，对于任何一条规则来说，它的内容所
蕴含的本质才真正决定着它如何被通过、修改或暂缓。而这些，只要依据以
上给出的各项定义，就可以很容易地加以区分。

惯例

　　{2:25} 在一些组织中，有时候一些约定俗成的"惯例"（custom）做法已经

---

* 　也就是说，虽然英文都是"standing rules"，但不同情况下它指代的是不同性质的规则，应该以它实
　际的性质来翻译规则的名称。——译者注

成为事实上的规则。这些"惯例"如果跟组织指定的"议事规则标准"或者组织已有的成文规则没有矛盾之处,那么理应被遵守。在希望不按"惯例"行事的时候,组织需以"过半数表决"来做暂时的变通。但是一旦这些"惯例"跟组织指定的"议事规则标准"或者组织已有的成文规则相矛盾,并且有成员提出"秩序问题"(Point of Order,第 23 节)指出这样的矛盾,那么成文规则优先,惯例失效。如果组织更希望采用这些"惯例"的做法,可以把这些"惯例"制定成"特别议事规则"(也可能是"一般管理规则"或"章程条款",根据实际情况)以使其具有效力。

第 二 章

协商会议的议事程序

§3. 基本规则和程序

{3:1} 议事规则是一套复杂的规则体系,其中的概念和规则互相交错、互相联系。想解释清楚一个概念或规则,不可避免地要涉及很多其他的概念。所以本节要先对这套规则的一些概念和规则做一个初步的解释,然后在后面的章节再展开做更全面、深入和详细的说明。

{3:2} 还要注意一点,在理解任何一条规则的时候都不能忘记:对一条规则的定义不过是一句话或一段话,它不可能包罗所有可能遇到的例外。所以在本书中可能会有对某一具体问题所给出的具体规则,似乎跟书中另一处的相对更一般性的规则相冲突。在这种情况下,对这个具体的问题来说,具体的规则要优先于一般的规则[请参阅 56:68(3)]。

协商会议的最小构成

【有效人数】

{3:3} 一次协商会议得以合规召开,或者说会议的决定能够拥有效力(valid)的一个必要的前提条件,就是这次会议上在场的成员的数量必须至少达到规定的"**有效人数**"(the quorum of the assembly)。设立这个条件的目的当然是要保护组织的名义不被滥用,防止一小部分人以组织整体的名义做出不能代表整体意见的决定。根据美国宪法的规定,美国参众两院的有效人数均为"全体成员的过半数"(a majority of the members)。这个比例对于立法机构来讲是合适的,但是对于一般的自愿性组织来说就太高了。对于一般的组织,它的章程中应该规定有效人数,这个数字或比例大致应该是多数情况下都能够满足的人数，可以不考虑那些如恶劣天气之类的特殊情况，但是这个数字或比例也必须尽可能地大，以保证它是有意义的、能代表整体意愿的。对于章程里面没有规定有效人数但成员关系明确的会议或组织（有明确的入籍、身份保持和退籍管理，有成员名录）来说，根据通用议事规则，它的有效人数是"全体成员的过半数"（a majority of the entire membership）。

{3:4} 对于代表大会的会议，除非组织章程有其他规定，有效人数就是指到大会签到注册为已出席的所有代表人数的过半数，并不考虑是不是有代表已经离会。对于公众集会，或者对于一个章程里面没有规定有效人数而且其成员关系又很松散不好确定所有成员人数的组织（比如很多教会或者校友会），就不必对其有效人数做硬性要求，或者如通常所说的"出席人数即构成有效人数"。

{3:5}（关于有效人数的详细解释在第 40 节。）

【基本官员】*

{3:6} 协商会议的进行最少需要两名会议官员，一个是"主持人"（presiding officer）**，主持会议，秉持规则；另一个是"秘书"（secretary 或 clerk），负责形成会议的书面记录，就是"会议纪要"（minutes）。一般情况下，会议的官员也是会议的成员。如果确实如此，那么官员也计入有效人数。

{3:7} 应该注意安排主持人在会场里的位置，即使坐着的时候，主持人也应该能够看到整个会场，而所有的与会者也都应该能够看到主持人（请参阅47:5）。如果主持人坐在讲台（lectern）的后面，那么必要的时候还应安排高椅。会议中主持人所在的位置，叫"主持人席"（the chair），这个位置通常在

---

* 英文"officer"在这里翻译成"官员"，仅指那些依据会议和组织的章程、获得指定的授权、为会议和组织提供指定的服务的人。——译者注

** 术语"presiding officer"是通用议事规则中各种类型协商会议的主持人的一般说法（请参阅47:5），既指主持人这个职位，也指其按照议事规则主持会议的职责与角色，因而虽然直译是"主持官"，但本书统一译为"主持人"。从通用议事规则的角度讲，这里"主持人"的含义更多的是指主持会议的人，是维持会议秩序、使其按照议事规则公平高效地运行的人。这里的"主持人"的权力也仅限于议事规则所赋予的与会议相关的主持权，与实际事务的决定权并无关系，并不是管理上的或行政上的权力。相反，从后面的内容可以看出，主持人在决定具体事务时，为维护公正，往往要回避发表自己的意见。虽然在固定组织中，"presiding officer"通常指的就是"组织负责人"（president），而组织章程可能都会赋予"组织负责人"更多管理或行政上的权力，但那些权力是在会议之外的，不属于通用议事规则的范畴（请参阅47:20）。——译者注

会场"主持台"(platform 或 stage)*的中央。在会议中实际正在主持会议的那个人(无论坐着还是站着),无论是谁,都说"在主持人席"(in the chair),都称为"会议的主持人"(the chair)或者就是"主持人"。英文"the chair"既可以指"会议的主持人",也可以指"主持人席"。秘书的位置应该与主持人靠近,这样他们之间可以方便地交换文件。

{3:8} 主持人、秘书是一个会议或组织运行所必需的两位官员。在第 47 节,我们还会介绍其他官员,以及这些官员的具体职责。

礼节规范

{3:9} 无论是主持人还是每一位与会成员,都必须遵守议事规则所建立的"礼节规范"(customs of formality)。这对于保证主持人的中立立场,保证会议的客观公正,尤其是在出现严重分歧时的客观公正,都是至关重要的。

【成员应遵守的礼节】

{3:10} 对于固定组织来说,"组织负责人"(president)通常担任组织所开会议的主持人,此时可用具体的头衔作为称谓,如"总裁""会长""董事长""理事长""主席"等,也可以就称呼为"主持人"(英文中用 Mr. 称呼男性,Madam 称呼女性,无论婚否)。在立法机构的下院里,这个头衔一般叫做"议长"[美国国会众议院议长称做 Mr.(或 Madam) Speaker]。如果"组织副主持人"(vice-president)** 担任会议的主持人,称呼时一般可以省略"副"字。(但如果正职也出席会议并坐在主持台上,那么就不要省略"副"字以避免混淆。)如果主持人没有固定头衔,或者只是临时担任主持人,那么就称"主持人"[Mr.(或 Madam) Chairman 是很早就有的用法,较新的用法有chairperson 或 chair,性别中立,有些组织已经将后两者作为正式的用法]。

{3:11} 必须注意的是,即使是很小的会议,也不能对主持人直呼其名。①***

---

① 但如果是很小的委员会(committee),那么也可能有些例外,根据实际情况,可以放松这条限制。

* "主持台"(platform 或 stage)指会场前方整体高于地面的平台,高度为几十厘米或更高,是主持人、秘书、工作人员或发言人等所站或坐的高台;对于演出场地可称为"舞台",对于教室或演讲场合可称为"讲台"或"讲坛",对于会场可以称为"主席台";在本书中统一称为"主持台",以与"主持人"的称呼保持一致。注意它与主持人或发言人在站立发言时用于摆放文件的"讲台"(lectern)不是一个概念,后者是一个较高的小桌子,高于一般书桌,台面较小并略微倾斜,以便发言人在站立时手扶并翻看讲稿。——译者注

** "组织副主持人"即"组织负责人"的副职,请参阅 47:23。——译者注

*** 这倒不是因为有任何避讳,而是为了避免人身攻击。——译者注

(唯一的例外是在表彰性质的会议上,比如要欢送主持人离职并赠送纪念品等,不可避免地要提到主持人的姓名。)其次,也不应该对主持人称呼"你"或"您"(you),这条限制有时可略微放松。例如,一些组织的会议中会有些简短的咨询时间,这时跟主持人的对话可以用"你"。还有一条广泛使用的规则:如果对着主持人说话时还要提到主持人本人,那么除了用主持人的行政头衔做称呼,还可以直接用"主持人"(the chair)这个词,例如,"会长,我可否将主持人的意思理解为……?"("Mr. President, do I understand the chair to state ...?"),这里的"会长"和"主持人"是指同一个人。

{3:12} 任何成员只能对着主持人发言,即使要对另外一位成员发言,也只能通过主持人。成员在发言时要避免直接引用另外一位成员的姓名,要尽可能使用其他的表达方式,例如"主持人,我可以请(刚才)这位会员/同事/代表解释一下……","主持人,我希望刚刚发言的那位先生能考虑到可能的后果……"。这条规则的严格程度视组织的具体情况而定。除个别特定情况外,成员发言时必须起立,但也可以灵活处理,而且委员会或小董事会一般不必严格遵守这条规则。②除一些特别情况外,成员必须先"取得发言权"(obtaining the floor)后才能够发言。请参阅 3:30—35。

【主持人应遵循的礼节】

{3:13} 主持人对自己的称呼也仅限于第三人称,就是说,在正式会议中,永远不能用"我",而是用"主持人",比如"主持人认定/裁定……"。有些时候,例如当主持人以职务身份,而不是以会议主持人的身份向大家作报告的时候,也可以根据自己的习惯使用职务头衔称呼自己,比如"(你们的)会长现在很荣幸为大家作报告……"。严格地讲,主持人不能对成员直呼姓名,也不能用"你/您",除了在一些"纪律惩戒"(disciplinary procedures,请参阅 61:12)程序中。具体的说法视情况而定,例如"主持人必须请这位成员围绕待决动议发表意见"。但一般会议的实际应用中,主持人常常需要用到成员的名字,比如在分配"发言权"(floor)的时候,或者宣布委员会的构成名单的时候。"发言权"指某个时间段内独享的、发表意见、被聆听的权利,具体请参阅 3:30—35。

{3:14}(对上述礼节的详细解释在第 42 节和第 43 节。)

---

② 不便站立的人可以不用起立。

宣布会议开始与会议程序

{3:15} 如果指定的开会时间到了,那么主持人首先判定出席人数已满足有效人数,然后"宣布会议开始"(call the meeting to order)。主持人就位主持人席(take the chair),等待会场肃静,或者示意会场肃静,然后站着大声宣布"会议现在开始/开幕"(The meeting will come to order),或者,"现在进入会议程序"(The meeting will be in order)(有效人数不满足时的处理程序,请参阅 40:6—10)。随后,可以进行与信仰或爱国有关的或其他形式的开幕仪式。

{3:16} 公众集会的初始程序,以及为组建固定组织而召开的会议的初始程序在第 53 节和第 54 节有详细的介绍。固定组织的每次会议通常执行同样的"会议程序"(order of business)。会议程序规定了各种类别的事务应该以何种顺序逐一处理,或者什么时候允许引入什么样的事务。如果会议没有既定的会议程序,那么任何成员在取得发言权(参阅 3:30—35)之后可以提出任何他想引入的事务,只要该事务是在章程所定义的组织宗旨的范围之内,当然,还得是在没有其他事务待决的时候。组织可以将章程所指定的"议事规则标准"(Parliamentary Authority)里面的会议程序作为自己的会议程序,或者也可以另行制定自己的会议程序。如果组织尚未制定自己的会议程序,也没有指定"议事规则标准"来提供会议程序,那么就没有确定的会议程序。但下面的会议程序已经成为一般的、一场会议就构成一次会议(请参阅第 8 节)的组织的"标准会议程序"(更详细的解释在第 41 节):

(1) 宣读并批准会议纪要(Reading and Approval of Minutes);[③]
(2) 官员报告,董事会报告,常设委员会报告[*](Reports of Officers, Boards, and Standing Committees)(常设委员会长期存在);

---

③　"会议程序"(the order of business)和"宣布会议开始"(calling a meeting to order)是不同的概念。"宣布会议开始"不是"会议程序"的一部分。"宣布会议开始"可以使会议开幕,即使会议可能还没有确定任何议事的程序。另一方面,如果既定的"会议程序"还没有完成,而会议决定休息(recess,第 8 节和第 20 节)或休会(adjourn,第 8 节和第 22 节)到某一时间,那么再次开会的时候,仍需要执行"宣布会议开始",或者可以叫做"宣布会议继续""宣布重新进入会议程序",但无法事先知道什么时候会发生这些额外的"会议开始/继续"(calls to order),所以不应该把这一项列在"会议程序"或"议程项"(agenda)的一开始,虽然这种错误的做法普遍存在。

*　"常设委员会"是指负责某方面事务的一直存在的委员会。中文"常务委员会"往往带有某种权力的含义,而英文 standing committee 是没有的,所以翻译成"常设委员会"。——译者注

(3) 临时委员会报告*（Reports of Special, or Select, or Ad-Hoc Committees)（临时委员会在特定任务完成后解散）；

(4) 特别议程项(Special Orders)（事先指定的、需要优先处理的事务，详见第14节和第41节）；

(5) 未完事务和普通议程项(Unfinished Business and General Orders)（指从上一次会议延续到本次会议的事务，或者被指定安排到本次会议的事务）；

(6) 新事务(New Business)（指本次会议新引入的事务）。

{3:17} 如果会议有既定的会议程序，那么由主持人依照会议程序指定的顺序在适当的时候宣布下面进入到哪一项。

{3:18} "公众集会"(mass meeting)通常不需要会议程序。因为参照前面的列表，公众集会只有一类任务，就是第6项"新事务"（除非公众集会的任务比较复杂，需要若干场会议来解决，那么后面的那几场会议可能需要更完整的会议程序）。

{3:19} "代表大会"(convention)通常每次都要制定新的会议程序，需要大会讨论通过，并且会详细列出某些重要事务的具体时间。代表大会的会议程序叫做"议程"(agenda)或"日程"(program)。"议程"只包含那些议事协商性质的事务。而"日程"还包含有本次代表大会的其他各项活动（详见第41节和第59节）。**

{3:20} 立法机构的会议程序通常根据自身的需要制定，而且更为详细和复杂。

将事务提交会议考虑的方法

【动议】

{3:21} 任何一件事务都可以由任何一位成员以"动议"(motion)的形式

---

* "临时委员会"是指为某项专门任务而成立，在任务完成之后自动解散的委员会。——译者注

** 细致地讲，"会议程序"(order of business)用于固定组织的基层会议；"议程"(agenda)用于代表大会，只包括讨论实质事务的会议；"日程"(program)用于代表大会，还包括各种活动安排。但是，它们都属于"会议程序"，通常也都可以叫做"议程"，简称为"日程"或"议程"。所以，广义地讲，它们都是可以通用的。但是要注意一点，"议程"还有一层含义，指事先安排好要处理的一件具体事务，对应英文是"an order of the day"。优先动议"要求遵守议程"(Call for the Orders of the Day)中的"议程"就包含了这两层含义：一层是指会议程序，一层是指事先安排好的事务。请参阅第18节和第41节。——译者注

"提交会议考虑"(to bring business before an assembly)。一项"动议"可以本身就含有它要提交会议考虑的议题,也可以紧跟在某份报告或其他文件后面,把这些报告或者文件当中的问题和建议提交会议考虑。

{3:22} "动议"是由一位成员提出的正式的建议和主张,会议必须给予响应。"动议"的主题*可以是主张某种实质性的行动,也可以是表达某种看法,或者要求进行某种调查并将结果向会议报告以便采取进一步的措施,等等。

{3:23} "动议"的基本形式叫做"主动议"(main motion),它是唯一可以将一项实质性事务提交会议考虑的动议。还有很多其他种类的"动议"。它们各有各的作用,虽然它们都是把某种行动提请会议考虑,但通常这些行动都不是"主动议"所引入的所谓"实质性的行动",而是针对某项已经提交会议考虑的"主动议"所进行的程序上的处理。无论怎样,所有的"动议"都提出某种形式的行动,并且,我们也都说"把某动议提交会议考虑"。

{3:24} "主动议"可以作为一个模板,它可以演化出所有其他类型的"动议"。在这章的剩余篇幅里,我们就是以"主动议"作为参考和框架,解释有关"动议"的各种规则。将"主动议"提交会议考虑的具体方式从 4:2 开始讲述。

【从报告或文件中衍生的动议】

{3:25} 在官员、董事会或者委员会做出报告之后,一个或者若干"动议"可以将该报告中的建议分别引入会议,即"提交会议考虑"(详见第 41 节和第 51 节)。

{3:26} 动议还可能来自会议收到的各种书面通信(communications),比如信函(letter)或者备忘录(memorandum),它们可能是无法出席会议的成员写的,也可能是上级组织下达的(例如州或全国组织的董事会下达给本地分支机构),甚至来自组织以外的人或机构。通常这些通信都是先交给主持人或者秘书,再由秘书(或者因内容或来源上的重要性需要主持人亲自)在会上宣读。

{3:27} 动议"接收"(receive)** 一份通信或委员会报告是没有实际意义

---

* 动议的主题,叫做"议题"(question)。——译者注

** 注意"接收"(receive)和"接受"(accept)的区别。"接收"只是说收到并在会上宣读,会议并没有表态或采取行动。秘书或者主持人宣读一份通信就已经表明会议"接收"了该通信。而"接受"则是指同意其中的观点,这必须经过会议的表决。——译者注

的,因为"接收"只意味着"收到并宣读"该文件。如果文件已经被宣读,而有人动议"接收"该文件(实际真正的目的可能是动议通过文件中的建议),这种提法就毫无意义,应该避免。

{3:28} 宣读文件这一行为本身并没有把任何问题提交会议考虑。在文件被宣读之后,或者在"会议程序"所指定的处理这类问题的时间到来后,还必须通过"动议"的方式将通信中的建议提交会议考虑。而如果没有人觉得需要采取任何行动,那么这份文件就可以被忽略,会议继续进行下一项议题。

【无须动议可以直接处理的遗留问题】

{3:29} 如果在以前的会议中,某"动议"已经将某事务引入会议,但被附属动议"改期"(postpone,第 14 节),或作为"普通议程项"或"特别议程项"(a general or special order,第 41 节)安排到另外一个指定时间处理,那么在这个时间到来时,或者在会议程序的某个节点到来时,无须新的动议,主持人即刻宣布会议现在继续考虑该事务。

取得和分配发言权

{3:30} 会场上的任何一位成员,在每一次"动议"或者"辩论"之前,都必须首先"取得发言权"(obtain the floor)——也就是,经主持人"准许"(recognize)从而得到单独发言的权利(但是个别特殊的动议可以跳过取得发言权这一步骤而直接提出,请参阅附录第 t44—t45 页)。主持人必须对任何请求发言又不违规的成员给予准许。本段一开始提到的"辩论"(debate),是议事规则中的术语,指的是针对某一动议的利弊进行各种形式的讨论。

{3:31} "申请发言权"(claim the floor, seek the floor)的步骤:申请发言的前提条件,是没有其他成员正在发言或者拥有发言权;申请发言的成员可以在自己的位置上起立(或者走到较大会场中专门安放话筒处),面对主持人说,"主持人"④(或者其他恰当的称谓);如果按照规则该成员可以在此时发言,那么主持人必须给予准许,通常是通过宣布该成员的头衔或名字,或

---

④ 这一点在委员会或者小董事会中一般不是非常严格,即不用起立,请参阅 49:21(1)。

者该成员所代表的地方、单位等。于是,该成员就取得了发言权[5],并且可以继续站着进行的"动议"或者"辩论"。当然,其言行还要符合其他规则的规定。如果会议规模不大,在场成员彼此认识,互相都可以看得见对方,并且某位成员申请发言权的时候没有别人同时申请,那么主持人可以对其点头示意准许发言权。相反,如果会议规模较大并出现若干成员同时申请发言权的情况,或者如果是事先安排的发言需要宣布发言者的名字,那么主持人通常要使用正式的措辞:"主持人准许(或'请')史密斯先生发言。"如果觉得主持人可能不知道自己的名字,那么成员应该在主持人把头朝向自己的时候自报姓名和身份(比如哪里来的代表),然后主持人就可以重复这些信息以宣布把发言权分配给该成员。成员发言结束后,(回原位)就座,以示"交回发言权"(yield the floor)。

{3:32} 对于几个人几乎同时起立的情况,一般的规则是:如果其他条件相同,那么最先起立并称呼主持人的人取得发言权。起立必须是在发言权被上一个发言人交回以后。在发言权还没有被交回之前就起立是无效的。原则上讲,在其他人拥有发言权的时候起立是"不合规"(out of order)的——但是也有一些例外情况,请参阅附录第 t44—t45 页。在大型会议上,如果话筒与大家有一段距离,那么以上规则可以适当变通,42:16—17 给出了一些可行的做法。

{3:33} 在动议的辩论阶段,如果几个人同时起立的情况出现,那么如下三条规则需要首先考虑,以正确分配"发言优先权"(preference in being recognized),使得获得发言权的人并非最先起立并称呼主持人的人(但仍然在其他人获得发言权之前已经起立并称呼主持人了)。这些规则是:

(1) 如果其中一人是该动议的"动议人"(maker),并且还没有就此动议发表过辩论观点,那么"动议人"优先。

(2) 同一天内针对同一个动议,尚未发表过辩论的人,优先于已经发表过辩论观点的人。

(3) 如果上述两条规则都不适用,而主持人已经了解这几个人的立场

---

[5] 　有时候立法机构或者代表大会可能用到"入场权"(privileges of the floor)这个词,其含义仅仅是指有权进入会场的指定区域,这些区域本来限制其他成员和工作人员进入,跟取得发言权没有任何关系,本身也不涉及其他任何的成员权利,除非组织另有规定。

　　并且他们当中正反立场的人都有,那么主持人应该尽可能地向意见相反的双方轮流分配发言权。为满足这条规则,主持人可以这样说:"刚才的发言人赞成当前动议,是否有持反对观点的希望下一个发言?"或者:"刚才的发言人反对当前动议,是否有持赞成观点的希望下一个发言?"

　　{3:34} 一旦主持人分配出发言权,任何其他成员就不能再以"**发言优先权**"为理由来改变这种分配。但是,如果主持人错误地分配了发言权,例如有发言优先权的人与没有发言优先权的人同时申请却未获优先,或者其他错误,那么任何成员都可以提出"秩序问题"(Point of Order)来要求主持人立刻纠正错误。

　　{3:35} 上面这些分配规则足以满足一般会议的需要。对于规模较大、议程(第 41 节)繁重复杂的会议或代表大会,还有其他的规则会使得最先起立的人不一定优先,这也都是出于公平和效率的考虑。第 42 节将给出这些规则。

§ 4. 动议的处理

　　{4:1} 动议的处理 * 会因情况的不同而在一些细节上有所变化。一般情况下,尤其是对于引入新事务的动议,其处理分为六个基本步骤。前三步只是将动议呈现在会议面前,叫做"**提交会议考虑**"或"**引入动议**"(bring before the assembly),后三步才是对议题的讨论并做决定,叫做"**对动议的考虑**"(consideration of the motion) ** 。

---

* 　前面已经提到,动议有很多种,而会议就是通过运用各种动议来一步步展开的,动议构成了会议
　　的基本单元。"动议的处理"(the handling of a motion)就是指一个动议如何产生、发展和结
　　束。——译者注
** 　"提交会议考虑"和"对动议的考虑"中的"考虑"(consideration),不是一般意义上的考虑,而是特
　　指对议题的辩论、表决一直到宣布表决结果的整个过程。后面讲到的动议"重议"(Reconsider,第
　　37 节)就是指从辩论开始重新进行这个过程,以试图改变动议的表决结果。而"讨论"是指"辩
　　论",是"考虑"中的第一个步骤。——译者注

将动议提交会议考虑

{4:2} 通常,将动议提交会议考虑或者说引入动议给会议考虑的前三步是:

(1) 一位成员"提出动议"(make/offer a motion)(我们说"某人提出动议",但动议人提出动议的时候直接说)"我动议……[议题]",或者"我动议……[动议的名称]",例如"我动议休会"。*

(2) 另外一位成员"附议"(second the motion)。**

(3) 主持人"宣布议题"或"宣布动议的议题"(state the question on the motion)。注意不要混淆"宣布议题"和"提请表决"(put the question)。后者是六个基本步骤的第五步,意思是"把议题提交表决"。

{4:3} 有人"动议"并且有人"附议",还不能说议题已经提交给会议了。只有在主持人"宣布议题"之后,会议才能正式考虑该议题。此时称该议题"待决"(pending, on the floor),并意味着对于主动议和其他可辩论的程序动议来说,辩论可以开始。后面会具体谈到哪些动议"可以辩论"(debatable)而哪些不可以。如果会议决定执行该动议所建议的行动,那么称会议"通过"(adopt)该动议,或称该动议"获胜"(carried);如果会议明确地决定反对该动议所建议的行动,那么称会议"否决"(reject)该动议,或称该动议"失败"(lost)。

【提出动议】

{4:4} "**提出动议**"(making a motion)的过程是:想要提出一个主动议(注意这里暂时只谈主动议),必须首先取得发言权,按照前面描述的步骤。另外,此时不能有其他待决动议,而且该主动议涉及的事务类型可以在此时提出,也就是说是"合规"(in order)的。提出动议的语言是:"我动议……[议题,议题的措辞应该正式,最好能够不用修改就直接放在组织的书面文

---

* 英语中有些不同。说"某人提出一个动议"用"Someone makes a motion"。但动议的时候动议人用的是动词"move"或"offer",比如"I move to adopt the report";说"某人动议如何如何",也可以用动词,比如"He moves a postponement"。——译者注

** 必须是另外一位成员附议,"附议"仅表示认为这个动议有在此考虑的必要,并不表示赞成。——译者注

件里]。"对于更重要、更复杂或者更正式的问题,动议应该以"决议"(resolution)* 的形式提交。这种情况下,动议的措辞一般是,"我动议通过如下决议:'决定,……'"(英文是:I move/offer the adoption of the following resolution: "Resolved , That ...")。关于主动议和决议的恰当格式,请进一步参阅第 10 节。

{4:5} 对于决议来说,或者虽只是动议但动议很长很复杂,应该尽可能事先准备好书面文件,然后以如上措辞提出后,再立刻提交给主持人。如果条件不允许自己宣读决议,那么动议人应该把签字的文件提前交给主持人(如果会议规模较大,一般有专人负责当场传递文件),或者在会议之前交给秘书。这种情况下的措辞是:"我动议通过关于……的决议,我已将此决议提交主持人(或秘书)。"动议人指称一个动议的时候,可以用动议的议题(subject matter),也可以用分配给动议的标题(title)、编号(number)、字母(letter)等。主持人然后说,"A 先生提交的决议如下:……",或者"现在秘书将宣读 A 先生提交的决议"。然后主持人或秘书完整宣读决议。但如果决议或动议的文本已经事先发给了所有成员,就没有必要再宣读。

{4:6} 提出动议之后,动议人就座。在主持人宣布议题之后,动议人如果主张,则有辩论发言的优先权,可以最先发言。如果有人没有听清楚动议的内容,可以要求重新宣读,主持人可以请动议人或秘书重读,也可以亲自重读。

{4:7} 严格地按照通用议事规则来说,所有发言必须与当前待决动议相关。但需要的话,也允许在提出动议之前做些简短的说明,但必须限制在几句话之内,不允许大段的论述;允许动议人先做一些提问和咨询以获得信息;或者动议人可以大致说明希望提出的动议内容然后请主持人帮助措辞形成正式动议。除了上述这些情况以外,动议人在无动议待决的情况下,在取得发言权之后,必须立刻提出动议。然后,可以通过几种方法对此动议的内容进行修改(请参阅 10:29—30)。

{4:8} 如果有人取得发言权后没有很快提出动议,却开始发表评论,而此时又没有待决动议可以让其评论,那么会议要立刻决定是否允许这种情况继续,因为这是不正常的情况(请参阅 33:22)。大型会议中这条规则是很严

---

* "决议"既指提交会议考虑的决议草案,也指会议表决通过的决议结果。——译者注

格的。小型会议中如果有人不熟悉规则而且其发言也是有益的,那么可适当放松。除非会议特意允许某个问题可以在没有动议的情况下展开讨论,否则主持人发现这种情况后应该尽快制止;其他成员也可以提出"秩序问题"(Point of Order)加以制止,这时主持人必须立即打断发言人,要求他或她提出动议,否则就终止发言,让出发言权。不是围绕着明确的议题而进行的辩论,是空泛的、缺乏建设性的、有损效率的,因而"无动议不辩论"规则(the general rule against discussion without a motion)成为通用议事规则中非常有力的一项工具,它能够有力地制止那些使会议脱离既定议题的行为,防止会议脱轨。即使是很小的会议,也需要坚持贯彻这条规则的精神,这样才能使会议健康而效率地运行。⑥

【附议】

{4:9} "附议"(seconding a motion)是指,在某人提出一个动议之后,除此人之外的另一位成员,只要认为该议题值得在会议上考虑,那么不用取得发言权(在小型会议中也不用起立⑦)就可以直接说"我附议"(I second the motion 或 I second it)或者只说"附议!"(Second!)。在大型会议中,特别是可能有非会议成员列席的情况,附议人应该起立,不必等主持人准许(recognize),报出自己的姓名和其他身份信息,然后说:"主持人,我附议刚才的动议。"在一些组织中,特别是工会中,用"支持"(support)代替"附议"(second)。

{4:10} 如果没有成员附议,那么在进行下一项事务之前,主持人应确保所有成员都已经听清了该动议,所以他应该问:"对此动议,是否有人附议?"在大型会场里,他可以在提问前先重复一下动议的内容。或者,如果是书面提交的决议并且是由主持人或者秘书而不是动议人宣读的(如4:5所述),主持人可以说:"A女士动议通过刚刚宣读的决议,是否有人附议?"或者,如果决议文本已经事先发给成员,提出动议时未曾宣读,主持人可以说:"A女士动议按照各位手中打印好的文本通过关于……的决议,是否有人附议?"如果仍然没有附议,主持人说,"本动议(或决议)没有得到附议"或"既然没有附议,本动议不予考虑",并接着说:"下一项是……"或问:"还有其他事务吗?"

---

⑥　在议事规则发展的早期,是先辩论,然后由主持人从大家的辩论中提炼出一条"动议",再就此"动议"投票。后来,英国议会上院得出结论,如果没有明确的议题,很难判断大家的辩论是否相关的,辩论变得又冗长又发散。而且,主持人提炼出来的动议也不见得能使多数成员满意,这样一来,就几乎不可能在投票前形成一个成型的动议,往往在投票之后还要修改动议内容。

⑦　在委员会或者小董事会中,一般不需要附议。

{4:11} "附议"仅仅表明"附议人"(seconder)认为有必要在此会议上考虑该动议,并不表明支持或反对。一位成员对一个动议"附议"(即使使用上面提到的"支持"这个词),其出发点很可能是想看到该动议能被正式地否决并记录在案,只要附议人对这样的表决结果有信心。由董事会或者会议指派的委员会提交给组织会议的动议是不需要附议的[前提是董事会或者委员会的成员一般是两个或两个以上,因为在其内部表决中也至少得到了过半数的通过,而董事或委员会的成员,要么就是全体会议的成员,要么也是由全体会议委派或选举产生的人,其观点都是全体会议看重的,也就是说可以认为至少有两名全体会议成员希望考虑此问题。关于委派"非全体会议成员"(non-assembly member)加入委员会,请参阅 13:15、50:12 和 50:13(4)。]

{4:12} "附议"的作用在于帮助主持人决定是否"宣布议题"(state the question on the motion),也就是正式地将该动议提交会议考虑,以防止会议把时间花费在只有一个人想考虑的问题上。

{4:13} 对于例行的动议(routine motions),附议不是很重要。如果主持人确定有很多人会附议,只是还没来得及,主持人也可以直接宣布议题。但是,在这种情况下,在辩论开始之前,或者(对于不能辩论的动议)在主持人提请表决且任何成员开始表决之前,如果有"秩序问题"指出该动议尚未得到附议,那么主持人必须重新正式询问是否有附议。不过,建议不要在明明会有附议的情况下,仅仅为了形式而提出这样的"秩序问题"。一旦辩论或者(对于不能辩论的情况)表决开始,有没有"附议"就不重要了,因而再提出"秩序问题"也就为时已晚。而且,一旦一项未经"附议"的动议得到通过,即使是因为主持人的疏忽而没有经过"附议",也不影响该动议的效力。

{4:14} (附录第 t44—t45 页给出了无须"附议"的动议列表。)

【主持人宣布议题】

{4:15} "主持人宣布议题"(the stating of the question by the chair)是指,一项合规的动议经"提出"并得到"附议"后,主持人通过"宣布议题"将其正式"提交会议考虑"。主持人需要准确地宣布动议的文字,然后表示辩论(和其他一些程序,详见第 5、6 节)可以开始了。主持人宣布议题的格式如下:

(1) 主持人宣布一般动议的议题,用以下基本格式:"有人动议且有人附议……[重复动议内容]。"然后主持人一般就面向动议人,看看动议人是否想首先发言辩论。如果动议人没有请求发言,而且稍作等待后,也没有别人请求发言,那么主持人可以问:"是否有人要发言?"⑧* 举例说明:"有人动议且有人附议,协会出资 50 美元进行……。……主持人请 A 先生发言。"

(2) 对于书面决议,主持人可以这样宣布:"有人动议且有人附议通过下面的决议:'决定,……[朗读决议]。'"

(3) 对于书面决议,如果主持人希望由秘书来朗读决议内容,那么可以这样宣布:"以下决议已经提出并得到附议,请秘书朗读该决议。"秘书朗读决议,然后主持人接着说:"现在的议题是通过刚才秘书宣读的决议。"

(4) 对于书面决议,如果动议人一开始(在提出动议的时候)就是交给主持人或者秘书宣读的,那么在得到附议之后,主持人可以直接宣布:"上述决议已经提出并得到附议。"

(5) 主持人根据自己的判断,如果认为全体成员都清楚地听到了由动议人本人宣读的动议,那么也可以使用上面的简单方式,即"上述决议已经提出并得到附议"。如果有人没有听清楚动议内容,那么还可以在主持人宣布议题时马上要求重新宣读动议或决议。

(6) 类似地,如果已经事先把决议文本分发给成员,主持人不需完整宣读决议,而是用决议的议题、标题、编号、字母等标识来指称一份决议,例如可以说:"有人动议且有人附议按照各位手中打印好的文本通过……的决议。"这种情况下,任何成员觉得必要都有权要求由主持人或秘书宣读动议或决议的文本。

{4:16} 原则上讲,在一个动议提出并得到附议之后,主持人必须立刻宣布议题,除非主持人认为有必要"裁定"(rule)该动议在此时"不合规"(out of order),或者主持人认为动议的措辞不够清晰。

---

⑧ 对于不可辩论但可以修改的动议(见附录第 t 47 页),只可以问"你们准备好就此问题进行表决了吗?"(Are you ready for the question?)或"是否有修正案?"(Are there any amendments?),对于既不能辩论也不能修改的动议(见附录第 t 46 页),主持人在宣布议题之后,不再做任何提问,而必须立刻"提请表决"(put the question)。

* 英文是"Are you ready for the question?"或者较非正式的"Is there any debate?"。其中,"Are you ready for the question?"表面是在问"你们准备好就此议题进行表决了吗?",实际是在说"(还)有人要发言吗?如果没有人要发言,下面就要开始表决了"。——译者注

{4:17} 第5、6、7节,10:26—27,还有第11节至第37节中针对每一种动议给出的"标准描述特征"(Standard Descriptive Characteristics)的前三项,将会专门说明不同的动议在什么情况下是"不合规"的。如果某位成员在依照规则取得发言权之后,提出的却是"不合规"的动议,那么主持人在某些情况下可以建议动议人提出另外一种动议,使之既能代表动议人的意图,又能"合规"(in order)。如果主持人不得不裁定该动议不合规,那么应该这样说:"主持人裁定该动议不合规,因为……[简述原因]。"(The chair rules that the motion is out of order, because ...)下面这些语言是不合礼仪的,比如,"你不合规"或"你的动议不合规"。因为说某个成员不合规就变成指责这位成员在会议上的行为不礼貌或不正确。这样的指责必须十分谨慎,否则会有失公正,而且就算该成员确实有不正确的行为,主持人一般也不应该用第二人称称呼对方。请参阅3:13以及第61节。任何成员都可以对主持人做出的"动议不合规"的裁定提出"申诉"(Appeal),并由整个会议做出进一步的判定。(第24节说明"申诉"动议。)

{4:18} 如果动议的措辞不够清晰,需经润色才能写入会议纪要,那么主持人有责任确保在不改变动议内容的前提下(以动议人认可为准)润色该动议的文字,之后才可以宣布议题。主持人不应该"受理"(admit)一个需要秘书改写之后才能写进会议纪要的动议。在宣布议题之前,主持人可以主动,或者经秘书建议,要求以书面形式提交主动议(第10节)、"修正案"(amendment,第12节)或者对委员会的"指示"(instruction)。

{4:19} 只要主持人还没有宣布议题,动议人就有权对自己的动议任意进行修改,或者完全"收回"(withdraw)* 该动议。但是,一旦主持人宣布了议题,该动议就转归整个会议所有,即使是动议人也必须经过会议** 的同意才能修改或收回自己提出的动议,也就是使用偶发动议"动议人请求收回或修改动议"(Request for Permission or Leave to Withdraw or Modify a Motion,请参阅33:11—19)。另外,在动议的待决(pending)阶段,会议可以使

---

* 这个"收回"不是动议,只是一个动作。动议人在这个时候有权这么做而不需要采用动议的形式,但是在主持人宣布议题之后,动议就成为会议的"财产",必须使用偶发动议"动议人请求收回或修改动议"(Request for Permission or Leave to Withdraw or Modify a Motion)来达到同样的目的。——译者注

** 所谓"经过会议的同意"或"只有会议才有权……",不是指主持人有权,而是指会议作为整体以辩论和表决的方式才可以决定。——译者注

用附属动议"修改"(amend)来修改动议的措辞。

{4:20} 在动议提出之后、在主持人宣布议题或者裁定"不合规"之前,不能辩论。但是,在这段时间里,任何成员都可以起立并无须主持人准许就说,"主持人,我想请问动议人是否愿意接受如下修改:……",或"是否愿意将……改成……"。动议人然后回答,"主持人,我接受上述修改",或"主持人,我不(能)接受上述修改"。动议人还可以直接提出不同的修改:"主持人,我对我的动议做如下修改:……"

{4:21} 如果动议人在动议得到附议之后且主持人宣布议题之前修改了动议,附议人有权"收回"附议。但是,如果有人提出修改而动议人接受了修改,那么就意味着修改后的动议已经有至少两个人同意考虑,所以无论该动议是否得到过附议,都没有必要再等待附议。即使附议人收回了附议,只要主持人认为很明显会有别的成员同意考虑修改后的动议,主持人可以认为已经得到附议。无论哪种情况,对于修改并得到附议的动议,主持人就可以进行宣布议题,不必提及修改过程。但如果有人提出过修改,但动议人未予接受,主持人还需要马上说,"修改建议未被接受"。然后,如果已经有附议,主持人按照原动议宣布议题。

{4:22} 这种在宣布议题前对动议进行修改的做法主要适用于快速处理简单、无争议的修改,这样的修改,即使作为待决动议的"修正案"(amendment)提出也不至于引起在场成员的辩论。

{4:23} 类似的方式,在宣布议题之前,如果有人认为动议人在知道某些事实之后就会"收回"动议,此人可以立即起立并无须主持人准许就说:"主持人,我想请问动议人是否愿意收回动议,鉴于……[陈述原因]。"动议人回答:"我(拒绝)收回动议。"如果动议人收回动议,主持人说"动议被收回",然后继续下面的事务。而且如果收回动议的理由是为了处理更紧急的事务,那么主持人应该立刻请相关成员提出该紧急事务。如果动议人拒绝收回动议,那么主持人说:"动议人拒绝收回动议。"如果动议已经得到附议,那么主持人必须宣布议题。

{4:24} 在宣布议题之前,可以建议修改或收回动议,但不能伴随任何辩论,不过可能进行一些简短的非正式的问询往往可以节省时间。主持人根据自己的判断准许并控制这样的问询,避免它演变为成员之间长时间的对话,或变成辩论的样子。在进行这些问询的时候,主持人通常保持站立,以加强控制(通常规定,主持人应该在辩论时就座以表示中立,除非主持人与其他成员之间的视线受阻,请参阅 47:9)。

对动议的考虑

{4:25} 一个主动议,经过上述三个步骤,就正式提交给会议考虑。通常情况下,会议"对动议的考虑"(the consideration of a motion)还要经过三个步骤(除非是用一种特殊的处理方式,叫做"默认一致同意",请参阅 4:58—63)。这三个步骤是:

(1) 各成员就动议展开"辩论"(debate)(除非没有人申请辩论发言)。
(2) 主持人把动议"提请表决"(put the question)。
(3) 主持人"宣布表决结果"(announce the result)。

{4:26} 另外,在主动议的辩论阶段,作为"对主动议的考虑"的一部分,会议可能希望对主动议采取各种处理,这些处理将通过"程序动议"(parliamentary motions)的形式来实现。第 5 节和第 6 节中对此有进一步的说明。下面暂时只描述"对主动议的考虑",假设不出现程序动议。

【辩论】

{4:27} "辩论"即"就议题展开辩论"(debate on the question)。在主持人宣布议题之后即可开始,称做"展开辩论"(open to debate)。主持人在宣布议题之后,应该转头面向动议人,因为动议人有权最先发言。即使其他成员已经起立并称呼了主持人,只要主持人还没有准许,动议人都可以立刻申请发言权并得到优先。

{4:28} 希望发言辩论的成员一定要首先像 3:30—35 描述的那样取得发言权。主持人分配发言权的规则也请参阅上述内容和第 42 节。辩论过程中,每位成员有权在同一天内对同一动议最多发言两次[9],而且如果正好有其他还没有对此动议 * 发过言的成员申请发言,那么已经发过言的成员就不能进行第二次发言。同一天内针对同一动议发言两次的成员"用尽(当天对此动议的)辩论权"(exhaust the right to debate)。

---

[9]　第 15 节和第 52 节讨论更自由一些的辩论规则。
*　"动议"和动议的"议题"在这里可以通用。——译者注

{4:29} 除非会议允许,否则发言不得超过规定的时间限制。这一时间限制叫做"发言时限"。对于没有规定发言时限的非立法性质的组织,发言时限是 10 分钟。

{4:30} 辩论发言必须围绕待决动议的利弊(to the merit of the pending question)进行。"发言人"(speaker)必须以主持人为发言对象,保持礼貌的语气,避免加入个人情绪,特别是意见产生分歧的时候。这里有一条根本的原则,就是绝对不允许攻击其他成员的动机,包括暗示性的攻击。前面已经指出,发言人要以头衔称呼会议官员,要尽可能避免直呼其他成员的姓名。

{4:31} 除非是在委员会或者小董事会中,否则主持人不参与辩论(少数情况下,主持人可以在暂时让出"主持人席"后参与辩论,直至待决动议得到解决。请参阅 43:29—30)。辩论期间,主持人通常一直坐着,但如果主持人坐着视线不好,妨碍分配发言权等工作,那么也可以站着,但要略微退后,这也是为了显示中立。虽然主持人应该密切关注每个人的辩论发言,但是除非发言人违规,或者出现秩序问题,否则不能打断发言,尤其是主持人没有权力仅仅因为自己知道得更多就打断发言人的发言。

{4:32} 只要还有尚未"用尽(当天对此议题的)辩论权"的成员申请发言辩论,主持人就不能"结束辩论"(close debate)。只有会议可以剥夺成员尚未用尽的辩论权,但这么做必须得到"三分之二表决"(请参阅第 15、16 和 43 节)。

{4:33}(第 43 节进一步说明辩论的规则。)

【提请表决】

{4:34} 当辩论看起来接近尾声时,主持人可以问:"是否还有人要发言?"(Are you ready for the question? 或 Is there any further debate?)如果仍然没有人申请发言,那么主持人进行下一步,即"提请表决"(put the question),就是再次表述议题,保证全体成员都准确地了解当前要表决的问题是什么,然后将该问题提交给会议进行表决。如果主持人此时重述议题时所用的措辞有问题,那么只要表决还没有开始,任何成员都可以提出"秩序问题"(point of order)来要求更正。如果没有人要求更正,那么主持人"提请表决"时对议题的措辞具有最终效力(definite),要写入"会议纪要"(minutes)。在"开始表决"(call for the vote)前,主持人应该确保所有成员都明确"赞成票"(an "aye" vote)和"反对票"(a "no" vote)将分别产生什么样的效果,以避免任何可能的误解。提请表决时,主持人起立(除非是委员会或者小董事会),并且应该适当调整自己的语调以确保所有人都知道表决即将进行。

{4:35} 动议的表决一般采取"口头表决"(by voice,或 viva voce⑩)的方式。在一些情况下,需要"起立表决"(by rising),以及有时在委员会小董事会或很小型的会议中,可以采用"举手表决"(by a show of hands)。无论采用哪种方式将议题提请表决,主持人首先要"请正方表决"(call for the affirmative vote),然后所有希望投赞成票的成员都应该按照主持人指定的方式表示赞成。而且,无论正方表决的结果多么接近"一致通过",主持人仍然必须"请反方表决"(call for the negative vote)。但对于非争议性的或者礼节性的动议,一般组织也可以省略"请反方表决"。即使如此,如果有人反对,主持人仍然不能省略这步。但如果反方表决已经在实质上不重要了,这一步还是可以省略。例如,需要的表决额度如果是"在场成员的五分之一" * [请参阅 44:9(1)]。主持人在提请表决时不要"请弃权方表决"(call for abstentions)。因为"弃权"(abstain)意味着根本不予表决,不参加投票,所以响应的人是弃权,不响应的也是弃权,因而这个响应人数是没有意义的(请参阅 45:3)。

{4:36} 上述三种表决 ** 方式是最常用的,下面展开描述这三种表决方式,以及计数的"起立表决"或"举手表决"。而其他的正式表决方式(除了以"默认一致同意"的方式通过一项动议,请参阅 4:58—63)要么经成员动议由会议决定采用,要么依据组织规则而采用,这将在第 45 节讲述。

口头表决

{4:37} "口头表决"(taking a voice vote):对于不需要比"过半数表决"更高额度的动议(请参阅 1:6 和第 44 节),一般都采用口头表决。主持人"提请表决"时说:"下面表决是否通过如下动议:……[重申或澄清动议内容]。所有赞成的请说'赞成'(aye)。[停顿,等待响应]……所有反对的请说'反对'(no)。"对于决议形式的动议,可以说:"下面表决是否通过如下决

---

⑩ 发音是 VIE-vuh VOE-see。

* 这里的"在实质上不重要了"不是因为"五分之一"的比例,而是因为总数。对于以"在场成员"为总数的表决额度,计算反对票数实质上对表决结果没有意义,因为只需计算赞成票与在场成员人数之间的比例,而在场成员人数除了赞成票与反对票,还包括弃权的人数。——译者注

** 英文"vote"可以翻译成"表决"或者"投票"。二者的意思相同,只是使用的环境略有不同。例如,针对动议一般用"表决",针对选举一般用投票,但很多时候也可通用。——译者注

议:[宣读决议]。所有赞成的请说'赞成'。[停顿,等待响应]……所有反对的请说'反对'。"如果决议刚刚读过,主持人认为大家不需要再听一遍,可以说:"下面表决是否通过刚才宣读的决议。所有赞成的请说'赞成'。[停顿,等待响应]……所有反对的请说'反对'。"但如果决议在刚刚读过之后又经过了辩论或修改,那么主持人这么做的时候,任何成员都可以要求在提请表决阶段再次宣读决议。⑪

起立表决

{4:38} "起立表决"(taking a rising vote; taking a division vote):不对正反两方的人数进行计数的起立表决叫做"简单起立表决"(a simple rising vote)。它主要用于已经进行了口头表决但结果不是很确定的情况,以及要求"三分之二表决"的情况(请参阅下面"主持人宣布表决结果"等内容)。如果只要求"过半数表决",但主持人认为口头表决很可能结果不确定,也可以一开始就采用起立表决以节省时间。起立表决的提请格式是:"所有赞成邀请琼斯先生作为下次会议嘉宾发言人的,请起立。……请坐。……所有反对的请起立。……请坐。"

{4:39} 如果起立表决的结果也不确定,那么主持人或者会议可以命令对表决进行计数(请参阅 4:53;第 30 节;45:14)。这种情况下,提请格式(举例)为:"下面表决是否把此次会议的发言时限定为两分钟。所有赞成的请起立并等待计数。……请坐。所有反对的请起立并等待计数。……请坐。"

举手表决

{4:40} "举手表决"(taking a vote by show of hands):举手表决可以代替口头表决成为会议的基本表决方式。这尤其适用于委员会或小董事会。口头表决如果结果不确定,也可以用举手表决加以验证。但必须注意,举手表决所适用的会议规模不能太大,至少与会成员都可以清楚地看见彼此。提请格式为:"下面表决是否通过如数支付楼宇修缮款的动议。所有赞成的请举右手。……请放下。[或者点头说'谢谢!']所有反对的请举右手。……

---

⑪　提交给会议考虑的任何决议、动议和文件,如果从未被宣读过,主持人一般不应该提请表决,而是应该自己或请秘书至少宣读一遍,除非经会议"默认一致同意"(unanimous consent)允许免去宣读。但如果完整的文本已经提前发给成员,主持人可以直接假设会议默认一致同意免去宣读(但任何成员仍然可以要求宣读)。上述例外情况通常出现在通过"议程"(agenda)、批准会议纪要或者在代表大会上通过代表大会特别议事规则委员会提交的规则、通过代表大会日程委员会提交的"日程"(program)的时候。请参阅 4:15(6)。

请放下。"

【主持人宣布表决结果；验证表决结果；限制主持人参加表决】

{4:41} 主持人在提请会议表决之后，准确地讲，是在主持人"请反方表决"并且等待了一段时间让大家响应之后，应该立刻起立"宣布表决结果"（announce the result of the vote）。赞成票超过半数 * 即可让一般的动议得到通过，除非是通用议事规则规定的一些动议或者组织规则要求更高表决额度的情况（关于需要"三分之二表决"的程序动议，请参阅附录第 t 48—t 49 页）。除了"计数的起立表决"（a counted rising vote）和"计数的举手表决"（a counted show of hands）以外，表决的结果都是由主持人来判定的，主持人要根据声音的寡众来判断哪一方为获胜方（prevailing side）。同时，主持人也有义务在任何成员提出质疑时对结果加以验证，排除合理怀疑（verify beyond reasonable doubt），直至所有成员满意。后面会给出验证的方法。

{4:42} 无论采用哪种表决方式，也无论计数与否，只要结果还没有最终宣布，任何成员都有权利改变其投票。在结果宣布之后，改变投票需要得到会议的"默认一致同意"（关于如何得到"默认一致同意"，请参阅 45:8 和 4:58—63）。

宣布结果时要包含的内容

{4:43} 对于一般的动议，包括"主动议"（main motion）和后续章节讲解的其他类型的动议，宣布表决结果时要包含如下内容：

(1) 宣布表决的"获胜"（has it）方：对于"过半数表决"来说，就是指得票数较多的那一方；对于"三分之二表决"来说，则是指赞成方的票数是否达到三分之二 ** 。如果对表决进行了计数，那么主持人应该首先分别宣布双方的票数，再宣布获胜的一方。***

---

* 完整的表述是"赞成票超过在场且投票者的半数"，弃权票不计算在内。——译者注
** 完整的表述是"赞成票达到在场且投票者的三分之二"。——译者注
*** 忽略弃权票，"弃权"（abstain）等于"中立"，不影响表决的结果，也就是说，"弃权"意味着同意"不弃权的人"当中的多数方的意见，意味着同意其他人的表决。但必须注意，"弃权"绝不等于"赞成"。表决的时候，在场的人数必须满足"有效人数"（quorum），但是实际参加表决的人数不必满足"有效人数"。也就是说，即使有很多弃权票也没关系。对于"过半数表决"（majority vote），可以简单地判断赞成方是不是比反对方的票数多，哪怕只多一票（除非主持人在这种情况下投反对票），也是赞成方获胜；而票数相等或者赞成方票数少，都意味着反对方获胜（当然平局时还可以请主持人参加表决）。对于"三分之二表决"，赞成方必须大于或等于反对方的两倍才是获胜，否则就是反对方获胜。具体请参阅第 44 节和第 45 节。——译者注

(2) 宣布动议是"获得通过"(adopted)还是"被否决"(rejected)。

(3) 宣布这个决定的效果和效力,需要或适合的时候,落实具体的行动。

{4:44} 主持人宣布表决结果时要包含的内容通常就是上述三点。但是,凡是本书中提到"某个与表决相关的程序动议(procedural motion)在表决结果宣布之后合规"(请参阅 45:9 的举例),都是指上述第二点宣布完毕之后即为合规。

宣布表决结果以及下一项事务时所用的格式

{4:45} 主持人宣布结果时一般都包含上述三点(但不必采用"第一""第二"……的格式),并且通常没有停顿,紧接着宣布下一项事务,或者如果刚刚表决的是"辅动议"(secondary motions,见下一章),那么紧接着宣布的就是按照表决结果应该接着处理的那个动议的议题。

{4:46} 下面给出宣布表决结果时的语言格式。但只有前两点有比较固定的格式。第三点则取决于具体的动议,且通常只用在表决结果为"通过"的时候。例如,主持人宣布动议通过之后,可以这样宣布动议的效力,"秘书将向银行提交盖章的决议,授权 T 先生和 W 女士为签字人"或者"本动议改期到下次会议"。

{4:47} 宣布表决结果之后,紧接着宣布下一项事务,主持人可以说,"下一项事务是财务报告"或"是否有进一步的新事务?",或者宣布按照表决结果应该接着处理的那个动议的议题:"当前议题是修改后的主动议。"

{4:48} 第五章"主动议"(请参阅 10∶38—43)以及第六章至第九章的各节分别描述的各"程序动议"(parliamentary motions)都有"格式与举例"部分,更完整地演示了如何宣布表决结果并紧接着宣布下一项事务。

{4:49} 主持人宣布表决结果的前两点(请参阅 4∶43)所用的格式,根据表决方式和所需表决额度的不同分为以下几种:

(1) 对于口头表决:"赞成方获胜,动议获得通过。"[12][The ayes have it and the motion is adopted (or "agreed to" or "carried").]或者:"反对方获胜,动议被否决[或'未获通过',下同]。"(The noes have

---

[12]　这些格式化的标准用语紧接在主持人提请表决之后,而这些格式用语之后,主持人紧接着完成"宣布表决结果"的剩余内容。

it and the motion is lost.)

(2) 对于起立表决或举手表决(未计数):"赞成方获胜,动议获得通过。" (The affirmative has it and the motion is adopted.)或者:"反对方获胜,动议被否决。"(The negative has it and the motion is lost.)

(3) 对于起立表决或举手表决(已计数):"32 票赞成,30 票反对。赞成方获胜,动议获得通过。"(There are 32 in the affirmative and 30 in the negative. The affirmative has it and the motion is adopted.)或者:"29 票赞成,33 票反对。反对方获胜,动议被否决。" (There are 29 in the affirmative and 33 in the negative. The negative has it and the motion is lost.)

(4) 对于需要"三分之二表决"的未计数起立表决:"赞成方达到三分之二,动议获得通过。"(There are two thirds in the affirmative and the motion is adopted.)或者:"赞成方不足三分之二,动议被否决。"(There are less than two thirds in the affirmative and the motion is lost.)

(5) 对于需要"三分之二表决"的已计数表决:"51 票赞成,23 票反对。赞成方达到三分之二,动议获得通过。"或者:"48 票赞成,26 票反对。赞成方不足三分之二,动议被否决。"

(6) 当主持人参与投票时(主持人只在其投票可能影响表决结果时才参与投票,参阅下文):"35 票赞成,35 票反对。主持人投赞成票。最后结果是 36 票赞成,35 票反对。赞成方获胜,动议获得通过。"或者:"39 票赞成,38 票反对。主持人投反对票。最后结果是 39 票赞成,39 票反对。赞成方未过半数,动议被否决。"

(7) 对于主持人参与投票的"三分之二表决":"59 票赞成,30 票反对。主持人投赞成票。最后结果是 60 票赞成,30 票反对。赞成方达到三分之二,动议获得通过。"或者:"60 票赞成,30 票反对。主持人投反对票。最后结果是 60 票赞成,31 票反对。赞成方不足三分之二,动议被否决。"

对不确定的表决结果进行验证

{4:50} "对不确定的表决结果进行验证"(verifying an inconclusive

vote):有时候表决的结果不能确定,因为双方票数接近,或者有相当多的成员没有投票。这会发生在口头表决甚至大型会议的举手表决(未计数)中。如果主持人认为结果可以确定,但是由于票数接近恐怕会有成员提出质疑,那么主持人可以首先说:"看起来赞成方(或反对方)获胜。"然后稍适停顿,看是否有人要求验证,也就是提出"起立重新表决"(Division of the Assembly)。如果没有人要求验证,也没有人对结果表示疑问,那么主持人可以继续宣布结果:"赞成方(或反对方)获胜……"

{4:51} 但是如果主持人本身对表决结果也不确定,那么就不应该宣布任何结果,而应立即重新表决——严格地讲,重新表决必须采用起立表决(下面会谈到有些情况下也可以采用举手表决)。如果赞成方起立后,发现可能双方票数会很接近,那么主持人应该计数,或者请秘书计数,或者(在大型会议中)指派适当人数的"计票员"(teller)。计票员的人数最好是偶数,已知立场的双方成员各占一半。如果未计数的起立重新表决仍然无法确定结果,那么应该进行第三次表决,并且一定要是计数的起立表决。

起立重新表决

{4:52} "起立重新表决"(Division of the Assembly,或简称 a division):无论主持人有没有说"看起来……"并停顿等待验证请求,任何成员(不需要附议)都有权利要求对口头表决(甚至举手表决)重新进行起立表决,只要他没有将此作为拖延策略(dilatory tactic),也就是在大家都参加了表决而且结果也明显确定的情况下,以此拖延时间,扰乱会议。应某位成员的要求而重新进行起立表决,就叫做"起立重新表决",是一种"动议"。从反对方完成表决到主持人宣布完表决结果(包括之后不久,请参阅 45:9)的这段时间里,"起立重新表决"都是合规的。做法是,不必取得发言权,某成员说"我请求起立重新表决"或者"我对表决结果有疑问"。主持人则必须立刻进行起立表决。

{4:53} 主持人有权决定对该表决计数,或者会议以"过半数表决"也可以决定该表决计数。如果未计数的起立重新表决的结果仍很接近而显得可疑,且主持人未要求计数,那么主持人一旦宣布结果,任何成员就可以起立并称呼主持人,声明自己要动议对该表决进行计数,此时该成员拥有发言优先权。"要求计数"也是一种动议,也需要附议。在得到附议之后,主持人对"要求计数"这个动议宣布议题并提请表决(这个表决可以采用口头表决、不计数的起立表决或不计数的举手表决)以决定是否计数。如果会议决定计数,那么主持人就要再次进行计数的起立表决。

{4:54} (关于"起立重新表决"以及关于表决方式的动议,请参阅第 29 节和第 30 节。)

以举手表决进行验证

{4:55} 为了验证口头表决的不确定结果,在成员都看得见彼此的小型会议中,如果没有人反对,有时也可以采用举手表决。但是,这跟"起立重新表决"是不同的,也不如后者那样能最大限度地令尽可能多的成员参加表决。小型会议中,主持人可以决定以举手表决来验证口头表决,或者,在与"起立重新表决"同样的"合规"期间里,任何一位成员可以大声提出:"主持人,是否可以用举手方式重新表决?" (Mr. President, may we have a show of hands?)此时别人仍然可以要求"起立重新表决"。后者有较高优先级,所以主持人必须执行。主持人也可以在有人要求举手表决的时候直接宣布采用起立表决。

主持人在宣布结果时参加表决以影响结果

{4:56} 如果主持人也是拥有表决权的成员,那么也有权参加表决,与其他成员是一样的。但一般情况下,主持人需要保持中立,所以主持人只在其投票可能会影响表决结果的情况下才能参加表决。例外情况是,在委员会或小董事会中,或者对于采用"不记名投票"(ballot,第 45 节)的情况,主持人一般可以直接参加表决。主持人可以投票赞成或者反对从而改变表决结果,也可以弃权。如果主持人弃权,那么就直接宣布结果,不要提及自己的立场。在计数的起立或举手表决中,对于"过半数表决"来说,主持人在如下两种情况下可能影响表决结果:(1)在主持人参与表决之前是平局,即赞成方和反对方票数相同;(2)在主持人参与表决之前赞成方只比反对方多一票。[13]因为"过半数表决"意味着赞成方占多数动议即通过,平局意味着动议被否决。如果在主持人未投票的情况下出现平局,主持人可以投赞成票,这就会改变结果使动议获得通过;但如果主持人弃权不投票,动议仍被否决。如果在主持人未投票的情况下出现赞成方只比反对方多一票,如果主持人弃权,动议本来会获得通过,但如果主持人反对并投票,则形成平局,于是改

---

[13]　关于主持人的投票如何影响"三分之二表决",请参阅 44:12。

变结果为被否决。

{4:57}（第44节和第45节进一步说明表决的规则。）

默认一致同意

{4:58} 对于例行的、一般不会有人反对的事务，或者重要性很低的事务，为了提高效率，一般采用"默认一致同意"（unanimous consent 或 general consent）的方式来处理。这一做法所依据的原则是：虽然规则意图保护"少数方"（minority），但是如果没有少数方需要保护，那么一般就没有必要严格地执行那些规则。在上述那些情况下，"默认一致同意"是一种特殊的动议处理方式，可以省略从宣布议题到提请正式表决的步骤而直接使动议获得通过，甚至可能整个地省略动议流程而直接采取行动。

{4:59} 无论哪种情况，主持人只需要在适当的时候说："如无异议，……[描述将要采取的行动]。"或者问："是否有人反对……[描述将要采取的行动]?"然后主持人稍适停顿，如果没有人说"我反对"，那么主持人就可以接着宣布："既然没有反对，……[描述决定]。"如果有人反对，那么主持人必须放弃"默认一致同意"的方式。如果已经有了动议，那么主持人要宣布议题，并进行辩论（除非动议本身是"不可辩论的"程序动议，参阅第6节、附录第t46—t47页）以及所有后面的步骤。而对于尚未提出动议的情况，主持人必须先问："是否有……[描述将要采取的行动]的动议?"不过也可以省略提出动议的步骤，假定已经有了这个动议，直接从"提请表决"开始。即使主持人已经开始说"既然没有反对……"，只要有人及时提出反对，主持人仍然必须放弃"默认一致同意"的处理方式，并开始正常的流程。

{4:60} 注意，"默认一致同意"并非意味着每一位成员都赞成该动议或行动。它可能只说明反对方认为没必要表示反对，或者不值得讨论，于是干脆默许（acquiesce）。同样，如果有人提出反对，也并不一定意味着反对该动议或行动，而只是认为应该走正常的表决流程。也就是说，不是反对动议本身，而是反对省略表决程序。只要认为必要，只要不是为了拖延时间，任何人都可以表示反对，没有必要心存顾虑。如果有人不确定"不反对"所带来的后果，他可以说："我保留反对的权利。"（I reserve the right to object.）然后可以进行简短的咨询，再决定是表示反对，还是收回刚才对反对权的保留。

{4:61} 比如,"更正会议纪要"(the correction of minutes)(请参阅 41:10)通常以"默认一致同意"的方式来处理。再比如,某人发言的时间到了但请求延长两分钟,如果主持人认为大家都会同意,就可以这么处理:

主持人:如无异议,该成员的发言时间将延长两分钟[停顿]。既然没有反对,该成员的发言时间延长两分钟。

或者:

主持人:有人反对延长该成员的发言时间两分钟吗?[停顿]。没有反对,发言人可继续发言两分钟。

或者,如果有人反对的可能性很小:

主持人:考虑到不会有人反对,该成员的发言时间延长两分钟。

{4:62} 如果很明显不会有人反对,主持人还可以直接假设"默认一致同意"成立。比如,如果显然大家对某人的发言都很感兴趣,而发言又快结束了,那么即使发言时间到了,主持人也可以让他(她)说完,不必打断。

{4:63} 在本书中,所有需要"三分之二表决"的动议或行动,原则上都可以采用"默认一致同意"的方式。但如果动议的意义较为重大,那么还是应该进行正式的表决。当然,即使采用"默认一致同意",也仍然首先要满足"有效人数"。

其他动议与主动议的关系

{4:64} 前面已经提到,上述对动议处理方式的描述只是初步的,并且基本是以"主动议"(main motion)为例的。"主动议"是所有动议的基本形式。人们通过"主动议"将事务提交会议考虑。会议通过"主动议"采取实质性的行动。前面也已经提到,在考虑"主动议"的时候往往会需要一些辅助性的措施。对于这些措施来说,是否使用、如何使用也必须由会议来做出决定,因而这些措施本身也是"动议"。另外,还有一些"优先的"(privileged)动议,虽然跟"主动议"没有直接关系,也就是说不是为了协助主动议的处理,但是仍然可以在"主动议"待决(pending)的时候提出来。因为它们涉及一些紧急的需要立刻处理的事情。这些动议对"主动议"的结果没有直接影响,只是打断了它的进行。最后,还有一些动议是用来把以前的动议在一些特定条件下重新提请会议考虑的。所有上述这些种类的动议,在不断的发展、演变过程中,都拥有了各自的名称,形成了各自的规则,而且在不同程度上都类似但又区别于"主动议"。所有上述这些衍生的动议跟"主动议"相比有一个根本的区别:这些动议并不引入任何"实质性的事务"(business),而只是提出各种"程序性的"步骤和措施(procedural steps)。这些"程序性的"步骤和措施正是"通用议事规则"的重要组成部分。为了描述起来方便,上述这些动议在本书中统称为"程序动议"(parliamentary motions)。

{4:65} 下一章会简要说明每一种"程序动议"的作用,同时解释它们的分类特征。第 10 节将全面描述"主动议"。而第 11—37 节将对其他各种类的动议分别进行全面描述。

第 三 章

动 议 总 述

§5. 动议的分类及优先级顺序

动议的分类

{5:1} 如第二章所述,术语"动议"(motion)是指成员在会议上提出的、需要会议给予处理的正式建议。任何事务都必须以"动议"的形式提交给会议,之后会议才可以考虑。"通用议事规则"定义了"主动议"(main motion)为基本形式的动议,再从主动议衍生出来一系列特定的动议。

{5:2} 为了利于描述,可以对所有这些动议进行如下分类[如该动议列表右侧所示,第 2、3、4 类动议,也就是附属动议、优先动议和偶发动议,合起来也统称为"辅动议"(secondary motions)①*]:

(1) 主动议(main motions)

    ① 实质主动议(original main motions)

    ② 程序主动议(incidental main motions)

(2) 附属动议(subsidiary motions)

(3) 优先动议(privileged motions)   辅动议

(4) 偶发动议(incidental motions)   (secondary motions)

(5) 再议类动议(motions that bring a question again before the assembly)

---

① 不要把"辅动议"与"辅修正案"(secondary amendments)混淆,后者是个更具体的概念,请参阅 12:11—13。

* 除"实质主动议"之外的所有动议,都可以统称为"程序动议"(parliamentary motions),包括"程序主动议""附属动议""优先动议""偶发动议""再议类动议"。第 4 节末已经提出了"程序动议"的概念,但在具体包括哪些动议上不够明确,特别是,"程序主动议"虽然形式上是主动议,但实质上是"程序动议"。——译者注

辅动议的基本概念

【辅动议的特征】

{5:3} 辅动议的概念是动议分类的基础,也是"动议优先级顺序"(the order of precedence of motions)的基础。后者是议事规则的一个重要元素,下面会讲到,对于使用动议来处理事务非常重要。

{5:4} 辅动议来源于下面这条"通用议事规则"的根本原则:同一时间只能处理一个动议;一旦将一个动议提交给了会议,就必须先解决这个动议——表决后通过或否决,或者采用其他解决措施——然后才能引入下一项事务[除了个别"优先问题"(privileged questions)以外]。根据这一原则,"主动议"只能在没有任何其他待决动议时才能提出。这就出现了对一系列特定的"辅动议"的需求。

{5:5} 辅动议与主动议的关系、其程序性特征及其紧迫性特征,可以总结为如下两点:

(1) 在有主动议待决时,仍可以提出并考虑辅动议(或者,有些辅动议只能在相关的主动议成为待决动议之前或者变成待决动议之后才能提出),而并不违反"一次一个议题"(taking up only one question at a time)的原则。

(2) 辅动议在提出且一旦被主持人受理为"合规"(in order,就是说允许在当时的情况下提出)之后,就必须首先得到解决,然后才能继续考虑被它打断的主动议。

{5:6} 辅动议一般也要经过"提出""附议""宣布议题"三个步骤。这与主动议一样。不同的是有些辅动议在其他人持有发言权时仍然"合规",而且这样的动议一般也不要求附议(请参阅附录第 t 44—t 45 页)。

{5:7} 辅动议在得到主持人"宣布议题"之后,就成为"直接待决动议"(immediately pending question);而主动议也仍然保持"待决"状态。在没有辅动议或者辅动议都得到解决之后,主动议就成为"直接待决动议"。不过,主持人在澄清什么是当前直接待决动议时,并不用"直接待决动议"这个词,而是使用这样的格式:"当前的议题是关于……的动议",或者"现在的议题是……"(The question is on the motion to ...)。即使有若干动议都处于"待决"状态,也仍然使用同样的格式。

【动议的优先级】

{5:8} 根据议事规则,如果在动议 A 待决时动议 B 是"合规"的,也就是可以被提出,而且经主持人宣布议题后,就会暂时取代动议 A 成为"直接待决动议",那么我们就称动议 B"优先于"(take precedence② over; take precedence of)动议 A,而动议 A"让先于"(yield③ to)动议 B。辅动议优先于主动议,而主动议的优先级最低,让先于所有"适用的"(applicable) * 辅动议。

{5:9} 有些辅动议之间也有不同的优先级,所以就会出现几个"辅动议"与一个"主动议"同时"待决"的情况。只有最后宣布的那个尚未表决的动议才是"直接待决动议"。

【动议的优先级顺序】

{5:10} 辅动议之间的优先级关系是经历了长时间的经验积累逐渐发展而来的。虽然每种动议的优先级规则各不相同,但这些规则也有规律,并且跟辅动议的三个细分类别——"附属动议""优先动议"和"偶发动议"——是相关联的。

{5:11} 先不考虑"偶发动议"(incidental motions),除了特定情况下的调整(请参阅 6:7),"主动议"、七种"附属动议"(subsidiary motions)和五种"优先动议"(privileged motions)拥有彼此相对确定的"优先级顺序",因而有 13 个"优先级"(rank),每种动议都有一个确定的优先级。"主动议"的优先级最低,不优先于任何其他动议。其他 12 种动议分别优先于比自己优先级低的动议,让先于比自己优先级高的动议。"优先动议"比其他类的动议优先级都更高。下一节附属动议和优先动议的概述会展示动议优先级顺序的运作方式(请参阅附录第 t3—t5 页的"优先级顺序列表")。

{5:12} "偶发动议"当中的每种动议都与动议的优先级顺序有关,但每种动议的这种关系都各有各的特点,只能逐一讨论。另外,还有其他一些因素

---

② 　发音是 pree-SEED-n's,重音在第二音节。
③ 　"让先"(yield)与"交回发言权"(yield the floor, 3:31)当中的"yield"没有关联。
* 　在优先级较低的动议待决时,优先级较高的动议一定是"合规"的,即符合优先级顺序的规定,但不一定有实际的意义。所谓"适用的",就是说动议 B"应用"在动议 A 身上是有意义的,也可以称做"可应用性",第 7 节"标准描述特征"中的第二个特征描述的就是动议的"可应用性"。——译者注

也会影响到这些动议在什么情况下合规或不合规,请参阅 6:15—24。当某一个特定的"偶发动议"合规的时候,它就优先于主动议和所有其他待决动议。"偶发动议"之间并没有确定的优先级顺序,也无法在"优先级顺序列表"中确定其位置。

{5:13} 第 5 类动议——"再议类动议"——的优先级将在从 6:25 开始的对这些动议的描述中展开讨论。

§ 6. 各动议的描述

主动议

{6:1} "主动议"(main motion)是能把事务引入会议的动议。主动议只能在没有任何其他待决动议的时候才能够提出,其动议优先级最低。

{6:2} 主动议一般可以分为"实质主动议"(original main motion)和"程序主动议"(incidental main motion),其主要区别在于它们所引入的事务的性质不同,而它们的运作规则基本是一样的。应该注意的是,"程序主动议"和"偶发动议"(incidental motion)是完全不同的两个类别。("实质主动议"与"程序主动议"的区别将在 10:2—7 详细讨论。)

附属动议

{6:3} "附属动议"(subsidiary motions)是用来对主动议进行处理的动议,有时也处理主动议以外的其他动议。

【动议的列举方式】

{6:4} 下面依次简要介绍七种附属动议,按照优先级从低至高的顺序,逐一讲解它们在什么情况下应用。其他类动议都是先介绍类共性特征,再逐一介绍其中每种动议,但附属动议的类共性特征放在最后介绍,因为先了解其中每种动议的特点以后,才能更好地理解它们的共性特征。优先级从低到高的顺序,同时也是在时间上可以被从先到后提出的顺序。假设所有这七个动议同时待决,那么它们在时间上就是按照这个顺序先后出现的。序号大的动议优先于序号小的动议和主动议。*

【附属动议的列举】

{6:5} 各个附属动议的功能列举如下：

(1) "搁置"(Postpone Indefinitely)(第 11 节)：如果在主持人宣布主动议的议题之后，有人觉得该议题令人尴尬，那么可以动议"搁置"该主动议，这样就可以不必经过对该主动议的直接表决而处理掉这个主动议。**

(2) "修改"(Amend)(第 12 节)：只要尚未对主动议进行表决，就可以用"修改"动议来改变主动议的文本，既可以改变表述使它更明确，也可以在一定限度内改变主动议的内容，使主动议更恰当、更合理、更能被接受。

(3) "委托"(Refer 或 Commit)(第 13 节)：可能对主动议的修改完善需要花费太多时间，也可能还需要进一步了解一些信息，那么最好把该动议或决议交给某个委员会去研究或重新起草，然后再由全体会议进一步考虑。可以用"委托"动议来实现这个动作。

(4) "改期到指定时间"，简称"改期"(Postpone to a Certain Time，Postpone Definitely，或 Postpone)(第 14 节)：会议还可以决定在本次会议的晚些时候，或者以后另一次会议上，再对该主动议进行进一步考虑。

(5) "调整辩论限制"(Limit or Extend Limits of Debate) *** (第 15 节)：如果出现下面的情况，例如希望继续辩论但辩论又已经持续了很长时间，需要进行控制；或者相反，希望能够更充分地辩论；或者希望同时调整时间和次数的限制，例如缩短每次发言的时间，但允许每个成员更多的发言机会，那么就可以动议调整辩论限制。

---

* 　注意，附录的优先级顺序列表中的顺序是上面的优先于下面的。——译者注

** 　"搁置"本身也是一种动议，也要经过表决才能决定是否能得到执行，但至少这个表决不用直接针对那个令人尴尬的议题。"搁置"动议得到通过，就意味着会议认为该主动议不宜直接表决。所以"搁置"实际上是间接地否决主动议。——译者注

*** 　辩论限制是指发言时间和发言次数的限制，例如每人每次发言不得超过多少分钟、同一天内对同一议题一个人只能发言多少次。——译者注

(6)"结束辩论"(Previous Question)(第 16 节):如果希望结束对待决动议的辩论和修改,以便立刻对待决议题进行表决,那么可以动议"结束辩论"＊。

(7)"暂停"(Lay on the Table)(第 17 节):如果因为某种原因,希望暂时把主动议放在一边,暂时停止对主动议的讨论,而且不必指定继续讨论的时间,在需要继续讨论的时候,只要会议以"过半数表决"决定就可以恢复,那么就可以动议"暂停"。

【附属动议的类特征】

{6:6} 作为一个类别,附属动议都具有如下五个特征:

(1) 总是"应用在"(applied to)另外一个待决动议上,对该待决动议进行某种形式的处理或解决。附属动议一旦得到通过,就一定会改变那个待决动议的状态,但不会使之获得通过,也不会直接否决它。＊＊

(2) 可以应用在任何"主动议"上(也可以应用在其他一些动议上,后面具体说明)。

(3) 有明确的优先级顺序,所以当优先级高的动议已经待决的时候,优先级低的附属动议是不可以提出的。

(4) 在另一位成员拥有发言权的时候,不合规,不可以提出。

(5) 其"合规"的时间区间,在其所应用于的那项待决动议的整个待决期间,除非之前通过的"调整辩论限制"或"结束辩论"对附属动议的提出产生限制(附属动议在这方面区别于偶发动议,请对比 6:16 和 16:2)。

【附属动议的互相应用】

{6:7} 附属动议"修改"除了可以应用在主动议上,还可以应用在很多其他动议上。除了"搁置""结束辩论"和"暂停"以外,其他各附属动议都是可以"修改"的。这三种动议并没有可以修改的内容。当对附属动议 B 应用

＊ "结束辩论"对应的英文"Previous Question"不能单从字面意思理解,因为它经历了复杂的发展变化。——译者注

＊＊ 只有针对那项待决动议的表决才能使之获得通过,或者直接被否决。针对附属动议的表决,可能使其所应用的待决动议改变状态,例如被修改、被结束辩论;也可能得到暂时解决,例如被委托、被改期、被暂停等,也就是这次会议不再处理,但还未形成最终结论,也可能被最终解决,例如被搁置,等于待决动议被丢弃也就是间接地否决了。——译者注

"修改"时，"修改"的优先级就暂时地高于附属动议 B，即使按照正常的动议优先级顺序，动议 B 优先于"修改"。例如，假设"改期"某主动议到某指定时间的动议是直接待决的，本来按照优先级顺序，此时"调整辩论限制""结束辩论"和"暂停"是合规的，而"搁置""修改"和"委托"如果没有已经处于待决状态，那就是不合规的。但是，"修改"却是例外，可以在此时提出"修改"以重新指定改期的时间。*

{6:8} 附属动议"调整辩论限制"可以应用在所有"可以辩论的"（debatable）④直接待决动议上（或者包含直接待决动议在内的一系列待决动议上，请参阅第 15 节）。附属动议"结束辩论"可以应用在所有"可辩论"且"可修改"（amendable）的直接待决动议或包含直接待决动议在内的系列待决动议上，以结束辩论和修改，或者可以应用在所有不可辩论但可修改的直接待决或系列待决动议上，以结束修改（请参阅第 16 节）。在七种附属动议中，优先级低的四种动议是"可辩论"的。但如果"修改"被应用在某个不可辩论的动议上，那么根据效率的原则，这个"修改"规定为不可辩论。优先级高的三种附属动议是"不可辩论"的，因为辩论会与这些动议本来的目的相冲突。**根据这些规则，"调整辩论限制"可以应用在优先级低于它的四种附属动议上，不能应用在比它优先级高的两种附属动议上；而"结束辩论"可以应用在比它优先级低的五种附属动议上，不能应用在比它优先级高的那种附属动议上。

【与附属动议对应的程序主动议】

{6:9} 附属动议当中的"修改""委托""改期"和"调整辩论限制"，分别有一个对应的"程序主动议"（请参阅 10:4—5），并且使用同样的名称。区别在于，"程序主动议"是在没有任何待决动议的时候提出来的。***

{6:10} 第 11—17 节分别对每种附属动议进行专门的说明。

---

④　关于动议的"可辩论性"，请参阅第 7 节；关于每种动议的规则请参阅第 11—37 节、附录第 t6—t33 页和 t46—t47 页的动议规则列表等。

*　这里的一个重要区别是：此时"修改主动议"不合规，但"修改改期动议的时间"合规。虽然都是"修改"动议，但所应用的对象不同，就造成合规与否的规则不同。——译者注

**　"结束辩论"和"暂停"的目的就是要结束辩论，"调整辩论限制"的目的多数情况下是要限制辩论，为一个要结束或限制辩论的动议再进行辩论，反而带来更多辩论，所以这三种动议都不可辩论。——译者注

***　也就是说，目的相同的动议，如果是在有其他待决动议的时候提出的，就是"附属动议"；如果是在没有其他待决动议的时候提出的，就是"程序主动议"。——译者注

优先动议

【优先动议的类特征】

{6:11} 与"附属动议"或"偶发动议"不同的是,"优先动议"(privileged motions)跟当前待决动议没有关系。它们只跟一些特殊的、紧急的或重要的情况有关。正因为紧急而重要,所以它们有理由不经辩论就打断当前的事务。跟"附属动议"一样的是,五种"优先动议"也有确定的优先级顺序,而且此类动议的优先级高于所有其他类别。(但是,如果 A 和 B 都是优先动议,并且 A 优先于 B,A 先被提出,然后又对 A 应用了"修改""结束辩论"或者某"偶发动议",那么此时,虽然 B 优先于直接待决动议,但是因为 A 也待决且优先级高于 B,所以 B 就不合规。)"优先动议"作为一个类别也称"优先问题"(privileged questions),二者意思相同。因为"问题"就是议题,也就是动议的主题,但是跟下面列举的第二项 "权益问题"(questions of privilege)不是一个概念。*

【优先动议的列举】

{6:12} 下面的列举按照优先级从低到高的顺序进行排列,就是序号大的优先于序号小的。

(1) "要求遵守议程"(Call for the Orders of the Day)(第 18 节):如果已经通过的"日程"(program)或"会议程序"(order of business)没有得到遵守,或者本来指定在这个时候考虑、现在也合规可以考虑的动议并没有按时着手考虑,那么任何一位成员都可以提出"要求遵守议程"来落实议程安排,除非会议以"三分之二表决"决定暂时忽略这些议程安排。

(2) "提出权益问题"(Raise a Question of Privilege)** (第 19 节):如

---

* "privilege"这个词除了指"特权",更重要的一个含义是"权益",指人或组织所拥有的基本的权利和利益。"特权"是权力,而"权益"是权利。——译者注

** 优先问题(privileged questions)= 优先动议(privileged motions)。这是指动议的类别,注意,它们的英文不用大写首字母。权益问题(a question of privilege)泛指所有关系到会议、组织以及其成员的重要紧急的事务,无论是不是通过"提出权益问题"这一动议形式提出来的(具体见第 19节)。注意,首字母也不用大写,不属于专有名词。提出权益问题(Raise a Question of Privilege)是一种动议形式,类别上属于"优先动议",提出的问题叫做"权益问题",但"权益问题"不一定都是由"提出权益问题"引入会议的。专有名词,首字母大写。——译者注

果出现影响会议和组织整体权益或者个人成员权益的紧急情况（例如，噪音、通风、在有嘉宾在场时引入了需要保密的议题等），那么任何一位成员都可以用"提出权益问题"来中断正在处理的事务，并提出一个紧急的请求或动议。如果事情很简单就可以解决，主持人应立刻解决，不必经过正式的程序。否则，主持人就应先裁定这个事情是否属于"权益问题"（a question of privilege）。如果是，还要进一步裁定是否紧急到需要暂停当前待决动议的程度。

(3)　"休息"（Recess）（第20节）：可以提出休息以短时间暂停会议，即使有待决动议也可以打断。暂停的时间长度要在动议中指定。

(4)　"休会"（Adjourn）（第21节）：成员可建议结束会议。即使有待决动议，只要下一次会议的时间明确，任何成员都可以提出"休会"，会议可以决定休会。下次会议的时间可以由组织的规则确定，也可以已由本次会议决定。休会时待决的事务，以及剩下尚未处理完的事务，还有仅仅得到"暂时解决"（temporarily disposed of）的事务，根据情况而定，既可能被丢弃（fall to the ground），也可能延续到下一次会议继续处理，请参阅21:7。

(5)　"指定后续会议的时间"（Fix the Time to Which to Adjourn）（第22节）：用来指定下一场会议的日期和时间（也可能包括地点）。对于固定组织来说，这个"下一场"一般是指"在下一次例行会议之前的额外一场"。这个"下一场"确定以后，就可以把一些不能立即处理的动议"改期"到那个时候。为达到这个目的，就要使用"指定后续会议的时间"。它在所有的动议中拥有最高的优先级，在有其他待决动议的时候也是合规的。但如果已经安排了同一次会议的下一场会议的时间，那么重新安排就不合规。

【与优先动议对应的程序主动议】

{6:13} 优先动议中的"休息""休会"[5]"指定后续会议的时间"拥有对应的"程序主动议"，并且使用相同的名称（请参阅10:4—5）。"权益问题"在没有

---

⑤　在一定条件下，"休会"动议即使在没有待决动议的情况下提出，也仍然是"优先动议"而不是"程序主动议"。这一点不同于其他的"辅动议"与相同名字的"程序主动议"之间的对应关系（请参阅第21节）。

其他待决动议的时候可以直接作为"主动议"提出。*

{6:14}（第18—22节详细说明每一种优先动议。）

偶发动议

【偶发动议的类特征】

{6:15}"偶发动议"(incidental motions)与当前待决动议或会议手头的其他事务相关。这种关系有时候类似于附属动议与当前待决动议的关系,但是并不能同时满足附属动议的五个特征(请参阅6:6)。"偶发动议"处理的是跟规则和程序相关的问题。这些问题多数是由当前待决动议引起的,但有时候也可能由其他动议或者事件引起,而且这些动议或者事件要么是正要被提出,要么刚刚被提出但主持人还没有宣布议题,要么就是刚刚进入待决状态。我们说某偶发动议是由某动议或事件"引发的"(incidental to,arise out of)。除个别例外,偶发动议跟待决主动议的关系是:偶发动议一定要先得到立刻解决然后才能继续处理待决主动议。大多数偶发动议是不可辩论的。

{6:16} 每种偶发动议只能在属于它自己的、特定的情况和条件下使用。这些情况和条件可能与引发它的动议有关,也可能与特定的时间点或者事件有关。这是偶发动议与附属动议不同的重要一点。附属动议原则上可以应用在主动议的整个待决阶段(一些特殊情况请参阅6:6)。

【偶发动议的列举】

{6:17} 以下偶发动议的列举并没有依据任何优先级顺序,这与附属动议和优先动议是不同的(请参阅6:18的说明)。偶发动议包括:

(1)"秩序问题"(Point of Order)(第23节):虽然贯彻和执行规则通常是主持人的责任,但是对于其他成员来说,如果发现主持人未能正确履行该职责,明明出现不合规的问题却没有处理,那么可以在不合规的问题正在发生的时候立刻提出"秩序问题",其效果是提醒并要求主持人对秩序问题是否成立进行裁定。

---

* 也就是说,不需要使用优先动议"提出权益问题"来获得提出的机会,因而也没有与"提出权益问题"相对应的程序主动议。——译者注

(2) "申诉"(Appeal)(第24节):虽然所有影响会议进程的议事规则相关问题的裁定都是由主持人做出的,但是,任何两个成员,一个动议,一个附议,也可以对主持人刚刚做出的裁定立即提出"申诉",要求主持人立刻将此问题交由会议重新表决裁定。

(3) "暂缓规则"(Suspend the Rules)(第25节):有时候会议希望着手某项议题或者做某件事情,但按议事规则并不合规,在有些情况下,允许会议将相关的议事规则放在一边暂不遵守,以便允许会议做想做的事情,这就要用到动议"暂缓规则"。

(4) "反对考虑"(Objection to the Consideration of the Question)(第26节):一项"实质主动议"已经提出,但还没有开始辩论,也没有任何附属动议(但"暂停"除外)被宣布议题,如果此时有成员认为,对此主动议来说,即使在会议上进行讨论也是对组织有危害的,那么可以提出"反对考虑",然后由会议表决是否考虑该主动议。如果三分之二的票数反对考虑,那么会议放弃对该主动议的考虑。

(5) "拆分议题"(Division of the Question)(第27节):如果一项待决主动议或者待决"修正案"(amendment)包含了两个或更多可以单独考虑的部分,可以动议"拆分议题",由会议表决将原动议分成相应的几个动议依次分别考虑和表决。

(6) "逐段或逐条考虑"(Consideration by Paragraph or Seriatim)(第28节):如果主动议是决议或其他文件,并且包含若干围绕同一个议题的段落或者条款,那么为了提高效率,可以动议"逐段或逐条考虑"。一般是逐段或逐条讨论如何修改,最后对整个决议或者文件进行统一表决。

(7) "起立重新表决"(Division of the Assembly)(第29节):如果有成员怀疑主持人刚刚宣布的口头表决或者举手表决的结果不准确,或者怀疑参与表决的人数不具"代表性"(representative),那么可以要求"起立重新表决",就是说只要一位成员就可以使会议以"起立表决"的方式重新表决。* 不过还不能确保这个起立表决是计数

---

* 这里要注意,参与表决的人数是否具有"代表性",并没有一个严格的标准,任何人都有权根据自己的判断对此提出怀疑并要求重新表决,但是,只要出席人数满足有效人数,只要正反两方的得票数明确,即使参与表决的人数不具代表性,表决的结果仍然是确定的,而且是有效力的。——译者注

的,如果想要计数,需要主持人决定或者会议表决决定(请参阅下一种动议)。

(8) "关于表决方式的动议"(Motions Relating to Methods of Voting and the Polls)(第 30 节):任何成员可以动议会议以如下方式对当前动议做表决:

① 书面不记名表决(by ballot);

② 点名表决(by roll call);

③ 计数的起立表决(by a counted standing vote),尤其是在"起立重新表决"结果仍不确定而主持人却仍然没有指示大家进行计数的情况下;

④ 在"书面不记名表决"(ballot)或者选举中,要求关闭或者重开投票箱(或投票站)*。

(9) "关于提名的动议"(Motions Relating to Nominations)(第 31 节):如果章程或其他规则中没有提到如何提名"候选人"(candidate),而且选举前也没有明确,那么任何成员,在"选举"成为待决议题之后,可以动议采用某种提名方式,或者"结束提名"(close nomination),或者"继续提名"(reopen nomination)。

(10) "请求免责"(Request to Be Excused from a Duty)(第 32 节):任何成员,如果需要推辞某种由章程或职位所赋予的责任,或者推辞某项任命,那么可以提出免责或辞职。

(11) "请求和咨询"(Request and Inquiries)(第 33 节):在某项动议正要被引入、变成待决或者已经处于待决状态的时候,成员就该项动议还可以提出如下这些请求和咨询:

① 咨询议事规则(Parliamentary Inquiry):就与当前事务有关的议事规则方面的问题咨询主持人的意见,主持人也只能表达自己的意见,不能做出任何实际的裁定。

② 提问(Request for Information 或 Point of Information):就是一般的提问,除议事规则以外的问题,询问与当前事务有关的事实和情况。提问在形式上只能是针对主持人的。即使实际

---

* 英文是"Close the Polls"和"Reopen the Polls",其中"the polls"是指投票点、投票站或投票箱。——译者注

上针对的是其他成员,也只能向主持人提出,然后用第三人称说明实际的提问对象。

③ 动议人请求收回或修改动议(Request for Permission to Withdraw or Modify a Motion):在主持人宣布议题后,一项动议就属于会议所有,动议人不能随意收回或修改,必须向会议提出请求。

④ 请求宣读文件(Request to Read Papers)。

⑤ 其他请求(Request for Any Other Privilege)。

前两种咨询可以由主持人或者主持人指定的人来回答;而其他那些"请求"(request)则必须由会议来"批准"(grant)。

【偶发动议与其他动议的优先级关系】

{6:18} 在如下条件下,"偶发动议"优先于"另一个待决的动议":只有当一个偶发动议与另一个待决的动议确实关联的时候,或者与其他当前事务确实关联的时候(请参阅6:15),这个偶发动议才是合规的,并且优先于当时所有的待决动议。每一种偶发动议都有自己的条件和规则,比如可以关联什么样的动议,可以应用在什么情况下或者是动议处理的哪个阶段等。多数情况下,偶发动议只能与直接待决动议关联。

{6:19} 偶发动议没有固定的优先级,但有各自的优先特性,请参阅第23—33节的具体描述。除了"起立重新表决"之外的"偶发动议"都让先于"优先动议",而且一般也让先于"暂停"。但如果动议 A 引起"偶发动议 N",现在需要对"偶发动议 N"应用动议 B,虽然通常情况下 N 让先于 B,但因为 A 比 B 优先级还高,那么 B 是不合规的(请参阅下面第二个段落)。还有,根据上一段里提到的原则,如果"偶发动议 X"引起"偶发动议 Y",那么 X 让先于 Y。比如,"拆分议题"或"暂缓规则"就需要让先于由它们引起的"秩序问题"。

{6:20} 凡本书中提到"偶发动议"或"所有偶发动议"优先于"动议 M",或"动议 M"让先于"所有偶发动议",所指的"所有偶发动议"也仅限于当时与"动议 M"真实关联的那些偶发动议。例如,我们说"偶发动议总是优先于主动议",但"反对考虑"只能与"实质主动议"关联,而且一旦对该实质主动议的考虑已经开始,"反对考虑"就不再合规,即使这项实质主动议仍然处在待决状态。再比如,"'秩序问题'优先于任何引起该秩序问题的待决动议,无论其优先级有多高",但必须是在确实违反秩序的事情正在发生的时候。

{6:21} "秩序问题""申诉""暂缓规则""关于表决方式的动议",还有某些"请求和咨询",可能与任何优先级的动议关联。在一般的规则中,我们会提到它们让先于某一指定优先级以上的所有动议。但是,如果引起该偶发动议的动议 A,比指定的优先级高,那么该偶发动议并不让先于比指定优先级高,但比 A 的优先级低的动议。例如,规则说"'秩序问题'让先于'暂停'以及所有的优先动议",如果引起这个"秩序问题"的动议比"暂停"低(也就是主动议和其他附属动议),那么这条规则就没有例外。但是如果之前是"休息"动议引起了这个"秩序问题",那么该"秩序问题"只让先于比"休息"优先级高的"休会"和"指定后续会议的时间"。

{6:22} 如果当前待决动议是由主动议、若干附属动议或优先动议组成的系列待决动议,那么有些偶发动议,比如"秩序问题""申诉"或"起立重新表决",可能会出现不止一次,分别关联系列待决动议中的不同动议。

【与偶发动议对应的程序主动议】

{6:23} 有些偶发动议可以用作程序主动议。例如,用"暂缓规则"在整个一"次"会议(第 8 节)期间暂停执行某条"一般管理规则"(第 2 节);如果是在没有待决动议的情况下提出的,那么这个"暂缓规则"动议就是程序主动议。类似地,在没有待决动议时提出的关于提名方式的动议也是程序主动议。

{6:24} (第 23—33 节详细描述每一种偶发动议。)

再议类动议

【本类动议的特征】

{6:25} 本类动议共包括四种动议。从名称中就可以看出本类动议的目的:这些动议在通过以后或者引入之后,可以使会议再次考虑之前已经以某种方式解决了的动议。* 本类动议只能在没有待决动议的情况下提出,这一

---

* 其中有两种归在任何其他的动议类别下都不合理。有一种可以看做特别的程序主动议。另外还有一种在某些情况下可以看做程序主动议,而在其他情况下却不能归入任何其他的动议类别。——译者注

点类似于主动议;其中三种动议必须如此,另外一种有些例外。将这四种动议划归为单独的一类,体现了议事规则的如下原则:

(1) 在一场或一次(第8节)会议期间,一旦会议对某一议题做出决定,那么同一个议题,或者本质上的同一个议题,不能再次引入会议考虑。(除非使用"再议类动议"。)

(2) 如果某个动议只得到"暂时解决"(temporarily disposed of)(通过本章和后续章节介绍的程序),并没有形成最终决定,那么任何"与该动议拥有相似或相冲突的议题因而一旦通过就会干扰到会议再对该动议考虑时的立场"的新动议,都不可引入。

(3) 要改变会议已经通过的决定,需要比通过这项决定更高的条件,这个条件体现在更高的表决额度或者需要"事先告知"(previous notice)等要求上。

"再议类动议"使得会议能够在不违反上述原则的前提下,可以在同一次会议期间再次考虑一项已经决定的议题,或者可以继续处理一项尚未最终解决的议题,或者可以改变一项已经通过并且仍具效力的决定。

【本类动议的列举】

{6:26} 下面的列举没有优先级顺序。前三种动议或者本身就是主动议,或者跟主动议一样优先级最低。第四种的优先级规则很特别,请参阅6:27(5)和37:9(1)。再议类动议包括:

(1) "恢复"(Take from the Table)(第34节):如果希望继续考虑一项被暂停的主动议[以及"绑定"(adhere to,请参阅10:35)在这个主动议上的一系列其他动议],可以动议"恢复"该主动议,使之重新进入待决状态。"被暂停的动议"(a motion laid on the table)的定义是:在本次会议期间被"暂停"的,或者在不超过三个月时间间隔(请参阅9:7)的上一次会议期间被"暂停"的,还没有得到最后解决的(finally disposed of)动议。

(2) "取消"(Rescind, Repeal,或Annul)(第35节):用于整个地取消或废止一个已经通过且持续发生效力的主动议、决议、命令或规则。而"修改已通过的决定"(Amend Something Previously Adopted)(第35节)则用来部分改变或替换上述已通过的内容。

这两种动议的规则是完全一样的,实际上反映的是同一种动议的两个方面:一个是完全撤销,一个是修改。这种动议下面统称为"取消或修改已通过的决定"(Rescind or Amend Something Previously Adopted)。

(3)"收回委托"(Discharge a Committee)(第 36 节):如果会议之前已经把某个动议委托给委员会,或者把某项任务指派给委员会,但是在委员会还没有做出最终报告的时候,会议又希望把这件事情从委员会手中拿回来讨论、处理或放弃(drop),就可以使用"收回委托"。

(4)"重议"(Reconsider)(第 37 节):如果一项动议已在本次会议期间表决了(无论是通过还是否决),现在(仍在同一次会议,同一天或最晚不超过表决后有议事会议的第二天)由于新的信息或者新的情况出现,从而有理由认为在这个议题上会议整体的意愿很可能已经发生变化,那么之前在该动议的表决中处在"获胜方"的一位成员可以动议对该动议进行"重议",好比这个动议从来就没有被考虑过。

【本类动议之间的关系】

{6:27} 本类的几种动议之间有类似又有不同,可以从不同的角度加以分析:

(1)"恢复""重议"以及在某些情况下的"收回委托"动议,只能归类为"再议类动议",归为其他哪类都不合适。"取消或修改已通过的决定"以及在其他情况下的"收回委托"动议,可以归为特别的"程序主动议",如下一段所述。

(2)"取消或修改已通过的决定"可以归为"程序主动议"。因为①它本身的提出就引入了实质性的事务,②一旦有了表决结果,它引入的事务也得到了最终解决,不再待决。相反,"重议"(如果重议的对象是个主动议)和"恢复"本身的提出并不能引入实质性的事务,而是在它们得到通过以后,才使得"被重议"或者"被恢复"的那个主动议成为待决动议。而对于"收回委托"来说,两种情况都有可能。如果当初是用附属动议"委托"(Commit)把事务交付给委员会的,那么在"收回委托"得到通过之后,会议回到当初"委托"之前的状态,"被收回委托"的事务重新回到待决状态;但是如果当初是用程序主动议的形式把事务交给委员会的(请参阅 13:6 和 36:10—11),那么"收回委托"实际上就是一种特殊的"取消或修改已通过的决定"。

(3) 从另一个角度看,"收回委托"——无论当初委托的时候用的是附属动议还是程序主动议——又与"取消或修改已通过的决定"有着类似的规则。例如在表决额度上,或者要求"过半数表决"加"事先告知",或者要求比"过半数表决"更高的额度[请参阅 35:2(7)和 36:4(7)]。

(4) 还有,"收回委托"(委托对象为动议)与"恢复"的共同点是:都是使会议拿回一件只得到暂时解决且仍然在会议控制范围内的事情(within its control,请参阅 9:7—11 和 38:8)。相反,"取消或修改已通过的决定"和"重议"就都是针对已经得到了最后解决的动议。但后两者也有不同:"取消或修改已通过的决定"只能应用于被通过的动议,不能应用于被否决的动议,无论这个动议是什么时候通过的,但须明确指出如何修改。相反,"重议"一般既可以应用于被通过的动议,也可以应用于被否决的动议;但必须是在一定期限之内表决的动议,并且只能要求重议,不能指定如何重议。

(5) "重议"可以应用在某些附属动议、优先动议和偶发动议上。在一定条件下,它具备了辅动议的一般特征,也就是说可以在有其他待决动议的情况下提出并考虑。本类中只有"重议"可以应用在辅动议上,并且可以单独应用,不用同时应用在相关的主动议上。因为它的"提出"(making)有比较严格的时间限制(不能重议一个太久之前做出的决定),所以它的"提出"有最高的优先级(甚至高于通常情况下优先级最高的"指定后续会议的时间")。但对它的"考虑"(consideration)的优先级仅仅等同于它所指的、要被重议的那个动议的优先级。就是说往往"提出"后并不能立刻"考虑"。这是在所有动议中独有的特性。

{6:28}(本类各动议在第 34—37 节中分别详细描述。)

再议类动议 *

动议名称	取消或修改已通过的决定	收回委托	恢复	重议
英文名称	Rescind or Amend Something Previously Adopted	Discharge a Committee	Take from the Table	Reconsider
归类	可以归为特别程序主动议	当初用程序主动议"委托"的，可以归为特别程序主动议；否则归为哪类都不合适	归为哪类都不合适	归为哪类都不合适
优先级	跟主动议一样低，提出时不能有其他待决动议	跟主动议一样低，提出时不能有其他待决动议	跟主动议一样低，提出时可以优先于一个新提出的还没有宣布有议题的主动议	它的"提出"有最高的优先级，可以有其他待决动议；但它的"考虑"的优先级等同于被重议的那个主动议
对象	主动议	主动议	任何可以被"暂停"的动议，是主动议和绑定在主动议上的附属动议	主动议，以及某些带附属动议和偶发动议
对象的特征	已经得到了最后解决，但只能是被通过了的决定	只得到了暂时解决，但只委托给了委员会	只得到了暂时解决，被"暂停"	已经得到了最后解决，通过和否决都可以
提出的时间限制	没有限制	对象必须仍然在会议控制范围内	对象必须是在本次会议期间被暂停的，或者在不超过三个月间隔的上一次会议期间暂停的	对象必须是在本次会议期间表决的（今天或者最早不过昨天）
附加内容	如何修改	无	无	无
表决额度	过半数表决加事先告知，或者三分之二表决，或者全体成员的过半数表决	过半数表决加事先告知，或者三分之二表决，或者全体成员的过半数表决	过半数表决	过半数表决
动议人	任何人	任何人	任何人	当初表决时处在"优势方"的成员

* 此表由译者编注。——译者注

§7. 动议的标准描述特征

{7:1} 我们把处理动议时要考虑的大多数重要规则归纳为八个"标准描述特征"(standard descriptive characteristics)。除了描述各动议的基本规则,它们还充当了对各种动议的共性和差异进行比较的参考点。

{7:2} 动议的这八个标准描述特征是:

(1) 它优先于哪些动议(也就是说,在哪些动议待决的时候,本动议的提出是合规的);又让先于哪些动议(也就是说,在本动议待决的时候,可以提出并考虑哪些其他的动议)。(例如,主动议的优先级最低,所以它不优先于任何其他的动议,反过来,它让先于所有的附属动议、所有的优先动议以及所有可以应用在它上面的偶发动议。)

(2) 它可以应用于哪些动议,或者它可以在哪些情况下应用;以及哪些动议,特别是附属动议,可以应用在它上面。(例如,主动议不可以应用于任何其他的动议,反过来,所有的附属动议,以及不同情况下特定的偶发动议可以应用在主动议上。)

(3) 是否可以在其他成员持有发言权的时候提出。(例如,主动议不可以。)

(4) 是否要求附议。(主动议总是要求附议。本书中,无论说"必须得到附议"还是"要求附议",其准确的含义请参阅 4:9—14,另外,董事会或者委员会提交的动议不需要附议。)

(5) 是否可以辩论(也就是说,当本动议直接待决的时候,是否允许就本动议的利弊进行讨论)。(例如,主动议可以辩论。)

(6) 是否可以修改。(例如,主动议可以修改。)

(7) 要求什么样的表决额度。[例如,主动议要求"过半数表决",除了 10:8(7)所指出的例外情况。]

(8) 是否可以重议,也就是,是否可以对表决后的本动议提出"重议"(Reconsider,第 37 节)。(例如,主动议可以重议。)

{7:3} 主动议的标准描述特征在第 10 节详细说明,其他动议分别在第 11—37 节说明。另外,附录第 *t3—t5* 页的附录 I 表现了标准描述特征的第 1—2 项,附录第 *t6—t33* 页的动议总表表现了第 3—8 项特征。

{7:4} 第 8 节和第 9 节将进一步提供一些与第 10—37 节各动议处理细节相关的会议的"场"与"次"等基础概念。

第 四 章

会议的场与次

§8. 场与次、休息与休会

概念

{8:1} 对于协商会议来说，根据 1:3 的定义，成员聚集在一起处理事务的每一场活动就构成"一场会议"（a meeting）；而会议和组织举行会议处理事务的一个完整单元，称做"一次会议"（a session），通常情况下是由一场或者若干场连续的会议构成的（适用于各种类型的会议）。* "次"是个重要的基础概念，在很多重要的议事规则中都会出现。

{8:2} 以下定义几个重要的术语：

(1) 一场会议：组织的成员在同一个场合正式集会以处理事务，其间会议连续进行，除了短暂的休息（recess），成员们不可解散离场，这就是一场会议。（有些组织的章程，在要求"同一个场合"的同时，也承认电话会议和网络会议，请参阅 9:30—36。）一场会议的长度，短则几分钟，长可数小时。

(2) 一次会议：除非本会议和组织的章程或上级组织有不同的定义，"一次会议"一般定义为围绕既定的一套会议程序（order of business）、议程（agenda）、日程（program），或一个公开宣称的目标而开展的一场或者连续的若干场会议；且如果是若干场会议，那么除了第一场会议之外的每一场会议都是从前一场会议的中断点继续。（请参阅 8:7 关于"休息"与"休会"的区别。）

---

* 这两个概念的区分比较细微，某种程度上讲，只是"次"（session）比"场"（meeting）更完整，因而"次"作为一个判断时间节点的依据更为重要。——译者注

(3) 休息:严格的定义是,一场会议中途的短暂间歇(intermission, break),不影响一场会议的完整性,更不表示这场会议结束。休息之后,会议从中断点继续。休息期间,成员们可以离开但不可以远离会场。休息往往跟会议上的一些事务有关,例如需要时间计算票数,或者给大家时间自由讨论等(请参阅第20节的"休息"动议)。

(4) 稍息(stand at ease):比休息更简单也更短暂的暂停,由主持人以"默认一致同意"的方式宣布。严格地讲,会议并没有中断,成员们也不该离开座位,只可与临近的成员轻声交流,并且一旦主持人宣布会议继续或者有人反对继续稍息,会议就应恢复原有秩序。

(5) 休会(an adjournment):定义为一场会议的结束;当然如果是一"次"会议的最后一"场"会议,那么这一"次"会议也同时结束;否则,休会不结束一"次"会议。下一场会议要继续当前的议程,而下一场会议的时间,要么已经安排,要么可听候主持人召集。(另外请参阅 9:17—19 的"后续会议"。"休会"动议在第21节详细说明。)

(6) 最终休会(adjournment sine die[①] 或 adjournment without day):通常指由多场会议构成的一次会议的结束。这有两种情况:①休会将解散会议或组织,一般适用于公众集会,或者每次要重新选举代表的代表大会。②休会不解散会议或组织,一般适用于立法机构的会议,下一次会议的时间由章程或宪法规定,除非出现特殊情况需召开"临时会议"(special session),否则在下次会议之前不再开会。如果属于上述情况,那么休会的动议人就可以在动议的措辞中加上"最终"(sine die) * 这个词,主持人也可以在宣布休会的时候,加上"最终",但这都不是必须的。

---

① 发音是 SIGN-ee-DYE-ee。

* "sine die"是拉丁语,直译是"没有天",在这里的含义可能有两种理解:一种理解是没有下一场会议了,特别是对于持续多天的一次会议,第二天起不再有会议;另一种理解是下次会议的时间未定。依据上下文判断,前一种理解更为合理。一方面,这条术语通常用于由多场会议构成的一次会议,这样的会议一般持续若干天,特别是立法机构的一次会议可持续数月,在最后一天休会时可强调无后续会议,是最终休会。另一方面,对于立法机构会议,下一次会议的日期由章程或宪法确定,并非未定。所以这里把"sine die"翻译成"最终",而"adjournment sine die"翻译成"最终休会"。——译者注

概念之间的关联

【一次会议所包含的会议的场数】

{8:3} 一"次"会议的长度，或者说，它包含了多少"场"会议，对于不同类型的会议来说是不同的。

{8:4} 固定组织一般在章程中规定了每周、每月、每季度的例行会议，用一个下午或晚上的时间，按照一套比较固定的会议程序依次处理各项事务。这样的一场会议通常就是一次会议——除非会议当场安排了"后续会议"（adjourned meeting），具体解释请参阅 9:17—19。上述规则是通用议事规则，除非组织章程有不同的规定。虽然任何组织都有权在章程中定义自己的一次会议怎么构成，但对于一般的组织来说，通常不应该让一"次"例行会议跨越太长的时间，因为这样往往会绊住会议的手脚。比如，如果某动议得到最终解决但未获通过，也就是被否决，或被搁置，或者被反对考虑（请参阅第 11 节和第 26 节），那么只能在当天或者最迟第二天（如果第二天有会议的话）提出"重议"（Reconsider，第 37 节），一旦过了这个时间，"重议"不可用了，只能等到下一次会议才能"重提"。如果一次会议的时间跨度过长，那么这个等待就会很长。*

{8:5} 对于代表大会，比如全国或州规模的组织召开的"年会"或"双年会"，每次代表大会就构成一"次"会议，有一套完整的议程（agenda）或日程（program），一般都是由若干场会议组成的，可能是上午、下午、晚上的若干场会议，也可能是跨越几天的很多场会议。国会的会议很不同，它的一"次"会议可能由几百"场"会议组成，每"场"会议都差不多是一整天的时间，每"次"会议可能持续近一年的时间。

【非正式用法】

{8:6} 因为对于最常见的、固定组织的基层会议来说，一"场"会议就是一"次"会议，所以这两个词常常在非正式场合被混用，准确的含义要根据本节

---

* 因为"同样的议题在同一次会议中不能重提（renew）"，所以这个期间无法"重提"这个动议。"取消或修改已通过的决定"（Rescind or Amend Something Previously Adopted）虽然可以随时使用，但是只能针对"被通过"的动议，对"被否决"的动议就无能为力了。——译者注

的说明,视上下文而定。同样,"休息"(recess)、"休会"(adjournment)和"最终休会"(adjournment sine die)这几个词也常常发生混淆。很多时候,特别是在代表大会中,常用"recess"表示"休会"(adjournment),比如说"现在休会,明天继续"(recess until tomorrow)。"recess"不结束一"场"会议,"adjourn"结束一"场"会议。反过来,有些会议的议程或日程中,常常会写上"休会",实际指的却是很短的"休息"。有的组织,比如国会,用"recess"表示两次会议之间的"闭会期",比如说"国会的夏季闭会期"(the summer recess of Congress),这纯粹是口语的说法,跟议事规则的定义没有关系。

【休息和休会的比较】

{8:7} 休息和休会的区别很多时候很细微,只能根据实际情况辨别。比如,代表大会的午餐时间,可以是休息,也可以是休会,取决于具体情况,例如午餐时间长短,是在会场就餐,还是出去就餐。从效果上讲,二者的区别是,休息结束后的会议直接从断点继续,如同没有休息过一样,没有任何"开场"的步骤;而休会后的下一场会议(同一次),一般要先有开场的程序,并且要读上场的会议纪要,然后从上场的断点继续,虽然这些步骤也可能省略。对于连续几天的会议,每天的第一场会议的开始,要读会议纪要;而当天后面的几场会议不用读会议纪要,这样的开始方式就跟休息结束的效果没什么区别。②

【安排下场会议的时间】

{8:8} 在休会之前,如果不是一"次"会议的最终休会,那么下一场会议的时间就应该已经安排好了,以便继续完成当前事务和既定议程,除非组织的规则规定这样的会议将由"主持人召集"。如下这些方式都可以用来指定下一场会议的时间,按使用的频率由高到低依次为:(1)在代表大会一开始的时候制定"日程"(program);(2)在本场会议上通过"指定后续会议的时间"(Fix the Time to Which to Adjourn)来指定,这个动议可以是主动议,也可以是优先动议,取决于提出的时机;或者(3)由"休会"(Adjourn)动议本身指定,这样的"休会"动议被称做"带有限定的",只允许在没有其他待决动议的

② 如果会议选择休息,而不是休会,那么因为还属于同一场会议,所以有些动议不合规,例如不能"重提"某些"暂缓规则"(请参阅25:6)和"重议并先记录"[37;47(6)]。

情况下,以主动议的形式提出来。

【休会的一般做法】

{8:9} 在提出并通过了"休会"动议之后,会议即可结束。一些情况下主持人也可以直接宣布休会,不用动议,请参阅 21∶14—15。会议和组织按照章程、其他规定或之前通过的某个动议所指明的时间再度开会。如果计划要等到章程规定的下一次"例行会议"的时间才再度开会,那么主持人只宣布"现在休会",这个宣布也意味着本次会议的结束。另一方面,如果按照上一段描述的几种方式已经指定了本"次"会议的下一"场"会议的时间,那么主持人宣布的时候也应说明,比如,"(本场会议)现在休会,明天下午 4 点继续(下一场会议)"。

{8:10} 如果由于发生火灾、骚乱或其他紧急情况,来不及对休会进行表决,那么主持人应该立刻宣布休会并指定下场会议的时间和地点(如果可能的话),或者就说下场会议待主持人召集。

次的重要性

{8:11} 前面提到,一"次"会议是会议和组织处理事务的一个完整单元,而"次"是重要的基础性概念,这是因为,每一次新的会议都可以重新获得一定的自由;而与此相对应的,就是每一次会议已做出的决定都对这次会议本身产生一定的约束。下面讲解这些特性所带来的影响。

【一次新的会议所获得的自由】

{8:12} 作为一个一般的原则,一次会议不能阻止下一次会议或之后的任何一次会议上的过半数成员针对同一项议题采取行动,除非通过制定特别议事规则或者修改章程(这二者的通过都要求比"过半数表决"更高的表决额度;参阅下文)。例如,不应该把事务改期到下下次(下次的再下次)"例行会议"(regular session),因为这等于是要跳过下次会议,使下次会议无法处理此事。进一步拓展上述原则,为了让一次新的会议上的过半数成员,在"事先告知"的前提下,能够改变往次会议做出的、现在看来已经不恰当了的决定,通用议事规则规定了"取消或修改已通过的决定"(Rescind or Amend Something Previously Adopted)和"收回委托"(Discharge a Committee)等

动议。对于往次(包括上一次)会议通过的事务,本次会议经"事先告知"且
"过半数表决"可以取消或者修改;对于往次(包括上一次)会议委托给委员
会的事务,本次会议经"事先告知"且"过半数表决"可以收回委托[关于在没
有"事先告知"的情况下所需的表决额度,请参阅 35:2(7)和 36:4(7)]。

【上述自由与组织规则之间的关系】

{8:13} 上述原则适用于"一般管理规则"(standing rules,根据本书的定
义,指那些管理日常事务的规则,不涉及任何议事规则;请参阅第 2 节)。一
条一般管理规则可以在任何一次会议上由过半数表决制定,并且在取消或
修改之前一直有效,但一般管理规则不会在实质上束缚以后任何一次会议
的自由,因为只需"过半数表决"就可以随时"暂缓"它("暂缓"在一次会议期
间有效,不能跨次)。

{8:14} "特别议事规则"属于议事规则,"章程"是高级别的组织规则,因
而"章程"和"特别议事规则"应该是稳定长效的,不应该轻易修改。每一次
会议都要受到它们的约束。它们代表的是整个组织的总的意志,而不仅仅
是某一次会议中出席的那些成员的意志。所以对这些规则的修改要求既有
"事先告知"又要"三分之二表决"(或者,有时也允许"全体成员的过半数表
决")。还有,"议事规则"的"暂缓"要求"三分之二表决",而"章程"不可以
"暂缓"。

【上述自由与"动议重提"之间的关系】

{8:15} "动议重提"(renew)是指把一项曾经被引入并得到最终解决但未
被通过的动议当做一项新的(好像从未提出的)动议重新提出。什么情况下
可以进行"动议重提"与"次"的概念密切相关,与每一次会议重新获得的自
由密切相关。如第 38 节和 8:4 指出的,在同一次会议期间,同一个议题,或
者本质上的同一个议题,不能再次引入,除非采用适当的"再议类动议"。但
是,在新的一次会议中就没有这些限制,可以正常进行"动议重提",除非这
个动议是从上一次会议中延续(请参阅 9:7—11"例行会议"中提到的五种
"延续"的方式)下来的尚未得到最终解决的动议(第 38 节详细说明动议的
重提)。

【上述自由与"临时主持人"之间的关系】

{8:16} 如果会议需要选举一位"临时主持人"(Chairman Pro Tem),例如

在默认的主持人及其接替者都不能履行职责的时候,而且希望这位临时主持人的任期跨越若干次会议,那么这个选举必须有"事先告知"——或者是在选举之前的那次会议中,或者是在选举所在的那次会议的会议通知中。一次会议不能干涉每次新的会议所拥有的选举自己临时主持人的权利,除非经过有"事先告知"的选举(请参阅 10:44—51)。

§ 9. 会议的具体类型

例行会议

{9:1} "例行会议"简称"例会"(regular meeting 或 stated meeting)是指定期召开的议事会议,常见于固定组织、基层组织、董事会等,周期可以是周、月、季度等,并且具体的日期规律(比如,每月第一个星期二)应该在"章程"中规定,而时间(即几点开始)和地点应该在"一般管理规则"中指明。

{9:2} 有些组织习惯每次会议结束前用决议的方式决定下一次例行会议的日期、时间和地点,那么在每场会议之前,提前一段合理的时间,必须发送"会议通知"(notice, call of the meeting)给所有成员。

{9:3} 在任何组织当中,如果两次例行会议相隔三个月以上的时间(请参阅 9:7),那么会议通知必须在每次例行会议之前的合理时间发出。代表大会的会议通知也必须在代表大会召开之前的合理时间发出。在很多组织中,每次会议之前都会向所有成员发送会议通知。

{9:4} 在所有这些情况下,为了避免大家不确定提前多久是合理的,需要提前通知的具体天数——这取决于每个会议和组织的具体情况,应该由每个组织自行决定——应该在组织章程 (56:34) 中规定。除非章程另有规定,否则天数计算的是自然日,包括节假日和周末,不包括会议召开的那一天,但包括发送会议通知的那一天。

{9:5} 如果需要发送"会议通知",除非指定了不同的标准,否则"会议通知"发送的要求是:会议通知需要发送到每一位成员,且采用下面两种方式之一:

(1) 以成员最后在组织登记的邮寄地址为准,采用邮寄方式发送;

(2) 以成员登记并同意用来接收会议通知的电子通信地址——如电子

邮件地址或传真号码*——为准,采用电子方式发送。

{9:6} 通常一场例行会议就是一次会议(请参阅 8:4),但有"后续会议"(adjourned meeting)的情况请参阅 9:17—19。有些组织有很多频繁而不定期的交流或文化性质的会议,在这些会议上也可能开展一些议事活动,另外,每月或每季度还要定期召开专门的议事会议,对于这种情况,"例行会议"特指这些月或季度的例行议事会议,其他的会议不属于"例行会议"。

{9:7} 一个议题要想从一次会议延续到下一次会议,这两次会议之间的时间间隔必须没有超过三个月。"**没有超过三个月时间间隔**"(no more than a quarterly time interval)的具体定义是:前一次会议结束于第一个月的某一天,后一次会议开始于第四个月的某一天或更早;换句话说,前一次会议的结束日所在的那个月份和后一次会议开始日所在的那个月份之间,最多可以"夹着"两个月份。举例说明:如果本次会议在今年的 1 月(可以是任意一天)举行**,那么只要上一次会议是在去年的 10 月 1 日或者之后的任意一天结束的,这两次会议的间隔时间就没有超过三个月;同样的,只要下一次会议开始于今年 4 月 30 日或者之前,它和本次会议之间的时间间隔也没有超过三个月。

{9:8} 如果两次会议之间超过三个月时间间隔,或者在后一次会议开始之前,有一部分成员的任期结束(这种情况在选举产生的立法机构或者董事会中可能出现),那么只有通过"委托"(第 13 节)才可能使一项事务从上一次会议延续(go over)到下一次会议。

{9:9} 当连续两次"例行会议"的时间间隔没有超过三个月,且在后一次会议开始之前,不会出现一部分成员的任期结束的情况,那么通过几种方式可以使一项事务从上一次会议延续到下一次会议,这些"延续"方式包括:[3]

(1) 被"改期"(Postpone)到后一次会议上或被"指定为后一次会议上的普通议程项或特别议程项"(set as a general or special order)(第 14 节和第 41 节);

(2) 在上一次会议上被"暂停"(Lay on the Table,第 17 节),并且在上

---

[3] 如果例行会议之间的间隔有时小于三个月或有时大于三个月,那么只有那些小于三个月的情况可以使用除"委托"给委员会以外的"延续"方式。比如,9月到 5 月是每月召开例会,但夏天的 6月、7月、8月不开会,那么"改期"可以用在 9 月至 4 月间的会议中,但不能用在 5 月的会议中,因为改期到 9 月就超过了三个月的时间。

* 同理也应该包括手机短信息、各种即时通信和社交媒体应用程序及其群组等。——译者注

** 这里隐含的意思应该是开始和结束的日期都在 1 月。——译者注

一次会议休会前未曾被"恢复"(Take from the Table,第 34 节);

(3) 作为"未完事务"(unfinished business)或"未完成的特别议程项" (unfinished special order)被延续到后一次会议[请参阅 21:7(2) 和 41:18—23];

(4) 被动议"重议",但"重议"动议本身在上次会议上没有得到最终解 决(第 37 节);*

(5) 被"委托"(Commit 或 Refer)给委员会并可以在后一次会议中报告 (第 13 节)。

{9:10} 要想把一件事务从一次会议,跳过下一次"例行会议",直接延续 到更后面的一次会议,唯一的办法就是委托给委员会,并由委员会在更后面 的那次会议上做出报告。

{9:11} 一个议题从前面一次会议通过上述任何一种方式"延续"到后面 一次会议,称该议题"得到了暂时(而不是最终)解决,且仍在会议控制范围 内"(be temporarily but not finally disposed of, thus remain within the control of the assembly)。

{9:12} 凡是根据章程的定义、符合组织宗旨的事务,或者属于董事会权 力范围内的事务,都可以在"例行会议"上处理(对于已通过的决定,或者被 暂时解决且仍在会议控制范围内的事务,相应的议事规则方面的限制整理 在 10:26—27"不合规的主动议",以及第 35 节和第 38 节)。

临时会议

{9:13} "临时会议"或"特别会议"(special meeting 或 called meeting) 是指在例行会议的时间以外,组织只为处理某一项或几项会议通知中指明 的事务而临时召开的单独的一次会议。"临时会议"必须有会议通知,其中 必须指明会议的时间、地点、会议召开的目的,以及拟提请会议考虑的动议 或事务的清晰且具体的描述,并且必须合理地提前若干天发送给所有成员。 "临时会议"一般处理在"例行会议"之间发生的重要而且紧急的事务,需要 组织在下一次例行会议之前及时行动,或者希望把完整的一次会议的时间

---

* 一种可能的情况是,"重议"被提出并得到附议,但未被"要求考虑"(call up)。——译者注

用来专门处理一项或几项事务。④跟"例行会议"一样，一般组织的一次"临时会议"通常也只包括一场会议，除非会议又在这个"临时会议"上安排了一场"后续会议"(adjourned meeting)。

{9:14} 合规有效的"临时会议"必须：(1)按照组织章程规定和允许的方式召集(请参阅 56:36)；或者(2)由会议和组织决定，作为正式的"纪律惩戒程序"(disciplinary procedure)的一部分，为举行"审理"(trial)而召集，以决定惩戒措施(请参阅 63:21n9)。章程中规定如何召开"临时会议"的条款一般要规定下面这些内容：

(1) 谁可以召集：一般是"组织负责人"有权召集，例如总裁或会长等，或者对于大型组织，组织负责人须经董事会批准才有权召集。通常还规定组织负责人必须要响应一定数量的成员的联名书面申请而召集临时会议；

(2) 所需提前通知的天数：计算方法与例行会议相同，请参阅 9:4。

组织负责人指示秘书，根据章程的要求以及规定的提前天数，向所有成员发出"临时会议"的会议通知，并确保其中包含了所有必需的信息，其费用由组织承担。

{9:15} "临时会议"上只能处理会议通知中具体列出的事务。但是，为了处理这些具体列出的事务，以及为了会议的运行而需要用到的"优先动议""附属动议""偶发动议"以及其他动议仍然是合规的。如果在"临时会议"上，对没有列在"会议通知"中的事务进行了处理，采取了行动，那么这个行动要想生效，必须在一次"例行会议"上取得组织的"追认"(ratify，请参阅 10:54—57)，或者为此目的专门再合规召开一次"临时会议"，即这次会议的"会议通知"一定要包括"追认……"这件事。

{9:16} "临时会议"上能够处理的事务必须包含在它的"会议通知"(call 或 notice)中，这跟某些动议必须给出"事先告知"(previous notice)是两个概念，不要混淆。虽然临时会议的会议通知必须给出会议的目的，但并不需要给出每项需要考虑的动议的确切文本。临时会议的会议通知中列明的事务对应的主动议待决的时候，仍然可以对其提出任何切题的修正案，好比在

---

④　在两次"例行会议"之间召开了一次"临时会议"，这并不影响一件事务是否可以从前面一次"例行会议"延续到后面一次"例行会议"的规则，也不影响其延续的方式。

例行会议上提出的一样。

后续会议

{9:17} "后续会议"（adjourned meeting）是对同属于一次"例行会议"（或者"临时会议"）的上一场会议的延续。"后续会议"的意思是会议安排下一场会议的时间（如果地点不确定也安排地点），然后这场会议休会以后，等到指定的时间再召开下一场会议。如果一次例行会议或者临时会议未能完成议程，就可以安排后续会议来完成之前那场*会议未能完成的事务。后续会议的时间可以是同一天，也可以是下一次"例行会议"之前的任何时间。为了指定"后续会议"的时间，要通过动议"指定后续会议的时间"（Fix the Time to Which to Adjourn）——它可以是主动议，也可以是优先动议，或者通过一项主动议"休会到指定时间"（adjourn until the specified time，请参阅第 21 节和第 22 节）。注意，"后续会议"可以说成是例行会议或临时会议的延续，"后续的"（adjourned）指"后面的"，而"休会"（adjourning）指会议结束，要避免混淆。

{9:18} 在组织通过的章程、规则以及决议等文件中，"例行会议""临时会议"和"年度会议"从议事规则角度所指的都是一"次"会议，因而也就包含了它们各自所有的"后续会议"。

{9:19} "后续会议"从上场会议的中断点、遵照上场会议的会议程序继续处理，或者开始处理上场会议"延续"下来的事务。但"后续会议"开始时要先宣读并批准上场会议的会议纪要。

年度会议

{9:20} "年度会议"简称"年会"（annual meeting），有两层含义。

{9:21} 有些类型的组织可能每年只举行一次全体成员参加的议事会议，组织日常事务管理就委托给董事会处理，这样的会议就是"组织的年会"。

---

*   如果本来一次例行会议或特别会议只需要一场会议，那么一次会议就等于一场会议。如果又安排了后续会议，那么前面那个会议就是第一场会议，后续会议就是第二场会议，这两场会议一起构成这一次会议。——译者注

{9:22} 但是对于本地组织和基层组织来说,其"例行会议"已经贯穿一年的始终,章程再进一步把一年中的某次"例行会议"规定为"年会"。这样的"年会"与其他"例行会议"的区别在于,"年会"上,除了一般的"例行会议"要处理的事务以外,还要由组织的官员和"常设委员会"进行年度报告,并且选举官员,以及处理章程规定年会应处理的其他事项。"年会"上,上一次例行会议的会议纪要要像往常一样宣读并批准,而"年会"的会议纪要则在下一次例行会议上宣读并批准,而不是等到下一次"年会"。

{9:23} 上述由章程规定的"年会"需处理的年会事务可以在"年会"的任何时候进行处理,包括它的"后续会议",只要合规。如果某项这样的事务在"年会"上已经提出,那么也可以采用一种"暂时而非最终解决一项事务"(请参阅 9:8—11)的方式把这项事务延续到下一次例行会议,但这样做通常并不可取,除非发现确实不可能完成这项事务(请参阅 14:12)。如果在年度会议最终休会之前会议未能按照规定着手处理这些事务,且下一次例行会议在三个月时间间隔之内,那么这些事务就延续到下一次例行会议,作为"未完事务"或未完成的"特别议程项"(请比较 41:20)。

闭门会议

{9:24} "闭门会议"(executive session)在通用议事规则中是指需要保密的会议,或者是会议中需要保密的那一部分,也称"封闭会议""内部会议"。这个术语本来是指在美国参议院中封闭进行的对"行政相关事务"(executive business)的讨论,例如,参议院对总统提名的内阁官员等候选人的讨论,对政府间条约的讨论等,后引申泛指保密的会议。有些组织的运作模式就是封闭的(operating under the lodge system),这就等于所有的例行会议都是闭门会议。无论哪种组织,凡是与纪律相关的事务(请参阅第 61 节和第 63 节),例如审理程序(trial),都应该放在闭门会议中进行讨论。会议进入闭门会议,或者是依据规则的规定,或者是惯例使然,或者是通过动议决定如此。动议"进入闭门会议"是一个"权益问题"(a question of privilege,第 19 节),因此"过半数表决"可以通过。

【闭门会议的出席】

{9:25} 一旦进入闭门会议,只有组织的成员、特别受邀者以及根据规定需要留下的组织雇员和工作人员可以继续留在会场,其他人必须退席。因此,如果董事会或委员会进入闭门会议,所有其他人,无论是不是组织成员,只要不是董事会或委员会成员,也没有获得特别邀请或因其他原因而有资格参加,都是无权出席的。如果希望对某次会议也施加类似的出席限制,但不设定保密义务,或取消之前对出席施加的限制,可以通过"过半数表决"来实现(请参阅 61:6—7)。

【闭门会议的保密性】

{9:26} 一般的规则是:闭门会议上发生的一切都不得泄露给非成员(有资格参加闭门会议的非成员除外)。但是,不同于闭门会议上辩论者的发言,闭门会议所做出的有些决定可能需要有限度地向外透露,但只能透露为了执行这些决定所不得不透露的部分。例如,如果在闭门会议中有成员被开除或有官员被解除职务,这些结果能对外披露的程度请参阅 63:3。如果会议希望进一步放松对闭门会议所做决定的保密性,会议可以通过"修改已通过的决定"(第 35 节)动议来实现。如果该动议的提出和辩论不是在闭门会议中,那么成员必须小心维护既有的保密性。

{9:27} 如果有组织成员破坏闭门会议的保密性,可依据"纪律惩戒程序"(disciplinary procedure)的规则给予处罚。所有其他被允许出席闭门会议的人应以名誉担保不泄露任何信息。闭门会议的会议纪要只能在闭门会议中进行宣读和批准,除非会议纪要报告的内容已经不再需要保密。如果仅仅是为了批准上一次闭门会议的会议纪要而召开另一次闭门会议,后面这次闭门会议的简短的会议纪要可以当场批准或者视作当场批准,不必等到下一次闭门会议。(闭门会议,包括董事会和委员会的闭门会议,其会议纪要和其他记录都具有保密性。关于查阅这些保密资料的更多规则,请参阅 47:36 和 49:17—19。)

公开会议

{9:28} 协商会议或者委员会通常有权决定是否允许非成员参加他们的会议,即使不是在闭门会议上。"公开会议"(public session)正好与"闭门会议"相反。很多公立的或者半公立的组织必须遵循"阳光法则"(Sunshine Law),就是说必须对社会公众公开。而一般私立的非政府组织不必遵守这条法则。

{9:29} 对于很多公立组织来说,比如校董事会,公众是有权参与的。类似地,一些非公立组织,比如教堂理事会,也偶尔允许一些教区里的居民出席。这些人不是会议和组织的成员,因而通常情况下是无权参与的。一些组织,特别是公立组织,有时会邀请一些非成员出席会议表达观点,这些活动必须要在主持人的主持之下,而且要受到组织的相关规定的约束且任何成员若不认同这样的做法,都有权申诉(appeal)。无论是根据规则还是沿袭习惯,非成员的发言时间都有限制,并且内容必须切题。

电子会议

【通用议事规则对电子会议的拓展】

{9:30} 除非章程另外允许,组织或董事会只能在例行会议或合规召开的其他会议处理自身事务并产生有效力的决定和行动,"例行会议或合规召开的其他会议"的定义如 8:2(1)所述,即组织的成员在同一个场合的一场正式集会,且满足有效人数。

{9:31} 在一些组织中,特别是一些小型的董事会或小组织中,越来越倾向于用"电子会议"(electronic meetings)的形式举行会议,也就是说,不再是所有成员聚集在同一个场合"面对面"地开会,而是全部或者部分成员通过电子手段,例如互联网或者电话,与其他成员沟通。这样的会议只要至少保证所有与会者都有机会实时地参与相互的口头交流,即在等同于"共同的场所"的条件下进行,那么就没有失去其"协商会议"的特征(请参阅 1:1)。在这样的条件下,依据章程召开的电子会议效力等同于所有出席成员都亲临现场的情况。

{9:32} 如果章程希望允许电子会议,建议制定补充规则规范其运作(请参阅下面"电子会议运作的补充规则")。

【电子会议的类型】

{9:33} 电子会议可以有很多类型,上述"可实时通话"的条件是电子会议的最低要求,有可能有更高的要求。所以,如果章程规定电子会议必须以视频会议的方式召开,仅仅语音通信是不能满足这个条件的,那就必须采用技术实现所有参会者既可以听到彼此,也可以同时看到彼此。章程还可能规定必须使用额外的协作技术手段来帮助会议顺利进行。

{9:34} 但是必须明白,无论使用什么技术手段,"实时的语音通信"是保证"协商会议"特征的根本。所以,以书面的方式——例如信函、电子邮件、聊天室或者传真等——进行协商,不符合"协商会议"的特征,因而是不建议采用的。这些方式也许具有磋商沟通的效果,但不是"通用议事规则"意义上的协商过程。

【委员会采用电子会议】

{9:35} 跟董事会和一般协商会议一样,根据章程的明文规定设立的委员会也必须经章程允许才能以电子会议的方式召开有效的会议。但是,不是在章程中明文设立的委员会,倒是可以由委员会所属上级组织以"一般管理规则"的方式,或者由设立该委员会的那个动议本身的或随后追加的"指示",来允许该委员会采用电子会议。

【电子会议运作的补充规则】

{9:36} 如果组织允许它的全体会议、董事会或者委员会采用电子会议的形式,相应的条款应该明确:不能亲身到会场的成员以电子方式参与,这是成员的权利,还是组织可以选择允许或不允许的一种便利措施;以及反过来说,是否必须有一个集中的场所以满足那些希望亲临现场参会的成员。电子会议的"会议通知"必须准确清楚地描述参会方式(例如电话会议的呼叫号码等)。在章程、特别议事规则、一般管理规则或对委员会的指示中,下列电子会议运作的补充规则可能是必要的或至少是可借鉴的:

- 参会所需的设备或应用程序,它们是否必须由组织提供,以及遇到技术问题或故障时的应急方案;
- 如何确定有效人数是否满足;
- 在什么情况下成员可以提出"秩序问题"质疑有效人数可能不再满足;又在什么情况下只要没有这样的质疑,有效人数就被默认为一直满足;
- 如何申请发言权,又如何准许发言权;
- 在会议进行中如何提交书面形式的动议;
- 如何投票表决,又如何对其进行验证。

另外,取决于组织的特点,也许应该考虑规定,非成员除非受到邀请否则不能参会,特别是对于闭门会议来说。(请参阅附录Ⅸ的"电子会议规则范例",了解一些可满足不同需求的电子会议的规则。)

第 五 章

主 动 议

§10. 主动议

{10:1} 正如第3节至第6节所说明的那样,"主动议"(main motion)是指能够将事务提交给会议考虑的动议。这类动议必须在没有其他待决动议的情况下才能提出。

实质主动议和程序主动议的区别

{10:2} 第6节已经提到,主动议分为实质主动议和程序主动议。现在说明它们具体的区别。

{10:3} "实质主动议"(original main motion)是把"实质性议题"(substantive question)引入会议作为新的议题加以考虑的主动议。这是最常用到的动议,也是向会议提交事务以决定是否采取某种行动的最基本方式。比如,"……本俱乐部捐款50美元给100周年庆祝活动",或"……本协会声明支持把拟新修的环路作为长跑比赛的路线",或"……通过下面的决议:'决定,北岭改善协会反对此时增加市政税'"。至于主动议是采用口头形式还是书面形式,则取决于动议内容的长度、复杂度和重要性。(请参阅4:4—5,那里的很多描述主要针对的就是"实质主动议"。)

{10:4} "程序主动议"(incidental main motion)形式上也是主动议,而它的内容或者由会议事务引发,或者与会议当前的事务、过去的决定以及未来的行动有关。这类动议具备如下两个特征:

(1) "程序主动议"所建议的行动,在通用议事规则里面都有专门的定义,各有专属的名称。所以"程序主动议"的数量是一定的。这一点跟"辅动议"(优先动议、附属动议和偶发动议)以及"再议类动议"类似。

(2) "程序主动议"不能引入实质性议题,不能像实质主动议那样令会议着手一件实质事务。(与"实质主动议"相同的是,二者都必须在没有其他待决动议的前提下才能提出,二者也都把一件事务引入到了会议上,这是所有主动议的共同特点。)"程序主动议"所引入的事务可分为两种类型:(1)对会议之前已经着手的实质性事务采取下一步行动。* (2)仅涉及程序和规则,并不涉及任何实质性事务。**

{10:5} 举例说明与之前已引入事务有关的程序主动议,例如动议"通过"委员会提交的建议,这个建议是委员会应会议要求而做的,但不是关于一个受委托的动议;又例如动议"追认"某场未满足"有效人数"的会议上通过的紧急事务。举例说明只与程序有关而与实质性事务无关的程序主动议,例如在没有其他待决动议时动议"休息"(recess),或者动议给整个会议期间每个成员发言的时间长度加以"限制"(limit)。上述例子中,"通过""追认""休息"和"限制"都是一种程序主动议的标准名称。

{10:6} "程序主动议"通常都采用口头方式。"程序主动议"与"实质主动议"在规则上最主要的区别就是偶发动议"反对考虑"(Objection to the Consideration of the Question,第 26 节)只能用在"实质主动议"上,不能用在"程序主动议"上。这是因为:对于已经开始考虑的实质性议题,再去反对考虑已经太晚;而对于单纯的程序方面的动议,"反对考虑"并没有实际意义。在代表大会中,不必将"程序主动议"委托给"决议委员会"(resolution committee,请参阅 59:67 开始的内容)。

{10:7} 多数"程序主动议"都与名称相同或相似的"辅动议"(优先动议、附属动议和偶发动议)对应并很相似。上面例子中的后两种"程序主动议",对应的分别是附属动议"调整辩论限制"(Limit or Extend Limits of Debate,第 15 节),以及优先动议"休息"(第 20 节)。在附录第 *t6—t33* 页的"动议规

---

* 例如动议"通过"(adopt)某委员会提交的"建议"(recommendations)。再如动议"追认"(ratify)某场未满足"有效人数"(quorum)的会议上通过的紧急事务。——译者注

** 例如在没有其他待决动议时动议"休息",或者动议给整个会议期间每个成员发言的时间长度加以"限制"。这段的例子中,"通过""追认""休息"和"限制"都是一种程序主动议的标准名称。——译者注

则列表"中所列出的"主动议",除了第一个是"实质主动议"之外,其余都是"程序主动议"。在这章最后我们会简要讨论"通过"(adopt)和"追认"(ratify)这两项"程序主动议"。

标准描述特征

{10:8} 主动议:

(1) 不优先于任何其他动议,也就是说,如果有任何其他动议待决,主动议都不合规。所以它也就让先于所有的附属动议、优先动议和所有"适用的"(applicable)偶发动议。这里的"适用"指在特定时机和特定情况下是合规的。在主动议待决的时候,任何附属动议、优先动议或"适用的"偶发动议都可以提出。

(2) 主动议不可以应用在别的动议上。* 所有的附属动议都可以应用在主动议上。如果主动议被"改期"或者"暂停",那么所有已经应用在该主动议上的附属动议也将一起(be carried with)被"改期"或者"暂停"。如果主动议被"委托",那么只有待决的"修改"可以伴随该主动议一起被"委托"(也就是说,如果之前还应用了"搁置",那么它就在"委托"发生时自动失效,不再待决,不再需要考虑)。"反对考虑"只能够应用在"实质主动议"上,不可以对"程序主动议"提出"反对考虑"。

(3) 在其他人拥有发言权(have the floor)时不合规。

(4) 要求附议。

(5) 可以辩论。

(6) 可以修改。

(7) 要求的表决额度为"过半数表决",但以下情况除外:

　① 如果该主动议所建议的行动在章程或特别议事规则中规定要求比"过半数表决"更高的表决额度[比如"三分之二表决"或者需要"事先告知"(请参阅 10:44—51),或者同时要求这两项]。例如,有些组织的章程对接纳新成员、买卖房地产等议题要求比过

---

* 　当然,主动议也不可以应用在其他主动议上。——译者注

半数表决更高的表决额度；

② 一旦该主动议获得通过，就意味着暂缓某条议事规则，或者暂时剥夺成员的某种议事权利，那么要求"三分之二表决"。例如，动议给整个会议期间每位成员的发言时间或次数加以"限制"；或者

③ 一旦该主动议获得通过，就意味着改变已经通过的决定。例如，动议改期一场时间已经由会议表决确定了的活动，或者收回委托（该委托是会议在之前以主动议的形式进行的，而此时委员会还没有完成该委托，还没有向会议作报告），那么这种情况下的表决额度请参阅 35:2 所描述的"取消或修改已通过的决定"（Rescind or Amend Something Previously Adopted）的"标准描述特征(7)"。

（8）可以"重议"（reconsider）。[但是，请进一步参阅 35:2(8)"取消或修改已通过的决定"的"标准描述特征(8)"；关于"章程的通过"，请参阅 54:20 的最后一句话，以及 57:1(3)。]

主动议的形式

【主动议的措辞】

{10:9} 主动议一旦得到通过，就将正式作为会议的决定被记录下来。因而，主动议的措辞应该言简意赅且无歧义。那些在辩论中禁止使用的语言（第 43 节）同样不可以在动议的文字中使用。如果在非正式咨询之后，有人想把咨询过程中主持人或者其他成员的话表述成一项动议，那么不要说"我就这样动议"这样的话，而是要正式地把动议内容完整地表述出来。

{10:10} 如果一个动议只是为了"重申"（reaffirm）会议已经以动议或决议的形式通过的决定或立场，那么这样的动议是不合规的。因为原来的决定仍然有效。如果允许这样的"重申"，那么对这个"重申"动议的修改（amend）就会跟原动议产生冲突，如果这个"重申"被否决，也会导致原来有效的决定变得效力不确定。对原动议的修改必须遵守"修改已通过的决定"（Amend Something Previously Adopted，第 35 节）的规则，否则就会产生混乱。

{10:11} 如果某动议仅仅是想建议会议不要做某件事情,而即使不通过该动议,会议也不会做这件事情,那么这样的"不作为"(refrain)动议应该避免。例如,不应动议"不理会来自……基金的募捐倡议";又如,"不要给我们的代表任何指示"。除非这样的动议有合理的意义。例如,如果组织的全体成员希望通过这样一个"不作为"的决议防止其下属机构(比如组织的董事会)在未来做出相反的决定,或者希望在这个动议中表明这种"不作为"决定的原因和意义。

{10:12} 要尽量避免在动议中使用否定陈述,即使这样的动议效果是建议采取某种行动,因为否定陈述使大家很容易在表决时搞不清楚支持或反对所产生的实际效果到底是什么。比如,与其说"动议不赞成公开发售基金",不如直接说"反对"。与此相关的还要注意,否决了一项表达特定观点的动议或决议并不意味着通过了一项表达相反观点的动议,因为从逻辑上讲,这项动议被否决仅仅意味着会议没有表达任何观点。例如,成员可能完全同意决议中的观点,但却认为此时组织最好对此保持沉默,因而对该决议投反对票。

【书面动议和决议】

{10:13} 主动议,特别是"实质主动议",往往很重要,或者内容比较复杂,篇幅比较长,所以经常会以书面"决议"(resolution)的形式提交。所有的决议,以及那些虽然没有采用"决议"的形式但仍然很长或者很复杂的动议,都应该采用书面的形式提交,如 4:5 所描述的那样。书面动议最好在会议之前准备好,准备时最好咨询其他有经验的成员来帮助措辞,并咨询那些对于动议的通过可能起到积极作用的成员,争取得到他们的支持。如果不采用"决议"的形式,而仅仅是书面的动议,就不用加引导词(但英文要加"That ..."开头),格式跟直接用口头陈述是一样的,例如"商会主办一场面向本市高中生的征文比赛,并按照如下要求进行组织:……"。如果采用"决议"的形式,那么"决议"要有"引导词"(enacting words),也就是说要以"决定,……"(*Resolved*,That ...)开头,例如"决定,商会主办一场面向本市高中生的征文比赛,并……"。另外,还可以把该组织的名字放进引导词中,即"经……决定,……"(*Resolved by ...*,That ...),例如"经国际慈善联合会代表大会决定,……"。

{10:14} 书面的"实质主动议"具体采用什么样的形式,并不决定它是否需要提交给"决议委员会",也与"决议委员会"将以哪种动议进行汇报无关(例如,可以参阅 59:76—77 的"纲领"部分)。

{10:15} 请参阅 10:3 上一个简单的表达组织观点立场的决议的示例。如果会议还没有正式的名称,例如公众集会(mass meeting),那么可以用"经本会议决定,⋯⋯"开头。一项决议可以包含若干个"决定子项"(resolving clause),例如:

决定,本会议认为要对现有的区域划分方案进行全面修改;并且

决定,请秘书将本决议同会上所作报告一起,呈交给市长以及市议会的各位议员。

【前言】

{10:16} 一般情况下,建议不要在动议中说明动议的理由,因为这样做反而可能会妨碍动议得到通过。有人可能赞成动议的行动,但是并不同意所陈述的理由。如果确实需要简要地说明动议的背景或缘由,那么应该采用决议的形式来表述动议,然后在动议的"决定项"前面加上"前言"(preamble)来说明背景和理由。前言以"鉴于,⋯⋯"("Whereas, ...")开头,可以有若干段落,每一个段落是一个"前言子项"(preamble clause)。但必须强调的是,无论是规则上还是习惯上,前言都不是必需的。因而如果仅仅出于格式的考虑,是没有必要加上前言的。只有为了提供鲜为人知的重要信息,以防止人们误解动议本身的意义或者低估它的重要性,或者有特别的理由非常需要使这些背景和理由随动议一起被记录下来,才可以、也才有必要加上"前言"。

{10:17} 一份带有恰当前言的决议可以是这样的:

鉴于,协会所指派的专家在调查后发现河边地带的低层写字楼普遍存在严重火灾隐患。

决定,成立一个七人委员会,其中四位是⋯⋯[列举名字],另外三位由主持人指派,以起草建议,包括如何更好地贯彻城市防火安全条例的措施,以及对该条例可能需要的修改,以助本协会尽可能实施积极的影响。

{10:18} 为了避免人们分散对决议本身的注意力,前言要尽可能简短,不必要的前言子项不要加。如果不得不使用复杂的决议格式(包含若干"前言子项"和若干"决定子项"),那么可以采用如下格式:

鉴于，……[第一个前言子项]；

……

鉴于，……[倒数第二个前言子项]；以及

鉴于，……[最后一个前言子项]；

决定，……[欲采取的第一个行动,即决定子项]；

决定，……[欲采取的第二个行动]；以及

决定，……[欲采取的更多行动]。

{10:19} 在考虑带有前言的决议时,前言永远都要放到最后讨论和修改(amend),因为对决定子项的修改往往导致前言要相应修改。前言本身就是决议的一部分,所以在"动议通过……的决议"的时候,也包含了这个决议的前言,不用特意提到前言。但是,如果在讨论或修改前言之前,就有附属动议要对该决议"结束辩论"(Previous Question, 第 16 节),那么这个"结束辩论"并不对前言起作用,只对各"决定子项"起作用。在"决定子项"得到表决之后要立刻进行对前言的讨论和修改,然后再有一次"结束辩论"才能结束对前言的讨论。

【决议格式的细节和变化】

{10:20} 书面协议的一般格式还包含下面这些细节及其变化,需要注意。

{10:21} 对于前言,每一个"前言子项"要写成一个单独的段落,以引导词"鉴于"(Whereas)开头,紧接着一个逗号,并且下一个单词要大写第一个字母。无论有多少子项,都不能出现句号。每一个段落以分号结尾,且倒数第二个子项的末尾还要加上"以及"(and,不跟任何标点符号,对于前面其他段落来说,也可以在末尾加上"以及")。前言的最后一个段落也以分号结尾。紧接着,可以加上连接词或短语,比如,"因而""故""现在""兹"等("therefore"或"therefore, be it"或"now, therefore, be it"),其后不加标点符号。而且这样的连接语一定是在前言子项的最后,而不能在决定子项的开始。* 例如:

鉴于,……[前言的文本];故

决定,……[要采取的行动]

---

* 这是为了保证引导词"鉴于"和"决定"整齐地排列在最左侧,以利于迅速寻找关键信息。——译者注

连接词要简短,这样决议的语气会更有力度。

{10:22} 引导词"*决定*"要使用下划线或者斜体,随后是逗号,(英文中下一个词通常是"That",而且要大写"T")后面跟决定的内容。在有多个"决定子项"时,每个子项要单列一个段落。如果不使用数字编号,那么每一个段落都要以"*决定*,"(*Resolved*, That)开头。每个决定子项的段落可以用分号结尾。分号后面可以加"以及"(and),也可以不加,但倒数第二个段落的最后必须加"以及"。或者,每个决定子项的段落可以用句号结尾。段落中应避免出现句号,但并非一定不可。决定子项还可采用数字编号形式,即从第二项起开始把引导词"*决定*,"改为数字编号和句点(英文中使用"2. That ..."的形式),如:

决定,……

2. ……

3. ……

{10:23} [关于"纲领"(platform)所使用的格式,请参阅 59:76—77。]

【命令】

{10:24} "命令"(orders):对于拥有雇员的组织来说,其全体会议或董事会可以对雇员下达命令。"命令"采用的形式与决议一样,只是用"*命令*"(*Ordered*)代替"*决定*"(*Resolved*)。例如:"*命令*,保安扣留所有违法停放在协会场地上的车辆。"

【一个主动议提出系列决议】

{10:25} 如果某个问题很复杂,只用一个决议,即使是一个包含多个决定子项的决议,也不能很好地解决,那么可以把它写成一系列决议,每个决议包含一部分将要采取的行动,编上编号,然后用一个主动议一起提请会议讨论通过。动议人可说:"主持人,我动议通过下列决议:……"系列决议中可以包含上面提到的"命令"(order)。对于这样的围绕一个主题的系列决议,如果有成员希望把其中一个或几个决议拿出来单独考虑,则需要提出"拆分议题"(Division of a Question,第 27 节)动议并以"过半数表决"通过。有时候也有成员一次动议通过若干彼此分开、并不相关的决议,那么即使只有一个人要求把其中任何一个决议拿出来进行单独考虑和表决,主持人也必须照做,无须附议。这个要求甚至在其他人拥有发言权的时候也是合规的,只要尚未开始就"通过整个系列决议"进行表决。例如，提此要求的成员起立并对主持人说："主持人，我请求对上述第 2 号决议单独表决。"

不合规的主动议

{10:26} 下面是一些会导致特定的主动议不合规的情况，以及相应的解决办法：

(1) 主动议不得与组织的法人证书或章程①相冲突(但明确地提出"法人证书或章程的修正案"是合规的，请参阅第 35 节和第 37 节)，也不得与联邦、州或地方的相关法律中与本会议或组织有关的程序性规则相冲突。

(2) 主动议所建议的行动不得超出组织的法人证书或章程所定义的组织宗旨范围，除非组织全体会议以"三分之二表决"允许引入这样的主动议。如有成员提出这样的主动议，主持人可以直接提请会议表决是否允许引入该主动议，或者主持人也可以裁定该主动议不合规，那么其他成员可以动议允许引入该主动议，这个程序性的动议不可辩论也不可修改。如果赞成引入的票数未达三分之二，本次会议期间不可重提该主动议，除非"重议"(Reconsider)那个"允许引入"的程序性动议，但下次和以后的会议上，可以重提并允许引入该主动议("允许引入"的程序性动议一旦获得通过就不能"重议")。

(3) 同一次会议中，与本次会议上之前已经得到"否决性质的最终解决"的主动议实质上相同的主动议，不得再次提出。所谓"否决性质的最终解决"包括：①主动议本身经表决被否决；②对主动议的"搁置"动议(第 11 节)经表决获通过；③对主动议的"反对考虑"(第 26 节)经表决成立。但是可以等到下一次会议(或更往后的任何一次会议)再提，这称做"重提"(第 38 节)，也就是说重新把一个得到

---

① 但是，与章程中具有议事规则性质的条款相冲突的"程序主动议"可以是合规的，前提是(1)该程序主动议只在本次会议期间有效力，之后并没有持续的效力，并且(2)与之冲突的章程条款是可以"暂缓"的规则。这样的动议实际上是一项属于程序主动议的"暂缓规则"，它通过所需的表决额度与相应的附属动议"暂缓规则"(第 25 节)相同，通常都需要"三分之二表决"[请参阅 6:23、25:2(7)和 25:7—14]。例如，为本次会议制定一套与章程规定的会议程序不同的议程，这是合规的，并以"三分之二表决"通过。

"否决性质的最终解决"的主动议当做新的主动议引入会议；或者，在同一次会议上，可以提出"重议"(Reconsider，第 37 节)导致原来的主动议得到"否决性质的最终解决"的那个动议。如果这样的"重议"获得通过，则原来的主动议重新回到待决状态。[2]

(4) 无论是不是在同一次会议中，都不可以提出与之前(任何时间)已经得到通过且仍然生效[3]的动议在内容上相冲突的主动议，除非使用下面两种议事手段。也就是说，要想改变已经通过的决定有两种方法：如果仍在同一次会议中，满足"重议"(第 37 节)的时间条件，可以采用"重议"来要求重新考虑并表决已经通过的那个决定(即原主动议)，在重议中，这个主动议可能被否决，也可能被修改；另外一种办法就是采用"取消或修改已通过的决定"(Rescind or Amend Something Previously Adopted，第 35 节)，这个动议可以在任何时候提出，无论"重议"还可不可以使用，它总是可以使用。用的时候可以直接修改已通过的决定，也可以先"取消"(Rescind)，然后再引入新的主动议。虽然应首选"重议"的方法，但如果"重议"的时间要求已不满足，后一种方法时间上更灵活。

(5) 对于在本次会议上或之前一次会议上"得到暂时而非最终解决"(temporarily but not finally disposed of)的主动议，只要这个主动议还"在会议控制范围内"(within the control of the assembly，请参阅 9：7—11 和 38：8)，就不可以提出与其相冲突或者实质上相同的主动议。如果有得到"暂时解决"的动议妨碍了新主动议的引入，可以用下面这些方式把"暂时解决"的动议拿回到会议上(这个时候可以对之前的这个动议进行修改，以吸纳希望引入的新主动议当中的想法)：

① 如果原动议被委托给某委员会而该委员会还没有向全体会议进行报告，那么可以使用"收回委托"(Discharge a Committee)动议从委员会手中收回原动议以继续考虑；或者只要"重议"的时间条件还满足，可以"重议"当时的"委托"动议并否决那个"委

---

② 例如，在重议"搁置"动议的时候(搁置的对象是原来的主动议)，"搁置"动议以及原来的主动议，都要回到待决状态，其中"搁置"动议是直接待决状态。

③ 除非得到通过的动议自己给自己设定了时限，否则它将永远有效，直到被"取消"动议所废除。

托"(请参阅第 13、36 和 37 节)。

② 如果原主动议已被安排将作为"普通议程项""特别议程项""未完事务"而在之后的某个时间或者会议程序的某个环节得到考虑，那么可以通过"暂缓规则"(Suspend the Rules)跳出安排好的顺序来提前考虑该主动议，或者把"挡"在前面的若干事务在轮到的时候逐一"暂停"或"改期"，或者只要"重议"的时间条件还满足，可以"重议"当时设置原主动议为"普通议程项"或"特别议程项"的动议，并否决那个动议(请参阅第 41 节，以及 41：37—39)。

③ 如果原主动议被"暂停"(Lay on the Table, 第 17 节)，那么可以通过"恢复"(Take from the Table, 第 34 节)来继续对原主动议进行考虑。

④ 如果原主动议是被"重议"(第 37 节)的对象，"重议"被"提出"且得附议后尚未最终解决，那么可以启动对"重议"的"考虑"，且在"重议"获通过之后④，对原主动议重新考虑。* 如果"重议"不处于待决状态，在没有其他动议待决的时候，任何成员都可以要求考虑"重议"；如果"重议"已经开始考虑但也被暂时解决，那么可以采用刚刚讲到的②或③的方式来拿回到会议上继续考虑。

{10:27} 上面给出了很多在不能直接提出主动议的情况下的变通办法，这些办法中所涉及的"程序动议"(parliamentary motions)往往都有特殊的表决额度要求(例如"三分之二表决"或者"事先告知"，请参阅 10：44—51)。请参阅下列动议的详细说明以更好地理解这些变通办法："暂缓规则"(第 25 节)、"恢复"(第 34 节)、"取消或修改已通过的决定"(第 35 节)、"收回委托"(第 36 节)、"重议"(第 37 节)，以及与"动议的重提"(第 38 节)有关的规则。

主动议的处理

{10:28} 第 4 节已经详细地描述了引入和考虑主动议的基本流程。下面

---

④　如果"重议"被否决，那么原主动议不会得到重新考虑，反而意味着原主动议的决定成为最终决定。

*　"重议"这个动议比较特殊，它的"提出"和"考虑"可以是分开的，就是说可以先提出并得到附议，然后等到以后再进行考虑。所以，在对原主动议提出了"重议"并得到附议之后，在对这个"重议"进行考虑之前，原主动议的决定不能得到执行，这也是一种主动议的"暂时而非最终解决"。之后在某个恰当的时机，可以动议对"重议"进行考虑并表决。——译者注

进一步谈几个与主动议的处理有关的问题。

【在表决前修改主动议】

{10:29} 如 4:7—8 所描述的那样,一项建议必须以"动议"的形式提出,才能交给组织的会议考虑。动议在提出之前,应该尽可能仔细斟酌。但是在提出之后,在会议进行表决之前,往往仍然需要对动议进行修改。

{10:30} 有几种方法可以实现这样的修改,根据适用的条件和修改的程度不同,分别描述如下:

(1) 在主动议被"提出"之后,在主持人"宣布"议题之前,任何人都可以迅速起立*,非正式地提出一点或若干点修改意见而无须给出理由(或简单地解释一下)。然后,由主动议的动议人选择接受还是拒绝这些修改(请参阅 4:20—22)。注意,这种方式一般只适用于那些轻微的通常会被接受的修改。

(2) 在主持人"宣布"主动议的议题之后,虽然这意味着会议已经从动议人手中接过了该动议的控制权,但动议人仍然可以要求以"默认一致同意"的方式对其动议进行修改(请参阅 33:11—19)。但是,如果有任何其他成员反对"默认一致同意",那么就必须改用下面的附属动议"修改"(Amend)。

(3) 附属动议"修改"(第 12 节)可以修改待决主动议的措辞,可以在一定限度内修改主动议的含义。"修改"需要附议,可以辩论,需要"过半数表决"。"修改"还可以具体地分为两种方式:

① 对待决主动议的某些字词、句子或者段落的修改,有几种特定的修改类型;或者

② 对整个待决主动议重新措辞,称做"替换"(substitute)(请参阅 12:69—90)。

一旦"修改"经表决获得通过,就以修改后的主动议为准,继续考虑这个主动议,最后表决修改后的主动议。

(4) 如果觉得有必要更仔细地斟酌主动议的提法,任何人都可以动议把这个主动议交给一个委员会来修改,这就是附属动议"委托"(Commit,第 13 节)。"委托"要求"过半数表决"。该委员会应该在

---

*　无须取得发言权,请参阅 4:20。——译者注

之后的报告中提出合适的修改建议,再由全体会议决定是否采纳。这个委员会可以是专门为这个问题而设立的"临时委员会"(special committee),也可以是组织的"常设委员会"(standing committee,第 50 节)。有些组织的规则规定,关于某类议题的主动议必须都委托给特定的"常设委员会",这种"自动委托"(automatic referral)在附议之后立刻进行。大多数的立法机构就是这样处理法案的。而在代表大会中,所有尚未经过任何委员会审议过的决议,一般规定要先交给"决议委员会"(Resolution Committee)初步审议后,再提交代表大会全体会议(请参阅 59:67—71)。对于规模较大、事务繁多的组织来说,让每一项主动议都先经过某个委员会的准备再到全体大会上做决定,是一个很好的做法。

(5) 如果有人认为有更好的方法能解决当前的议题,但由于"修改"只能在一定限度内修改主动议的含义,"修改"中的"替换"(substitute)不能过多地改变原主动议的含义,所以无法用"修改"达到目的,那么可以在辩论中要求大家否决或者"搁置"(第 11 节)原主动议,并声明如果大家否决原主动议,自己会提出更好的解决方案,同时再简述一下这个方案内容以及与现在的方案怎么不同[10:26(3)]。如果这个声明起了作用,原主动议因而被否决或被搁置,那么主持人应该紧接着请刚才这位成员发言以提出新动议,即使此时已经有人起立称呼主持人申请发言权了。

【引入附属动议或偶发动议作为对主动议的考虑的一部分,或用优先动议打断主动议的考虑】

{10:31} 第 5 节和第 6 节已经指出,主动议待决的时候,可以提出、处理并解决一个或者多个附属动议和偶发动议,这些动议本身都是"对主动议的考虑"过程的内在组成部分;* 或者也可以提出并处理一个或者多个优先动议,但它们跟待决的主动议没有关系,只是打断了主动议的考虑。上述这些"辅动议"(secondary motions)通常是在取得发言权后直接提出的,但也可

---

* 也就是说,这些"辅动议"的引入,本身并不是"跑题"到其他主动议,而仍然是在考虑原本的主动议。所谓"对主动议的考虑",包括对主动议的辩论、表决和宣布结果这三个环节。"辅动议"的引入,主要是充实对主动议的辩论环节,不能直接表决主动议,而是暂时解决、间接表决或影响表决的方式。——译者注

以在取得发言权后,先针对主动议发表观点,然后再提出辅动议。

{10:32} 通常这些辅动议只有在对主动议"展开辩论"(open to debate)的阶段才可以提出,也就是说,在主持人"宣布"了主动议的议题之后,在主持人"提请表决"之前。但个别偶发动议可以在这个阶段之前或者之后提出。对于每一种动议来说,它的"标准描述特征"的前三项——"优先与让先""应用与被应用"以及"是否在其他人拥有发言权时合规"——就详细地规定了这种动议合规的时机和条件。这些附属动议和偶发动议,可以依次发生,就是说前一个解决了,后一个才提出来;也可以同时发生,就是说前一个还待决,后一个就又提出来,此时就必须以动议的优先级顺序为依据判断是否合规(请参阅5:3—13)。

{10:33} 对于后一种情况,最新提出的更高优先级的动议要最先得到解决,然后倒数第二个提出的动议再从被打断的地方继续考虑——可以辩论的,要继续辩论;可以修改的,也可以继续修改——依此类推,直到主动议最后表决。这些动议得到表决的顺序与被提出的顺序是相反的。当然,有些动议一旦通过,就会中断这个依次表决的流程,也就是说,剩下的那些待决动议,包括主动议,就暂时不再继续处理。

{10:34} 下面举个相对复杂的例子,实践中恐难发生,仅用以说明问题。参照第6节关于附属动议、优先动议和偶发动议的解释,假设按照下面从(1)到(8)的顺序依次提出了这八个动议,现在它们同时待决:

(1) 主动议;

(2) "搁置"主动议;

(3) 主动议的一项"修改"(也称"修正案");

(4) 把主动议(连同待决的那项修正案)"委托"给一个委员会;

(5) 把上述待决的所有动议一起"改期"到指定时间;

(6) 以"书面不记名表决"的方式表决刚刚的"改期";

(7) "暂停"主动议连同上述所有动议;

(8) "休息"。

那么,首先对"休息"表决,然后是"暂停",依此类推,最后对第(1)项主动议进行表决。然而,如果(8)(7)(5)(4)或者(2)中的任何一个得到通过,那么就终止或暂停考虑剩下的动议。所有这些动议在第6节都有概述,而第 11—33 节则分别详细说明了其中的每一种。

{10:35} 有些附属动议或偶发动议与主动议之间有这样一种关系：首先，它们是针对主动议提出的；其次，一旦提出，就必须等到它们得到解决之后，才可能对主动议进行表决。这样的关系称为"绑定"(adhering)，也就是说，这个附属动议或偶发动议"绑定在"(adhere to)这个主动议上，这样的附属动议或偶发动议叫做主动议的"绑定动议"(adhering motions)。即使主动议被中断或被暂时解决，"绑定动议"与主动议的"绑定"关系也仍然保持，而且一旦恢复对主动议的处理，仍然要首先处理这些"绑定动议"。在上面的例子当中，(2)至(7)是主动议的"绑定动议"，但是如果其中的(4)"委托"得到通过，那么(2)"搁置"就不再绑定[请参阅 10:8"标准描述特征(2)"]。而(8)"休息"就不是主动议的"绑定动议"。

【由"要求遵守议程"或"提出权益问题"引入的主动议】

{10:36} 按照一般的规则，主动议只有在没有其他待决动议的时候才是合规的。但是，有些主动议通过某些"优先动议"的引导，可以打断其他事务而被引入会议考虑。"优先动议"中优先级最低的两个动议——"要求遵守议程"(Call for the Orders of the Day，第 18 节)和"提出权益问题"(Raise a Question of Privilege，第 19 节)，因为有优先的属性，所以可以打断当前待决议题，并且它们还具有引导能力，可以接着引入一项特定的主动议。"要求遵守议程"可以引入一个"议程项"(an order of the day)，即本来设定在这个时间要处理的那项议题。"提出权益问题"可以立刻引入一项"权益问题"(a question of privilege)，指侵害到会议或者成员的权利或利益的问题，需要马上处理。但是一旦这个议程项或权益问题进入了待决状态，它就跟任何一般的主动议没有任何区别，处理规则完全一样。(请参阅 6:12 这两种动议的概述，以及第 18 节和第 19 节的详细说明。)

本书中所有举例的格式

{10:37} 无论是讲述"主动议"的本节，还是接下来讲述各其他动议的第 11—37 节，每节都有一个子标题叫做"格式与举例"，给出成员和主持人分别如何使用格式化的议事规则语言来推动程序的运行。在给出这些例子的时候，以及本书中所有其他的举例，统一使用如下的格式：

- 举例中对主持人的称呼统一用"主持人",实际使用中应根据不同的情况灵活变化,例如有正式头衔的,应该使用头衔(请参阅 3:10—12)。
- 成员发言内容的前面如果有括号括起来的"取得发言权"字样,则表明必须以 3:30—35 所描述的方式首先取得发言权。
- 发言内容的后面如果有括号括起来的"附议"字样,则表明除非此动议来自委员会或董事会,否则必须得到另一位成员的附议(请参阅 4:9—14),并在举例中假设已经得到了附议。

格式与举例

{10:38} 下面的例子演示了主动议处理的六个基本步骤,前三个是将主动议提交会议考虑(请参阅 4:2),后三个是对主动议的考虑(请参阅 4:25),没有涉及"辅动议"。

{10:39} 假设主持人刚刚询问是否还有其他新事务(参阅 41:27)。

成员 A(取得发言权):我动议本协会向百年纪念活动捐资 100 美元。(附议。)

主持人:有人动议且有人附议,本协会向百年纪念活动捐资 100 美元。[请参阅 4:15。]

{10:40} 主持人立刻转向成员 A(已经在提出动议后就座),判断 A 是否希望首先发言[请参阅 3:33(1)]。而 A 此时已经起立准备发言。于是主持人请他发言。

主持人:请 A 先生发言。

{10:41} A 先生解释捐资的理由,然后,其他人也分别取得发言权并发言辩论。辩论进行了一段时间之后,看起来没人想再发言了,主持人还必须确认辩论已经结束。主持人要问:"是否现在可以表决?"或者:"还有人要对这项动议发表意见吗?"(Are you ready for the question? 或 Is there any further debate?)如果确实没有人发言,那么主持人接着"提请表决"(put the question to a vote)。

主持人:当前动议是"本协会向百年纪念活动捐资 100 美元"。所有赞成通过这项动议的,请说"赞成"(aye)。[停顿,等待响应。]⋯⋯所有反对通过这项动议的,请说"反对"(no)。⋯⋯赞成方获胜,动议获得通过。请财务官开具支票,请秘书准备信函并将捐赠交予百年纪念委员会的主持人。还有其他新事务吗?

{10:42} 上面的例子中,会议正处在"会议程序"(order of business)的"新事务"(New Business)阶段。如果会议正处在"特别议程项"(Special Orders)或者"未完事务和普通议程项"(Unfinished Business and General Orders)阶段,那么主持人最后不是问"还有其他新事务吗?"而是接着宣布"下一件事务是⋯⋯"。也就是直接从"宣布议题"开始处理下一件事务(请参阅 41:19—26)。

{10:43} (第 4 节给出了上述六个步骤的一些变化情况。第 11—33 节给出例子说明在主动议处理过程中附属动议、偶发动议和优先动议的应用。)

事先告知

{10:44} "事先告知"(previous notice 或 notice)通常作为通过某些动议的一个附加的必要条件,在议事规则里面有着确切的含义。"事先告知"是指:对于本次会议将要引入的动议,应该在本次会议的会议通知(请参阅 1:7和 9:2—5)中进行准确的描述,描述的程度下面具体讲解;或者也允许另外一种做法,如果上一次会议与即将召开的这次会议之间没有超过三个月的时间间隔(请参阅 9:7),那么"事先告知"也可以在上一次会议中给出。

{10:45} 那些能够改变或者取消会议之前做出的决定的动议,比如,"取消或修改已通过的决定"(第 35 节)和"收回委托"(Discharge a Committee,第 36 节),或者旨在改期一件已经预先安排好的事务的动议,如果想以"过半数表决"通过,那么就必须有"事先告知"。相应地,对于可能出现较严重分歧的议题,最好提供"事先告知"。另外,"特别议事规则"(special rules of order)的通过或者修改都要求:(1)"事先告知"并且"三分之二表决";或者(2)"全体成员的过半数表决"。章程应该规定修改自己的条件。如果没有规定,那么章程的修改跟"特别议事规则"的修改条件相同(另请参阅附录第 t6—t33 页起的动议列表)。章程或特别议事规则有时还规定对于某些特定内容的实质主动议也必须有"事先告知"[请参阅 10:8"标准描述特征(7)①"]。

{10:46} 除非组织有不同的规定,否则"事先告知"一般可以按如下方式进行:

{10:47} 如果"事先告知"是在会议上给出的,那么可以采用口头方式(除非组织规则明确要求"事先告知"必须是书面的),但章程修正案的"事先告知"一般必须是书面的。"事先告知"中一般不用给出动议、决议或章程修正案的全文(除非组织规则要求给出全文),只要说明要点和主旨就可以了。但是要点和主旨必须准确完整,例如,要说"将年费提高到 20 美元",因为这决定着在考虑动议的时候,什么样的修改是合规的,超出"事先告知"所给出的要点和主旨范围的修改是不允许的,因为这等于原来的事先告知没有意义了,或者说,对于这样的修改,并没有给出"事先告知"(另请参阅第 35 节和第 37 节)。

{10:48} 在没有其他待决动议时,如果有人在申请发言权的时候声明是要给出"事先告知",那么应该给予优先(但 42:6—13 指出了更优先的一些情况)。但是,即使没有其他待决动议,希望给出"事先告知"的人也可能没有机会取得发言权(比如,代表大会时间紧凑,需要严格遵照既定议程或日程,请参阅第 41 节;或者一般组织的会议在完成所有常规会议程序前就休会了),那么在必要的时候"事先告知"可以打断当前待决事务和任何其他待决动议。在别人已经取得发言权但还没有开始讲话的时候,"事先告知"也是合规的。甚至,在"休会"动议通过之后、主持人正式宣布休会之前(请参阅 21:10—12),"事先告知"仍然合规。

{10:49} 下面举例说明如何给出"事先告知",并记录在会议纪要中:

成员 A(取得发言权): 我请求给出以下事先告知,下一次会议上我将动议取消 20××年 4 月 17 日通过的关于……的决议。

主持人: 有人已经给出事先告知,……[重述事先告知的主要内容]。

{10:50} 秘书必须将此"事先告知"记录在会议纪要中。如果给出"事先告知"的人无法得到发言权,那么可以采用下面的做法:

成员 A(在主持人准许 Y 先生发言权且在 Y 先生说话之前起立,或者如果之前已申请发言权但未得到则可以保持站立): 主持人!

主持人: 这位成员为何起立(或称呼主持人)?

成员 A: 我希望给出事先告知,动议修改章程第二章第 3 条为……。

　　主持人:有人已经给出事先告知,动议修改章程第二章第 3 条为……。现在请 Y 先生发言。

　　{10:51}"事先告知"除了在会议上给出,还可以采用书面的形式放在拟提请考虑的那次会议的会议通知里一起发送给每一位成员,前提是组织按照自己的规定或惯例将会发送会议通知。在这种情况下,要做事先告知的成员写信给会议秘书,请求秘书在下一次会议的会议通知里加入此事先告知。秘书应该照做,且会议通知的费用一般由组织承担。

通过与追认

　　{10:52}下面介绍两种特殊的主动议,一种是"通过"(adopt),一种是"追认"(ratify)。如果会议曾经以主动议的形式要求官员或委员会准备报告或建议,那么在报告或建议宣读之后,可以动议"通过"(adopt)、"接受"(accept)或者"同意"(agree to)这份报告或建议书,这样的动议属于"程序主动议"(incidental main motion)。但是,动议"通过"或"接受"常设委员会主动提出的、并非由全体会议单独委托的报告或建议,却属于"实质主动议"(original main motion)。所以"通过"既可以是"程序主动议",也可以是"实质主动议"。

　　{10:53}可以对"通过"决议、章程或者其他任何文件的动议进行"修改"(amend),以补充一些内容,例如"并且印刷成册向成员提供"或"本次年度会议结束后即告生效"或其他类似的内容(请参阅第 51 节;另外,关于如何通过章程,请参阅第 56 节以及 54:10—25 和 56:15)。

　　{10:54}动议"追认"(ratify, approve)或"确认"(confirm)属于"程序主动议",用来确认并使某项已经做出的但未经组织的会议追认无法正式生效的决定或行动生效。这些决定或行动之所以已经做出但尚未生效,是因为:

- 在不满足"有效人数"(quorum)的例行会议或合规召集 * 的其他会议上不合规地做出的决定或行动(请参阅 40:6—10);
- 在临时会议上做出的、没有在临时会议的会议通知里提到的决定或

---

* 　按照 9:30 的定义,"例行会议或合规召开的其他会议"需要满足"有效人数"。这里不满足"有效人数",因而只能说"合规召集",而不是"合规召开"。——译者注

行动(请参阅 9:15—16);

● 为应对紧急情况,官员、委员会、代表或者下级机构做出的、超出其任务范围或授权范围的紧急决定或行动——包括为执行未经有效会议做出的决定而采取的行动,例如采用分别取得董事会每位成员的同意而做出的决定(请参阅 49:16)或者采用了组织规则并未允许的电子会议形式而做出的决定(请参阅 9:30—36);

● 基层组织做出的、需要州或全国等上级组织追认的决定或行动;

● 由州或全国等上级组织做出的但需要下级组织同意的决定或行动。

{10:55} 会议在"追认"官员、委员会、代表和下级机构的这些决定或行动的时候,不能违反任何规则。如果章程规定选举官员必须采用"书面不记名表决",那么"口头表决"的结果就不能追认。违反国家、州、地方法律法规或违反组织章程的决定都不能追认,对这一点唯一的例外是"有效人数",即在不满足章程规定的"有效人数"的情况下,如果事情紧急并且当时不得不做决定,那么事后会议可以追认该决定。

{10:56} 如果待追认的决定已经由官员或者相关人员执行了,那么可以提出修改,把"追认"替换为"批评"(censure)。当然情况也可能正好相反,可以动议将"批评"替换为"追认"。

{10:57} 因为"追认"和"批评"动议是主动议,因而可以辩论。

第 六 章

附 属 动 议

请参阅 6:3 开始的内容,那里提供了"附属"动议(subsidiary motions)的总体特征以及完整的动议列表。

§11. 搁置

(不直接对主动议进行表决就丢弃这个主动议)

{11:1} "搁置"(Postpone Indefinitely)是指会议根本不想对主动议做出决定,因为它无论是得到通过,还是被明确地否决,都会造成不良的后果。本动议一旦得到通过,主动议就被"扼杀"(killed),在本"次"(session)会议期间不可以重提,并且避免了直接对主动议进行表决。这也是对主动议的一种解决方式,对于一些不合时宜的主动议,可以既不通过,也不明确否决,避免两难的尴尬。

标准描述特征

{11:2} 附属动议"搁置":

(1) 只优先于其所应用的主动议,在附属动议中优先级最低,因而它让先于所有其他的附属动议、所有的优先动议以及所有适用的偶发动议。

(2) 只可以应用在主动议上,因而只有在主动议直接待决的时候才能够提出。"调整辩论限制"(Limit or Extend Limits of Debate)和"结束辩论"(Previous Question)可以直接应用在本动议上而不影响主动议。本动议本身不可以"委托"(commit)给委员会(虽然在本动议待决时,可以动议"委托"主动议,但主动议被委托时本动议自动失效,见下文)。"改期"和"暂停"不能直接应用在本动议上,但是它们可以应用在主动议上,然后本动议"绑定"在主动议上一起被改期或暂停。

(3) 在其他人拥有发言权时不合规。

(4) 要求附议。

(5) 可以辩论,并且辩论完全可以针对主动议的利弊展开,这跟其他的附属动议是不同的,其他附属动议的辩论只能针对那个附属动议本身的利弊展开。

(6) 不可以修改。

(7) 要求"过半数表决"。

(8) 如果本动议得到通过,那么可以对它进行"重议"(reconsider)。[①]如果被否决,则不可以对它进行"重议",也不可以再对同一个主动议"重提""搁置",原因有两点:①"搁置"的否决意味着阻止这个主动议进入表决的尝试已经失败;②反对这个主动议的人还有机会在该主动议的表决中直接否决它。

进一步的规则和说明

【对待决主动议的影响】

{11:3} "搁置"的目的是要在整"次"(session)会议期间"压制"(suppress)当前待决的主动议。所谓"整次会议",在代表大会或其他由若干"场"会议组成的会议中,是指构成这次会议的所有那些"场"会议;而在一般的组织中,就是每周、每月或其他频率的一次例行会议或临时会议。但无论怎样,"搁置"如果得到通过,其结果都是间接地否决了待决的主动议。

【与"委托"动议的关系】

{11:4} 如果在"搁置"待决时,有"委托"动议应用在主动议上并获得通过,那么就忽略"搁置"动议,只把主动议委托给委员会。因为"委托"显然意

---

① 对"搁置"某主动议进行"重议"的时候,"搁置"和主动议都恢复待决状态,且"搁置"为直接待决动议。

味着会议希望继续考虑主动议,那就是不同意"搁置"。

【特殊用法】

{11:5} 有时候"搁置"可以被主动议的"反对方"作为一种策略来检验实力。在用尽了当天对主动议的辩论权(exhaust the right to debate)时,可以用此动议得到进一步发言的机会,因为前面"标准描述特征(5)"已经说明对本动议的辩论完全可以针对主动议的利弊展开。这样反对方可以用"搁置"先展开一场辩论和表决。一旦这场表决赢了,反对方就成功地"扼杀"了主动议。而即使这场表决输了,反对方也没有损失,因为主动议还没有得到通过,反对方还有否决主动议的机会。与此同时,反对方可以通过这场表决了解自己的实力,以便在对主动议辩论时有所针对地发表意见。

格式和举例

{11:6} 假设在一个全州规模的专业协会的基层组织会议上,下述决议待决:"决定,本分部支持州协会会长詹姆斯·桑顿先生竞选国会参议员。"但是辩论进入了棘手的境地,一方面大家尊敬自己的会长,一方面又认为竞选参议员并不可取。如果直接否决该决议,则看起来像是在否定自己的会长。而且,无论表决的结果是什么,都可能会导致内部的分裂。

成员 A(取得发言权):我动议搁置(该决议)。(附议。)

主持人:有人动议且有人附议,搁置关于"支持桑顿会长竞选国会参议员"的决议。主持人请 A 先生发言。

{11:7} 接着,就"搁置"展开辩论,也会涉及决议本身是否可取。辩论结束,首先要对"搁置"表决。

主持人:下面表决是否搁置以下决议:"决定,本分部支持协会会长詹姆斯·桑顿先生竞选国会参议员。"所有赞成搁置的,请说"赞成"。……所有反对的,请说"反对"。……赞成方获胜,该决议被搁置。

{11:8} 如果"搁置"被否决,主持人宣布结果,接着再次宣布该决议的议题。

主持人:反对方获胜。搁置被否决。下面继续讨论决议:"决定,本分部支持协会会长杰姆斯·桑顿先生竞选国会参议员。"

§ 12. 修改

{12:1} 附属动议"修改"(Amend)可以在待决动议表决之前,修改它的措辞,甚至在一定程度上修改它的含义。

{12:2} 有些时候,还可能需要修改一些已经通过的东西,比如章程、议程或决议等,对于这些情况,附属动议"修改"是无能为力的,必须使用一种特殊的主动议,就是"修改已通过的决定"(Amend Something Previously Adopted,请参阅第 35 节)。本节只描述作为附属动议的"修改"。

{12:3} "修改"(或称"修正案")* 几乎是使用最广泛、最频繁的附属动议,但是总体来讲,多数人对如何最有效地用好"修正案"的完整流程理解得还不够充分。普通成员都应该能够熟悉并自然地使用"修正案"这一工具,这是一块重要的基石。只有这块基石稳固,组织的全体成员才有力量按照自己希望的样子精细地把控组织发展的方向。要想理解"修正案"的流程,很重要的一点是要认识到:当我们说一个会议采取行动(take action)时,会议本身所能采取的行动只能是"通过一个文本"(adopt a statement),这个文本指明要实际执行的行动,或者表明某种立场或意志。而这个文本的准确措辞非常关键,特别是在处理复杂问题的时候,或者在对有争议的公共议题表达立场的时候。为使会议能以有序的方式化解内部分歧、就动议文本的确切措辞达成共识,"修改"的规则非常周到而详细,依据语言结构划分了若干修改类型。

{12:4} 附属动议"修改"的通过并不意味着经修改后的原待决动议的通过,原待决动议仍然待决,只是措辞或内容已被改变。而"修改"的否决只是意味着原待决动议的措辞不变。

{12:5} 无论是被修改的主动议的动议人,还是"修正案"的动议人,都无权决定是否采纳"修正案",只有会议才有权决定。成员对"修正案"的立场(赞成或反对)并不影响他对被修改的主动议的立场,无论"修正案"是否得

---

* "修改"的内容(也就是说,如何修改、把什么改成什么、对改变的动作的描述)称做"修正案"(amendment)。"修正案"这个词在中文中通常被理解成"被修改之后的完整议案",而在本书中,它严格地指"如何修改",例如把某个词换成另外一个词、插入一句话等。一定不要混淆。——译者注

到通过,在对主动议表决时,任何成员都可以自由地选择赞成或者反对。

{12:6} "修正案"必须"切题"(germane),也就是说,必须与被修改的动议的议题紧密相关,不能引入任何新的议题,只能对原议题进行修改(请参阅 12:16—21)。

标准描述特征

{12:7} 附属动议"修改":

(1) 优先与让先。

① 当应用于"主动议"时:本动议优先于主动议,优先于附属动议"搁置"(Postpone Indefinitely);本动议让先于除"搁置"和"修改"之外的所有其他附属动议——在对本修改还可以应用"修改"的时候,本"修改"让先于后一个"修改",让先于所有优先动议,以及所有可以应用的偶发动议。

② 当应用于"主动议"之外其他动议时:本动议优先于它所要修改的那个动议(下面称做"动议 A",当然动议 A 必须是可以修改的);本动议让先于所有那些优先于动议 A 的优先动议和附属动议("修改"除外);当"修改"、"调整辩论限制"(Limit or Extend Limits of Debate)或"结束辩论"(Previous Question)应用在本动议上的时候,本动议让先于这三种动议;本动议还让先于可以应用的"偶发动议"。

(2) 本动议可以被应用于所有的"主动议"(但对某些程序主动议的应用方式有限制);理论上可以被应用于任何含有可变成分的动议,但可能有不同程度的限制;例如,可以用来修改"休息"的时间长度,或者"改期到指定时间"中的"指定时间"。(请参阅附录第 *t46—t47* 页"不可修改的动议"的列表。)

"修改"也可以应用在另一个"修改"上,被修改的叫"主修正案"(Primary Amendment),另一个叫"辅修正案"(Secondary Amendment)②,或者叫做"修正案的修正案"(amendment to an

---

② "辅修正案"与"辅动议"(secondary motions)没有任何关系。关于"辅动议"请参阅第 5:3 开始的内容。

amendment)。但对"辅修正案"不能再应用"修改",也就是说,最多只能有两层修改[请参阅下面的"标准描述特征(6)"以及 12:11—13(修正案的层级)]。

　　每种动议在本书中都有专门的一节来详细阐述,其中每一节的"标准描述特征(6)"都会指出该动议是否可以修改,以及应用"修改"时有哪些限制。

　　"调整辩论限制"和"结束辩论"可应用在待决的"主修正案"或"辅修正案"上,不特别指出的话,就只应用在直接待决的那一个修正案上。"拆分议题"(Division of a Question)可以应用在"修改"上。"逐段或逐条考虑"(Consideration by Paragraph or Seriatim)也可以应用在"修改"上。"委托""改期"或"暂停"不能直接应用在"修改"上,这些附属动议只能应用在被修改的"主动议"上,而"修正案"或者"主、辅修正案一起"就作为主动议的"绑定动议",跟着一起被"委托""改期"或者"暂停"。注意,"搁置"不能应用在"修改"上。

(3) 在其他人拥有发言权时不合规。

(4) 要求附议。

(5) 只要被修改的动议是可以辩论的,"修改"就是可以辩论的。但是,这时候的辩论仅限于讨论修正案是否有价值,而不是被修改的动议本身的利弊,可以提到被修改的动议,但必须是为了说明修正案的利弊。如果被修改的动议不可辩论,那么该"修改"也不可辩论(但请参阅 43:31—32 关于允许对不可辩论的动议做一定解释的情况)。

(6) 本动议在一般情况下是可以修改的。不过,根据上面的"标准描述特征(2)","辅修正案"就不可以再修改了[请参阅 12:11—13(修正案的层级)]。

(7) 要求"过半数表决",无论要被修改的那个动议本身要求什么样的表决额度,即使"修正案"的通过会导致要被修改的那个动议所要求的表决额度发生改变——例如从"三分之二表决"变成"过半数"或者相反变化——"修正案"也仍然只要求"过半数表决"[请参阅 14:4"改期"的"标准描述特征(7)",以及 14:21 的举例]。

(8) 可以"重议"(Reconsider)。

进一步的规则和说明(以及举例)

【修改的类型和方式】

{12:8} 共有三种"类型"(process)的修改,第三种是前两种的不可分的结合。而对于这三种类型,又根据修改的对象是"个别词语",还是"一整句或段落",分为两种"方式"(form)*。这三种"类型"共六种"方式"分别是:

1. 第一种类型:"插入"(insert),如果是在被修改动议的最后,则叫"添加"(add)。**

   (1)"插入词语"(insert words),如果是在被修改动议的最后,则叫"添加词语"(add words)。

   (2)"插入段落"(insert a paragraph),如果是在被修改动议的最后,则叫"添加段落"(add a paragraph)。

2. 第二种类型:"删除"(strike out)。③

   (1)"删除词语"(strike out words)。

   (2)"删除段落"(strike out a paragraph)。

3. 第三种类型:"删除并插入",是前两种类型的不可分的结合,具体为:

   (1)"删除并插入"(strike out and insert),对象是词语。

   (2)"替换"(substitute),对象可以是一个段落,也可以是整个决议或主议的文本,即删除原来的内容,再把替换的文本插回到原处。④[注意:"替换"(substitute)是议事规则的一个专门术语,它的对象必须至少是"由一个或多个句子组成的完整段落",所以 3(1)不能叫做"替换"。]

---

③ 英文中,"delete"虽然能表示同样的意思,但是根据议事规则的传统,不建议使用这个词。不过,"strike out"的省略用法"strike"却是可以的。

④ 可以动议把一个段落从一个地方删除,再插入到另外一个地方,这样的动议不是"替换",而是类似于 12:58—59 描述的"删除并插入词语"所提到的两种动议的第二种类型。这个段落的措辞不能有实质的变化,既不能被上述第二种类型的动议改变,也不能被辅修正案改变。但是,一旦"移动"(transfer)动议通过,那么移动后的段落可以用任何一种方式进一步修改。

* 这里的"方式"(form)是专指"修改"(Amend)动议的修改手段,即插入、删除、替换等。而第 10—37 节每章节中都有"格式与举例",那里的"格式"(form)则是泛指会议上发言时所用的句型。——译者注

** 本书中"插入或添加"统一简称为"插入",在口语中可以说"加上"。——译者注

{12:9} 方式 1(1)、2(1)和 3(1)对象都是词语,可用来修改一句话中的个别措辞,或者偶尔用于修改一个段落里面连续的几句话。方式 1(2)、2(2)和 3(2)对象是段落,也可以用于篇、章、节等更大的单元。

{12:10} 本书将从 12:14 起分别对上述方式进行详细的说明。

【修正案的层级】

{12:11} 上面的"标准描述特征(2)"和"标准描述特征(6)"已经说明,对"修改(修正案)"通常还可以再应用一个"修改(修正案)",于是就会产生两个"层级"(degree)的修正案——"主修正案"和"辅修正案"。"主修正案"直接应用于当前直接待决的决议、主动议或其他除"修正案"以外的动议,"辅修正案"应用于当前直接待决的"主修正案";"辅修正案"提出的可能是对"主修正案"本身的修改,也可能是对"主修正案"试图从"主动议"中删除的一个段落的修改(请参阅 12:51 和 12:70)。

{12:12} 另外也可以使用"一级修正案"(amendment of the first degree)、"二级修正案"(amendment of the second degree)、"主动议的修正案"(amendment to the main question)、"修正案的修正案"(amendment to the amendment)等术语,但最好还是使用"主修正案"(primary amendment)和"辅修正案"(secondary amendment)。"三级修正案"是不允许的,因为这会使得修正案的议事规则过于复杂。如果有人想要提出这样的修改,那么可以在"辅修正案"待决的时候,发言说,如果大家否决这个待决的"辅修正案",那么他将提出另一种更好的"辅修正案",然后简要描述自己的修正案。

{12:13} 除了下面两个标题所提到的例外情况,在同一时刻,只允许最多一个"主修正案"和最多一个"辅修正案"。但是一旦当前的"主修正案"(或者"辅修正案")得到了处理,那么就可以再提出一个"主修正案"(或者"辅修正案"),前后总的次数并没有限制,只要在同一次会议上不重复提同样的、已经表决过了的修正案。[但是,请参阅 12:92~113 的"填空"(Filling Blanks),它是用来修改诸如时间、地点、名字或者数量等那些可修改性非常强的元素的一种特殊方式,这种方式允许同时提出几种选项以供表决。]

【用单个动议提交若干修正案】

{12:14} 可以用一个附属动议"修改"来提出对待决主动议的一系列修

正案(或者对像"替换"这样的篇幅较长的主修正案的一系列辅修正案)。除非这一系列修正案满足下面一段给出的"关联修正案"(conforming amendments)的条件,否则哪怕只有一个成员都可以要求将其中一个或者几个修正案拿出来单独表决,而且必须进行所要求的拆分。拆分以后,先表决其他的修正案,再处理需要单独表决的修正案(如果是委员会就受委托的决议提出的一系列修正案,那么应用上述方法的具体说明请参阅51:45—48)。

【关联修正案】

{12:15} 有时候,为了实现一个修改目的,需要同时对主动议或决议的若干个地方一起做修改。这种情况下,这几处改变要由一个"修正案"一并提交、一并处理、一并表决。例如,假设一份篇幅较长的决议待决,这份决议提出要新成立一个常设委员会,叫做"筹资委员会"(Ways and Means Committee),对组织的财务状况和筹资需求开展研究并提出建议,而这个委员会的名字在这份决议的多个地方分别出现。如果希望把这个委员会的名字改为"财务委员会"(Financial Committee),那么可以动议"删除决议中所有的'筹资委员会',并都插入'财务委员会'加以替代" *。这种提法既合规也必要。这种情况下(也就是说,如果不是同时改变,就会导致前后不一致),要把所有这些修改放在一个"修正案"中提出。这样的一个修正案不可以拆分议题。

【判断"修正案"是否切题】

{12:16} 前文已经提到,"修正案"必须与被修改的动议"切题",也就是说修正案必须针对的是被修改的那个动议的议题。"辅修正案"对于"主修正案"要切题,也要对原动议切题,"主修正案"对于原动议当然也必须密切相关。"辅修正案"如果修改的是"主修正案"要删除或替换掉的一个段落,那么"辅修正案"必须与那个被删的段落切题。"修正案"不可以引入一个新的与原动议无关的问题,但是可以把原动议向着与它的本意相反的方向修改,这样的修改仍然"切题"。

{12:17} 除了上述总体的判断原则之外,并没有一个完备而确切的准则

---

* 英文严格使用了"删除并插入"的格式,其意思可以简化为:"把决议中所有的'筹资委员会'都修改为'财务委员会'。"——译者注

可以用来判断"修正案"是否"切题"。不过基于通用议事规则的一些原则，发展形成了一个常用的方法。首先，这些原则是：

(1) 在一次会议期间，一旦会议对某个议题做出决定，那么同一个议题，或者本质上的同一个议题，就不能再次引入会议。

(2) 如果某个议题已经被"暂时解决"(temporarily disposed of；请参阅 9：7—11)＊，那么，任何可能会影响到会议对这个议题做最终决定的动议，都不可以引入，无论这种影响是正面的还是负面的。

{12:18} 在这两条原则的基础上，对于针对"主动议"而提出的"修正案"，判断它是否与这个主动议"切题"的方法是：假设"修正案"并没有提出，再假设"主动议"刚刚得到了解决(包括"通过""否决"，或某种"暂时解决")，最后假设在同一次会议上把"修正案"的实质内容以单独的主动议的形式提出来，根据前文的两条原则，判断它是否合规，如果在本次会议期间它都不合规，那么这个"修正案"与"主动议"就是"切题"的，应该给予受理，因为如果这个时候不受理，一旦"主动议"真的得到了解决，根据前文的两条原则，再想把"修正案"的内容以单独的主动议的形式提出来就不合规了，那么这个修正案所包含的意见就再没有提出的机会了。但是，这个方法并不能确保适用于所有的情况，有些时候，即使"修正案"的内容在"主动议"得到解决之后仍然合规(按照刚才的方法，这个"修正案"应该是不切题的)，这个"修正案"也是切题的。也就是说，这个方法判断"切题"是可靠的，但判断"不切题"却不一定可靠。

{12:19} 举例说明，假设当前待决主动议是"本协会批准为秘书购买新办公桌"，那么"添加'以及配套办公椅'"的"修正案"就是切题的，因为都是关于秘书的办公家具。但是，"添加'并批准承担会长出席州代表大会的费用'"的"修正案"就是不切题的。

{12:20} 再如，假设当前待决主动议是"本市议会表扬乔治在……中的行动"，那么"删除'表扬'并插入'批评'"的"修正案"也是切题的。虽然与原动议的意愿背道而驰，但仍然是关于市议会对乔治在该行动中的评价。而且，因为在一次会议期间，一旦关于"表扬"的动议得到了解决，无论是哪种解决

＊ 例如，"委托""改期""暂停"，或者，决定了要"重议"(reconsider)但还没有开始考虑(这是"重议"的一个特殊现象)。——译者注

(包括"通过""否决",或某种"暂时解决"),就都不能再提关于"批评"的动议了,所以根据上面的判断方法,关于"批评"的那个"修正案"也应该是"切题"的。还要注意,"批评"与"不予表扬"是不同的(请参阅下文的"不恰当的修正案")。

{12:21} 主持人依然会在判断"切题"上遇到一些两难的情况,此时他可以暂且承认"切题",或者事关重大时交由会议裁定。例如,主持人可以说:"主持人不确定该修正案是否切题,请会议裁定。[辩论合规时可以辩论]……现在表决所提修正案是否与待决主动议[或主修正案]切题。所有认为切题的,请说'赞成'……所有认为不切题的,请说'反对'……"(请参阅 23:18—20"秩序问题"一节中的举例。)

【不恰当的修正案】

{12:22} 下列"修正案"是不恰当的(improper),因而是不合规的,不能受理:

(1) 与被修改的动议"不切题"的"修正案"是不合规的。

(2) 如果修改后的动议仅仅等于在事实上否决原来的动议,那么这样的"修正案"是不合规的。例如,原动议是"指示我们的代表在代表大会上对提高加盟费的动议投赞成票",那么,在"指示"的前面插入"不"的"修正案"是不合规的,因为"不指示……"等于否决"指示……"。但是,在"投赞成票"的前面插入"不"的修正案是合规的,因为"指示我们的代表不投赞成票"意味着仍然要给出指示,只不过指示的内容不同,这个"修正案"并不否决原动议。

(3) 如果原动议经过"修改"之后变得不合规,那么这样的"修正案"不合规。⑤

(4) 如果"辅修正案"是要把"主修正案"从一种修改类型改变成另外一种修改类型(修改类型指 12:8 定义的三种:"插入""删除""删除并插入"),那么这个"辅修正案"是无效的。例如,如果主动议是"……购买橡木家具","主修正案"是"删除'家具'前面的'橡木'",那么如果"辅修正案"是在主修正案后面添加"然后插入'枫木'",那么这个"辅修正案"是不合规的,因为这会把"主修正案"的类型

---

⑤　但 12:47 给出了例外。

从"删除"变成"删除并插入"。

(5) 如果"修正案"会改变原动议的种类,那么这个"修正案"也是不合规的。例如,原动议是"将待决动议改期到下午 2 点","修正案"是"删除'到下午 2 点'并把'改期'修改为'搁置'",那么这个"修正案"是无效的,因为它把"改期"到指定时间变成了"搁置"。

(6) 如果"修正案"是要删除引导词——如决议中的"决定",那么这样的"修正案"不合规。

【前言的修正案】

{12:23} 如果决议带有"前言"[preamble,由引导词"鉴于"(Whereas)引导的一条或者多条前言子项],那么必须在所有"决定子项"(resolving clause,由引导词"决定"引导的一条行动建议)的修改完成之后,才能修改"前言"。然后在所有的"前言子项"(preamble clause)修改之后,对包含前言在内的整个决议进行一次总的表决(请参阅 28:7)。

【各修改方式的规则】

{12:24} 前面已经指出,"修改"动议有六种"方式"。这六种方式有着各自的规则,下面分别说明并举例。12:32—45"1(1)、1(2)插入词语或段落的格式和举例"提出的考虑主、辅修正案的一般原则,也同样适用于其他方式。

{12:25} 但首先要指出的是,这些规则总体上是基于下面这样一条原则:一旦会议经表决判定某些词语(或者段落)应该或者不应该出现在待决决议当中,那么在同一次会议当中再想通过"修改"动议对同样的内容提出实质上同样的问题,是不合规的。主持人应该运用常识来判断和解释下面这些规则,既要让主动议有充分的机会得到修改,又要防止会议已经决定的问题再次出现。

1(1) 插入词语

{12:26} "插入词语"(insert or add words)必须要明确指出插入的位置,可以指出插入位置前面或者后面的词语,或者为了避免歧义,同时指出前面和后面的词语。如果是篇幅较长的书面文件,还应指出段落编号和行号。

{12:27} 如果需要对插入的词语进一步修改润色,应该在对"主修正案"

表决之前,使用"辅修正案"来进行,否则就可能没有机会了,原因如下:

{12:28} 一旦表决通过"修正案",使得某些词语被插入在原动议中,那么同一次会议上这些词语就不能再被修改或删除了,除非"重议"(第37节)那个"修正案",或者以不同的"方式"再提出一个"修正案"使得再提的这个"修正案"是一个新的议题,包括:

① "删除"(strike out)插入了这些词语的那一整个段落;
② "删除"插入了这些词语的那一段的足够多的一部分,既把所有(或者部分)被插入的词语删除了,又删除了其他一些词语使得这次的"修正案"实际上成为一个新的议题;
③ "替换"(substitute)插入了这些词语的那一整段;
④ "删除"插入了这些词语的那一段的足够多的一部分并"插入"新的词语,既把所有(或者部分)被插入的词语更改了,又更改了其他一些词语使得这次的"修正案"实际上成为一个新的议题。

{12:29} 如果在特定位置"插入词语"的"修正案"被否决,那么如下"修正案"仍然合规,只要实际上它提出的是一个新的议题:

① 减少一些要插入的词语;
② 增加一些要插入的词语,或者减少一些要插入的词语后又增加另外一些要插入的词语;
③ 词语不变,改用"删除并插入",就是说在"删除"被修改动议的一些词语之后,再插入这些要插入的词语;
④ 词语不变,改变插入的位置,使效果不同。

{12:30} 可以用"辅修正案"来修改"插入词语",但"辅修正案"的方式只限于词语类,即"插入词语""删除词语"或"删除并插入词语"。

1(2) 插入段落

{12:31} "插入段落"(insert or add a paragraph)的规则基本与"插入词语"相同,只是"插入段落"获得通过后,还可以在插入的段落的最后(只可以在最后)插入词语。插入的词语不可以改变插入的这个段落的意图或与之抵触。要想修改润色插入段落的内容,必须在对"插入段落"表决之前提出"辅修正案"。一旦"插入段落"得到通过,就不能再删除这个段落,除非是同时删除包含这个段落在内的若干个段落,因为这样就等于提出一个新的议题。如果"插入段落"被否决，那么就不能再重提实质上同样的议题。如果被否决的段落经改写或缩写后内涵已经不同，那么就可以作为一个新的议题重新提出插入段落。

1(1)、1(2)插入词语或段落的格式和举例

{12:32} "插入词语（或段落）"可以有如下这些格式：

"我动议修改决议，在'物业'前面插入'水岸'。"

"我动议修改，在'100美元'后面插入'并报销费用'。"

"我动议在'所有'和'员工'之间插入'正式'。"

"我动议在第二段第五行'股票'前面插入'优先股'。"

"我动议在第三段后面插入下面的段落：……。"

"我动议在最后加上下面这句话'费用不得超过2 000美元'。"

"我动议在最后加上下面的段落：……。"

{12:33} 对于有一系列的待决动议且其中包含不止一级修正案的情况，主持人就每一个动议在"宣布议题"和"提请表决"时要特别小心，要让成员明确当前直接待决的是哪一层级的修正案，以及对于这一层级的修正案来说，通过和否决的效果各是什么。

{12:34} 所以，建议主持人在就修正案宣布议题的时候，遵循下面三个步骤：

① 跟其他动议一样，宣布："有人动议且经附议……"

② 宣读如果修正案通过那么主动议（或主动议中跟修正案有关的那部分）会变成什么样子："如果修正案通过，主动议将变成……"

③ 再次澄清并强调现在直接待决的议题是修正案："当前议题是……"

{12:35} 假设主动议为"协会购买总部旁边的土地"，且为直接待决。

成员 A（取得发言权）：我动议修改，在最后添加"并改建成停车场"。（附议。）

主持人：有人动议并经附议，在最后添加"并改建成停车场"。如果该修正案得到通过，主动议将变成："协会购买总部旁边的土地并改建成停车场。"当前议题是修正案，即在最后添加"改建成停车场"。

{12:36} 类似地，在就修正案提请表决时，如果自从对修正案宣布议题之

后又展开过辩论或者引入过其他动议,那么建议也采用类似的三个步骤:

① 重读修正案:"当前议题是……"
② 宣读如果修正案通过,主动议(或主动议中跟修正案有关的那部分)会变成什么样子:"如果修正案通过,主动议将变成……"
③ 提请表决时尽量让参会者非常明确表决的对象是修正案:"所有赞成……的,请说'赞成'[短暂停顿],所有反对的,请说'反对'。"

主持人:当前议题是修正案,即在最后添加"改建成停车场"。如果该修正案得到通过,主动议将变成:"协会购买总部旁边的土地并改建成停车场。"所有赞成在最后添加"改建成停车场"的,请说"赞成"[短暂停顿],所有反对的,请说"反对"。

{12:37} 表决之后,主持人宣布修正案的表决结果,并紧接着宣布接下来直接待决的议题。

主持人:赞成方获胜,修正案通过。当前议题为修改后的主动议,即"协会购买总部旁边的土地并改建为停车场"。

{12:38} 如果修正案被否决,主持人按下述方式宣布表决结果:

主持人:反对方获胜,修正案被否决。当前的议题为主动议,即"协会购买总部旁边的土地"。

{12:39} 此时,无论修正案通过还是被否决,主动议都可以继续辩论,并且可以提出新的、不同的修正案。

{12:40} 有些情况下——取决于决议和修正案的长度、议题的性质、会议的条件等因素——只宣布修正案的议题就足够了,不用完全按照上述三个步骤反而可能更利于成员理解。反过来,在一些比较复杂的情况中,为了避免歧义,建议主持人采取四个步骤:①宣读原来的主动议或决议的全部或跟修正案相关的那一部分;②宣读修正案;③假设修正案通过,宣读修改后的主动议或决议或其中相关的部分;④再次强调当前要表决的议题是修正案。

{12:41} 为了举例说明"插入"作为"辅修正案"的情况,假设如下这些动议待决:

① 决议:"决定,协会购买总部旁边的土地。"

② (当前直接待决的)主修正案:"添加'并改建成停车场'"(假设大家已经了解该项目各步骤的费用预算)。

成员 X(取得发言权):我动议在"停车场"前面插入"景观美化的"。(附议。)

主持人:有人动议且有人附议修改主修正案,即在"停车场"前面插入"景观美化的"。如果这样修改,主修正案将变成,"在'购买总部旁边的土地'的决议后添加'并改建成景观美化的停车场'"。现在的议题是插入"景观美化的"。

{12:42} 在上述的例子中,主持人宣读了"主修正案"在假设"辅修正案"通过之后的版本。

{12:43} 如果有辩论,辩论只能围绕一点:如果要将这块地改成停车场,那么是否建成景观美化的停车场。辩论结束后,主持人把"辅修正案"提请表决,宣布结果,然后重新宣布"主修正案"的议题。

主持人:现在就辅修正案进行表决,即在主修正案的"停车场"前面插入"景观美化的"。如果这样修改,主修正案将变成,"在'购买总部旁边的土地'的决议后添加'并改建成景观美化的停车场'"。注意现在的表决不能决定是否建设停车场,而只是说如果建停车场,是否要"景观美化"。赞成表示支持"景观美化",反对表示反对"景观美化"。所有赞成的请说"赞成"……所有反对的请说"反对"……赞成方获胜,插入"景观美化"。接下来继续讨论修改后的主修正案,即"添加'并改建成景观美化的停车场'"。如果该修正案得到通过,决议将变成:"决定,协会购买总部旁边的土地并改建成景观美化的停车场。"这意味着一旦购买这块土地,将会建成停车场,而且是景观美化的。现在就此修正案发表意见。

{12:44} 然后展开辩论,最后表决。

{12:45} 对于简单而又显然有道理的修正案,可以用"默认一致同意"(unanimous consent,请参阅 4:58—63)的方式来处理。例如,假设有下面的主动议待决,"指派物业委员会取得维修费用报价"。有成员动议"在'报价'前面加上'至少三份'"。如果主持人认为大家都会认可,则可以说:"如果没有人反对,我们将加上'至少三份',变成'取得至少三份维修费用报价'。[暂停。]没有反对意见,加上'至少三份'。"

2(1) 删除词语

{12:46} "删除词语"(strike out words)应该指明被删除的词语所在的位置,除非这个位置非常明显不致引起混淆。

{12:47} 每一次动议删除的那些词语必须是连续的;但"辅修正案"可以修改"主修正案"使之变成删除分开的若干词语。所以"删除词语"的主修正案在提出的时候必须是删除连续的词语,但在表决的时候可能是删除若干分开的词语。如果需要删除分开的若干词语,最好的办法是删除整句话并插入新的句子。如果要删除的词语过于分散,可以用几个动议分别删除,也可以用单个动议提出若干关联的修正案(请参阅 12:14)。

{12:48} 如果"删除词语"的动议得到通过,同样的词语在同一次会议上不能插回原处;必须改变措辞或者插入新的位置,使之成为新的议题。如果删除某些词语的动议被否决,那么在保证上述的"词语连续"原则的基础上,下面这些动议仍然是合规的:

① "删除词语":只删除上述词语中的一部分;
② "删除词语":在删除上述全部(或部分)词语的同时,还删除紧挨着的另外一些词语;
③ "删除并插入":在删除上述全部(或部分)词语的同时,插入一些新的词语;
④ "删除并插入":删除上述全部(或部分)词语,同时删除紧挨着的另外一些词语,然后插入一些新的词语。

{12:49} 必须注意:"删除词语"只能被"删除词语"修改,就是说如果"主修正案"是"删除词语",那么"辅修正案"只能是删除"主修正案"中涉及的词语。如果"辅修正案"得到通过,那么无论"主修正案"通过与否,所有"辅修正案"中删除的词语都会留在主动议中。例如,假设下面这些动议待决:

① 主动议:指示秘书致信给议员阿尔特曼、布洛克、克罗雷、戴维森和爱德华;
② 主修正案:删除主动议中的"布洛克、克罗雷、戴维森";
③ 辅修正案:删除主修正案中的"克罗雷"。

如果辅修正案得到通过,那么主修正案变成"删除主动议中的'布洛克'和'戴维森'",而无论主修正案表决的结果如何,"克罗雷"总会留在主动议中。如果"主修正案"只删除一个词语,那么该主修正案不可再修改,因为如果要修改,辅修正案也只能是从主修正案中删除这个词语,这等于直接否决了主修正案,是不合规的。

{12:50} 如果待决的"主修正案"是要删除一句话,而有人认为这句话可以保留,只是需要改善措辞,这时用"辅修正案"来达到这个目的已经不可能了。这个人可以在针对"主修正案"的辩论中表达自己的观点,即这句话应该如何重新措辞,并声明如果"主修正案"被通过,他将会动议插入他的新句子。如果"主修正案"被否决了,他也可以动议"删除原句并插入他的新句子"。

2(2) 删除段落

{12:51} "删除段落"(strike out a paragraph)与"删除词语"有重大的区别,主要在于各自"辅修正案"的规则和效果有所不同。如果"主修正案"是要删除一个段落,那么"辅修正案"仍然可以使用全部三种针对词语的修改方式(即"插入词语""删除词语"或"删除并插入词语")来对这个可能被删除的段落在主修正案表决前进行改进,而且,即使作为"主修正案"的"删除段落"被否决了,"辅修正案"所做的改进也仍然有效,随着这个段落一起保留在原动议中,也就是说,"辅修正案"所增加的就留下了,所删除的就去掉了,所修改的就改变了。对于"主修正案—辅修正案"分别是"删除词语—删除词语"和"删除段落—删除词语"这样两种情况,要特别注意它们的区别:

- 如果"主修正案"是"删除词语",那么因"辅修正案"而删除的、"主修正案"中的词语将保留在"原决议"中,无论"主修正案"通过与否(这点前文已经解释过)。
- 如果"主修正案"是"删除段落",那么因"辅修正案"而删除的、该段落中的词语将从"原决议"中被删除,无论"主修正案"通过与否。

{12:52} 某个段落被删除以后,就不能再插回原处,除非改变措辞使之表达新的意思,或者虽然是同样的段落,但是插入到不同的位置,从而成为新的议题。如果"删除段落"被否决,那么针对这个段落(或其中的词句)的其他的修正案,只要实质上提出新的议题,就仍然是合规的。

2(1)、2(2)删除词语或段落的格式和举例

{12:53} 例如:"我动议删除第五行'人行道'前面的'混凝土'。"或者:"我

动议删除纲领文件的第三段。"12 : 32 给出的关于"插入"的各种格式变化同样适用于"删除"。

{12:54} 假设如下"主动议"待决："本保龄球协会设立一个分会并对南木高中的三年级和四年级学生开放。"

成员 A(取得发言权)：我动议删除"三年级和"。(附议。)

主持人：有人动议并经附议，删除"三年级和"。如果通过该修正案，主动议就变成"本保龄球协会设立一个分会并对南木高中的四年级学生开放。"现在讨论是否删除"三年级和"这四个字。

{12:55} 后面的程序与"插入"中给出的程序类似。

3(1) 删除并插入词语

{12:56} "删除并插入"(strike out and insert)适用于那些"删除"和"插入"这两个动作需要同时发生的情况。如果只提删除什么不提插入什么，或者只提插入什么不提删除什么，那么其他成员就可能不理解修改的目的而不去投票赞成。这两个部分是不可分的，不允许用"辅修正案"或者"拆分议题"(Division of a Question)来把它们分开处理。

{12:57} 在通用议事规则里面，"删除并插入"与"替换"(substitute，请参阅 12 : 69—90)是不同的。"替换"的对象只能是段落或者更长的部分，不能用于词语。而"删除并插入"的对象只能是词语。

{12:58} "删除并插入"还可以细分为两种子方式：

- 不同的词语被插入到相同的位置；
- 同样的词语被插入到其他的位置。

{12:59} "删除并插入"的两个组成部分——"删除"和"插入"，必须相关，不能反映两个没有关系的议题；如果就是想用一个修正案提交两个独立的修改事项，那要取得会议的"默认一致同意"。上述第一种类型"不同的词语被插入到相同的位置"中插入的词语必须跟删除的词语有关系或者针对同一个问题。上述第二种类型"同样的词语被插入到其他的位置"，允许插入的词语跟删除的词语略有不同，但必须实质一致。

{12:60} "不同的词语被插入到相同的位置"这种子方式更为常见，所以下面主要对其进行讨论。

{12:61} "删除并插入"如果是作为"主修正案"提出的，那么主持人照常宣布这个主修正案的议题并展开辩论；但接下来如果有"辅修正案"想修改这个"主修正案"，那么要注意，必须将这个"主修正案"的两个元素，即"删除"和"插入"，分别对待，就是说不能在一个"辅修正案"中同时修改"主修正案"中的"删除"部分和"插入"部分，并且要分别遵守"删除词语"和"插入词语"的规则，即"删除词语"只能被"删除词语"修改，而"插入词语"可以被三种词语类的方式所修改。如果一个"删除并插入"的"主修正案"涉及很多词语，因而可能引起几个"辅修正案"，那么通常最好先修改"主修正案"中"删除"部分，好让大家在随后润色"插入"部分的时候知道被换掉的是哪些词语。"删除"部分修改完之后，再修改"插入"部分。但是，主持人还是要根据情况判断一下会议是否希望遵循这个顺序，或者这样是否更好。但无论按什么顺序进行修改，只要没有"辅修正案"待决，"主修正案"都是作为一个整体可以辩论，也就是说无论是"删除"部分，还是"插入"部分，都可以在辩论中涉及。

{12:62} 假设待决的"主修正案"是"删除并插入"，现在出现一个针对"删除"部分提出的"辅修正案"，如果之前尚未提出过任何针对"插入"部分的"辅修正案"，那么主持人可以照常处理这个"辅修正案"，待其得到表决后，继续辩论整个"主修正案"。当第一个针对"插入"部分的"辅修正案"提出来时，主持人要做出判断：如果主持人认为可能还有针对"删除"部分的"辅修正案"尚未提出来，那么主持人可以选择遵循上一段提到的顺序，可以说，"主持人认为有必要首先完成对'删除'部分的修改"，或者进一步说，"是否还有针对'删除'部分的修正案？"如果没有人响应，主持人接着说："继续辩论修改后的主修正案，现在可以修改'插入'部分。"给予针对"插入"部分的"辅修正案"充分的机会以后，针对两个部分的修改就都合规了。如果再也没有"辅修正案"提出了，也没有新的针对"主修正案"的辩论发言了，那就可以对经过"辅修正案"修改过的"删除并插入"进行表决。

{12:63} "删除并插入"得到通过以后，"删除"和"插入"的内容在同一次会议上也不能随便恢复，其中的规则分别跟"删除"和"插入"的相应规则是一样的，除非是要对"删除并插入"进行"重议"，或者不是简单的恢复，而是改变措辞或者位置，使之成为新的动议（请参阅"插入"和"删除"的相应规则）。

{12:64} 如果"删除并插入"被否决，那么如下动议仍然合规：

- 把"删除"部分或者"插入"部分单独作为一个动议提出；
- 仍然是"删除并插入"，但"删除"的内容或者"插入"的内容(二者之一或全部)在内容或措辞上有所改变，成了新的动议。

{12:65} 假设"主修正案"要"删除"一个"片断"(passage)——长度和复杂程度任意的词语、句子或若干句子，但尚未构成一个完整的段落——并"插入"一个新版本，此时有人想插入另一个版本，或者一个更接近原文的版本，但是使用"辅修正案"又会过于复杂或者根本不可能，特别是当"主修正案"涉及一个或者几个完整的句子，但是又没有构成一个完整的段落的时候。在这种情况下，这个人应该发言反对当前的"主修正案"，并声明如果会议否决这个"主修正案"，自己会动议"删除"同一片断，但"插入"更好的版本，且具体说明自己的版本是什么。他的语气要尽可能坚决，因为如果最先提出的"插入"版本被采用，同一次会议上就不能再修改了，除非借助于一个包含了新议题的动议。

{12:66} 前面讲过，跟"删除"的规则类似，"删除并插入"要想删除或修改几个分开的词语，可以动议"删除"一个足够长的包括了所有要删除或修改的词语的"片断"，"并插入"一个新的体现了所有的修改意图的"片断"。如果一个段落中有几处这样的修改，那么最好重写整个段落，然后直接动议"替换"段落，请参阅 3(2)。

3(1) 删除并插入词语的格式和举例

{12:67} 为举例说明"删除并插入词语"，假设下面的决议待决："决定，市民协会表态同意将洛克维尔作为社区大学的新址。"

成员 A(取得发言权)：我动议修改，删除"洛克维尔"，插入"恰山"。(附议。)

主持人：有人动议且有人附议，删除"洛克维尔"，插入"恰山"。如果修正案通过，决议将变成"同意恰山作为社区大学新址"。当前议题是修正案，即删除"洛克维尔"，插入"恰山"。

{12:68} 对这个修正案的辩论只能围绕着"哪一个校址更好"这个问题展开。修正案辩论之后，主持人提请对修正案进行表决，具体格式请参阅"插入"部分的举例。然后回到决议，对决议本身的辩论可以围绕整个决议展开，包括协会是否有必要对校址问题发表任何看法。

3(2) 替换

{12:69} "替换"(substitute)的对象必须是整个段落或章节、整个主动议或决议。要被替换掉的段落、章节、主动议或者决议称做"旧版本"(the original),而重新提供的段落、章节、主动议或者决议称做"新版本"(a substitute)。可以用若干个句子来"替换"一个只有一句话的段落。(后面会说明如何更换*一个由多个句子组成的段落之中的一个或几个句子。)对主动议、决议或者决议中的某个段落的"替换",因为修改的对象是原动议本身,所以必然属于"主修正案",只有在没有其他"修正案"待决的时候才合规。但是,对"主修正案"中涉及的一个或几个段落提出替换则是"辅修正案",因为修改的对象是"主修正案";并且因为对象是段落,所以属于"替换"。⑥

{12:70} "替换"作为"主修正案"的使用方法,跟"删除并插入"是类似的,请参阅 12:56—68 的描述。只要没有"辅修正案"待决,就可以对整个"主修正案"(即"替换")展开辩论,辩论时可以同时涉及新、旧两个版本,因为只有这样才能够判断"主修正案"是否可取。但是,如果要对此"替换"提出"辅修正案",那么就要把"替换"分解成"新版本"和"旧版本"(即新段落和被删除的段落)两个部分分别处理。有一点是跟"删除并插入词语"不同的,就是对于新、旧版本这两个部分,所有三种修改的类型都可以使用("插入""删除""删除并插入"),因为当"主修正案"是对这个段落单纯的"删除"或者单纯的"插入"时,所有这三种类型就都是可以使用的。于是,对于要被删除的段落来说,虽然已经有动议要用一个新版本来替代自己,却仍然可以再用"辅修正案"对其进行完善。

{12:71} 主持人可以选择是否遵循"先修改旧版本,后修改新版本,最后新旧版本都接受修改"的顺序,这类似"删除并插入词语"的情况,但对于"替换"段落来说,通常更有必要遵循这样的顺序,特别是关乎重大事务的时候,这从后面的例子中就可以看出。在所有的"辅修正案"都得到了解决,并且对"主修正案"(即"替换")也进行充分辩论之后,就可以对"替换"进行表决。

{12:72} 如果要更换段落中连续的一部分,而这个部分包含了连续的一个或者几个完整的句子,那么方法有两种:一种是使用"删除并插入";另一

---

⑥　因而出现"替换的替换"是可以的,但不能再修改,因为已经是"辅修正案"了。

*　按罗伯特议事规则对此的定义,因为对象是句子,所以不属于"替换"。——译者注

种是"替换"整个段落,只不过新版本只改变了希望修改的部分。两种方式所要解决的问题是一样的,但是能够应用在它们上面的"辅修正案"是不一样的。如果这些句子所在段落的大部分都要修改,那么建议使用"替换",只不过这样一来,"辅修正案"也可以指向段落中原来不打算修改的部分。

{12:73} 在对"替换"进行表决时,主持人应该先宣读旧版本,再宣读新版本,而且无论新、旧哪个版本,只要又被"辅修正案"修改过,就要按照修改后的文字宣读。即使整个主动议或者决议被替换,"替换"的"通过"也只意味着对原决议进行了"修改",并不等于新决议本身的"通过",所以"替换"后的"新决议"仍然待决。

{12:74} 更新后的段落、章节或决议在同一次会议上,除了可以在前后"插入"(add)一些不改变段落现有内容的东西以外,不能再被修改,这跟"插入段落"的情况一样。而被替换掉的段落在同一次会议上不能插回原处,除非措辞或内容发生实质改变,或者插入到另外一个位置,这样它就变成一个新的议题——这跟"删除段落"的情况也是一样的。

{12:75} "替换"动议被否决,仅仅意味着会议不同意用这个新段落来替换指定的段落。这个新段落仍然可以"替换"另外一个已有段落,或者直接"插入"到某个位置。另一方面,未能被替换掉的那个段落,也仍然可以接受其他的修改,包括"删除"(当然,不能"删除"整个决议),或者被另外一个新段落"替换"。

{12:76} 如果正在对决议进行"逐段或逐条考虑"(Consideration by Paragraph or Seriatim,请参阅第 28 节),那么可以对当前正"接受修改"(open to amendment)的段落或条款提出"替换"。但是必须等到所有的段落或条款都分别得到了考虑和修改,并且由主持人宣布整个文件都"接受修改"的时候,才能对整个决议文件提出"替换"。

{12:77} 如果一份决议,连同其待决的"主修正案",或者再加上"辅修正案",一起被"委托"给委员会,那么该委员会在报告时,可以建议"替换"整个决议,不过这个"替换"必须在本来的两级修正案已经得到表决之后才能够进入待决状态。也就是说,主持人在得到这样的报告和建议之后,首先要对委托时待决的"辅修正案"进行"宣布议题"(state the question)、"展开辩论"(open to debate)、"提请表决"(put the question to vote),然后再对"主修正案"执行同样的程序,最后,主持人才可以"宣布"委员会建议的"替换",

并按照"替换"的规则继续。

{12:78} 上段所指的情况中,如果委托时待决的"主修正案"是一个"替换","辅修正案"可能是针对被替换掉的段落(旧版本)提出的,也可能是针对新的段落(新版本)提出的;那么委员会的报告可以倾向于新版本,也可以倾向于旧版本,并具体说明对"辅修正案"的意见,甚至也可以把两个版本都否决,进而提出委员会建议的版本。无论哪种情况,主持人应该从"委托"前的状态继续,按照"替换"正常的规则处理,然后在合规的时候宣布新提出的修正案(委员会的建议)的议题。

{12:79} "替换"通常可以方便而有效地处理那些决议文字比较粗糙的情况,或者针对同一个问题提出更好的解决方案。如果已经在处理某个具体的小修改,而有人觉得自己有一个更好的版本可以直接"替换",那么他可以发言,简要说明自己版本的重点,并声明一旦没有其他的修正案待决,就可以提出自己的"替换"版本。如果他认为有必要,也可以直接动议对现在正待决的那些修正案"结束辩论"(Previous Question,请参阅第 16 节)。

{12:80} "替换"也可以作为削弱甚至推翻原动议的手段。这种策略可以有两种实施方式:一种是要在一定程度上削弱原动议的力度;另一种是要通过替换它的内容来降低它得到通过的可能性,使它最终被否决。需要注意的是,投票"赞成"替换整个决议或主动议,通常被看做"否决"那些在旧版本中存在但却没有在新版本中出现的条款。

{12:81} 正确使用"替换"的规则就可以保证公平地对待支持旧版本的和支持新版本的意见相左的双方。如果存在这样的分歧,那么在"替换"提出之后,对新旧版本的辅修正案就都会出现。支持旧版本的成员先有机会参考新版本提出的观点,把旧版本修改成容易被更多的人接受的样子。如果按照 12:61—62 和 12:70—71 所描述的程序操作得当,就能先保证旧版本中的条款得到合理的考虑,同时也不妨碍对"替换"动议的辩论自由。而且,在"替换"的表决之前,又必须要先对新版本进行修改完善,这样成员们在决定是否放弃旧版本的时候就可以清楚地知道新版本最终是什么样子。

3(2)替换的格式和举例

{12:82} 为举例说明"替换",假设下面的决议待决:"决定,教区联盟为教区大楼新建一栋服务性质的翼楼并配备设施,且尽可能利用现有大楼的贷款解决资金问题。"

{12:83} 有辩论意见强烈要求进一步调查研究,但也有很多成员坚持要立刻批准执行。双方旗鼓相当,结果难以预测。

成员A(取得发言权):我动议将当前待决议替换为:"决定,指派教区理事会组织专家对教区大楼新建服务翼楼的必要性、成本、可行的资金来源以及后期维护等问题进行调研并作详细报告。"(附议。)

主持人:有人动议并经附议将当前待决议替换为:[宣读成员A的新版本。]"替换"意味着刚才朗读的版本将代替旧版本成为当前的待决议。[辩论。]

成员L(实际上支持原待决动议,反对替换,取得发言权):我动议修改所提新版本,在最后添加"要求在20天内完成"。(附议。)

主持人:主持人认为要遵守"先修改旧版本,后修改新版本"的规则。如果"替换"被否决,对旧版本的修改仍将改变原决议在最终表决时的措辞。⑦所以,在处理刚才所提的辅修正案之前,主持人请问各位是否有对旧版本即原决议的修改。原决议为:"决定,教区联盟为教区大楼新建一栋服务性质的辅楼并配备设施,且尽可能利用现有大楼的贷款解决资金问题。"是否有对原决议的修改?

成员X(取得发言权):我动议修改原决议,删除"设施"一词后面的话,并插入"一事开展筹款活动"。(附议)

{12:84} 主持人对此辅修正案"宣布议题",阐明它的效果,然后在辩论之后"提请表决"。假设原决议的拥护者对这个"辅修正案"的意见存在分歧,部分支持,部分反对。但是,对于那些觉得这个项目还不成熟因而支持"替换"的人来说,这个针对"旧版本"的"辅修正案"又使他们觉得"替换"没有必要了,所以他们多数支持这个"辅修正案"。假设这个辅修正案得到了通过,主持人宣布结果:

主持人:赞成方获胜,修正案得到通过。待决决议变成:"决定,教区联盟为教区大楼新建一栋服务性质的辅楼并配备设施一事开展筹款活动。"现在的议题是同不同意进行替换。(此时可以进一步对修改后的决议,即旧版

---

⑦　如果大家熟悉"替换"的处理规则,主持人也可以省略这句话。

本进行修改,然后才允许对新版本的修改。)

成员 L(支持原待决动议,取得发言权):我动议修改新版本,在最后添加"要求在 20 天内完成"。(附议。)

主持人:在受理刚刚所提修正案之前,主持人再次询问,是否有对现在的待决决议的进一步修改?[停顿。]没有进一步修改。有人动议并经附议,在用以替换的新版本的后面添加"要求在 20 天内完成"。如果刚刚所提修正案获得通过,用以替换的新版本将变成:"决定,指派教区理事会组织专家对教区大楼新建服务翼楼的必要性、成本、可行的资金来源以及后期维护等问题进行调研并作详细报告,要求在 20 天内完成。"当前议题是辅修正案,在用以替换的新版本最后添加"要求在 20 天内完成"。

{12:85} 辩论认为不可能在 20 天内完成调研。那么假设这个辅修正案被否决。

成员 B(支持"替换",但是担心如果不加上一个时间限制的话"替换"可能无法通过——取得发言权):我动议修改新版本,添加"要求在 60 天内完成"。(附议。)

{12:86} 主持人对此辅修正案"宣布议题",辩论后"提请表决"。假设这个辅修正案获得了通过。主持人继续:

主持人:赞成方获胜,辅修正案得到通过。建议的新版本变成:"决定,指派教区理事会组织专家对教区大楼新建服务翼楼的必要性、成本、可行的资金来源以及后期维护等问题进行调研并作详细报告,要求在 60 天内完成。"现在可以就是否"替换"进行表决吗?

{12:87} 经过进一步修改新版本,主持人说:

主持人:针对新版本是否还有进一步的修改?[停顿。]既然没有,那么现在无论是针对旧版本还是新版本的辅修正案都是可以受理的。

{12:88} 当辩论意见和辅修正案都不再出现,主持人提请对"替换"进行表决,即先(一般由主持人)宣读旧版本(被辅修正案修改后的待决决议),再宣读被辅修正案修改后的、用以替换的新版本。

主持人:当前议题为:是否同意替换。主持人将首先宣读旧版本,再宣读新版本。待决动议是:"*决定,教区联盟为教区大楼新建一栋服务性质的辅楼并配备设施一事开展筹款活动。*"用以替换的新版本是:"*决定,指派教区理事会组织专家对教区大楼新建服务翼楼的必要性、成本、可行的资金来源以及后期维护等问题进行调研并作详细报告,要求在 60 天内完成。*"当前议题是:是否用后面宣读的版本替换先前宣读的待决决议? 所有赞成替换的请说"赞成"……所有反对替换的请说"反对"……

{12:89} 主持人宣布"替换"的表决结果,接着对获胜的那个决议版本继续"宣布议题"。例如:

主持人:赞成方获胜,替换获得通过。现在的议题是如下决议:"*决定,指派教区理事会组织专家对教区大楼新建服务翼楼的必要性、成本、可行的资金来源以及后期维护等问题进行调研并做详细报告,要求在 60 天内完成。*"

或者,

主持人:反对方获胜,替换被否决。现在的议题是如下决议:"*决定,教区联盟为教区大楼新建一栋服务性质的辅楼并配备设施一事开展筹款活动。*"

{12:90} 无论现在哪个决议待决,仍然可以有进一步的辩论。如果"替换"得到通过,那么现在待决的动议(指派专家调研)的性质如同被插入的一个段落一样,即除了在决议后面"添加"文字以外,同一次会议上不能再进行任何修改。另一方面,如果"替换"被否决,进行筹款活动的那个决议仍然可以进一步修改;不过之后在判断新的修正案提出的是否为同一次会议上的新议题的时候,必须考虑所有在引入"替换"之前以及在它待决和考虑过程中已经出现过的修正案。

【善意修改】

{12:91} 术语"善意修改"(friendly amendment)通常指修正案的动议人赞同原主动议的意图,并且认为自己的修正案可以增强原主动议的效果,或者提高其得到通过的机会。无论原主动议的动议人是否愿意直接"接受"(accept)这个修正案,这个修正案都仍然要进行辩论和正式表决(除非以"默认一致同意"给予通过),并且遵循所有"修改"动议的规则(请参阅 33:11—19)。

填空

{12:92} "填空"(filling blanks)虽然本身不是"修改"动议的一种方式,但却是密切相关的一个重要手段。因为"填空"可以让主动议或者主修正案中某个"细节"(specification)的任意多个"选项"(alternative choices)同时待决。事实上,"填空"是下面这条规则的一个例外手段:同一时间,只允许有一个"主修正案"和一个"辅修正案"(请参阅 12:13)。在一些情况下,"填空"这个手段非常有用。

{12:93} 根据"修改"的一般规则,对同一个细节最多可以有三个"选项"同时待决(即原动议、主修正案、辅修正案),而且最后提出的必须最先表决。然而"填空"对"选项"的数量没有限制,并且成员们可以在表决前对所有的"选项"做统一的比较和权衡,在表决时可以按照公平且逻辑的顺序对这些"选项"做表决。"填空"一般用来在主动议或主修正案中确定名字、地点、日期、数量、金额等细节。

{12:94} 填空的基本程序如下:首先,采用下段即将描述的任何一种方式在待决动议当中创建一个"空格";然后,成员们提出用来填补这一空格的若干"选项",主持人分别对这些选项宣布议题。当针对"选项"的辩论结束时(或者如果待决动议不可辩论,则当没有人再提出"选项"时),会议以"过半数表决"决定用哪个或哪些"选项"来填补空格。"填空"的表决结果并不能决定包含了空格的那项动议通过与否。填空表决之后,主持人要马上就那项所含空格已被填补的待决动议宣布议题,并进一步展开辩论和修改。

【创建空格】

{12:95} "创建空格"(creating a blank)有三种方式:

(1) 成员所提出的动议或修正案本身就是含有空格的。例如,主动议可以是"决定,第 432 分会翻修总部,且投资不得超过_____美元"。或者,针对主动议提出了一项修正案:"添加'且估价必须在_____(含)之前提交。'"

(2) 成员可以动议"创建空格"。例如,假设当前的决议是"决定,第 432

分会翻修总部,投资不得超过 30 万美元"。创建空格的动议可以是"删除当前待决决议中的'30 万美元'而创建空格"。一旦通过,被删除的内容(这里就是"30 万美元")自动成为填空的选项之一。虽然表面上"创建空格"(creating a blank)与"删除并插入"相似,但实际上它却是一个"偶发动议"(incidental motion,请参阅 6:15)。但如果就某个动议的"结束辩论"(Previous Question)已经待决,则对这个动议的"创建空格"不合规。"创建空格"(Create a Blank)这个动议需要附议,不可辩论,不可修改,而且即使有关于同一个细节的主修正案或辅修正案正待决,它也是合规的。例如,假设仍是上面的主动议待决,同时还有"主修正案"要"删除'30 万美元'并插入'35 万美元'"待决,此时"删除'30 万美元'而创建空格"这一偶发动议仍然合规。一旦该偶发动议得到通过(此时刚才的"主修正案"还没有表决),那么主修正案就被忽略,而这两个数字就都成为选项,就是说"30 万美元"和"35 万美元"都是选项。

(3) 主持人可以建议创建空格。例如,主持人可以说:"主持人建议删除'30 万美元'而创建空格。如果没有反对,空格即被创建。[停顿。]没有反对,空格已被创建。"如果有人反对,主持人可以"提请表决",把自己的建议当做上面提到的"创建空格"(Create a Blank)动议来处理。

【提出选项】

{12:96} 当空格已经存在或刚刚创建,主持人就向成员们征求填空选项,主持人要根据空格内容来选择合适的问法,例如询问"委员会应由多少成员组成?"或者"在有关翻修总部的待决动议中,针对关于最高费用的空格,已有 35 万美元和 30 万美元两个选项,请问还有没有其他建议?"。然后,任意多位成员可以建议不同的姓名、地点、数字、日期或金额来作为填空选项。如果只是提出选项,成员可以不用取得发言权就直接提出。但如果还希望在提出选项的同时对选项发表辩论意见(见下文),那就需要首先取得发言权。提出选项不需要附议。一旦成员提出了选项(或者如果成员取得了发言权,则一旦该成员交回了发言权),主持人重复该成员所提选项,并征求进一步的选项建议。

{12:97} 一位成员针对一个空格只能提出一个填空选项。或者,如果空格本身就需要多个选项才能填满,例如在指派若干委员会成员的动议中,一位成员所提选项的数量不能超过空格本身可以容纳的选项数量。在后一种情况下,除非会议"默认一致同意"(也就是没有人反对),否则一位成员一次不能提出多个选项,必须等到所有其他成员都有同样的机会提出选项之后,才可以提出更多选项。

【辩论选项】

{12:98} 如果包含空格的那项动议可辩论,那么填空就可辩论。当主持人向成员们征求进一步的选项建议而成员们不再有回应时,主持人会问:"是否有人要发言?"或者:"现在可以就填空提请表决吗?"要想在辩论中发言,成员必须首先得到主持人的准许。然后,成员可以发言赞成或反对已有的某个或某些选项,或者也可以提出新的选项并直接讲述理由。

{12:99} 从前面几段所讲的规则可以看出,关于不同选项的优点比较的辩论可能在提出选项的同时进行,也可能在提出所有选项之后进行。但无论哪种方式,这些辩论所针对的议题本质上都是一个,那就是"应该用哪个或哪些选项来填空"。因此,无论有多少选项,每位成员每天就这项议题发表观点的次数仍然不得超过两次。当没有进一步的选项也没有进一步的辩论时,将对这些选项进行表决。下面会讲解填空的表决程序。

{12:100} 不可对填空的选项再提出"修改"动议。

{12:101} "调整辩论限制"或"结束辩论"可应用于对选项的辩论,且因为这两种动议的通过而要开始对选项进行表决时,提出新的选项就不再合规。但是,如果有成员过早地在取得发言权后提出"结束辩论",导致其他成员还没有得到合理的机会来提出选项,那么主持人不得宣布"结束辩论"的议题,而应该首先征求选项建议。

【表决选项】

{12:102} 可以采用任何一种常用的表决方式(请参阅 4:35 开始的内容,以及 45:11 开始的内容)对填空的选项进行表决。表决的时候,每个选项都作为一个单独的议题,依次进行表决。(在特定情况下对选项进行表决的顺序将在下面讨论。)一旦其中一项选项(或者填满空格所需的指定数量的选项)获得"过半数表决"通过,主持人就宣布填空完成,并且不再表决任何剩余选项。

{12:103} 或者,会议可以决定采用"书面不记名表决"(ballot)或"点名表决"(roll call)(请参阅第 30 节,以及 45:18 开始的内容)。在这两种表决方式中,每位成员在表决票上标记或者口头喊出自己所选择的选项——而且可以不必局限于已有的选项——获得"在场且投票者的过半数"的那个选项(或者满足"在场且投票者的过半数"且得票按从高到低排列的、填满空格所需的指定数量的若干选项;请参阅 46:33)就被选中并填充到空格里。不过,很少使用"书面不记名表决"或"点名表决",除非表决对象是名字,而且竞争激烈,例如几个城市在竞争代表大会举办权。表决对象是名字时,"书面不记名表决"的方式更公平和准确,因为如果用"口头表决"的方式,则先出现的名字给大家的印象往往比较深,从而得到更多的票。

{12:104} 需要注意的是,"填空"的表决结果并不能决定主动议或者其他包含了空格的那项待决动议的通过与否。当填空完成之后,主持人要马上就已被填补完整的待决动议宣布议题。

{12:105} 通常,在对整个动议表决以前,应该完成待决动议中的填空。但是,已经针对待决动议通过了"结束辩论"(Previous Question),那么,即使还没有完成填空,甚至即使还没有提出任何选项,也要执行"结束辩论"(但是必须要首先给成员们合理的机会来提出选项,请参阅 12:101)。如果三分之二的在场且投票的成员有信心认为,无论填空与否或者用什么来填空,那项动议本身都会被否决,那么上述情况就可能出现。但是,如果那项动议实际上却通过了,那么会议要立刻完成填空,否则不能引入任何其他动议(优先动议除外)。

【以"默认一致同意"填空】

{12:106} 如果提出的选项数量没有超过填空所需的选项数量,则除非采用的是"书面不记名表决"或"点名表决",否则这些选项就直接被视为以"默认一致同意"通过并填入空格,不需要表决。这个方式在用名字填空时特别常见(下文会详细描述)。

【用名字填空】

{12:107} 下面的原则适用于用一个或多个名字填空的情况:

(1) 用一个名字填空的程序基本上与"提名"(making nominations)一样。每次有人提名,主持人就要立刻重复候选人的名字。最后表决时按照与提出时同样的顺序依次表决,直到某个名字得到"过半数表决"通过,然后忽略其余的名字。

(2) 如果需要用几个名字填空,而得到提名的人数小于或等于需要填空的人数,那么可以用"默认一致同意"直接填入这些名字[对比46:40 和 50:13(2)]。

(3) 如果需要用几个名字填空,而得到提名的人数多于需要填空的人数,那么主持人依照提名出现的顺序依次表决,直到得到"过半数表决"通过的人数达到所需的人数,忽略其余的名字,因为会议已经决定了用哪些名字来填空。

(4) 如果需要填空的人数不确定,那么主持人对所有提名依次表决,所有得到"过半数表决"通过的名字被填入空格。

【用金额填空】

{12:108} 有时空格内容的特征往往决定了选项表决的顺序,金额类型的空格就是典型的例子。此类填空表决顺序的一般原则是:得到通过的可能性越低的选项,越先进行表决,如果能够看出这样的逻辑顺序的话。这样,赞成票数越来越多,直到过半数。

{12:109} 举例说明用金额填空的程序,假设待决决议是要翻新总部,但"投资不超过_____美元"。已有的选项是:35 万美元、25 万美元、40 万美元和 30 万美元。由于决议的性质是花钱,应该是金额越少越好,所以金额越多的选项通过的可能性越低,表决的顺序就应该是金额从高至低。如果40 万美元被否决,就对 35 万美元表决,否决后再对 30 万美元表决,如果这个金额得到通过,就不必再对 25 万美元表决了,而是由主持人直接宣布:"将 30 万美元填入空格。当前决议变成:'决定,……,投资不超过 30 万美元。'"注意,如果从最小金额开始表决,就可能没有机会考虑更大的金额,导致那些希望阐明额外的投入所能带来的更显著的额外价值的人没有机会。

{12:110} 反过来,假设待决决议是"以_____美元的总额出售总部大楼"。这种情况下,售价应该越高越好,所以应该从最小的金额开始表决。这样,从那些愿意以最小金额出售的成员开始,每表决一个更大的金额,就

多一些成员愿意出售,依此类推,直到达到"过半数表决"可以通过的最小
金额。

【用地点、日期或数字填空】

{12:111} 如果要用地点、日期或数字来填空,那么可以从下面的表决顺序
中选择一种:

(1) 按照各个"选项"出现的顺序依次表决,类似用名字填空的情况。

(2) 按照"越难通过,越先表决"的原则来排序,类似用金额填空的
情况。

(3) 如果没有确切的依据可以决定应该升序还是降序,那么就采用降
序,即从最大的数字、最长的时间或最久的日期开始。

采用什么顺序需要具体情况具体分析。

{12:112} 被删除以创建空格的金额不作特别处理,跟其他金额一起按照
逻辑顺序表决;但是被删除以创建空格的名字却必须最先表决。

{12:113} [更多创建空格和填空的举例,请参阅 13:7(6)、13:8、13:12、
13:26、27:4 和 31:3。]

§ 13. 委托

{13:1} "委托"(Commit 或 Refer)属于"附属动议",通常用来把一个待决
的动议先交给一个成员相对较少的、经过挑选的小组——也就是"委员会"
(committee)——来讨论,这样能够让待决动议得到更充分更仔细的研究和
考虑,再交回给会议,以帮助全体会议更好地对其进行决策。

{13:2} "委托"有三种"引申形式"(variation),它们的目的并不是要把主
动议转交给一个人数较少的委员会,而是仍旧由全体会议进行考虑,但要求
在辩论的时候能像委员会那样有更多的自由、更少的限制,例如,不限制每
位成员发言的次数。这三种引申形式是:

(1) "进入全体委员会"(go into a committee of the whole);

(2) "进入准全体委员会"(go into quasi committee of the whole);或

者"以全体委员会的形式考虑"(consider as if in committee of the whole)；

(3) "非正式考虑"(consider informally)。

{13:3} 三种引申形式中"非正式考虑"最简单,而且对于多数规模不大的组织来说也最适合(请参阅 52：24—27)。

{13:4} 动议"重新委托"(Recommit)是指将同一项动议再次委托给同一个或者另一个委员会。

{13:5} 除非另外说明,本节中所有的规则,对于上面三种引申形式,以及对于"重新委托"来说,都是同样适用的。

{13:6} 在没有其他待决动议的时候提出的"委托"不再是"附属动议",而是"主动议";并且,如果被"委托"的议题已经得到过会议的一些处理,那么它就属于"程序主动议";如果是新出现的议题,那么它就属于"实质主动议"。

标准描述特征

{13:7} 附属动议"委托"：

(1) "委托"优先于主动议,优先于附属动议中的"搁置"和"修改",优先于偶发动议中的"拆分议题"(Division of a Question)和"逐段或逐条考虑"。如果除了"搁置""修改""拆分议题"和"逐段或逐条考虑"以外,没有其他的待决动议,也没有其他的与"申诉"或"秩序问题"有关的动议,那么"委托"优先于绑定在主动议上的"可辩论的申诉"(debatable appeal),或者绑定在主动议上的、由主持人提交给会议裁定的、可以辩论的"秩序问题"[Point of Order,请参阅23：2(2)]。对于与主动议没有绑定关系的、可辩论的"申诉"或"秩序问题","委托"应用在它们上时,优先于它们。"委托"让先于"附属动议"中的"改期""调整辩论限制""结束辩论"和"暂停",让先于应用在自己身上的"修改",让先于所有的"优先动议",让先于所有可以应用在自己身上的"偶发动议"。

(2) "委托"可以应用在主动议上,并且可以连带所有待决的、针对主动议的"修正案"(Amendment)、"拆分议题"和"逐条或逐段考虑"。因而,"委托"也可以应用于已经作为主动议而处于待决状态的"议程项"(第 18 节和第 41 节)和"权益问题"(第 19 节),并且这并不影响在引入议程项或权益问题时被打断的任何其他事务。"委托"可以应用于"可辩论的申诉",或者由主持人提交给会议裁定的、可以辩论的"秩序问题"[请参阅 23:2(2)],但是如果这个"申诉"或"秩序问题"是"绑定"(adhere to,请参阅 10:35)在主动议上的(就是说在主动议表决前必须先得到"申诉"或"秩序问题"的表决结果),那么对于"申诉"和"秩序问题"的"委托"只能是跟着主动议一起被委托给委员会(请参阅 13:19)。"委托"可以单独应用 * 于非绑定在主动议上的、可辩论的"申诉"或提交给会议裁定的"秩序问题",不影响任何与"申诉"和"秩序问题"无关的其他待决动议的状态。"委托"不可以应用于"不可辩论的申诉"(undebatable appeal)。"委托"不可以单独应用于"重议"——就是说,如果是"重议"某个主动议,那么不可以单独对此"重议"进行"委托";如果正要"委托"主动议的时候,还有一个对"修正案"的"重议"正待决,或者这个"重议"已被提出但尚未考虑,那么这个"重议"就自动失效。"委托"不可以应用于任何附属动议,只是委托主动议时,如果主动议还带有待决的"修正案",那么这些"修正案"也一同被委托(如前文所述)。如果会议决定对主动议的辩论必须在某个特定的时刻结束,或者在多长时间内结束,那么"委托"动议就不再合规。不过如果只是限制了每位成员发言的时间长度(第 15 节),那么"委托"仍然合规。"修改""调整辩论限制"和"结束辩论"可以单独应用于"委托"而不影响主动议。"委托"不能单独地被"改期"或"暂停"。但是在"委托"动议待决的时候,仍然可以将主动议"改期"或"暂停",同时"委托"也一起被"改期"或"暂停"。不可以对"委托"应用"搁置"。

(3) 在其他人拥有发言权时不合规。

---

* 本书中,"单独应用"是指"委托"仅仅应用在"申诉"身上,只把"申诉"委托,不影响其他待决动议。反之,"非单独应用"是指"委托"应用在主动议上,同时,因为"申诉"绑定在主动议上,所以"委托"也间接应用在"申诉"上。——译者注

(4) 要求附议。

(5) 可以辩论,但仅限于讨论是否应该将主动议"委托",以及"委托"动议本身的相关细节,不允许讨论主动议本身的利弊。

(6) 可以进行如下修改:如果是要"委托"给某个"常设委员会"(standing committee),那么可以修改"委托"的目标,即另外一个委员会;如果是要"委托"给某个"临时委员会"(special committee),那么可以修改"临时委员会"的组成方式和选派方法;无论"委托"给什么形式的委员会,还都可以修改"委托"所附带的、要求委员会遵照执行的"指示"(instructions)。可以把"委托"从 13:12 所列出的五种形式中的一种修改成另一种,或者可以创建空格(请参阅 12:92—113),按照 13:12 给出的五种形式的顺序依次进行表决。

(7) 要求"过半数表决"。

(8) 如果"委托"得到通过,那么在委员会开始讨论之前,可以"重议"这个"委托";如果委员会已经开始讨论,那么必须使用"收回委托"(第 36 节)才能从委员会手中收回原动议。如果"委托"被否决,那么只有在会议或辩论的发展变化使得同样形式的"委托"由于有了新的含义而变成一个新的议题以后,才能"重议"这个"委托",但实际在这个时候,也不必使用"重议"了,可以直接"重提"(请参阅 38:7)"委托"。

进一步的规则和说明

【委托时应明确的细节】

{13:8} "委托"动议通常应该包含所有必要的细节:

(1) 如果主动议是要进入"全体委员会"(committee of the whole),或者"准全体委员会"(quasi committee of the whole),或者要进行"非正式考虑"(consider informally),那么"委托"动议必须明确是以上哪一种形式。

(2) 如果是要把主动议委托给某个"常设委员会"(第 50 节),那么"委托"动议必须明确是哪一个"常设委员会"。

(3) 如果是要把主动议委托给某个"临时委员会"(special, selected, or ad-hoc committee, 第 50 节), 那么"委托"动议必须明确"临时委员会"的成员人数、指派办法(除非组织章程或其他规则中已经规定了指派办法), 也可以指定成员的名字。[但是, 在"委托"动议的文字中一般并不使用"临时"(special, selected, 或 ad-hoc)这个词, 一般会说, "将动议委托给一个由……指派的五人委员会"。请参阅 13:25—26 的格式举例。]

(4) 在"委托"动议中可以附带一些全体会议对该委员会的指导和要求, 叫做"指示", 无论这个委员会是"常设"还是"临时", 或者"全体委员会", 这些对委员会具有约束力的"指示"可以包括委员会应该何时开会, 考虑受托议题时应采取什么样的方式, 是否应该聘请专业顾问, 以及什么时候应该向全体会议作报告。委员会可以被授权在指定情况下"全权"(full power)代表组织行事, 可以被授权支配资金, 甚至增加委员会自身成员。"委托"动议的通过要求"过半数表决", 即使它所附带的"指示"与委员会会议原本需遵守的议事规则相冲突, 或者明确地暂缓或修改这些议事规则。(请参阅 9:35 关于如何在"指示"中允许委员会采用电子会议。)

在形成"委托"动议的时候, 可以用"修正案"来补充或修改上述这些细节, 但更效率的做法是"填空"(请参阅 12:92—113 和 13:26)来确定这些细节。

【借委托而故意拖延】

{13:9} 对于显然荒谬无理的"委托"动议, 主持人应该以"故意拖延"(dilatory)为理由"裁定为不合规"(rule out of order)。这样的"故意拖延"往往试图利用时间或其他条件的限制使原主动议失败。

【委托细节不完整时的处理】

{13:10} 尽管提出的"委托"可能细节不完整, 例如, 仅以"动议将此主动议委托给一个委员会"这样的语言提出委托, 主持人也不应该裁定它"不合规"。相反, 可以采用以下两种做法来进行补充:

(1) 其他成员可以提"建议"(suggestions)或者用正式的"修正案"来

"补充"(complete)缺失的细节；或者主持人可以"征求"(call for)这些补充。

(2) 主持人可以直接将这个不完整的"委托"提请表决(put to vote)。

第二种做法适用于那些没有人有意进行补充、因而主持人认为即使表决"委托"也不会通过的情况。在这种情况下，直接表决更节省时间。如果主持人没有采用第二种做法，那些反对这个"委托"的人也可以用"结束辩论"(第 16 节)来达到同样的目的。如果"结束辩论"所要求的"三分之二表决"都可以满足，那也就意味着至少有三分之二的人认为没有必要补充细节，那么无论补充什么细节，这个"委托"几乎肯定会被否决。

{13:11} 如果出现特殊情况，导致一个不完整的"委托"得到通过，那么必须按照下面段落所述的方式立刻把这个"委托"补充完整，才能继续其他事务。此时，除优先动议外，不可以引入任何其他动议，直到所有与"委托"有关的细节都已经补充清楚，且在这个过程中，"委托"的动议人并没有发言优先权，否则该动议人在动议时就应该包含这些细节。

【补充不完整的委托】

{13:12} 无论一个不完整的"委托"是否已经获得通过，都可以对它进行补充，过程如下。主持人先问："应该将此议题委托给哪一个委员会？"如果只有一个建议，那么主持人即可认为这是会议的意愿，并这样宣布(state)。但是如果有多个建议，无论形式是"主修正案""辅修正案"还是简单的"建议"，主持人都应该把它们作为"填空"(请参阅 12：92—113)的"选项"，并且以如下顺序进行表决，直到一个"选项"得到"过半数表决"的通过：(1)全体委员会；(2)准全体委员会；(3)非正式考虑；(4)常设委员会，按照提建议的顺序；(5)临时委员会，从成员人数最多的开始。另外，如果其中一个"选项"是建议"重新委托"(recommit)给某个曾经讨论过该议题的常设或临时委员会，那么这个选项应该在其他的常设和临时委员会之前表决。

{13:13} 如果决定委托给"临时委员会"，而组织规章中尚未规定指派"临时委员会"的方法，那么主持人应接着说："下面讨论如何指派该委员会。"如果只有一个建议，那么主持人以"默认一致同意"的方式将此建议纳入"委托"动议；如果有多种建议或动议，那么要以如下顺序进行表决：(1)"书面不记名表决"；(2)"公开提名"(open nominations, nominations from the floor)并"口头选举";(3)主持人提名;(4)主持人指派(请参阅 50:11 开始的内容)。最先得到"过半数表决"的就纳入"委托"动议成为"临时委员会"的指派方法。

{13:14} 主持人可以采用同样的方式继续补充其他细节。如果是尚未表决的"委托",那么一旦补充完整,主持人就应宣布完整议题,然后开始辩论,且辩论中可由任何成员或主持人自己以"修正案"的方式进一步添加"指示"。即使是已经得到通过的"委托",也可以经"过半数表决"添加"指示"。

【指派临时委员会的成员】

{13:15} 常设或者临时委员会的成员(以下简称"委员"),包括"委员会主持人"(committee chairman) * ,可以是非组织成员或者非会议成员(以下简称"非成员")。但如果由会议主持人(即全体会议的主持人)指派委员会,那么会议主持人指派"非成员"做"委员"时必须提请会议批准,除非组织章程、其他规则或"委托"动议本身明确授权会议主持人不经会议批准就可以这样做[请参阅 50:12 和 50:13(4)]。在"委托给临时委员会"通过之后,除了"权益问题"(privileged matters)以外的所有事务都不能引入,直到委员名单确定,除非是由主持人指派委员会成员,那么主持人可以在时间允许的前提下,声明以后再宣布委员名单,但必须给委员会留出足够的时间,在主持人宣布委员名单之后,而且在名单中的"非成员"依据本段开始的规则由全体会议开会批准之后,完成委员会的使命。在委员会成员名单宣布之前,委员会不能采取行动,除非全体会议通过设立临时委员会的动议或后来的"程序主动议"(这个动议要求"过半数表决")允许。

{13:16} 如果"委托"动议的动议人希望成为"临时委员会"的委员,而且满足资格要求,那么虽非必须,但一般应该允许。关于临时委员会在不同情况下适当的规模和人员组成,请参阅 50:18。

【指派委员会主持人】

{13:17} 如果委员由"会议主持人"指派或者提名,那么"委员会主持人"

---

* 　或称"委员会主席",本书把所有"chair"统一翻译为"主持人",在涉及委员会时,具体说明是"全体会议主持人"或"委员会主持人"。在通用议事规则的语境中,"主持人"并不是"领导"的概念。——译者注

也由"会议主持人"任命。"委员会主持人"通常就是"会议主持人"指派或提名的第一个人。委员会不可以重新选举自己的主持人。所以"会议主持人"必须最先确定"委员会主持人"人选，然后才能开始宣布委员名单。宣布时应该明确指出第一个人为委员会主持人。但即使没有明确指出，这个任命也自动生效。被任命者可以谢绝担任委员会主持人(但仍然可以留在委员会里)，那么主持人就要接着宣布下一个委员会主持人人选。如果委员会的任务比较重，完成任务需要时间，那么可以设一个"副主持人"(vice-chairman)。不要设置"联合主持人"(co-chairman)这类不正规的职务。让两个人分担一个人的职责会造成权力的冲突和责任的模糊。

{13:18} 如果不是由"会议主持人"，而是由全体会议或者董事会来指派委员，那么他们有权在指派委员的同时，任命其中任何一个人担任"委员会主持人"。如果在指派委员的时候没有任命"委员会主持人"，那么就由委员会选举自己的主持人。在这种情况下，通常由第一个被指派的委员负责召集委会会议，并担当临时主持人(temporary chairman)直至选举出正式的委员会主持人。在这种情况下，委员们往往就把临时主持人选为主持人，所以要尽可能保证第一个被指派的委员有能力并且可靠。

【受托动议的绑定动议】

{13:19} 待决的"搁置"在"委托"发生(即"委托"得到通过)时自动失效，等于被否决，不用再考虑。另一方面，待决的"修正案""拆分议题""逐段或逐条考虑"和"有绑定关系而且可以辩论的申诉"(adhering debatable appeal)或提请会议裁定的"秩序问题"，与主动议一起进入委员会讨论，并一起由委员会向全体会议报告。(当直接待决的是不可辩论的"申诉"或"秩序问题"时，不能把任何动议委托给委员会。)在主动议被"委托"时，如果对绑定在主动议上的附属动议或偶发动议的"重议"(reconsider)已经待决或已经提出但尚未考虑(take up)，那么这个"重议"动议被忽略。

【委托后所获得的自由】

{13:20} 将动议委托给委员会的目的通常就是对受托议题进行更彻底的考虑，所以委员会在审议时可以拥有更大的行动自由[8]，具体是指：通常来说，如果一项修正案所提出的议题与全体会议在同一次会议上已经决定了

---

[8]　但本段里面的规则不适用于"非正式考虑"(请参阅 13：3 和 52：24—27)。

的另一项修正案在内容上或效果上是相同的(对比 12:25),那么新提出的这项修正案本来不合规,但在委员会上不再有这样的限制。所以,受委托审议一项决议或其他动议的委员会,可以不受限制地提出并考虑针对受托动议的修正案并建议全体会议通过,也可以建议全体会议"改期"或"搁置"(第11、14 节)。委员会无须顾虑在委托之前,全体会议是否已经通过或否决了相同或相关的修正案或其他动议,无须顾虑全体会议上是否已不可再提出这样的修正案或采取类似的行动。同样,当委员会就受托动议向全体会议报告时——即使与"委托"发生在同一次会议上——全体会议也可以自由地考虑任何此类修正案,或"改期"和"搁置"动议,无论委员会是否考虑过。(然而无论什么情况,任何在委托时正处在待决状态的修正案都会与主动议一起委托给委员会,并且在委员会报告时,这些修正案必须由全体会议首先解决,然后才能受理相同层级的其他修正案,请参阅 51:36—52。)

【对后续辩论和表决方式的影响】

{13:21} 如果受委托的动议在"委托"发生的同一天,又回到全体会议考虑,任何已用尽辩论权的成员(即当天已就该动议发言两次的成员,除非全体会议制定了不同的特别议事规则)不得在未经全体会议允许的情况下在当天再次发言(以"三分之二表决"或"默认一致同意"允许;请参阅第 15、43 节)。然而,成员在"全体委员会""准全体委员会"或"非正式考虑"中所做的发言,不计算为该成员在全体会议上的发言次数,因而在全体会议进一步考虑该动议时,该成员对同一动议进行辩论的权利不受影响,遵循正常规则。当一个动议委托给委员会时,任何限制或放宽辩论限制的"辩论限制"(第 15 节)或"生效的结束辩论"(第 16 节)都将失效,因此当动议从委员会回到全体会议时,全体会议中的辩论遵循正常规则,不受上述"辩论限制"或"结束辩论"的约束,即使在"委托"发生的同一次会议上。如果会议做出了关于表决方式的决定,那么这些决定是否失效的相关规则,请参阅 30:7。

【进一步的指示】

{13:22} 在"委托"发生以后,只要委员会没有向全体会议作报告,即使在另一次会议上,全体会议也仍然有权以"过半数表决"向该委员会提出进一步的关于"委托"动议的"指示"[另请参阅 13:8(4)]。

【委员会席位的空缺】

{13:23} "指派委员会"(appoint a committee)的权力中包括了"填补委员会空缺"的权力。如有委员辞职,委员会应上报"指派机关",并由其负责填补空缺(请参阅 47:57—58)。除非章程或其他规则中有不同的规定(请参阅 50:14 和 62:16),否则委员会的"指派机关"(appointing authority)有权解除或更换委员:如果"指派机关"是个人,如"组织负责人"(president),那么"组织负责人"自己就可以解除或更换委员;如果"指派机关"是全体会议,那么就必须用"取消或修改已通过的决定"(请参阅 50:14)来解除或更换委员。委员在继任者选定之前可以继续履行职责。

【委员会作报告的流程】

{13:24} 关于委员会就"受托议题"向全体会议作报告的细节,请参阅第51 节和 12:77—78。

格式和举例

{13:25} "委托"(Commit 或 Refer)的格式有很多种。典型的有:

我动议把当前动议委托给委员会。

我动议重新委托这份决议。

我动议把当前动议委托给公共关系委员会。

我动议把当前动议委托给由主持人任命的(或"由主持人提名的",或"公开提名并选举产生的")三人委员会。

我动议把当前动议交给执行董事会全权负责。

我动议把当前动议交给一个七人委员会,由布朗尼先生任委员会主持人,六名委员由公开提名并书面不记名表决产生,并指示该委员会在 4 月份的例会上作报告。

我动议俱乐部以全体委员会的形式考虑这份决议。

我动议进入准全体委员会考虑这份决议。

我动议非正式考虑这份决议。

{13:26} 假设辩论后发现待决决议还需要进一步的修改才可以表决,但是会议的时间又很紧迫。

　　成员 A(取得发言权):我动议把这份决议委托给由主持人指派的委员会。(附议。)

　　主持人:有人动议且有人附议,把这份决议委托给由主持人指派的委员会。[停顿。]请大家发表意见。[没有响应。]委员会应该由多少人组成?

　　成员 B(取得发言权):我动议修改委托动议,在"委员会"前面插入"三人"。(附议。)

　　主持人:有人动议且有人附议,修改当前委托动议,在"委员会"前面插入"三人"。

　　成员 C(取得发言权):我动议修改当前修正案,删除"三"并插入"七"。(附议。)

　　主持人:如果没有人反对,主持人建议通过填空决定委员人数。[停顿。]无人反对,现在填空。已有的选项有"七人"和"三人",有没有其他建议?

　　成员 D(直接从座位上喊道):我建议五人。

　　主持人:有人建议五人。还有没有其他建议?[无人响应。]如果没有,委员人数的建议分别是"七人""五人"和"三人"。按照从大到小的顺序表决。所有赞成七人的,请说"赞成"……所有反对的请说"反对"……反对方获胜,七人建议被否决。所有赞成五人的,请说"赞成"……所有反对的请说"反对"……赞成方获胜,委员会将由五人组成。现在讨论是否"把这份决议委托给由主持人指派的五人委员会"。[停顿,没有反应。]所有赞成"委托"的请说"赞成"……所有反对的请说"反对"……赞成方获胜,"委托"获得通过。主持人任命约翰逊先生为委员会主持人,多那森博士、艾宝嘉太太、弗兰克先生以及蒂仑小姐为委员。

§ 14. 改期
(限期推迟)

　　{14:1} "改期"也称"推迟到指定时间"(Postpone to a Certain Time)、"限期推迟"(Postpone Definitely),简称为"改期"[Postpone,不要使用"延

迟"(defer)等意义含混的词]*,属于"附属动议",用来推迟对待决动议的考虑,但必须指定什么时间继续考虑。这个时间可以是"某次会议""某天""某场会议""几时几分",还可以是"某一事件之后",但要在一定的期限之内,不能推迟太久。无论对一项动议已经辩论了多久,都可以改期。改期的理由可以是换一个时间考虑更方便,也可以是因为大家通过辩论觉得做决定还为时尚早。不要把这种动议与"搁置"(第11节)混淆,后者并非真正的改期或推迟,而是要"扼杀"(kill)它。

{14:2} 在"改期"所指定的时间到来时,另一项正在待决的动议或者比被改期的动议优先级更高的动议,可能会导致延迟考虑被改期的动议,关于这一点的细节会在第41节详细解释。"改期"最基本和常见的形式,会使被改期的动议成为一个"普通议程项"(a general order),而"普通议程项"不能打断待决动议。要想赋予被改期的动议更高的优先级使之可以打断在指定时间待决的其他动议,"改期"动议要采用另一种形式以设定被改期的动议为"特别议程项"(a special order),这种形式的"改期"需要"三分之二表决"。(请参阅 14:13—17"被改期的事务再次获得考虑时",以及 14:20—22 的格式和举例。)

{14:3} 如果"改期"的对象不是当前待决的动议,例如,动议会议改期听取委员会报告,那么这个"改期"就不属于"附属动议",而是"程序主动议"(第10节)。如果改期的对象是会议已经决定的安排,例如"将原定于10月15日的晚宴推迟三周",那么这样的改期属于一种特殊的"修改已通过的决定"(第35节)。

标准描述特征

{14:4} 附属动议"改期":

(1) "改期"优先于主动议;优先于附属动议中的"搁置""修改"和"委托";优先于偶发动议中的"拆分议题"和"逐段或逐条考虑";如果除了"搁置""修改""委托""拆分议题"和"逐段或逐条考虑"以外,

---

* 中文"推迟""延迟""延期"在意思表达上都有些模糊,都不一定包含"到某一个具体时间"的意思,无法明确地跟"搁置"区分开来;而"改期"似乎更强调的不是"推迟"的概念,而是"改变这个动议的讨论时间为另一个具体的时间"的概念。——译者注

没有其他的待决动议,也没有其他的与"申诉"或"秩序问题"有关的动议,那么"改期"优先于绑定在主动议上的"可辩论的申诉"(debatable appeal),或者绑定在主动议上的、由主持人提交给会议裁定的、可以辩论的"秩序问题"[Point of Order,请参阅23:2(5)]。对于与主动议没有绑定关系的、可辩论的"申诉"或"秩序问题","改期"应用在它们上时,"改期"优先于它们。按照下面"标准描述特征(2)"所列出的条件,在可以将"改期"应用于"重议"的时候,"改期"还优先于"可以辩论"的"重议"。"改期"让先于附属动议中的"调整辩论限制""结束辩论"和"暂停",让先于应用在自己身上的"修改";让先于所有优先动议;让先于所有可以应用在自己身上的偶发动议。

(2) "改期"可以应用于主动议,而且可以连同所有待决的、针对主动议的"搁置""修改""委托""拆分议题"和"逐段或逐条考虑"一起改期。因而,"改期"也可以应用于已经作为主动议而处于待决状态的"议程项"(14:13—17;第41节)和"权益问题"(第19节),并且这并不影响在引入议程项或权益问题时被打断的任何其他事务;"改期"可以应用于"可辩论的申诉",或者由主持人提交给会议裁定的、可以辩论的"秩序问题"[Point of Order,请参阅23:2(5)],不过对于"绑定"(adhere to,请参阅10:35)在主动议上的"申诉"或"秩序问题"(就是说在主动议表决前必须先得到"申诉"或"秩序问题"的表决结果),只能"改期"主动议,同时把它们跟随主动议一起改期(请参阅14:18)。"改期"可以单独应用于非绑定在主动议上的、可辩论的"申诉"或提交给会议裁定的"秩序问题",不影响任何与"申诉"和"秩序问题"无关的其他待决动议的状态。"改期"可以应用于直接待决的、可以辩论的"重议"(reconsider,第37节),前提是此时可以合规地改期要被重议的那一项动议,或者包含要被重议的那一项动议在内的一系列有绑定关系的动议。*

---

* 假设被重议的是一个主动议,那么可以"改期"这个"重议",主动议也被改期。对于同时重议一系列动议的情况,例如同时在重议主动议、主动议曾经的一个主修正案和曾经的一个辅修正案,如果想改期这个"重议",那么就要一同改期所有的绑定动议,也就是说主动议、主修正案、辅修正案及其"重议"都要一起被改期。——译者注

"改期"不可以应用于"不可辩论"的"申诉",或者"不可辩论"的"重议";"改期"不可以直接应用于任何附属动议,只是在主动议被改期的时候可以一起改期绑定在主动议上的"搁置""修改"和"委托"(如前文所述)。如果会议决定对主动议的辩论必须在某个特定的时刻结束,或者在多长时间内结束,那么"改期"动议就不再合规。不过如果只是限制了每位成员发言的时间长度(第15节),那么"改期"仍然合规。"修改""调整辩论限制""结束辩论"可以单独应用于"改期"而不影响主动议。"改期"不能单独地被"暂停",但是在"改期"待决的时候,仍然可以将主动议"暂停",并且"改期"也一起被"暂停"。不可以对"改期"应用"搁置"或"委托"。

(3) 在其他人拥有发言权时不合规。

(4) 要求附议。

(5) 可以辩论,但是除了那些对于判断是否应该"改期"以及改期到什么时候而言所必须的内容以外,辩论不可以涉及主动议的利弊。

(6) 可以就"改期到什么时间"进行"修改",以及把被改期的动议变成"特别议程项"(special order,请参阅 14:13—17,以及第 41 节)。

(7) 基础常见形式的"改期"要求"过半数表决"。但另一种形式——"改期并指定为特别议程项"(postpone as a special order),则要求"三分之二表决",无论"并指定为特别议程项"这个条件是提出"改期"动议时就有的,还是之后通过修正案加上去的,因为"特别议程项"有权在指定的时刻"暂缓规则"* 从而使会议着手考虑自己。"改期"动议的"修正案"只要求"过半数表决",即使这个"修正案"就是为了使"改期"变成"改期并指定为特别议程项";当然如果这个"修正案"得到通过,那么"改期"的表决额度就要变成"三分之二"。

(8) "改期"在得到通过之后,可以"重议"它。如果"改期"被否决,那

---

* 也就是说,按照通常的规则,应该在这个时刻继续考虑当时待决的动议,然而"特别议程项"可以在此刻暂缓这些妨碍自己的规则,使会议中断当时待决的动议,转而着手考虑此特别议程项。——译者注

么只有在会议或辩论的发展使得同样形式的"改期"有了新的含义并变成一个新的议题以后,才能"重议"这个"改期",但实际上在这个时候,也不必使用"重议"了,可以直接"重提"(参阅 38:7)这个"改期"。

进一步的规则和说明

【改期的时间限制】

{14:5} "改期到指定时间"中的指定时间是有限制的,这跟会议的"场"(meeting)和"次"(session,第 8 节)密切相关:

{14:6} 如果两次会议之间的时间间隔超过"三个月"(quarterly time interval,请参阅 9:7),例如年度代表大会或者有些本地组织的例会周期就是一年,那么"改期"最晚就只能到"本次会议的结束时刻"(the end of present session);如果两次会议之间的时间间隔不超过三个月,那么"改期"最晚可以到"下一次会议的结束时刻"。例如,组织在每周的同一天召开例会,那么"改期"的时间不能超过一周。

{14:7} 如果希望把一项动议"改期"到下次例会之前的某个时间,那么首先,必须安排一场"后续会议"(adjourned meeting),"后续会议"是本次会议的延续,然后就可以把动议"改期"到这场"后续会议"上。如果"改期到下一次例会"的动议待决,优先动议"指定后续会议的时间"(Fix the Time to Which to Adjourn,第 22 节)可以用来安排一场"后续会议",然后再修改"改期"动议,把改期的时间指向该"后续会议"。有些组织既有每月或每季度专门议事的例行会议,例行会议之间又有较频繁的交流或文化性质的会议,且在这些会议上也可能有一些议事活动。对于这样的组织,上述规则专门指的是议事性质的例行会议,"改期到下一次会议"特指"改期到下一次例会",而被改期的动议可能来自上一次例行会议,也可能来自例行会议之间的某次其他会议。

{14:8} 一旦指定的时间到来,被改期的动议即得以继续考虑。而且,只要不至于妨碍该动议的正常处理,就可以再次改期。

{14:9} 那些效果上等同于"搁置",也就是说事实上将"扼杀"其所针对的动议的"改期"是不合规的。任何会产生这样效果的对"改期"的"修正案"也是不合规的。例如,主动议是讨论是否出席当晚即将举行的晚宴,那么"改期到第二天"的动议就是不合规的,主持人可以直接宣布此动议"不合规",或者,如果"搁置"在此时是合规的,那么主持人也可以直接按照"搁置"宣布议题。同样地,如果例会的时间间隔超过三个月(请参阅 9:7),那么"改期到下一次例会"的动议也是不合规的,主持人可以采取相同的处理办法。

【禁止一次改期一类事务】

{14:10} 前文提到,改期待决动议属于"附属动议";而改期一件并非待决的事务,就属于"程序主动议"。

{14:11} 但是,无论作为"附属动议"还是"程序主动议","改期"的对象都只能是一件具体的事务,而不能是几件或者一类事务。例如,不能改期"所有的官员报告"或者"委员会报告"[请参阅第 41 节,会议程序(Order of Business)]。只有在处理到一个具体报告的时候,才可以对其"改期"。[9]如果会议希望立即把一件在正常的"会议程序"中排在后面的事务提前拿出来考虑,可以经"三分之二表决"或以"默认一致同意"(请参阅 4:58—63)的方式,通过以下两种效力等同的动议中的一种:"暂缓规则并立刻处理本来安排在其他时间的事务"(suspend the rules and take up),或者"跳过"(pass)若干项或者若干类事务。在这个本来安排在后面的事务得到解决之后,就从中断点开始按照原来的会议程序继续处理(请参阅第 25 节"暂缓规则")。

【改期章程指定了处理时间的事务】

{14:12} 对于章程规定必须在指定的一次会议上处理的事务(例如官员选举),不允许以主动议的形式事先把它改期到另外一次会议。在章程所指定的这次会议上(也包括这次会议的后续会议),这个事务在合规时进入待决状态,然后如果需要则可以先用"指定后续会议的时间"安排一场"后续会议",然后动议"改期"到这场后续会议。"后续会议"是同一"次"会议的一场延续。这种做法适用于一些特殊情况。例如,在年度会议的选举当天天气恶劣,出席人数太少(即使满足"有效人数"),不利于保证选举的公正性。在这个事务待决时,也可以在"改期"的规则所允许的范围内,把该事务改期到

---

⑨　注意,同样的规则也适用于附属动议"暂停",请参阅 17:3(2)、17:14 和 41:38。

本"次"会议之后的另一"次"会议。但除非本"次"会议确实无法有效完成该事务,否则尽量不要这样做。

【何时再次考虑被改期的动议】

{14:13} 被改期的动议即成为"改期"动议所指定的时间——某次会议、某天、某场会议、几时几分——的一个"议程项"(an order of the day) *。除非"重议"(reconsider)这个"改期"动议,或以"三分之二表决"来"暂缓规则"(suspend the rules),否则不能在指定时间之前考虑被改期的动议。被改期的动议要么在指定时间被考虑,要么会再被延后一定时间,具体情况如下:

{14:14} "议程项"分为"普通议程项"(a general order)和"特别议程项"(a special order)。在"改期"时没有特别指定是"特别议程项"的都成为"普通议程项"。"普通议程项"不能够打断待决动议,即使指定时间已经到了甚至过了。但是,以"三分之二表决"可以将被"改期"的动议设定为"特别议程项",从而使它优先于"普通议程项"并能够打断待决动议。如果希望一场会议的全部或者大部分时间都用来专门考虑一项议题,可以把这项议题设定为一场会议的"专门议程项"(the special order for a meeting,请参阅 41:57)。

{14:15} 如果"议程项"的指定时间是"某次会议""某天"或"某场会议",但没有指定"几时几分",那么"特别议程项"和"普通议程项"在"会议程序"中都有各自的固定位置(请参阅 41:18—26 和 41:46)。

{14:16} 关于不同的"议程项"(orders of the day)的优先级、彼此之间的关系以及它们与"会议程序"(the order of business)之间的关系,请参阅第 41 节的完整规则。

{14:17} 当"改期"动议的指定时间到来,并且不再有比被改期的动议优先级更高的其他事务妨碍时,主持人宣布议题为被改期的动议(请参阅 14:22、41:19 和 41:24 中的例子)。因而通常不再需要其他动议来引入被改期的动议;但是如果主持人未能在恰当的时间宣布该动议的议题,那么任何成员都可以提出"要求遵守议程"(Call for the Orders of the Day,第 18 节),以便按照既定议程项着手考虑被改期的动议。

---

* "Orders of the day"是"an order of the day"的复数,即若干"议程项"。——译者注

【被改期的动议上所绑定的动议】

{14:18} 当主动议被改期的时候,可能有若干绑定在主动议上的附属动议"搁置"(Postpone Indefinitely)、"修改"(Amend)和"委托"(Commit)以及偶发动议"拆分议题"和"逐段或逐条考虑"正处于待决状态。所有这些绑定动议都随主动议一起改期,然后在主动议在指定时间以后重新进入会议考虑的时候,所有这些绑定动议也都尽量恢复到"委托"动议通过之前的状态,除了下一段讲到的例外情况。同样,主动议改期时也要连带改期所有绑定在主动议上的可辩论的"申诉"(debatable appeal,第 24 节)以及主持人提请会议裁定的、可辩论的"秩序问题"。(在不可辩论的"申诉"或"秩序问题"待决时,主动议或其他动议都不可以被改期。)

【对后续的辩论和表决方式的影响】

{14:19} 当被改期的动议在之后的一次会议上继续得到考虑,所有在"改期"发生的那次会上通过的"辩论限制"(an order limiting or extending limits of debate)或者"结束辩论"都会自动失效,不再有约束力(请参阅 15:18 和 16:11—12),辩论按照通常的规则进行。但如果被改期的动议在同一次会议上恢复考虑——即使不是同一天,例如在代表大会上,所有这些仍然相关的"辩论限制"和"结束辩论"都仍然有效。除了上述仍然有效的"辩论限制"和"结束辩论"的约束以外,如果恢复考虑与"改期"不在同一天,那么成员的辩论权利恢复正常,就像还没开展过辩论一样,每位成员对每个可辩论动议仍可发言两次,无论在"改期"之前曾有过多少次发言(请参阅第 43 节)。如果会议做出了关于表决方式的决定,那么有关这些决定是否失效的相关规则,请参阅 30:7。

格式和举例

{14:20} 根据不同的目的,"改期"可以有如下几种格式:

(1) 如果只是为了把动议改期到下一次会议,且在下一次会议上优先于"新事务"(new business),那么"改期"的格式是:"我动议把当前议题改期到下一次会议。"

(2) 如果为了指定一个时刻,使得被改期的动议不会在这个时刻之前得到考虑(除非"三分之二表决"或者"重议");而指定的时刻到来后,只要没有其他事务待决,也没有其他优先级更高的事务需要处理,就要立刻处理这个被改期的动议,那么"改期"的格式是:"我动议把这份决议改期到下午 3 点。"或者:"我动议把这份决议改期到2 月 15 日晚上 9 点。"

(3) 如果为了把动议改期到(会议上的)某一事件之后马上处理(除非有优先级更高的"特别议程项"),那么"改期"的格式是:"我动议把当前议题改期到嘉宾发言之后。"

(4) 如果要确保动议在下一次会议上得到考虑(不会被其他事务挤掉),那么"改期"的格式是:"我动议把当前议题改期到下一次会议并作为特别议程项。"(这样的"改期"要求"三分之二表决"。)

(5) 如果要确保动议在指定时刻准时得到考虑,即使要打断其他事务,那么"改期"的格式是:"我动议把这份决议作为特别议程项改期到明天下午 3 点。"(这样的"改期"要求"三分之二表决"。)

(6) 如果要把一项事务——例如章程修订案——改期到一场"后续会议"上专门讨论,只要需要可以占用整场会议的时间,那么必须先提出并通过"指定后续会议的时间"设置这场"后续会议",然后使用下面的"改期"格式:"我动议把当前议题改期并作为下周二晚上后续会议的专门议程项。"(这样的"改期"要求"三分之二表决"。)

{14:21} 假设一次代表大会上有决议正处在待决状态,由于出现了比较严重的争议,而且大多数利益相关且了解情况的代表要等到明天才能出席。

成员 A(取得发言权):我动议把这份决议改期到明天上午 11 点。(附议。)

主持人:有人动议并经附议,把这个决议改期到明天上午 11 点。[停顿。]

成员 B(取得发言权,并说明该决议可以改期到明天上午 11 点继续考虑,但不能再晚):我动议修改上述"改期"动议,在结尾插入"并作为特别议程项"。(附议。)

主持人:有人动议并经附议,在"把这个决议改期到明天上午 11 点"这个改期动议的结尾插入"并作为特别议程项"。［此处可以辩论。］现在的议题是修改"把这个决议改期到明天上午 11 点"，在结尾插入"并作为特别议程项"，所有赞成此修正案的人请说"赞成"……所有反对的请说"反对"……赞成方获胜，修正案得到通过。现在的议题是"将此决议改期到明天上午 11 点并作为特别议程项"，该动议要求"三分之二表决"。［停顿。］是否还有其他意见？［停顿，看没有人发言辩论。］所有赞成将此决议改期到明天上午 11 点并作为特别议程项的，请起立……请坐，所有反对的请起立……请坐。赞成方达到三分之二，动议得到通过。此决议将作为特别议程项于明天上午 11 点继续考虑。下一项事务是……

{14:22} 如果添加"并作为特别议程项"的修正案被否决，那么主持人应对未修改的"改期"动议进行"口头表决"。但如果"改期"动议被否决，那么主持人就重新宣布原决议的议题。如果按照上面的例子，该决议被指定为特别议程项，那么第二天上午 11 点，主持人即说：

主持人：现在是 11 点，下面的决议已经被指定为此时的特别议程项："决定，……"当前议题是通过这份决议……

§ 15. 调整辩论限制

{15:1} 附属动议"调整辩论限制"（Limit or Extend Limits of Debate）是议事规则中两个用来控制辩论的手段之一可以用来控制一个或一系列待决动议的辩论。［而另一个就是"结束辩论"（请参阅第 16 节）。但这两种动议都不能用在委员会中，请参阅第 50 节。］

{15:2} "调整辩论限制"对辩论的"限制"方式有：(1)减少发言次数或缩短每次发言的时间（对比通常的规则而言），但不限制什么时候结束辩论；(2)要求在未来的某一时刻结束辩论，或者要求在指定的一段时间之后结束辩论。"调整辩论限制"对辩论的"放宽"方式就是增加允许的发言次数或延长每次发言的时间（对比通常的规则而言，请参阅 43:8—13）。"调整辩论限制"不能立刻结束辩论，只有"结束辩论"可以。

{15:3} 如果"调整辩论限制"得到通过,我们就说会议通过了"辩论限制"(an order limiting or extending limits of debate)。"辩论限制"英文中"order"的含义和用法与在"议程项"(orders of the day)、"普通议程项"(general order)和"特别议程项"(special order)中的含义和用法是不同的,请注意区别,并参阅第3、14和41节。"辩论限制"对所有受其限制的待决动议都失去效力时,我们就说它"失效"(exhausted)了(请参阅15:18)。*

{15:4} 在没有待决动议的时候提出的"调整辩论限制"(这些调整可以针对一段指定的时间,也可以针对若干特定的议题)不属于"附属动议",而属于"程序主动议"(incidental main motion),但跟对应的附属动议一样,也要求"三分之二表决"。

标准描述特征

{15:5} 附属动议"调整辩论限制":

(1) 优先于所有可以辩论的动议。"调整辩论限制"让先于附属动议中的"结束辩论"和"暂停";让先于应用在自己身上的"修改";让先于所有的"优先动议",和所有适用的"偶发动议"。

(2) "调整辩论限制"的对象必须是可以辩论的动议,可以是直接待决的一个可辩论的动议,也可以是当前待决的一系列可辩论的动议,或者是其中的几个,只是它们必须是连续的,而且必须包含直接待决的那个动议。(所以,只有在直接待决动议是可以辩论的时候,本动议才合规;如果前面几个待决的动议是可以辩论的,但直接待决的动议却是不可辩论的,那么就必须等到直接待决的这个动议先解决才能提出"调整辩论限制"。)附属动议"修改"和"结束辩论"(此时用来结束修改)可以直接应用在本动议上而不影响主动议。本动议不可以单独地被"暂停",但是在它待决的时候,可以把主动议暂停,那么本动议也跟随主动议一起被暂停。

---

* 所以,"生效的辩论限制"就可以称做"an unexhausted order limiting or extending limits of debate"。——译者注

(3) 在其他人拥有发言权时不合规。

(4) 要求附议。

(5) 不可辩论。

(6) 可以修改,不过所有对它的修改也都是不可辩论的。

(7) 要求"三分之二表决",因为它实际上是对规则的暂缓执行,而且限制辩论实际上是在一定程度上限制成员发表意见的权利,有可能剥夺"少数方"(minority)表达意见的权利。

(8) 如果获得通过则可以"重议",只要"辩论限制"还没有"失效"(exhausted,请参阅 15:18)。对"调整辩论限制"的"重议"也是不可辩论的。如果"辩论限制"已经得到部分执行,那么只有尚未执行的部分可以"重议"。如果"调整辩论限制"被否决,那么必须等到辩论的进展使得再次提出"调整辩论限制"的时候,可以认为它已经是一个新的议题了,才能够对它进行"重议",不过这时已经没有必要"重议",可以直接"重提""调整辩论限制"(请参阅 38:7)。

进一步的规则和说明

【对待决动议和后续动议的影响】

{15:6} "调整辩论限制"所通过的"辩论限制"会对当前待决动议和之后出现的动议产生约束和限制,这跟本动议在优先级顺序(第 5 节)中的地位密切相关,也与本动议的具体内容相关,下面详细阐述。本动议所包括的具体内容,既可以是在动议人提出本动议时就包含的,也可以在本动议待决过程中通过"修正案"(第 12 节)添加或修改。

【对其所应用的待决动议的影响】

{15:7} 前面的"标准描述特征(2)"已经讲到,"调整辩论限制"提出时,直接待决动议可以是一系列连续的、可辩论的待决动议之一,"调整辩论限制"的对象,可以只针对直接待决动议,可以针对包括直接待决动议在内的一系列连续的动议,也可以针对所有待决动议。如果本动议并未指明调整所针对的对象,那么只有直接待决动议受"辩论限制"的约束。

【对其所应用的后续动议的影响】

{15:8} 除非"调整辩论限制"动议本身做了不同的限定,否则"辩论限制"生效以后,后续出现的待决动议,其辩论受到以下影响:"限制性的辩论限制"(an order limiting debate)不仅约束它所针对的那个或那些动议,而且还要约束所有在这个辩论限制的有效期内成为待决动议的可辩论的"附属动议"、可辩论的"重议"和可辩论的"申诉"(appeal)。但另一方面,"放宽性的辩论限制"(an order extending limits of debate),或者既限制也放宽的辩论限制——例如限制每次发言时间为两分钟的同时允许每位成员每天对同一动议辩论三次——只影响它所针对的那个或那些待决动议。

【对后续提出的附属动议的影响】

{15:9} 如果"调整辩论限制"正处于待决状态,那么比它优先级低的、针对主动议提出的其他"附属动议"是不合规的(包括"搁置""修改""委托"和"改期")。如果"调整辩论限制"已经获得通过,那么对后续的"附属动议"的影响取决于这个"辩论限制"的限制形式。

"辩论限制"不限制何时结束辩论

{15:10} 例如,"辩论限制"是"每位成员可以辩论发言一次,且不超过五分钟",像下文"格式和举例"(1),那么它就不影响"附属动议"的提出。

"辩论限制"限制了主动议结束辩论的时间

{15:11} 如果通过了一项辩论限制并且这项辩论限制限定了主动议结束辩论的时间——要求在未来的某一时刻结束辩论,或者要求在指定的一段时间之后结束辩论——像下面"格式和举例"(2)或(6),那么"委托"和"改期"就不合规了,因为它们跟这个"辩论限制"矛盾。[10]如果在"辩论限制"生效期间,会议觉得应该"委托"或"改期"主动议,那么会议可以"重议"并改变原来的"调整辩论限制",或者也可以经"三分之二表决"再通过一个不限定主动议结束辩论时间的"调整辩论限制"。但是,如果指定辩论结束时间的"辩论限制"生效时,"委托"或"改期"本来就在待决的系列动议之中,那么"委托"或"改期"可以经表决获得通过,并把剩余的待决动议"委托"或"改期"。

{15:12} 当"辩论限制"所分配的辩论时间用尽,对所有待决动议不可以

---

[10] 如果"辩论限制"不针对主动议,只针对一个或连续的若干辅议,那么即使它限定了结束辩论的时间,因为它不影响主动议,所以应用于主动议的"委托"和"改期"仍然合规。

再辩论,不可以再修改,也不可以再提出除"暂停"(以及替代性质的"调整辩论限制",见下文)以外的任何附属动议,立刻对所有待决动议进行表决。对于限定了主动议结束辩论时间的"辩论限制",有时会明确说明结束辩论时间到达时就要立刻进行表决,但无论是否明确说明,实际都要这样做。

"辩论限制"限制了主动议结束辩论的时间但不限制附属动议的提出

{15:13} 如果会议只希望限定总的辩论时间,但不想阻止辩论期间出现"委托"或"改期","辩论限制"当中可以这样明确,例如"对待决决议的辩论限制在 20 分钟之内,在此期间所有适用的辅动议都合规"。

其他限制类型

{15:14} 如果希望的限制或放宽类型不同于上面描述的几种情况,也都可以在辩论限制中明确描述,像下文"格式和举例"(5)那样。

【辩论限制有效期间辩论的中断】

{15:15} 无论"辩论限制"的形式如何,在其生效期间,主动议和任何绑定的辅动议都可以被"暂停"。

{15:16} 应该注意的是,下面两种"辩论限制"所带来的影响可能显著不同:(1)指定结束辩论的时刻;(2)指定辩论可以继续的时间长度。在第一种情况下,如果"辩论限制"所针对的动议在考虑时被中断,例如被"暂停"动议所暂停,然后又在"辩论限制"所指定的时刻过去以后被"恢复"(但在同一次会议上,因此"辩论限制"尚未失效;见下文),那么恢复以后不允许进一步辩论。然而在第二种情况下,"辩论限制"所针对的动议被暂停的时间,以及凡是与"辩论限制"所针对的动议无关的其他中断时间,例如"要求遵守议程"所引入的议程项(第 18 节和第 41 节)或"提出权益问题"引入的权益问题(第 19 节),都不计算到"辩论可以继续的时间"里面,也就是说,并不减少剩余的时间。

【通过替代性的辩论限制】

{15:17} "调整辩论限制"与主动议和优先级较低的附属动议("搁置""修改""委托"和"改期")有一个很重要的不同点:在一项"调整辩论限制"动议通过因而设定了某种"辩论限制"之后,另一项与之相冲突的"调整辩论限制"动议仍然合规。只要按照动议的优先级顺序来看是合规的,只要相关的待决动议还没有最后解决,就仍然可以提出另一项"调整辩论限制"动议,无论是调整数量,还是调整方式,由"限制"变成"放宽"或相反,或者变成"结束辩论"(请参阅第16节)。这是因为"调整辩论限制"所要求的"三分之二表决",已经满足"暂缓规则"(suspend the rules,第25节)的表决额度。

【辩论限制的失效】

{15:18} "辩论限制"(an order limiting or extending limits of debate)的"失效"(exhausted)条件包括(满足任意一条即可):

(1) 当"辩论限制"所针对的所有动议都已经得到表决;
(2) 当"辩论限制"所针对的、尚未得到表决的动议,被"委托"给委员会或者被"搁置";
(3) 当"辩论限制"通过的那一次会议结束。

如果"辩论限制"所针对的动议中有被"改期"或者"暂停"的,然后又在同一次会议上,重新回到会议来考虑,那么这个"辩论限制"的未执行部分仍然生效。如果"辩论限制"所针对的动议中有因某种方式被延续到下一次会议的,或者在委托给委员会后委员会又向全体会议报告的,无论是在同一次会议上还是下一次会议上,该动议都按照通常的辩论规则进入辩论阶段。在"辩论限制"的有效期内,它所针对的动议当中如果有需要"重议"的,那么在决定是否"重议"的时候,以及在重议的过程中,都要受到这个"辩论限制"的约束,但在"辩论限制"失效后就不再有约束力。

格式和举例

{15:19} 根据不同目的,本动议的格式可以是:

(1) 如果要调整发言的次数或每次的时间长度,那么"调整辩论限制"的格式是:"我动议每次发言控制在五分钟之内。"或者:"我动议延长李先生的发言时间三分钟。"或者:"我请求默认一致同意延长李先生的发言三分钟。"(请参阅4:58—63)
(2) 设定时间以结束主动议的辩论并就所有待决动议提请表决:"我动议晚上9点[或"20分钟后"]结束当前决议的辩论。"(在这种限制下,"委托"和"延期"不再合规。)
(3) 要想限制辅动议(例如"修正案")的辩论时间:"我动议就待决修正案的辩论时间限制在20分钟。"

(4) 限制待决动议的辩论时间,但并不阻止在此期间提出"委托"或"改期"动议:"我动议就待决决议的辩论时间限制在 20 分钟,但在此期间所有适用的辅动议仍然合规。"

(5) 指定结束辩论的时间,但不阻止进一步的修正案:"我动议就待决决议的辩论在下午 5 点结束,之后成员可以继续提出修正案,但那些修正案不可辩论。"

(6) 还可以综合以上几种目的:"我动议_____和_____[正反双方的主要代表]各有 20 分钟,可以分两次发言,其他成员每人限发言一次,每次两分钟,前提是所有待决动议都要在下午 4 点进行表决。"(另请参阅 59:82 中的例子。)

{15:20} 对这个"可修改但不可辩论"的动议"宣布议题"时所采用的格式可以是:

> 主持人:有人动议有人附议,最迟 9 点结束辩论并就此决议表决。调整辩论限制是不可辩论的,但可以修改。[停顿;或说:"现在是否就此调整辩论限制的动议进行表决?"或说:"是否有对调整辩论限制的修改?"……]

最后一句说到"调整辩论限制"的动议时可以根据该动议具体的形式和内容适当展开。

{15:21} 除非采用"默认一致同意"(请参阅 4:58—63)的方式,否则"调整辩论限制"的表决要采用"起立表决"(vote by rising)。类似于在 14:21 所举的"改期并作为特别议程项"的例子。宣布结果时,主持人可以说:

> 主持人(进行起立表决之后):赞成方达到三分之二,动议得到通过。该决议将最迟于 9 点进行表决,辩论到时候必须截止。现在的议题是……[宣布此时的直接待决议题]。

§ 16. 结束辩论

(立刻结束辩论并不再接受除暂停以外的任何附属动议)

{16:1} "结束辩论"(Previous Question)能够使一个或者几个待决的动

议立刻得到表决(除个别例外情况)。

{16:2} 在"结束辩论"得到通过之后:

(1) 要立刻结束直接待决动议的辩论和修改,或者立刻结束"结束辩论"动议所针对的其他待决动议[必须是包含直接待决动议在内的一系列连续的动议,请参阅下文的"标准描述特征(2)"]的辩论和修改;

(2) 不再接受除"暂停"以外[11]任何其他的"附属动议"(请参阅第 5 节)。

"生效的结束辩论"(an adopted order for previous question)并不能阻止"优先动议"和"偶发动议"(第 6 节)。而且严格地说,指定了具体时刻的"特别议程项"(special order,第 14、41 节)也不会因此而受到影响,仍然会打断待决动议(请参阅 16:10)。

{16:3} "结束辩论"的英文名称是"Previous Question",字面意思是"前面的议题",但是它跟"刚刚讨论过的上一个议题"没有任何关系,之所以有这样的名称,是因为经过长期的历史演变这种动议的用途发生了很大的变化,但是它的名称还是沿用了下来。

{16:4} 注意:"结束辩论"不允许在委员会中使用(第 50 节)。

标准描述特征

{16:5} 附属动议"结束辩论":

(1) 优先于所有"可辩论"或者"可修改"的动议,以及"附属动议"中的"调整辩论限制"(Limit or Extend Limits of Debate);而且,对于"结束辩论"所针对的那些动议来说,"生效的结束辩论"(an adopted order for previous question)优先于并替代仍然"生效的辩论限制"(an unexhausted order limiting or extending debate)。"结束辩论"让先于附属动议中的"暂停",以及所有的"优先动议"和适用的"偶发动议"。

---

[11]　实际上,也只有在极个别情况下才会需要"在通过'结束辩论'之后又动议把这些待决动议'暂停'",例如,在规模很大的会议上,表决将采用书面不记名投票(ballot)、起立计数表决(standing for a count)或者点名表决(roll call),请参阅第 45 节,以及 17:13—16"暂停的误用"。

(2) 必须应用在"可以辩论"或者"可以修改"的动议上,可以是直接待决的那一个动议,也可以是包含直接待决动议在内的一系列连续的待决动议。(可以应用在"可以修改但不可辩论"[12]的动议上,目的就不是停止辩论,而只是停止修改;请参阅附录第 *t47* 页。)"结束辩论"的优先级高于"辩论限制",即使已经有"生效的辩论限制"指定了结束辩论的时间,也仍然可以用"结束辩论"来取代它。在实际应用中,常使用本动议的简单形式,即只说"我动议结束辩论",没有任何限定成分,这样的"结束辩论"针对的只是直接待决动议。本动议的完整形式可以非常灵活,可以针对包含直接待决动议在内的任意若干连续的待决动议。假设有如下动议待决:①决议;②决议的修正案;③将决议和决议的修正案委托给委员会;④改期所有上面三个动议。其中,④是直接待决的。此时,不加指定的"结束辩论"就只针对④。加以指定的"结束辩论"可以针对如下这些动议的组合提出:④和③;或④③和②;或④③②和①。但是,不可以针对④和②;或④②和①;或④③和①;或④和①。任何不包含④的组合或者不连续的组合都不允许,除非④已经被表决。任何"附属动议"都不可以应用在"结束辩论"上。但是在"结束辩论"待决的时候,可以把主动议"暂停",同时暂停主动议的所有绑定动议,包括"结束辩论"。

(3) 在其他人拥有发言权时不合规。

(4) 要求附议。

(5) 不可辩论。

(6) 不可修改。但是,当有一系列动议待决的时候,本动议有个类似于"可修改"的特性。假设有"结束辩论"直接待决,但尚未对它表决,也就是说还没有决定是否要结束辩论,这时可以提出一个新的"结束辩论"。这个新的"结束辩论"针对的是不同的待决动议组合[仍然要符合上面"标准描述特征(2)"的条件]。这个过程类似"填空"(请参阅 12:92—113),不同的是,每次提出一个新的"结束辩论",都必须要首先取得发言权,而且必须得

---

[12] 例如"调整辩论限制"(第 15 节)。

到附议。⑬例如,成员 A 提出了简单形式(即只针对直接待决动议)的"结束辩论",然后成员 B 可以提出针对部分待决动议的一个新的"结束辩论",接着成员 C 还可以继续提出针对所有待决动议的另一个"结束辩论"。等到没有新的"结束辩论"提出时,就开始对这些"结束辩论"进行表决。从针对的动议最多的那个"结束辩论"开始,如果被否决,就继续表决下一个针对的动议较少的"结束辩论",直到一个"结束辩论"满足"三分之二"的表决额度,或者,所有的"结束辩论"也可能都被否决。

(7) 要求"三分之二表决"。(如果"结束辩论"没有得到所需的"三分之二表决",那么会议继续原来的辩论,好像"结束辩论"从未提出过。)对于一般的会议和组织来说,为了保证会议的程序民主,"三分之二"的表决额度是非常必要的,否则,暂时而又微弱(可能只一票之差)的优势就能让"多数方"剥夺"少数方"进一步讨论以争取更多支持的机会,而直接通过或否决一项动议。⑭

(8) 如果"结束辩论"获得通过还没有开始执行,也就是说,还没有开始就"结束辩论"所针对的那些动议进行表决,那么可以对"结束辩论"进行"重议"。但是,一旦开始执行,即使只是"部分执行"(partly executed),也不能再"重议"⑮(这一点跟"调整辩论限制"的情况是不同的),请参阅 16:13—16。如果"结束辩论"被否决,那么必须等到辩论的发展使之成为一项新的议题,也就是有理由认为更多的成员同意立刻就待决动议中的一些或者全部进行表决之后,才可以"重议",但是这个时候也没有必要再"重议",可以直接"重提"一个"结束辩论"(请参阅 38:7)。

---

⑬ 在这种情况下,主持人授予申请发言的成员"以受限的发言权"(limited recognition),或者说,由于这个时候辩论是不允许的,主持人要限制发言人发言的内容,具体格式请参阅 16:27 的举例。

⑭ 虽然美国众议院允许以"过半数表决"通过"结束辩论",但是必须考虑到众议院跟一般组织的不同。因为美国的众议院还有另外一条规则,就是只有已经进行了辩论的动议,才能用"结束辩论"来实现结束辩论。如果从未进行过辩论,那么即使通过"结束辩论",也还是要进行不超过 40 分钟的辩论,正反双方各 20 分钟。这些规则对于众议院来说是合适的。因为众议院的事务繁重,而且两党制下,两党的实力往往接近接近均衡。同时,在这样的制度之下,不太可能用"结束辩论"来不公平地遏制对方的发言机会。美国参议院允许使用另一种"结束辩论"(Cloture)动议,功能是类似的。

⑮ 如果"结束辩论"所针对的一系列动议已经部分地得到了表决,我们就说"结束辩论"得到了"部分执行"(partly executed, partly carried out);如果全部都得到了表决,我们就说"结束辩论"得到"完全执行"(fully executed)。

进一步的规则和说明

【口语形式等同对待】

{16:6} 英语中，本动议还有一些口语形式，如"I call the question.""I call for the question.""I demand the previous question.""I move to close debate.""I move to and debate.""I move we vote now."。注意：这些口语的非正式形式与正式的"I move the previous question."拥有完全相同的规则和效力。如果有人没有搞清楚这些句子的准确含义，那么不能指责别人剥夺了他们的辩论权。

{16:7} 有时"结束辩论"提出后能得到"默认一致同意"。如果主持人感到有这种可能，无论是否得到附议，主持人都可以询问是否有人反对结束辩论。如果有人反对，或者只要有人申请发言，那么主持人就必须先问是否有人附议。如果已经有了附议，主持人就必须立刻就是否通过"结束辩论"而进行表决。无论采用的是哪种措辞形式，"结束辩论"一定要求附议和"三分之二表决"，且在它所针对的那个或那些动议之前首先表决，唯有如此才可以阻止尚未用尽发言权的哪怕只是一位成员继续辩论发言（请参阅 4:32 和 43:8—13）。

【未辩论的前言不被结束】

{16:8} 有些决议带有"前言"（preamble），即一个或若干由"鉴于"（Whereas, ...）引导的句子，用来对决议做出一些解释说明。如果待决决议带有"前言"，但提出"结束辩论"的时候还没有开始对"前言"部分进行考虑（请参阅 10:16 开始的内容，12:23 和 28:7，一般先考虑决定部分，再考虑前言部分），那么这个"结束辩论"只针对决议的"决定"部分，并不影响对"前言"的辩论和修改，因而在这个"结束辩论"得到通过之后，就要马上开始"前言"的辩论和修改，然后才能就决议做表决。而在主持人宣布可以开始对"前言"展开辩论或提出修正案之后，可以再一次针对"前言"提出"结束辩论"，而这个"结束辩论"如果也得到通过，那么就可以对整个决议执行表决了。

【系列动议的表决与执行的中断】

{16:9} 如前文"标准描述特征(2)"所述，针对系列待决动议执行"结束辩论"时,从直接待决动议开始,优选级越高,越后提出的动议越先表决。如果系列动议中包含"改期""委托"或"搁置",那么也依次对它们执行表决。一旦这三种动议中的任何一种得到通过,表决即告停止,无论后面还有哪些待决动议(也无论它们是包括还是不包括在"结束辩论"所针对的动议组合中)。如果没有出现这三种动议中的任何一种得到通过的情况,那么等到"结束辩论"所针对的所有动议都得到表决以后,就照通常规则继续考虑剩下的待决动议。

{16:10} 在执行"结束辩论"的过程中,如果有原本待决的一个或一系列动议(包括"结束辩论"所针对的动议)不再处于待决状态,那么要"中断"(interrupt)"结束辩论"的执行。这可能有下面几种情况:

- 如果"结束辩论"所针对的动议中包括"改期""委托"或"搁置",以及排在它们后面的其他待决动议,而且在执行"结束辩论"的过程中,这三种动议中的任何一种得到通过(如上一段所述),那么排在它后面的那些待决动议就不用表决了,这种情况叫做"在执行过程中被中断"(interrupted after partly carried out)。
- 无论"结束辩论"的执行是否开始,"结束辩论"的执行都可能被"暂停"、指定在此时的"特别议程项"(第 14、41 节)、"权益问题"(第 19 节)、"休息"(第 8、20 节)或"休会"(第 8、21 节)所打断。不过一般情况下,如果是因为"特别议程项""休息"或"休会"所指定的时间到了,但已经决定要执行(一个或一系列动议的)"结束辩论",那么主持人仍然可以选择继续执行(put them all to a vote in succession)。这通常不会遭到成员的反对。

【"结束辩论"的失效】

{16:11} 当某一个具体的"结束辩论"所针对的动议全部得到了最终解决,或者虽然没有得到最终解决,但是也不再受这个"结束辩论"的约束,那么我们就称这个"结束辩论""失效"了。"结束辩论"(an order for previous question)失效的条件跟"辩论限制"(an order limiting or extending limits of debate)失效的条件是一样的:(1)它所针对的动议都已经得到表决;(2)尚未得到表决的动议被"委托"或者"搁置";或者(3)通过这个"结束辩论"动议的那"次"会议结束——任何一个条件先满足即可。一旦"结束辩论"失效,剩余的动议在重新回到会议考虑的时候,就可以继续辩论和修改,就像没有出现过这个"结束辩论"一样。

{16:12} 如果"结束辩论"的执行被中断,那么当曾经的待决动议重新回到会议考虑的时候,从前面的规则可以推出:

- 委员会就受托动议向全体会议做报告,就等于把受托动议交回到全体会议考虑。在这种情况下,即使仍在同一次会议中,"结束辩论"也已经失效,全体会议可以继续对这个动议进行辩论和修改。

- 除了上述情况以外,如果由于"委托"以外的其他原因导致"结束辩论"的执行中断*,然后在同一次会议之内,待决动议重新回到会议考虑,那么"结束辩论"仍然有效,所以不能再对这个动议进行辩论或修改,必须继续执行"结束辩论"(除非对"结束辩论"的"重议"已被提出或又被提出,下面会具体说明)。

- 如果待决动议一直等到另一次会议才重新回到会议考虑,那么无论当初"结束辩论"的执行是怎么中断的,这个"结束辩论"都已失效。

【对"结束辩论"的"重议"】

{16:13} 前面的"标准描述特征(8)"已经提到,如果尚未开始执行"结束辩论",那么可以对它"重议"。但是如果执行已开始,那么就不可以"重议"。也就是说,对于获得通过的"结束辩论",只有在它得到通过但尚未开始执行的这个短暂区间,才可以对它提出"重议"。

{16:14} 如果"结束辩论"在执行之前(也就是开始对它所针对的任何一个动议进行表决之前)就被中断,而且待决动议在同一次会期之内重新回到会议考虑,那么"结束辩论"仍然有效,要立刻对这些待决动议进行表决。在主持人宣布这些动议待决之后、任何对这些动议的表决还没有开始之前的这个短暂区间,仍然可以对"结束辩论"提出"重议"。当然,"重议"本来的时间限制条件也必须满足(第 37 节)。

{16:15} 注意,如果"结束辩论"所针对的一个或多个动议是被改期以后又回到会议考虑的,那么不可以对此"结束辩论"提出"重议"。因为"改期"肯定是在"结束辩论"通过之前被提出的,所以"改期"通过了,必然意味着

---

*　例如待决动议被"暂停""改期",或被"特别议程项"或"权益问题"所中断。——译者注

"结束辩论"已经被部分地执行了。

{16:16} 在实际应用中,如果决定了要"重议"一个已获通过的"结束辩论",那么后面的过程可以简化:因为只有那些反对"结束辩论"的人才会赞成"重议",所以赞成"重议"就等于反对"结束辩论"。如果已经有超过半数的人赞成"重议",自然就不会有"三分之二"的人赞成"结束辩论",所以不用再对"结束辩论"进行表决,"结束辩论"等于已被否决。

【对"重议"的影响】

{16:17} 生效的"结束辩论"并不阻止"重议"动议的提出,也不阻止会议着手考虑一项"重议"动议,无论这项"重议"动议是在"结束辩论"生效之前还是之后提出的。重议期间的辩论是否合规,取决于重议本身发生在什么时候。如果在"结束辩论"有效期间,"重议"动议进入待决状态,则"重议"动议本身不可辩论,并且如果"重议"动议通过,被重议的那项动议也不可辩论和修改。但在"结束辩论"失效之后,"重议"动议本身和要被重议的动议就都不再受"结束辩论"的影响。*

【对"申诉"的影响】

{16:18} 在"结束辩论"提出之后、通过之后以及在它的整个生效期间,所有的"申诉"都是不可辩论的。

【对后续动议的影响】

{16:19} 一个原本可以辩论或者可以修改的动议,如果出现在"结束辩论"的生效期间,那么:

- 只要"结束辩论"所针对的动议组合当中还有待决的动议,那些优先于这些待决动议的动议,就仍然要受"结束辩论"的约束。(前面提到的对"重议"和"申诉"的影响,适用的就是这个规则。)
- 但是如果是主持人"受理"的"权益问题"(第19节),或者是指定在此时的"特别议程项"要打断"结束辩论"的执行,那么它们的辩论不受"结束辩论"的约束。

---

* 举例来说,假设动议 A 是"结束辩论"所针对的动议之一,如果在"结束辩论"的执行过程中,对动议 A 进行了表决,然后又在"结束辩论"失效之前,提出对动议 A 的"重议",那么这个"重议"不可辩论,针对动议 A 的"重议"也不可辩论和修改。——译者注

格式和举例

{16:20} 本动议的格式有：

我动议结束辩论。（只针对直接待决动议。）

我要求针对"委托"动议和它的修正案执行结束辩论。

我要求结束辩论所有待决动议。

但是，未经主持人准许就从座位上喊"表决！"（"Question!"）的做法不属于"结束辩论"的形式，尤其是如果还有其他人正在发言或者正申请发言权，这种做法甚至属于扰乱秩序。

{16:21} 本动议不可辩论且不可修改，所以主持人不可以停下来询问大家是否准备好就此动议进行表决，而是必须直接提请"起立表决"。类似地，一旦宣布赞成方获胜，主持人就要立刻宣布接下来直接待决的那个动议，然后提请表决。

{16:22} 假设有一系列可辩论又可修改的动议正处于待决状态：

成员 A(取得发言权)：*我动议[对……等动议，如果省略就表示只针对直接待决动议，否则要指明希望针对哪些动议]结束辩论。（附议。）*

主持人：*有人动议且有人附议，[对……等动议]结束辩论。*

{16:23} 如果参会成员对"结束辩论"的规则不很熟悉，主持人可以在这个时候解释说明。无论说明与否，接下来主持人都应该直接提请表决。

主持人：*所有赞成[对……等动议]结束辩论的，请起立……请坐。所有反对的，请起立……请坐。*

{16:24} 假设赞成"结束辩论"的达到三分之二，主持人这样宣布结果：

主持人：*赞成方达到三分之二，现在执行[对……等动议的]结束辩论。现在的动议是是否通过……[完整地宣布直接待决动议]。所有赞成……[按适当的顺序依次对所有"结束辩论"所针对的动议进行表决]。*

{16:25} 如果赞成方没有达到三分之二，主持人则这样宣布结果：

主持人：赞成方不足三分之二，"结束辩论"被否决。现在的动议是……〔宣布直接待决动议，然后可以继续辩论。此时主持人不再问"是否准备好表决？"，因为刚刚对"结束辩论"的表决结果已经说明了会议没有准备好。〕

{16:26} 下面的例子演示了如何根据"标准描述特征(6)"的说明，改变"结束辩论"所针对的待决动议组合。

{16:27} 假设有一个决议、一个决议的"修正案"和一个对此决议的"委托"正处于待决状态(其中，"委托"是直接待决动议)。

成员 X(取得发言权)：我动议结束辩论。(附议。)〔这个"结束辩论"只针对"委托"。〕

主持人：有人动议且有人附议，对"委托"结束辩论。所有赞成的……

成员 Y(迅速起立并打断主持人)：主持人！

主持人：这位成员为何起立？

成员 Y：我动议对所有待决动议结束辩论。(附议。)

主持人：又有人动议对所有待决动议结束辩论。现在的议题是：是否对所有待决动议结束辩论。所有赞成……

成员 Z(迅速起立)：主持人！

主持人：这位成员为何起立？

成员 Z：我动议结束辩论"委托"和"修改"这两个动议。(附议。)

主持人：又有人动议只结束辩论"委托"和"修改"这两个动议。但是，首先要表决的是：对所有待决动议结束辩论。所有赞成的……〔依次继续表决。注意这里的表决顺序是：包含待决动议数量最多的那个"结束辩论"最先。所以，在上面的过程中，在主持人宣布了成员 Y 的动议后，立即提请对这个动议表决，但是，在主持人宣布了成员 Z 的动议后，仍然从成员 Y 的动议开始提请表决。一旦有一个"结束辩论"得到了通过，就可以忽略其余的。〕

{16:28} 如果有成员想在"结束辩论"待决时或者通过之后提出优先级更高的动议，或者提出"重议"，那么也要像刚才例子中那样起立打断主持人，以申请"受限的发言权"(limited recognition) *。

---

* 　指既准许发言，又限制了发言的内容，例如这里就不能辩论，所以主持人要询问："这位成员为何起立？"——译者注

§ 17. 暂停

（暂时中断待决的动议以便立即响应其他事务）

{17:1} "暂停"（Lay on the Table）动议是为了应对突然出现的紧急事务而暂时中断正在处理的事务，或者是为了提前处理另一件更需要先处理的事务，它的特点是：

- 对于被打断的事务，不用也不能指明什么时候继续处理；
- 但是，会议和组织可以随时（在 17：8 所给出的时限之前）以"过半数表决"把被打断的事务拿回来继续处理，并且被这样拿回来的动议还优先于在当时出现的新事务。

对于普通的会议和组织来说，人们常常误解"暂停"的目的和作用，错误地把它当做"搁置""改期"或者其他一些动议来使用。在美国，当人们简单地说"放在桌上"（table）的时候，往往就是抱着这样一些错误的理解——要么是想"扼杀"（kill）一件事务，要么是想把一件事务改期到指定的时间。

{17:2} "暂停"实际上是授予"多数方"（过半数）一种权力，能够不经辩论就立刻中断对一个动议的考虑。这种做法如果不是为了本节开篇所给出的理由，那么实际上侵犯了"少数方"（minority）以及"个体"（individual）成员的权利。在一般的会议中，如果主持人发现动议人显然想用这种动议来"扼杀"或者"回避"（avoid dealing with）一项动议，那么主持人应该裁定这个"暂停"为"不合规"。如果在提出"暂停"的时候又指定了继续考虑的时间，那么它就变成了"改期"（Postpone，第 14 节），因而主持人必须按照"改期"动议来受理，可以辩论（请参阅 17：13—19）。

标准描述特征

{17:3} 附属动议"暂停"：

(1) 优先于主动议，优先于所有其他的"附属动议"，优先于在"暂停"提出时正待决的"偶发动议"。"暂停"让先于所有的"优先动议",以及由自己引起的"偶发动议"。

(2) 可以把"暂停"应用在主动议上,同时也把与主动议有绑定关系的其他附属动议暂停。因而,它也可以应用于作为主动议而待决的"议程项"(orders of the day, 第14、41节)和"权益问题"(第19节),并且这并不影响被议程项或权益问题打断的任何其他事务,就是说不会把那些事务也暂停。"暂停"可以单独应用于"非绑定"(non-adhering, 请参阅10:35)于主动议的、可辩论的申述,或者由主持人提交给会议裁定的、非绑定于主动议而且可以辩论的"秩序问题",不影响其他待决动议的状态。"暂停"不可以单独应用于绑定在主动议上的"申诉"(就是说,在主动议表决前必须先得到这个"申诉"的表决结果),无论这个"申诉"是否可以辩论。但是,可以把主动议"暂停",这样就可以把这个"申诉"以及所有其他绑定在主动议上的待决动议一起暂停。"暂停"可以应用于直接待决的"重议"(第37节),只要被"重议"的那项动议直接待决,"暂停"是合规的。这种情况下,被重议的那个动议以及绑定在这个动议上的系列动议,也都被暂停。"暂停"不可以应用于不可辩论的、非绑定于主动议的"申诉"。"暂停"不可以单独应用在任何"附属动议"上。在主动议被"暂停"的时候,绑定在主动议上的附属动议也一同被暂停。所有彼此有绑定关系的动议必须一起被暂停。在有"辩论限制"或者"结束辩论"生效的时候,"暂停"仍然合规(请参阅下文)。所有"附属动议"都不可以应用于"暂停"。

因为"暂停"必须应用于正处于待决状态的动议,所以一类事务或者一组主动议,比如"议程项"、"未完事务"(unfinished business)或者"委员会报告"(committee report),不可以用一个"暂停"同时暂停。(在这种情况下,如果想提前把一件事务拿出来处理,可以采用17:14和41:38给出的办法。)

(3) 在其他人拥有发言权的时候不合规。

(4) 要求附议。

(5) 不可辩论。但是,"暂停"的动议人可以首先陈述理由,主持人也可以要求动议人这么做。常见的理由可以是"我们的代表需要赶飞机"或者"下一个议题是我们今天必须做出决定的,我们应暂停当前议题,为下一个议题留下足够的时间"。[这样,会议就可以了解暂停的紧迫性和合理性,但仍然无须确定是否或者何时恢复考虑。该动议的一个根本特点就在于它不能带有任何的"限制条件"(qualifications),可以随时恢复讨论,但却不可以去指定是否以及何时恢复考虑。当然,可以暂停多久是有时间限制的,请参阅 17:8。]

(6) 不可修改。

(7) 要求"过半数表决"。

(8) 一旦获得通过,就不可以"重议"。因为动议"恢复"可以达到同样的目的,而且更简单直接。"暂停"如果被否决,那么必须等到它可以被重提的时候才可以重议。如 17:11 所述,"暂停"可以重提必须满足:(1)事务和辩论的发展变化,使得"暂停"已经是一个新议题了;或者(2)发生了会议在否决之前那个"暂停"的时候还不知道的新的紧急事务(请参阅 38:7)。

进一步的规则和说明

【暂停与恢复】

{17:4} "暂停"动议的规则与"恢复"动议(Take from the Table,第 34 节)的规则紧密相关,具体如下。

{17:5} "暂停"的通过意味着当前待决动议以及所有绑定在它上面的动议都被暂停——实际是交给秘书管理。例如,有一份决议、它的一项"修正案"和对它的"委托"正处在待决状态,如果把"决议"暂停,那么"修正案"和"委托"将一起被暂停,"恢复"的时候也将一起被取回。但是,"已决定事务的修正案"(例如现行章程的修正案)属于主动议,所以在这样的修正案被暂停的时候,那件已决定的事务并不被暂停。

{17:6} 在一项动议被暂停之后,一旦因之而暂停的那件事务得到解决之后,在"恢复"的时间限制之前,在没有其他待决动议的情况下,在被暂停的动议所属的那一类事务或者"未完事务""普通议程项"和"新事务"等这些类别的事务合规的时候,就可经"过半数表决"来恢复被暂停的动议。

{17:7} 动议被恢复以后,各方面情况都尽可能恢复到跟暂停前一样,只是如果已经是另一天会议或另一次会议,那么修正案、辩论和表决的规则会受到影响(请参阅34:6—7"恢复后动议的状态")。

{17:8} 本次会议上被"暂停"的动议,在本次会议期间,或者直到时间间隔不超过三个月(请参阅9:7)的下一次会议结束的时候,都"保持暂停状态"(remain on the table),可以"恢复"。但如果未能在这个时间限制内被"恢复",那么这个动议就被丢弃了(die),不再处于暂停状态,但可以重提。(请参阅34:3"恢复的时间限制"以进一步了解可以在哪些会议上恢复一项动议。)

【暂停后动议的状态】

{17:9} 因为被暂停的动议仍然"在会议的处理时限之内"(within the control of the assembly,请参阅38:8),所以任何与被暂停的动议同主题的动议——不论与它立场相同还是相冲突——都是不合规的。如果想考虑一个同主题的动议,必须首先恢复原动议,然后动议用新的动议"替换"原动议,或者提出任何其他恰当的动议。

【暂停后可能需要的额外步骤】

{17:10} "暂停"是为了立即应对另外一件紧急的事务而暂时打断眼前的事务,但它并不意味着"暂缓"任何规则,也不意味着要"暂缓"执行既定的"会议程序"(an order of business)。因而,在"暂停"获得通过之后,虽然眼前的事务已被"暂停",但是为了能够着手处理那件紧急的事务,可能还需要另外一种动议(请参阅第25节"暂缓规则",以及41:37—39"调整事务的顺序")。

【暂停的重提】

{17:11} 如果想要"重提"一个曾被否决的"暂停"动议,或者想要把一个被"恢复"的动议再次"暂停",就需要满足下面的条件:在同一天内,辩论的进展或者情况的变化,使得再次提出的这个"暂停",虽然针对的对象是同一个动议,但已经是一个新问题了。或者出现了新的紧急事务需要立即处理。(这是因为会议在当初否决"暂停"的时候,或者在通过"恢复"的时候,本来是希望考虑这项动议的。)"休会"(第21节)或者"休息"(第20节)提出后遭到否决并不算是会议的情况变化,但是一项重大的修正案或者一项"委托"动议得到表决却可以算是。

【在辩论结束后暂停待决动议】

{17:12} 如果因为通过了"结束辩论",或者"辩论限制"(an order limiting or extending limits of debate)所指定的辩论结束时间已经到了,必须结束辩论,开始表决,那么直至最后的表决结束,尚未表决的待决动议仍然可以被"暂停"。例如,如果有一个决议和一个"修正案"待决,有针对它们的"结束辩论"获得通过,此时可以对决议提出"暂停"并连带"修正案"。如果"修正案"已经表决,那么仍可以把决议"暂停"。

【暂停的误用】

{17:13} 本节开始的时候提到了一些错误使用"暂停"的情况⑯,这些错误的做法是必须要避免的。

{17:14} 如果很明显并没有紧急的、需要立即处理的事务出现,那么不允许将当前待决动议"暂停"。但是,如果有超过半数的成员希望提前讨论某一件本应在晚些时候考虑的动议,却又缺少"暂缓规则"所需要的"三分之二表决",那么他们可以依次将排在前面的那些议题"暂停",直到他们想讨论的那个议题为止。这是合理的。因为很明显他们的目的并不是要不经辩论就压制他们想暂停的那些议题,而只是想提前考虑他们认为更紧急的事务(请参阅 41:38)。在"临时会议"上,不允许把该临时会议为之而召开的那件事务"暂停",这属于故意拖延(第 39 节)。

{17:15} 有时,成员在提出"暂停"动议的时候,错误地认为可以用"暂停"来不经直接表决就扼杀一项令人尴尬的动议,以为"暂停"一旦通过,被暂停的动议就会被丢弃,或者错误地认为可以用"暂停"来不经辩论就压制一项动议,而且很多时候,主持人也未能识别出其中的问题而错误地受理了这样的"暂停"动议。前一种错误的用法在动议面临对立意见的时候会带来不安全的结果。后一种错误的用法违反了通用议事规则中的一条基本原则,即不经自由辩论而正当地压制一项主动议必须要得到"三分之二表决"。

---

⑯　有些错误的用法源于对美国众议院的一些做法的误解。这个动议在众议院里经过逐渐演变,目的和用法都比较特殊,不适用于普通的会议和组织。众议院的立法工作过于繁重,每年受理的法案当中只有一部分能够得到处理。在这样一个庞大的两党制的立法系统中,必须要给予"多数方"一种不经辩论即可压制议案的手段,而且议程也必须要谨慎控制。所以众议院的规则要求除非以"三分之二表决"首先"暂缓规则",否则不可以把一个动议恢复。因此,在众议院中如果一件事务被"暂停",那么实际上它已经被扼杀。

{17:16} 如果多数人投票赞成"暂停"某个动议,但却错误地以为这样做这个动议就已经被否决,那么他们当中可能会有一些人在休会之前退席。然而反对"暂停"的"少数方"可能都留下了,他们反而可能变成暂时的"多数方"。于是,他们恢复这个议题,在很多相关成员不在场的情况下做出有利自己的决定。只要他们认为时机合适,他们还可以在不超过三个月时间间隔(请参阅 9:7)的下一次会议上恢复这个动议。

【正确的做法】

{17:17} 对于上述容易误用"暂停"的情况,正确的做法是:

{17:18} 如果希望不经直接表决而解决一个动议,应当使用"搁置"。如果还希望省去对"搁置"的辩论时间,那还可以在"搁置"之后,马上再使用"结束辩论"(Previous Question)。被"搁置"的动议等于在本次会议的期限内被否决,但从下一次会议开始就可以"重提",并不因为它是被搁置的而有什么不同[请参阅 38:3(2)]。

{17:19} 如果希望某个实质主动议一经提出就被阻止,以防止对该主动议展开考虑会带来损害,那么应该在开始辩论之前提出"反对考虑"(Objection to the Consideration of the Question,第 26 节)。下面的举例中还说明了如何用"改期"(Postpone,第 14 节)来代替使用不当的"暂停",请参阅下面的"格式和举例"。

格式和举例

{17:20} 本动议的格式为:"我动议暂停当前动议。"或者:"我动议暂停这份决议。"[在英语环境中,建议不要使用"放在桌上"(table),如"table the motion"或"that the motion be tabled"⑰。]

{17:21} 如前所述,本动议不可辩论,不允许附加任何限制条件。提出的时候,动议人可以指出暂停的理由,还可以指出动议人自己计划在什么时候动议"恢复"它,但这只是动议人自己的计划,并不能构成动议的一部分,所

---

⑰ 在美国,人们在这么说的时候,也就是把"table"用作动词时,一般都是在误用"暂停",就像 17:13—16 所描述的那样。而在英国,这个表达的含义则完全不同,它不是指一个附属动议,而是指要把一个决议或者文件引入到会议中来,先放在会议的事务队列中,或者说先把这个新的决议的书面文件放到桌上等待处理的那摞文件中。

以不能使用"暂停直到处理完……"或者"暂停到下午 2 点"这样带有限制条件的格式。遇到这样带有时间限制条件的"暂停",主持人也不一定裁定为"不合规"(out of order),而是可以把它当做"改期"来宣布议题和处理,除非此时"改期"不合规。

{17:22} 因为"暂停"既不可辩论也不可修改,因此主持人在宣布议题后直接提请表决。

主持人:有人动议且有人附议,暂停(所有)待决动议。所有赞成"暂停"的,请说"赞成"……所有反对的,请说"反对"……[下面的格式同所有要求"过半数表决"的动议。]

{17:23} 在"暂停"处在待决状态的时候,不能发言辩论,也不能发言修改,但可以提出"优先动议"或者"重议"等有限的一些动议。具体的方法如下:在主持人宣布"暂停"的议题之后且在表决开始之前,成员可以起立并打断主持人说"主持人!",然后主持人应该问:"这位成员为何起立?"这种问法叫做"准许受限的发言权"(grant limited recognition),因为它既准许发言,又限制了发言的内容,也就是说如果发言人想辩论或修改,主持人可以立刻裁定不合规。

{17:24} 在动议被"暂停"之后,如果还需要"暂缓规则"或者其他措施才能使会议着手处理出现的紧急事务,那么主持人应该马上说:"是否有人愿意动议暂缓规则以听取嘉宾的发言?"或者:"主持人现在可以受理一个关于……的动议。"

第七章

优 先 动 议

请参阅 6:11 开始的内容,那里提供了"优先动议"(privileged motions) 的总体特征以及完整的动议列表。

§18. 要求遵守议程

(要求按照既定的议程安排来处理事务)

{18:1} "要求遵守议程"(Call for the Orders of the Day)属于"优先动议",它给予了单个成员这样的权利:可以要求会议遵守既定的"议程""日程"或"会议程序",或者要求立刻处理指定在此时的"普通议程项"(general order)或"特别议程项"(special order)(请参阅第 14 节和第 41 节)。* 除非会议以"三分之二表决"决定不遵守这些既定的安排。

{18:2} 按照既定议程依次处理事务是非常关键的一条原则,特别是在代表大会中。因为对于代表大会来说,时间安排非常紧凑,全体代表共同协商的时间有限,大量的基础工作是在委员会和其他并行的会议上完成的。而且,无论是官员、委员,还是其他代表,往往只能有选择地参加他们感兴趣的或是与他们有关的议题,因而都需要事先比较准确地知道各项事务被安排在什么时候处理。如果会议不严格遵守"日程",就会造成混乱,使得在讨论某些重要议题的时候,本来应该出席的成员无法出席。

{18:3} 如果主持人始终按照既定的议程安排推动会议的进程,那么也就不需要"请求遵守议程"。但有时主持人会忽略"普通议程项"或者"特别议

---

* 我们用"议程"(the orders of the day)来泛指上述的"议程"(agenda)、"日程"(program)、"会议程序"(order of business)以及"普通或特别议程项"(general or special order),也就是说,它们可以统称为"议程"。——译者注

程项"所指定的时间,或者主持人不小心漏掉了"会议程序"中的某项事务,或者主持人认为大家希望继续讨论当前的动议因而暂时不想处理指定在此时的特别议程项。一旦出现这样的情况,任何一个成员都有权提出"要求遵守议程"①,但这个要求不能针对任何特定的事务,而只能泛指既定的"议程"。也就是说,虽然动议人可以提醒主持人应该处理哪一件事务,但是并不能提前处理本来安排在其他时间的事务。

标准描述特征

{18:4} 优先动议"要求遵守议程"

(1) 优先于除下列两类动议之外的所有动议:

　① 所有其他的"优先动议"(privileged motions);

　② 关于事务优先顺序的"暂缓规则"(Suspend the Rules,第 25 节)的动议。

　　但是,除非是要立刻处理被忽略的"特别议程项",否则"要求遵守议程"并不能打断当前待决动议(下面具体说明)。"要求遵守议程"让先于所有其他的"优先动议",让先于所有可应用其上且必须先得到解决(disposed of)的"偶发动议"。如果要执行的不是"特别议程项",那么本动议还让先于"重议"(第 37 节),或者"要求考虑"(calling up)之前已经"提出"的"重议"。

(2) 本动议不可以应用于任何其他动议,而是在如下情况下适用:

　① 当"议程""日程"或者"会议程序"未被遵守的时候;

　② 当"普通议程项"指定的时间已到,但仍在处理其他事务的时候;或

　③ 当"特别议程项"指定的时间已到或者已过,但仍在处理其他事务的时候。

　　下面会说明"要求遵守议程"适用的准确时机。不能对此动议应用任何"附属动议"(subsidiary motions)。

---

① 当代表大会通过的"日程"(program)不仅包括议事性质的"议程"(agenda),也包括非议事性质的其他活动的时间,不能就非议事性质的活动提出"要求遵守议程"。

(3) 在本动议合规时可以打断正拥有发言权甚至正在发言的发言人;

(4) 不要求附议;

(5) 不可辩论(但是本动议的动议人可以向主持人说明应该在此时处理哪一件事务);

(6) 不可修改;

(7) 即使只有一个成员要求遵守议程,既定的"议程"也必须执行,除非出现下面两种情况(都要求"三分之二表决"):

　① 主持人提请会议就是否"执行议程"(proceed to the orders of the day)进行表决,而表决的结果是有"三分之二"的反对票;

　② 有成员动议"延长待决动议的考虑时间"(extend the time for considering the pending question),或"暂缓规则并立刻处理一件本来安排在其他时间处理的事务"(suspend the rules and take up the desired question),而表决的结果是有"三分之二"的赞成票。后面会具体说明。

(8) 不可以"重议"。

进一步的规则和说明

【本动议合规的时机】

{18:5} "要求遵守议程"合规的时机和条件是:

● 根据"标准描述特征(2)"的①和②两项,也就是在不涉及"特别议程项"时:只要"标准描述特征(2)"的①或②的条件满足其一,而且没有其他待决动议,那么本动议就是合规的。如果有人提出了不符合"会议程序"(order of business)的动议,或者主持人在说明下一项事务的时候说的是不应在此时处理的动议,那么"要求遵守议程"的提出必须是在主持人正式宣布议题之前,否则就必须先把这个不恰当的动议处理完。

● 另一方面,根据"标准描述特征(2)"的③,如果"特别议程项"指定的时间已到或者已过,然而主持人没有采取行动,那么即使有其他待决动议,也可以立刻提出"要求遵守议程"(除非当前待决动议是优先级更高的"特别议程项",例如出现得更早的"特别议程项",请参阅第14

节和第 41 节）。从"特别议程项"指定的时间开始，直到主持人宣布议题对其进行处理，"要求遵守议程"在此期间都是合规的。

{18:6} 在"全体委员会"（Committee of the Whole，第 52 节）中，不能使用"要求遵守议程"。

【议程所指的是主动议】

{18:7} "要求遵守议程"本身属于"优先动议"。但与之不同的是，"议程"所指的、要求会议按照事先的安排立刻处理的那个事务，却肯定是个主动议，因而适用所有主动议的规则。例如，经宣布议题而变为待决之后，可以辩论也可以修改。泛指的"议程"不可以作为一个整体被一起"暂停"或者"改期"。只有具体的一项议程在待决的时候才可以这样处理。一旦被要求遵守的"议程"所指向的动议处理完毕，原来被打断的事务就从断点恢复处理。

【暂缓议程】

{18:8} 通常"要求遵守议程"提出后，主持人都应该立刻中断或结束对待决动议的考虑（要符合第 41 节的规则），转而开始考虑应该在此刻处理的事务。但是，有时候主持人或者其他成员认为，会议可能更希望继续处理待决的动议，或者在按照议程进行之前，先考虑另一件事务。这些做法统称"暂缓议程"（setting aside the orders of the day），要求"三分之二表决"。分为两种类型，具体流程是：

(1) 主持人发起：主持人不是直接"说明"（announce）议程中应该在此时处理的那项事务，而是就"是否执行议程"（Will the assembly proceed to the orders of the day?）提请会议表决："有人要求遵守议程。议程所指的事务是……[此时该处理的那项事务]。现在的议题是，会议是否现在处理这件事务？所有赞成遵守议程的……[起立表决的流程]。"因为"暂缓议程"影响"会议程序"，这类似"暂缓规则"（suspend the rules），因而需要有"三分之二"的反对票，才能否决"要求遵守议程"。在"要求遵守议程"被否决后，要等到待决动议获得解决之后才能再一次提出"要求遵守议程"。

(2) 成员发起：在有成员提出"要求遵守议程"之后，甚至当主持人已按照议程说明应该此时处理的事务的议题但尚未正式对其宣布议题，另外一位成员可以（根据需要）动议"延长当前待决动议的考虑时间若干分钟"（extend the time for considering the pending questions），或者动议"暂缓规则并立刻处理一件本来安排在其他时间的事务"（suspend the rules and take up the desired questions）（请参阅第 25 节）。因为是对"会议程序""议程"和"日程"的修改，这两种动议都要求"三分之二表决"。

格式和举例

{18:9} 本动议的格式是：成员起立，不必等到主持人准许（recognition）就对主持人说"主持人，我要求遵守议程"。如果有必要，该成员还可以提醒主持人安排在此时的是哪一项事务。

{18:10} 假设这是一次代表大会，且在昨天的会议上有一项决议被改期并作为今天上午 11:30 的"特别议程项"。现在已经是 11:30，但是还有成员在就当前待决动议发言。

成员 A（起立并直接对主持人说）：主持人，我要求遵守议程。

*主持人：*有人要求遵守议程。昨天大会将税务改革的决议改期到了今天上午 11:30 并作为特别议程项。* 现在的议题就是："决定，……"

{18:11} 这项决议处理完之后，之前被打断的那项事务从中断点恢复：

*主持人：*在要求遵守议程的时候，代表大会正在考虑的决议是："决定，……"亨利先生当时正在发言。现在请亨利先生继续。

§19. 提出权益问题

{19:1} "提出权益问题"（Raise a Question of Privilege）** 是一个"优先

---

*　前面这句话是主持人"说明（announce）议程指定在此时的事务"，后面这句话是主持人对该事务正式"宣布（state）议题"。——译者注

**　"权益问题"（a question of privilege）是指组织或组织的成员遇到的一些情况和问题，涉及组织或任何成员的基本权益，因而很重要也很紧急，需要立刻给予考虑和解决。此处的"privilege"不是"特权"的意思，而是指"基本的权利"，但正因为基本，所以非常重要和紧急。"权益问题"本身可以是请求或动议的形式。而"提出权益问题"是引入权益问题的一种手段。——译者注

动议",它提供了一种手段,使得任何一位成员都能够打断当前待决动议,立刻以"请求"(request)或者"动议"(motion)的形式提出关乎组织或任何成员基本权益的紧迫问题,以期获得及时解决,而本来这样的请求或动议在有待决动议的时候是不合规的(19:7—17 列出了权益问题②* 的常见类型和举例)。

{19:2} "提出权益问题"的过程如下:某位成员起立直接对主持人说"我要提出权益问题"(请参阅 19:8 给出的流程)。主持人应立刻询问是什么权益问题。于是该成员说明是什么权益问题以及如何解决。这个解决的方法,可以是一个"请求",也可以是一个"动议"。主持人则必须立刻"裁定"(rule)该"请求"或"动议"是否属于"权益问题"(成员对主持人的裁定可以"申诉",请参阅第 24 节)。如果是,再进一步裁定它是否紧急到需要打断当前事务的程度。

{19:3} 必须注意区别"提出权益问题"这种手段和"权益问题"本身。"提出权益问题"属于"优先动议",由于它的优先级高,所以它能够打断当前待决动议。但是,问题是否能够得到处理,还是要取决于主持人的裁定。而主持人的裁定实际上又取决于"权益问题"本身的重要性和紧急程度。"权益问题"本身是一个"请求"或者一个"主动议",本身的优先级很低,没有"提出权益问题"的帮助,无法得到立即处理。但是一旦得到了处理的机会,就必须按照"请求"(请参阅第 32、33 节)或者"主动议"的规则分别进行处理。对于"主动议"形式的"权益问题",处理的时候要把它当做一个新的、独立的主动议,可以修改、辩论以及应用各种附属动议,不用考虑被打断的、原来的待决动议。如果在没有其他待决动议的时候出现"权益问题",那就可以直接提出"请求"或"主动议"来进行处理,不再需要"提出权益问题"这个手段。

{19:4} "权益问题"跟"优先问题"(privileged motions 或 privileged questions)没有关系。"优先问题"等于"优先动议"。它是动议的一个类别,包括"提出权益问题"等五种动议。

{19:5} 下面的描述特征仅仅针对作为"优先动议"的"提出权益问题",也

---

② "权益问题"(question of privilege)泛指关乎组织或任何成员基本权利的请求或动议,不一定由"提出权益问题"动议引入。

* 例如也可以在没有其他待决动议的时候作为"主动议"而直接提出来。——译者注

就是前面所说的、能够在有其他待决动议的情况下帮助有紧急问题的成员取得发言权的手段,也针对主持人关于是否受理为权益问题的裁定(另请参阅 19:8—10)。

标准描述特征

{19:6} 优先动议"提出权益问题":

(1) 优先于除"休息""休会""指定后续会议的时间"这三种优先动议之外的所有其他动议。"提出权益问题"让先于这三种优先动议,以及所有可能出现且必须首先得到解决的"偶发动议"。

(2) "提出权益问题"不可以应用于任何动议,也不可以对它应用任何"附属动议"(subsidiary motion)。

(3) 如果确实紧急,那么在其他人拥有发言权的时候合规。(必须是在取得发言权的人开始发言之前;不能在别人正在发言的时候打断,除非"权益问题"本身就是关于这个正在进行的发言。参阅本节最后 19:11—17 的两个例子。"提出权益问题"也不能打断正在进行的表决或验票。)

(4) 不要求附议。("提出权益问题"这个动作不要求附议,但如果"权益问题"本身是"主动议"的形式提出的,那么该主动议要求附议。)

(5) 不可辩论;是否将成员所提的请求或动议形式的问题"受理"(admit)为"权益问题",由主持人裁定,不需要辩论。(但允许简要描述情况,请参阅 19:9。)但如果"权益问题"本身是"主动议"的形式,那么该主动议在被受理为权益问题并处于待决状态后是可以辩论的。

(6) 不可修改;提出权益问题的过程不可以应用"修改"动议。(但如果"权益问题"本身是"主动议"的形式,那么该主动议在被受理为权益问题并处于待决状态后是可以修改的。)

(7) 不需表决,由主持人裁定,除非主持人的裁定遭到"申诉"(appeal,第 24 节)。

(8) 主持人关于是否受理为权益问题的裁定不能"重议"(reconsider)。

进一步的规则和说明

【权益问题的类型】

{19:7} "权益问题"分为两大类:(1)关系到"会议和组织整体基本权益"的问题;(2)关系到个人基本权益的问题。如果这两类问题发生冲突,那么"会议和组织的权益问题"优先于"个人的权益问题"。关系到"会议和组织整体基本权益"的问题,包括涉及组织的安全和保密的问题;或者会场的环境、取暖、通风、光线出现的问题,有噪音或其他干扰;或者是官员、雇员或嘉宾出现了有损会议利益的行为;或者要惩戒成员;或者是会议正式文件的内容或措辞出现问题;动议进入"闭门会议"(Executive Session,第 9 节)就是一个涉及会议和组织整体的权益问题。关系到个人基本权益的问题——这些情况在一般的组织中很少出现,也很难紧急到值得打断当前待决动议的程度——可能是在某位成员未出席的时候批准了一份会议纪要,而会议纪要中对上次会议该成员出席情况的记录有误,或者出现了对某成员的不当指控。

【提出和解决权益问题的具体步骤】

{19:8} 成员起立,不必得到主持人的准许就说,"我有关于会议(或组织)的权益问题"或者"我有个人权益问题"或者直接说"权益问题"。

{19:9} 即使主持人已经准许了另外一个人发言权,只要发言尚未开始,主持人就应该让有权益问题的人先说明问题。对于这个提出权益问题的人来说,他有两种选择:(1)如果问题比较简单,那么他可以在简要说明问题后请求立刻纠正,即以"请求"(request)的方式来处理;(2)如果他认为问题比较复杂需要会议做出正式决定,那么他可以提出一个动议来解决这个权益问题,这个动议实际上是个"主动议"(main motion),它需要附议。另外,主持人也可以根据自己的判断要求成员将"请求"改成"主动议"。通常,主持人应该立刻裁定该问题是否属于"权益问题"。如果是,又是否值得打断当前待决动议。但有两种例外情况:一是对于"请求"形式的权益问题,如果问题通过简单的行动即可解决(比如后面例子中要求"关上会场的窗户"),那么主持人可以不经裁定而立刻吩咐执行;二是对于"主动议"形式的权益问题,如果没有得到附议,那么动议无效,主持人也不必做什么裁定。对于主持人的裁定,任何成员都可以提出"申诉",而这个"申诉"是不可辩论的。

{19:10} 如果"主动议"形式的"权益问题"得到附议,而且被主持人裁定属于需要立刻处理的"权益问题",那么主持人立即"宣布"这个"主动议"的议题,并把它当作独立的"主动议"来继续处理。等到这个"权益问题"的动议解决之后,主持人从断点恢复原来正在处理的事务。如果原来正有某位成员持有发言权,那么主持人应该再次把发言权授予他。

格式和举例

{19:11} 成员起立,不必得到主持人的准许就说:"我提出关乎会议的权益问题。"或者:"我提出个人的权益问题。"在需要打断别人发言时[参阅本节前面的"标准描述特征(3)"],这样的格式须严格遵守。如果是小型会议,且没有人正在发言,那么可以使用简化形式:"权益问题!"

{19:12} 下面这个例子是以非正式的"请求"方式提出的关乎会议的权益问题,而且主持人可以例行吩咐解决。

{19:13} 假设,会场很大,一个重要的发言正在进行,隔壁却有施工人员正在使用手电钻,很大的噪音从窗户传进来。

成员 A(起立,打断发言人,直接对主持人说):主持人,我提出一个影响会场的权益问题。

主持人:请这位先生说明问题。

成员 A:主持人,需要关上一些窗户,否则我们无法听清发言。

主持人:请工作人员找物业将左侧的窗户都关上。在此之前,请发言人适当提高音量。

{19:14} 下一个例子中关于会议的权益问题需要采用正式的"主动议"形式,而且需要打断待决动议。一般的会议中,这种情况并不常见。但是在规模较大的会议上,由于情况复杂,时常会出现这样的需求。

{19:15} 假设,某协会邀请了一位重要客人发言,并允许非成员的公众到场听讲。本来的安排是这样:因为客人后面还有别的事情,所以他的发言被安排在最开始,发言后客人就退场,但是其他非成员的公众不用退场,等到一些简短且例行的协会内部事务处理完之后所有人一起离开。但是在处理内部事务的时候，成员 X 却提出一个重要且棘手的决议，且需要会议立即对此决议做出决定。

{19:16} 成员 Y 感到这个问题应该保密，应该限制在协会内部讨论。于是起立，打断正在发言的成员 X 说："我要提出一个关乎协会利益的权益问题。"主持人示意他说明问题，于是他接着说：

成员 Y： 主持人，我认为这个问题我们应该内部讨论。我动议进入闭门会议，并向我们的客人们致以歉意。（附议。）

主持人： 主持人裁定该权益问题有效，并需要立刻处理。有人动议并经附议我们进入闭门会议。

{19:17} 需要的话，可以对是否进入闭门会议进行辩论和修改；然后进行表决。如果动议获得通过，主持人谢送宾客。客人退席后，主持人宣布被权益问题打断的决议，并重新授予成员 X 发言权。

§20. 休息

{20:1} "休息"（recess）是指会议进行中的短暂间歇，一般几分钟，会议并不结束，休息之后会议从断点恢复并继续进行。[③]休息的原因，可能是要计算票数，获取信息，或者进行非正式的磋商。

{20:2} 在有其他待决动议的时候，动议"休息"（Recess 或 Take a Recess）属于"优先动议"，适用于下面的标准描述特征。它只能用来要求立刻休息，不能用来指定什么时间休息。

{20:3} 在没有其他待决动议的时候，动议"休息"属于"主动议"，既可以要求马上休息，也可以要求在指定的时间休息，但下面的八个标准描述特征就不再适用。所以，如果想让"休息"具备"优先动议"的优先级别，就要在有其他待决动议的时候提出。但如果想指定开始休息的时间，那就只能是在

---

③　关于"休息"和"休会"的区别，请参阅第 8 节，特别是 8:7。

没有其他待决动议的时候以"主动议"形式提出。*

{20:4} 下面的八个标准描述特征只适用于作为"优先动议"的"休息"。

标准描述特征

{20:5} 优先动议"休息":

(1) 优先于主动议,优先于所有附属动议和所有偶发动议,优先于除"休会"和"指定后续会议的时间"之外的所有优先动议。让先于应用与自身的"修改"和"结束辩论",让先于优先动议"休会"和"指定后续会议的时间"。(但是,如果"休会"或"指定后续会议的时间"是以主动议的形式提出的,那么"休息"优先于它们,请参阅第21节和第22节。)它还先于那些可以应用在自己身上的、必须在"休息"表决之前首先得到解决的偶发动议。

(2) "休息"不可以应用于任何其他动议。可以对它应用"修改",还可以应用"结束辩论"来防止有人提出"修改",但一般的组织中很少会有这种需要。所有其他的附属动议都不可以应用。

(3) 在其他人拥有发言权时不合规。

(4) 要求附议。

(5) 不可辩论(但允许对不可辩论的动议做适当解释,具体请参阅43:31—32)。

(6) 可就休息的时间长度进行"修改";但这样的"修改"不可辩论。

(7) 要求"过半数表决"。

(8) 不可"重议"。

进一步的规则和说明

【宣布议程预定的休息】

{20:6} 如果在代表大会或其他类型的会议已经通过的"议程"或"日程"

---

* 　但无论是"优先动议"还是"主动议","休息"都可以包含休息的时间长度或截止时间,如"几分钟""直到几点几分",或"直到主持人召集"等。——译者注

中安排了休息时间,那么时间一到,主持人即可直接宣布会议休息,不必再次取得会议的同意。* 如果时间到了主持人却没有这么做,任何成员都可"要求遵守议程"(Call for the Orders of the Day,第 18 节),也就是要求按议程宣布休息。

【推迟预定的休息】

{20:7} 预先安排好的"休息"也是一项应该遵守的议程,当预定时间到来时,应该休息。如果会议不希望这样做,要推迟预先安排好的休息,需要"三分之二表决",按照"暂缓议程"(set aside an order of the day)的规则来处理。请参阅 18:8。

格式和举例

{20:8} 本动议的格式可以是:"我动议会议休息,下午 2 点继续。"或者:"我动议会议休息 10 分钟。"或者:"我动议休息,直到主持人召集。"

{20:9} 如果该动议得到通过,主持人这样宣布结果:

主持人:赞成方获胜,我宣布会议休息 15 分钟。[如果有议事槌,可击议事槌一次(a single rap of the gavel)。]

{20:10} 时间到,主持人请成员们注意,并重新召集会议:

主持人:休息结束,会议现在继续。现在的议题是如下决议……[或者,如果休息是因为要对刚刚进行的表决或选举计票,那么主持人此刻先宣布计票结果。]

§ 21. 休会

{21:1} "休会"(adjourn)是指会议结束(请参阅第 8 节)。"休会"动议既可能是"优先动议",也可能是"主动议",这与若干因素有关,本节会具体说

明如何区别。一般组织中最常出现的是作为"优先动议"的"休会"。任何"休会"动议一旦得到通过,会议就要立即结束。另外还有一种动议,可以指定一个未来的休会时间,但这样它就不再是优先动议而只能是一个主动议。*

{21:2} 作为"优先动议"的"休会"的目的就是要立刻结束会议,但是它必须满足两个前提:一是本次会议什么时候休会必须尚未确定(否则就发生时间冲突),二是什么时候再开会必须已经由其他的规则确定(否则休会就等于解散会议和组织)。因而它还不能有任何限制条件,既不能指定什么时候休会(必须立刻休会),也不能指定什么时候再开会(已经确定了)。只要满足这些条件,无论是否仍有其他待决动议,如果多数人希望尽快结束会议,那么就应该有这个权利,而且即使没有其他待决动议,也不应该在决定是否休会的问题上浪费辩论的时间。因此,如果下一次或下一场会议召开的时间已经确定,而本次或本场会议休会的时间尚未确定,那么没有任何限制条件的"休会"动议就有理由打断任何待决动议,并在获得通过后立刻结束本次会议,无须解决待决动议。也正因为如此,满足这样条件的"休会"总是"优先的":即使没有其他待决动议(就是说它是个主动议),它也是不可辩论、不可修改的,并适用所有"优先"(privileged)的规则(除了与在有待决动议的情况下提出"休会"有关的规则,请参阅下面的标准描述特征)。在上述条件下,"休会"动议在没有其他待决动议时也是"优先动议",这是一种特例。

{21:3} 反之,在下列情况下,"休会"就不是"优先动议",而只能是"主动议":

(1) 如果对"休会"动议添加了任何限制条件,例如,什么时间休会,或者休会到什么时间再开会。

(2) 如果本次或本场会议的休会时间已经确定,可能是早些时候通过的动议或者"日程"(program)所指定的,也可能是"会议程序"(order of business)或"章程"(bylaws)等组织文件所规定的,但是现在想立刻休会。

(3) "休会"一旦获得通过,就意味着解散会议和组织(因为没有任何文

---

*   这个动议叫"指定休会时间"(Fix the Time *at* Which to Adjourn)。——译者注

件、规则或者决定能够告诉大家下一次会议什么时候召开），例如
"公众集会"或者一次"代表大会"④的最后一场会议就是这样。

上述三种情况下的"休会"就不能是"优先动议"，而只能以"程序主动
议"的形式提出。相应地，在有其他待决动议的情况下（此时主动议不合
规），任何带有"限制条件"的"休会"动议都是不合规的*，如果有其他动议
待决，同时又出现上面（2）和（3）的情况，那么任何形式的"休会"动议就都是
不合规的，不过一般的组织很少会出现这样的情况。

{21:4} 一般的组织都在"章程"（bylaws）中规定了每年按一定周期召开
若干次"例行会议"（regular meeting），一般不会规定每次休会的具体时间。
所以对于这样的组织来说，只要是"没有限制条件"（unqualified）的"休会"
动议，就一定是"合规的"，并且是"优先的"（privileged），无论有没有其他待
决动议；而且即使在没有其他待决动议的情况下，它也总是不可辩论的，并
适用于本节后面的规则。

{21:5} 下面的标准描述特征仅限于作为"优先动议"的"休会"。

标准描述特征

{21:6} 优先动议"休会"：

(1) 除了作为"优先动议"的"指定后续会议的时间"之外，本动议优先
于所有其他动议；但是在表决或者"验证表决"（verify a vote，为验
证结果而进行的重新表决）正在进行的时候，或者在主持人宣布表
决结果之前，它是不合规的；但又有一种例外情况，即如果表决是
书面不记名形式的（by ballot），那么在"计票员"（teller）把所有的
选票都收集上来以后，且在宣布结果之前，"休会"是合规的。⑤"休
会"让先于作为"优先动议"的"指定后续会议的时间"（但是优先于

---

④　对于那些由地方分支机构选举代表每年或每两年集中参加的全州或全国代表大会，每次代表大
　　会是一个不同的"会议"（assembly），是由不同的代表组成的。

⑤　如果是因为计算票数需要很多时间，那么最好是"休息"而不是"休会"。但如果已经确定了下一
　　场会议的时间，"休会"也是可以的。无论是哪种情况，在会议重新开始的时候，应该尽快宣布投
　　票的结果。

*　　也就是，此时不能动议"在什么时间休会"，也不能动议"现在休会，然后在什么时间召开后续会
　　议"。——译者注

作为"主动议"的"指定后续会议的时间",第 22 节);它还让先于所有可以应用在"休会"身上的、必须在"休会"表决之前首先得到解决的"偶发动议";但是在"休会"动议被提出之后,可以裁定那些不是非处理不可的"偶发动议"为不合规。

(2)"休会"不可以应用在任何其他动议上。任何附属动议也不能应用在"休会"上。

(3) 在其他人拥有发言权时不合规。

(4) 要求附议。

(5) 不可辩论(但请参阅 21∶10—12)。

(6) 不可修改。

(7) 要求"过半数表决"。

(8) 不可以"重议",但关于它的"重提",请参阅 21∶13。

进一步的规则和说明

【如果有待决动议或者会议程序尚未完成】

{21∶7} 除非会议制定了其他的规则,否则在有待决动议的时候或者"会议程序"尚未完成的时候,"休会"动议的效果是:

(1) **如果"休会"并不结束本次会议**[例如,已经安排了一场"后续会议"(第 9 节),或者"代表大会"(convention)中除最后一场会议之外的那些会议]:那么下一场会议上,除了开始可能会有一些开幕仪式和宣读会议纪要(minutes,第 41 节)的程序之外,未完成的事务和会议程序从上场会议的中断点开始继续。

(2) **如果"休会"意味着本次会议的结束,但与下次会议的时间间隔不超过三个月**(请参阅 9∶7),**而且,这次会议的所有成员也都是下次会议的成员**(那些例行会议比较频繁的俱乐部或者协会大多如此):那么这次的"会议程序"将由下次例行会议继续完成。在休会时待决的动议要安排在下次会议的"未完事务"环节的一开始,或者如果该待决动议被设定为"特别议程项",就安排在下次会议的"特别议程项"环节的一开始,并从中断点开始继续考虑。本次会议没来得及处理的其他"普通议程项"和"特别议程项"也分别安排在下次会议的"未完事务"和"特别议程项"这两个标题下处理。关于"会议程序"和"议程",请参阅第 41 节。

(3) 如果"休会"意味着本次会议的结束,而且与下次会议的时间间隔超过三个月(请参阅 9:7),或者,本次会议结束后会有部分或所有成员的任期结束(例如选举产生的立法机构或董事会):那么就一般应忽略(fall to ground)所有在休会时未最终解决(只暂时解决)的动议⑥,除了有些已经委托给了委员会的动议(请参阅 9:8—11)。而这些动议可以在下次会议上重新提出,就像从来没有提出过的新动议一样。

【对于没有例会的组织】

{21:8} 对于"公众集会"(mass meeting)或者"代表大会"(convention)的最后一场会议来说,通常"休会"就意味着会议和组织解散,除非又约定了什么时候将会或可能会再次召开。意味着会议和组织解散的"休会"只能以"主动议"的形式提出。意味着解散会议和组织的"休会"动议,或者虽然不解散会议和组织,但是根据章程或其他规则,除非召开"临时会议"(special session),否则要很久之后才会召开下一场会议的"休会"动议,通常叫做"最终休会"(Adjourn Sine Die 或 Adjourn Without Day),具体请参阅 8:2(6)。如果组织的章程允许在例行的代表大会之外召开"临时代表大会"(special convention),那么这个"临时代表大会"是一次独立的代表大会。它的代表以及候补代表都必须根据章程重新选举。不过在它的"日程"(program)中,某些通常应该在"代表大会"上进行的特有的活动项目可以省略。

{21:9} 如果董事会或委员会休会时没有指明下次会议的时间,下次会议的时间是"由主持人召集"(meet at the call of the chair),请参阅 50:21—22。相应地,由于董事会或委员会通常不会有规定说什么时间必须休会,所以在董事会或委员会中,"休会"通常是"优先动议"。当"临时委员会"(special committee)完成了受委托的事务,它"解散并报告"(rise and report)。"解散并报告"动议的效果等于一个"主动议"形式的"最终休会"动议。

---

⑥　如果已经"提出"了对某个已获通过的动议的"重议",但还没有最终解决这个"重议",此时"休会",被忽略的只是这个"重议",那个已获通过的动议仍然生效。

【"优先"的"休会"待决时或已获通过后仍合规的活动】

{21:10} 虽然作为"优先动议"的"休会"不可辩论,但是在它待决的时候,仍然可以:

- 提醒会议休会之前需要注意的事务;
- 发表重要的声明;
- 提出、但不能"考虑"(take up)⑦"重议";
- 提出"重议并先记录"(Reconsider and Enter on the Minutes),请参阅 37:46—52;
- 对那些要在下一次会议上(或者对于由每天一场的多场会议构成的一次会议来说,要在第二天)提出、并且要求"事先告知"(previous notice)的动议,做出"事先告知",请参阅 10:44—51;
- 动议"指定后续会议的时间",如果延续本"次"(session)会议的一"场"后续会议的时间尚未确定的话,请参阅第 9 节和第 22 节。

{21:11} 上述的这些事务应该尽早进行处理,不要等到最后。但有时可能找不到合适的机会,特别是代表大会或者由连续几场会议组成的一次会议,需要按照通过的"议程"或"日程"紧凑进行。即使是普通组织的会议,也可能在"会议程序"的各项事务处理完之前就提前休会,那么在对"休会"进行表决之前,还有机会来处理这些事务。在"休会"进入待决状态后,如果出现上述那些事务需要处理,可以由主持人进行简要的声明和提醒,或者由成员在取得发言权后表明自己有重要的声明或提醒要做,或者成员在取得发言权后提出上述的动议或做出"事先告知",然后才可以就"休会"进行表决。如果确实有重要的事务暂时不能休会,那么主持人或其他成员可以请求"休会"的动议人"收回"(withdraw)动议。

{21:12} 无论"休会"是"主动议"还是"优先动议",休会的正式生效都必须是在主持人宣布"现在休会!"("The meeting is adjourned."或者"The meeting stands adjourned.")之后。在此之前成员不应该离开座位。在

---

⑦ 因为"重议"的提出有很多时间限制,所以允许在"休会"待决的时候,甚至在它得到通过但主持人尚未宣布正式休会的时候,提出"重议"并先记录下来,但先不加以考虑。一般来讲,这样的"重议"需要等到在以后的会议上被"要求考虑"(be called up),但如果"重议"是在"休会"表决之前提出来的,后来"休会"却被否决或者收回,那么这个"重议"也有可能在本次会议上就得到考虑。如果"重议"是在"休会"得到通过之后提出的,且这个"重议"又确有立即进行考虑的必要,那么主持人应该对"休会"重新进行表决。请参阅 37:8"重议"的独特规则。

"休会"得到通过、但主持人尚未正式宣布休会之前,必要时仍然可以提出前面所列的那些事务(在21:10)。主持人在宣布"休会"得到通过之后,应该适当停顿再宣布休会。例如,主持人说:"看来赞成方获胜。[停顿,然后慢慢说。]休会动议得到通过,我宣布现在休会。"大家可以在主持人停顿期间要求对"休会"的表决进行"起立重新表决"(Division,请参阅第29节),或者提出前面所列的那些事务。如果主持人在宣布正式休会之后立刻发现有人在宣布休会之前已经起立并称呼主持人,只是主持人没有或者没来得及注意到,那么此时的休会是不合适的,而且也发现及时,主持人要请此人说明理由,只要属于前面所列的那些事务,主持人就必须取消休会,恢复会议,但只能把此人所提的事情处理完,然后再次宣布休会。

【"重提"优先动议"休会":正确和滥用】

{21:13} "休会"被否决可能是因为多数人希望继续听取一个发言或者进行一场表决,因而只要会议或者辩论有了实质的进展(例如发言听完了,或者表决结束了),就可以"重提""休会"。但是有时这种"重提"的优先性和"休会"动议自身的高优先级会被滥用,造成对会议的干扰。所以主持人应该拒绝受理明显具有阻挠性质的"休会"动议。例如,刚刚否决了一个"休会",且会议没有任何进展使得现在会有更多的人希望结束会议,那么重提"休会"就是不合规的。如果有人未经正式取得发言权就说,"我动议休会",那么主持人不应该受理,除非"默认一致同意"(unanimous consent)。请参阅第39节"拖延性动议"(Dilatory Motions)。

【无须动议即可休会的情况】

{21:14} 在代表大会或者由若干"场"会议组成的一"次"会议中,每"场"会议的休会时间都是事先安排好的——可能是在"议程"(agenda)或"日程"(program)中,也可能是通过动议指定的——那么当休会时间到来,无须动议即可休会。主持人只需宣布时间到,现在休会,与20:6宣布"休息"时的做法是一样的。如果休会时间到,但会议还希望继续讨论,那么要按照"暂缓议程"(set aside the orders of the day)处理,请参阅18:8和41:56。另一方面,对于这样的会议,如果预定的休会时间还没到,会议却希望提前结束,那么就只能以"主动议"的形式提出"休会",不过只要满足"过半数表决"即可,请参阅21:3。前面提到的那些在"休会"得到通过之后仍然合规的事务仍然可以处理。

{21:15} 在一般的本地组织会议上,通常每次"例行会议"(请参阅第 9 节)都要完整地执行"会议程序"(请参阅第 41 节)。但是如果明显已经没有其他事务了,主持人可以不必等待有人提出"休会"动议,而是直接问:"是否还有其他事务?"如果没有人响应,主持人就接着说:"既然没有其他事务,主持人宣布现在休会。"

格式和举例

{21:16} 下面这些格式既可以用于优先动议也可用于主动议形式的"休会"动议:"我动议休会。"或者:"我动议[现在]结束会议。"如果是主动议,还可以说:"我动议现在休会,并于 4 月 10 日晚上 8 点召开后续会议。"或"我动议本代表大会最终休会。"

{21:17} 假设在某本地组织的月例会上,有一个决议正待决,此时有人取得发言权,然后动议"休会",并得到附议。因为该动议优先,且不可辩论,所以主持人直接提请会议表决。

主持人:有人动议休会,并且得到附议。所有赞成休会的请说"赞成"[**按照 4∶37 所描述的方法继续表决**]。

{21:18} 如果动议得到通过,主持人宣布结果,确定没有人要申请发言(请参阅 21∶12),就宣布会议结束。如果动议被否决,主持人宣布结果后,应紧接着重新宣布原来待决决议的议题。

{21:19} 当这个待决决议得到解决之后,或者如果经过一番辩论之后有足够理由相信会议现在希望休会,就可以重新提出"休会"。"休会"经过提出和附议之后,如果主持人看到没有其他事务,并感到成员普遍希望休会,可以尝试用"默认一致同意"来处理(请参阅 4∶58—63),例如:

主持人:如果没有反对意见,会议即将结束。[**停顿。**]**既然没有反对意见,主持人宣布会议结束。**

{21:20} 主持人可以在宣布会议结束之后击议事槌一次(a single rap of the gavel),作为正式休会的信号。

§ 22. 指定后续会议的时间

{22:1} "指定后续会议的时间" (Fix the Time to Which to Adjourn 或 Fix the Time for an Adjourned Meeting) 的作用是指定下一场会议的时间,也可以包括地点,以继续完成本次会议的事务,而跟当前这场会议结束的时间没有关系。"后续会议" (adjourned meeting) 就是指继续本场会议内容的另外一场会议,与本场会议同属于一次会议。

{22:2} 只有在同一"次"会议的下一"场"会议时间尚未确定的情况下,本动议才合规。如果已安排了下一场会议的时间,那么需要首先"暂缓规则" (Suspend the Rules, 请参阅第 25 节) 或者"修改已通过的决定" (请参阅第 35 节),才可以另外安排一场或多场后续会议。所谓"已通过的决定"在这里指的就是已获通过的设定了本"次"会议每"场"会议的那个"议程"或"日程"。

{22:3} 只有在有其他待决动议的时候,本动议才是"优先的"。

{22:4} 在没有待决动议的时候提出本动议,那么它就是主动议,可以辩论,适用所有主动议的规则。如果可行的话,本动议应该尽可能采用主动议的形式,但有时可能出现突然情况需要立刻设定下场会议的时间,但却没有机会提主动议了,那么就要使用优先动议的形式。

{22:5} 下面的"标准描述特征"仅适用于作为"优先动议"的"指定后续会议的时间"。

标准描述特征

{22:6} 优先动议"指定后续会议的时间":

(1) 优先于所有其他动议。它让先于应用在自己身上的"修改"或"结束辩论",让先于适用的且在本动议表决前必须首先解决的偶发动议。在会议表决通过了"休会"动议但是主持人尚未宣布休会之前,本动议仍是合规的。

(2) 不可以应用于任何动议。对它可以应用"修改"。理论上可以对它应用"结束辩论"来防止进一步的修改,但很少使用。

(3) 当其他人拥有发言权时不合规。

(4) 要求附议。

(5) 不可辩论(但允许对不可辩论的动议做适当解释,具体请参阅 43:31—32,以及 22:14 的举例)。

(6) 可以就日期、时间或地点提出修改,但是这些修正案是不可辩论的。

(7) 要求"过半数表决"。

(8) 可以"重议"。

进一步的规则和说明

【动议中的时间和地点】

{22:7} 对于有例会制度的固定组织,本动议(无论是"优先动议"还是"主动议")所指定的"后续会议"必须是在下次例会之前。* 如果组织没有固定的会议地点,那么本动议应该指明"后续会议"的地点。

{22:8} 对于有例会制度的固定组织,如果决定在下一次"例行会议"之前召开一场"后续会议",但"后续会议"的时间并没有指定,而是说"由主持人召集",那么这样召开的"后续会议"仍然属于本次会议。但是,如果直到下次"例行会议"的时间,主持人都还没有召集"后续会议",那么本次会议的最终休会时间就追溯到最后这场会议休会的时间,而且主持人召集"后续会议"的权力也就因过期而失效。

【动议的效果】

{22:9} 无论是作为"优先动议"还是作为"主动议",本动议的效果都是设定"后续会议"(adjourned meeting)的时间。"后续会议"指继续本场会议内容的另外一场会议,与本场会议同属于一次会议。与"临时会议"(special meeting)不同,"后续会议"不要求"会议通知",当然有则更好。不要把"后续会议"跟"临时会议"混淆,"临时会议"是单独的另外一次会议,在一般组织中,按照"章程"(bylaws)的要求召集。

＊　　因为对于有例会制度的固定组织来说,每一次"例行会议"就是一"次"会议。——译者注

{22:10} 如果需要以优先动议的形式提出本动议,那么通常在本动议得到通过之后,往往会根据需要紧接着使用"改期"(Postpone)来把某件事务或者使用优先动议"休会"(Adjourn)来把所有剩下的事务,延续到刚刚指定了时间的"后续会议"上继续处理,后面的例子中会具体说明。在"后续会议"上,会议纪要仍要宣读并批准,然后要从被"改期"的事务开始,或者从"休会"之前的中断点开始,继续各项事务。

{22:11} 需要注意的是,本动议的通过并不结束本场会议,也没有设定本场会议结束的时间,因而,它与本场会议什么时候结束是无关的。这跟另外一个动议,"指定休会时间"(Fix the Time *at* which to Adjourn)有着根本的不同,后者只能是一个主动议。

格式和举例

{22:12} 本动议可以采用的格式:"我动议本场会议休会以后,于明天下午 2 点召开后续会议。""我动议本场会议休会以后,于 4 月 2 日星期三的晚上 8 点在瑞阁酒店召开后续会议。"或者:"我动议本场会议休会以后,由主持人召集后续会议。"

{22:13} 在宣布表决结果时,如果是赞成方获胜,主持人可以说:"赞成方获胜,本场会议于今晚休会以后,将于明天下午 2 点召开后续会议。"

{22:14} 在下面第一个例子中,假设有些人希望指定一个后续会议来处理比较棘手的当前待决议,以有时间完成本场会议的"会议程序"中其他的事项。

成员 A(取得发言权):主持人,我认为今晚剩下的时间不足以解决当前待决议。我动议在本场会议休会后,于下周四晚 8:15 在这里召开后续会议。(附议。)

{22:15} 接下来主持人宣布本动议的议题。成员可以提出对时间和地点的修正案,但不可以对修正案进行辩论。然后主持人提请对本动议表决,最后宣布本动议的表决结果。无论通过与否,这个结果只是针对"指定后续会议的时间"而言的。所以在宣布结果之后,还要继续处理刚刚被打断的决议。主持人再次宣布刚刚那个决议的议题,可以重新宣读,也可以概括描

述。在这之后,如果"指定后续会议的时间"得到通过,才可以根据这个结果采取进一步的行动,即成员 A 再次起立:

成员 A(取得发言权):我动议把当前待决决议改期到下周四的后续会议。(附议。)

{22:16} 再按"改期"动议的规则处理。假设它也得到通过:

主持人:赞成方获胜,该决议改期到下周四的后续会议。下面一项事务是……

{22:17} 第二个例子,假设希望在提出"指定后续会议的时间"之后立刻休会,并假设这个目的无法通过一个主动议来实现。

{22:18} 在协会的年会上,假设时间已经很晚了,但有一项对章程的修正案由于存在争议,并且有"强少数方"(a strong minority)坚持要继续辩论。*

成员 X(取得发言权):我动议本场会议休会后,于明晚同一时间召开后续会议。(附议。)

{22:19} 跟第一个例子一样,对本动议进行表决。如果得到通过,那么在主持人重新宣布章程修正案的议题后,成员 X 再次起立:

成员 X(取得发言权):我动议休会。(附议。)

{22:20} 主持人宣布"休会"动议的议题,并立刻提请表决。如果得到通过,主持人宣布结果如下:

主持人:赞成方获胜,我宣布本场会议休会,明晚 8 点召开后续会议。

---

* "结束辩论"要求"三分之二表决"。如果坚持要继续辩论的人虽然不到半数,但是多于"三分之一",那么"结束辩论"就无法得到通过。但是"指定后续会议的时间"和"休会"都只要求"过半数表决",因而可以通过。——译者注

第 八 章

偶 发 动 议

请参阅 6:15 开始的内容,那里提供了"偶发动议"(incidental motions) 的总体特征以及完整的动议列表。

§23. 秩序问题

{23:1} 任何成员,只要认为有违反会议和组织的规则的现象发生,就可以提出"秩序问题"(Point of Order),要求主持人裁定并纠正,以严格地贯彻和执行规则。

标准描述特征

{23:2} 偶发动议"秩序问题":

(1) 优先于所有待决的、可能会出现秩序问题的动议。"秩序问题"让先于所有"优先动议",前提是这些"优先动议"根据动议的优先级顺序,在此时是合规的。如果"秩序问题"跟一个或多个待决动议有绑定关系(请参阅 10:35)*,那么它还让先于"附属动议"中的"暂停"(指把主动议暂停),前提是"暂停"根据动议的优先级顺序,在此时是合规的。对"秩序问题"通常的处理方式是:主持人直接裁定,无须经过会议的讨论或表决。只要在这种通常的处理方式下,除前面所说的在本动议绑定于待决动议时让先于"暂停",本

---

* 也就是说,这个"秩序问题"是针对"待决动议"而提出,且必须首先解决这个"秩序问题",然后才能继续处理"待决动议"。——译者注

动议就不让先于其他六种"附属动议"。因而,在通常的处理方式下:

- 假设有主动议待决,还有附属动议待决,不过"直接待决动议"(immediate pending question)属于六种优先级较低的附属动议中的一种,也就是说还没有出现"暂停"。这时,有人提出了一个"秩序问题",而且这个"秩序问题"跟一个或多个当前待决动议有绑定关系。那么,在这个"秩序问题"得到解决之前,除"暂停"以外的其他附属动议就都不合规;但是在这种情况下,"暂停"和所有的优先动议仍都合规,而且一旦提出,它们还必须在"秩序问题"之前首先得到考虑。

- 假设直接待决动议是属于七种附属动议中的任意一种,这时有人提出了一个"秩序问题",但是这个"秩序问题"跟任何当前待决动议都没有绑定关系。那么此时任何附属动议都不合规,直到这个"秩序问题"得到解决;但是所有的优先动议仍都合规,而且一旦提出,它们还必须在"秩序问题"之前首先得到考虑。

- 对于上面任何一种情况来说,如果在"暂停"或者某个"优先动议"正处于待决状态的时候提出了"秩序问题",那么所有的附属动议就都不再合规,要先解决"秩序问题"。但是一个优先级更高的"优先动议"仍然可以随时打断这个"秩序问题"的处理。

　　如果主持人自己无法确定如何裁定,那么就不能以通常的方式处理,必须提请会议裁定。如果请会议裁定的"秩序问题"可以辩论[请参阅下面的标准描述特征(5)],那么与可辩论的"申诉"(Appeal,请参阅第 24 节)一样,该"秩序问题"还让先于附属动议的"调整辩论限制"和"结束辩论";让先于"委托"和"改期",只要根据优先级顺序此时这些动议合规;还让先于所有可能从"秩序问题"引发的"偶发动议"。

(2) 只要出现了违反或破坏会议与组织的规则的情况,就可以提出"秩序问题"。只要采用通常的方式处理(主持人直接裁定),就不可以对它应用任何附属提议——除了,如果这个"秩序问题"跟一个或多个当前待决动议有绑定关系,那么可以在"秩序问题"待决的时候把主动议"暂停",这样"秩序问题"也跟其他的"绑定动议"(adhering

motions)以及主动议一起被暂停(除非"暂停"在"秩序问题"提出时已经待决)。如果不以通常的方式处理,即主持人自己无法确定如何裁定,于是提请会议裁定,而且如果这个"秩序问题"可以辩论[请参阅下面的"标准描述特征(5)"],那么对它应用附属动议的规则与对"可辩论的申诉"应用附属动议的规则是一样的[请参阅 24:3(2)"申诉"的"标准描述特征(2)"]。

(3) 在其他人拥有发言权的时候是合规的,而且只要确有必要,甚至可以打断其他人的发言(包括宣读文件)。请参阅 23:5"秩序问题的时机要求"。

(4) 不要求附议。

(5) 不可辩论——但是,经主持人同意,动议人可以阐述理由,相关人士也可以解释背景情况。如果主持人提请会议裁定,那么"秩序问题"的可辩论性与"申诉"的可辩论性相同,请参阅 23:19 和 24:3(5)。

(6) 不可修改。

(7) 通常的处理方式是由主持人直接裁定,无须会议讨论或表决。在主持人不确定如何裁定的时候,也可以提请会议讨论并表决。* 如果主持人的裁定遭到"申诉",那么也要由会议表决。

(8) 不可"重议",也就是说,不能重议主持人对秩序问题的裁定,但如果主持人将秩序问题提交会议裁定,那么会议对此的表决可以被重议。

进一步的规则和说明

【秩序问题的理论依据】

{23:3} 每一位成员都有权利指出破坏规则的行为并要求维护规则的强制性。如果主持人先发现了破坏规则的行为,主持人应当立即纠正;如果主持人未能注意到这样的行为,或者因为其他的原因,主持人未予纠正,那么任何成员都可以提出恰当的"秩序问题"。主持人可能需要在做出裁定之前先查找相关规则或者咨询"议事规则专家",此时主持人可以让会议"稍息"

---

* 此时要求"过半数表决"。——译者注

[stand at ease,请参阅 8:2(4)]。无论前面的过程怎样,一旦主持人做出裁定,那么任何两个成员(一个提出,一个附议)就可以"申诉",请参阅第 24 节。①

{23:4} 如果有人不确定某个行为是否破坏了规则,那么可以向主持人"咨询议事规则"(Parliamentary Inquiry,请参阅 33:3—5)。在一般的会议中,对细枝末节问题频繁提出"秩序问题"是不可取的。重要的是每个成员的正当权利没有遭到侵犯,会议的正常开展没有受到损害。

【秩序问题的时机要求】

{23:5} 一般的原则是:如果要提出"秩序问题",必须在破坏规则的行为发生时迅速提出"秩序问题"。例如,如果主持人对未经附议的动议或者不合规的动议,开始宣布议题,那么必须在主持人宣布议题的时候提出"秩序问题"。一旦开始辩论,即使该动议明显不合规,提出"秩序问题"也为时已晚。如果有人希望先听听动议人的观点,那么可以先对此动议"要求保留提出秩序问题的权利"并请主持人批准,然后在动议人发言之后,决定是"坚持"还是"收回"秩序问题。关于表决过程中出现的"秩序问题"必须在主持人宣布表决结果之后马上提出(请参阅 45:9)。

{23:6} "必须在破坏规则的行为发生时迅速提出秩序问题"这一原则的唯一例外情况是:如果破坏规则的行为具有延续性,那么在违规情况下做出的决定是无效的。这种情况下,只要违规的行为和决定仍在继续,就可以提出"秩序问题",无论已经过了多久。这些情况包括:

(1) 虽然已获通过,但是违反组织章程的主动议或决议;②

(2) 近来通过的一项主动议,与另外一项更早通过且仍然生效的主动议相冲突,除非近来通过的这项主动议得到的票数足以满足"取消或修改已通过的决定"的要求;

(3) 任何违反联邦、州或地方的相关程序法律的决定;

(4) 任何违反通用议事规则的根本原则(请参阅 25:9)的决定;

(5) 任何违反了旨在保护缺席者权益的规则、旨在保护成员投票隐私的章程条款(例如对"书面不记名投票"的规定)、旨在保护成员个

---

① 如果在某个"申诉"待决的时候,有成员提出"秩序问题",然后主持人对这个新的"秩序问题"也做出"裁定",那么对后面这个"裁定"就不允许再提出"申诉"。

② 但是有例外情况,请参阅 10:26(1)及其脚注。

体基本权利的规则的决定(请参阅 25:7 和 25:10—11)。

(关于董事会在这方面的规则,请参阅 23:9。)

【纠正对表决权的侵害】

{23:7} 如果有一名或多名成员被阻挠行使表决权,或者被拒绝出席部分或全部例行会议或合规召开的其他会议,且在此期间,在有效人数满足的情况下进行了某项动议的表决,那么对于这个在不正当地剥夺成员个人基本权利的情况下进行表决所做出的决定,只要它具有持续的效果,就可以随时对它提出"秩序问题"。如果"秩序问题"成立,且如果这些成员的表决有任何可能会影响到表决的结果,那么表决的结果就必须被宣布为无效。如果可推断没有这样的可能性,那么只有在主持人刚刚宣布结果就马上提出"秩序问题"且该"秩序问题"成立的情况下,才可以宣布表决结果无效。如果未能参与辩论和表决过程的成员在表决环节上并不能改变表决结果,那么,无论"秩序问题"成立与否,之前那次不完整的表决所做出的决定已经生效;但即便如此,任何成员之后仍然可以在合规的情况下动议"取消或修改已通过的决定"(第 35 节)、"重议"(第 37 节)或重提之前表决的这个动议(第 38节),因为如果那些成员参与了辩论环节,他们的辩论意见就有可能会改变其他人的表决,进而改变表决的结果。

【纠正无效投票的干扰】

{23:8} 如果表决的结果已经宣布,但是表决当中有些票违反通用议事规则的根本原则,例如非成员投票、缺席成员投票或一位成员不当地投了多张票,那么只要这次表决所形成的决定具有持续的效果,就可以随时对它提出"秩序问题"。如果"秩序问题"成立,且如果有任何可能这些无效的票会影响到表决的结果,那么表决的结果就必须被宣布为无效。

【纠正董事会无效决定】

{23:9} 如果组织的董事会所做出的决定超越了组织全体会议对董事会的指示和授权,与组织全体会议已做出的决定相冲突,或者属于 23:6 所列的任何一类无效决定,那么只要违规决定仍有持续的效果,任何时候都可以在董事会会议上提出对此决定的"秩序问题"。如果"秩序问题"成立,则必须宣布该决定无效。或者组织全体会议可以用"过半数表决"通过一项程序主动议来宣布董事会的决定无效;或者如果这项决定对全体会议上的事务造成影响,那么全体会议的主持人可以就这件受影响的事务或与之相关而由成员提出的"秩序问题"做出裁定,并宣布董事会的决定无效。全体会议也有可能对表决支持了不当决定的董事会成员采取纪律惩戒措施。但在纪律惩戒程序中,如果全体会议发现董事会的决定值得认可,并且全体会议本可以事先授权董事会做出该决定,那么全体会议可以改为追认该决定,请参阅10:54—57。

【先例】

{23:10} 主持人对于"秩序问题"的裁定以及对此裁定给出的理由,都需要被写进"会议纪要"[minutes,请参阅48:4(10)]。这个裁定及其理由就成为一个"先例"(precedent),组织和主持人在日后的裁定中需要在相当程度上遵照这个先例,直到这个先例在某一次"申诉"中被"推翻"(overturned),然后这个"申诉"的结果及其理由又需要被记录在"会议纪要"中,并成为新的"先例",与之前的判法相反或不同。未来再遇到类似的问题,主持人或组织在裁定时都要借鉴"先例"。不过"先例"并不是"有约束力的"(binding)裁判依据,也就是说不是必须遵照,而是"有指导性的"(persuasive),也就是说,如果没有推翻先例、改做他判的充足理由,先例就是最有分量的裁判依据。先例被遵的次数越多,持续有效的时间越久,分量就越重,说服力就越强。

{23:11} 如果对某个先例的判法不再认同,那么要等到类似的问题出现时,主持人用一次新的"裁定"(ruling),或者组织用一次"申诉",把这个先例整体推翻或者只推翻其中一部分,由此树立一个新的先例。另外,一个组织会不断构建、取消或修改(请参阅第35节)它的规则与决定,包括章程、特别议事规则、一般管理规则以及其他动议等,这些都可能会导致先例的裁判依据发生改变,从而也使得这些先例不再可取。

格式和举例

{23:12} 一旦发现破坏规则的行为,如果忽视不管的话会造成危害,任何成员都可以立刻起立,无须主持人准许就说:

成员 A:我要提出秩序问题。[*或者直接说:"秩序问题!"*]

{23:13} 正在发言的人就座。如果"秩序问题"是要指出有"违反辩论规则"（transgression of the rules of debate）的行为，提出"秩序问题"的格式是：

成员 A：主持人，我请发言人遵守议事规则。

{23:14} 主持人请成员 A 指出是什么秩序问题，或者发言人哪些话是违规的，成员 A 可以这样开始：

成员 A：我指出的秩序问题是……

{23:15} 成员 A 阐述完毕后就座。接下来，主持人裁定"秩序问题成立"（the point of order is well taken）或"不成立"（the point of order is not well taken），并简要说明理由。这些都要在会议纪要中记录下来。主持人认为必要的话可以在裁定之前从议事规则角度分析一下当时的具体情况，需要保持站立，但不必"让出主持人席"（leaving the chair）。

{23:16} 如果主持人的裁定需要执行落实，那么只要没有人对裁定提出"申诉"，主持人就必须要在确认裁定执行完成之后才可以继续被打断的事务。如果"秩序问题"针对的是辩论中的"失礼行为"（indecorum, a breach of decorum），但并不严重，那么主持人可以允许原来的发言人"继续发言"（continue speaking）；但如果失礼行为较为严重并且有人反对继续发言，那么就要由会议来表决决定是否允许继续发言（请参阅 61:11）。

{23:17} 在宣布裁定之前，主持人可以咨询"议事规则专家"，或者在场的有经验的成员。但是这种咨询必须由主持人发起。任何人不可以在会上就如何裁定主动发表意见。

{23:18} 如果事关重大，主持人不能确定如何裁定，那么他可以提请会议表决，例如：

主持人：唐尼先生指出了如下秩序问题，即该修正案与原决议不切题。主持人无法裁定，现提请会议表决。原决议是［朗读决议］。所提出的修正案是［朗读修正案］。现在要表决的是："该修正案是否与原决议切题？"

{23:19} 因为对于会议决定的事情，不能再用"申诉"（Appeal）来表示反对，所以对于主持人提请会议裁定的秩序问题来说，可辩论性与"申诉"的可辩论规则一致，也就是：一般是可以辩论的，除非问题（1）涉及失礼或违反辩论发言的规则，（2）涉及事务的优先顺序，或（3）提出时的直接待决动议是不可辩论的。跟"申诉"的辩论一样,如果提请会议裁定的秩序问题可以辩论,那么辩论中每个成员最多发言一次,但主持人可以发言两次,且第一次发言的时候,主持人有优先权,第二次是在辩论的最后做总结。

{23:20} 对于上面的例子,可以这样表决:

主持人:所有认为该修正案与原决议切题的,请说"赞成"……所有认为不切题的,请说"反对"……赞成方获胜,该修正案合规。现在的议题是:"是否通过该修正案?"

或者,

主持人:……反对方获胜,该修正案不合规。现在的议题是:"是否通过原决议?"

{23:21} 如果提出"秩序问题"的目的是要阻止某个行为,那么要注意"提请表决"(put the question)的方式,要让"赞成票"表示同意该行为(就是说表决不是直接针对是否认为"秩序问题"成立,而是针对是否同意这个行为)。如果说有人提出秩序问题认为主持人"受理"(admit,指同意拿到会议上讨论)了一项不合规的动议,那么主持人提请表决时应该让"赞成票"对应同意受理该动议,像上面的例子一样。或者像下面这样:"……所有认为该动议合规的,请说'赞成'。"如果有人提出秩序问题指出发言失礼,相应的提请表决的方式应该是:"所有认为可以允许发言人继续发言的,请说'赞成'。"如果不是上面这种情况(即所提秩序问题不是要阻止某个行为),那么可以让"赞成票"对应同意"秩序问题成立":"……所有认为该秩序问题成立的,请说'赞成'……"③

§ 24. 申诉

{24:1} 通过选举主持人,会议将自己的一部分"权力"和"责任"委托给主

---

③ 注意两种"提请表决"的方式所导致的逻辑的正反。例如例子中,秩序问题指出该"修正案"与原决议不相关。如果按前面一种方法"提请表决",那么"赞成"表示认为该"修正案"与原决议**相关**,这也等于认为所提"秩序问题"**不成立**。

持人,这里特别指的是针对与议事规则相关的问题进行必要的裁定的权力与责任。但是同时,会议还必须保留收回这种授权的手段。这个收回的手段就是"申诉"(Appeal)。任何两个成员(一个动议、一个附议)就有权利针对主持人的裁定提出"申诉",从而把此裁定权从主持人手中收回,交由整个会议来对问题做出判定。

{24:2} 除了"申诉"以外,任何成员都没有权利以任何其他方式批评主持人的裁定。

标准描述特征

{24:3} 偶发动议"申诉":

(1) 只要是主持人做出的裁定,成员就可以提出"申诉"。无论当时待决的动议是什么,"申诉"都是优先的。"申诉"让先于所有的"优先动议"(前提是根据动议的优先级顺序表,该优先动议此时合规),还让先于由"申诉"自己所引起的"偶发动议"。如果"申诉"可以辩论[请参阅下面的"标准描述特征(5)"],那么它还让先于"附属动议"中的"调整辩论限制""结束辩论""委托""改期"和"暂停"(前提也是根据动议的优先级顺序表,这些动议此时是合规)。如果"申诉"不可辩论,而且"绑定"在一个或多个当前待决动议上,那么对于"附属动议",它只让先于"暂停"。如果"申诉"不可辩论又不"绑定"在任何待决动议上,那么它不让先于任何"附属动议"。

(2) 只要是主持人做出的裁定,除了以下情况外,都可以对其提出"申诉":

① 如果在某个"申诉"待决的时候,又有"秩序问题"提出,然后主持人又对后面这个"秩序问题"做出裁定,那么不可以再对后面这个裁定提出"申诉"。不过等到前面那个"申诉"得到解决之后,可以再动议决定后面的这个裁定是否正确。

② 如果主持人的裁定明显是正确的,比如裁定的是某种不可能有其他选择的事情,那么对这样的裁定再"申诉"就是故意拖延,是不允许的。

对于"可辩论的申诉","附属动议"的可应用性是:"调整辩论限制"和"结束辩论"可以单独应用于"可辩论的申诉",而不影响其他待决动议。并且:

- 如果"可辩论的申诉"与任何待决动议都没有绑定关系,即无论申诉的结果如何,都不会影响到待决动议,那么除"搁置"和"修改"以外的"附属动议"都可以应用在这个"可辩论的申诉"上。

- 如果"可辩论的申诉"与一个或多个待决动议有绑定关系——例如对"修正案与原决议不切题"这个问题的裁定所提出的申诉——那么,只有"调整辩论限制"和"结束辩论"可以单独应用于"申诉",其他的附属动议不能单独应用于"申诉";但是它们都可以直接应用到"主动议"上,而且,一旦"主动议"被"委托""改期"或"暂停",那么"申诉"也一同跟随。

对于"不可辩论的申诉","附属动议"的可应用性是:

- 如果"不可辩论的申诉"与任何待决动议都没有绑定关系,那么任何"附属动议"都不可单独应用在这个"申诉"上;

- 如果"不可辩论的申诉"与一个或多个待决动议有绑定关系,那么虽然所有的"附属动议"仍然不能单独应用于"申诉",但是"暂停"可以应用到"主动议"上,而且"申诉"也一同跟随。

(3) 在其他人拥有发言权的时候是合规的。

(4) 要求附议。

(5) 一般可以辩论,除非问题①涉及失礼或违反辩论发言的规则;②涉及事务的优先顺序;或者③提出时的直接待决动议是不可辩论的,或者涉及的动议是不可辩论的。对于可以辩论的"申诉",成员只能发言一次,只有主持人可以发言两次。主持人发言时不必"让出主持人席"(leaving the chair),但应该起立。主持人第一次发言时如果有其他成员也申请发言,那么主持人优先;而第二次发言可以是回应其他成员的质疑,或者是进一步论证,一般是作为辩论结束的最后一次发言。主持人也可以先表示自己有发言做回应和辩驳的意向,并询问是否有其他成员想先发言,如无则可做最后发言。即使对于"不可辩论的申诉",主持人在宣布议题的时候仍然可以对其裁定做出解释,并且也不需要"让出主持人席"。

(6) 不可修改。

(7) 推翻主持人的裁定需要"过半数表决"。"平局"(tie)意味着维持主持人的原判。这里的原则是:主持人做出的裁定是已发生的事实和现状,需要"过半数"才能改变现状。如果主持人也是会议的成员,那么他可以参加表决并造成"平局",从而维持原判。

(8) 可以"重议"。

进一步的规则和说明

【申诉的合理性】

{24:4} 作为会议的成员,如果认为主持人的裁定不妥而且会产生重要的影响,那么不必犹豫,应该立刻提出"申诉",如同在辩论中与其他成员产生分歧一样,完全不必因为争议的对象是主持人而感到棘手。在重大问题上,如果正反两方势均力敌,主持人可能反倒希望有人对他的裁定提出申诉,因为这样一来主持人就可以从激烈的矛盾冲突中解脱出来,由会议自己决定,主持人也因而得以免除责任,维持中立,与双方都保持良好的关系。

【申诉对象必须是主持人的裁定】

{24:5} "标准描述特征(2)"中已经指出,"申诉"的对象必须是"主持人的裁定"(ruling)。

{24:6} 主持人对于咨询议事规则或者其他问询的回答,属于主持人的"观点",不属于对实际发生的问题的"裁定",所以不能对这些回答提出"申诉"。例如,如果主持人回答"咨询议事规则"时说某个动议在当时的情况下是不合规的,那么不可以对这个回答提出申诉。有不同意见的成员,完全可以不考虑主持人的回答,直接提出这个动议,那么主持人会"裁定"这个动议不合规,这个时候就可以针对此"裁定"提出"申诉"。

{24:7} 主持人宣布表决的结果(如哪方为多数或赞成方是否达到三分之

二)也不属于"裁定",所以也不能"申诉"。④如果有人怀疑表决结果,应该动议"起立重新表决"(第29节),并要求计数。

【申诉的及时性】

{24:8}"申诉"必须在裁定做出后立刻提出。如果已经开始辩论或者开始新的事务,"申诉"就为时已晚而不再合规。

格式和举例

{24:9}想要"申诉"的成员起立,不必等到主持人准许,即对主持人发言:

成员 A:我对主持人的裁定提出申诉。(附议。)

主持人:有人对主持人刚刚的裁定提出了申诉。

{24:10}主持人首先应该准确描述当前争议的问题,必要的话还可以阐述自己裁定的理由,然后这样"宣布议题"(state the question):

主持人:当前的议题是:"主持人的裁定是否为会议[或'俱乐部''协会''董事会']所接受?"

或者,

主持人：当前议题是:"是否支持主持人的裁定?"

{24:11}注意:不可以说成"是否支持主持人",因为有争议的只是主持人的裁定,而不是主持人本身。

{24:12}由于前面"宣布议题"的方式,所以接下来"提请表决"时也要使赞成票对应"支持主持人的裁定",如下:

主持人:所有支持主持人裁定的成员,请说"赞成"……所有反对主持人裁定的成员,请说"反对"……

{24:13}这一表决的结果宣布之后,根据"申诉"表决结果的不同,继续相应的事务。

---

④ 但是,如果主持人在宣布表决结果的时候犯了程序规则上的错误,例如,宣布一个本来要求"三分之二表决"、可实际只得到"过半数表决"的动议为"获得通过",那么可以对此提出"秩序问题"。

§ 25. 暂缓规则

{25:1} 有时,组织在会议进行中的某个时候可能希望做一些事情*,但这个时刻做这件事情会违反组织的某些规则,但不违反章程,也不触犯各级法律中适用于本组织的那些议事规则性质的规则,也不违反"通用议事规则的根本原则",那么组织可以选择暂时忽略那些妨碍在此时做此事的规则,这就需要用到偶发动议"暂缓规则"(Suspend the Rules)。

标准描述特征

{25:2} 偶发动议"暂缓规则":

(1) 只要没有其他动议待决,就可以提出。如果有其他待决动议,而要提的"暂缓规则"与该待决动议相关,那么"暂缓规则"优先于那个待决的动议。"暂缓规则"让先于"附属动议"中的"暂停"以及所有的"优先动议",只要根据优先级顺序这些动议在此时是合规的,但是如果要暂缓的规则是"会议程序"中事务的优先顺序,那么"暂缓规则"不让先于"要求遵守议程"(Call for the Orders of the Day)。"暂缓规则"还让先于由自身引起的"偶发动议"。

(2) 不可以暂缓"章程"(bylaws 或 constitution)或"法人证书"(corporate charter)⑤中的规则,可以对除此以外的其他规则应用"暂缓规则"。不可以对"暂缓规则"应用任何"附属动议"。

(3) 在其他人拥有发言权的时候不合规。

(4) 要求附议。

(5) 不可辩论(但请参阅 43:31—32 关于允许对不可辩论的动议做一定

---

⑤ 关于在章程中规定的但却是议事规则性质的规则的"可暂缓性"(suspendibility),请参阅 2:21。除非"法人证书"本身或者相关的法律有所规定,否则"法人证书"中的任何规则都不可暂缓。

* 这里是指正当合理的事情,只是受限于一些议事规则的约束不能在当时提出,因而采用"暂缓规则"做出灵活变通。——译者注解释的情况)。

(6) 不可修改。

(7) 通常要求"三分之二表决"(下面会指出例外情况)。无论什么情况下,如果一条规则是为了保护某个特定规模(比例或人数)的"少数方",那么只要对"暂缓规则"投反对票的人数已经达到了这个规模,这条规则就不能暂缓。

(8) 不可以"重议"。下面会说明如何"重提"它。

进一步的规则和说明

【本动议的目的和效力】

{25:3} 本动议的目的是在会议进行中暂时忽略妨碍组织想采取的某项行动的一条或若干条组织规则,不过它可以暂缓的规则一般限于那些包含在"议事规则标准"(parliamentary authority)、"特别议事规则"(special rules of order)或者"一般管理规则"(standing rules)中的规则。[6]举例来说,提前处理某项事务,或者在指定时间之前处理某项被改期的事务,都属于"暂缓规则"(第14节和第41节)。

{25:4} 在提出偶发动议"暂缓规则"的时候,不必指出被暂缓的规则是什么,而是要明确说明暂缓规则的目的是什么。并且在"暂缓规则"获得通过后,不可以做除此目的之外的事情。例如,"暂缓规则以提前处理建设委员会的报告"或"暂缓规则以(等于不经辩论或修改就)通过该决议……"。如果暂缓规则的目的是要提出另一个动议,而且很明显如果会议赞成"暂缓规则",就一定是赞成后面这个动议,例如"暂缓规则以恢复(第34节)某某动议",同意"暂缓规则"就一定是希望现在就"恢复",那么可以把这两个动议合成一个。议事规则的一般原则禁止一个成员一次提出两个动议,上面这种情况是一个例外。如果这两个动议不相关,那么同时提出两个动议的做法需要得到"默认一致同意"。请参阅10:25和27:10—11。

{25:5} 如果"暂缓规则"是要处理一件本来不能在此时处理的事务,且得到通过,那么主持人应立刻请"暂缓规则"的动议人提出要处理的事务。或

---

⑥　关于组织的规则体系,请参阅第2节。

者,如果并没有进一步的动议(例如,暂缓规则以恢复,或者,暂缓规则以提前处理被改期的事务),主持人直接宣布该事务为待决议题。

【本动议的重提】

{25:6} 如果"暂缓规则"被否决,那么在同一场会议上,不可以再为同一目的"重提"暂缓,除非得到"默认一致同意"。但是,只要是下一场会议,即使在同一天,也可以为同一目的"重提"暂缓。不同目的的"暂缓规则"是不同的动议,即使在同一场会议上,对其数量也没有限制。

【不可以暂缓的规则】

{25:7} "章程"中的规则不可以暂缓——无论有多少人赞成暂缓,也无论章程中的规则造成多大程度的妨碍——除非这条规则规定了如何将自己暂缓,或者这条规则虽然写在章程中,但实质上属于 2:14 所描述的"议事规则"。如果章程中有条款规定某些表决必须采用"书面不记名表决",例如规定选举官员必须采用"书面不记名表决",那么这样的条款虽然属于议事规则性质,但也不可以"暂缓",因为会侵犯成员投票的隐私权,除非这些条款本身规定了如何暂缓自己(请参阅 45:18—24"书面不记名表决")。除非"法人证书"本身或者相关的法律有所规定,否则"法人证书"中的任何规则都不可以暂缓。

{25:8} 同样地,各级政府法律中关于议事程序的法规不可以暂缓,除非它们规定了如何将自己暂缓。

{25:9} 那些代表着"通用议事规则的根本原则"的规则不可以暂缓。例如,"同时只能处理一个议题"(请参阅 5:4),即使得到"默认一致同意"也不可以暂缓;又例如,议事规则的根本原则规定"表决权仅限于那些在例行会议或合规召开的其他会议上,在表决时在场的组织成员"(请参阅 45:56),所以不能暂缓该规则以允许非组织成员投票表决[7],或者允许"缺席表决"(absentee voting,请参阅 45:56 及之后的内容)。类似地,因为"协商会议的每位成员对每个议题都有并且只有一票"是一条根本原则,也不能暂缓规则以允许"累积选举"(cumulative voting,请参阅 46:43)。

{25:10} **那些"保护缺席者权利"的规则不能暂缓**,即使得到默认一致同意或者事实上的全票赞成,因为缺席者无法对这样的暂缓表达反对。例如,对"有效人数"(quorum)的要求,限制"临时会议"只能处理在它的"会议通

---

[7]　但是,可以暂缓规则以允许非组织成员在辩论中发言。

知"中列明的事务,以及对修改章程需要"事先告知"的要求,都是为了保护缺席者,暂缓这些规则就会侵犯他们的权利,所以只要有人缺席,这些规则就不可以暂缓。⑧

{25:11} 那些"保护成员个人基本权利"的规则不能暂缓。虽然像"结束辩论"这样的程序动议可以对辩论施以限制,可以阻止其他动议的提出,却不可以暂缓规则拒绝特定的成员个体行使出席权、动议权、提名权、辩论发言权、给出事先告知的权利和表决权。这些基本权利只有经过"纪律惩戒程序"(disciplinary proceedings)才能剥夺或加以限制。

{25:12} 例行会议一般都有既定的"会议程序",会议不能"抛开"(dispense with)该会议程序而任意安排别的事情,即使得到"默认一致同意",也就是说,不可以在会议尚未休会时,完全忽略该会议程序,但可以对会议程序做个别调整。如果会议以"三分之二表决"通过动议"抛开正常会议程序而立即处理"⑨某一事务,那么实际上是以不太标准的方式通过了"暂缓规则"动议,其效果只是"跳过"(pass)会议程序中该事务之前的所有类别的事务(请参阅 41:37—39)来先处理这件事务,而且该事务一旦得到解决,即使会议所剩时间不多,主持人也仍然必须回到正常的会议程序宣布下一项事务,除非此时会议表决通过"休会"(第 21 节)。

{25:13} 有些规则所规定的内容针对的不是会议,而是会议以外的事务,因而其效力不仅限于正在进行中的一次会议,这样的规则(有时称做"政策",属于"一般管理规则")不能暂缓。例如,组织既有的政策规定一个自然年之中对任何单一慈善组织的捐款总额不能超过 500 美元,这条政策的效力就是超出会议环境之外的,因而不能暂缓,也就是说不能动议捐赠超出指定的限额(但是这样的规则可以被"取消或修改",请参阅第 35 节)。类似地,不可以暂缓规则而把一项动议改期到下次例行会议之后的某次会议,也不可以改期到时间间隔超过三个月的一次会议。

【需要三分之二表决才能暂缓的规则】

{25:14} 组织的议事规则,包括章程指定的"议事规则标准"(parliamentary

---

⑧　有时即使没有人缺席,所有成员都在场,也不可以暂缓,例如,有些经选举或指派产生的会议机构没有权力决定自己的有效人数,所以即使全体出席,也不可以暂缓有效人数规则。

⑨　"抛开"这种说法要避免。可以"暂缓规则立即处理"本来安排在其他时间处理的事情,但不可以"抛开正常会议程序",因为这意味着完全脱离会议程序的约束而任意安排。

authority)中的规则,以及组织制定的"特别议事规则"(special rules of order,第2节),都需要"三分之二表决"才能够暂缓。有些组织把自己所有的规则都叫做"一般管理规则"(standing rules)。但无论叫什么名字,只要是议事规则性质的规则,其"暂缓"就需要"三分之二表决"。

【过半数表决可以暂缓的规则】

{25:15} 除代表大会特别议事规则(convention standing rules)以外的[10] "一般管理规则"(standing rules)*,按照本书的定义,不包括议事规则,而是指类似"在会议上使用录音设备"(请参阅2:23)这样的规定。"一般管理规则"只要求"过半数表决"即可暂缓。以"程序主动议"(incidental main motion)的形式提出"暂缓",再经"过半数表决"通过,就可以在一次会议期间暂缓某条"一般管理规则"。

【以默认一致同意的方式暂缓规则】

{25:16} 如果显然不会有什么争议,通常可以用"默认一致同意"的方式来决定"暂缓规则",免去正式的表决,以节省时间。例如,成员在取得发言权后说:"主持人,我请求以默认一致同意的方式在听取临时委员会报告之前处理关于礼节的决议。"然后主持人询问是否有人反对。如果有,那么"默认一致同意"不成立,仍要就"暂缓规则"进行表决,就好像已经正式提出了这项动议。

格式和举例

{25:17} 本动议的一般格式是:

成员A(取得发言权):我动议暂缓规则以……[陈述目的]。(附议。)

或者:

成员A(取得发言权):我动议暂缓规则以处理……。(附议。)

---

[10]　"代表大会特别议事规则"(conventions standing rules)有特定的含义,包含了那些由代表大会制定的议事规则,请参阅59:27以及之后的内容。

*　"standing rules"和"convention standing rules"中"standing rules"的含义不同,所以翻译时直接按照对应意思分别翻译为"一般管理规则"和"代表大会特别议事规则",前者不包括议事规则,后者以议事规则为主要内容。——译者注

{25:18} 如果目的是要省去辩论和修改而直接通过某动议,那么格式是:

成员 A(取得发言权):我动议不经辩论和修改而直接通过下面的决议:
"决定,……"(附议。)

{25:19} "暂缓规则"不可辩论,但动议人可以简要阐述理由以帮助其他成员对暂缓的合理性做出判断。["三分之二表决"的实施方式,请参阅 4:38—39 和 4:49 的(4)(5)(7)。]主持人宣布赞成方获胜,可以用下面的格式:

主持人:赞成方达到三分之二,现在暂缓规则以……。主持人请霍特金
先生发言。

{25:20} 如果这项"暂缓规则"未能得到所需的"三分之二表决",那么就只能以主动议方式提出那项决议,并且要经过辩论和修改。

§26. 反对考虑

{26:1} 如果会议认为根本不应该或者不值得考虑某项实质主动议,那么可以提出"反对考虑"(Objection to the Consideration of a Question)在进入考虑阶段之前直接阻挠。

标准描述特征

{26:2} 偶发动议"反对考虑":

(1) 优先于实质主动议;优先于除"暂停"以外的、"尚未被主持人宣布议题的"(unstated)"附属动议"。但是"反对考虑"的提出必须在对实质主动议的辩论开始之前,还必须在主持人对任何"附属动议"宣布议题之前。在此之后,对实质主动议的考虑已经开始,反对考虑就为时已晚。本动议并不优先于任何待决的"附属动议"。本动议让先于"暂停",让先于所有的"优先动议"以及所有由本动议引起的"偶发动议"。

(2) "反对考虑"的对象只能是"实质主动议"(请参阅 10:3)、"请愿书"

(petition)以及来自非上级机构的"信函"(communications)。"反对考虑"不可以应用于"程序主动议"。不可以单独对"反对考虑"应用任何"附属动议"。但是在"反对考虑"待决的时候,可以把主动议"暂停","反对考虑"也随主动议一起被暂停。

(3) 在其他人拥有发言权的时候是合规的,只要对主动议的"考虑"(辩论或附属动议)还没有真正开始,如上面"标准描述特征(1)"所述。

(4) 不要求附议。

(5) 不可辩论(但请参阅 43:31—32 关于允许对不可辩论的动议做一定解释的情况)。

(6) 不可修改。

(7) 要求反对考虑的票数达到"三分之二表决"才能使反对生效。

(8) 如果反对考虑"成立"(sustained),那么可以"重议"。但是如果反对无效,那么对实质主动议的"考虑"就会开始,就不可以"重议"。

进一步的规则和说明

【与秩序问题的相通之处】

{26:3} "反对考虑"与"秩序问题"有一些相通之处。主持人可以根据自己的判断提出"秩序问题",同样,主持人也可以根据自己的判断主动提出"反对考虑"提请会议表决。对于那些超出章程定义的宗旨范围之外的主动议,或者超出"公众集会"一开始所宣称的会议宗旨范围之外的主动议,不必使用"反对考虑",这样的主动议就是"不合规"(out of order)的,除非组织全体会议以"三分之二表决"明确允许引入这样的主动议,即赞成方要达到三分之二[请参阅 10:26(2)]。

【与其他情况下的"反对"的区别】

{26:4} 注意区别对"默认一致同意"的"反对"(objection to a request for unanimous consent,请参阅 4:58—63)。

【反对的效力】

{26:5} 如果反对"成立"(sustained),则实质主动议被"丢弃"(dismissed),并且在本次会议期间都不可以"重提",除非"默认一致同意"重提,或者"重议"对"反对考虑"的表决。如果反对无效,那么主动议不受任何影响,继续讨论。即使反对成立,同样的主动议在下一次会议上也可以重新提出。

【"重议"成立了的"反对考虑"】

{26:6} 前面"标准描述特征(8)"指出,成立了的"反对考虑"可以"重议"。对"反对考虑"的"重议"不可辩论,要求"过半数表决",只有在没有其他待决动议的时候才可以"考虑"(take up 或 call up)。如果这个"重议"获得通过,那么默认"反对考虑"就被推翻,主持人直接宣布那个曾经被成功地反对考虑了的主动议的议题,而不用再对"反对考虑"重新表决一次。(之所以可以这样省略,因为既然已经有超过半数的人赞成"重议"之前的反对考虑,就意味着他们都希望对之前的主动议展开讨论,以至于依然坚持"反对考虑"的不可能达到三分之二,所以"重议"通过,自然意味着"反对考虑"会被推翻。)

【提请表决的方式】

{26:7} 请参阅后面的举例。提请对"反对考虑"进行表决的正确方法,是让大家就"是否考虑"进行表决,而不是就"是否支持反对考虑"进行表决。所以,想要阻止该主动议的人应该投"反对票"。"反对考虑"要想成立,就需要"反对票"至少是"赞成票"的两倍。

格式和举例

{26:8} 某成员起立,即使其他人已经取得发言权,不必等到主持人准许,也可以立即对主持人说:

成员 A:主持人,我反对考虑这个动议[或"决议""问题"等]。

主持人回应:

主持人:有人反对考虑该动议。是否考虑该动议?所有赞成考虑的请起立……请坐。所有反对考虑的请起立……请坐。反对方达到三分之二,该动议不予考虑。

或者,如果反对无效,主持人则这样宣布:

主持人:反对方未达到三分之二,反对无效。现在的议题是如下决议:"决定,……"

{26:9} 提请表决的时候,主持人注意不要以如下方式提问,即"是否支持反对考虑?",因为这样很容易引起混淆,不利于大家做出正确的表决。

§ 27. 拆分议题

{27:1} 如果一项动议,虽然是关于同一主题,但是却包含若干部分,而且每一个部分都可以单独作为一项动议,即使去掉其他部分也没关系,那么可以将它们分开来考虑并分别表决,就像它们是几个单独的动议一样。这就需要动议"拆分议题"(Division of a Question)。

{27:2} 对于某一些动议来说,只要有一位成员要求拆分,就必须拆分,而不需要完整的"拆分议题"动议(请参阅 27:10—11)。下面的标准描述特征仅限于作为"偶发动议"的"拆分议题"。

标准描述特征

{27:3} 偶发动议"拆分议题":

(1) 优先于主动议;优先于"附属动议"的"搁置";如果应用于"修正案",那么它优先于该"修正案";但是如果有针对主动议的"修正案"正处于待决状态,那么不可以把主动议拆分。"拆分议题"让先于除"搁置""修改""调整辩论限制"以外的其他"附属动议";让先于所有的"优先动议";让先于所有可以应用在"拆分议题"上的"偶发动议"。虽然最好在动议刚刚被提出的时候提出拆分,但是只要被拆分的对象(主动议或"修正案")是直接待决的,或者"搁置"是直接待决的,那么即使已经决定了"结束辩论",也仍然可以提出拆分。

(2) "拆分议题"可以应用于主动议,也可以应用于主动议的"修正案",只要它们可以拆分(后面具体说明)。"附属动议"中只有"修改"和"结束辩论"可以单独应用于"拆分议题"。其中"结束辩论"是为了阻止对"拆分议题"的进一步修改。但是在"拆分议题"待决的时候,主动议可以被"委托""改期"或"暂停",并且带着"拆分议题"一起。

(3) 在其他人拥有发言权时不合规。

(4) 要求附议。

(5) 不可辩论(但请参阅43:31—32 关于允许对不可辩论的动议做一定解释的情况)。

(6) 可以修改。

(7) 要求"过半数表决"。

(8) 不可以"重议"。

进一步的规则和说明

【拆分的方式】

{27:4} 在"拆分议题"中必须明确说明拆分的方式。当"拆分议题"待决时,另一位成员可以提出对此"拆分议题"的"修正案"以建议不同的拆分方式。如果出现若干种拆分方式的建议,那么应该用"填空"的方法来处理。就是说,按照它们提出的时间顺序依次表决。或者如果拆分后议题的数量不同,那么数量最多的最先表决(请参阅 12:93—113)。但是,"拆分议题"的处理方法通常并不需要过于正式,"默认一致同意"往往就足够了。

【不可拆分的动议】

{27:5} 判断一个动议是否可以被拆分,可以应用下面的准则:对于该动议的每一个部分来说,即使所有其他部分都被否决,这个部分仍然能够提供一个可供会议单独处理的动议;而且,如果所有的部分都分别获得通过,那么其产生的效果必须恰好等同于原来的整个动议一次性得到通过的效果。例如,如果动议成立一个委员会并指派任务,那么这个动议是不可拆分的。因为如果"成立委员会"这部分没有获得通过,那么"指派任务"这部分就变得毫无意义了。类似地,如果一项动议包含了一系列针对已通过的决定的修正案(请参阅第 35 节),例如对于现有章程的一系列修正案,这些修正案之间内在关联,修改一处,就必须也修改所有其他地方,才能保持文件前后一致,那么这项议动不可拆分。基于同样的理由,对一项待决动议的多项"关联修正案"(comforming amendments,请参阅 12:15)不可拆分。

{27:6} 另外一种不可拆分的动议是那些无法简单分成若干部分的动议。拆分不能改写原来的决议,应该只是简单的机械拆分,最多是重新安排短语或者从句,在每一个部分前面加上引导词"*决定*"("That"; "*Resolved* ,That"; "*Ordered* , That"),去掉连词,或者用名词代替代词,添加或删除定冠词。但是根据原主动议或决议的措词,有时需要将原动议或决议中的某句话在每一部分重复,并适当调整措辞以使句子通顺。作这些修改的时候必须保证不篡改原来的逻辑,也不增加新的语言。

{27:7} 例如,假设下面的决议待决:"*决定*,协会祝贺会员邓先生的小说出版,并出资为协会图书馆购买三本。"假设有人动议拆分此动议,分别考虑购买这三本书。拆分后的第一个部分是:"*决定*,协会祝贺会员邓先生的小说出版。"第二个部分为使句子通顺而作细微修改,变成:"*决定*,协会出资为协会图书馆购买三本会员邓先生的小说。"

{27:8} 如果对措辞的调整超出以上所述的范围,那么议题不能拆分。

【删除不可拆分的动议或系列动议的一部分】

{27:9} 如果一个动议不可以拆分,但有人反对其中的部分内容,那么可以动议"删除"(strike out,请参阅第 12 节)这部分内容。类似地,在用一组决议"替换"(substitute)原来的一组决议的时候,如果新的这组决议因为彼此并不是完全并列的关系所以不可以拆分,那么可以动议"删除"其中的一个或几个决议,再对是否"替换"进行表决。

【一经要求就必须拆分的动议】

{27:10} 有时在一个动议(假设叫动议 A)中同时提交了若干项决议或者主动议,而且它们彼此独立,事关不同的主题。在这种情况下,只要有一位成员提出拆分要求,那么不必使用"拆分议题"这个动议(即不必经过附议、辩论、表决等流程),就必须拆分动议 A,把其中一个或几个决议拿出来分别讨论并表决。这个"拆分"(Division of a Question)请求[不要跟"起立重新表决"(Division of the Assembly)混淆,后者是指起立表决]即使在其他人拥有发言权的时候也是合规的。例如:"主持人,我请求对第 3 号决议单独进行表决。"但是这个拆分请求必须在主持人将动议 A"提请表决"(put to vote)之前提出。

{27:11} 类似地,对待决主动议的一系列修正案(或者对像"替换"这样的长主修正案的一系列辅修正案)可以用一个动议提出来。除非这些修正案满足 12:15 中给出的"关联修正案"的条件，否则哪怕一个成员都可以要求将其中一个或者几个修正案拿出来单独表决，而且必须进行所要求的拆分。拆分以后，先表决其他的修正案，再处理需要单独表决的修正案。

格式和举例

{27:12} 参考前面 27:7 关于邓先生的书的举例。提出拆分的时候，既可以完整地描述被拆分出来的部分，也可以简要描述拆分的方式。

{27:13} 第一种动议方式：

成员 A（取得发言权）：主持人，我动议把这份决议拆分成如下两个部分：[分别完整描述这两部分，如前面邓先生的例子]。（附议。）

首先就"是否拆分"进行表决。在这个例子中，主持人应该采用"默认一致同意"的表决方式。

{27:14} 第二种方式可以更简要地说明拆分的方式：

成员 A（取得发言权）：主持人，我动议把这份决议拆分成两个部分，将购书部分单独考虑。（附议。）

后面的步骤与第一种动议方式是一样的。

{27:15} 如果拆分得到通过，接下来主持人要对两个决议分别进行完整的宣布议题和考虑。

§ 28. 逐段或逐条考虑

{28:1} 一份报告或一项篇幅较长的动议可能会包含一系列的决议、段落或章节，它们事关一个主题，不可以拆分，但是可以逐一地对每一个部分展开辩论和修改。如果主持人没有主动采取这样的处理方式，而有其他成员希望如此，就可以动议"逐段考虑"（Consider by Paragraph）或者"逐条考虑"（Consider by Seriatim）。但是，如果一份文件中包含的几个主动议分别涉及不同的主题,那么只要有一位成员反对,就不能逐条考虑,只能拆分议题[请参阅下面的"标准描述特征(8)"]。

标准描述特征

{28:2} 偶发动议"逐段或逐条考虑":

(1) 优先于主动议,优先于"附属动议"的"搁置"。如果应用于"修正案",那么也优先于该"修正案"。如果有针对主动议的"修正案"正处于待决状态,那么不可以对该主动议"逐段或逐条考虑"。"逐段或逐条考虑"让先于除"搁置""修改""调整辩论限制"之外的其他"附属动议"。让先于所有的"优先动议"。让先于所有可以应用在本动议上的"偶发动议"。

(2) 可以应用于主动议或者"修正案",但它们必须在长度和结构上适合逐段或逐条考虑。"附属动议"中只有"修改"和"立刻辩论"(用于阻止进一步的"修改")能够单独应用在本动议上。在本动议待决的时候,主动议可以被"委托""改期"或"暂停",而且带着本动议一起。

(3) 在其他人拥有发言权的时候不合规。

(4) 要求附议。

(5) 不可辩论(但请参阅 43:31—32 关于允许对不可辩论的动议做一定解释的情况)。

(6) 可以修改。

(7) 要求"过半数表决"。

(8) 不可以"重议"。

进一步的规则和说明

【逐段考虑的效力】

{28:3} 如果根据一般的辩论限制,有成员已经对某个段落"用尽了辩论权"(exhausted the right to debate),那么对下一个段落,辩论权重新开始。必须要等到所有的段落都进行了充分的修改完善之后,才能表决。这种"在最终总体表决之前保持所有段落可进一步修改"的方法,有利于避免不必要的冲突——特别是修改章程的时候,即避免后面段落的修改导致前面段落要重新修改(如果前面的段落已经表决,修改时就会很麻烦)。

【主持人通常应采取逐段考虑的情况】

{28:4} 在讨论组织的章程或者纲领的时候,逐段考虑是惯例的做法,也是合理有效的做法。除非会议经表决决定采用别的方式,否则就按惯例采用逐段考虑。主持人根据自己的判断,可以主动对那些比较复杂的、适合逐段考虑的决议采用这种做法,或者也可以用"默认一致同意"的方式来征得会议的同意。如果主持人没有采用逐段考虑而有成员认为应该这样做,那么成员可以动议"逐段考虑"。

【整体考虑】

{28:5} 这实际上是"偶发动议"中的另外一种动议,叫做"整体考虑"(Consider as a Whole)。它的含义正好与"逐段考虑"相反,但标准描述特征是一样的。如果主持人根据自己的判断采用了"逐段考虑",然而有人认为还是把整个动议作为一个整体来考虑并表决更有效率,那么他就可以动议"整体考虑"。

【逐段考虑的具体流程】

{28:6} 首先,主持人决定由动议人、秘书或者主持人自己来朗读第一段,再由动议人加以解释。然后,主持人询问:"是否有人要对这段[部分]发表意见或者提出修改?"如果对第一段没有人再要发言,就继续进行第二段,依此类推。"修改"是一边提出一边表决,但并不对修改过的段落或部分进行任何表决,而是在所有的部分都得到充分讨论之后,主持人再询问是否有针对整个文件的"修改"动议。这个时候,可以"添加"或者"删除"一些段落,也可以进一步"修改"任一段落。注意,不要去修改段落或者章节的编号,那是秘书的责任(请参阅57:18—19)。

{28:7} 如果有"前言"(preamble),那么再对"前言"部分按照同样的方式进行处理,最后才是对整个文件进行表决,即只用一次表决来通过整个文件。如果还没来得及处理"前言",就有人提出"结束辩论",那么"结束辩论"的对象不包括"前言"部分,除非在"结束辩论"里面明确地说明也要包括"前言"部分。

【逐段考虑时应用附属动议和偶发动议】

{28:8} 在讨论某个段落的时候,"附属动议"中的"搁置""委托""改期""暂停"只能应用于整个主动议。这种情况下的"搁置"提出之后,主持人宣布其议题,但是必须等到所有段落逐一讨论结束,然后由主持人询问是否有对整个主动议的"修正案"的时候,才能对"搁置"进行辩论和表决。这条规则是由"搁置"的两个特性所决定的:一方面"修改"的优先级更高,另一方面在"搁置"待决的时候,可以针对整个主动议的利弊展开辩论。不同的是,"委托""改期""暂停"在提出之后就要马上处理。而且如果得到通过,立刻对整个主动议产生影响。如果主动议重新回到会议讨论,那么仍然从中断点按照"逐段考虑"的方式继续处理。"结束辩论"和"调整辩论限制"可以应用于"修改"或者应用于整个主动议,但不可以单独应用于某个段落。

{28:9} 如果已经决定要"逐条考虑"某项可拆分的动议,那么即使该动议属于那些应一个人的要求就必须拆分的类型,也已经为时太晚而不能再动议或要求"拆分议题"。

格式和举例

{28:10} 如果主持人没有主动采用"逐段考虑"的方式,那么成员可以这样动议:

成员 A(取得发言权):主持人,我动议逐段考虑这份决议[或"纲领"等]。(附议。)

{28:11} 如果主持人建议采用"逐段考虑",而有成员认为"整体考虑"更好,可以这样动议:

成员 A(取得发言权):主持人,我动议整体考虑这份决议。(附议。)

§29. 起立重新表决

{29:1} 如果刚刚完成的表决采用的是"口头表决"(viva voce),或者是未计数的"举手表决"(show of hands),而且如果有成员质疑表决的结果。无论是因为正反双方的票数看起来很接近,还是因为怀疑在场成员中实际参与投票的人数太少,不足以代表会议的意见,成员都可以提出"起立重新表决"(Division of the Assembly),要求重新表决,并且必须采用"起立表决"(vote by rising)的方式。⑪*

{29:2} 以"举手表决"来重新进行(或验证)刚刚的"口头表决",这不算是"起立重新表决"。因为一方面在大型会议上,举手的方式还是不够精确;另一方面,即使在小型会议上,"起立"的方式也还是能够促使更多的人参与表决。

{29:3} 如果"口头表决"的结果不确定(inconclusive),而且是在小型的、成员彼此可以看见的会议上,有人提出"举手表决",而不是"起立表决",那么这只能算做"请求",而不是"动议"。如果没有人立刻动议"起立重新表决",那么主持人可以批准"举手表决"的请求。但是,无论是在"举手表决"进行之前还是之后,都还是可以动议"起立重新表决"来获得更为精确的表决结果。

标准描述特征

{29:4} 偶发动议"起立重新表决":

(1) 优先于所有正在表决或者已经完成表决的动议,从反对方投完票,到主持人宣布完毕表决结果,或者刚刚宣布结果(请参阅 45:9)。起立重新表决不让先于任何其他动议。

(2) 起立重新表决可以应用于任何刚刚进行了"口头表决"或"举手表决"的动议。不可以对起立重新表决应用任何"附属动议"。

(3) 在其他人拥有发言权时合规,且无须取得发言权即可提出。

(4) 不要求附议。

(5) 不可辩论。

---

⑪ 最初这个程序的执行方式是,请赞成和反对的双方起立并分别走到会场的两侧,由此它的英文名字叫做"division"或"division of the assembly"。

* 中文翻译的时候没有直译成"会议的分离",而是根据其现在的方式,译成"起立表决",特别由于它多用于验证性的重新表决,译成"起立重新表决"。——译者注

(6) 不可修改。

(7) 不需要表决,因为只要一位成员要求"起立重新表决",就要照此执行。

(8) 不可以"重议"。

进一步的规则和说明

【重新表决的程序】

{29:5} "起立重新表决"提出之后,主持人必须立刻重新进行表决。首先请赞成方起立,再请反对方起立。如果在赞成方起立时,主持人觉得表决结果可能会非常接近,那么他(她)可以计数或者要求秘书等人进行计数。如果有人希望对起立表决进行计数,那么必须动议(make a motion),并且该动议要求"过半数表决"(请参阅 4:53、45:14 以及第 30 节)。

【主持人主动进行重新表决】

{29:6} 主持人有责任确保表决的结果真实地代表了会议的意志。如果主持人觉得表决结果不够准确,或者上述的"代表性"不够充分(unrepresentative),主持人可以直接进行起立重新表决。

【滥用】

{29:7} 如果很明显参与表决的人数比例很高,"代表性"很充分,而且哪一方占了多数也很确定,那么还提出"起立重新表决"就属于故意拖延。主持人不能允许这种"单个成员就可要求重新表决"的权利被滥用,要保证会议免受干扰。

格式和举例

{29:8} 在主持人正在或者刚刚宣布表决结果的时候,例如主持人正在说"赞成方[或反对方]获胜……",任何一位成员,不需要取得发言权,可以坐在座位上直接打断主持人,要求"起立重新表决":

成员:起立表决!

或者,

　　成员：我要求起立表决！

　　或者，

　　成员：我质疑表决结果！

　　主持人响应：

　　主持人：有人要求起立重新表决。

然后主持人开始"起立表决"(rising vote)的流程，请参阅 4：38 的流程。

§ 30. 关于表决方式的动议

　　{30：1} 这是一组具有相似目的的动议的统称，这些目的都与表决和投票的方式有关：或者是为了能以"口头""举手"或"起立"以外的方式进行表决，或者是为了调整如何表决以及何时表决。这类动议包括："书面不记名表决"(by ballot)、"点名表决"[by roll call(the yeas and nays)]、"对起立表决计数"[a standing vote be counted(tellers)]以及不常用的"黑白球投票"(black and white balls)和"记名书面表决"(signed ballot，请参阅45：46)。这类动议还包括与举行表决有关的动议，例如"结束投票"或"继续投票"(close or reopen polls)、对点名表决"分类重述"(recapitulation of a roll-call vote，请参阅 45：51)，或者"重新计票"(recount，请参阅 45：41)。

　　{30：2} 在有动议待决、有选举待决，或者任何表决或投票正在进行中或刚刚宣布表决结果的时候，为实现上述目的而提出的动议才是"偶发动议"，遵循本节的规则。否则，它们属于"程序主动议"。

标准描述特征

　　{30：3} 关于表决方式的偶发动议：

　　(1) 这组动议优先于任何正在表决或者将要进行表决的动议。如果是刚刚表决过的动议，那么从主持人开始报告得票开始[请参阅 4：43(1)]，直到主持人宣布结果完成,以及刚刚宣布结果之后(请参阅 45:9),这些动议都可合规提出。针对同一个动议,即使已经决定要"结束辩论",本组动议也仍然合规。本组动议让先于"优先动议";只要表决方式需要调整的那个动议还处在待决状态,本组动议还要让先于"暂停"。

(2) 本组动议可以应用于任何需要表决的动议,但对本组动议不可以再应用另一个本组动议,包括结束和继续投票的动议。[12] "附属动议"中,只有"修改"可以应用在本组动议上。[13]

(3) 在其他人拥有发言权的时候不合规。但是在上述 "标准描述特征(1)"所允许的时间范围内,想对刚刚完成的表决提出本组动议的成员,可以享有发言优先权。

(4) 要求附议。

(5) 不可辩论(但请参阅 43:31—32 关于允许对不可辩论的动议做一定解释的情况)。

(6) 可以修改。

(7) 除"结束投票"(Close the Polls)要求"三分之二表决"之外,其他的都要求"过半数表决"。

(8) 指定在某个时间"结束投票"或"继续投票"的动议,在尚未这样执行之前都可以"重议"。否则,立刻执行的"结束投票"(close the polls)不可以重议,得到通过且立刻执行的"继续投票"(reopen the polls)也不可以重议,因为为了达到重议的目的,可以"重提"(re-new),也可以使用相反的动议("结束投票"和"继续投票"就是彼此相反的动议)。被否决的"继续投票"可以在"继续投票"仍然合规的时间范围内重议。本组其他的动议可以重议。

进一步的规则和说明

【表决方式】

{30:4} 在实际应用中,通常不需要正式的动议就可以确定表决的方式。

---

[12]　例外是,"对表决计数"动议可以应用在另一个本组动议上,除了另一个"对表决计数"动议。

[13]　原则上,"结束辩论"也可以应用在本组动议上以阻止进一步的修改,但实际应用中极少有这个必要。

但是如果对于表决方式出现了几种不同的意见,通常也不是用"修改"而是用"填空"来处理,而且通常是从花费时间最多的表决方式开始依次表决(关于表决方式请参阅 4:34—56 和第 45 节)。

{30:5} 如果有人认为不记名的表决方式才能让会议的意愿得以真正表达,那么可以动议采用"不记名投票"或称"书面不记名表决"。如果决定对某个主动议采用"书面不记名表决",那么对该主动议提出的"搁置"也必须采用"书面不记名表决"。[请参阅"点名表决"(roll call),45:45 开始的内容。]

【重新表决】

{30:6} 第 4 节(4:34—56)和第 45 节(45:11)已经说明,默认的表决方式为"口头表决""起立表决"或"举手表决",其中后两种方式也可以经任一成员要求用来对刚刚完成的表决进行验证(请参阅第 29 节),主持人可以直接决定在表决时计数,也可以决定重新表决并计数。无论采用哪种方式已经做了表决,只要仍然在上述"标准描述特征(1)"所指定的时限之内,就可以采用其他方式重新表决(请参阅 45:17 开始的"其他表决方式"),或者对未计数的表决重新做计数的表决。但在采用另一种方法表决之后,或者采用计数的方式表决之后,就不可以再提出重新表决。无论何时,用同样的方式重新表决是不合规的。

【表决方式的失效】

{30:7} 如果会议决定了要采取某种表决方式表决一项动议(并且这不是在组织规则中提前规定的),这个决定的有效期到如下时刻结束:(1)这个决定所针对的那个动议(假设为动议 A)已经得到最终解决,或(2)本次会议结束——以先到者为准。如果在有效期结束之后需要对动议 A 进行表决,例如,动议 A 在得到最终解决之后又被重议(那么需要对动议 A 再次表决),或者动议 A 在本次会议未得到最终解决,到下一次会议才表决,那么之前的关于表决方式的决定不再有效。不过,只要曾经采用"书面不记名表决"表决过的决议,即使有效期已过,因重议而再次表决时仍然必须采用"书面不记名表决",因为任何导致披露成员表决立场的做法都不再合规(请参阅45:21)。类似地,如果不记名投票选举官员进行到中途会议休会,那么无论下一场会议还是下一次会议,继续选举的时候也必须采用不记名投票(请参阅 46:44—45)。

【结束投票和继续投票】

{30:8} 关于开始投票和结束投票的动议只适用于书面不记名投票。通常最好还是由主持人确定何时"结束投票"(Close the Polls)。当采用"书面不记名投票"的时候,主持人在感觉所有希望投票的人都已经投票了之后,需再次询问是否还有人尚未投票。如果没有人响应,那么主持人就可以宣布"结束投票",并指示"计票员"(teller)对选票进行计数。

{30:9} 如果投票显然已经结束,只是主持人尚未这样宣布,而此时有人动议"结束投票",那么主持人可以用"默认一致同意"来处理并宣布投票结束。无论怎样,必须等到投票看起来已经完成之后,才能受理"结束投票"的动议。类似"结束辩论"和"结束提名","结束投票"也要求"三分之二表决"。

{30:10} 如果有成员在投票结束后才到场,并希望"继续投票"(Reopen the Polls),那么需要"过半数表决"的支持。

{30:11} "结束投票"或"继续投票"的具体时间可以在这两种动议中指明,或者以"修正案"的形式补充。

§31. 关于提名的动议

{31:1} 这也是一组动议的统称。当"选举"(election)待决的时候,成员可以动议采用某种"提名方式"(method of making nominations)[⑭](如果在章程或议事规则中没有明确规定的话)。还可以动议"结束提名"(Close Nominations)或者"继续提名"(Reopen Nominations)。

标准描述特征

{31:2} 关于提名的偶发动议:

(1) 本组动议优先于当前待决的并且接受"提名"的"选举"。本组动议

---

⑭　关于"提名方式"的动议只有在"选举"待决的时候才是"偶发动议",并适用于本节的规则;否则是"程序主动议"(请参阅第10节)。

让先于"优先动议",以及"附属动议"中的"暂停"。

(2) 本组动议可以应用于任何待决的"选举"。"附属动议"中只有"修改"⑮可以应用在本组动议上。

(3) 在其他人拥有发言权时或正要提交提名时不合规。

(4) 要求附议。

(5) 不可辩论(但请参阅 43:31—32 关于允许对不可辩论的动议做一定解释的情况)。

(6) 可以修改。

(7) 一般要求"过半数表决"。但是"结束提名"要求"三分之二表决",因为①该动议本质上是要剥夺成员的一项基本权利,即"提名权"(the right to nominate),而且②会议必须防止有些人利用暂时的过半数优势而滥用"结束提名"。

(8) 一般可以"重议"。但是"结束提名"或得到通过的"继续提名"不可以重议。为了达到重议的目的,可以"重提",也可以使用相反的动议("结束提名"和"继续提名"就是彼此相反的动议)。

进一步的规则和说明

【关于提名方式的动议】

{31:3} 如果章程或者议事规则中没有指定提名的方式,会议也没有对此做出临时的规定,那么任何人都可以就某个职位的选举动议"提名方式"。如果出现几种不同的建议,那么可以按照"修改"来处理,但更常用的做法是"填空"(请参阅 12:92—113),表决的顺序由先到后依次是:①由主持人提名;②公开提名(from the floor 或 open nominations);③由委员会提名;④不记名提名(ballot,书面不记名提名,不暴露提名人的姓名);⑤邮件;⑥联名请愿书(petition,请参阅第 46 节)。但是要注意,对于一般的组织来说,并非所有上面这些方式都适合,要注意选用。

【结束提名和继续提名动议】

{31:4} 对于一般的组织来说,"结束提名"(Close Nominations)并非必

---

⑮ 30:3(2)的脚注⑬也适用于本组动议。

需,也不建议经常使用。在委员会提名或公开提名之后,主持人应该询问是否还有其他提名。如果没有响应,主持人即可宣布提名结束。规模较大的组织允许使用"结束提名",但仍然要在给予充分的提名机会之后,尤其在正有人申请发言以提名的时候,该动议是不合规的。而在没有人再提名的时候,这个动议也没有必要提出。还有,该动议要求"三分之二表决"。

{31:5} "结束提名"可能的一个作用,是用来阻止那些仅仅是为了给被提名人一些敬意,即被提名人根本不可能当选的提名,以避免选举遭受拖延或干扰。

{31:6} 如果在"结束提名"之后又需要继续提名,那么"过半数表决"即可通过"继续提名"(Reopen Nominations)。无论是否通过了正式的"结束提名"动议,提名的结束都不妨碍在下一次会议上,在举行选举之前做出进一步提名(请参阅 46:6)。

{31:7} 结束或者继续提名的时间可以在动议中指定,也可以用"修正案"来补充。

§ 32. 请求免责

{32:1} 有时候组织的章程中对成员规定了除缴纳会费之外更多更具体的责任,例如出席一定数量的会议,准备发言或文件,参加委员会,一旦当选必须出任职位等。在这种情况下,成员不能以权利为由,简单地拒绝承担这些责任或者要求(demand)免去承担这些责任,必须向会议正式提出"请求"(request)免去承担这些责任,而除非章程有不同的规定,否则会议可以决定批准(grant)这样的请求。可以用"默认一致同意"(unanimous consent)的方式来"批准"这样的请求,也可以由其他成员提出批准这样的请求的动议,该动议可以辩论也可以修改。

标准描述特征

{32:2} "请求免责",或称为"免责请求"(A Request to Be Excused from

a Duty) * :

(1) 优先于任何与之相关的动议,如果没有待决动议就总是合规的。建议"批准待决的免责请求"的动议让先于除"搁置"之外的其他"附属动议",让先于所有的"优先动议",以及其他的"偶发动议"。

(2) "请求免责"可以应用于任何导致该免责请求的动议或者议事件。除"搁置"以外的"附属动议"都可以应用于"请求免责"。

(3) 如果确属紧急情况,可以在其他人拥有发言权的时候提出。

(4) 如果"免责请求"的提出者自己又提出"批准免责请求的动议"(a motion to grant the request),那么还需要有人附议该动议。如果免责请求的提出者之外的其他成员提出批准免责请求的动议,那么该动议就不再需要附议,因为已经有两名成员——请求的提出者和动议的提出者——希望考虑此动议。

(5) 可以辩论。

(6) 可以修改。

(7) 要求"过半数表决",但经常是用"默认一致同意"的方式处理。

(8) 如果免责请求的提出者知道了会议对其请求所做的决定,那么只有被否决后才能"重议"。

进一步的规则和说明

{32:3} 如果不是强制性(compulsory)责任,那么成员可以在自己被任命时当场拒绝,如果不在场,那么在最初获悉选举结果(election)或委任安排(appointment)时立刻拒绝。如果不是在会议上,那么可以将书面的"推辞信"(declination)交给秘书或者委任机构。既然该成员不是必须接受委任,那么也就没有必要提出任何动议去批准免责。

{32:4} 如果有理由相信受委任的成员知晓自己所受的委任,那么如果他

---

* 注意"请求"(request)与"动议"(motion)有所不同。可以把"请求"理解为简化的"动议",例如,有提出环节、没有附议、宣布议题、辩论等环节,也不需要表决,而是由主持人裁定、回应或做出相应的安排。"请求"可能引出旨在批准请求的"动议",既可能经主持人宣布而演变成这样的动议,也可能由成员提出这样的动议。"免责请求"与"批准免责请求的动议"就是这样本质一致的两个程序性质的载体。——译者注

保持沉默,就视同为他接受委任,其所承担的责任跟他明确表示接受委任时所要承担的责任是相同的。

{32:5} 在接受委任之后,无论委任的是官员职位,还是委员会职位或者其他责任,如果该成员发现自己无法履行职责,那么他应该提交"辞职信"——通常是书面的——给秘书或委任机构,或者在会议上提出自己的辞职,既可以书面也可以口头。[16]提出辞职等同于他已向会议"请求免责"。主持人宣读辞职信,即可视做已经有人提出"批准辞职"的动议。

{32:6} 但是,直到"辞职"获得批准并正式生效,或者至少已经有足够的机会完成批准手续,受委任的成员才能中止履行相应职责。

{32:7} 如果免责的职位对于会议或者组织来说是关键的,那么这个请求就属于影响组织利益的"权益问题"。"填补由于批准辞职所产生的空缺"的请求也属于这样的"权益问题"。对于这两种情况,如果章程中没有规定必须有"事先告知"或者其他的限制,那么会议可以直接进行填补空缺的选举。对于现任者辞职的情况,一般要求有"事先告知"才能进行新的选举,当然章程也可以规定不需要"事先告知"。而对于新当选者拒绝接受职位的情况,一般不要求"事先告知"就可以立即或者在下一次会议上进行新的选举(请参阅 46:46)。

【退出组织】

{32:8} 一个记录良好并且没有未处理的违纪行为(如拖欠会费)的成员,组织并不能剥夺其退出组织的自由。组织应该立刻批准成员退会的请求。即使组织没有立刻批准,从提交退出请求起,该成员也不再承担任何组织义务。但是,对于有未尽义务或有违纪行为的成员,例如有未交的会费,情况则不同。组织有权不受理他的退会请求,并且在此期间继续产生新的会费,直到该成员交齐所有的会费。如果超过指定期限仍然拖延会费,组织将不再受理退会请求,而是直接将其开除。组织可以拒绝批准并忽略那些为逃避指控(charges)而提出的退会请求,直接对该成员提出指控并进行审理(trial)。

---

[16]　请参阅 13:23 和 47:57—58。

§33. 请求和咨询

{33:1} 为更好地处理会议事务,成员们可能需要获取额外的信息,也可能需要会议批准某些行动。这些咨询和请求包括:

(1) "咨询议事规则"(Parliamentary Inquiry);

(2) "提问"(Request for Information);

(3) "动议人请求收回或修改动议"(Request for Permission to Withdraw or Modify a Motion);

(4) "请求宣读文件"(Request to Read Papers);

(5) 其他请求(Request for any other Privilege)。

标准描述特征

{33:2} 由会议上的事务所引起的上述请求和咨询适用于如下规则:

(1) 优先于与它们相关的动议。在没有其他待决动议的时候都是合规的。针对待决的请求而提出的动议让先于所有的"优先动议"和所有其他的"偶发动议"。

(2) 它们可以应用于任何导致这些"请求和咨询"的动议或者议事事件。"附属动议"不可以应用于它们。

(3) 如果确属紧急情况,都可以在其他人拥有发言权的时候提出。

(4) "咨询议事规则"和"提问"不需要附议。对于其他的请求,如果请求的提出者自己提出批准请求的动议,那么该动议还需要有人附议;如果请求的提出者以外的其他成员提出"批准请求"(grant the request)的动议,那么该动议就不再需要附议,因为已经有两名成员希望考虑此动议。

(5) 都不可辩论,虽然必要时可附带简短说明,请参阅 43:31—32。

(6) 都不可修改。

(7) "咨询议事规则"和"提问"不需要表决。其他"请求"* 要求"过半数表决"批准，但通常是用"默认一致同意"的方式来处理。如果"重议"(Reconsider)的动议人请求收回"重议"，但此时已太晚以至于不能重提"重议"了 **，那么需要"默认一致同意"才能批准收回重议的请求[请参阅 37:10(2)]。如果已经到了来不及给出"事先告知"的时候，那么需要"默认一致同意"才能收回"事先告知"(请参阅 10:44—51)。

(8) "咨询议事规则"和"提问"不可以"重议"。对于"动议人请求修改动议""请求宣读文件"和其他请求，可以"重议"。"动议人请求收回动议"只有被否决后才能"重议"。

进一步的规则和说明(以及举例)

【咨询议事规则】

{33:3} "咨询议事规则"(Parliamentary Inquiry)是指那些提给主持人的、在议事规则或者组织规章方面与当前事务相关的问题，所以须由主持人回答，以帮助成员提出更加适当的动议、指出秩序问题或者理解当前的议事状态以及各动议的作用。但主持人没有义务回答纯粹假设性的问题。

{33:4} 咨询人直接起立，不必取得发言权，即对主持人说：

成员 A：主持人，咨询议事规则！

主持人：请提问。

成员 A：此时提出"结束辩论"是否合规？

{33:5} 不能对主持人的回答提出"申诉"，因为这不是主持人的裁定，只是主持人的个人观点。成员可以选择 *** 不按照主持人的观点行事，然后在主持人裁定其不合规的时候，可以对此裁定提出"申诉"。如果提出咨询时

---

* 这里具体指的应该是"批准请求的动议"。——译者注

** "重议"(Reconsider)的提出有比较短的时间窗口(请参阅 37:10)，在此时间窗口之后，不能提出重议，自然也不能"重提"(renew)重议。如果在此时间窗口之内提出了重议，且在此时间窗口之后重议尚未得到最终解决，此时因为已经太晚，如果收回重议，就不能重提重议，所以就不允许收回重议。也就是说，只能在与提出重议同样的时间窗口之内才能收回重议，超过该时间窗口需要"默认一致同意"才能收回重议。——译者注

*** 成员可以这样做，但这并不意味着这样做是一项成员权利。——译者注

有其他成员拥有发言权，而所咨询的问题又没有必要立刻回答，那么主持人可以等到发言权被交回时再做回答。

【提问】

{33:6} "提问"(Request for Information 或 Point of Information)的对象可以是主持人，也可以是其他官员或任一成员，但必须通过主持人提出。提问的内容要与当前事务相关，但跟议事规则无关，且为事实性质的、以获取信息为目的的。

{33:7} 咨询人直接起立，不必取得发言权，即对主持人说：

成员 A：主持人，提问！

主持人：请提问。

成员 A：会议代表是否将在本场会议上作报告？

或者，

成员 A：该动议需要较大投入。可否请财务官报告一下账面余额？

{33:8} 如果问题需要正在发言的成员回答，可以采用下面的形式：

成员 A：主持人，可否请发言人暂停发言并接受一个提问？

或者，

成员 A：主持人，可否请问发言人一个问题？

{33:9} 如果发言人同意中断发言，那么被打断的时间也要算在他拥有的发言时间(通常是 10 分钟)之内。主持人要询问发言人是否愿意中断发言，如果同意，则请双方做问答。虽然在接下来的对话中，主持人应保持沉默，但这只是说主持人不发表观点，所有的提问、回答以及进一步的对话都必须通过主持人以第三人称的方式进行。为保证礼貌和秩序，不允许成员之间直接展开讨论。

{33:10} 有时此类咨询也被用来提醒发言人应该在发言中明确某个观点，或者用来反驳发言人的观点。但是无论目的是什么，都必须采用问题的形式。

【动议人请求收回或修改动议】

{33:11} 如何收回或修改动议，取决于"动议人请求收回或修改动议"

(Request for Permission or Leave to Withdraw or Modify a Motion)的时机。在主持人宣布议题之前,动议仍然归动议人所有,所以他可以随意收回或修改而不需要其他人的同意。只有在主持人宣布议题之后,动议人才需要用动议的方式收回或修改刚才的动议。

{33:12} 从提出动议到主持人宣布议题之前这段时间,动议人可以这样"收回"自己的动议:

成员 A(动议人):主持人,我收回刚才的动议。

或"修改"(modify)自己的动议:

成员 A(动议人):主持人,我希望修改刚才的动议,在"要求"前面插入"强烈"。

在同样的时间段内,其他成员也可以询问动议人是否愿意收回或修改自己的动议,并由动议人决定是否接受。主持人根据动议人的最后决定,或者宣布"该动议已经被收回",或者按照修改后的措辞宣布议题。如果动议被修改,那么附议人可以收回自己的附议。但同时,提供修改建议的那位成员已经充当了附议人的角色。

{33:13} 在主持人宣布议题之后,动议已经归会议所有。动议人必须向会议提出请求才能收回或修改自己的动议,并遵循上述标准描述特征(1)—(8)的规则。此时的规则是:

{33:14} 如果要"收回"已提交会议考虑的动议,该动议的动议人可以说:

成员 A(动议人):我请求收回当前动议。

{33:15} 主持人首先用"默认一致同意"来处理:

主持人:如果没有人反对,[停顿。]该动议被收回。

如果有人表示反对,主持人可以直接宣布下面的议题是"是否批准该请求",或者除动议人之外的任一成员也可以动议"批准收回动议的请求"。后一种情况不需要附议,因为已经有两个人了。

{33:16} 只要对原动议的表决尚未开始,即使已经对它进行了修改,即使有附属动议或偶发动议待决,也仍然可以提出"收回动议的请求"和"批准该请求的动议"。如果主动议被收回,那么所有绑定在主动议上的待决动议也自动消失,不需要进一步的处理。任何成员都可以建议动议人收回动议。但只能由动议人决定是否提出收回的请求。

{33:17} 在议题被拆分之后,可以单独收回其中一个或者几个部分而不影响其他部分。如果已经过了可以"重提"(renew)"重议"(Reconsider,第37 节)的时间,那么除非"默认一致同意",否则不能够收回"重议"。如果已经到了来不及给出"事先告知"的时候,那么需要"默认一致同意"才能收回"事先告知"(请参阅 10:44—51)。

{33:18} 动议被收回等于动议从来没有提出过。所以,同样的动议可以在同一场或同一次会议上再次提出。

{33:19} 如果动议人在主持人宣布议题之后要"修改"动议,那么应与"收回"一样,提出请求。如果没有人反对,主持人即可宣布修改后的议题。如果有人反对,那么主持人需要判断是否同样内容的"修改"动议在当前情况下是合规的。如果判断的结果是"否",那么除非又有"暂缓规则"被提出并获得通过,否则不能批准请求;如果判断的结果是"是",那么主持人可以直接宣布议题为"是否批准该修改",即假定已有此"修改"动议,或者也可以由任一成员正式提出此"修改"动议。如果动议的成员跟原来的动议人是一个人,那么还需要一个附议人。所有关于"修改"的规则都适用(第 12 节)。一项待决动议的修改必须经过会议表决或者得到"默认一致同意",只是动议人声明他接受修改是没有效力的。[另请参阅 12:91"善意修改"(Friendly Amendments)。]

【请求朗读文件】

{33:20} 任何成员无权在自己的发言中随意朗读或者请秘书朗读文件或书籍的内容,除非得到会议的批准,或者得到"默认一致同意"(即没有人反对)。这条规则的目的是为了防止有人滥用朗读文件来拖延辩论或阻碍事务的处理。但在习惯上,还是允许成员在辩论中朗读简短的、相关的、书面的摘要,只要这种权利没有被滥用。在发言过程中,如果成员想朗读一段文件,那么可以说:"如果没有人反对,我想朗读……[指出要朗读的内容和长度]。"然后就可以开始朗读,直到有人提出反对。[17]在发言人朗读过程中,直到朗读完毕,任何人都可以打断朗读提出反对,但必须对主持人提出。或

---

⑰　这种"假设得到了批准并开始朗读直到有人提出反对"的做法只适用于对待决动议的辩论。

者,需要朗读的人也可以提出正式的请求:"主持人,我请求会议批准朗读一段声明……[内容和长度]。"然后主持人询问是否有人反对。无论是朗读人默认允许还是提出正式请求,一旦有人反对,那么既可以由主持人主动宣布议题为"是否批准请求",也可以由任一成员动议"批准朗读的请求"。如果请求人本身又是动议人,那么就需要一个附议人,否则就不需要。朗读结束前可以"重议"批准朗读的决定。

{33:21} 上面一段中的文件只是指那些并非提请会议考虑的文件。与之相反,如果是提请会议考虑的文件,那么任何人都有权要求该文件至少朗读一遍。而且如果发生辩论或修改,还有权要求在表决前再朗读一遍。除了上述两种情况,任何文件都必须得到会议的批准才能朗读。在上述两种情况以外的其他时候,如果有人要求朗读一份提请会议考虑的文件——显然是为了了解信息而不是为了拖延——而且没有人反对,那么主持人一般应该批准。如果有人反对,那么需要"过半数表决"才能批准。如果朗读会议在考虑的文件时有人不在场,即使因公务而缺席,在他回来之后也不能要求重新朗读。因为在这种情况下,会议整体的效率比个人的要求更重要。

【其他请求】

{33:22} 如果成员提出的请求不属于上述四种情况——例如,在没有待决动议的时候,请求发表评论或演讲,那么该成员可以起立,称呼主持人。一旦得到主持人的注意,就可以说明自己的请求。虽然不需要得到主持人的准许(recognition)而且即使在其他人取得发言权时也是合规的,但是除非极为紧急,否则不应该打断别人的发言。通常采用"默认一致同意"或非正式的方式来批准请求,但如果有人反对,就要采用动议的形式来批准请求。"批准请求"的动议一般不可辩论,如果需要,可以主动或应他人要求而做出解释说明,但不可以发展成为辩论。要在合理的前提下尽可能地减少这些请求的处理对正常事务的干扰。

第 九 章

再议类动议

请参阅 6:25 开始的内容。那里提供了"再议类"(motions that bring a question again before the assembly)动议的总体特征以及完整的动议列表。

§34. 恢复

{34:1} "恢复"(Take from the Table)的目的是使之前被"暂停"(Lay on the Table,请参阅第17节)的一项动议或者绑定在一起的一系列动议重新回到待决状态,请会议继续考虑。

标准描述特征

{34:2} "恢复"动议:

(1) 不优先于任何待决动议,所以只能在没有待决动议的时候提出。但是,在满足下面一句话所述的条件下,它优先于一个已经提出但主持人还没有宣布议题的主动议。被恢复的动议必须属于当前的会议程序类别,或者当前的会议程序类别是"未完事务""普通议程项"或"新事务",而且也不能有任何议程或规则上的冲突,否则必须先"暂缓规则"(第25节);它也不可以打断具有直接前后逻辑关系的一系列动议,必须等到这一系列动议都处理完毕才能提出(后面具体说明)。它让先于"优先动议"和"偶发动议",但不让先于"附属动议"。

(2) 根据下面"进一步的规则和说明"第一段中的条件,"恢复"可以应用于任何被"暂停"的单个动议或者有绑定关系的一系列动议。但是,从这些动议被"暂停"到提出"恢复",会议必须有一定的进展,或者当时导致暂停的那个紧急事务必须得到了处理。如果"恢复"被否决,那么必须等到会议再有一定的进展之后才能"重提"它。不可以对"恢复"应用任何"附属动议"。

(3) 在其他人拥有发言权时不合规。但在没有动议待决的时候,如果多人差不多同时申请发言权,那么要提出"恢复"的成员有发言优先权,因为本动议优先于一个新的主动议;即使已经有人提出一个新的主动议,只要主持人还没有宣布这个新的主动议的议题,那么要提出"恢复"的成员仍然优先(请参阅下文)。

(4) 要求附议。

(5) 不可辩论(但请参阅 43:31—32 关于允许对不可辩论的动议做一定解释的情况)。

(6) 不可修改。

(7) 要求"过半数表决"。

(8) 不可以"重议"。因为如果"恢复"得到通过,那么被恢复的动议可以在任何合规的时候重新被"暂停",具体合规条件请参阅 17:11;如果被否决,那么只要会议有一定的进展,就可以"重提"[请参阅 38:7(2)]。

进一步的规则和说明

【恢复的时间限制】

{34:3} 被暂停的动议始终处于暂停状态。可以在本"次"(第 8 节)会议期间恢复。如果与下一次例行会议的时间间隔不超过三个月(请参阅 9:7),也可以在下一次会议休会前恢复。①如果在上述时间范围内都没有被恢复,那么暂停的动议自动失效,不再处于暂停状态,但可以作为新的动议重提。只要一项动议仍处于暂停状态,任何成员都可以在例行会议——包括例行会议的后续会议(第 9 节)——上动议恢复这项动议。但是,在临时会议上,只有在以下情况下才能恢复一项动议:(1)该动议是在同一次会议的早些时

---

① 如果会议和组织的全部或某部分成员的任期将在下一次例会开始前结束——有些董事会或选举产生的立法机构的会议可能出现这样的情况,那么"恢复"的时间限制与例会时间间隔超过三个月的情况相同,即一项动议只能在它被"暂停"的那一次会议休会前被"恢复"。

候被暂停的,或(2)临时会议的会议通知里明确地给出了这项被暂停的动议的内容或主题。

【优先于新主动议】

{34:4} 一般的会议上,只是用"暂停"来暂时地中断一项动议的处理,期望在解决了插入进来的那件紧急事务之后,或者在更合适的时间,继续考虑这项动议。因而,一旦解决了打断的事务,任何成员都可以为提出"恢复"而申请发言权;或者,只要该动议还处于暂停状态,只要它属于当前的会议程序类别,或者当前的会议程序类别是"未完事务""普通议程项"或"新事务"[如前面"标准描述特征(1)"所述],任何成员都可以为提出"恢复"而申请发言权,除非有其他待决动议,或者会议正在处理具有直接前后逻辑关系的一系列动议(下一段具体说明)。如果有 A、B 两位成员几乎同时起立申请发言权,主持人先准许成员 A,但成员 B 是要提出"恢复"动议,那么成员 B 不必就座,可以插空说明自己的目的。而主持人得知此情况后应该转而让成员 B 先发言。或者,假设成员 X 已经提出动议,但主持人还没有宣布议题,那么成员 Y 可以迅速起立说明自己要提出"恢复"动议,则主持人应该立刻准许 Y 发言。这里的原则是:已经被会议考虑但只得到了暂时解决的动议(请参阅 9:7—11 和 38:8)优先于新的主动议。

{34:5} 即使没有待决动议,"恢复"也不可以打断具有直接前后逻辑关系的一系列针对同一件事务的动议,必须等到这一系列动议都得到解决。例如,正在处理下面这一系列动议:

- 会议刚刚表决通过"暂缓规则"允许提出一个本来不合规的主动议;*
- 会议在处理动议 A,但为了处理紧急的动议 B 而将动议 A"暂停";**
- 会议刚刚"取消"(Rescind,第 35 节)一个以前的决定以便能够提出一个意见不同的动议;***
- 会议在处理动议 A,在刚刚结束的辩论中,有成员声明如果动议 A 被否决,那么他会提出动议 B 来代替动议 A,结果动议 A 在表决中被否决;****

---

* 也就是说,"暂缓规则"和该"主动议"构成一个不可分的系列,"恢复"不可以在中间打断。——译者注

** "暂停"和"动议 B"构成不可分的系列。——译者注

*** "取消"和后面这个动议构成了不可分的一个系列。——译者注

**** 动议 A 和动议 B 构成不可分的系列。——译者注

在所有这些情况下,"恢复"不可以在中间打断,必须等到要提出的那项动议被提出并得到解决。

【恢复后动议的状态】

{34:6} 恢复以后,动议完全回到暂停前的状态,包括所有绑定在它上面的动议(除了下面提到的例外情况)。②例如,如果一项决议在被暂停前有绑定的"修改"和"委托"待决,那么恢复后,首先处理"委托"动议。"改期"如果在暂停前待决,而且所指定的时间还没有到来,那么首先处理"改期";如果所指定的时间已过,那么"改期"自动失效,可以忽略。如果"恢复"和"暂停"发生在同一天,那么在"暂停"前的辩论中已经"用尽辩论权"(exhausted the rights to debate)的成员不可以再发言;如果"恢复"发生在另外一天,则所有成员对每项动议的发言权都恢复为正常限制(请参阅 43:12—13)。如果针对一项动议的"恢复"和"暂停"发生在同一次会议,即使不在同一天(例如一次"代表大会"可能连续开几天),那么在暂停之前对此动议有效的"结束辩论"(previous question)和"辩论限制"(an order limiting or extending limits of debate)在恢复之后并不"失效"(exhausted)。

{34:7} 但如果"恢复"和"暂停"不在同一次会议,那么在后一次会议上,"结束辩论"和"辩论限制"失效,恢复正常辩论规则。关于一项动议的表决方式的决定,其失效规则请参阅 30:7。

格式和举例

{34:8} "恢复"动议提出时的格式可以是:"我动议恢复关于……的决议以及它的修正案。"

{34:9} 如果成员 A 起立想动议"恢复",却发现主持人已经准许差不多同时起立的成员 B 发言,而成员 B 显然是要提出一个新的主动议,那么成员 A 可以这样处理:

成员 A(仍然站立,打断成员 B):主持人,我起立是为了提出"恢复"。

主持人应该将发言权转交给成员 A,然后成员 A 提出"恢复关于……的

---

② 但是,如果是在下一次会议上恢复,且恢复的是一项可修改的动议,那么可以对该动议再提修正案的时候,不用考虑在前一次会议上是否通过或否决了相同或类似的修正案。

决议"的动议。

{34:10} 如果成员 B 已经提出新的主动议,但主持人还没有对其宣布议题,那么成员 A 仍然可以立刻起立并称呼主持人:

> 成员 A:主持人!
>
> 主持人:这位成员为何起立?
>
> 成员 A:我起立是为了提出"恢复关于……的决议"。

§35. 取消或修改已通过的决定

{35:1} "取消"(Rescind)和"修改已通过的决定"(Amend Something Previously Adopted)是同一个"程序主动议"的两种形式,并遵循同样的规则。所以统称为"取消或修改已通过的决定"。会议可以用该动议改变之前做出的决定、采取的行动或者下达的命令。"取消"——也称做"撤销"(Repeal)或"废除"(Annul)——是用来整个地删除之前通过的主动议、决议、命令或规则。"修改已通过的决定"则是用来对上面这些对象做部分修改,或者整个替换一个版本。

标准描述特征

{35:2} "取消或修改已通过的决定"动议:

(1) 不优先于任何其他动议,所以必须在没有任何待决动议的时候才能够提出。即使在有其他待决动议的时候,也可以给出要在下一次会议上提出一项"取消或修改已通过的决定"的"事先告知"(请参阅 10:44—51),但是不能打断别人的发言[请参阅下面的"标准描述特征(7)"]。"取消或修改已通过的决定"让先于所有的附属动议、优先动议和偶发动议。

(2) 可以应用于任何事务(例如,章程、规则、政策、决定、选择等),只要这些事务具有持续的效力,并且是在之前因会议通过了一项或几项主动议而生效的(但是,后面会提到哪些事务不能被取消或修改)。所有的"附属动议"都可以应用在本动议上。

(3) 在其他人拥有发言权的时候是不合规的。但是,在别人已经取得发言权但尚未发言的时候,可以给出要在下一次会议上提出一项"取消或修改已通过的决定"的"事先告知"。

(4) 要求附议。

(5) 可以辩论,而且辩论可以深入到被"取消"或"修改"的动议本身的利弊。

(6) 可以修改,可以采用第 12 节给出的"主修正案"和"辅修正案"的各种形式,只要符合具体情况。举例来说,"取消原来的整个决议"可以被替换为"修改原来的决议的某一部分"。但是,如果这些改变超出之前给出的"事先告知"所指定的范围,那么"事先告知"的作用就消失了,本动议的表决额度也由"过半数表决"而变得更高[请参阅"标准描述特征(7)"]。而对于那些本动议必须有"事先告知"的情况(例如要"取消"或"修改"的是章程条款或者特别议事规则的一部分),不能使原来的"事先告知"失效,也就是说,不能进行超出范围的修改。

(7) 如果取消或修改的对象不是"章程"(constitution 或 bylaws)或"特别议事规则"(special rules of order)的条款,那么本动议要求①"三分之二表决";或者②"过半数表决"加上"事先告知",且"事先告知"要完整说明修改的范围,可以在不超过三个月时间间隔的上一次会议给出,也可以在本次会议的会议通知(call of the present meeting)中给出;或者③"全体成员的过半数表决"(majority of the entire membership)。选择上述哪种表决额度都可以。组织需要取消或修改下级机构所做出的决定也适用同样的表决比例,例如董事会被赋予权力以组织的名义采取行动的时候所做出的决定。在委员会中,通常本动议也要求"三分之二表决",但是如果委员会成员中,所有对取消或修改的对象在当初通过时投过赞成票的人都在场了,或者得到充分的告知,那么就只需要"过半数表决"。取消或修改章程中的条款,要首先遵守章程中对自身的修改所做的规定(第 56、57 节)。但如果章程中没有这样的规定,那么其表决额度就跟取消或修改"特别议事规则"的表决额度是一样的:①满足前面所述要求的"事先告知",再加上"三分之二表决";②"全体成员的过半数表决"。

(8) 如果被否决则可以"重议"。如果得到通过则不可以"重议"。

进一步的规则和说明

【任何人在任何时间都有权提出此动议】

{35:3} "取消或修改已通过的决定"与"重议"不同,它没有提出的时间限制,而且可以由任何人提出,无论此人在当初表决时是赞成还是反对。大家通常会等那个给出"事先告知"的成员动议,但是其他人也可以。

【不能超出事先告知的范围修改】

{35:4} 在前面"标准描述特征(6)"中已经提到,有些"取消或修改已通过的决定"要求必须有"事先告知",那么会使"事先告知"失效的"修正案"不合规。也就是说,不能进行超出范围的修改。通常章程规定修改章程必须有"事先告知"(请参阅 56:50—53)。如果在对"取消或修改章程或特别议事规则"进行表决的时候,"全体成员的过半数表决"的表决额度无法满足,那么使"事先告知"失效的修正案不合规,因为这样的"修正案"无异于扼杀了那项"取消或修改已通过的决定"动议。

【对已通过的决定的系列修正案】

{35:5} 可以只用一项程序主动议"修改已通过的决定",提出并通过多项对已通过的决定的修正案,并遵循本节和第 10 节中的规则。关于是否可以对这样的动议拆分议题,以及如何拆分,请参阅 10:25 和 27:5。(还可以参阅 57:3 的举例。)

【不可以取消或修改的事务】

{35:6} 下面这些情况下,"取消或修改已通过的决定"不合规:

(1) 已经对"取消或修改"的对象(主动议)"提出"过"重议"(第 37 节),但尚未"考虑"。

(2) 如果根据原来的决定已经采取了无法挽回的行动。(但是原来的决定中未执行的部分仍可以取消或修改。)

(3) 如果辞职已经落实,或者有人被接纳为成员、被取消成员资格、当选官员或被取消职务,而且这个当事人就在表决现场或虽不在现场但已得到正式通知,那么这些决定不能取消或修改。(恢复成员资格或职务的唯一办法是执行章程中关于接纳新成员和恢复职务的规定。请参阅 62∶16 关于免除官员职务的规定。)

格式和举例

{35∶7} 在已经有"事先告知"的情况下,"取消或修改已通过的决定"可以这样提出∶

成员 A(取得发言权)∶根据上一次会议上给出的事先告知,我动议取消进一步美化园区的决议。[或者"……修改……的决议,添加……"。](附议。)

这种情况只要求"过半数表决"。

{35∶8} 如果没有"事先告知",那么可采用的形式为∶

成员 A(取得发言权)∶我动议取消 5 月份例会上通过的关于……的决议。[或者"……修改……的决议,插入……"。](附议。)

因为没有事先告知,所以要求"三分之二表决"或者"全体成员的过半数表决"。

{35∶9} 很多时候并不需要提及原来的决议或动议,只需指出要取消或修改的章程、规则或政策。例如∶

成员 A(取得发言权)∶根据会议通知中的事先告知,我动议修改章程第五章第 3 节,删除子段落(c)及后面的内容。(附议。)

{35∶10} 可以用修正案把本动议从一种形式修改为另一种形式∶

{35∶11} 如果本动议在提出来时的形式为∶"修改 5 月份例会上通过的关于……的决议,在……插入……"

成员 A(取得发言权)∶我动议把当前待决动议替换为∶"取消 5 月份例会上通过的关于……的决议。"

{35∶12} 如果本动议在提出来时的形式为∶"取消进一步美化园区的决议"。

成员 A(取得发言权)∶我动议把当前待决动议替换为∶"修改美化园区的决议,添加'预算不超过 10 万美元'。"

取消并从纪要中删除

{35:13} 在极少数情况下,不仅需要取消原来的决定,还需要对原来的决定表达强烈的否定,那么成员可以动议"取消并从纪要中删除"(Rescind and Expunge from the Minutes or Record)。该动议一般要求"全体成员的过半数表决",甚至应该要求更高,因为除非有非常高的支持率,否则通过这样的动议并不可取。即使在场成员全部投赞成票,如果这些成员达不到组织全体成员的过半数,也不足以使该动议通过。如果"取消并从纪要中删除"得到通过,那么秘书当场在会议纪要中用一条直线划掉需要删除的内容,并在上面标注"取消并删除"(Rescinded and Ordered Expunged),而且要签上名字和日期。注意在存档的会议纪要中被删除的文字不能覆盖或剪掉,必须能够看到原来的文字,以便检验所做的删除是否准确。但是如果要印刷出版会议纪要,那么要忽略被删除的文字。比从纪要中删除更好一些的做法是取消原来的决定,再通过一项谴责原来决定的决议。

§36. 收回委托

{36:1} "收回委托"(Discharge a Committee)是指全体会议在把某项动议或事务委托给某个委员会考虑之后,且在该委员会对此动议或事务做最终报告之前,把它从该委员会手中③拿回来继续考虑。

{36:2} 只要动议还在委员会手中,全体会议就不可以考虑任何实质上议题相同的动议。

{36:3} "收回委托"动议的多数规则跟"取消或修改已通过的决定"是一样的,前者可以看成后者在一些条件下的特定形式,请参阅 36:10—11。

标准描述特征

{36:4} "收回委托"动议:

---

③ 或者是委员会从子委员会手中拿回来。

(1) 不优先于任何其他动议,所以必须在没有任何待决动议的时候才能够提出。即使在有其他待决动议的时候,也可以给出要在下一次会议上提出"收回委托"的"事先告知",但是不能打断别人的发言。"收回委托"让先于所有的"附属动议""优先动议"和"偶发动议"。

(2) 可以应用于任何已经被委托,但委员会尚未做出最后报告的主动议或者其他事务。对于本动议来说,所有的"附属动议"都是可以应用的。

(3) 在其他人拥有发言权的时候是不合规的。但是,在别人已经取得发言权且尚未发言的时候,可以给出要在下一次会议上提出"收回委托"的"事先告知"。

(4) 要求附议。

(5) 可以辩论,而且辩论可以深入到受托动议本身的利弊。

(6) 可以修改。例如,可以修改从委员会手中收回动议的时间;或者将"收回委托"替换成"要求委员会立即做出报告"。

(7) 因为本动议要修改已经做出的决定,所以要求①"三分之二表决";或者②"过半数表决"加上"事先告知",并且"事先告知"可以在不超过三个月时间间隔的上一次会议上给出,也可以在本次会议的会议通知(call of the present meeting)中给出;或者③"全体成员的过半数表决"(majority of the entire membership)。选择上述哪种表决额度都可以。但是为了防止动议在委员会手中被耽误,在两种特殊情况下,"过半数表决"就足够了,即使没有"事先告知"也可以:①如果委员会在指定时间内未能做出报告;②当会议正在讨论委员会所做的阶段报告(非最终的报告)。

(8) 如果被否决则可以"重议",如果得到通过则不可以"重议"。

进一步的规则和说明

【适用的情况以及其他办法】

{36:5} 本动议通常只适用于委员会未能如期履行职责的情况,或者由于一些紧急情况,全体会议希望放弃委员会的协助而亲自处理,或者全体会议希望"放弃"(drop)该动议。

{36:6} 如果委员会还没有开始处理受托动议,并且还来得及"重议""委托"("委托"发生的当天或者下一个议事会议日),那么更适合的做法是"重议""委托"。这个"委托"可能是一个"附属动议",也可能是一个"主动议"。下面会分别讨论。

{36:7} 除了收回委托,全体会议也可以"指示委员会在合理的期限内尽快做出报告"。如果是用"指示委员会在合理的期限内尽快做出报告"来"替换"本来待决的"收回委托",那么这就是附属动议"修改",第 12 节。如果在没有其他待决动议的时候提出"指示委员会在合理的期限内尽快做出报告",那么这就是"程序主动议"。如果委托的时候没有指定报告的时间,那么该动议只需要"过半数表决"。如果在原来指定的报告时间到来之前,指定新的报告时间,所需的表决额度就跟"收回委托"一样。

{36:8} 如果委员会已经向会议提交最终报告,那么被委托的动议已经自动回到会议手中,"收回委托"就没有意义了。

【收回委托的效力】

{36:9} 或者因为通过了"收回委托",或者因为委员会已经提交了最终报告,委员会都不能再继续考虑受托动议。如果是"常设委员会"(standing committee),那么委员会仍然存在。如果是专门为处理此动议而设立的"临时委员会",那么委员会自动解散。无论哪种情况,委员会主持人需要把所有在委托期间从全体会议那里拿到的相关文件交还给全体会议的秘书。

{36:10} 如果受托动议在"委托"时是待决的,也就是说委托是通过附属动议"委托"而发生的,那么"收回委托"一旦得到通过,受托动议立刻成为当前待决动议(除非"收回委托"动议还指定在以后的某个时间再考虑受托动议)。如果没有指定在以后的某个时间再考虑受托动议,那么如果希望的话,可以"改期"。或者会议希望放弃该动议,那么可以"搁置"。如果"收回委托"指定在以后的某个时间再考虑受托动议,但会议又没有把它作为一个"特别议程项",那么就根据"普通议程项"的规则在指定的时间考虑。如果"收回委托"指定在以后的某个时间再考虑受托动议,而且要作为"特别议程项",那么,跟所有指定"特别议程项"的动议一样,这个"收回委托"需要"三分之二表决"(请参阅 14:12—17 关于被改期的动议再次考虑时的优先顺序)。

{36:11} 另一方面,如果受托动议在"委托"时不是待决的,也就是说委托是通过"程序主动议"发生的,那么"收回委托"就属于"取消或修改已通过的决定"(第35节)。在"收回委托"得到通过之后,还需要再用一个"主动议"把曾经被委托的动议再次提交会议考虑,否则这个曾经被委托的动议就自动消失。

格式和举例

{36:12} 如果受到委托的是一个"常设委员会",那么提出本动议的格式为:

成员 A(取得发言权):我动议从财务委员会手中收回对……决议的委托。(附议。)

{36:13} 如果受到委托的是一个"临时委员会",那么提出本动议的格式为:

成员 A(取得发言权):我动议解散受委托考虑……决议的委员会。*
(附议。)

{36:14} 如果希望在以后的某个时间再由全体会议继续考虑受托动议,那么可以在上述每种情况的后面添加时间,例如"并在下午4点继续考虑该动议"(这成为"普通议程项"),或"并作为……的特别议程项"。

{36:15} 如果"收回委托"得到通过,又没有指定继续考虑的时间,而且受托动议在"委托"时是待决的,也就是说委托是通过附属动议"委托"而进行的,那么主持人在宣布"收回委托"得到通过之后,立刻宣布被收回委托的动议的议题,例如:

主持人:赞成方达到三分之二,收回委托。现在的议题是:"决定,……"

§37. 重议

{37:1} "重议"(Reconsider)这种动议起源于美国。利用它,在一定的时间限制之内,只需要"过半数表决",无须"事先告知",会议就可以把一个已经表决过的动议拿回到会议上来进一步考虑。"重议"动议,是为了能够及

---

* 因为从临时委员会手中收回委托的动议,就意味着解散该临时委员会。——译者注

时纠正那些仓促的、偏颇的或错误的决定,也是为了能够有机会考虑当初表决之后环境条件的变化或者额外获得的信息。

{37:2} 在本书中,凡提到一项动议或表决"可以重议"或"不能重议",都是特指"重议"动议的使用规则,而不是指任何其他的"再议类动议"[请参阅6:25—28、第34—36节、第38节,以及10:26(3—5)至10:27]。

{37:3} "重议"动议所应用的对象,也就是"要被重议的动议",通常既可以是已通过的动议,也可以是被否决的动议。* 不过,"重议"动议本身并不能具体建议如何对"要被重议的动议"进行更改,而只是建议重新考虑原来那项动议。它既不是主动议,也不是辅动议,而在某些方面,它跟它应用的对象(也就是"要被重议的动议")具有类似的特征,下文会详述。

{37:4} "重议"动议的完整程序基本上包括三个阶段,可总结如下:

{37:5} 第一阶段,"重议"动议的提出。仅仅提出"重议"动议,当得到另一名成员的附议并得到主持人响应(acknowledged)时,会产生"暂缓效力",即至少在一段时间里,暂缓执行"要被重议的动议"里所包含的任何决定(请参阅37:11)。因此,一般的规则是,已通过的动议,如果已经部分地得到了执行,就不能"重议";任何已经导致了无法撤销的行动的动议,也不能"重议"[请参阅下面的"标准描述特征(2)"]。

{37:6} 第二阶段,"重议"动议的考虑。会议要么在"重议"动议提出后立即考虑它,要么在以后的某个时间才能考虑它,这取决于具体的议事状况(请参阅37:14—17)。虽然在这个阶段,"要被重议的动议"尚未处于待决状态,但"重议"动议自身的辩论(如果"重议"动议可辩论,请参阅37:18)可以完全地深入"要被重议的动议"的利弊。

{37:7} 第三阶段,"重议"动议的执行。如果"重议"动议获得通过,其效果是——在可行的程度内,且除了某些例外情况——将"要被重议的动议"再次提交会议考虑,并正好回到该动议在当初表决之前的那个状态。原来的表决由此被取消,在再次表决之前,该动议重新开放辩论,接受修正案以及任何其他合规的动议。但是如果"重议"动议被否决,那么"要被重议的动

* 英文原著中会使用"重议一项动议"(reconsider a motion)或者"重议一项表决"(reconsider a vote)两种表述方式,且多数时候都会使用后一种表述。二者并没有实质上的区别。"重议"动议一旦通过,会议的确是回到"被重议的动议"在表决前的状态,但并不只是再次表决,而是先重新考虑,然后再次表决。中文版为保持译法简明清晰,统一使用"重议一项动议"的表述方式。——译者注

议"以及任何因为"重议"而被暂缓执行的决定都将恢复效力,就好像从未提出过"重议"一样。如果"重议"动议在未得表决的时候就被丢弃了,那么结果也是一样的(请参阅37:11)。

{37:8} 为了保证这种动议的效力同时又防止它被滥用,"重议"有如下这些独特的规则(在37:10将会有更为详尽的阐述):

(1) 除了在委员会中,否则"重议"的动议人必须是当初表决时的获胜方(prevailing side)。

(2) 除了在委员会中,否则"重议"必须在"要被重议的动议"表决的当天提出,或者在仍属同一次会议且召开议事会议的第二天提出。

(3) 即使在"重议"的"考虑"不合规的时候,也可以先"提出""重议"并得到附议,以后再找机会"要求考虑"(call up),而且"考虑"的时间限制比"提出"的宽松。在此期间,暂缓执行"要被重议的动议"里所包含的任何决定。

标准描述特征

{37:9} "重议"动议:

(1) 优先与让先。

① "重议"的"提出":优先于所有其他动议,不让先于任何动议。[④] 任何其他动议待决的时候,"重议"的"提出"都合规,甚至在会议已经决定休会、但主持人还没有正式宣布休会的时候,"重议"的"提出"也合规,而且如果此时有必要立刻"考虑"这个"重议",那么应该重新对"休会"表决。还有,即使已经决定要对直接待决动议"结束辩论",只要主持人还没有实际开始表决,也仍然可以"提出"对之前表决过的另一项动议的"重议"。[*]

② "重议"的"考虑":它的优先级等于要被重议的那个动议的优先级。它优先于有着相同优先级的新动议,只要主持人还没有对

[④] "重议"还有一种特殊形式,叫做"重议并先记录"(Reconsider and Enter on the Minutes),比"重议"的一般形式优先级还要高(请参阅37:46—52)。

[*] 对"结束辩论"的"重议"只能是在尚未执行"结束辩论"之前。——译者注

新主动议宣布议题。(这个过程类似于"恢复"优先于新动议,请参阅第 34 节。)如果没有其他待决动议,即使会议正在处理"普通议程项",也可以"考虑"针对"主动议"的"重议",无论该主动议之前获得暂时解决还是最终解决。

(2) "重议"可以应用于绝大多数动议,除了①可以"重提"的动议,请参阅 38:6—7;②某些曾被否决的动议,且在提出"重议"的时候,这些曾被否决的动议会因为如下理由而不合规(也即符合下列情况的动议,如曾被否决,就不可"重议"):(ⅰ)抵触之前通过的、仍然有效力的决定;(ⅱ)抵触之前得到暂时的而不是最终解决的、因而仍然在会议手中的动议;(ⅲ)抵触一个已待决动议,即该待决动议一旦通过就会产生冲突;③得到通过并且已经部分执行的决定;⑤④具有契约性质的决定获得通过,并且已经通知契约的另一方这一结果;⑤任何已经导致了无法撤销的行动的决定;⑥另一个"重议";⑦按照 46:46 的规则已经最终正式生效的选举;⑧可以采用其他要求"过半数表决"且无须事先告知的程序动议实现重议的效果的情况。

如果要"重议"绑定在主动议上的"附属动议"或者"偶发动议",那么主动议必须处于待决状态,也就是说,主动议尚未表决,或者正在"重议"这个主动议。如果绑定的对象不是一个主动议,而是另一个"附属动议"或"偶发动议",那么适用同样的规则。例如,如果有绑定在"主修正案"上的"辅修正案"已经得到表决,那么只有在"主修正案"尚未表决时,或者正在"重议""主修正案"时,才能"重议""辅修正案"(请参阅 37:24—34)。

根据上面这些规则,可以推断出哪些动议永远不可以重议,哪些动议只有通过后才可以重议,哪些动议只有否决后可以重议。[请参阅附录第 t50—t51 页的详细列表;也请参阅每种动议的"标准描述特征(8)"。]

可以对"重议"应用"暂停"。另外,"改期""调整辩论限制"和"结束辩论"可以应用在可以辩论的"重议"上[请参阅下面的"标准描述特征(5)"]。如果"重议"被"暂停"或"改期",所有有绑定关系的

---

⑤ 但是"调整辩论限制"除外。就是说即使"调整辩论限制"得到通过并且开始执行,也仍然可以对"调整辩论限制"进行重议。

动议也一并被"暂停"或"改期"。"搁置""修改"和"委托"不可以应用在"重议"上。

(3) "重议"的"提出"：即使其他人已经取得发言权,只要还没有开始发言,就是合规的。"重议"的"考虑"：在其他人拥有发言权时不合规。但是,如果有成员先申请发言以提出新动议,那么其他成员可以要求发言优先权,以便"提出"或"要求考虑""重议"动议;请参阅上面的"标准描述特性(1)②"。

(4) 必须在"提出"的时候得到附议,附议人不必是当初表决时的获胜方。在"要求考虑"的时候不要求附议。

(5) 只要被重议的动议可以辩论,"重议"就可以辩论,并且辩论可以针对被重议的动议本身的利弊。(但是,请参阅 37:29—32 重议系列动议时的情况,以及在这种情况下如何展开辩论。)如果被重议的动议不可辩论——或者因为它本身就不可辩论,或者因为有"结束辩论"的限制(第16节),那么"重议"也不可辩论(但请参阅 43:31—32 关于允许对不可辩论的动议做一定解释的情况)。类似地,如果对于某个待决的(系列)动议来说已有"结束辩论",又绑定在这(些)待决动议上的动议需要重议,由于这种绑定关系,"重议"必须在"结束辩论"执行之前完成,那么"重议"和被重议的动议都不可辩论,即使这个被重议的动议曾经是可以辩论的,而"结束辩论"在后来才生效。

(6) 不可修改。

(7) 只要求"过半数表决",无论被重议的动议本身要求什么样的表决额度。(但请参阅 37:35 给出的委员会中的不同规则。)

(8) 不可以重议。"重议"被否决后不可以"重提",除非会议"默认一致同意"。基于同样的原则,除非在第一次重议的过程中,被重议的动议被相当程度地修改了,否则同一动议不可以"重议"两次。

进一步的规则和说明

【重议的动议人和提出时间的限制】

{37:10} 如 37:8 已经简要提到的,为了保证这种动议的效力同时又防止它被滥用，"重议"有如下这些独特的规则。

(1)"重议"的"动议人"的限制："重议"的动议人必须是当初表决时获胜的一方(prevailing side)。也就是说，如果要重议的是一个得到通过的动议，那就是当时投赞成票的一方；如果要重议的是一个被否决的动议，那就是当时投反对票的一方。(但是在委员会中，无论是常设委员会还是临时委员会，没有投票的弃权成员也可以提出重议，只要不是失败的一方。)注意，如果一个要求"三分之二表决"的动议被否决，那么获胜的一方实际上是"少数方"(minority)。

如果当时表决采用的是"书面不记名表决"(ballot)，那么"重议"的动议人自动放弃投票隐私权。还有，如果当时表决采用的是"默认一致同意"，那么所有人都是获胜的一方，都可以提出"重议"。类似地，如果一项动议被否决，但表决的时候并没有请反对方表决，因为反对票的数量已经从根本上不影响表决结果了[请参阅 44：9(1)]，那么表决时在场且没有投赞成票的成员都有资格提出"重议"。

这种对于动议人的限制是为了防止失败的"少数方"滥用"重议"来拖延会议——尤其在"重议"可以辩论的时候[请参阅上面的"标准描述特征(5)"]，这些"少数方"又没有少到可以让"结束辩论"得到通过("结束辩论"需要"三分之二表决"，第16节)。如果无权提出"重议"的成员希望重议，他应该说服一个有权利的人。或者，他可以在没有待决事务的时候取得发言权，呼吁其他人提出"重议"，但不能发展成辩论；或者，在有待决事务的时候，他可以用"请求"(request)的方式来获得呼吁的机会。(请参阅 33：22"其他请求"。)

(2)"重议"的"提出时间"的限制：如果是长度只有一天的一次会议(例如一般本地组织的例会，或者长度为一天的代表大会)，那么"重议"只能在被重议的动议表决的当天提出。如果是长度超过一天的一次代表大会或其他会议，那么"重议"提出的时间只能是在被重议的动议表决的当天，或者最多到本次会议下一个召开议事会议的会议日。常设委员会或者临时委员会对"重议"没有这些时间限制(请参阅 37：35)。除非会议"默认一致同意"，否则如果已经过了可以"重提"(renew)"重议"的时间，那么不能够收回尚未得到最终解决的"重议"。也就是说，只能在与提出"重议"同样的时间窗口之内才能收回"重议"。

(3)"重议"的"提出"(making)和"考虑"(consideration)有不同的优先

级,且"重议"的"提出"优先级高。也就是说,在"重议"的"考虑"不合规的时候,可以先"提出""重议"并得到附议,以后再找机会"考虑"(take up)。即使"提出"的时间限制已过,也可以"考虑"。如果"重议"在"提出"时不能立刻"考虑",那么主持人请秘书将它记录为"已经提出并得附议",但并不对它宣布议题,因而它也不是待决动议。假设被"重议"的是一个已经表决过的主动议,并且这个"重议"就处在上述状态(已经"提出"并得到附议,但尚未"考虑"),那么等到"重议"的"考虑"合规时,任何成员都可以"要求"(call up)会议"考虑"(请参阅 37:15)。

【重议"提出"后的"暂缓效力"】

{37:11} "重议"一旦"提出"*,那么要被重议的决定所包含的所有行动就被暂缓,暂缓效力一直持续到:

(1) "重议"动议经表决获得通过或者被否决;

(2) "重议"动议被收回(withdraw)[请参阅 37:10(2)和 33:11—18];

(3) 根据 21:7(3)所述的条件,在本次会议最终休会时,"重议"动议因为仍然处于待决状态或者暂时解决状态,因而未经表决就被丢弃;

(4) 已经过了可以"考虑"的时间限制,但还没有开始"考虑""重议"(请参阅 37:15)。

{37:12} 如果"重议"动议获得通过,"要被重议的动议"当初的表决即被取消;但如果因为"重议"动议被否决,或者因为其他原因导致暂缓效力终止,就像从未提出过"重议"动议,"要被重议动议"的表决结果仍然有效,被"重议"所"暂缓"的决定仍然要执行,而且在符合实际情况的前提下,这些决定的生效时间要从最初表决通过的时间算起。

【重议已经不再合规的动议】

{37:13} 应该注意的是,根据上述"标准描述特征(2)②",会议的一些活动可能导致曾被否决的动议不能被重议。例如,假设动议"将所有现金用于为图书馆购买图书"(动议 A)被否决,之后动议"将所有现金用于购买体育设备"(动议 B)获得通过,那么"重议动议 A"就不再合规,因为如果这个"重议"被通过,就会是会议再次面对动议 A,可是动议 A 此时已经与之前会议

---

*　准确地说,是在提出并得到附议,且由主持人回应之后。——译者注

决定的且仍具效力的动议 B 矛盾(也请参阅 39:5)。这种情况下,如果确实想"重议"最早被否决的动议(动议 A),那么必须首先用"取消或修改已通过的决定"令之后通过的动议(动议 B)被取消或者修改得不再与动议 A 有矛盾,或者必须首先"重议"动议 B 并使得动议 B 被否决。

【重议在"提出"后立刻"考虑"】

{37:14} 如果"重议"在"提出"时,其"考虑"也是合规的——判断的方法是:如果被重议的动议在此刻是合规的,那么"重议"的"考虑"就是合规的,主持人应该立刻宣布"重议"为当前待决动议。因为没有待决动议的时候任何动议都合规,所以最好在没有待决动议的时候"提出"对主动议"重议",这样能够立刻"考虑"。如果一直没有这样的机会或者有其他重要的原因,那么也可以打断当前事务,先"提出""重议"。

【重议在后来"考虑"】

{37:15} 如果对主动议的"重议"在"提出"时不能"考虑",那么在没有待决动议也没有其他人拥有发言权的时候,可以"要求考虑""重议",但还要满足下列限制条件:在与"重议"的"提出"同一次会议的任一场会议上,或者,如果下一次例行会议的时间间隔不超过三个月(请参阅 9:7),那么也可以在下一次例行会议的任一场会议上,或者在这两次例行会议之间为"考虑""重议"而召开的临时会议上,成员在取得发言权后说:"主持人,我要求现在考虑对……[描述要被重议的动议]动议的重议。"[为此目的申请发言的成员拥有发言优先权,请参阅 42:13(4)③。]此时不要求附议,因为"提出"时已经得到附议。然后主持人立刻宣布"重议"为当前待决动议(请参阅后面的"格式和举例")。

重议的动议人在选择"考虑"时间上的优先权

{37:16} 虽然任何人都可以"要求"(call up)对"重议"进行"考虑",但是通常由"重议"的动议人在"提出"重议的当天要求"考虑"——至少在"本次会议不在当天结束并且没有必要立刻采取行动"的情况下如此。动议人可能需要时间收集信息,或者——如果"要被重议的动议"的表决与"重议"动议的提出在同一天——希望换一天进行"重议"的"考虑"以便获得新的辩论权(请参阅下文)。只要没有故意拖延或其他问题,动议人享有选择"考虑"时间的优先权,以保证充分、公正地对议题进行再一次的"考虑"。

重议不"考虑"会带来损害时主持人应采取行动

{37:17} 如果"重议"在"提出"之后一直不"考虑"会带来损害,主持人有责任提醒会议。例如,假设两次会议的时间间隔不超过三个月(请参阅 9:7),并假设本次会议上已经"提出"重议动议 A。动议 A 目前的表决结果是要采取行动 X,而行动 X 必须在下一次会议之前实施,否则就无法实施。如果直到本次会议休会时还没有"考虑"这个"重议",那么行动 X 在下一次会议之前都被"暂缓",实际是被扼杀(killed)——除非在下一次会议之前召开"后续会议"或者"临时会议"。所以主持人如果发现很可能休会之前不会"考虑"该"重议",则应该提醒会议并呼吁有人"要求考虑"这个"重议"。如果已经提出"休会",则可以收回或否决"休会"。也可以用"指定后续会议的时间"(Fix the Time to Which to Adjourn,第 22 节)来召开"后续会议"——该动议的优先级高,即使在对"休会"表决之后也合规。

【重议的辩论】

{37:18} 在"考虑""重议"时,只要被重议的动议可以辩论,"重议"就可以辩论,并且辩论可以针对被重议的动议本身的利弊展开,这在前面的"标准描述特征(5)"已经说明。成员针对"重议"动议的"辩论权"(the right to debate)跟"被重议的动议"的"辩论权"是不相关的。即使一位成员在"被重议的动议"的辩论中已经用尽了当天的"辩论权",也有权在同一天的"重议"动议的辩论中发言正常限定的次数(默认两次,除非会议用特别议事规则作出其他约定)。(在"重议"动议获得通过后,对"被重议的动议"重新展开辩论时的辩论权限制,请参阅下文。)

【重议通过后的效力;被重议的动议的辩论权】

{37:19} 如果"重议动议 A"得到通过,会议需要立刻对动议 A 重新展开辩论和再次表决——并且要完全回到动议 A 在当初表决之前的状态。[⑥]

{37:20} 重议被重议的动议时的辩论权有如下规则:

[⑥] 然而,对通过的"结束辩论"(请参阅 16:16)或成立的"反对考虑"(请参阅 26:6)的"重议"如果通过,即视为已经逆转这两种动议的表决结果(即视为否决"结束辩论",或"反对考虑"不成立),而无须再次表决。还应注意,如果重议发生在下一次会议上,且被重议的动议可修改,那么重议时可以提出对被重议的动议的修正案,无论在之前任何一次会议上是否曾有过相同或类似的修正案,也无论这样的修正案曾被通过还是否决。

重议发生在同一天

{37:21} 假设被重议的动议是动议 A,重议动议 A 的时候(也就是对动议 A 再次辩论的时候),成员的辩论权跟考虑"重议"动议时(也就是考虑是否应该重议的时候)的辩论权是不相关的。但是,如果重议和初议发生在同一天,那么初议时用尽了辩论权的成员不能在重议时发言,除非会议特别批准。(但是初议时用尽了辩论权的成员可以在考虑"重议"动议时对动议 A 本身的利弊展开辩论,因为对"重议"动议的辩论可以深入到"要被重议的动议"本身。)

重议发生在之后一天

{37:22} 如果重议发生在"被重议的动议"当初表决的那天之后的某天,那么无论之前的发言情况如何,重议时所有成员对"被重议的动议"的辩论权都重新开始计算。

重议时有生效的辩论限制

{37:23} 如果在对系列动议中的某一个动议(假设为动议 A)最初进行表决时,已有"辩论限制"* 或者"结束辩论",在它们失效之前(请分别参阅第15、16 节)又有成员"提出""重议"动议 A,那么无论在辩论"重议"动议的时候,还是在重议动议 A 的时候,这些"辩论限制"仍然有效。但是如果同样情况下,尚未失效的不是"辩论限制"而是"辩论放宽"(an order extending limits of debate) ** ,那么这些"辩论放宽"只对重议动议 A 时的辩论有效,对"重议"动议本身的辩论无效。如果在重议动议 A 的时候,"结束辩论""辩论限制"或"辩论放宽"已经失效,那么就遵守正常的辩论规则,包括修正案的规则。

【重议附属动议、优先动议和偶发动议】

{37:24} 是否可以对"附属动议""优先动议"或"偶发动议"进行重议,取决于提出"重议"的时候有哪些动议待决,相应的规则如下:

重议附属、优先或偶发动议:重议提出时主动议待决

{37:25} 在主动议(假设为主动议 A)待决的时候(无论是否还有绑定在主动议 A 上的若干其他动议),如果对一项与主动议 A 相关的"附属动议""优

先动议"或"偶发动议"(假设为动议 B)提出"重议",那么(1)如果动议 B 在此时本来就合规,那么"重议动议 B"＊就成为直接待决动议;(2)如果动议 B 在此时本来就不合规,那么"重议动议 B"成为优先级较低的待决动议。

{37:26} 具体解释上面的情况(1):"要被重议的动议"有什么样的优先级,"重议"动议就有什么样的优先级,所以只要没有其他优先于动议 B 的动议待决(请参阅第 5 节和第 6 节,以及附录第 *t3—t5* 页的图表),那么"重议动议 B"立刻成为"直接待决动议"。例如,如果动议 B 是把待决主动议委托给委员会,动议 B 已被否决,而且现在只有主动议待决或者只有优先级低于"委托"的"搁置"和"修改"待决,此时有成员提出"重议动议 B"并得附议,那么主持人立刻宣布"重议动议 B"为直接待决动议。

{37:27} 具体解释上面的情况(2):如果除主动议外还有一系列待决动议,并且其中若干动议的优先级高于动议 B,那么"重议动议 B"不能立刻成为直接待决动议,而是根据动议 B 的优先级顺序被安插在待决的系列动议中,并按照优先级顺序依次处理,当优先级比动议 B 高的动议解决之后,就可以处理"重议动议 B"。例如,假设有"主动议"、"主动议的修正案"、把所有待决动议"暂停"三个待决动议,之前有一个把"主动议"和"主动议的修正案"交给委员会的"委托"动议(动议 B)被否决,此时有成员提出对"委托"(动议 B)的"重议"。这几项动议的优先级顺序从高到低依次是:(1)暂停;(2)委托;(3)修正案;(4)主动议。这是它们应该被依次表决的顺序,反过来就是它们应该被提出的顺序。这种情况下的流程是:主持人要请秘书记录有人提出要重议这个"委托"并得到附议。然后主持人继续进行"暂停"的表决。如果"暂停"被否决,那么主持人立刻宣布"重议委托"为直接待决动议。因为"委托"的优先级此时已经最高。如果"重议"得到通过,那么重新对"委托"展开辩论和表决;如果"重议"被否决,那么,主持人宣布"主动议的修正案"为直接待决动议。(如果一开始的"暂停"得到通过,那么所有其他待决动议包括"重议委托"都被暂停,而且一旦把它们恢复,"重议委托"就成为直接待决动议,后面的过程是一样的。)

＊　本节中,要注意区分"被重议的动议"(Reconsider 的对象)、"重议"动议(Reconsider)以及"重议被重议的动议"("重议"动议通过以后,对"被重议的动议"重新辩论并再次表决)。例如,我们用"动议 B"表示被重议的动议,用"'重议'动议 B"表示针对动议 B 的重议动议,用"重议动议 B"表示重议动议通过以后对动议 B 的重新辩论和再次表决。——译者注

{37:28} 如果在"主修正案 M"待决的时候"提出"对之前的"主修正案 N"的"重议",那么主持人必须等到修正案 M 解决之后才能宣布"重议修正案 N"的议题。

{37:29} 如果要重议的是一项可辩论的、与待决的主动议或一系列动议相关的附属或偶发动议,那么针对这样的动议的"重议"动议可以辩论[前面"标准描述特征(5)"已有说明],并且其辩论可以深入到这项"要被重议的动议"的利弊展开,但不可以涉及其他的待决动议。例如,要"重议"的是当前待决主动议曾经的一项修正案,此"重议"动议的辩论可以涉及该修正案的利弊,但不可以涉及主动议其他部分的利弊。

重议绑定的附属动议或偶发动议:重议提出时主动议已最终解决

{37:30} 在主动议得到最终解决(通过、否决或搁置)之后,如果希望"重议"一项曾绑定在主动议上的附属动议(例如修正案)或偶发动议,那么也必须重议那项主动议,而且如果主动议被"搁置",那也要重议"搁置"[另请参阅"标准描述特征(2)"]。在这种情况下,提出"重议"的时候要一并涵盖那项主动议、"搁置"动议(如果主动议被搁置)以及要被重议的那项附属动议或偶发动议。"重议"的动议人必须是在要被重议的附属动议或偶发动议最初表决时的获胜方。如果"重议"获得通过,那么首先重议那项附属动议或偶发动议。

{37:31} 同样,如果在"主修正案"得到最终解决之后,提出"重议"曾经在这个主修正案基础上提出的"辅修正案",那么如果"主动议"仍待决,则"主修正案"也必须一起重议;如果"主动议"已经得到最终解决,则"主修正案"和"主动议"都必须一起重议,也就是说,一个"重议"动议要包括三个重议的对象。

{37:32} 在一个"重议"动议包含两个或多个重议的对象的情况下,对"是否重议"所展开的辩论,不能针对每一个对象的利弊,只能针对那个"如果重议得到通过就会最先重议"的对象的利弊。例如,被重议的是一个决议、一个主修正案和一个辅修正案,"是否重议"的辩论只能涉及辅修正案的利弊。如果"重议"得到通过,主持人宣布"辅修正案"为直接待决动议并将发言权交给"重议"的动议人,会议状态正好回到"辅修正案"的初次表决之前。

{37:33} 如果在上面所描述的一个"重议"动议包含两个或多个"重议的对象"的情况中,主动议也是重议的对象,那么只要"重议主动议"是合规的,

"重议系列对象"就是合规的。如果"重议"在"提出"时不能立刻"考虑",那么如 37:11 所描述的那样,"暂缓"相关行动直到得到"考虑",跟只"重议主动议"的情况是一样的。

{37:34} 在主动议已经被改期到以后的某个指定时间或者被暂停之后,如果希望"重议"一项曾绑定在主动议上的附属动议(例如修正案)或偶发动议,那么这个"重议"动议被记录下来,并且在主动议重新回到会议考虑的时候,再按照相应规则(请参阅 37:27)进行"考虑"。如果在主动议被改期或暂停之前就"提出"了针对那项绑定在主动议上的附属动议或偶发动议的"重议",但没来得及得到"考虑",那么这样的"重议"动议也要先记录下来,再在主动议重新回到会议上的时候"考虑"。另一方面,如果主动议已经被"委托",那么在委员会考虑主动议期间,针对一项曾绑定在主动议上的附属动议或偶发动议的"重议"不合规。如果这样的"重议"在主动议被"委托"之前已经"提出"但未得"考虑",那么这样的"重议"动议就被忽略。

【常设或临时委员会中的"重议"】

{37:35} 常设或临时委员会(第 50 节)中的"重议"与全体会议中的"重议",有下面这些不同:

(1) 委员会中"重议"的"提出"和"考虑"都没有时间限制,也没有次数的限制,因此也就没有"需要默认一致同意才可以重提一个被否决的重议"的规则。

(2) 委员会中"重议"的动议人可以是当初表决的获胜方、弃权方或缺席者,只要不是失败方就可以。

(3) 除非所有"当初表决时处在获胜方"的委员会成员都在场,或者得到充分的告知此次会议将"提出"某项"重议",否则委员会中的"重议"要求"三分之二表决"。

其他方面,委员会中的"重议"与全体会议的"重议"以及董事会中的"重议"遵循同样的规则。"全体委员会"(a committee of the whole)中的表决结果不可以"重议"。

格式和举例

{37:36} "重议"动议可以有如下这些格式:

(1) 重议主动议:"我动议重议关于新年宴会的决议。我当初投的是赞成[或反对]票。"

(2) 重议与主动议相关的"附属动议""优先动议"或"偶发动议",且主动议正待决:"我动议重议关于删除'星期五'而插入'星期六'的修正案。我当初对该修正案投的是赞成[或反对]票。"

(3) 重议绑定在主动议上的"附属动议"或"偶发动议",并且在"重议""提出"时,主动议已经得到最终解决:"我动议重议关于新年宴会的决议,以及关于删除'星期五'而插入'星期六'的修正案。我当初对该修正案投的是赞成[或反对]票。"

{37:37} 如果"重议"的动议人没有说明自己当初的投票,主持人在做出进一步回应之前要首先询问:

主持人:"重议"的动议人必须说明自己在当初的投票。

{37:38} 如果当初决议是用"默认一致同意"的方式通过的,主持人应该询问动议人当时是否在场。此外,如果动议人不是当初表决时的获胜方,那么如果有获胜方的成员愿意,则可由获胜方成员动议"重议"。"重议"动议必须得到附议。

{37:39} 如果可以立刻"考虑""重议",那么主持人就按如下格式宣布议题:

主持人:有人动议并经附议,重议下面的决议[宣读决议]。

{37:40} 如果不能立刻"考虑""重议",那么主持人说:

主持人:有人动议并经附议,重议关于……的决议。请秘书记录。

然后主持人继续当前的待决动议。

{37:41} 当"重议"的"考虑"合规时,成员 A 起立并称呼主持人说:

成员 A(取得发言权):我要求考虑对……的重议。

{37:42} 主持人接着说:

主持人:有人要求考虑对……的重议。现在的议题是"是否重议关于……的决议"。

{37:43} 如果在"提出"时不能"考虑"的"重议"会在以后的某个时间点自

动出现在会议面前,那么在这样的时刻到来时,主持人可以说:

> 主持人:现在的议题是"是否重议关于……的修正案"。

{37:44} 在"重议"动议的辩论结束之后,主持人如下提请表决并宣布结果(假设"重议"动议获得通过):

> 主持人:所有赞成重议关于新年宴会的决议的,请说"赞成"……所有反对的,请说"反对"……赞成方获胜,重议关于新年宴会的决议。现在的议题就是该决议,决议如下……

或者:

> 主持人:赞成方获胜,重议原决议以及原决议的修正案。现在的议题是原决议的修正案:……

{37:45} 注意,如果"重议"动议被否决,表决就此结束,因为只有这个表决得到通过,被重议的动议才能依次得到重议。

重议并先记录

{37:46} "重议并先记录"(Reconsider and Enter on the Minutes)是"重议"的一种特殊形式,但有着不同的用处。它的目的是防止一部分人——他们对于整个组织或者整个代表大会来说是"少数方",但是在一场出席情况不具代表性的会议上却暂时地成为"多数方"——利用这种局面做出会遭到整个会议或组织的"多数方"反对的决定。本动议的"提出"必须在被重议的动议表决的当天,但即使当天还有另外一场会议,本动议的"考虑"也必须等到另外一天。[7]因而,为了得到更具代表性的出席情况,本动议能够强行使一个动议在另外一天重新得到考虑。本动议的名字"重议并先记录"并不意味着普通形式的"重议"动议不需要记录在会议纪要中。

【与普通"重议"的区别】

{37:47} "重议并先记录"动议与普通形式的"重议"动议有如下区别:

(1) 必须在"被重议的动议"的表决当天"提出"。而普通的"重议"最迟

---

[7]   下面第(6)项给出了一种例外情况。

可以在同次会议中的下一个议事会议日"提出"。

(2) 优先于普通的"重议"。而且，即使在"重议"的表决之后，只要主持人尚未宣布表决结果，本动议仍然合规。这种情况下，本动议"提出"之后普通的"重议"就被忽略。如果不这样规定，那么有人就会利用普通的"重议"来阻碍本动议的提出，也就使本动议想要达到的目的无法实现。

(3) 本动议只能应用于那些"使主动议得到最终解决"的动议，即①主动议，无论通过或否决；②"搁置"动议，且只限于获得通过的情况；或③"反对考虑"动议，且只限于"成立"(sustaining)的情况。* 同时，本次会议不能在当天最终休会，否则没有时间重议。

(4) 本动议不能应用于那些推迟一天就失去意义的动议。例如，动议请某位嘉宾在第二天的会议上发言。

(5) 如果距离下一次例行会议的时间间隔超过三个月(请参阅 9:7)，那么在本次会议的最后一场会议上不能"提出"本动议。

(6) 本动议不能在"提出"的当天"考虑"。除非这一天是本次会议的最后一天但本场会议不是这次会议的最后一场会议，而且下一次会议是在三个多月(请参阅 9:7)以后，那么本动议可以在同一天的最后一场会议上"考虑"。

{37:48} 在"重议并先记录"得到"考虑"以后，其处理方式跟普通的"重议"是一样的。

【用法和流程】

{37:49} 为说明本动议的用法，假设经过漫长的会议，组织的很多成员都已经离开会场。不知不觉中，剩下了一小部分成员，但仍满足有效人数。这一小部分成员中的多数方正要决定一项行动，但在场也有少数成员相信实际上组织的多数成员都会反对这项行动，那么这样的成员就可以用"重议并先记录"来阻止这项行动：他们当中的一位(成员 A)发现在场成员当中反对这项行动的人已经占少数了，直接投反对票无法阻止，那么成员 A 首先要投赞成票，在这项行动得到通过后，再以获胜方的身份提出对此行动的"重议

---

* 注意："搁置"和"反对考虑"都只能应用于主动议。根据 26:7 讲解的"反对考虑"的表决方式，"反对考虑"的"成立"是反对票达到或超过赞成票的两倍。——译者注

并先记录"。只要再有一个成员附议,就可以暂缓这一行动,以便争取时间通知那些缺席的成员。

{37:50} 如果反对这项行动的暂时的少数方成员中没有首先投赞成票,"改票"(change one's vote)也已经来不及(请参阅 45:9),那么至少可以给出"事先告知",声明在下一次会议上会动议"取消"(Rescind)该行动。在下一次会议上,因为已有"事先告知",所以"过半数表决"就可以取消该行动。

【防止这种动议本身被滥用】

{37:51} 有时这种动议也可能被滥用,特别是在"一场会议就构成一次会议"的组织中,这种动议使得任何两个成员就有能力阻止会议采取任何行动。一般的组织只应该在极端的情况下才使用本动议,而且必须确保被重议的问题的最后决定可以等到下一次例行会议,或者有可能召开"后续会议"或"临时会议"来对它进行"考虑"。

{37:52} 如果事实上的"少数方",在出席情况"具备代表性"的会议上,利用这种动议,把一个需要在下次例会之前采取的行动,改期到下次例会,从而扼杀这项行动,那么补救的办法可以是:用"指定后续会议的时间"(第 22 节)设定"后续会议"(请参阅第 9 节和第 22 节)在适当的日期,以便及时"考虑"被滥用的"重议并先记录"。很可能只是提出这样的"指定后续会议的时间"动议,就能促使对方收回"重议并先记录"动议,因为对方的目的已经无法实现。

第 十 章

动议的重提和不良动议

§38. 动议的重提

{38:1} 一个曾被引入会议但未能得到通过的动议,在合规的时候,被任一成员再次引入会议,就叫做"重提"这个动议。"动议的重提"(renewal of motion)受到如下基本原则的限制:议题相同的或者本质上相同的动议不能在同一次会议上重复出现——除非使用"重议"*(第37节),或者"取消或修改已通过的决定"(第35节,另请参阅6:25)。但是,本来按前述规则不可以重提的动议,如果动议的措辞经过了相当程度的修改,或者时过境迁影响动议的条件发生了显著的改变,以致这个动议已经变成一个新的议题,那么也可以合规地重提这个动议。

{38:2} 对于被"收回"的动议,"重提"的约束规则并不适用。动议被"收回",就等于从未被提出过,会议也从未考虑过,因而也就可以随时被"重提"。未获得附议因而未正式被引入会议的动议,也不受"重提"规则的限制。虽然这样的动议并非视做从未被提出过,但会议毕竟没有对其考虑过,所以也可以在任何合规的时候"重提"。

{38:3} "重提"有两条一般的原则:

(1) 同次会议不可重提。同一"次"会议中,同一个动议不可以重提,除非这个动议变成新的议题。(请参阅下文"同次会议不可重提以及例外情况",以进一步了解由此原则衍生出来的具体规则。)当我们

---

* "重提"和"重议"有很多区别,例如:"重提"针对的是整个动议(renew a motion),把整个动议重新引入会议面前,是从"提出"这一步开始的;而"重议"针对的是"考虑"的过程,是从"辩论"这一步开始的。只能"重提"被否决的动议;被"重议"的动议既可以是被否决的,也可以是获得通过的。二者"提出"的时间限制不同,等等。——译者注

说某个动议"不可重提"且未加其他限制说明的时候,实际上就是指"在同一次会议中该动议不可重提",或者对于"附属动议"和"偶发动议"而言,"在该动议所直接绑定的那个动议所在的那次会议中,该动议不可重提"。

(2) 不同次会议可以重提。在随后的任何一次会议中,同一个动议可以重提,除非有特定规则阻碍重提,而这样的特定规则通常都涉及因为这个动议还没有得到最终解决,所以在随后的这次会议上仍然可以继续处理这个动议,也仍然可以通过这个动以来触及其所包含的那项议题,所以不能重提这个动议(请参阅 9:7—11 和 38:8—9)。

同次会议不可重提以及例外情况

{38:4} 下面的规则都是从前面的原则(1)引申出来的,即"同一次会议中,同一个动议不可以重提,除非这个动议变成新的议题"。

【同次会议不可重提的典型情况】

{38:5} 下列情况具体体现了"同一次会议不可重提同一个动议"的一般规则:

(1) 主动议,或者针对同一个动议的、内容相同的"修正案",不可以重提,除非措辞或环境的变化使得主动议或修正案发生实质的变化,并成为新的动议。如果同时对几个决议表决但未能通过,那么即使在同次会议中也可以把其中的一个或者几个决议单独拿出来重提,但是必须放弃掉足够多的决议使得重提能够带来不同的表决结果,否则这种重提就变成故意拖延。

(2) 同次会议中,如果"搁置某主动议"被否决,那么即使"搁置"被否决后该主动议被修正案修改发生了实质改变,也不可以重提"搁置",只能在该主动议的最后表决中争取否决它。

(3) "重议"被否决后不可以"重提"。除非,"重议"获得通过后,如果在第一次重议过程中原动议受到相当程度的修改,已经成为一个新的议题,那么对修改后的"新动议"的"重议"也成为新的议题,可以

"重提"这个"重议"。

(4) 同次会议中,"取消已通过的决定"(Rescind Something Previously Adopted)被否决后不可以"重提"。但如果这个已通过的决定在这期间受到相当程度的修改*,已经成为一个新的决定,那么可以"重提""取消已通过的决定"。

(5) 同次会议中,把同一个动议按照本质上同样的方式拆分的动议不可重提。

(6) 同次会议中,被主持人裁定为无效的"权益问题"或者不成立的"秩序问题"不可"重提",除非有人"申诉",并推翻了主持人的裁定。如果"申诉"的表决结果维持了主持人原来的裁定,那么同次会议中就不可以再对同一问题提出"秩序问题"或者"申诉"。

【可以在同次不同场的会议上重提的情况】

{38:6} 下面两种动议,可以在同一次会议中重提,但是必须是不同场的会议,因为对于这样的动议来说,在不同场的会议上就是不同的动议(请参阅第8节)。

(1) 虽然目的相同的"暂缓规则"不能在同一场会议中重提,但即使是同一天内的不同场会议,也可以重提。因为新一场会议上的环境和出席情况都会发生相当的改变,甚至单纯的时间流逝就可以使这个动议变成一个新的动议。

(2) 在同一场会议上,如果"指定后续会议的时间"被否决,那么指定相同日期、时间和地点的"后续会议"的同一动议不能重提。但是,如果第一个动议被否决以后,会议又指定了一个时间相对较早的"后续会议",那么在这个"后续会议"上,就可以重提第一个动议,用来指定时间和地点跟第一个动议相同的第二个"后续会议"。

【可以在同次且同场的会议上重提的情况】

{38:7} 同一场会议中,只要情况发生显著变化,下列动议也可以重提:

(1) 对于附属动议"委托""改期""调整辩论限制""结束辩论"和"暂停"

---

*　　例如,用"修改已通过的决定"(Amend Something Previously Adopted)。——译者注

来说,只要会议的进展使它们实质上成为新的动议,就可以重提。另外,在"暂停"被否决之后,只要出现新的紧急情况需要打断待决动议,就可以重提"暂停"。

(2) 在"恢复"被否决之后,只要又解决了其他事务,就可以重提"恢复"。

(3) 在"要求遵守议程"被会议否决之后,只要解决完当时待决的那项事务,就可以重提。

(4) "休会"或"休息"可以在会议有一定程度的进展后重提——例如重要的决定或者发言。但是"休息"或者"暂停"的表决,对于"休会"来说,并不足以构成"重提"所需的会议进展。这三个动议中,任何一个的"提出"或"表决",都不足以构成另外一个动议重提所需的会议进展。

(5) 在"结束提名"或"结束投票"被否决之后,只要提名或投票继续进行一段时间,就可以重提。

不同次会议却不可以重提的情况

【跨越不同次会议的主动议】

{38:8} 根据 38:3 的原则(2),如果一个主动议在本次会议上提出后未能得到通过,那么可以在以后的任何一次会议上重提,除非重提已经没有意义,或者出现下面列出的五种例外情况。这些例外情况的共同点就是该主动议得到了暂时的(而不是最终的)解决(temporarily but not finally disposed of),且仍在会议的控制之内(within the control of the assembly),所以在后面的这次会议上,只能继续处理这个主动议,不能重提。

前四种情况,只适用于距离下一次例行会议的时间间隔不超过三个月(请参阅 9:7)的情况:

(1) 如果主动议被"改期"到下一次会议(第 14 节),或被作为下一次会议的"普通议程项"或"特别议程项",那么在下一次会议上,该主动议自然会作为议程的一项而得到考虑,所以不能重提。

(2) 如果主动议作为"未完事务"或者"未完成的特别议程项"[请参阅 21:7(2)、41:18(1)和 41:21—24]]从本次会议延续到下一次会议,那么在下一次会议上,不能重提。

(3) 如果主动议被"暂停"且尚未"恢复"(第 17 节和第 34 节),那么在下一次会议上,仍然可以"恢复"对该动议的考虑,所以不能重提。

(4) 如果主动议已经表决,并且又"提出"对此主动议的"重议",但尚未"考虑"或尚未最终解决,那么在下一次会议上,仍然可以"要求考虑"(第 37 节)或继续处理这个"重议",所以不能重提。

第五种情况对两次会议的时间间隔没有限制:

(5) 如果主动议被"委托"给委员会且计划在后面某一次会议上报告,那么必须等到委员会作报告或者全体会议决定"收回委托"(第 36 节)的那次会议之后,才能够重提该主动议。

【"反对考虑"失败后不可重提】

{38:9} 针对主动议的"反对考虑"(Objection to the Consideration of a Question,第 26 节)如果第一次提出遭到失败(unsustained),那么即使该主动议进入了后面的某次会议(通过上面提到的几种方式中的一种),也不能重提该"反对考虑"。因为会议一旦开始考虑,再反对考虑就失去意义。但是,如果一个实质主动议在一次会议上得到最终解决,但未获通过,又在下一次会议上重提,那么它就是一个新动议,可以对它提出"反对考虑"。

§ 39. 故意拖延和无效动议

故意拖延

{39:1} "故意拖延性质的动议"(dilatory motions)是指那些阻挠或者妨碍由会议现场议事状态(parliamentary situation)所体现的会议整体意志(the will of the assembly)的动议。

{39:2} "议事手段"(parliamentary forms)是指诸如"动议""申诉""请求""重提"等所有用来帮助会议运行的方法和行为。"议事手段"须用来促进会议的效率和秩序。即使没有制定与此有关的任何规则,会议和组织也仍然有权保护自己不受不良议事手段的干扰,有权制止议事手段被滥用来妨碍会议的顺利进行。

{39:3} 任何在本质上不严肃、无意义、没有提出任何实质建议或者荒谬的动议(主动议或者其他动议)都属于故意拖延,不应被引入。极少数成员的下列行为属于故意拖延:

- 对主持人的裁定提出"申诉",然而显然并没有其他可选的裁定方式;
- 在所有人都参与表决且表决结果很明显的情况下,要求"起立重新表决"(第29节);
- 在专门为某个动议而召开的特别会议上,动议"暂停"这个动议;
- 不断提出"秩序问题";
- 不断对主持人的裁定提出"申诉";
- 在会议没有发生实质进展的情况下,重复提出"休会"。

通过这些不当的故意拖延方式,只有两三名成员的少数方就可能妨碍会议进展。

{39:4} 主持人有责任避免和阻止任何成员以妨碍会议秩序为目的滥用合规的议事手段,阻止滥用"重提"来阻挠会议。会议和组织有权保护自己免受动机不良的议事手段的危害。只要主持人确信有人(一个或者几个)反复企图利用合规的议事手段来达到阻碍会议进程的目的,他就可以:

(1) 拒绝准许他们发言权;
(2) 裁定这样的动议不合规。

但是,主持人绝不能仅仅为了加快会议进度而采取上面这些措施。同时,主持人必须避免自己的个人情绪影响自己的判断。如果主持人只是怀疑而不是确信动议人持有故意拖延的不良动机,那么主持人仍然应该首先假定动议人是无辜的(give the maker the benefit of the doubt)。主持人应该永远保持礼貌和公正,但同时必须坚定地保护会议和组织的利益。

无效动议

{39:5} 下面的动议为"无效动议"(improper motions):

(1) 违反组织的"法人证书"(corporate charter)或"章程"(constitutions

或 bylaws)的动议;

(2) 违反国家、州或本地法律(尤其是与议事规则相关的法律)的动议;[1]

(3) 与会议和组织已经通过的且仍具效力的决定相冲突的动议(仍具效力是指既未被"取消",也未曾因"重议"而被否决。如果会议在通过新动议的时候,达到了"取消或修改已通过的决定"所要求的表决额度,那么可以视为取消了原来的动议,新动议有效)。

(上面三种"无效动议"不仅不合规,而且即使得到通过,也没有任何效力。)

{39:6} 无效动议还包括:

(4) 与之前在同一次会议中已经做出的决定在本质上相同的动议;

(5) 与得到了暂时解决且仍在会议控制之中(委托给委员会、改期到指定时间、被暂停、已"提出""重议"但尚未"考虑",请参阅 9:7—11 和 38:8)的动议在本质上相同或相冲突的动议;因为如果相冲突的动议得到通过,那么之前的那个动议就无法继续处理。

{39:7} 下列类型的动议也可能是无效动议:

(6) 超出组织的章程所定义的宗旨的动议(请参阅 56:18),除非组织以"三分之二表决"同意考虑这样的动议[请参阅 10:26(2)];

(7) 任何含有无礼的语言的动议,如责备其他成员言行品质的语言、辩论中禁止的语言、过分尖刻的语言等,除非动议本身就是谴责性的,或者涉及"纪律惩戒"(disciplinary procedures)的内容(请参阅第 61 节和第 63 节)。

主持人必须裁定所有"无效动议"为不合规。

---

[1] 但是请参阅 10:26(1)以及那里的脚注以了解例外情况。

第十一章

有效人数与会议程序

§40. 有效人数

{40:1} 正如 3:3 所述，一个会议或组织的"有效人数"（quorum）指的是会议得以做出有效力的决定所必须满足的"在场"（present）*的"成员"（member，请参阅 1:4）的人数。注意，"有效人数"规定的是在场的人数，并不规定就一项具体动议表决时参与表决的人数。

有效人数的规则

【如何规定有效人数的多少】

{40:2} 有效人数具体应该是多少，要根据不同会议和组织的情况而定。首先，各组织应该根据自己的实际情况，在章程中规定有效人数。其次，如果章程中没有规定，那么根据通用议事规则，默认的"有效人数"分别是：

(1) 对于"公众集会"（a mass meeting），有效人数就是在场的人数，因为这些人已经构成了当时的全体成员。

(2) 对于没有必需的会费、没有严格确切的注册成员名册的组织，例如多数教堂和社团，任何例行会议或合规召开的其他会议的有效人

---

* "在场"（present）与"出席"（attend）这两个概念基本可以通用，只略微有所不同。"出席"有时指某位成员从整体上来说参与了一场会议，但会议期间有些时候不在场，例如迟到、暂时离场、提早退场等。"在场"强调的是在某个时间某位成员正在参与会议。"有效人数"虽然一般是在会议开始时确认，但它实际是一个针对每个时刻的概念，所以用"在场"来定义，日常表述时用"出席"也是可以的。对于代表大会这样规模较大、会期较长、由多场会议组成的会议，"出席"指对整个一次代表大会签到注册了，与"在场"在概念上的差别会更明显一些，请参阅 40:2(3)。——译者注

数就是出席的人数。

(3) 对于由代表参加的会议,如代表大会,有效人数是实际签到注册人数的过半数,不考虑之后是不是有人又已经离开。这个数字可能跟选举或指派的代表总人数有很大的出入。*

(4) 对于所有其他有明确会籍的但章程中没有规定有效人数的组织,有效人数是所有在籍成员的过半数。

{40:3} 但是,对于大多数有明确会籍的自愿性组织,最好还是在章程中规定一个相对更小的有效人数——确切地说,要比"所有在籍成员的过半数"小得多——以便能够顺利地开展工作。因为在这样的组织中,通常很难有那么多出席人数。就是说,成员比较多,但每次出席会议的人数相对较少。有时用"在籍成员人数的百分比"来定义有效人数。但这种做法每次都要计算,容易造成麻烦——例如,如果掌管会籍的官员(通常是秘书)缺席,那么可能没人能够准确地给出当前在籍的成员人数。并没有一个数字或者百分数能够对所有类型的会议和组织都适合。一般情况下确定这个数字的原则是:要尽可能大,但必须在大多数情况下(例如在没有恶劣天气或其他特别不利的条件的情况下)现实可行。

【变更章程中的有效人数】

{40:4} 如果有必要对章程中规定的有效人数进行修改,那么操作上要小心。因为如果先把含有有效人数的那一条款"删除",那么"有效人数"立刻变成"所有在籍成员的过半数"。而这个比例很可能无法满足,有效人数不满足的表决是无效的,因而也无法通过一个新的比例。正确的做法是要用一个动议同时"删除"旧的比例并"插入"新的比例,并且一并表决。

【董事会和委员会的有效人数】

{40:5} 对于"全体委员会"(a committee of the whole)或类似的委员会(第 52 节)来说,有效人数的规则跟会议整体的规则一样,除非章程或特别议事规则有不同的规定。

对于所有其他类型的委员会以及董事会(board)来说,"有效人数"是该委员会或董事会人数的过半数。除非:(1)如果是组织的章程中特别指定的

---

* 比如,从全国各地共选举或指派了 100 名代表,但实际到会场报到的有 80 人,在其中的某一场会议上,已经有 20 人因故离开会议,这场会议的有效人数是 80 的过半数,即 41 人。——译者注

董事会或常设委员会(standing committee),那么章程也可以同时指定了它们的有效人数;(2)虽然不是组织章程特别指定的董事会或委员会,但上级组织、上级机构或者设定了该委员会的动议规定了其有效人数。

【有效人数不满足时】

{40:6} 当"有效人数"不满足时,除后面提到的一些程序性的活动以外,任何其他活动都是无效的。但是,即使"有效人数"不满足,对于一次例行会议或合规召开的临时会议来说,会议还是算已经召开了,组织的规则中关于"什么时间必须召开会议"的规定还是满足了,只不过这个会议只能马上休会。

{40:7} 在"有效人数"不满足时可以合规进行的活动,包括"指定后续会议的时间"(第22节)、"休会"(第21节)、"休息"(第20节),当然还有那些为争取满足"有效人数"而进行的活动。与上述动议有关或与会议进程有关的附属动议、偶发动议、权益问题、提出权益问题、要求遵守议程等动议也可以提出并考虑。

{40:8} 有效人数不满足时,可以提出像"在休息期间联系缺席成员"这样的争取满足有效人数的动议。如果没有待决动议,这样的动议就是主动议,否则对它们要按"优先动议"(privileged motions)来对待,并且它们优先于"休息"(Recess,第20节)。在别人拥有发言权时不合规;必须得到附议;作为主动议时可辩论,作为优先动议时不可辩论;可以修改;要求"过半数表决";可以"重议"。类似的动议还有"强制出席"(Call of the House),适用于那些有权强制成员出席的组织(后面具体说明)。

{40:9} 即使采用"默认一致同意"也不能解除"在有效人数不满足时不允许进行会议"的禁律,也不允许在这样的情况下给出任何"事先告知"(请参阅10:44—51)。如果有紧急而重要的事务等不及到下一次例行会议,那么应该指定"后续会议"的时间和地点,然后休会。如果在场成员在有效人数不满足的情况下先非正式地采取一些行动或做出一些决定,那就要自行承担风险。虽然以后的满足有效人数的会议可能会"追认"(ratify,请参阅10:54—57)这样的行动或决定,但也可能不予追认。

{40:10} 如果"全体委员会"进行中发现有效人数已经不满足,那么它只能立刻"解散并向全体会议报告"(rise and report to the assembly),然后会议只能采取前面描述的可以采取的行动。如果"准全体委员会"(a quasi committee of the whole)或"非正式考虑"(consider informally)进行中发现有效人数已经不满足,那么不用等委员会解散,马上可以进行前面描述的可以采取的行动,同时"准全体委员会"解散(第52节)。

有效人数规则的实施

{40:11} 主持人在"宣布会议开始"(call the meeting to order)之前,必须确认有效人数满足,但不一定要宣布这一点。如果不满足,主持人可以适当等待。如果适当的一段时间之后还是没有希望,那么主持人仍"宣布会议开始",并立即宣布有效人数不满足,然后建议成员采取适当行动(即前面提到的几种动议),或者受理一个"休会"动议。

{40:12} 如果在主持人宣布会议开始的时候有效人数是满足的,那么会议照常进行,并假定有效人数一直是满足的,直到主持人或者任何其他成员发现有效人数已经不再满足。如果是主持人发现的,那么他有责任宣布这一情况,至少在提请表决或宣布新动议的议题之前要宣布,然后除了前面提到的几种允许的动议之外不能再受理任何新动议。如果其他成员发现有效人数显然已不满足,那么可以立刻提出"秩序问题",但不能打断别人的发言。如果对当前待决动议的辩论已经开始,那么还是可以允许辩论再进行一段时间,直到有人提出秩序问题(raise the point)。因为很难确定"有效人数"是从什么时候起不满足的,所以一般不能追溯之前的决定,也就是说之前的表决结果都是有效的。但是如果有确凿的证据可以表明失去"有效人数"的准确时间,那么主持人可以追溯裁定从那一时刻之后所有的决定无效。这一裁定允许"申诉"(第24节)。[1]

强制出席

{40:13} 在诸如立法机构这样有法定权力可以强制成员出席会议的组织

---

[1]　如果因为失去"有效人数"或者其他原因而"休会",那么对于待决动议的处理办法要遵循21:7的规则。但是对于本次会议上提出的新事务,如果证明在该事务提出的时候有效人数就已经不满足了,那么该事务的"引入"(introduction)也是无效的。也就是说,要认为它从未被提出过,在以后的会议上,要把它当作新事务重新引入。

中,有一种叫做"强制出席"(Call of the House)的动议可以用做实现"有效人数"的手段。它可以将"无故缺席"(unexcused absent)的成员"强行带到"(arrest)会场。"强制出席"不适用于自愿性组织。

{40:14} 可以使用"强制出席"的组织应该制定相应的规则,规定使用的条件,比如在出席人数少于有效人数(可能是全体"成员或当选成员"的过半数)一定比例(三分之一、五分之一等)的情况下,允许以"过半数表决"下令"强制出席"。在有效人数不满足的情况下,该动议只让先于"休会"(第 21节)。如果规则还允许在有效人数满足的情况下也使用该动议(为了得到更多的出席者),那么这种情况下它的优先级跟"权益问题"一样,要求"过半数表决"。而且,如果被否决,那么只要有效人数仍满足,就不允许重提。

{40:15} 在"强制出席"的命令下达以后,"秘书"(clerk)首先按"成员名册"(roll)点名,对缺席者再次点名,点到的时候,在场的成员可以为该缺席者解释缺席原因并请假。在此之后,任何人不许离开,会场锁门。主持人签署"授权书"(warrant)并由"秘书""复验"(attested),再交给会场"警卫官"(sergeant-at-arms)、"会场警长"(chief of police)或其他执行警员去把未得准假的缺席者强行带到会场。带到会场后,对他们分别进行"质询"(arraign),要求对其缺席做出解释。然后再以"动议"的形式决定是否对其加以处罚(罚款)。如果有罚款,那么在足额缴纳罚款之前,该成员无权以任何理由参与表决,也不能取得发言权。

{40:16} 在"强制出席"的命令下达以后,所有与该命令无关的动议都不合规。"默认一致同意"也不能解除这样的禁止。直到"有效人数"已经满足,或者执行警员汇报说经过努力仍然无法实现"有效人数",那么可以动议"休会",或者动议终止"强制出席"命令的执行。"休会"本身包含"终止强制出席命令的执行"。

§ 41. 会议程序和议程

{41:1} "会议程序"(order of business)、"议程项"(orders of the day)、"议程"(agenda)、"日程"(program)是紧密相关的几个概念,都与一"次"

(session,第 8 节)会议中事务处理的先后顺序以及特定事务的预先安排有密切的关系。它们虽然经常含义非常相近,但用法不尽相同。

{41:2} "会议程序"是组织所预先规定的、通常每次会议都应遵循的一套事务处理的顺序。对于例行会议较为频繁的一般组织来说,"会议程序"把事务按照不同的特性归纳为几种通用的类别,然后只规定了不同类别之间的先后顺序。通常,组织的规则要求每次例行会议都要遵循此会议程序。此类典型会议程序在 41:5—27 给出。对于其他情况,例如对于代表大会来说,每次会议的会议程序都需要正式明确地通过,而且经常会为每项具体的议题或事务都安排具体的顺序位置,甚至安排具体时刻。这样的会议程序一般称做"议程"或"日程"[②],请参阅 41:58—70 的具体说明。虽然"会议程序""议程""日程"这三个术语通常指整次会议 [*],但很多时候也用来指其中的一场会议。

{41:3} "议程项"(an order of the day)是指事先安排好的一项事务 [**],指定在某一次会议上,或某一场会议上,或某一天,甚至某一时刻(只要在那一时刻没有优先级更高的事务)处理。41:40—57 具体说明了如何设置"议程项"、如何区分"普通议程项"和"特别议程项",以及如何处理各种可能的时间和优先顺序的冲突。在"改期"和"要求遵守议程"(Call for the Orders of the Day)这两个动议的相应章节中(请参阅 14:13—17 和第 18 节)也具体说明了如何提出和设置"普通议程项"和"特别议程项"。在后面给出的"标准会议程序"中,或者在各组织自己惯用的会议程序中,"普通议程项"和"特别议程项"作为两个类别,有各自的位置。但有些"议程项"指定了具体的时刻,或者在组织正式制定的"议程"和"日程"里面一项一项单独安排了位置,这样的议程项就要单独处理。

{41:4} 如果会议的每一项事务都事先安排好了顺序(即每一项事务都是

[②]　英文"program"在议事规则中有两层含义。第一层含义指"日程",是会议程序的一种,可以等同于"议程"(agenda),也可以更丰富,常用于代表大会中,等于"日程"再加上议会会议之外的活动,例如演出、宴会等,这些活动不属于"议程项",因而不可以针对它们提出"要求遵守议程",请参阅第 59 节。第二层含义指"节目",是会议程序中一个类别的事务的统称。[每一类别也可称为一个环节,有一个标题(heading),比如主持人说:"现在会议进入第五类事务(或'第五个环节'):娱乐表演。"其中的"娱乐表演"就是标题。]包括讲话、演讲、电影等提供信息或娱乐的活动。请参阅 41:36。

[*]　可能包括多场会议。——译者注

[**]　但优先动议"要求遵守议程"(Call for the Orders of the Day)中的"the Orders of the Day"指的不是一件事务,而是泛指已经安排好了的"日程""议程""会议程序",以及"普通或特别议程项",所以"要求遵守议程"中的"议程"称为广义的"议程"。——译者注

一个"议程项"),而且会议就只处理这些事务——有些代表大会就是如此，那么这些"议程项集合"(the orders of the day)就等于"会议程序"，并且采用"议程"或"日程"的格式。

标准会议程序

【基本程序】

{41:5} "标准会议程序"(standard order of business)由如下六个类别或环节*构成：

(1) 宣读并批准会议纪要(Reading and Approval of Minutes)；
(2) 官员报告、董事会报告和常设委员会报告(Reports of Officers, Boards, and Standing Committees)；
(3) 临时委员会报告[Reports of Special(Select or Ad-Hoc) Committees]；
(4) 特别议程项(Special Orders)；
(5) 未完事务和普通议程项(Unfinished Business and General Orders)；
(6) 新事务(New Business)。

{41:6} 以本书为"议事规则标准"的组织，如果没有指定专门的"会议程序"，那么就可以把按照上述顺序排列的六个"标题"作为自己例行会议的"会议程序"，除非连续两次例行会议之间的时间间隔通常会超过三个月(请参阅9:7)。不过这个会议程序只规定了它们的顺序，并没有分配每一"标题"的时间，所以可以根据每次会议的实际情况灵活处理。下面分别描述这六类事务，以及其他几类可选事务。

{41:7} 主持人应该把上述第(2)(3)标题下所有已知要处理的报告，还有第(4)(5)标题下所有要处理的议程项和未完事务(会议纪要可提供相应信息)，按照适当的顺序组织好，并以备忘录的形式放在手边，已经指定了处理

---

* 在"会议程序"中，具有不同特性的事务被归纳为若干"类别"(general type or class of business)，同属一个"类别"的事务被放在一个时间阶段来处理，所以也可以称做一个"环节"。每个"类别"或"环节"有一个名字，叫做"标题"。把某项事务"放在某个标题下"(place under the heading of …)就是要等到会议进行到这个"环节"的时候，这件事务才可以轮到处理。"标准会议程序"中的序号指明各环节的顺序，文字是各环节的标题。——译者注

时刻的事项,要写清指定的时刻。此事可交由秘书准备,也可由秘书协助主持人准备。有些组织会前为各成员提供参考议程,请参阅 41:62。

{41:8} 主持人按照 3:15 所述的方式宣布会议开始。然后可以进行开幕仪式(请参阅 41:28—31 和 41:36"可选的标题")。接下来,会议就要按照这六个标题依次进行。

1. 宣读并批准会议纪要

{41:9} 主持人说:"现在请秘书宣读(上次会议的)会议纪要。"但是,很多组织会把由秘书准备的历次会议的会议纪要都提前发送给所有成员,那么此时主持人只需要宣布"会议纪要已经发送给所有成员",然后免去宣读过程,除非又有成员提出"请求"要宣读。有一种动议叫做"暂时跳过会议纪要的宣读和批准"(Dispense with the Reading of the Minutes),请参阅 48:11,目的是在会上本来需要宣读并批准会议纪要的时候,暂不宣读和批准,待以后再宣读和批准。如果因故还有除上次会议之外的会议纪要也尚未宣读,那么要按照会议的时间先后顺序依次宣读并批准。除非是极小的会议,否则秘书要起立宣读"会议纪要"。

{41:10} 一般不需要正式提出"批准会议纪要"的动议,但这样的动议是合规的。在会议纪要宣读之后,或者在前面描述的以"默认一致同意"的方式决定免去宣读之后,无论是否有"批准会议纪要"的动议,主持人都接着问,"是否有人要对会议纪要提出更正?"并停顿一下。"更正"(correction)一般以"默认一致同意"(请参阅 4:58—63)的方式处理。但是,如果有任何成员反对"更正",那么这个"更正"意见事实上就成为附属动议"修改"(Amend),适用于针对主动议的修正案的所有规则(请参阅第 12 节)。

{41:11} 在提出的各项"更正"都得到处理之后,主持人再问"对会议纪要还有更正吗?"之后,如果没有反馈,主持人即可宣布:"未见(进一步)更正,我宣布该会议纪要获得批准(或者'以宣读的为准获得批准''经更正获得批准')。"会议纪要就此获得批准,不需要正式的表决,即使已有"批准会议纪要"的动议。* 对于秘书起草的会议纪要,反对批准的唯一恰当做法就是提出"更正"。③

---

③　但是,如果有成员认为有必要进一步斟酌或重新起草该会议纪要,以便保证准确性,那么该成员可以动议将该会议纪要"委托"给一个委员会,或者"改期"之后某个时间再予批准。

*　也就是说,无论是否有"批准会议纪要"的动议,一般采用"默认一致同意"的方式批准会议纪要。——译者注

还要注意,某位成员没有出席会议纪要所记录的那次会议,并不影响其在更正和批准这份会议纪要上的权利。

{41:12} 秘书起草的会议纪要通常在批准该会议纪要的会议之前发送给所有成员,一般与会议通知一起发送。如果已经这样做了,那么就假定成员们已有机会阅读会议纪要草稿,所以除非有成员要求,否则在会议上就不再宣读,但更正和批准的流程仍照常进行。分发给成员的会议纪要草稿必须明确标记"仅供成员阅读的草稿"。无论是否在批准前发给成员,秘书的会议纪要草稿都不可直接变成正式的会议纪要,也即组织议事的正式记录,一定要经过会议批准方可。在批准的过程中可能出现更正,更正过程中可能对会议纪要进行实质性修改。如果经过了更正,那只有秘书更正的会议纪要版本才是正式版本。

2. 官员报告、董事会报告和常设委员会报告

{41:13} 对于多数的组织来说,只有在年度会议的时候才需要所有的官员(第 47、48 节)、董事会(第 49 节)和常设委员会(第 50 节)在会上作报告。在其他的会议上,主持人只请有报告要作的人作报告。这时,主持人这样问秘书,"是否收到任何报告(correspondence)?"或"现在可否请财务官作报告?"或"主持人请会籍委员会的唐尼主持人作报告"。如果主持人不确定,还可以问:"项目委员会是否有报告?"通常要按照章程中所列出的顺序依次询问每个"常设委员会"是否有报告。

{41:14} 如果官员在报告中提出"建议"(recommendation),那么他自己是不能动议通过这些建议的,而是应该由其他成员在该官员的报告结束之后立即提出动议。相反,如果是委员会的报告*,那么应该由作报告的委员会主持人或其他委员会成员直接提出动议(make the motion)以落实报告中的建议。无论是官员的报告,还是董事会或委员会的报告,只要是由这样的报告引出的动议,就要立刻处理。这也是"会议程序"把这一标题放在前面的目的,因为这些动议更为重要。

{41:15} 如果这样引出的动议被暂停[可能是在本次会议上,也可能是在上次会议上被"暂停",但时间还没有超过三个月(请参阅 9:7),且还没有"恢复"],那么在此标题下,可以动议"恢复"(第 17 节和第 34 节)。

---

*　原著这里没有提到董事会报告的情况,可以假定董事会报告的情况同委员会报告。——译者注

{41:16}（第51节详细讨论作报告的程序以及如何处理报告中的"建议"。）

3. 临时委员会报告

{41:17} 主持人按照"临时委员会"（第50节）成立的先后顺序，依次请他们作报告。但也不是所有的"临时委员会"都要被问到，只需要问那些准备好要作报告的或者得到全体会议的指示要在此次会议上作报告的"临时委员会"。同样，由这类报告引出的动议如果被"暂停"，那么在此标题下可以动议"恢复"（第17节和第34节）。

4. 特别议程项

{41:18} "特别议程项"包括（请参阅41:40关于"议程项"的解释）如下内容并按如下顺序依次处理：

(1) 未完的"特别议程项"（即在上一次会议上未能得到最后解决的"特别议程项"）。如果上一次会议在休会时有一个"特别议程项"仍然待决，那么要从这个待决的"特别议程项"起开始处理；其余的未完特别议程项，再按照它们被会议指定为"特别议程项"的顺序从先到后依次处理。

(2) 设置在本次会议上处理④但未指定具体时刻的"特别议程"。按照它们被会议指定为"特别议程项"的顺序从先到后依次处理。

在此标题下，如果遇到那些指定了具体时刻的"特别议程项"所指定的时间到了，那么因为它们优先，所以这些未指定具体时刻的"特别议程项"要暂时中断，具体处理办法请参阅41:53—56。

{41:19} 前面已经提到，如果在会前把一件未曾引入会议的新事务写在"议程"中，那么它也成为一项"特别议程项"，这样的"特别议程项"需要从提出动议开始处理。除此之外，通常"特别议程项"所包含的议题已经在之前引入过了（关于如何设置"特别议程项"，请参阅41:42）。所以在轮到"特别议程项"的时候，或者所指定的时间到了的时候，并不需要重新动议。主持人只需要直接把它宣布为当前待决动议，例如"上次会议上，关于出资修建新操场的决议被指定为本次会议的特别议程项"，或者如果是"改期"动议所指定的"特别议程项"："上次会议把关于出资修建新操场的决议改期到本次会议并作为特别议程项。"然后主持人接着宣读决议："决议如下：'决

---

④ 但不是作为一次会议的"专门议程"（请参阅41:57）。

定,……'[宣读决议]。当前议题为是否通过该决议。"

{41:20} 如果章程规定某些事务必须在某次会议上处理,例如官员的提名和选举必须在年度会议上处理,那么这些事务可以作为"特别议程项",并在"特别议程项"的标题下处理。如果有"特别议程项"被暂停,那么在此标题下,在没有其他待决动议的时候,可以动议"恢复"(第17节和第34节)。

5. 未完事务和普通议程项

{41:21} "未完事务"(unfinished business)⑤适用于那些例行会议的时间间隔不超过三个月(请参阅9:7)的组织,指从上一次会议延续下来的、除"特别议程项"之外的议题。通常是由于上一次会议没有在休会时完成自己的"会议程序"[请参阅21:7(6)],也没有安排"后续会议"(第9节和第22节)去完成。

{41:22} "普通议程项"指没有设置为"特别议程项"的"议程项",通常也是由"改期"所产生的(请参阅后面关于"议程"的解释)。

{41:23} 本类事务又可以分成四个子类。按照处理的先后顺序,依次是(前三子类构成"未完事务",第四子类是"普通议程项"):

(1) 上一次会议休会时待决的那项动议(如果那时有待决的动议,而且不是个"特别议程项")。

(2) 在上一次会议上就属于"未完事务",但是在上次会议休会的时候还没来得及处理——它们要按照本来的顺序处理(即上次会议本来要处理的顺序),且也应按照(1)到(3)的顺序。

(3) 在上一次会议上属于"普通议程项",甚至指定了具体的时刻,但是在上次会议休会的时候还没有来得及处理——它们要按照这些"普通议程项"出现的顺序(即被提出来的时间早晚)处理,并且在本次会议上变成"未完事务"。

(4) 被"改期"或者设置为本次会议的"普通议程项"——它们要按照这些"普通议程项"被提出来的时间依次处理。

关于指定了具体时刻的"普通议程项"与本类事务之间的关系,请参阅 41:49—52。

---

⑤ 避免使用"旧事务"(old business)这个词,因为它容易被误解成是"已经得到了最终解决的事务",然后现在又拿出来做进一步的考虑。

{41:24} 如果上次会议的"会议纪要"显示并没有任何"未完事务"或者安排在本次会议上的"普通议程项"，那么主持人应该跳过这个标题。如果有这类事务，那么主持人应该在会议之前排好每项议题的顺序并做成备忘录。然后，在宣布会议进入这一标题之后，主持人不要问"有没有未完事务?"而是要直接宣布第一件事务的议题，然后一件一件依次处理。如果上次会议休会时有动议待决，那么主持人要先处理那项动议。例如："现在进入'未完事务和普通议程项'环节，该环节的第一项议题是关于停车场的使用问题，该动议在上一次会议休会时待决。现在讨论是否通过下面的动议……[朗读动议]。"之后在同一环节，等到要处理"普通议程项"的时候，如果是"改期"产生的"普通议程项"，主持人可以这样说："下一项事务是关于修缮我们新买的室外活动场，该议题被改期到本次会议处理。决议如下:'决定，……[朗读决议]。'当前议题为是否通过该决议。"

{41:25} 被"暂停"的事务，无论本身属于哪一类别，都可以在这个标题下随时"恢复"，不过要在没有其他待决动议的时候(第17节和第34节)。如果为此目的申请发言权，成员可以起立并打断一项动议解决之后正准备就下一项动议宣布议题的主持人。

{41:26} 要注意，除了上一段提到的被"恢复"的事务以外，只有那些明确地通过41:23提到的(1)(3)或(4)这样的方式而成为"未完事务和普通议程项"这一标题下的事务，才能在本标题下处理。如果只是经过简短的咨询，然后大家明白某项事务应该在下次会议上处理，那么这项事务并没有成为下次会议的"未完事务"。在下次会议上，它只能作为"新事务"引入会议，如下文所述。

6. 新事务

{41:27} 在"未完事务和普通议程项"都得到解决之后，主持人询问:"有没有新事务?"这个时候，大家就可以提出自己的新事务，也可以"恢复"一件被暂停的事务(第17节和第34节)。在没有待决动议的前提下，谁先取得发言权，谁就先引入这样的事务，如第3节和第4节所述。只要成员在"申请发言权"(claim the floor)的时候足够迅速，主持人就无法以匆忙省略的方式来阻止合规的动议或者剥夺成员提出合规动议的权利。

【可选的标题】

{41:28} 除了上述标准会议程序的六类标题之外，还有一些可选的标题也经常出现在很多组织的例行会议中。

{41:29} 在主持人宣布会议开始之后,在宣读会议纪要之前,有下面两项可选的标题,依次是:

开幕仪式或典礼

{41:30} "开幕仪式或典礼"(Opening Ceremonies or Exercises)包括"祷告"(Invocation,如果有,须是第一项);唱或奏国歌;对国旗"宣誓"(the Pledge of Allegiance);重申组织目标理想的仪式;等等。

点名

{41:31} 有些组织有"点名"(Roll Call)的惯例。有些只是点官员的名以检查是否出席。较小的组织也会点所有成员的名。点名一般是在开幕仪式结束后,但也有组织有不同的规定。主持人这样宣布:"现在请秘书对官员进行点名(call the roll of officers)。"或者:"现在请秘书点名(call the roll)。"

快速处理列表

{41:32} 诸如州议会或市、镇、郡议会这样的组织的会议,事务繁重,而其中又包含一些例行的或不会有什么争议的事务,那么就可以采用"快速处理列表"(Consent Calendar)这种提高效率的工具来解决此类事务。通常在这样的事务被提出或者被委员会报告所引入会议的时候,该事务的"发起人"(sponsor)或者相关的"负责人"(administrator),可以请求把此事列入"快速处理列表"。同时,组织的"特别议事规则"(special rules of order)要有相应的条款,规定在"议程"的什么时间点要"照例"(periodically)处理这个列表,这个时刻至少要在"常设委员会报告"之前。处理的时候,采用"默认一致同意"的方式。如果没有人反对,则通过;如果有人反对,则该事务恢复正常状态,放到它本来属于的那个标题下处理。规定"快速处理列表"的"特别议事规则"可以规定,处理该列表的时候,可以将整个列表一并考虑,或者规定要省去辩论和修改的步骤,这些都可以加速处理的过程。否则,如果没有这样的规定,它们就只能跟其他事务一样,要经过动议的六个步骤,这时"快速处理"的含义就只是指跳过会议程序的其他部分而尽快得到处理的机会,但处理的过程并不能简化。

{41:33} 在"新事务"之后,就是说,如果主持人询问"还有没有其他新事务?"而没有人响应,那么主持人可以继续进行如下几类事务(其先后顺序视情况和习惯而定)。

自由评述或"为了集体的利益"

{41:34} "自由评述"(Good of the Order *, General Good and Welfare, Open Forum)泛指对任何关乎组织利益的事情发表非正式的评述,包括对组织事务的看法、对组织声誉的关注、对组织成员的意见等,以及某些类型的声明。有些组织把这个标题作为正式会议程序的一项。一般议事规则的基本原则是:评论只能针对待决动议展开。但是"自由评述"可以例外。成员在取得发言权后可以自由发表非正式的评论。"自由评述"一般不涉及正式的动议。但有些组织会在这里进行正式的"纪律审查"(disciplinary procedures),处理在会议之外发生的违纪行为(offenses outside a meeting,第 63 节),那么就要采用动议或决议的方式。还有些组织把"节目"也作为"自由评述"的一部分。

声明

{41:35} 一般还是由主持人做"声明"(Announcements),或者由主持人请官员或成员做声明,但有些组织也允许成员主动取得发言权并发表声明。"会议程序"中列出"声明"这一项,是建议把声明集中在这个阶段来发表。主持人仍然可以在任意时刻发表紧急的声明。

节目

{41:36} "节目"(Program)在这里是指演讲、影片等文化、教育或社区公益活动,通常被放在最后(休会前)进行,因为有些活动是对随后组织行动的一种鼓动。但有些组织也会制定"特别议事规则"或者依照"习惯"(practice),在宣读会议纪要之前进行这些活动。也可以直接使用动议"暂缓规则"(Suspend the Rules,第 25 节)在任何时候进行这些活动。例如,为了照顾嘉宾,主持人希望把嘉宾的发言时间安排在会议的正式议事阶段,那么在合适的时机,他可以用"默认一致同意"来通过"暂缓规则"。主持人可以这样说:"如果没有人反对,我们现在就请嘉宾为大家演讲。"

---

* "Good of the Order"也叫做"For the Good of the Order"。根据具体的情况还可以叫做"For the Good of the Society/Club/Organization",可以翻译成"为了集体的利益",泛指任何关乎组织利益的事情,所以可以发表评论,也可以处理一些纪律审查问题。——译者注

调整事务的顺序

{41:37} 如果需要调整事务的顺序,也就是把一件事务从它在"会议程序"中本来的位置拿出来提前考虑,那么可以使用"暂缓规则"(Suspend the Rules,第 25 节)。这项动议要求"三分之二表决",但通常用"默认一致同意"(请参阅 4:58—63)来处理。这样,一份重要的委员会报告或者一项紧急的新事务就可以提前着手以得到充分且从容的考虑。如果在这件被提前的事务解决完之前,又希望恢复本来的会议程序,那么只需要"过半数表决",即用"暂停"(第 17 节)动议立刻中断该待决动议。

{41:38} 要想"立刻处理本来安排在其他时间的事务"——例如,在会议进行到"新事务"这个标题之前,有成员希望提前引入一件新事务,那么他可以在取得发言权之后这么说:"如果没有人反对,我希望现在就引入一项关于资助更好的学校的决议。"如果有人反对,或者动议人恐怕有人会反对,那么他可以说:"我动议暂缓规则,以提前引入一项关于资助更好的学校的决议。"如果"默认一致同意"的做法没有人反对,或者"暂缓规则"的动议以"三分之二表决"得到通过,那么主持人直接请动议人紧接着提出要提前处理的决议。如果只差一两件事务会议就即将进行到希望提前处理的那件事务,那么也可以依次逐个把这一两件事务"暂停"(第 17 节),或"改期"(第 14 节)到别的时间。但只能把已经待决的一件具体事务"暂停"或"改期",不能把一类事务(例如,所有的委员会报告)"暂停"或"改期"[请参阅 14:10—11、17:3(2)和 17:14]。

{41:39} 主持人个人无权改变会议程序,必须由会议整体做出决定,而且要求"三分之二表决"。这是一条很重要的原则,因为人们通常时间有限,只能根据会议程序的时间表参与那些相关的或知情的事务。如果会议程序可以随意改变,就容易使一些事务在讨论的时候,相关的人和了解情况的人却不在场。但是只要调整顺序的理由很充分,那么规则也并不反对这样做,而且主持人取得会议允许的过程也不复杂。他可以说:"是否有人愿意提出暂缓规则,以着手……";或者用"默认一致同意":"如果没有人反对,主持人建议现在就着手……"(还可参阅前面"节目"的例子。)

议程项

{41:40} 如前所述,"议程项"(an order of the day)是指事先安排在某个指定时间着手处理的一项事务和动议。这个指定时间可以是"某次会议""某一天""某场会议"甚至"某一时刻",只要在那一时刻没有优先级更高的事务要处理。如果组织的下一次例行会议超过三个月的时间间隔(请参阅9:7),那么议程项的指定时间不能迟于本次会议的休会时刻。如果下一次例行会议的时间间隔不超过三个月,那么议程项的指定时间不能迟于下次例行会议的休会时刻。如果想提前处理某个指定了时间的议程项,只能在尚可重议的时候动议"重议"(第37节)设置了这个议程项的那个动议,或者动议"暂缓规则"(第25节)且需要"三分之二表决"。

{41:41} "议程项"分为两类,"普通议程项"和"特别议程项"。"特别议程项"的"特别"之处在于,它为自己在指定的时间得到处理提供了更多的保证,即除了下列情况之外,只要指定的时间到了,"特别议程项"就是优先的,阻碍"特别议程项"得到讨论的规则都自动暂缓。这些例外情况是:

(1) 与"休会"或"休息"有关的情况,请参阅第8、20和21节;

(2) 出现"权益问题"(第19节);

(3) 有比这个"特别议程项"设立得更早的"特别议程项"也该讨论了;

(4) 所在的会议有"专门议程项",请参阅41:57。"专门议程项"在本次会议上优先于所有其他事务,包括"特别议程项"。

除了上面四种情况之外,时间一到,"特别议程项"就要中断当前所有待决的事务。可见"特别议程项"本身含有"暂缓规则"的意味。所以它的设立要求"三分之二表决"(但如果"特别议程项"被放在尚未通过的"议程"或"日程"中,而表决的对象就是整个"议程"或"日程",那么这个表决只要求"过半数")。如果在设立"议程项"的时候指定了时间,但没有指定为"特别议程项",那么它就成为"普通议程项"。虽然也有指定的时间,但是没有"特别议程项"那么高的优先级。

{41:42} 设立"议程项"的方式有：

(1) 在动议待决的时候，可以把它"改期"(第14节)到某个指定时间，从而成为那个时间的"议程项"。"普通议程项"要求"过半数表决"。"特别议程项"要求"三分之二表决"。

(2) 对于尚未引入会议的动议，可以用一个主动议把它设立为某个指定时间的"议程项"。通常这样做是设立"特别议程项"，所以要求"三分之二表决"。但也可以设立为"普通议程项"，那就只要求"过半数表决"。

(3) 可以通过"议程"或"日程"并在其中为某件具体的事务指定一个位置或者时刻，根据"议程"或"日程"的格式(请参阅41:58)，这件事务可以成为"普通议程项"或"特别议程项"。"议程"或"日程"通过所需的表决比例，请参阅41:61"通过的流程"。

【设立议程项时所用的格式】

{41:43} 14:20 的格式和举例说明了如何用"改期"动议把当前待决动议设立成未来指定时间的一个"议程项"。

{41:44} 对于尚未引入会议的事务(动议 A)，可以用一个主动议(动议 B)把它设立为某个时刻的"议程项"。这样做通常是要设立"特别议程项"。当会议进行到动议 A 所属的类别，或者进行到"新事务"的时候，只要没有其他待决事务，就可以提出动议 B。例如，"我动议把下面的决议设立为下次会议的特别议程项，'决定，……'"或者"我动议把下面的决议设立为下午3点的特别议程项，'……'"。对于委员会报告，可以有如下决议："决定，把章程修改委员会的报告设立为星期三上午以及之后会议的特别议程项，直到该报告得到解决。"

{41:45} 也可以用类似的做法把一项不待决的动议设立为"普通议程项"。但要注意，这样的话，只要"过半数表决"就可以使一项动议无法得到立刻处理，并且要"三分之二表决"才能改变这种情况(除非"重议")。所以，想要马上处理这件动议的成员，就要尽可能否决这个设立普通议程项的主动议，如果否决成功，就可以立刻提出那项想要马上处理的动议。

【议程项与会议程序的关系】

{41:46} 如果组织两次例行会议的时间间隔不超过三个月，而且会议使用的是前面讲解的"标准会议程序",那么指定在某次、某天、某场会议处理但并没有指定具体时刻的议程项,就按照会议程序的相应标题即"特别议程项"与"未完事务和普通议程项"(请参阅 41:18—26)分别处理。如果普通组织为自己的例行会议制定了"会议程序",通常也应该包括相应的标题以覆盖议程项。如果没有,就按照未指定具体时刻的"特别议程项""未完事务""普通议程项""新事务"的顺序依次处理。同样情况下,"普通议程项"除非被指定在更以后的时刻,否则要在"未完事务"(包括上次会议休会时正在待决的动议,以及上次会议未能解决的议程项)之后,且在"新事务"之前。

{41:47} 指定了具体时刻的议程项通常出现在"代表大会"(conventions)中。

{41:48} 但无论什么类型的会议和组织,指定了具体时刻的议程项在指定的时刻到来时都可能会打断本来的会议程序,而且这样的议程项之间也可能会产生冲突。处理这些关系的规则有:

指定了具体时刻的"普通议程项"

{41:49} 如前所述,只能用"重议"或者"暂缓规则"("三分之二表决")来提前处理已指定了具体时刻的"普通议程项"。但另一方面,由于"普通议程项"只要求"过半数表决",它本身并不具备"暂缓规则"的效力,因而当它所指定的具体时刻到来时,仍需要同时满足下面所有的条件,"普通议程项"的考虑才能进行:

(1) 没有其他待决事务;

(2) 没有在时间上冲突的"特别议程项";

(3) 没有"重议"在此时打断,无论是"提出"还是"考虑";

(4) 会议已经按照"会议程序"进行到了或过了"普通议事项"这一类事务;

(5) 所有其他设立得更早的"普通议程项"(除非尚未到指定的时间)都已经解决。

在上述(1)(2)(4)和(5)同时满足的情况下,指定时间一到,主持人就应该宣布相应的"普通议程项"为当前待决动议。但是这个时候,其他成员也可以起立称呼主持人,提出或要求考虑一个"重议"。

{41:50} 假设:有两个"普通议程项"A 和 B。A 设立得早,但它所指定的时间靠后。而 B 设立得晚,它所指定的时间却靠前。现在 A 所指定的时间也到了,B 却仍然待决,还没有处理完,那么"普通议程项"A 不能打断"普通议程项"B 的处理。⑥但是,如果 A 所指定的时间(比较靠后的)已经过了,可 A 和 B 都还没有开始考虑,那么此时就要以出现的时间先为优先,也就是说 A 优先。

举例

{41:51} 首先假设动议 A 被改期到下午 4:30,后来又有动议 B 被改期到下午 4:15。如果动议 B 在 4:15(或最晚 4:30 之前)已经开始处理,到 4:40 还没解决,那么在 4:30 的时候要继续处理直到完成,动议 A 不能打断。但是如果在 4:30 的时候动议 B 还没有开始处理,那么反而要先处理动议 A,然后才会轮到动议 B。

{41:52} 如果有若干个"普通议程项"被设置在同一个时间,那么设立时间越早的,优先级越高。如果它们又是同时设立的,也就是说是由一个动议设立的,那么就要按照动议中列出的顺序依次处理。如果在休会之前,这些议程项都没有得到处理,那么要按照 21:7 和 41:23 的方式来处理。

指定了具体时刻的"特别议程项"

{41:53} 如果需要提前考虑已经指定了具体时刻的"特别议程项",那么要满足"三分之二表决"。而在指定的具体时刻到来时,"特别议程项"有权自动打断其他待决事务,除非:

(1) 待决的是"休会"或"休息";

(2) 待决的是"权益问题";

(3) 待决的是比这个"特别议程项"设立得更早的"特别议程项";

(4) 待决的是本次会议的"专门议程项"。

{41:54} 如果不是以上情况,那么主持人就按照 14:22 给出的格式宣布相应的"特别议程项"为待决动议。除了"专门议程项"的情况以外,几个在时间上冲突的"特别议程项"要按照设立时间的先后依次处理。即使设立较晚的"特别议程项"指定在较早的时间而且已经处于待决状态,设立较早的"特别议程项"也仍然可以打断它。如果一个动议同时设立了若干"特别

---

⑥ 但如果会议愿意,总还是可以用"暂停"(第 17 节)或"改期"(第 14 节)把当前待决动议 B 暂停或改期,以处理时间刚到的"普通议程项"A。

议程"而且设置在同一个时间,那么按照列出的顺序依次处理。如果一个动议同时设了若干"特别议程项"但设置在不同的时间,这么做所隐含的意图就是:在下一个特别议程项指定的时间到来时,待决的当前特别议程项就应该提请表决了,且这里应遵循按照"议程"逐一着手考虑事务的规则(请参阅 41:65)。

举例

{41:55} 假设先有"特别议程项 A"设定在下午 3 点考虑,又有"特别议程项"B 设定在下午 2 点考虑,再有"特别议程项"C 设定在下午 4 点考虑。在下午 2 点时,B 开始考虑,可以打断当时的待决动议,包括待决的"普通议程项"。但如果到了下午 3 点时,B 仍然待决,那么 A 有权打断 B 而立刻得到考虑,因为 A 设立得比 B 早。同样,因为 A 设立得也比 C 早,所以在下午 4 点的时候,C 不能打断 A。而且,如果在下午 4 点的时候虽然 A 已解决,但是 B 还没有,那么因为 B 设立得又比 C 早,C 仍然要等到 B 先解决。直到这些(以及其他设置在这个时间段的)"特别议程项"全部解决,会议才能回到本来的会议程序,从下午 2 点时被打断的那个待决动议开始恢复。当然可以"重议"设立了这些"特别议程项"的那些动议以改变它们的顺序,或者,如果过了"重议"的时间限制(第 37 节),还可以用"暂缓规则"依次把它们从本来设定的时间拿出来考虑,但只是为了再把它们按照希望的顺序分别改期到想要的新时间。

{41:56} "特别议程项"让先于事先指定的"休会"或者"休息"时间。这个时间一到,即使有"特别议程项"还待决,即使这个"特别议程项"在"休会"或"休息"的时间确定之前就已经设立了,主持人仍然要宣布"休会"或者"休息"。但此时任何成员都可以动议"推迟休会时间"(postpone the time for adjournment),或者"延长待决动议的讨论时间"(extend the time of considering the pending question)。这两个动议都不可辩论,都要求"三分之二表决"(请参阅 20:6—7 和 21:14)。

一次会议的专门议程项

{41:57} "专门议程项"是指本次会议只考虑这一项事务,或者首先对这项事务进行充分的考虑直到它得到解决,然后如果还剩下时间,再考虑其他事务(注意与"特别议程项"的区别,请参阅 41:18—20)。"会议纪要"处理完毕后,要立即进入"专门议程项"。然后,直到它获得解决之后,如果还有时间,可以再按标准会议程序继续。如果有一些"特别议程项"与"专门议程项"冲突,那么即使"专门议程项"出现得晚,也还是"专门议程项"优先。要调整这些"特别议程项"所指定的时间,可以按照 41:55 的最后一句话所描述的方法来进行。

议程和日程

{41:58} "议程"通常指一次会议的"会议程序",可以同时包含一系列的"普通议程项""特别议程项"或二者的混合,并使得这些议程项只要经过一次表决就能通过。"议程"中指定了具体时刻的事务就是"特别议程项",除非在脚注或其他地方说明这个具体的时刻"仅供参考"(merely for guidance),那么该事务就只能作为"普通议程项"来对待。"议程"中未指定具体时刻的事务是"普通议程项"。

{41:59} 通常"议程"只安排个别事项的具体时间,例如会议开始时间、休息时间、休会时间,以及一些重要事务的具体时间,这样成员们就可以确定这件事情不会在这个指定时间之前考虑。这些特别重要的事项就成为指定时刻的"特别议程项"。越是严格遵守这些时间安排,越是对成员或嘉宾权利的保护。因为他们可能由于远道而来或者时间紧张而必须选择性地参与会议。偶尔也会看到每件事务都有具体时刻的"议程",但这样太缺乏灵活性,绝大多数时候弊大于利。

【按习惯需要通过议程的会议和组织】

{41:60} 对于例行会议的频率不高的会议和组织、代表大会以及会期不止一天的一次会议(第 59 节)来说,通常按习惯在每次会议开始的时候要通过"议程"或"日程"。还有些时候,组织已采纳的"标准会议程序"或者组织自己规定的"会议程序"不适用,需要临时通过"议程"。

【如何通过议程】

{41:61} 在需要通过议程的会议上,通常应在会议的一开始对议程草案进行表决以获得通过,议程应覆盖整次会议的内容。如果会议没有规定的或已通过的"会议程序"(order of business),那么先按照议程草案执行,直到正式通过,表决比例为"过半数表决",即使当中包含"特别议程项",通过后的议程就成为这次会议正式的"会议程序"。如果会议已有"会议程序"，那么除非要通过的议程草案不包含任何"特别议程项"，也不跟约定的"会议程序"有任何冲突，才可以"过半数表决"通过，否则就需要"三分之二表决"才可通过(请参阅 25：12)。

【事先提供的参考日程】

{41:62} 有些组织习惯在一次会议召开之前给各成员发放"会议程序或议程"，列出每类标题下即将要处理的一些事务。这样的"议程"仅供参考，一般不会拿到会议上寻求正式通过。除非在会议上正式通过，否则它对会议也没有实际的约束力。当然如果里面列出了本来就设定了的"议程项"(请参阅 41：40 及之后的内容)，或者它跟"标准会议程序"(请参阅 3：16、41：5 及之后的内容)或组织规定的会议程序(请参阅 2：16 和 3：16)是一致的，那么这些内容依然有约束力。

【修改议程】

{41:63} 在"议程"草案待决的时候，可用修正案对它进行修改，修正案要求过半数表决。"议程"一旦通过，要想修改，就要求"三分之二表决"或者"全体成员的过半数表决"或者"默认一致同意"(请参阅 41：37—39 的"调整事务的顺序"，并对比 59：59)。"议程"得到通过后不可以"重议"。

【日程与议程】

{41:64} 当用来特指为某一次会议而通过的"议程"的时候，通常用的术语是"日程"(Program)而不是"议程"(Agenda)。后者仅指议事性质的事务，而前者还包含演讲、用餐等非议事性的事务。

【按议程着手一件事务】

{41:65} 如果"议程"中某一项事务(事务 A)的指定时间到了，那么主持人要宣布这一情况。然后主持人停止所有对待决动议的辩论，立刻表决，除非有人立刻提出把待决动议"暂停"，或者"改期"，或者"委托"。如果有人提出这些"附属动议"，那么这些动议不可辩论，须直接表决，对于这些"附属动议"可以提出修改，但也不能辩论，而是直接表决。还可以在这个时候动议"延长待决动议的考虑时间"。虽然延长时间并不是很好的做法，而且对于后面的事务来说也不公平，但有时确实必要。这个动议不可辩论，且要求"三分之二表决"(请参阅第 18 节)。一旦待决动议得到解决，主持人就请事务 A 的动议人发言(但如果事务 A 之前已经引入,现在是继续处理,那么主持人就直接宣布其议题为当前待决议题。)

【宣布已经安排的休息和休会】

{41:66} 如果已经安排在某个具体的时刻休息或休会(可能由通过的"议程"或"日程"指定,也可能由某项动议指定),且指定的时刻已到,主持人即宣布这一点,并且除非有成员迅速地为下列事项申请发言权,主持人接着宣布休息或休会(但如果已经决定对一些动议"结束辩论",那么通常大家不会反对主持人将这些动议按顺序提请表决,之后再宣布休息或休会)。

{41:67} 在主持人宣布时间到时,任何成员可以动议延后这个休息或休会的时间,或者动议"延长待决动议的考虑时间"。这些动议不可辩论,要求三分之二表决,请参阅 18:8、20:6—7 和 21:14。在宣布休会之前,主持人还要允许除上述动议之外的合规的议事程序,类似于作为优先动仪的"休会"在待决或刚刚表决之后所允许的那些议事程序(请参阅 21:10—12)。

{41:68} 对于休息,所有待决事务都中断,在休息结束之后继续。对于休会,请参阅下面的"未完事务的延续"。

【标题"未完事务"的必要性】

{41:69} "议程"中有必要安排"未完事务"这一标题,安排在会议当中或者快结束的时候。因为有很多事务要等到这时才能处理。例如有的"议程"主要或者全部是由指定了时间的"特别议程项"组成,那么安排"未完事务"就可以给那些未能处理完的事务一个专门的时间进行讨论。如果大家看到"议程"中在会议结束前安排了"未完事务",那么在会议进行过程中,对于一时难以决定的事务,就可以改期到"未完事务"的时候再处理。如果没有这样的安排,那么可能会出现这样的情况:事务 A 待决,这时紧急事务 B 出现,A 被改期到 B 得到解决之后,这时 A 成为一项"普通议程项";可是在 B 得到解决之后,又有一系列"特别议程项"的指定时间到来;由于"特别议程项"的时间安排得通常也很紧凑,以至于只有某个"特别议程项"用的时间比预计的少,而下一项"特别议程项"的指定时间还没有到,A 才可以利用这个空隙得到继续处理。但是一旦下一项"特别议程项"的时间到了,而 A 还没有处理完,那么它就要再一次被打断。

【未完事务的延续】

{41:70} 对于由若干场会议构成的一次会议来说,在其中一场会议的指定休会时间到来时,尚未完成这场会议的所有事务,那么剩下的事务留到下一场会议上继续处理。[⑦]在下一场会议上,先按照它们本来的顺序处理这些未完事务,再处理本来安排在下一场会议上处理的事务,但"特别议程项"仍然优先,除非"议程"里面对"未完事务"做了其他特别规定。因而,如果"议程"中多数事务是"普通议程项",代表大会的重要事务最好安排在前面几场会议中,或者把这些重要事务设为"特别议程项"[请参阅 59:55(10)]。

---

⑦　对于如何处理在一次会议休会时仍然没有处理完成的事务,请参阅 21:7(2)—(3)。

第十二章

发 言 与 辩 论

§42. 发言规则

{42:1} 成员"取得发言权"(obtain the floor)的一般方法在 3：30—35 已经进行了说明，同时还说明了一般情况下主持人"分配发言权"(assign the floor)的一些基本原则。本节将对这些内容进行完整的说明。

准许发言权

{42:2} 任何成员在提出动议或发言辩论之前都必须取得发言权，如 3：31 所描述的那样。成员要起立①称呼主持人，并取得主持人的"准许"(recognition)。只要有成员"申请发言权"(seek the floor)而且没有"不合规"，那么主持人必须"准许"发言，不可以无故忽略成员的发言申请。主持人通常宣布成员的名字或头衔来表示准许这个成员发言，也可以用该成员所代表的地区或部门等进行宣布。必要的话，成员应该在起立称呼主持人之后，在主持人转而面对自己的时候，主动或者应主持人的要求，报出自己的姓名和其他适当的身份信息。在准许发言的时候还可能出现以下情况：

- 如果会议规模很小，成员们都可以看见彼此，而且只有一个人申请发言，那么主持人点头示意就可以了。
- 如果发言是预先安排好的，或者会议规模较大，又同时有不止一个人要申请发言，那么主持人常用的措辞是"主持人准许史密斯先生发言"或"主持人请史密斯先生发言"。

---

① 在委员会或小董事会中，申请发言权一般不需要起立。请参阅 49：21(1)。

{42:3} 在有些情况下,发言权要受到限制,也就是说发言的目的要符合特定的要求——例如,如果直接待决动议是不可辩论的(请参阅42:12),那么为了辩论而申请发言就不合规。此时如果主持人不确定申请发言权的成员是否明白这些限制条件,那么主持人可以在准许发言之前问:"这位成员[或'先生''女士']为何起立?"如果大家是围绕会议桌就座而且申请发言时并不用起立,那么主持人可以问:"这位成员为何称呼主持人?"

{42:4} 只有经主持人准许取得发言权的成员才有权提出动议。如果有人未取得发言权就提出动议,除非会议"默认一致同意"(请参阅4:58—63),否则主持人必须忽略那个未取得发言权的人,尤其是在有其他人起立并申请发言权的时候(这等于有人反对,所以"默认一致同意"不成立)。

{42:5} 一旦取得发言权,成员可以采取任何合规的行动,甚至可以是不同目的的一系列行动。例如,先就待决动议进行辩论,然后又提出一个在此时合规的"附属动议",如"结束辩论"(第16节)。

多人同时申请发言权

{42:6} 如果有两位或两位以上的成员几乎同时申请发言权,一般的规则是,在其他条件完全一样的前提下,最先"在发言权被交回(yield)之后"起立并称呼主持人的那位成员应该得到准许。如果有人在"发言权被交回之前"就起立并称呼主持人,但在"发言权被交回之后"又有别人起立申请发言权,那么之前那个人的申请无效。[2]

{42:7} 但是如果其他条件不完全一样,那么很多时候最合理的做法并不是让最先起立的人得到发言权,就是说这时候有"发言优先权"(preference in recognition)。注意,一旦主持人已经分配了发言权,其他人就不能再"行使"(claim)"发言优先权"。不过也有若干例外情况下获得发言权的成员也可能被打断,请参阅42:18—19。在主持人分配发言权之前,成员如果寻求发言优先权,则主持人应该按规则准许发言优先权。因此,如果可能没有其他机会了,那么主持人应该准许这样申请的成员以发言优先权,以便做出将要提出某项动议的"事先告知"(有的动议要求给出"事先告知",请参

---

[2] 这是一般情况下议事规则的原则。对于会场较大而且需要走到话筒前发言的情况,这个规则显然不适用,需要根据情况修改,请参阅42:16。

阅 10:47—50),或提出"重议"动议(第 37 节)或"重议并先记录"(请参阅 37:46—52),即使有其他待决动议或正在处理一系列相关联的动议以便引入某一项议题[请参阅 42:13(2—3)]。

{42:8} 当主持人刚刚宣布了表决的结果,成员如果想动议采用另一种表决方式重新表决(第 30 节),那么该成员有"发言优先权"。其他关于"发言优先权"的规则可以根据"可辩论动议直接待决""不可辩论动议直接待决"和"无动议待决"三种情况分别讨论。

【可辩论动议直接待决时的发言优先权】

{42:9} 当直接待决的是个可以辩论的动议的时候:

(1) 如果当前直接待决动议的动议人尚未在辩论中发言,那么他在申请发言的时候有"发言优先权"。由此引申,发言优先权的情况还包括:

    ① 如果当前待决动议的目的是要通过委员会报告中的建议,那么报告人(向会议作报告的委员会成员)拥有"发言优先权";

    ② 如果当前待决动议是刚刚被"恢复"的,那么动议"恢复"(第 34 节)的那个人拥有"发言优先权";

    ③ 如果当前待决动议是"重议"(第 37 节),那么"重议"的动议人拥有"发言优先权"。而要求对这个"重议"着手"考虑"的那个人不一定拥有"发言优先权"[请参阅 37:10(3)和 37:15—16]。

(2) 同一天内,针对同一个动议(当前直接待决动议),如果有多人同时申请发言,那么尚未在辩论中发过言的人,比那些已经发过言的人,有"发言优先权"。

(3) 如果上述(1)和(2)的规则还不能决定谁有"发言优先权",而主持人知道辩论已经出现正反两方意见,那么主持人应该尽可能"让双方轮流发言"(let the floor alternate)。一些大型会议还会采取各种措施帮助判断发言人的立场。例如申请发言的时候举不同颜色的卡片,或者分别走到标有"赞成"和"反对"的话筒前。

{42:10} 对于"申诉"或者主持人提请会议裁定的"秩序问题",主持人可以优先发言解释自己的理由,然后其他成员发言,最后结束辩论前主持人还有一次优先发言权[请参阅 23:19 和 24:3(5)]。

{42:11} 如果成员 X 在提出"重议动议 A"的时候,声明要利用"重议"的机会对动议 A 提出修改,而且动议 A 是可以重议的,那么在 A 重新成为直接待决动议之后,成员 X 拥有"发言优先权"可以提出修改。这条规则也适用于动议 A 是可修改但不可辩论(请参阅附录第 *t47* 页)的情况。后面具体说明。

【不可辩论的动议直接待决时的发言优先权】

{42:12} 如果直接待决动议是不可辩论的(请参阅附录第 *t46—t47* 页),则当前直接待决动议的动议人没有任何"发言优先权"。但是,如上一段所述,如果成员 X 在提出"重议动议 A"(第 37 节)的时候,声明要利用"重议"的机会修改动议 A,而且动议 A 不可辩论但可修改且可以重议,那么在 A 重新成为直接待决动议之后,成员 X(即"重议"的动议人)拥有"发言优先权"可以提出"修正案"。

【无动议待决时的发言优先权】

{42:13} 在没有其他待决动议的时候,"发言优先权"的规则如下:

(1) 如果事先安排好了要由某位成员在会议上提出一项重要的主动议,或者在为某项动议而召开的"临时会议"(special meeting)上安排某位成员提出这项动议,那么这位成员拥有"发言优先权";其他成员不能用任何其他事务进行干扰。

(2) 如果某个议题需要一系列(至少是两个)连续的而且有紧密的前后逻辑关系的动议(动议 A、B、C⋯⋯)才能够解决,并且其中每个动议都需要在没有待决动议的时候才能提出,那么当前面的动议(比如动议 A)已经得到解决的时候,下一个动议(动议 B)就优先。此时,提出第一个动议的那位成员拥有"发言优先权",主持人应该请该成员提出下一个动议,即使已经有其他成员起立并称呼了主持人。例如:

① 成员 X 提出"暂停"当前待决动议以便处理一件紧急事务,那么在"暂停"(第 17 节)得到通过以后,成员 X 就有"发言优先权"来提出那件紧急事务。

② 成员 X 提出"暂缓规则"(第 25 节)以便能够提出动议 M,那么在"暂缓规则"得到通过以后,成员 X 就有"发言优先权"来提出动议 M。

(3) 类似地,如果成员 X 表示如果当前待决动议 M 被否决,他将提出关于同一问题的动议 N 作为更好的解决办法[请参阅 10∶30(5)],那么在动议 M 被否决后,成员 X 就有"发言优先权"来提出动议 N。

(4) 如果没有待决动议,也没有已经开始的系列动议,虽然有人已经起立并称呼主持人以提出一项主动议,但是如果另一位成员 X 起立称呼主持人说要进行如下活动,那么成员 X 拥有"发言优先权"。这些活动包括:

① "提出""重议并先记录"(请参阅 37∶46—52);

② "提出""重议"(第 37 节);

③ 要求"考虑"某个已经"提出"的"重议"或"重议并先记录";

④ 给出"事先告知"(请参阅 10∶44—50);或者

⑤ 动议"恢复"(第 34 节),如果合规;

⑥ 提出一项已经给出了"事先告知"的动议

如果上述这六种情况同时出现,它们的优先级就是按照上面列出的顺序由高到低依次排列。"重议并先记录"和"重议"的优先级高是因为它们有比较紧的时间限制。而二者之中前者的时间限制更短,所以排在最前面。

【以表决的方式分配发言权;申诉】

{42:14} 如果主持人无法决定如何分配发言权,他可以让会议表决,得票最多的成员取得发言权。

{42:15} 如果主持人在多人同时申请发言权的时候错误地分配了发言权,成员可以提出"秩序问题"。另外,除"公众集会"以外,任意两位成员(一个提出,一个附议)可以对主持人在此类"秩序问题"上的裁定提出"申诉"(第 24 节)。③

【大型代表大会的不同做法】

{42:16} 对于大型的代表大会或者其他类似的会议,前面的这些规则要有所调整,除非通过了"代表大会特别议事规则",否则主持人可以决定如何调整。例如,可能成员被安排在编好了号的话筒后面排队,可能主持人按照

---

③ 在"公众集会"上,不能对主持人在发言权问题上的裁定提出"申诉"。另外,在规模较大的会议上,有时候在分配发言权的问题上给主持人更多的权力对会议整体来说是更有利的,那么可以表决通过一条"特别议事规则":主持人对发言权的分配是不可"申诉"的(请参阅 2∶14 开始的"议事规则"以及 59∶27 开始的代表大会的特别议事规则)。

排号依次分配发言权,也可能由专门的人按顺序整理好发言人的名单交给主持人,再由"警卫官"(sergeants-at-arms)依次按亮话筒上安装的指示灯以示分配发言权。然后,可以有"特别议事规则"规定:如果有紧急事务,例如"秩序问题",那么成员可以要求指示灯旁的工作人员闪烁指示灯。如果有成员提出"修改"或者其他可以辩论的动议,那么等待发言的成员如果不是要针对这个可辩论的动议而发言的话,就要暂时让开。如果有人提出"结束辩论"或者限制辩论的动议,已经在排队等待发言的成员无法有效抗辩,主持人也因而无法判断这样的动议是否合规,那么主持人可以提请会议就是否继续辩论以听取排在后面的成员的意见进行表决。这个表决要求"过三分之一"。也就是说只要赞成继续辩论的人数超过三分之一,即使不过半数,辩论也要继续。

{42:17} 如果虽然会场较大,但有服务人员每次将手持话筒交给取得发言权的人,那么 42:6 的标准规则仍然适用。

打断已经取得发言权的成员

{42:18} 在成员取得发言权并且开始发言之后,其他任何人——包括主持人——不可以随意打断成员的发言,除非发言人的言行出现"秩序问题"(例如发表的评论并非针对当前待决动议,或者在辩论中发言时间超过规定),或者其他成员有如下理由且这些理由足够紧迫:

(1) 提出"要求遵守议程"(第 18 节),因为出现了未遵守既定"议程项"所设定的时间的情况;

(2) 提出"权益问题"(第 19 节);

(3) 提出"秩序问题",或者要"请发言人遵守规则"(第 23、61 节),或者主持人"提醒发言人遵守发言规则"(the Chair calls the member's attention to the fact that he is failing to observe the rules of speaking,请参阅 61:10—11)。

(4) 提出"拆分议题"。就是把由一个动议提出的、一系列主题独立的决议或修正案拆分开,要求对其中一个或几个决议单独表决(请参阅 10:25、12:14 和 27:10—11);

(5) 提出"请求"或"咨询"(第 32、33 节)且需要立即得到处理;

以及特定条件下的如下特殊情况：

(6) 提出"申诉"(第 24 节)；

(7) 提出"反对考虑"(第 26 节)；

(8) 提出"起立重新表决"(第 29 节)。

{42:19} 上述各理由在取得发言权的成员开始发言之后是成立的。在其他成员已经取得发言权但还没开始发言之前，上述理由也都成立，而且在这个时候，如果找不到别的机会了，下面这两个理由也可以成立：

(1) 给出另外一个要求"事先告知"的动议的"事先告知"(请参阅 10：44—50)；

(2) "提出""重议"(第 37 节)或者"重议并先记录"(请参阅 37：46—52)。

{42:20} 取得发言权的成员，在被上述理由打断之后，并不失去发言权。虽然在处理这个插进来的事务的时候，该成员要坐下，但只要这个插进来的事务得到解决，主持人就立刻请该成员起立并继续发言。此时主持人可以说："请路易斯先生继续发言。"

{42:21} 如果取得发言权的成员把委员会报告或者其他文件交给秘书或者工作人员宣读，那么在宣读期间，该成员并没有"交回发言权"(yield the floor)。宣读结束后该成员继续发言。

{42:22} 一旦有成员起立申请发言权，或者已经取得发言权，那么其他任何人就不能再喊"休会""暂停"或"表决"。如果出现这样的情况，主持人必须"维持秩序"(obtain the order)，保护成员的发言权。

§ 43. 辩论规则

{43:1} 从广泛的意义上讲，"辩论"(debate)是人类文明的基本元素之一，它使人类社会能够产生理性而有价值的决定。在协商会议中，"辩论"特指就待决动议的利弊而展开的讨论——更准确地说，就是讨论是否应该通过当前动议。"协商"(deliberative)这个词本身就赋予每个成员以"辩论权"(the right of debate)。

{43:2} 所有的主动议都是可以辩论的。一些辅动议也是可以辩论的。"可辩论性"(debatability)取决于各个动议的功能和目的,其原则总结在本节的最后。由这些原则衍生出来的每种动议的"可辩论性"规则分别列在第 11—37 节的"标准描述特征(5)"。

{43:3} 一项动议实际应该得到多少时间的辩论,取决于诸多因素,如动议的重要性、分歧的严重程度等,但每一位成员都有权对每一项可辩论的动议在提请表决之前发表辩论意见,并且仅受通用议事规则和组织其他规则中相关限制的约束(下面详细介绍)。除非会议以"三分之二表决"决定,否则不得干涉这项权利。

辩论相关的流程

{43:4} 一件事务,必须以动议的形式向会议提出,而且必须包含明确的行动建议,才能够成为辩论的对象。* 第 3 节和第 4 节已经指出,动议只能由刚刚取得发言权的成员提出。如果是主动议,那么提出时不能有其他待决动议。如果是其他动议,也要合规。提出之后需要得到附议(代表董事会或委员会而提的动议不需要附议),然后必须由主持人宣布议题。如果动议可以辩论,那么主持人接着说:"是否有人要发言?"或者他可以转而观察动议人是否想首先发言。动议人发言之后,或者动议人放弃首先发言的机会之后,其他成员可以申请发言权进行辩论,请参阅 3:30 及之后的内容和第 42 节。

{43:5} 在辩论过程中,可以进一步提出"修改"等"附属动议""优先动议"和"偶发动议"。如果这些动议也是可以辩论的,那么也要展开相应的辩论。请参阅 10:31—35。成员可以利用一次发言机会,首先辩论,最后再提出一个"辅动议"(secondary motions)。这里的原则是:一旦以合理的理由取得发言权,就可以以任何合理的理由运用发言权。

{43:6} 如果看起来没有人要继续辩论,那么主持人可以再问一遍"是否有人要发言?"如果在等待一段时间之后仍然没有人申请发言权,主持人可以认为辩论结束。此时主持人起立,提请表决(put the question)。

{43:7} 注意,正规的议事规则中不存在"加速处理"(gaveling through)

---

* 　也就是说,那种既没有动议的形式、也没有实质的建议的空泛评论是不允许的。——译者注

这样的说法。无论是在主持人宣布议题的时候,还是在主持人认为辩论已经结束的时候,都不允许主持人因企图尽快表决而剥夺任何成员的发言机会,无论这个发言的目的是辩论还是提出"辅动议"。主持人起立提请表决的行为并不一定意味着辩论结束。如果发现在主持人问"是否有人要发言?"——表明发言权空闲——之后,有人已经迅速地起立并称呼主持人,然而主持人没有理睬,并开始表决,那么即使已经宣布了表决结果,也必须宣布表决无效,回到辩论阶段继续辩论,请刚才这位成员发言;并且在辩论结束后重新进行完整的表决——正、反两方都必须被叫到,无论刚刚宣布无效的那场表决已经进展到什么程度。但是如果主持人在提请表决前等待了足够长的时间,然而没有人申请发言权,那么在表决开始之后,辩论就已正式结束,辩论权过期。另外,如果已经开始对某个表决的结果进行"验证"(ver-ification)——例如用"起立重新表决"(第 29 节),那么不能再回到辩论阶段(resume debate),除非得到"默认一致同意"(请参阅 4:58—63)。

辩论的次数和时间

【每次辩论发言的时间长度】

{43:8} 如果会议和组织没有制定"特别议事规则"来规定辩论发言的时间长度(第 2 节),那么每次发言的最长时间为 10 分钟。除非会议"默认一致同意"(请参阅 4:58—63)或者通过"调整辩论限制"(Extend the Limits of Debate,第 15 节)来批准延长,后者要求"三分之二表决"且不可辩论。

{43:9} 如果发言时间到了而发言人没有停止发言,那么主持人起立示意,提醒发言人时间已到,必要时可以直接打断发言。主持人可以指派一名或几名计时员(timekeepers)来协助这项工作。但是如果宽延一分钟就可以让发言人体面地结束发言,主持人或者任何成员都可以建议会议用"默认一致同意"的方式给予略微延长。

{43:10} 辩论权利不能转让。除非组织有"特别议事规则",否则不允许把自己没有用完的发言时间转让给别人,也不允许留到自己下次发言的时候使用。也就是说,没到 10 分钟就"交回发言权",等于放弃剩下的发言时间。④

---

④   这条规则反映了传统的议事规则原则。美国众议院在这一点上有不同的规则:它允许由指定的一个成员或者由辩论双方各一名主导成员来记录和控制所有的时间。众议院的规则还禁止被分配了辩论时间的成员用这个时间来提出任何动议。请参阅 15:19 的格式(6),以及 59:82—83 的格式。

如果发言人接受"提问"(Request for Information,请参阅 33∶6—10),那么提问和回答所花费的时间也算在发言人的发言时间之内。

{43∶11} 委员会的主持人或其他报告人作报告的行为不属于辩论。报告之后一般都会动议通过报告中的建议。那么针对这个动议发表意见就属于辩论,因而要遵守辩论限制。

【同一天、同一动议、同一成员的发言次数】

{43∶12} 除非组织制定的"特别议事规则"有不同的规定,否则在同一天内,对同一动议,同一成员的发言不能超过两次。但是对于"申诉"(第 24 节),只有主持人可以发言两次(第二次是在辩论结束的时候),所有其他成员只能发言一次。单纯地提问或者作简短的建议不算辩论。提出"辅动议"也不算辩论⑤,只要在提出这个"辅动议"的时候并没有就待决动议发表辩论。如果对当前待决动议的辩论延续到下一场会议,那么要看下一场会议是否在同一天。如果是同一天,那么,除非会议特别批准,已经辩论两次的成员不能再参与辩论;但是如果不在同一天,那么辩论权刷新,忽略之前的辩论次数。

{43∶13} 对于辩论权来说,每一个可辩论的动议都是一个独立的辩论对象。也就是说,如果有一系列可辩论的动议待决,某位成员在主动议直接待决的时候已经辩论两次,他已经用尽了针对主动议的辩论权,但是,即使在同一天,他仍然可以针对"把主动议搁置"这个动议辩论两次,还可以再对每一个针对这个主动议的"修正案"辩论各两次,等等。还有一条在第 42 节已经提到的规则,就是同一天内,对于同一动议,尚未辩论过的成员相对已经辩论一次的成员,有"发言优先权"。因而如果已经辩论了一次的成员想要进行第二次辩论,必须没有那些尚未辩论过的成员同时申请发言权。否则就只能等到所有人都已经辩论过一次。如果在这种情况出现之前,辩论已经结束,那么就没有人可以进行第二次辩论。

辩论限制的调整

{43∶14} 上述对于辩论时间和次数的限制,可以进行下面这样的调整以

---

⑤　因此,即使已经用尽了辩论权,仍然可以申请发言权以提出如"委托"或者"修改"这样的动议。这时,主持人在准许发言权的时候要加以限制:"这位成员已经用尽了辩论权,这次是为何起立?"

适应会议的需要：

【针对一个组织所有会议的调整】

{43:15} 如果想调整组织所有的会议的辩论限制，可以制定"特别议事规则"（a special rule of order）。这需要"事先告知"加上"三分之二表决"，或者"全体成员的过半数表决"（请参阅 2：14 开始的内容和 10：44—51）。调整后的辩论限制既可以更严格也可以更宽松。例如"同一天内、对同一动议、每个成员最多一次发言、每次最多五分钟"是一个更为严格的辩论限制。

【针对一次会议的调整】

{43:16} 如果只想调整本次会议的辩论限制，那么可以用主动议的形式进行，不需要"事先告知"，但要求"三分之二表决"。通常"代表大会"（convention）的辩论限制应该要比基层组织的更严格些。一般用"代表大会特别议事规则"（a standing rule for the convention，第 59 节）的形式加以规定。制定这样的"代表大会特别议事规则"要求"三分之二表决"。

【针对当前待决动议的调整】

{43:17} 在直接待决动议可以辩论的时候，用附属动议"调整辩论限制"（第 15 节）可以只调整当前待决动议的辩论限制，还可以用它来指定辩论的截止时间。该附属动议要求"三分之二表决"。如果想要立刻结束辩论则要使用"结束辩论"（第 16 节），这种动议也要求"三分之二表决"。如果有一系列彼此有绑定关系的（请参阅 10：35）可辩论的动议同时待决，那么这两个动议也可以用来对整个系列的辩论限制加以调整，或者对系列的一部分加以调整，但必须是从直接待决动议开始的连续若干动议（请参阅 15：19、16：20 和 59：82 的格式举例）。如果想从根本上阻止对某个动议的辩论，甚至不给具有"发言优先权"的动议人发言的机会，那么唯一的办法就是在辩论开始之前或者任何附属动议（除"暂停"外）出现之前，提出"反对考虑"（Objection to the Consideration of a Question，第 26 节）。如果取得"三分之二表决"的支持，那么反对有效，被反对的动议无论在当时还是在整次会议期间都不会得到任何考虑。

{43:18} 另一方面，在考虑一项动议的时候，有时希望放宽辩论限制。如果希望不限制发言次数，但每次发言的时间仍然不能超过 10 分钟，那么会议可以经"过半数表决"进入"全体委员会""准全体委员会"或"非正式考虑"

状态,请参阅 51:1。如果同一天内,同一动议又继续以正常方式被进一步考虑,那么在上述三种状态下的发言并不计算在辩论权之内。如果待决的动议或决议是由若干章节或者段落组成——例如"章程",那么在采用"逐段或逐条考虑"(第 28 节)的情况下,每位成员允许的发言次数就会大大增加,但也不是没有限制。对于每次拿出来辩论的那个章节或者段落来说,每位成员仍然最多可以发言两次。

辩论的礼节

{43:19} 发言人以及其他成员必须分别遵守下面的礼节,以保证辩论能够顺畅而有序地进行。请参阅 3:9—13 的"礼节规范"(Patterns of Formality)。

【切题】

{43:20} 在辩论中,评论的内容必须"切题"(germane)。也就是说,只能就"是否应该通过直接待决动议"发表意见[请参阅 43:35—40"如何判断动议的可辩论性"(Principles Governing the Debatability of Motions)]。

【严禁攻击其他成员的动机】

{43:21} 在动议待决的时候,可以用比较强烈的语言去指责动议的本质或者可能的后果,但必须禁止人身攻击,而且无论如何都严禁攻击或质疑其他成员的动机。辩论的对象必须是动议本身,而不是动议人,即"对事不对人"。例如,如果两位成员都目睹了某一事件,但却有不同的描述,那么在辩论中,绝对不可以说另一方是在说假话。而应该说:"我相信我们有充分的证据表明这位成员被误导了。"主持人一旦在辩论中听到指责别人"欺诈"(fraud)、"骗子"(liar)、"撒谎"(lie)等情况,必须立刻果断制止以避免情况恶化(请参阅第 61 节)。

【所有的辩论必须通过主持人】

{43:22} 成员之间严禁直接辩论,所有的辩论必须而且只能通过主持人进行。在成员 A 发言辩论的时候,如果成员 B 想对 A 提问——成员 A 当然可以自由地选择接受提问或者不接受提问,但是一旦选择了接受提问,那么提问和回答的时间都要计算在成员 A 发言的 10 分钟之内——成员 B 必须起立并向主持人提问,就像"提问"(Request for Information,请参阅

33:6—10)中所描述的那样。

【避免称呼成员的姓名】

{43:23} 必须尽可能避免在辩论中用名字称呼其他成员,而应该采用其他的称呼。如"刚才发言的那位成员""梅森郡的代表",等等。有头衔要使用头衔称呼。但是,没有必要使用诸如"本成员"(this member)这样的第三人称来称呼自己,使用"我"就可以。辩论中的发言本来就是主观的(partial),所以使用第一人称是合情合理的。

【禁止对已经做出的决定发表反面意见】

{43:24} 在辩论中不可以对组织之前已经做出的任何决定或行动发表反面意见,除非有针对这个决定或行动的"重议"或"取消或修改已通过的决定"正待决,或者发言人在发表这样的反面意见之后,就要提出这两个动议或给出这两个动议的"事先告知"。

【禁止对自己提出的动议发表反面意见】

{43:25} 在辩论中,不允许动议人的观点反对自己的动议。但是在表决的时候,动议人却可以投反对票。动议人可以不发言,但是一旦发言,就必须是赞成自己的动议。如果在动议仍然待决的时候,动议人改变了主意,那么只需请求会议"收回动议"(请参阅 33:11—18)。

【朗读文件需要会议批准】

{43:26} 在辩论中,成员无权朗读引文作为自己发言的一部分,无论是自己朗读,还是请秘书朗读。如果有成员想这么做,那么需要得到"默认一致同意",即没有人表示反对,或者需要得到会议表决的批准。但是,对于简短的、相关的、打印出来的摘要,一般还是允许在辩论时朗读的,只要这种做法不被滥用(请参阅 33:20—21)。

【成员被主持人打断后就座】

{43:27} 如果在辩论中,主持人起立做出裁定、公布消息或其他任何主持人有权做的事情,那么正在发言的成员应该坐下(或者如果发言人站在离自己座位有一定距离的话筒前,那么他只需适当退后),直到主持人结束。然后,如果主持人没有裁定剥夺发言人的发言权,发言人就可以继续发言(在第 61 节会详细讨论辩论违规问题)。

【禁止扰乱会场】

{43:28} 在辩论、主持人讲话以及表决期间,严禁任何成员有任何类似私下交谈或随意走动穿越会场等扰乱会场的行为。这里的关键是"扰乱会场"。也就是说,并不是任何时候都不允许上述行为,尤其在规模较大的会议上,这样的限制是不实际的。但是主持人应该保证这样的行为没有阻碍会议的正常运行。

限制主持人参与辩论

{43:29} 如果主持人也是组织的成员,那么作为个体也享有同样的辩论权。但是,主持人的中立性决定了他(她)在承担主持人工作的期间不能行使辩论权。通常,尤其是在大型会议上,主持人不能对待决动议的是非利弊发表任何意见。在极特殊的情况下,主持人可能会认为会议在辩论中忽略了非常重要的因素,而他作为组织的一员,有责任提醒会议以免酿成错误,而且主持人判断在这个特殊的情况下,这个提醒的责任要比主持会议的责任更为重要,那么他可以参与辩论。但是,必须首先让出主持人席,把主持人席转交给:

(1) 在场的、尚未对当前议题发表意见而且不以"希望发言"为理由拒绝(decline on the grounds of wishing to speak)接受主持人席的、该组织级别最高的"副主持人"* 或

(2) 如果没有满足上面条件(1)的副主持人,那么可以转交给满足上面条件(1)的其他成员,由主持人指定(通常假定会议会"默认一致同意",除非又有人提名其他成员,那样的话,主持人的指定也作为候选人,由会议表决决定)。

放弃主持人席后要一直等到当前待决主动议得到解决之后,才能够恢复主持人席。因为他已经表明自己在当前这个事务上是有立场的。要注意的是:主持人应该对放弃主持人席而参与辩论这样的做法持极为谨慎的态度,否则其他成员会对他作为主持人所必需的中立性产生怀疑。

{43:30} 但是,对于"申诉"(第24节)或者由主持人提请会议裁定(请参阅

---

* "副主持人"即"组织负责人"的副职,请参阅47:23。——译者注

23:18—21)的"秩序问题"(第23节)来说,上面的规则并不适用,主持人不必让出主持人席就可以参与辩论,因为辩论的主题恰恰是主持过程中出现的问题。

辩论之外可被允许的简短讨论

【无待决动议或待决动议不可辩论时允许的解释与请求】

{43:31} 如前所述,在协商会议上,只有那些与主持人已宣布为直接待决的可辩论动议切题的辩论,才被允许。但是,又如第4节所述,在提出任何类型的动议——无论是可辩论的还是不可辩论的——的时候,都可以在必要时先做一些简短的解释,但不得演变成一次发言;或者,成员可以先提问,或简要说明自己希望提出的动议的要旨,然后请求主持人协助措辞以形成恰当的动议。类似地,在待决动议不可辩论时,允许用几句话做些事实性质的解释说明,可能提高会议效率。

{43:32} 在这样做的时候,一定要注意区分什么是辩论,什么是简短的提问或建议。特别是在规模较大的会议上,主持人一定要把握好,不要让这类咨询变成某些成员间的长时间对话,更不可成为实质上的辩论。因而通常主持人应该在这类咨询发生的时候保持站立,以示发言权并没有分配。

【为形成动议而进行非正式咨询】

{43:33} 有些时候,简短的、非正式的咨询和讨论能够帮助成员形成恰当的动议。如果主持人允许这样的做法,那么一定要控制在很短的时间之内,只要能帮助成员形成体现其意图的动议就足够了。

{43:34} 一般来讲,在没有待决动议的情况下,取得发言权的成员应该迅速地动议,但如果他没有这样做,而是开始说明一些情况,或者发表一些评论,那么主持人就要加以干预和制止,除非得到会议的允许。但有时在小型会议上,在没有待决动议的时候,取得发言权的成员可以声明,如果没有人反对,他希望能就某个问题说明一些情况,并希望最后就此问题提出动议。那么如果没有人反对,他就可以这样做。而主持人要控制该成员的发言不偏离这个方向(请参阅4:7—8)。

如何判断动议的可辩论性

{43:35} 第 10—37 节的"标准描述特征(5)"分别介绍了每种动议的"可辩论性"(debatability)或"不可辩论性"(undebatability),并且归纳在附录第 *t6—t33* 页的"动议规则总表"(Tables of Rules Relating to Motions)中。下面结合背后的原则简要总结这些具体规则。

{43:36} "主动议"总是可以辩论的,这由协商会议的本质决定。

{43:37} "附属动议"中除了两个跟辩论有关的动议是不可辩论的以外,其他附属动议的可辩论性跟它们对主动议的限制性成正比。具体来说就是:

(1) 因为"搁置"(第 11 节)如果通过,就等于扼杀主动议,所以它是完全可辩论的,而且可以直接针对主动议的利弊进行辩论。

(2) 如果"修改"(第 12 节)应用在可以辩论的动议上,包括主动议,那么它也是可以辩论的,因为"修改"会改变那个动议的内容。但是辩论仅限于"修改"动议本身的是非利弊。除非确有必要,否则不能涉及其他待决动议。如果"修改"应用在不可辩论的动议上,那么这个"修改"也不可辩论,否则就会破坏那个被修改的动议的不可辩论性。

(3) "委托"(第 13 节)和"改期"(第 14 节)的可辩论性相当受限。因为当委员会就受托问题作报告的时候,或者当"改期"所指定的时间到来的时候,原来的动议仍然可以进一步接受辩论。所以针对"委托"的辩论就应该限制在"是否应该委托""委托给什么委员会""委员会成员如何构成""委托时还要附加什么样的指示"等问题上。而针对"改期"的辩论就应该限制在"是否应该改期""改期到什么时间"等问题上。

(4) "调整辩论限制"(第 15 节)和"结束辩论"(第 16 节)不可辩论。因为它们的目的就是要改变当前待决动议的可辩论性。如果会议再去花费时间对它们进行辩论,它们就失去了存在的意义。而且,它们可以理解成是特殊的"暂缓规则"。在有待决动议的时候,所有具有"暂缓规则"性质的动议都是不可辩论的。

(5) "暂停"(第 17 节)也是不可辩论的。一方面因为它的目的就是不经辩论立刻把当前待决的动议暂时放在一边,另一方面因为即使通过了这个动议,主动议还是可以随时由过半数成员"恢复"(Take

from the Table,第 34 节)然后继续辩论。

{43:38} 所有的"优先动议"都是不可辩论的。因为它们优先级很高,随时可以打断其他的事务,如果再花费时间辩论,就会干扰会议的正常事务。所以说动议的辩论权与高优先级是互相排斥的。例如,优先级最低的两个优先动议是"要求遵守议程"(第 18 节)和"提出权益问题"(第 19 节)。这两个动议本身是不可辩论的。然而当这两个动议涉及的对象——对于"要求遵守议程"来说,就是"议程"中安排在这个时间的那件事务或议程项,或者对于"提出权益问题"来说,就是那个权益问题——成为待决动议的时候,它们就是主动议了,当然可以辩论。

{43:39} 除本段提到的例外,多数的"偶发动议"也是不可辩论的。也是因为它们的优先级高,它们不仅可以打断动议,还可以打断任何与它们有关的情况。如果"申诉"所涉及的问题是礼节、辩论发言规则或事务的优先顺序,通常认为对这样的"申诉"展开辩论没有意义而且耽误时间。如果"申诉"提出时的直接待决动议不可辩论,或"申诉"所针对的动议是不可辩论的,那么对"申诉"的辩论也没有意义。所有其他情况下的"申诉"都是可以辩论的,只要辩论是围绕申诉所针对的主题。有一种动议叫做"添加关于生效时间的附加条款"(create a proviso),它既可以作为"偶发动议",也可以作为"附属动议",作为"附属动议"时是通过修改动议的引导词(enacting words)来添加生效时间(请参阅 57:15),如果被设定生效时间的那个动议是可辩论的,那么这种动议就是可以辩论的。"请求免责"涉及类似辞职这样的问题,可能需要适当的讨论以决定合理性,所以它是可以辩论的。

{43:40} 对于"再议类动议",可辩论性的规则是:

(1) "恢复"(第 34 节)是不可辩论的。因为这样的辩论毫无意义,只会耽误时间,即使它被否决,只要会议有任何实质的进展,就可以"重提"。

(2) "取消或修改已通过的决定"(第 35 节)完全可以辩论,而且辩论完全可以针对要取消或修改的那个动议本身的是非利弊。"收回委托"(第 36 节)也是一样的。

(3) "重议"(第 37 节)的可辩论性是有条件的。只有在被重议的那个动议可以辩论的时候,它才可以辩论,并且辩论可以针对被重议的动议的是非利弊。如果被重议的动议不可辩论,那么"重议"也不可辩论。

第十三章
表　决

§ 44. 表决额度*

过半数表决——基本要求

{44:1} 在 1:6 已经指出,协商会议形成一项决定所需要满足的最基本的要求就是"过半数表决"(a majority vote),除非有"特别议事规则"做出其他的规定。这个术语的定义是"超过半数"。默认情况下,也就是如果没有加上任何其他限制,在计算总票数的时候,只计算那些有表决权且实际参与表决的成员的票数,不考虑空白票或者弃权的成员。** 当然前提是会议本身是例行会议或合规召开的其他会议。*** 例如:在一次有效的会议上(假设不允许投"非整数票",也就说投票的最小单位必须是整数"1",而不允许是分数。有些代表大会允许投"非整数票"):

- 如果投出的总票数是 19,那么过半数是指(大于 9½)10 票。
- 如果投出的总票数是 20,那么过半数是指(大于 10)11 票。
- 如果投出的总票数是 21,那么过半数是指(大于 10½)11 票。

{44:2} 下面介绍其他的"表决额度"(bases for determining a voting result)。"通用议事规则"规定了在某些特定情况下需要使用不同的表决额度来决定表决的结果。会议和组织也可以自行规定自己使用的表决额

---

* "表决额度"的英文是"bases for determining a voting result",直译为"决定表决结果的底线",也就是说,至少要达到什么样的票数才能通过,否则就是否决。"base"在这里是"门槛"的意思,事实上由两部分组成,一部分是"比例",例如"过半数""达到三分之二"等;一部分是"总票数",例如"在场且投票者""全体成员"等;因而把"base"译成"表决额度",表明它是一个"限额"(最低限额)的概念。——译者注

** 这是通用议事规则规定的默认的表决额度,称做"投票者的过半数"(a majority of the votes cast)或"在场且投票者的过半数"(a majority of those present and voting)。——译者注

*** 请参阅 9:30,"例行会议或合规召开的其他会议"隐含着"满足有效人数"的条件。——译者注

度——既可以重新规定默认的表决额度,也可以只规定某些特定情况下的表决额度[请参阅 10：8(7)的"标准描述特征(7)"]。无论什么样的表决额度,只有在满足"有效人数"的前提下表决才可能有效,除非有规则指定了例外情况,例如某些程序动议,请参阅第 40 节。

三分之二表决

　　{44:3} 如果没有其他的限制条件,"三分之二表决"是指"至少三分之二",且在计算总票数的时候,只计算那些有表决权且实际参与表决的成员的票数,不考虑空白票或者弃权的成员。当然前提是会议本身是有效的,是例行会议或合规召开的其他会议。例如(假设不允许投"非整数票"):

- 如果提出的总票数是 30,那么三分之二(大于等于 20)是指 20 票。
- 如果提出的总票数是 31,那么三分之二(大于等于 20⅔)是指 21 票。
- 如果提出的总票数是 32,那么三分之二(大于等于 21⅓)是指 22 票。
- 如果提出的总票数是 33,那么三分之二(大于等于 22)是指 22 票。

　　{44:4} 为了在成员个体的权利与会议整体权利之间找到平衡与妥协,通用议事规则确立了这样的原则,即在如下情况下要求"三分之二表决":(1)暂缓或者修改现行的议事规则;(2)阻止动议的引入;(3)调整辩论限制或者要求结束辩论;(4)结束提名或结束投票,以及对提名或投票加以限制;或者(5)剥夺成员的资格。(附录第 *t48—49* 页列出了所有要求"三分之二表决"的动议。)

　　{44:5} 为了判断"三分之二表决"是否满足,主持人应该采用"起立表决"(rising vote),或者在规模较小的会议中,如果没有人反对,主持人可以选择"举手表决"(a vote by show of hands)。如果主持人认为表决结果不会很明显,那么应该选择对表决进行计数。

　　{44:6} 如果在赞成方表决的时候,主持人已经看出表决的结果会不明显*,那么就应该立刻开始计数。如果在未计数的表决之后发现结果不能确定,那么应该重新进行计数的"起立表决"。对于未计数的"三分之二表

---

* 　所谓"不明显"是指赞成票大概在一半左右,且估计赞成票和反对票可能接近。——译者注

决",如果主持人认为"三分之二"已经满足但并不是非常明显,那么他在宣布表决结果之前一定要非常慎重。因为反对方最多占到三分之一左右,达不到"重新表决并计数"这个动议*所要求的"过半数",而只要赞成方都对"重新表决并计数"投反对票,反对方就没有机会要求计数。所以,除非组织有"特别议事规则"规定只需要满足某一个小于三分之一的表决额度就可以进行"重新表决并计数",否则这种情况最好还是进行计数。

衍生的表决额度

{44:7} 在上面两种表决额度的基础之上加上一些限制条件,可以衍生出若干其他的表决额度。有时用"特别议事规则"来规定这些表决额度。演变的过程无非是调整两个要素,一个是比例,一个是总票数。其中,"比例"可以是"过半数""三分之二""四分之三"等。而"总票数"如果没有任何限制说明,就是指所有身份有效的、有表决权的、在场并且实际投票的成员;而如果加上限制说明,那么总票数可以是"所有在场成员"(无论是否投票,也无论投的票是否是空白)、"全体成员"(无论是否在场、是否投票或投的票是否是空白)或其他组合。

{44:8} 假设共有 150 名成员,有效人数是 10,有 30 名成员出席会议且在场,会上某次计数表决有 25 人参加投票(起立、举手、点名或书面),那么各种表决额度所要求的最低票数分别是:

过半数	13
所有在场成员的过半数	16
全体成员的过半数	76
三分之二	17
所有在场成员的三分之二	20
全体成员的三分之二	100

{44:9} 在判断这样的表决额度的时候,要注意下面几点:

(1) 以"所有在场成员"(all members present)作为总票数的做法——

---

* 请参阅第 33 节"关于表决方式的动议"。"重新表决并计数"类似于"对起立表决计数"(a standing vote be counted)。——译者注

"在场成员的过半数""在场成员的三分之二"等——虽然可行,但通常不太可取。因为这样的话,弃权等于反对。以弃权的方式表示中立是成员的一项基本权利。这种做法显然剥夺了这项权利。而那些对所表决的问题不了解也不关心的成员,由于未参与投票,却成了反对者。不过,如果确实需要采用这种表决额度,那么在对赞成方表决并计数之后,主持人必须立刻对所有出席成员进行计数,以避免出席人数发生变化导致表决结果失去意义。这种做法下不要再请反对方表决,因为反对票数对于判断表决结果来说本质上已没有意义*(请参阅 4:35)。

(2) "全体成员"(entire membership)①是指在表决的当时,所有"具有表决权的成员"(members of the voting body)的总数(因而,如果组织既有全体会议,又有董事会,那么董事会的"全体成员"指的就只是董事会的成员,而不是整个组织的成员)。代表大会有时会使用"全体成员的过半数表决",指的是所有登记在"有表决权代表的名册"中的与会代表(请参阅 1:16 和 59:25—26)。这个表决额度常常用来替代"事先告知",就是说如果某个动议要求"事先告知",但已经来不及给出,那么满足"全体成员的过半数表决"也是可以的。"取消并从纪要中删除"(Rescind and Expunge from the Minutes,请参阅 35:13)也要求这个表决额度。对于代表大会或董事会这样的对成员的出席有强制要求的会议来说,这个表决额度是可行的。在其他情况下,这个表决额度不是很现实。对于普通的组织来说,很多时候出席的人数都很难达到全体成员的过半数。

{44:10} 无论要使用什么样的表决额度,都必须首先在"章程"或者"特别议事规则"中准确地定义这个表决额度,而且可以选用"事先告知"作为一个附加条件。"事先告知"可以在上一次会议上给出,此时可以是口头

---

① 有些会议或组织[例如永久董事会(a permanent board)]有法定的固定成员总数,或叫席位,那么还可以定义"固定席位的过半数"(a majority of the fixed membership)。如果席位有空缺,那么"固定席位的过半数"就大于"所有成员的过半数"。例如,如果席位固定是 12,有两人已经过世但尚未确定新人选,那么所有成员总数是 10,过半数就是 6;而席位仍然是 12,过半数就是 7。如果空缺数量达到或超过席位的一半,那么这个组织就不可能产生任何决定。

* 因为在场成员人数除了赞成票数和反对票数,还包括弃权票数,不过直接计算在场成员总数就足够了,反对票数是否计算意义不大,因为不应请弃权的表决,所以无法通过赞成、反对和弃权人数这三个数据计算在场成员总数。——译者注

的；或者在本次会议的会议通知中书面给出(关于"事先告知"的详细讨论请参阅 10∶44—51)。

相对多数表决

　　{44∶11} "相对多数表决"(a plurality vote)是指在有三个或三个以上候选人或选项的情况下,得票相对最多(不必超过半数)者获胜,称做"赢得相对多数"(have a plurality)。"未超过半数的相对多数"并不具备通过决定或选举官员的效力。必须事先通过"特别议事规则",规定在什么情况下"未超过半数的相对多数"具备通过一项决定的效力。如果用于选举官员,则必须由"章程"授权。普通的组织一般不应该使用"相对多数表决",因为它毕竟没有达到"超过半数"这一代表集体意志的最基本要求。但是,一些国际的或者全国性的组织,因为往往需要用书面信函的方式进行选举,为满足"超过半数"的条件而进行的"反复表决"会在时间和财务上造成很大负担,所以可以选用"相对多数表决"。在这样的情况下,还有一种更合理但较为复杂的表决方法——"优先表决"(preferential voting),请参阅 45∶62—69。

平局以及主持人参与表决

　　{44∶12} 如果主持人是组织的成员,那么主持人也有表决权。如果是"书面不记名表决"(请参阅 45∶28),那么主持人跟其他成员一样参与投票。如果采用的是其他的表决方式,那么主持人在自己的一票会影响到表决结果的情况下,可以选择参与表决,但不是必需。也就是说,主持人可以选择打破平局(tie),或者造成平局;或者在"三分之二表决"的情况下,主持人的一票可以决定赞成方是否满足三分之二的额度。具体如下:

- 对于要求"过半数表决"的情况:如果主持人未投票时出现平局,因为平局等于半数,半数不满足"过半数",所以平局意味着否决,那么主持人如果是成员就可以选择投赞成票,结果满足"过半数",动议得到通过;如果是赞成方比反对方多一票(例如,72 票赞成,71 票反对),那么主持人可以选择投反对票,结果造成平局,导致动议被否决。

- 对于要求"三分之二表决"的情况:如果主持人未投票时赞成票比反

对票的两倍少一票(例如,59 票赞成,30 票反对),那么主持人如果是成员就可以选择投赞成票,结果满足"三分之二",动议得到通过;如果主持人未投票时赞成票恰好是反对票的两倍(例如,60 票赞成,30票反对),那么主持人可以选择投反对票,结果不满足"三分之二",导致动议被否决。[②]

● 对于要求"全体成员的过半数"以及其他情况,依此类推。

主持人不可以投两次票或两张票,即先以成员身份表决,后又以主持人身份再次表决。

{44:13} 如果表决的对象是针对主持人的裁定而提出的"申诉",主持人仍然可以参与表决,而且只要是平局,就意味着申诉无效,维持主持人的裁定。即使是本来赞成方超过反对方,但只超过一票,然后主持人参与表决,从而导致平局,这样的平局也仍然意味着"申诉"无效。因为"主持人的裁定需要过半数表决才能改变"。

§ 45. 表决流程

表决中的权利和义务

【拖欠会费的成员的表决权】

{45:1} 对于"拖欠会费"(in arrear in payment of the dues)的成员,如果还没有被"除名"(be dropped from the membership rolls),也没有被处分而暂停表决权(disciplinary suspension),那么仍然享有所有的表决权,除非"章程"中有与此不同的规定。(请参阅 1:13n3 和 56:19。)

【一人一票】

{45:2} 作为通用议事规则的一条根本原则,协商会议的每位成员,对于每项动议,都享有且只享有一票表决权。即使一位成员被选举或指派担任

---

② 注意,如果"三分之二表决"的情况下,反对票比赞成票的一半还多一票,那么主持人的表决无法改变结果。例如,60 票赞成,31 票反对。即使主持人投赞成票使赞成票达到 61,那也仍然无法使赞成票达到反对票的两倍。

多个职务,且每个职务本身都被赋予一票表决权,这位成员也仍然只享有一票表决权。例如,代表大会中被多个组成机构都选为代表的一个人仍然只能投一票。一位成员的表决权也不应该转让给另一位成员(例如,代理表决或委托投票并不符合通用议事规则的根本原则)。

【弃权的权利】

{45:3} 每位成员都有责任尽可能地参与表决,以此来表达自己的观点,但这并不是强制的。也就是说任何人不能强制任何人投票或表决,任何人都有权在表决中"弃权"(abstain)。同样的道理,在一次表决的选择对象不止一个的时候,例如选举委员会或者董事会的成员,委员或者董事的名额通常不止一个,任何人都可以选择"部分弃权"(partially abstain),即在选票上选择的候选人数量可以少于指定的名额。

【回避原则】

{45:4} 任何与当前动议有着不同于其他成员的直接利害关系——个人关系或经济关系——的成员应该在表决中回避,但回避不是强制的。例如,某动议希望与某公司签订商业合同,但是组织中有一位成员是跟这个公司有关联的,可以从这个合同中受益,那么这位成员应该回避对此动议的表决,也就是说选择弃权,但会议并不能剥夺该成员对此动议的表决权。

【不需回避的情况】

{45:5} 在应用上述"回避"原则的时候首先要注意,"回避"原则不是强制的,其次,任何有表决权的成员都可以在选举的时候投自己的票,只要自己有担任这一职位的资格。除此之外,很多动议所针对的对象会包含一部分的成员,例如,召开由某些成员出席的宴会、对一部分成员提出处分甚至"开除"(expel,第 61 节),这些情况下被针对的成员不需要回避。否则,很多事情就会变得绝对。比如少于半数的成员想要处分多于半数的人,如果那些多于半数的成员都不能参与表决,那么他们显然会得到处分,这显然是不公平的。

【中断表决】

{45:6} 在任何成员事实上已经开始表决之后,在表决正在进行的时候,不可以中断表决的过程,直到所有成员都应该已完成表决,但有时在"书面不记名表决"中,可以在投票期间同时进行其他事务。请参阅下面以及 45:9 的说明进一步了解可以在表决期间提出的"秩序问题"。

【表决时禁止解释】

{45:7} 任何人在表决的时候无权对自己的投票做出任何解释。因为这种解释无异于辩论,而辩论已经结束。

【改变投票】

{45:8} 除了"书面不记名表决"(或其他保密方式的投票),在主持人宣布表决结果之前,任何成员都可以改变自己的投票;在主持人宣布表决结果之后,要想改变投票,就必须紧接在主持人宣布表决结果之后提出申请并得到会议的"默认一致同意",该申请不可辩论,请参阅下文。

【质疑表决结果、要求重新表决以及改变投票的时间限制】

{45:9} 即使在主持人宣布表决结果之后,成员仍然可以建议或要求一些程序性动作,并可能改变表决结果。例如,成员可以提出"秩序问题"指出表决过程中的不合规之处,可以要求起立重新表决,可以动议用另外一种表决方式重新表决,可以动议对点名表决"分类重述"(recapitulation)*,或者请求获得"默认一致同意"来允许自己改变投票。除了针对持续的违规行为所提的"秩序问题"(请参阅 23:6—9),上述这些动议或请求如果是在主持人宣布表决结果之后提出,则必须在主持人宣布表决结果之后马上提出,一旦有成员已经获得发言权并开始发言辩论、作报告、作陈述或其他事务介入,包括主持人开始宣布下一个动议的议题,或者已经对下一个待决动议提请表决且有成员开始表决,上述这些动议或请求就不再合规。可以对已经计数的起立表决、书面不记名表决或点名表决提出重新计数,但也有时间限制,请参阅 45:15 的最后一句话、45:41 和 45:54,以及"质疑已宣布的选举结果"(Contesting the Announced Result of an Election, 46:48—50)。

【会议保留对表决中出现的问题的裁定权】

{45:10} 除非章程中有不同的规定,否则,会议和组织本身拥有对表决过程中任何与表决或票数计算有关的问题的裁定权。例如,在"书面不记名选

---

* "分类重述",即在"口头表决"或"口头选举"之后,要求秘书把所有赞成、反对和弃权的成员的名字分别宣读一遍。——译者注

举"(by ballot)中,"计票员"(tellers)必须把任何不确定的问题提请会议进行裁定(请参阅 45:33)。

一般的表决方式

{45:11} 第二章描述了下述几种表决方式:

(1)"口头表决"——通常是默认的表决方式;

(2)"起立表决"——用于对结果不确定的"口头表决"进行验证,也用于所有的"三分之二表决";

(3)"举手表决"——在小型会议中可以用来代替"起立表决",如果没有成员反对的话。一些小型团体用"举手表决"做默认的表决方式。

请参阅 4:34—57 关于这三种表决方式的描述。

{45:12} 第二章也描述了另外一种特别的表决方式,就是"默认一致同意",请参阅 4:58—63。

{45:13} 无论采用上述三种表决方式中的哪一种,主持人都必须首先请赞成方表决("说赞成""起立"或"举起右手"),然后再请反对方表决,最后判断并宣布获胜方。

【验证表决结果】

{45:14} 如第二章所述,与"口头表决""起立表决"和"举手表决"相关的规则还有一点,如果主持人对"口头表决""起立表决"或者"举手表决"的结果难以确定,那么主持人应该以起立的方式重新表决,必要时还要进行计数。而对于成员来说,任何人都可以提出"起立重新表决"(第29节,不需要附议)的动议来要求对"口头表决"或者"举手表决"的结果加以验证,但这个动议只能实现重新表决,还不能实现在重新表决的时候计数。如果要求计数的话,单个成员是不够的,也就是说如果主持人没有主动进行计数,那么任何成员都可以动议"对起立表决计数",这个动议需要附议,得到附议后,以口头表决、不计数的起立表决、不计数的举手表决方式表决,除非有特别的规定,否则"对起立表决计数动议"要求"过半数表决"。有些组织希望给这个动议更弱一些的要求,即少于"过半数表决",那么需要制定"特别议事规则"。这样的"特别议事规则"对于那些要求"三分之二表决"的动议来说是很有用的＊（请参阅 44:5—6）。另外要注意,验证表决结果的时候不能采用与原来一样的表决方式。只不过,对于"计数的起立表决""书面不记名表决"和"点名表决"来说,可以动议要求对"计票员"的统计结果再次进行计算,以保证精确。

【对起立表决进行计数】

{45:15} 对于规模较小的会议,主持人可以亲自计数,然后还可以请秘书再独立地进行计数以互相验证。对于规模较大的会议,主持人应该安排"计票员"进行计数。先请赞成方起立直到计数完毕,再请反对方起立直到计数完毕。有时也可以让成员从计票员中间走过,边走边由计票员计数。或者采用如下方式:先请赞成方起立,然后请起立的成员自行递增报数,每报一名,就座一名,逐排、逐个"蜿蜒"＊＊进行,直到完毕,再请反对方照做,不过这种方法需要加倍小心否则容易出错。永远先对赞成方计数。除非是很小的会议,否则在计数期间要关门并禁止任何人进出。计数时的语言格式在4:39 已经给出。如果会议比较小,以至于任何在场成员都可以自己验证"举手表决"的结果,那么主持人也可以采用"计数的举手表决"来实现计数的目的,只要主持人愿意而且没有成员反对。

如果计票结果有书面记录,例如计票员的计票报告,对其进行保管（retention）和核对（recount）的规则,跟保管与核对"书面不记名表决"的选票和计票记录的规则是一样的（请参阅 45:41）。

【举牌表决】

{45:16} 有些组织喜欢用色彩鲜艳的卡片——通常 3 英寸宽 1 英尺长——来做"表决牌"（voting card）,就是在主持人请举牌的时候举起自己手中的牌子进行表决。但是要根据会议的实际情况来决定是否采用这种方式。如果卡片已经分发到所有的有表决权成员的手中,而且不计数的"起立表决"（请参阅 4:38）就可以满足需要,那么主持人可以说:"所有赞成的,请举起表决牌……请放下;所有反对的,请举起表决牌……请放下。"如果希望

＊　"三分之二表决"一般采用"起立表决",但是不一定计数。如果反对方要求"计数",那么反对方的比例应该是在三分之一或更低,无法赢得过半数。若没有上述的特别议事规则,反对方可能无法得到计数的机会。——译者注

＊＊　此种表决和计数方法称为"蜿蜒表决"（serpentine vote）,即本书索引中的词条"serpentine vote"。——译者注

计数,那么也需要像批准"对起立表决计数"那样进行批准(请参阅 4:39 和第 30 节"关于表决方式的动议")。这种表决方式必须在"特别议事规则"中得到授权,或者对于代表大会来说,要由"代表大会特别议事规则"授权。

其他的表决方式

{45:17} 下面这些表决方式的使用(是否可以使用,什么情况下可以使用)必须由会议现场做出决定,或者由会议的"章程"和"特别议事规则"规定。这跟"对起立表决计数"(count of rising vote)是一样的,跟前面那三种一般的表决方式不一样。

【书面不记名表决或不记名投票】

{45:18} "书面不记名表决"(voting by ballot)用于需要保护成员表决隐私的情况。成员们在"表决卡"(ballot)或电子设备上标记自己的表决意见③,但不记名所以不会披露每位成员是怎么表决的。应用在选举中,"表决"等于"投票","表决卡"就是"选票"(ballot)*,"书面不记名表决"也可称做"不记名投票"。对于有多种"可能的选择"(possible choices)的选举或表决**,"书面不记名表决(投票)"允许成员"加写"(write in)任何符合条件的人或选择,并且不限于表决卡上已经列出的候选人或选择。

{45:19} 组织的章程中一般对何种情况下应该使用"不记名投票"有所规定,例如选举官员或者接纳新成员。所有跟"指控"(charges)有关的表决,无论是在"审查"(trial)之前还是之后,也无论审查的对象是成员还是官员,都必须采用"书面不记名表决"。在没要求采用书面不记名表决时,如果认为这种表决方式更能让大家表达自己真实的观点,那么任何人都可以动议"采用书面不记名表决"。这种动议属于"偶发动议"中的"关于表决方式的动议",它要求"过半数表决"。

---

③　一些组织,尤其是注重保密性的组织,为了进一步保护表决人,还会采用黑白球的方式。白球代表赞成,黑球代表反对。表决人依次到一个其他任何人都看不见的地方把球投入盒子中。这种方式通常用于接纳新成员的时候,可能一票或者很少的几票就可以否决整个表决结果。不过这种做法已经越来越少。

*　本书中,"表决卡"和"选票"是通用的,指的都是"ballot"。如果是选举,那么一般说"选票";其他情况下,一般说"表决卡"。——译者注

**　也就是除了"赞成—反对"这样只有两种选择的表决。——译者注

{45:20} 章程中规定要采用书面表决的,必须采用书面不记名表决。即使"默认一致同意"也不能"暂缓"(suspend)这样的规则。但是,如果是通过动议的方式决定对某一项动议采用书面不记名表决之后(第 30 节),只要投票还没有开始,仍可以"重议"刚刚的决定。

{45:21} 无论在书面不记名表决之前还是之后,无论这个书面不记名表决是不是由章程规定的,任何可能导致成员观点被泄漏的动议都是"不合规"的。这条规则的应用包括:如果主动议将以书面不记名方式表决,那么对主动议的"搁置"(请参阅 30:5)也必须以书面不记名方式表决;当初以书面不记名方式表决的动议,其"重议"(请参阅 30:7)也必须以书面不记名方式表决。类似地,如果动议 A 采用了书面不记名表决方式,获得通过但并非全票通过,如果又有动议 B 要求"宣布动议 A 得到了全票通过",那么动议 B 也必须采用书面不记名方式表决,且即使只有一票反对动议 B 也要被否决。

{45:22} 无论何时,书面不记名表决不允许由一个人——例如秘书——代表会议投总选票。

{45:23} 除非有关的规则或专门的动议规定了其他做法(关于电子表决请参阅 45:42—43),书面不记名表决是由投票人在表决卡或选票上标记自己的选择,且还要受到下文所述规则的约束。

表决卡或选票的格式

{45:24} 简单的表决卡可以就是一张小纸片。表决人按照主持人要求的格式把自己的选择标记在上面。但是如果事先知道所要进行的书面不记名表决的具体内容,那么应该事先制作好表决卡以便在适当的时候分发。制作的时候,依次列出每个议题,并且针对每一个议题,列出所有可能的选择,旁边留有空白或小方框,以便表决人在其中直接标记选中。注意布局要清晰,分清楚不同的议题,以及每个议题中不同的选项。例如:

请在选择的对象后面打"√"* :

1. 是否将总部迁址到思雷舍?

   是_____

   否_____

---

* 中国的习惯是打"√",而美国的习惯是打"✕"。无论采用哪种标记,都应该在表决卡或选票上清晰地说明。——译者注

2. 下一次代表大会的会址选为:

西雅图 _____

新奥尔良 _____

其他 _____(请填城市名)

{45:25} 在"选举"中,不应该用"赞成"(for)或"反对"(against)这样的选项。它们只适用于"动议"。在选举中,"反对"某个候选人的唯一途径就是把票投给另一位候选人,或者"加写"(write in)一个新的候选人的名字。

书面不记名表决的流程

{45:26} 如果书面不记名表决在会议的现场进行,那么由主持人指派"计票员"进行"表决卡"的分发、收集和计数,并最后报告统计结果。计票员的数量取决于若干因素,包括表决人的数量、候选职位的数量或待决动议的数量,以及候选人的数量。通常对于小型组织,二到三个计票员就足够了。计票员应该是那些严谨、可靠、受到成员普遍信赖的成员,而且,要避免指派那些因个人利害关系而应该在表决中回避的人(请参阅45:4)。反过来,可以选择那些对于待决问题的立场已经公开的成员,而且他们的组合应该能够兼顾保护各利益相关方。计票员通常自己也要参加表决。

{45:27} 各成员应该在填写完表决卡之后,将其折叠。折叠的方法应该既能起到保密的作用,又方便打开。具体的折叠方法应该事先统一公布,或者在表决卡上印上说明。

{45:28} 如果主持人也是成员,那么对于书面不记名表决,主持人完全可以参与,但也必须是在"投票截止"(close the polls)之前投票。否则,主持人还要得到会议的批准才能投票。

{45:29} 投票截止时,主持人请计票员收集选票。计票员有责任确保没有人重复投票。当然会议和组织也应该制定合理而有效的办法来防范这一点。例如:(1)如果出席的都是有表决权的成员,那么可以让大家都就座,而由计票员携带投票箱依次经过,再由另一位计票员在旁边监督;(2)无论什么样的会议,都可以让表决人依次到中央投票箱投票,而投票箱由至少两名计票员监督;或者(3)表决人可以把表决卡交给某个计票员,该计票员根据外观(厚度、手感)确认是每人只一票,然后把所有表决卡投入中央投票箱。无论采用哪种方法,都必须由组织的规则和惯例确立,而不能随意变动。

{45:30} 在所有想要表决的成员都完成投票之后,可以"结束投票"(close

the polls，第 30 节）。这可以由一个成员动议然后由"三分之二表决"通过，但最好还是由主持人处理，主持人看到差不多所有人都已投票，就可以问："还有人要投票的吗?"如果没有响应，他接着说："如果没有人再要投票……［暂停］，我宣布投票截止。"这样就用"默认一致同意"的方式结束投票。如果在此之后，又有成员到场并希望投票，那么由"过半数表决"可以"继续投票"（第 30 节）。投票结束后，计数员开始计票。如果会议在计票期间还要继续讨论其他问题，那么计数要改在单独的房间进行。有些规模较小的组织习惯上要求在会议现场公开计票。

表决结果的统计

{45:31} 计票时的原则是：在有表决权且明确表达了倾向的成员当中，超过半数者的意见才对会议和组织产生效力。由此推论，"空白选票"（blank ballots）以及其他不能显示任何倾向的选票，计票员都予忽略，视做弃权。空白选票的出现往往是因为一些成员不愿意投票，但又不想在计票员收集选票的时候被大家看出来。

{45:32} 所有表达了倾向的选票都计入"投出总票数"（votes cast）当中——当然前提是它们由拥有表决权的成员所投出。只要上面的倾向选择清楚并有效，每张这样的票都可以为它选择的名字或行动增加一票。但如果可以看出有倾向却无法准确判断倾向是什么，或者这个倾向不属于有效的选项，那么这样的选票被称做"无效选票"（illegal vote）——对它们的处理规则是：不要给任何名字或行动增加一票，但这一票要计算在"投出总票数"之内。选票上名字的数量超出应选职位的数量，这张选票计为一张无效选票，因为计票员无法判断该选票到底选择了哪些名字。

{45:33} 技术上的失误，例如单词或名字的拼写错误，只要不影响判断，仍然要算做有效选票。但当选票上的名字或者选择不能确定时，如果这张选票无论选的什么都不可能影响表决结果，就计做无效选票；而如果这张选票有可能影响表决结果，那么计票员要向主持人报告，主持人再提请会议决定如何计算这张选票。注意，在这么做的过程中要小心防止不要透露这个决定对每位候选人的影响。

{45:34} 如果打开选票时发现，几张都填写了内容的选票被叠在一起，那么这一组叠在一起的选票被计做一张无效选票。如果选票上面有多个议题，那么对于每个议题计一张无效选票。但无论怎样，无效选票上出现的名字并不能得到一票,无效表决卡上的选择也不能算数。还有一种情况,如果一张填写正确的选票里面夹了一张空白选票,那么空白选票要忽略,而那张正确填写的选票仍然是有效选票。

{45:35} 如果能判断出有一张或多张选票的投票人并不具有表决权,那么就要忽略这些选票,不计算在总票数之内。而如果不能确定有多少这样的选票,并怀疑这个问题会影响表决的有效性,那么就要判定此次表决无效,并重新表决。

{45:36} 如果选票包含多个议题(动议),或者多个要选举的彼此独立的职位,那么每一个议题或者职位都是独立的(相同性质的一组职务,例如董事会董事若干名,委员会委员若干名,算作一个独立部分),计票员要分别对待每一个部分,就好像是若干个独立的选票一样。不仅要分别计数,而且在判断是否是空白选票或无效选票的问题上,也要分别对待。例如,某个部分的空白,并不能影响其他部分的有效性。某个职位上填写了太多的选择,计票员无法判断这个选票到底想投给谁,那么只这个部分计为一个无效选票。几张选票叠在一起,但对于某个部分来说,只有一张票上有选择,其他为空白,那么这个部分仍然是有效的(请参阅 46:33—34 了解选票的一个独立部分是相同性质的一组职务时的具体做法)。

表决结果的统计 *			
类　型	说　　　明	处理办法	影　　　响
弃权票	表示中立,或对所表决的问题不了解或不关心,希望不影响表决结果	忽略,不计算在总数之内	不影响表决结果
空白票	等于弃权,但比较隐蔽,因为表面上还是投票了。在不想让别人知道弃权的时候,可以采用	忽略,不计算在总数之内	不影响表决结果
	1. 表决人有表决权,但选票无效		
无效票	(1) 一个人投多张票,叠在一起	计一张无效票,总数增加一票,忽略内容	增加了总数,等于反对票
	(2) 一张选票上,选择的候选人的数量大于应选数量	计一张无效票,总数增加一票,忽略内容	增加了总数,等于反对票

---

* 　*此表由译者编注。——译者注*

表决结果的统计			
类　型	说　明	处理办法	影　响
	(3) 选票上的名字无法识别,或者虽能识别但无资格或不存在	计一张无效票,总数增加一票,忽略内容	增加了总数,等于反对票
	(4) 选票上的名字模棱两可:那么,如果不影响结果,计无效票;如果影响结果,报告主持人,请会议裁定	计一张无效票,总数增加一票,忽略内容;或由会议裁定	增加了总数,等于反对票
无效票	**2. 表决人无表决权**		
	(1) 能确定有多少这样的无效票	忽略,不计算在总数之内	不影响表决结果
	(2) 不确定有多少这样的无效票,表决结果可能会受到影响	此次表决无效,重新表决	导致表决无效

计票报告以及主持人宣布表决结果

{45:37} 在计票员对计票结果进行统计之后,由计票员或者计票员的代表起立并称呼主持人,然后宣读"计票报告"(the tellers' report)。但他们不能宣布表决结果,而是最后将报告递交给主持人。

如果是选举,那么"计票报告"的格式应该是 * :

计　票　报　告

投出总票数 ………………………………………………… 97

获胜所需票数(过半数表决) …………………………… 49

米勒先生获得 ……………………………………………… 51

维尔森先生获得 …………………………………………… 24

斯特朗先生获得 …………………………………………… 14

无效票

菲尔德先生(无被选资格) ……………………………… 7

有两张选维尔森先生的选票叠在一起(忽略) ………… 1

---

* 在下面两份计票报告中,无效票都计算在"投出总票数"之内了。另外,从第一份计票报告中可以看出,这次选举每张选票上只能有一个被选人的名字。——译者注

{45:38} 如果是对动议进行表决,那么"计票报告"的格式应该是:

计 票 报 告

投出总票数 ··································	102
获胜所需票数(过半数表决) ··············	52
赞成票 ····································	69
反对票 ····································	32
无效票	
两张反对票重叠(忽略) ·····················	1

{45:39} "计票报告"中不要列出有表决权的成员的数量,也不列弃权票的数量。在本地组织或其他成员的身份通常是长期持有的组织中,只有负责成员管理的官员,在代表大会中,只有最近更新的"资格审查委员会"(credential committee)报告,才能正确掌握这个数字。如果需要的话,要由他们提供这个数字。计票员无权宣布表决的结果,只有主持人才有权这样做,并且在宣布之前还要再宣读一遍"计票报告"。如果是选举,那么主持人对每个职位分别宣布当选者(请参阅第46节)。如果是对动议的书面不记名表决,那么主持人直接宣布表决结果。

{45:40} "计票报告"必须完整地记录在"会议纪要"(minutes)中,并成为组织的官方文件(official records)的一部分。无论如何不可为了照顾失意一方的情绪而在选举或者重大问题的表决中省略这个步骤。

{45:41} 在书面不记名表决之后,除非组织有其他要求,否则计票员把选票和计票报告交给秘书密封保管,直到组织规定的"重新计票"(recount)的有效期期满之后,再行销毁。在表决结果宣布的那次会议上,或者在之后不超过三个月时间间隔(请参阅9:7)的下次会议上,组织以"过半数表决"可以决定"重新计票"。还可以为重新计票单独召开一次合规的临时会议,但要在宣布表决结果的那次会议之后不超过三个月时间间隔,且在下一次例行会议之前。在表决刚刚完成之后或表决结果刚刚宣布之后,"要求重新计票"(请参阅第30节)的动议属于"偶发动议";如果迟于这个时间,该动议属于"程序主动议"。

【电子表决】

{45:42} 在很多组织中,尤其是那些有表决权成员超过数百名的组织中,通过使用电子或机械的表决设备(例如手持键盘或独立投票机),验票和计票的过程得以大大简化。可以制定特别议事规则(包括代表大会特别议事规则)来允许使用此类表决设备,也可以针对一次具体的表决,通过"关于表决方式的动议"(请参阅第30节)来决定这样做。只要这些设备符合45:18中规定的"书面不记名表决"的标准,就可以在章程中允许使用此类设备进行书面不记名表决。成员必须能够做出选择又不透露自己的选择。如果将这些设备用于选举,还必须有机制允许投票人"加写"候选人。如果要使用这些设备同时表决多项议题,或同时选举多个彼此独立的职位,那么必须可以对它们进行设置,以允许为每项议题或职位分别计算投出总票数以及是否过半数(请参阅45:36)。

{45:43} 如果要使用这样的设备,还要注意下面几点:

- 准备选举时应该咨询设备安装方,为满足具体或特殊的需要进行调测。
- 选举进行时负责维护设备的工作人员要经过良好的培训,要能够回答表决人的各种咨询。
- 如果很多表决人都没有使用过这样的表决设备,那么建议提前一天请成员们来检验表决设备,或者在会议开始前安排模拟表决以便成员们可以练习使用表决设备。

{45:44} 关于用电子表决设备代替"点名表决",请参阅45:55。

【点名表决】

{45:45} "点名表决"实际上就是一种"记名投票"。跟"不记名投票"相反,它可以把每个成员或者代表团的表决态度记录在案。通常这种方式适用于那些由选民选出来的代表所参加的会议。表决的详细情况会公开发表。这样选民可以监督代表们的行为,也就是说选民可以看到自己的代表对于具体的决议是如何表态的。而对于"公众集会",或者对于那些成员并不是选民选出来的代表的会议来说,这种方式通常并不合适。

要求采用点名表决

{45:46} 对于那些需要采用"点名表决"的会议,例如由代表们参加的会议,要规定什么样的表决额度可以决定"采用点名表决"。这可以在法律性文件或者章程中规定,也可以制定一条"特别议事规则"。美国国会中这个额度是"在场成员的五分之一"。通常这个比例都要小于"半数"。如果没有任何规定,那么这个额度默认为"过半数"。但让过半数的人同意把自己的态度记录下来是很难的,甚至几乎不可能。另外,对于多数基层组织来说,虽然成员可能很多,但每次出席会议的人数相对比较少,在这样的会议上请求采用点名表决恐怕属于故意拖延。还有一种折中的做法,就是动议采用"书面记名表决"(a signed ballot be taken by tellers)。这也属于"关于表决方式的动议"(第 30 节)。它基本跟"书面不记名表决"是一样的,只是表决人在表决卡上除了写上"赞成"(或"是")或"反对"(或"否")外还要签上自己的姓名。这么做可以省去逐一点名的过程,而表决的结果也仍然可以完整地进入会议纪要,跟点名表决是一样的。不允许在"全体委员会"中使用"点名表决"。

点名表决的流程

{45:47} 如果已决定采用点名表决(具体的动议请参阅第 30 节),那么主持人这样"提请表决":

主持人:下面由秘书进行点名表决,请被点到名字的成员,回答"赞成"(或"是"),或者"反对"(或"否")。请秘书开始。

{45:48} 点名按照字母顺序或者笔画顺序进行,但主持人的名字要放在最后,且只有在主持人的表决会影响表决结果的情况下,才点主持人的名。从第一个被点名的成员做出回答的那一刻起,不允许再恢复辩论。被点到名字的成员,除了回答"赞成"或"反对"以外,如果希望弃权,那么可以回答"弃权!"(abstain),或者就说"到!"(present)。如果希望再花些时间考虑,那么可以回答"过!"(pass)。然后在这一遍点名结束之后,秘书再依次对回答"过!"的成员进行一遍点名。

{45:49} 秘书在听到回答之后,要大声重复该成员的名字和回答,并进行记录。有一种简便的记录方法:在名单的左侧开辟一列,叫做"赞成",在名单的右侧开辟一列,叫做"反对",在最右侧或者最左侧开辟一列,叫做"弃权";然后,依次点名,根据被点名成员的回答,在相应的列中写下相应的编号,例如"赞成"列的"1"代表这是第一个说"赞成"的人,"2"代表这是第二个说"赞成"的人,依此类推。这样,在任何时候,都可以根据各列中的最大数字来判断表决的形势。

{45:50} 第二遍点名时,只依次点那些仍然空着的名字。另外,主持人可以询问是否有成员在入场时发现自己的名字已经点过了(根据字母或者笔画顺序),然后对这些成员依次点名,并记录他们的表决。这些人的编号仍然在相应的列中依时间顺序递增,不管空间上是否破坏了顺序。在这段时间里,一直到主持人宣布结果,都允许成员改变表决。变更表决的时候,划掉这个成员原来的选择,在新选择所在的那列的相应位置上填上那一列的下一个最大编号。然后,把原来的选择所在的那列的最大编号改写为这个成员原来的编号。* 当使用电子设备进行点名表决的时候,变更表决可能受到限制。

{45:51} 秘书将"赞成""反对"和"弃权"的票数提交给主持人。主持人宣布票数和表决结果。主持人可以根据自己的判断吩咐,或者会议也可以要求(请参阅第 30 节),对点名表决做"分类重述"(recapitulation),也就是,首先请秘书把所有赞成的成员的名字宣读一遍,再把所有反对的成员的名字宣读一遍,最后把所有回答"到"的成员(即弃权)的名字宣读一遍,并且,每宣读完一个类别的名字,主持人都询问是否有更正。

{45:52} 点名表决的每位成员的表决以及最后的表决结果,应该完整地记录在"会议纪要"(journal 或 minutes)里面。如果发现所有回答点名的成员的总和不满足"有效人数",那么主持人必须要求秘书记录下足够数量的在场却未回应点名表决的成员的名字,以证明表决时"有效人数"是满足的。

{45:53} 在大型的代表大会上,有时候点的是代表团的名字,而不是个人的名字。秘书在点代表团的时候,还要说明该代表团拥有的票数,如"第 145 分部,8 票"。点名按照代表团的字母顺序或者编号依次进行。每个"代表团主持人"(delegation chairman)或者发言人回答:"第 145 分部,5 票赞成,3 票反对。"秘书要重复一遍以确认,然后继续点名。如果会议上有人怀疑代表团主持人所回应的代表团投票,他可以要求"代表团的成员逐个表决"(a poll of the delegation),那么秘书要对该代表团中的代表们依次点个人的名字,各代表依次回应,然后由秘书宣布这个代表团的表决统计,并加以记录。

---

* 　例如:成员 X 本来是第 15 个说"赞成"的,成员 Y 是第 32 个说"赞成"的,成员 Z 是第 33 个也是最后一个说"赞成"的,成员 M 是第 25 个也是最后一个说"反对"的。本来是"赞成:反对 = 33:25",现在成员 X 要更改表决为"反对"。那么:(1)在成员 X 所在行的"赞成"列,划掉 15;(2)在成员 X 所在行的"反对"列,填入 26;(3)在成员 Z 所在行的"赞成"列,将 33 改写成 15。现在是"赞成:反对 = 32:26"。——译者注

{45:54} 关于选票、计票报告、表决结果等的"保管"(custody and preser-vation),以及如何才能决定"重新计票"(recount,请参阅 45:41)的规则,"点名表决"跟"书面不记名表决"是一样的。

电子点名表决

{45:55} 越来越多的电子表决设备可以用来实现"记名投票"的功能,因而可以用来代替"点名表决"这种表决方式,组织在应用这些设备的时候应该对表决设备进行仔细的配置以最大程度地符合上述关于点名表决的各项规则。使用的时候,大家必须首先承认设备的可靠性。也就是说,不允许在主持人宣布表决结果之后,又以机器失误为理由要求变更自己的投票;因为同样的理由,也不允许对表决结果进行"分类重述"(请参阅 45:51),就是要求秘书把所有赞成、反对和弃权成员的名字分别宣读一遍。如果无法在现场竖起电子显示板,那么同一个代表团的代表之间无法得知彼此的立场。还有,必须采取措施,防止有人利用旁边人的键盘重复表决。还要防止有人把自己的键盘借给朋友以便在自己无法出席的时候进行"代理表决"(proxy voting)。

【缺席表决】

{45:56} 通用议事规则有一条根本的原则:组织成员只有在例行会议或合规召开的其他会议上,在表决的时候,确实在场,才享有表决权。但请注意:并不要求成员在主持人"提请表决"的那一时刻在场,只要赶在表决结果宣布之前到场,成员仍然享有表决权。但是,有些组织还是希望能够放宽这条原则的限制,也就是说,希望允许成员在不到场的情况下也享有表决权,这就是所谓的"缺席表决"(absentee voting)。如果允许"缺席表决",那么就必须在章程中明确地规定允许哪种形式的"缺席表决",有什么限制条件,等等。例如:(1)允许以信函、电子邮件或传真的方式进行的"邮件表决"(vote by mail);(2)允许"代理表决"*。虽然可以允许"缺席表决",但是绝不能允许现场表决和缺席表决同时生效的混合表决。也就是说,在计算同一个议题的票数的时候,不能允许把现场出席成员的投票,跟缺席成员寄来的邮件投票混在一起计算。这是因为,出席现场的表决人的立场很可能会受到辩论、修正案等因素的影响;或者,在选举过程中,如果一轮选举过后,没有人得票超过半数,因而也就没有人当选,那么还需要"反复投票"

(repeated balloting)，而"反复投票"的意义就在于希望一些人改变立场，以使其中某位候选人的得票能够超过半数；出席现场的表决人可以调整自己的选票以适应这些主观和客观因素的发展变化，然而未出席现场的表决人却无法进行这样的调整。结果就导致这二者所表决的对象，即议题，都已经不一样了，已经错位了，这种混乱和误差自然使得表决结果也有失公平。对于任何可能出现的表决权上的不确定性（就是说，谁有表决权，谁没有，什么情况下有，什么情况下没有），必须在章程中给予明确的规定，并严格地贯彻执行，以免在势均力敌的表决中出现不公。

【邮件表决】

{45:57} "邮件表决"（vote by mail）就是以信函、电子邮件或传真的方式进行的表决。即使组织的章程允许"邮件表决"，通常也仅限于那些非常重要的问题，例如修改章程、官员选举，等等。这些问题往往希望得到全体成员的意见，然而能够出席会议进行表决的成员毕竟是有限的，尤其是那些科技组织，或者校友组织，它们的成员往往分布在不同的地区甚至国家。这个时候"邮件表决"就很有必要。

{45:58} 采用"邮件表决"的方式，为了确保在正反两方的票数很接近的时候表决的结果也是确定的，首先要确保受邀参与表决的成员的邮件列表必须能够准确地反映当前拥有表决权的所有成员。为此，秘书有责任向计票组组长（chairman of tellers）或者其他负责寄出"选票"（或"表决卡"，下同，即 ballot）的官员提供一份最新的拥有表决权的成员及其邮寄地址的列表，并且要在上面签字确认该列表在寄出选票当天是准确的。应给予每位候选人平等的机会和篇幅在选票信封当中附上自己的简要介绍，如实地描述本人的资历和服务经历。

{45:59} 如果表决不需要保密，也就是说可以是"记名投票"，那么每位表决人应该收到：(1)打印的表决卡（留有表决人的签字位置，以防止盗投，并印上详细的填写说明，以及回寄方法和截止日期）；(2)"回执信封"（return envelope）（已经印好了回执地址和收信人。收信人可以是秘书、计票组组长或其他负责回收选票的人。回执信封上还应该印有一些明显的标记表明里面是表决卡）。电子邮件或者其他的电子通信方式，只要满足上面的要求，也可以采用。

{45:60} 如果表决需要保密，也就是说必须是"不记名投票"，那么除了上一段提到的"回执信封"[此时称做"外回执信封"(outer return envelope)，简称"外信封"]之外，还要有一个"内回执信封"(inner return envelope)(简称"内信封")。"内信封"表上面留有表决人的签名位置，而"表决卡"上不再有签名位置。表决卡在寄给表决人时就已经预先折叠好，并且要折叠足够多次，使得在表决人填写完毕、按本来的叠印重新折叠、最后封在"内信封"里面之后，负责拆开"内信封"并取出表决卡的计票员没有机会看到表决卡上的内容。表决人不要在"外信封"上标注寄信人地址。负责收集回执的人，也就是"外信封"的收信人，不能打开"外信封"，必须把所有收到的信都带到计票现场。因为从"外信封"上无法识别表决人，所以可以避免某些表决人的选票被恶意盗走或破坏。在计票现场，首先拆开"外信封"，拿出"内信封"。然后，对于每一个"内信封"，依次做如下处理：

(1) 把"内信封"上的签名与有表决权成员名单做匹配；

(2) 在该名单上标记该成员为"已表决"；

(3) 拆开"内信封"，取出"表决卡"，保持折叠的状态，投入表决箱。

所有的选票都这样处理了之后，取出所有的表决卡，然后计数。

{45:61} 必须要在整个过程中非常小心，以确保"准确性"(accuracy)和"保密性"(secrecy)。计票组组长必须能够从上述两方面对表决结果负责。根据逐步建立的"已表决成员的列表"，判断是否有单个表决人多次投票的问题。如果发现这样的"一人多投"，那么计票员需要联系该表决人以确定他的真实意图或者最后的决定。同样，电子邮件等电子通信方式如果经过定制可以满足上述不记名书面投票的各条件，那么也可以使用。

优先表决

{45:62} "优先表决"(preferential voting)这个术语包含了若干种表决方法。它们共同的特点是：在一张选票上，可以选择不止一个候选对象，并且根据优先级或者说倾向性从高到低标记序号。当第一选择没有得到所需的"过半数"时，就考虑第二选择，依此类推，直到选出满足"过半数"的对象。"优先表决"要比其他常用的表决方法复杂得多。对于一次表决，如果没有任何一个候选对象得到"过半数"的选票，那么表决没有结果；此时正确的做法是进行"反复投票直到满足过半数"(repeated balloting until a majority is obtained)。但是，对于"邮件表决"这样的表决或选举来说，无法进行"反复投票"，或者说"反复投票"可能在时间上是不可行的或者成本太高,那么在这种情况下,"优先表决"就非常有用,而且公平。在这种情况下,"优先表决"也比"相对多数表决"(a plurality vote)更能反映会议的真实意愿。但是"优先表决"并不能替代"反复表决"。只有后者才能动态而真实地反映会议的意愿。如果希望允许采用"优先表决"的方式选举官员,那么必须在章程中明确授权。

{45:63} "优先表决"有很多种不同的实现方法。下面以其中一种举例说明。在"优先表决卡"(preferential ballot)上,对于每一个职位,或者每一个多选议题,表决人用数字标记出自己对不同的候选人或方案选项的倾向性,数字"1"代表第一选择,"2"代表第二选择,依此类推,选择的数量没有限制。在计数的时候,针对这个职位或议题:

(1) 按照选票上的第一选择把选票分成若干组。例如第一选择是候选人 A(或方案 A,下同)的放在一组,是候选人 B 的放在另一组,等等。有几个第一选择就有几个组。

(2) 由计票员记录所有出现的第一选择和它们各自得到的选票数。此后,每个组就以它所对应的第一选择的候选对象作为自己的标识,直到这个组按照下面的方式被剔除。

(3) 如果某组的得票数超过总票数的半数,那么自然该组对应的候选对象当选,选举或表决结束。

(4) 但是如果没有任何一个组的得票数超过总票数的一半,那么就要一个一个地剔除候选对象。从得票最少的组开始,每次剔除一组,直到出现得票过半数的候选对象。

{45:64} 剔除的步骤是:

(1) 把现在各组中得票最少的一组中所有的选票,按照它们各自的第二选择所指向的候选对象,重新分配到对应的其他组中。如果第二选择没有对应的组,就看第三选择,依此类推;

(2) 然后再次计算各组的得票数;

(3) 如果出现过半数的组,那么该组对应的候选对象当选,选举或表决结束;

(4) 否则,回到 45:64(1)。

{45:65} "计票报告"(tellers' report)应该包含一个表格,列出各个第一选择的候选对象,以及初始的和每次重新分配之后的得票数。

{45:66} 如果在计数过程中的任何一个阶段,发现选票上有一个或者几个候选对象没有标注优先级,而所有标注了优先级的候选对象都已经被剔除,那么忽略该选票。任何时候,如果有两个或几个组的得票并列最少,那么就重新分配所有这些组的选票,这几个组所对应的候选对象也同时被剔除。如果最后出现平局——也就是说所有剩下的组都拥有同样多的选票——那么得到第一选择最多的那个候选对象当选(根据一开始的记录)。*

{45:67} 如果同一职位所需要填补的空缺不止一个,例如要填补董事会的三个董事空缺,那么表决人可以采用完全相同的方式标记优先级,就好像只选一个人一样。计数的流程也一样。在剩下的组数等于空缺名额数的时候,选举结束。例如本段开始的例子,在还剩下三个组的时候,选举即告完成。

{45:68} 如果采用上述或其他方法的“优先表决”,那么表决和计数流程必须详细、准确地事先予以规定。并且要给予各成员充分的指导,使他们明确表决和计数的方法以避免对结果的怀疑。有些人会错误地认为提供第二选择以及后面的选择会降低自己的第一选择的当选概率,因而拒绝提供其他的选择。这反而导致谁也无法获得“过半数”当选,只能进行“反复投票”。计票员必须非常谨慎地进行工作。

{45:69} 只要可以采用正常的方式进行“反复投票”直到有一方获得“过半数”的选票,就不要采用“优先表决”。虽然“优先表决”优于“相对多数表决”,它仍然不如“反复投票”那样给表决人提供更充分的自由,因为表决人无法根据每次表决的结果来进行下一步选择,而且被剔除的候选对象也被剥夺了再次成为“折中选择”的机会。

【代理表决】

{45:70} “代理”(proxy)是一个人赋予另一个人出席会议并代替自己进行表决的行为。这个行为中所赋予的权利叫“代理权”(proxy 或 a power of attorney)。被授予代理权的那个人叫“代理人”。“代理表决”(proxy voting)是指以“代理”的方式进行的表决。除非组织注册所在州的法律要求使用“代理表决”,或者有些组织出于需要在自己的“法人证书”(charter)

---

* 举例说明这些情况,假设有90张选票:如果出现40、40、10的分组情况,那么把10的那组拆开重新分配;如果出现30、30、30的情况,或者出现45、45的情况,那么得到第一选择最多的那个组当选;如果出现46、44的情况,那么当然46那组当选。——译者注

或者"章程"(bylaws)中规定允许使用"代理表决"*,否则在通常情况下,协商会议不允许使用,更不应该要求使用"代理表决"。因为"代理表决"违背了协商会议的本质特征,即协商会议的成员身份是单独的(individual)、个人的(personal)且不可转让的(nontransferable)。相反,对于股份制企业来说,由于股权是可以转让的,因而发言权和表决权也是可以转让给"代理"来行使的。但非股份制企业的成员关系通常跟自愿组织的成员关系类似,即成员身份都是不能转让的,所以也不允许使用代理表决,除非所在州的公司法针对非股份制企业明确要求使用代理表决。

{45:71} 如果州的相关法律规定在本州注册的组织有权用章程中的条款来禁止使用"代理表决",那么章程中把本书(即《罗伯特议事规则》)作为"议事规则标准"的那一条款本身就可以看做对"代理表决"的禁止(请参阅 56:49n1)。

【禁止试表决】

{45:72} 有的时候,有人会动议进行非正式的"试表决"(straw poll)以对大家的意见倾向进行试水,但是这样的动议是不合规的。因为这样的表决既不能通过、也不能否决一个议题,所以没有意义,只能视为拖延。如果会议确实需要对某个问题进行讨论并预估表决结果,就是说不希望这个表决成为会议的最后决定,那么会议完全可以选择进入"全体委员会"或"准全体委员会"(第 52 节),然后按照委员会的规则进行讨论和表决。委员会中形成的表决结果只是向会议本身的建议,并没有最终的效力。最后,会议本身可以选择同意、否决或忽略这个建议。

---

*   "罗伯特议事规则"本身是禁止使用代理表决的。但组织有权在自己的章程中允许使用代理表决。在制定这样的规则的时候,必须注意这些规则的完备性。例如:哪些人可以担任代理人;一个人最多可以接受多少个人的代理委托;代理权是否可以转让;代理权都包括哪些权利;除了表决权,是否还包括动议权和辩论权;代理人需要出示什么样的证明文件;代理权的有效期;代理权如何收回;代理表决的纠纷如何处理;等等。——译者注

第十四章

提 名 与 选 举

§46. 提名与选举

提名

{46:1} "提名"(nomination)实际上就是一条"填空"的"建议",而这个隐含的填空动议就是"动议_____当选为"指定的职位。在官员(或者任何需要选举产生的职位)的选举过程中,采用"提名"(投票前集中提名)这样的做法,既保证了会议和组织选择的自由,又更有效率,因而优于英国较早时期的做法。英国较早的做法是:用一个单独的动议提出一个候选人,然后投票人在"选票"上对其表示"赞成"或者"反对";这种做法比较容易出现所有的候选人都没有得到足够多的赞成票(即使候选人很少)而导致无人当选的问题。而在"提名"模式中,要想反对某个候选人,就必须选择另外一个候选人,从而避免了上面的问题。

{46:2} 严格地讲,采用"书面不记名表决"或者"点名表决"方式的选举并非一定要经过提名的程序,因为任何"选举人"都有权选择任何一个有资格的成员作为"被选举人",即使这个"被选举人"还没有被提名。在"书面不记名表决"中,总是可以"加写"未被提名但有资格的人的名字;在"点名表决"中,总是可以回答有资格的非候选人的名字。不过一般情况下多数"选举人"还是会在被提名的候选人当中做出选择。多数的会议和组织还是需要采用提名来缩小选择的范围,否则恐怕就要经过太多次的"反复投票"才能出现满足"过半数"条件的当选人。

{46:3} 可行的"提名方法"(methods of nomination)包括:

(1) 由主持人提名(nominations by the chair);

(2) 公开提名(nominations from the floor 或 open nominations);

(3) 由委员会提名(nominations by a committee);

(4) 书面不记名提名(nominations by ballot,不暴露提名人的姓名);

(5) 邮件提名(nominations by mail);

(6) 以联名请愿书形式提名(nominations by petition)。

如果"章程"和"特别议事规则"都没有规定提名方法,那么任何成员都可以用动议来确定提名方法(请参阅第31节)。

{46:4} 下面分别描述六种"提名方法"。可以看出,并非每种提名方法都适用于一般的组织。另外,在以"填空"(filling blanks)的方式决定提名方法的时候,就是按照它们在上面出现的(1)—(6)的顺序依次进行表决的。

【由主持人提名】

{46:5} 如果是"公众集会",那么通常由召集会议并宣布会议开始的那个人首先对"主持人的候选人"进行提名。但是已经组建的固定组织应该制定更完善的提名机制。通常在"章程"中,或者以"动议"的形式,可以授权全体会议主持人对委员会成员或者类似的职位进行提名(但不要让全体会议主持人对"提名委员会"的成员进行提名)。

【公开提名】

{46:6} 主持人宣布"征求公开提名"(call for nominations)的时机,一般由会议组织的规则来规定,或者也可以有惯例的做法。可以是在"选举"(election)待决的时候,也可以是在"选举"待决之前。但如果还有"提名委员会"(nominating committee)的报告,那么公开提名应该在这个报告之后。除非组织章程或特别议事规则有不同的规定,否则即使上一次会议上已经做过公开提名,在举行选举的那次会议上,主持人也必须进一步求公开提名。提名的时候,成员不必得到主持人的准许就可以发言提名,除非该成员在提名的同时还要做辩论性质的发言(请参阅 46:27—29)。在大型会议和代表大会上,提名人要起立,而在小型会议上可以不必起立。附议不是必需的,尽管有时会有一位或多位成员这么做以示支持。如果同一职位的候选空缺不止一个,例如需要选举若干名董事或者委员,那么每个提名人提名的数量不能超过应选名额的数量。而且如果有人反对一次提名多人,那么每个人每次只能提名一人,直到所有希望提名的人都已经进行过一轮提名才可以再次提名。

{46:7} 同一个人可以被提名担任多个职位,即使这些职位都列在同一个"选票"上同时投票。如果因此发生一个人当选多个职位的情况,解决办法请参阅 46:31(1)。

{46:8} 如果没有"提名委员会"且要进行"公开提名",那么由主持人宣布"公开提名"开始。主持人说:"现在可以开始就总裁职位进行提名。"如果有"提名委员会",那么主持人在"提名委员会"做完报告之后公开征求进一步提名的格式请参阅 46:19。主持人征求公开提名之后,提名人发言时的格式是:

成员:我提名 A 先生。[或者,在大型会议上:"主持人,我提名 A 先生。"]

主持人:有人提名 A 先生担任总裁。还有其他提名吗?[或者:"还有针对总裁职位的其他提名吗?"]

主持人每次都要重复"被提名人"(nominee)的名字,直到不再有新的提名。这时对总裁职位的提名就结束了。关于"结束提名"(close nominations)的流程,请参阅 46:20。接下来,继续对其他职位进行提名。提名的先后顺序要遵照这些职位在"章程"中出现的顺序。

【由委员会提名】

{46:9} 一般的会议和组织在选举官员的时候,提名工作通常由"提名委员会"(nominating committee)承担。通常在年度会议之前指派成立"提名委员会",这样在年度会议举行选举时"提名委员会"就可以提交提名名单。

指派提名委员会

{46:10} "提名委员会"应该尽可能由全体会议指派,但如果没有这样的机会,那么也可以交给"执行董事会"(executive board)指派。虽然在成立新组织的时候,可以让主持人(the chair)指派"提名委员会"的成员,但是在已经组建的固定组织中,"组织负责人"(President) * 既不能指派"提名委员会"的成员,自己也不能进入"提名委员会"——"组织负责人"可以是某些委员会的"当然成员"(ex-officio member) ** ,但这不包括"提名委员会"。"组

---

* "组织负责人"在不同的组织中有具体的头衔,请参阅 47:5。——译者注

** 所谓"当然成员",就是说因为某种身份或职位而自然而然地获得另外一种身份或职位。例如章程规定,总裁也必须是董事会的成员,那么根据这条规定,当选后的总裁就自动进入董事会,成为当然董事。——译者注

织负责人"也不能以任何其他方式和理由加入"提名委员会"。"章程"中可以这样规定,"由组织负责人指派除提名委员会之外的各委员会成员",以及"组织负责人成为除提名委员会之外的各委员会的当然成员"。这两条限制是不允许省略的。

被提名人或候选人

{46:11} 得到提名的人就成为"候选人"(candidate)。虽然一般情况下"提名委员会"为每个职位都只提供一个"候选人",但只要"章程"不禁止,提名委员会可以提供不止一个候选人。反过来,不要去强制"提名委员会"为一个职位提供多个候选人,因为"提名委员会"很容易敷衍这样的规定,只要附加上一些根本不可能当选的人名就可以了(请参阅 56:25)。

{46:12} "提名委员会"的成员仍然拥有被提名的权利。否则,进入"提名委员会"就成了剥夺被提名权和被选举权的惩罚,也就会有人利用"提名委员会"来阻止别人当选。

{46:13} 建议"提名委员会"在提交报告之前,首先征求"被提名人"的意见,以确定他们愿意接受提名,也就是说承诺一旦当选将出任指定的职位。也可以在"章程"中强制要求这样的意见征求。

提名委员会的报告

{46:14} 各个会议和组织的规则和惯例决定了"提名委员会"呈交报告的时机会有所不同。有些组织要等到"选举"待决的时候才正式提交报告,但也有很多组织要求提前让所有成员知道提名名单。可以在"选举"会议的几天之前就把提名名单邮寄给各个成员。然后在"选举"所在的那次例行会议上,由主持人征求进一步的公开提名(请参阅下文)。即使名单已经提前分发,"提名委员会"的报告也仍然要在例行会议上再次正式地提交。有时候,如果组织的"例行会议"比较频繁,那么可以在进行选举的"年度会议"(annual meeting,第 9 节)之前的那次"例行会议"上提交"提名委员会"报告。

{46:15} 当会议上主持人叫请"提名委员会"报告的时候,"提名委员会"的主持人起立,以如下格式提交报告:

提名委员会主持人:主持人,提名委员会提交如下提名名单:总裁,A 先生;副总裁,B 先生;秘书,C 先生;……[按照职位在章程中出现的顺序依次宣布]。

{46:16} "提名委员会"中的少数方(少于半数的一组人,以这个小组的名义)如有不同意见,可以等到征求公开提名的时候,对个别或者全部职位提出不同的提名。

{46:17} 在"提名委员会"在正式提交报告之后就自动解散。不过如果被提名人中有人突然在选举前"退出"(withdraw),那么只要时间允许,"提名委员会"要立刻恢复工作并开会决定新的提名。

主持人公开征求进一步提名

{46:18} 主持人在"提名委员会"正式提交报告之后,在正式开始投票之前,必须公开征求现场成员的其他提名。组织的章程、规则或者惯例应该对这个阶段的提名程序细节做出规定。有些组织中,这个"公开提名"是紧紧跟在"提名委员会报告"之后的,在"选举"已经待决的时候或者尚未待决之前。注意,即使上一次会议上已经做过公开提名,在举行选举的那次会议上,主持人也必须进一步征求公开提名。有些组织的公开提名要在"提名委员会报告"之后一段时间,那么在公开提名的时候,还要再次宣读"提名委员会"的报告。无论哪种情况,即使"提名委员会"因为某种原因未能在应该的时候做出提名报告,也不影响会议继续进行公开提名。

{46:19} 在有些组织中,要等到所有候选职位的公开提名都结束之后,才开始投票,而有些组织是一个职位一个职位地投票,也就是说,对每一个职位,公开提名之后,紧接着投票、计票、主持人公布这个职位的选举结果,再继续下一个职位的提名(请参阅46:31)。如果组织对此没有明文规则,那么采用哪一种方式取决于组织的惯例和实际情况(请参阅2:25),或者可以通过"关于提名的动议"(请参阅第31节)来决定。但无论哪种方式,都要按照章程中出现的顺序处理各个职位。主持人,在征求公开提名的时候,要首先重复一遍"提名委员会"的提名名单:

主持人:提名委员会提供的总裁候选人是 A 先生。是否有对总裁职位的其他提名?[*如果有成员提供了其他的提名,主持人也要重复一遍。*]*有人提名 M 先生。还有其他的提名吗?*

{46:20} 如果没有人继续提名,主持人应该再问一遍,如果仍然没有响应,那么主持人通常直接宣布(针对这个职务的)提名结束,而不必等待"结束提名"的动议:

主持人：还有针对总裁职位的提名吗？[停顿]如果没有[停顿]，提名结束。[或者："如果没人反对[停顿]，提名结束。"]

请参阅第 31 节的"结束提名"（Close Nominations）动议，该动议要求"三分之二表决"。提名结束之后，可以用"过半数表决"来"继续提名"（Reopen Nominations）。

{46:21} 提名结束之后，根据不同组织的不同情况，或者对此职位进行投票，或者对下一个职位进行提名。

【书面不记名提名】

{46:22} 用书面不记名投票的方式进行提名，就叫做"书面不记名提名"（nominations by ballot）。这种做法的好处是，既可以让大家了解拥有表决权的成员的整体意图，又不会让任何人实际上当选，而在实际选举的时候，投票人也会参考这些从提名结果中得到的信息。"提名票"（nominating ballot）的形式和处理程序都跟真正的"选举票"（electing ballot）非常相似。区别在于"提名票"上的每一个得票人都成为"被提名人"（nominee），所以"计票报告"（teller's report）上也不用说得票多少才能成为候选人。既然每个成员都已经有机会在选票上对每个职位进行提名，就不再允许公开提名，除非会议经"过半数表决"仍然希望再进行公开提名。

提名票不可替代选举票

{46:23} 有时候会有人动议将"提名票"视作"选举票"（electing ballot）。这种做法是不允许的。因为这会使"提名票"的好处变得毫无意义，而且等于在没有提名的情况下就进行选举。如果只能有一种选票，那就只能是"选举票"，而提名可以不必采用选票的形式，可以公开提名，或者选举委员会提名再进一步公开提名。在章程要求选举以书面不记名方式进行的会议组织里，"提名票"不能代替"选举票"。

不应把表决对象限制为提名票领先的两个候选人

{46:24} 在"提名票"的结果统计出来之后，每一个职位的"候选人"都有一个提名票的排名。有些组织在正式选举的时候，对于每一个职位，只允许在提名票最多的两个候选人之间做出选择。这种做法，包括任何将候选人的数量限制在两个的做法，都是不可取的，应该避免。得票最多的这两个人所代表的往往是两个强势群体。如果选举只能在这两个人之间展开，那么势必会加剧内部的矛盾和分裂。而反过来,如果允许其他的候选人参选,那么他们往往可以成为一个对那两个强势群体来说都可以接受的"折中选择",从而有利于组织的团结。

【邮件提名】

{46:25} 如果组织的成员在地理位置上非常分散,那么往往会采用邮件的方式进行提名。具体的做法跟保密的"邮件表决"非常类似——秘书给每一位有表决权的成员邮寄一份"提名票",以及填写和回寄的说明,请参阅45:57—61。回收所有的"提名票"以后,进行计数统计。有些组织,采用不保密的邮件提名,那么每位成员只需要在白纸上写上提名,并签上自己的名字就可以了。

【以联名申请书形式提名】

{46:26} 有些章程还规定,必须有达到或超过一定数量的成员联名请愿,才能使某个成员获得候选资格。有些跨地区的、拥有很多地方分支的组织,先由"提名委员会"提出一个提名名单,再分别寄给各个地方分支,同时寄上一份空白提名申请表,以及如何进一步分发和处理这些提名申请表的详细说明。最后根据回收的提名申请表进行统计,得到足够"申请"的人成为候选人。

【提名辩论】

{46:27} 在大型的代表大会上,还允许成员在提出提名的同时,做辩论发言,阐述支持所提候选人的理由。* 然后,还可以有一名或多名成员附议该提名,同时也发表支持意见。不过在普通的组织中,这样的辩论发言会少见一些。

{46:28} 要做提名或附议提名时的辩论发言,在主持人征求公开提名以后,成员必须首先取得发言权,然后可以提名一位候选人,不用等主持人重复宣布这一提名,紧接着发言支持该候选人,也可以发言支持以前被提名的候选人。如果候选人是组织的成员,发言人必须谨慎避免在发言中批评任何候选人。不能说一位候选人如何不好,而只能说另一位候选人如何好。以"三分之二表决",会议可以通过"调整辩论限制"动议将关于提名的辩论

---

* 这部分讲述的"提名辩论"可以理解为竞选、助选、"拉票"等。——译者注

限制在希望的范围内(请参阅第 15 节)。

{46:29} 有些组织会为提名辩论制定规则,指定专门的辩论时间和方式。例如,给每位候选人(或其指定人员)分配相等的时间,用来阐述该候选人的资历和优势。

选举

{46:30} 如果会议或组织的规则和惯例都没有规定选举所需采用的投票方式,那么任何可行的投票方式都是允许的。虽然通常情况下"书面不记名选举"对于固定组织来说是适用的,但是会议最好制定规则(组织也最好在章程中明确)最适合自己的选举流程。在没有确切规则的情况下,任何关于"提名与选举的方式和细节"的动议,在"选举"(election)进入待决状态之前,都是"程序主动议",而在"选举"进入待决状态之后,它们就属于"偶发动议"。请参阅第 30 节和第 31 节。成员在动议的时候,可以直接在"选举方式"的位置上留出空白,这样就可以采用"填空"(filling blanks)的方式来依次对不同的"选举方式"进行表决。或者主持人也可以假定已经有了这样的动议,直接就"选举方式"进行表决。在"选举方式"这个问题上,有规则要依据规则,没有规则可以依据惯例,或者在不抵触章程的前提下,通过"动议"来决定。

【书面不记名选举】

{46:31} 对于"书面不记名选举"来说,"提名"(nominating)和"投票"(voting, balloting)之间的顺序有两种各有利弊的流程可供选定。第一种更省时,第二种更灵活。

(1) 先完成所有的"提名",然后"投票",因而通常所有的职位都在一张"选票"上表决。这对于代表大会是适合的。因为"投票"一般会有专门的场所,并不在会场里面。规模较大的会议上,一轮"投票"的时间比较长,所以也倾向于这种顺序。"投票"应该尽早进行,这样一旦出现某个职位由所有候选人都没有取得足够的票数而无人当选的情况,还有时间进行"反复投票"。在"投票"的时候,仍然可以投票给任何有资格的成员,不一定是已被提名的候选人。45:18—43 描述了投票、计票和报告计票结果的流程。计票组为每一个职位统计一份计票报告,格式请参阅 45:37。在所有的职位的若干份计票报告都准备好以后,计票组组长向会议宣读报告,然后呈交给会议主持人。主持人再宣读一遍报告,每宣读一份计票报告就宣布一个职位的当选结果。对于满足当选条件——通常是"过半数"——的候选人,主持人宣布他或她当选。对于无人满足条件的职位,主持人宣布"无人当选"(no election)。所有的职位轮过一遍以后,主持人指示进行再一轮投票,但仅对那些无人当选的职位,如下文所述。

在"一票多职位"的流程下,成员们无法根据前一个职位的选举结果来调整对下一个职位的投票,所以,除非选举规则或者选举有关的动议特别规定允许这样的"一选多中",否则即使票数显示一个人满足多个"过半数"从而当选多个职位,也仍要由当选人来选择接受哪一个职位;如果本人缺席,那么就由会议决定哪一个职位,会议要先就此展开辩论,再以书面不记名方式表决,以"过半数表决"决定。然后会议再以书面不记名方式对剩下的其他职位进行选举(除非组织章程禁止一人同时担任两个职位,否则会议还是可以在再一轮的选举中把同一个人选到另一个职位上 *)。

(2) 一个职位一个职位地进行选举。在一个职位的公开提名后立刻针对该职位投票,然后计票组计票并报告计票结果,主持人宣布选举结果。如果无人当选,就立刻"反复投票",直到这个职位有人当选,再继续下一个职位。这样后面的"提名"和"投票"都可以参考已经完成的选举结果。使用这种方法,通常"选票"就是空白纸片,计票员在每次投票前分发。成员写上去的名字也不一定是被提名的候选人。这种流程适用于较小的会议,投票和计票的时间都不会太长,会议可以停下来等待,不必休息或者穿插处理其他的事务,虽然也可以选择这样做。

{46:32} 无论采用哪种顺序,只要出现无人当选的职位,比如在超过两位候选人竞争一个职位的时候可能出现的情况,就要立刻进行"反复投票",无

---

* 这第二次投票已经把该成员当选了前面一个职位的事实考虑进去了,所以是会议的真实意愿。——译者注

论反复多少次,直到有一位候选人获得"过半数"的选票当选。在反复投票的时候,除非本人自愿退出——他们不能被强迫退出①,否则所有候选人都仍要列在选票上。有时得票最低的候选人却成为"黑马"——各群体最后都愿意妥协的对象。

{46:33} 在选举委员会或者董事会成员的时候,如果有多个空缺席位,而且被放在同一张选票上的同一个部分(section)投票,投票人可以选择一个或者多个候选人,那么在计算"总票数"的时候,无论这一张选票的这一部分上出现了几个被选人(至少一人),它也只算"一票"(one vote cast)。当选需要满足"投出总票数"(total of the such votes)的"过半数"。如果获得过半数的候选人超过空缺的席位*,那么根据得票数从高到低依次录取,直到空缺的席位被填满。在此过程中,如果过半数的人中,得票最低的人出现并列,如果都录取,则超出剩余空缺席位,那么只好让得票最低的几个并列候选人(虽然得票超过半数)都落选。于是当选不足,并列者和得票更低者继续作为候选人,进行"反复投票"。类似地,如果获得过半数的人不足空缺的席位,那么过半数的候选人当选,其余都成为下一轮"反复投票"的候选人。

{46:34} 如果上述空缺的多个席位又有不同的任期(有些董事会或委员会的不同席位的任期是交错的;或者,在出现任期未满的空缺席位时,需要选举继任者以完成剩余任期),而且在选票上并没有把不同任期的空缺席位分开列在不同的部分,那么获得过半数的候选人就可以按照得票从高到低的顺序依次当选任期从长到短的席位。如果出现并列,则并列的几位候选人可以协商确定谁当选任期更长的席位;如果协商无法达成共识,则在下一轮投票中由会议表决决定。

{46:35} 如果"章程"规定选举须采用书面不记名投票方式,但某个职位只有一个候选人,那么除非章程规定这样的情况可以免去投票过程,让这个候选人直接当选,否则仍然必须进行书面不记名投票。因为成员在投票的时候还可能加写上任何其他有资格的成员(write-in votes),而得到"过半数"的不一定是那个唯一的候选人。

---

① 会议和组织可以"暂缓规则"或制定特别议事规则,使得票最低的候选人不再被列为后续投票的候选人,期望选票更多地集中在剩余的候选人身上。但只有章程条款级别的规则才能使仍然投给被这样去掉的候选人的票变成无效选票(请参阅46:2)。

* 例如10个选举人,10个候选人,3个空缺席位,那么最多可以选出5个人都得到6票。——译者注

{46:36} 书面不记名选举也可以采用邮件的形式,但需要"章程"的授权,具体请参阅 45:57—69。但是,除非可以采用邮件形式的"反复投票",否则"章程"还应该允许使用某种方式的"优先表决"(preferential voting)或者规定"相对多数表决"(plurality voting)即可当选,以应对无人满足"过半数"的情况,还应规定出现平局时的解决办法。

【口头选举】

{46:37} "口头选举"(viva-voce election)主要适用于公众集会,或者有影响力相当突出的候选人,选举的竞争不激烈,并且"章程"也没有要求选举必须采用书面不记名投票。

{46:38} 在"口头选举"(或"起立选举""举手选举")中,如果候选人不止一个,那么按照他们被提名的顺序依次表决。例如,在提名结束后,主持人重复提名名单,然后:

主持人:所有赞成 A 先生担任总裁的请说"赞成"。……所有反对的请说"反对"。……赞成方获胜,A 先生当选总裁一职。

如果反对方过半数,

主持人:反对方获胜,A 先生未能当选。所有赞成 B 先生[下一个候选人]担任总裁的请说"赞成"。……所有反对的请说"反对"。……

一旦有候选人得到过半数的选票,主持人宣布此人当选,这个职位的投票结束,不再对该职位剩下的候选人进行投票。所有的职位按照同样的方式处理。对于董事会或者委员会填补同一职位若干空缺席位的情况,空缺都填满后投票结束。

{46:39} 刚刚讲的这些规则有一个问题,就是如果有人希望投票给后面的候选人,那么他就必须对前面的候选人投反对票。人们有时碍于情面不愿意当面投反对票,因而排在前面的候选人就占了先机,这是不公平的。所以"口头选举"不太适用于已经组建的固定组织。

{46:40} 如果某个职位只有一个候选人,而"章程"并没有强制书面不记名投票,那么主持人首先确认在场成员不会再做其他提名,然后就可以直接宣布该候选人当选,即用"默认一致同意"或"鼓掌通过"这样的做法完成选举。在这种情况下,不能用"结束提名"动议来启动投票。

{46:41} 如果章程强制要求用"书面不记名投票"进行选举,那么会议不能使用"口头选举"。即使用了,也是无效的。

【点名选举】

{46:42} "点名选举"(roll-call election)并不常见,但也是可以的。46:31 描述的两种选举的流程顺序都是可以的,只是不用选票,而是由秘书进行点名。点到名的成员个人或者代表团主持人回答自己或者本团的投票。然后秘书重复、确认并记录。

【累积选举】

{46:43} 对于董事会、委员会、代表团这样的多空缺的选举来说,如果选举将采用"书面不记名选举"或"点名选举"的方式,那么"章程"还可以允许使用"累积选举"(Cumulative Voting)。因为在这些选举当中,每位成员可以为每个空缺席位投一张票,所以有几个空缺席位,每位成员就可投几张票。通常情况下,这些票应分别投给不同的候选人。而"累积选举"这种选举模式并不要求每个成员为每个空缺都写上一个不同的名字。例如,如果要选举三名董事,那么"累积选举"模式下,每位成员可以自由选择把所有的票都投给一位候选人,或两位候选人,当然也可以是三位候选人。通过这种模式,如果一个"少数方"经过内部协调,可以把所有的票都投给本群体内部的同一个人,就有可能在董事会内保留一个"少数方"的代表。但是,这种做法一定程度上造成表决权的混乱。因为它等于把为几个职位所投的选票算在一个职位上了*,实际违反了通用议事规则的根本原则,即"一人一票"原则——每人对每个议题有且仅有一票,所以要慎用。**

【规定选举完成】

{46:44} 在举行选举的那次会议休会时就应该完成选举,除非有客观因素导致确实无法完成。如果选举尚未完成,但会议决定休会,那么需要安排"后续会议"(adjourned meeting,第 9 节);如果没有安排"后续会议",但下一次"例行会议"与此次会议的时间间隔不超过三个月(请参阅 9:7),那么选

---

*   例如,极端的情况下,如果 10 个人投票选 3 个职位,且所有人都只选同一个人,这个人就会得到30 票,显然超过了 10 人的总票数。——译者注

**   录取的时候,按照得票从高到低依次录取。总票数仍然是所有参与投票的人数。过半数则录取,不过半数则继续空缺,并"反复投票"。——译者注

举在下一次"例行会议"上自动继续(请参阅 14:12)。

{46:45} 如果由于某种原因会议没有在预定的时间完成选举,则应该尽快完成,但可以在要选举的那届官员或其他职位的任期到期之前的任何时间完成。同时,如果职位的任期可以延长到"直到选出继任者"(请参阅 56:28—30),且该职位有"现任者"(incumbent),那么在选举未能完成的时候,现任者继续任职。否则,在选举未能完成时该职位空缺(有关填补空缺的程序,请参阅 47:57—58)。然而,一旦选举最终完成,那么当选者就要替代任何填补空缺的人。未能在预定的时间举行选举或者完成选举,并不剥夺会员作为一个整体选举它所想选择的官员的权利。

【选举生效的时间】

{46:46} 在主持人宣布当选人的名字之后,如果该人在场,并且没有表示拒绝,或者如果该人虽然不在场,但已经承诺一旦当选必然出任,那么选举"立刻生效"(become final)。如果当选人不在场,也没有承诺一旦当选必然出任,那么要首先通知当选人。如果他没有拒绝,那么选举生效。如果当选人拒绝就任,那么选举不能生效,要重新投票。重新投票可以立刻进行,也可以等到下次会议,但不需要事先告知。一旦选举如本段所述生效,就不可以再对选举提出"重议"(第 37 节)。

{46:47} 除非章程或者其他规则规定了之后的某个时间为正式就任的时间(请参阅 56:27),否则从其职位的选举生效之刻起,"当选官员"(officer-elect)即就任该职位。即使规定了要举行正式的"就职典礼"(installation ceremony),未举行或不举行这样的典礼也不影响新当选官员的就职时间。

【质疑已公布的选举结果】

{46:48} 取决于具体的情况,如果选举采用的是"书面不记名投票"(请参阅 45:41)、"点名投票"(请参阅 45:54)或计数的某种形式的表决(请参阅 45:15 的最后一句话),会议或组织可以决定进行"重新计票",还可要求对"点名投票"进行"分类重述"(请参阅 45:51)。有些情况下,还有可能要求以另外一种投票方式重新选举(请参阅 30:6"重新表决")。

{46:49} 否则,如果想质疑选举的结果,就只能对选举提出"秩序问题"。一般来讲,这样的"秩序问题"必须及时,请参阅 23:5 的具体讲解。如果质疑选举有效性的理由是有效人数不足,那么按照 40:12 最后一句话的规则处理。对于上述及时性原则,还有在 23:6 列出的五类例外情况,在这五类情况下,只要被宣布当选的人仍在该职位上,就仍然可以提出"秩序问题"。例如:

(1) 如果当选者不符合章程规定的该职位的任职资格,此人的当选无异于通过了一个与章程矛盾的主动议。

(2) 如果之前已有对此任期已经有一次合规的选举,却对此任期又进行了一次选举,就等同于通过一个与之前的决定相矛盾的主动议。

(3) 如果非成员或者缺席者的投票对选举结果产生关键影响,那么这一选举行动已经违反了通用议事规则的根本原则,即,表决权仅限于在表决进行时实际亲身在表决现场的成员。

(4) 如果选举应有事先告知而没有做到,这是损害缺席者权利的行为。

(5) 如果有足以影响选举结果的一定数量的成员被不正当地阻止了投票的机会,这样的行为已经侵犯了个体成员的基本权益。

{46:50} 因为举行选举的组织(voting body)本身才是选举争议的最终裁判者,如果没有章程条款或者特别议事规则专门授权另一个机构做出这样的裁判,那就只能回到举行选举的组织的会议上去做这样的裁判。例如,如果选举发生在成员大会或者代表大会上,那么即使是获得授权在两次成员大会(或两次代表大会)之间全权处理组织事务的执行董事会,也无权受理质疑已公布的选举结果的"秩序问题",无权对已公布结果的选举决定"重新计票"。但回到组织的会议上以后,当选举争议成为直接待决议题的时候,会议可以通过表决把选举争议委托给委员会或执行董事会去全权解决。

第十五章

官员、会议纪要和官员报告

§47. 官员

{47:1} 在 3:6 已经指出,协商会议的召开至少需要一个"主持人"(presiding officer)和一个"秘书"(secretary 或 clerk)这两个最主要的官员。本节总结并深入说明这两个官员在固定组织中的职责,以及其他通常来讲也是必要的官员及其职责。每个会议和组织的"章程"中都必须明确规定要设置哪些官员,如何选举或者指派官员,以及官员的任期和任职所需的资格等,并在"议事规则标准"(parliamentary authority)的基础之上具体定义他们的职责。

基本原则

{47:2} 通常情况下,组织从自己的成员中选举官员。但除非是秘密组织,否则章程并不一定排斥从成员之外选择官员。很多立法机构的主持人并不是该机构的成员。规模较大的、财务问题比较复杂的组织可能希望雇佣专业的财务官。

{47:3} 官员的职位只赋予他履行职责所必须的权利,并不剥夺他作为组织成员所拥有的其他权利。非成员身份的人担任了组织的官职,如果根据组织的章程,担任此官职的人"自动进入"(ex officio)董事会,或者说,成为董事会的"当然董事"(an ex officio member of the board),那么这位非成员是完全意义上的董事会成员,享有董事会成员应该享有的所有权利,但仍然不是组织的成员。

{47:4} 章程中可能有这样的规定:"任何人在同一职位上最多连续任职

_____届(term)。"在填补任期未满就出现的空缺时,任职时间超过"一届任期"(term)的一半的,按照任满一期处理。如 46∶46—47 所述,除非章程规定有不同的时间,否则任期从当选时刻就开始计算(另请参阅 56∶27)。

选举产生的官员

【主持人】

{47:5} "主持人"(presiding officer)* 是通用议事规则中各种类型的协商会议的主持人的一般说法。对于尚未形成固定组织的会议来说,例如"公众集会"(第 53 节),或者其他尚未确定头衔的情况,就称做"主持人"(chairman)①。对于固定组织来说,"主持人"通常都有具体的头衔,我们用"组织负责人"(president)** 来统一指代这些头衔,具体的头衔一般由章程规定。"组织负责人"是组织召开会议时默认的主持人。我们用"会议主持人"(the chair)*** 来特指在会议中实际正在主持的那个人,无论此人平时担任什么职务,可能是"组织负责人",也可能不是。"主持人席"(the chair)指会议中主持人的位置,包括讲台和座席等。这个位置不可以在会议上给任何其他人用来报告或辩论发言(请参阅 47∶12)。如果委员会主持人或者其他报告人、发言人需要使用"讲台"(lectern),则应另外提供一个讲台,放在会场前方加高的"主持台"(platform)或就放在前方的地上,主持人及其座席保持不动。称呼主持人的方法,请参阅 3∶10—11。

{47:6} 衡量"主持人"人选的首要因素应该是其主持会议的能力,尤其是大型会议的主持人,因为其最主要的职责就是主持好会议。即使有"议事规则专家"(parliamentarian)的协助,主持人也必须相当熟悉通用议事规则,全面了解本组织的章程和各类规则。同时,主持人应该清楚地认识到,主持

---

① 关于"chairman"这个术语的各种演变用法,请参阅 3∶10。

* 本书把"presiding officer"统一译为"主持人";作为通用议事规则中各种类型协商会议的主持人的一般说法,这个术语既指主持人这个职位,也指其按照议事规则主持会议的职责与角色;对于固定组织,它基本等同于"组织负责人"(即"President""Speaker""Moderator"等);对于非固定组织,它对应"chairman""chairperson""chair"等。——译者注

** 术语"president"指的是组织架构上的职位头衔,本书用"组织负责人"泛指这一头衔。而在具体语境中,在需要具体的头衔或称谓时,则酌情译为"总裁""会长""董事长""理事长""主席""主持人"等。——译者注

*** 对于"the chair",本书翻译的原则是:译为"会议主持人",指会议中实际正在主持的人;译为"主持人席",指会议中主持人的位置。——译者注

人的机智老练与明智判断也是规则所无法取代的。

主持人的职责

{47:7} 根据通用议事规则,主持人主要的职责如下(有的标注了对本书中阐述更为详尽的地方的引用,另外在一些特定情况下的主持人职责请参阅相应的具体段落):

(1) 在指定时间开始会议:就座"主持人席",确认会议已经满足"有效人数"(请参阅3:3—4和第40节),然后宣布会议开始(请参阅3:15)。

(2) 依据既定的"会议程序""议程""日程"以及"议程项"(第41节),宣布会议即将处理的下一项事务。

(3) 判断并分配发言权(请参阅3:30—35和第42节)。

(4) 对所有正当合规的动议"宣布议题""提请表决"和"宣布表决结果"(第4节)。但是,对那些跟主持人个人有关的问题(请参阅下文),主持人需要让出主持人席。对于不合规的动议裁定为不合规(或者主持人可以向动议人建议可以替代的合规动议,如果动议人愿意提出此替代动议,主持人就可以按合规动议宣布议题,请参阅4:16—18)。(关于"主持人如何参与表决",请参阅44:12—13;关于"默认一致同意",请参阅4:58—63。)

(5) 对于明显具有扰乱拖延性质或者无理的动议,直接拒绝受理或者裁定为不合规(第39节),坚决保护会议的利益。

(6) 贯彻辩论规则,维持会议的秩序和礼节(请参阅3:9—13、4:27—32和第43节)。

(7) 在保障所有成员的权利的前提下提高会议的运行效率。

(8) 对所有的"秩序问题"(第23节)进行裁定,接受"申诉"(第24节)。如果对如何裁定存在疑虑,则直接将"秩序问题"提交会议表决。

(9) 在成员"咨询议事规则"(请参阅33:3—5)时给予回应,回应或处理与会议事务相关的事实性质的"提问"(请参阅33:6—10)。

(10) 在必要的时候,签署组织的所有"法案"(act)、"命令"(order)、"记录"(proceeding)等文件。

(11) 在成员表决决定休会后宣布休会;或者根据"议程"安排的时间宣布休会;或者在紧急情况下为保障在场成员安全而立刻宣布休会(第8节和第21节)。

{47:8} 在每次会议上,除了那些与本次会议将要考虑的事务相关的文件之外,主持人还应该在手边准备好如下这些文件:

- 组织的章程和其他各类规则;
- 组织的"议事规则标准"(如果章程将本书作为议事规则标准,那么就是指本书);
- 所有常设委员会和临时委员会的列表及其成员的名单;
- 完整的会议程序备忘录,把已知将要处理的事务,按照各自所属的"标题"(headings),或者指定的时间,依次列出。

{47:9} 除非是在委员会或很小的董事会,否则主持人应该在"宣布会议开始""宣布休会"以及"提请表决"的时候起立。主持人在解释自己对于"秩序问题"的裁定理由的时候(如果不止一两句话那么简单的话),或者在"申诉"以及交给会议裁定的"秩序问题"的辩论中发言的时候,也应该起立(第23、24节),但并不让出主持人席。在"申诉"以及交给会议裁定的"秩序问题"的辩论中,如果主持人是第一次发言,那么他相对其他成员有"发言优先权"[请参阅 23:2(5)、23:19 和 24:3(5)]。无论是什么问题,在其他成员发言辩论的时候,主持人应该就座,除非他看不见发言的人,那么他可以站立但要略后退一步。其他的时候,主持人根据需要自行起立或就座,以起到震慑和维持秩序的作用。主持人席应该设置在显著的位置,以使主持人即使就座也可以看见整个会场,所有在场成员也都可以看到主持人(请参阅 3:7 和 47:5)。

{47:10} 如果动议是单纯针对主持人的,或者对包含主持人在内的一些成员进行褒奖或批评,那么在讨论此动议的期间,主持人应该临时让出主持人席给"副主持人"*或合适的临时主持人(请参阅下文),直到这个动议得到解决。主持人要参加辩论时也可以采取同样的做法(请参阅 43:29—30)。但是,如果仅仅是选举官员、指派代表或委员会的委员,那么即使主持人也包括在被选举之列,他也仍然继续主持。

临时主持人

{47:11} 如果主持人缺席或者需要临时让出主持的位置,那么将由临时主持人担任会议主持。同样,如果首选的临时主持人也存在如上一段所述

---

* "副主持人"(vice-president)即"组织负责人"的副职,请参阅 47:23。——译者注

的、需要回避的问题，那么他也必须回避，而由次选的临时主持人接任。"临时主持人"的人选有：

(1) "副主持人"(vice president)。如果"组织负责人"因故让出主持人席或缺席，那么"组织副主持人"是首选的临时主持人，除非该副主持人也要参加辩论、缺席或因其他任何原因不能担任临时主持人，那么按照第二副主持人、第三副主持人等的排名顺序依次顺延。因此如果组织有不止一名副主持人，"章程"应该规定他们的排名，而且在选举的时候就要明确选举的是第几副主持人。另外，如果章程设有"当选主持人"职位(president-elect，如"当选总裁""当选会长"等，指已经当选但尚未就职的"组织负责人")，那么在担任临时主持人的问题上通常规定"当选主持人"优先于"第一副主持人"。

(2) "指派的临时主持人"(an appointed chairman pro tem)。如果在会议当中主持人让出主持人席但没有副主持人可以担任临时主持人，那么主持人可以指派一个"临时主持人"(chairman pro tempore或chairman pro tem)，但需取得会议的同意[请参阅43:29(2)]。主持人复职、有副主持人到场、第一个休会都会使这个指派自动终止，会议还可以通过动议"宣布主持人席空缺并选举产生新主持人"(declare the chair vacant and proceed to elect a new chair，请参阅62:11)来提前终止这个指派。即使默认的主持人知道下一次会议自己将缺席，也不可以提前授权给另一个成员来代替自己主持。

(3) "选举产生的临时主持人"(an elected chairman pro tem)。如果主持人和上述可担任临时主持人者都没有出席，那么秘书——如果秘书也缺席，那么任何成员也行——应该宣布会议开始。然后会议立刻选举产生一个"临时主持人"在本次会议期间主持会议。主持人或者可担任临时主持人者到场，或者通过动议"宣布主持人席空缺并选举产生新主持人(请参阅62:11)"，都可以终止现任临时主持人的任期。如果一次会议希望选举产生一个临时主持人并让他的任期在下一次会议继续(例如主持人和可担任临时主持人者在整个这段时期内都无法履行职责)，那么在更早一次会议上，或者在举行选举的这次会议的会议通知中，必须给出"事先告知"。

{47:12} 有些组织允许"委员会主持人"在呈交委员会报告之后越权主持整个会议并提请表决。这种做法是错误的,违反了议事规则的诸多原则。例如主持人的中立原则和回避辩论原则,而且"委员会主持人"根本没有权力去做章程授权给"组织负责人"做的事情(请参阅 47:5—7)。

邀请外部临时主持人

{47:13} 对一般的组织来说,有些时候,例如一次"后续会议"或"临时会议"需要处理比较棘手、意见分歧比较严重的议题,邀请有主持技能的外部人士(非成员)或者邀请专业的议事规则专家、职业的议事规则主持人担任临时主持人可能取得更好的效果。如果主持人或有资格担任临时主持人的成员不反对,会议以"过半数表决"通过一项"程序主动议"可以决定安排部分或全部议程由外部临时主持人主持,该动议属于影响会议整体的"权益问题"。即使他们反对,会议通过"暂缓规则"也仍然可以做出这样的决定。请参考比较 62:13—14 的内容。

对主持人的建议

{47:14} 规模越大的会议,越容易暴露主持人的一些哪怕不明显的弱点。有些弱点会被人利用,以致造成灾难性的后果。人们常说"知识就是力量",在这里这句话显然是正确的。主持人必须熟练掌握"会议主持人的职责"(47:7—10),把 47:8 所列出的文件随时放在手边。协商会议的议事规则并没有可以凑合的"替代版",然而很多会议主持人却总想用最少的知识来应付。这种做法在实际运作中不可避免地暴露出这些人的迟疑不决。

{47:15} 主持人应该竭尽全力掌握更多的议事规则。一个很好的起点是通读《罗伯特议事规则简明版(第三版)》(*Robert's Rules of Order Newly Revised in Brief*)*——由本书的作者们编写的一本言简意赅的入门指南,与本书完全兼容——并重点关注第 15 章"主持人和副主持人"。主持人还应熟读本书的第 1—9 节,熟记附录第 *t 4* 页的"动议的优先级顺序图表"。主持人必须能够熟练查阅附录第 *t 6—t 33* 页的"动议规则总表"并迅速做出判断以保证会议流畅。这些方法简单可行,可以帮助主持人迅速掌握议事规则。主持人还应该仔细阅读本书中对于诸多复杂问题的处理方法。那么在这些问题出现的时候,就能更快地找到解决的办法。

---

* 配套的中文版为《罗伯特议事规则简明版(第三版)》,格致出版社 2021 年版。——译者注

{47:16} 主持人必须坚决维护议事规则的严肃性,禁止成员藐视、省略、跳越甚至破坏议事程序。例如,动议提出之后,如果需要附议,则必须等到有人附议,并且在主持人宣布议题之后,才允许发言。

{47:17} 主持人必须时刻注意让大家明白什么是当前直接待决动议,必须能够准确地描述现在表决的动议是什么,赞成和反对的后果是什么。做不好这一点,最容易造成混乱、歧义和冲突。在 4:15 给出的"宣布议题"的方式方法,要严格遵照。特别是宣布口头动议的议题,主持人永远要说"有人动议且有人附议",然后准确、完整地复述动议,无论动议人已经多么清楚地表述了自己的动议。这是主持人至关重要的一条职责。贪图省事的做法,例如只说"大家刚刚听到的动议"或"这个动议经提出和附议",却不重复动议的内容,则是不允许的。主持人必须注意准确地描述"修正案"的内容以及"修正案"对被修改的那个动议的影响。在对"修正案"进行表决之后,主持人必须根据修正案的通过或否决,完整地重新宣布当前议题(请参阅12:33—40)。归根结底,主持人必须在表决之前准确地描述表决的对象。宁愿挑战会议的耐心,重复描述一个可能所有人都已经很明确的动议,也不冒险对一个哪怕只有几个人不甚明确的动议进行表决。

{47:18} 表决结束之后主持人应该宣布表决结果,然后宣布接下来待决的是什么议题。宣布议题之后才准许其他成员发言。在规模较大的会议上,主持人应该坚持要求成员到话筒前首先介绍自己然后再发言。这个短暂的停顿很多时候对于缓和紧张的气氛很有帮助。如果有人企图简化或破坏议事程序,往往说明此人企图用自己的意志来取代主持人的主持地位。例如,在 42:13(1) 的例子中,事先安排好某个成员在"临时会议"上提出这个"临时会议"为之召开的议题,这个成员拥有发言优先权。因而如果有人企图抢先发言并提出与此相冲突的动议,那么就属于破坏议事秩序。坚定而又不失冷静地维持正常的议事秩序,对于成熟的主持人来说是一项基本的技能。

{47:19} 虽然在议事程序方面,主持人一定要树立好权威的形象,展现丰富的知识,但是在议事的内容方面,尤其是在大型的会议中,主持人应该最大程度地避免参与待决议题的讨论。主持人的领导需要强而有力,但也必须公平。绝不可情绪激动。即使遇到最棘手的成员也要保持公正。更不可以利用成员对议事规则缺乏了解而违反议事规则,即使这样做对会议来说有短期的好处。同时,也不可以过于"教条",要为会议的利益把握好严格的尺度。此时,良好的判断力是关键,因为有些时候会议和组织会有这样的特点,大家一方面对议事规则缺乏充分了解,另一方面又有息事宁人的倾向(peaceable disposition),因而严格地贯彻和执行议事规则反倒可能阻碍事务的顺利进展。但是在大型的会议上,事务繁重,矛盾在所难免,那么唯一安全的做法反倒正是严格地遵守议事规则。

主持人的行政职责

{47:20} 上述的所有"主持人"(presiding officer)职责都是在组织所召开的会议上,与主持会议相关的职责。在很多固定组织里,"组织负责人"(president)还承担"行政长官"(administrative officer)或"执行长官"(executive officer)的职责,但这些行政职责超出了通用议事规则的范围,且仍然必须由章程授权方可行使。有些"组织负责人"拥有指派各个委员会成员的权力并且是这些委员会的"当然成员"(an ex officio member),但这些都必须来自"章程"的授权,或者对于某个具体的委员会来说,来自会议表决的授权("提名委员会"除外,进一步讲,与纪律惩戒有关的委员会也除外,这些要在授权"组织负责人"的条款中明确排除,请参阅 56:47)。作为委员会的"当然成员","组织负责人"享有与其他委员会成员同等的权利,但是不承担出席委员会会议的义务,也不参与委员会"有效人数"的计算,既不算入总数,也不算入出席人数。

【当选主持人】

{47:21} 有些会议和组织希望提前一届任期选举出"组织负责人",那么,在选举结束之后的一届时间之内,这个人被称做"当选主持人"(president-elect)＊。这个职位必须由"章程"明确地设立才能有效。而且一旦设立,就再也不会选举"组织负责人"了,选举的只是"当选主持人"和其他的职位。相应地,"当选主持人"在一届的时间之后,就自动成为"组织负责人",然后服务一届任期。一旦有人成为"当选主持人",除非他自己辞职,或者出现了罢免他的充分理由(请参阅 62:16),否则组织不可以剥夺他继任"组织负责人"的权利。

＊　这里的"president-elect"也是组织架构上的头衔,本书中用"当选主持人"指代,具体语境下可以是"当选总裁""当选会长""当选董事长""当选理事长""当选主席"等。——译者注

{47:22} 如果"章程"设立"当选主持人",那么还应该规定在现任"组织负责人"不能主持会议时候,或者不能出席活动的时候,或者在两届选举之间"组织负责人"职位出现空缺的时候,"当选主持人"应该代替现任"组织负责人"主持、出席或填补空缺。如果没有这样的规定,那么则由第一副主持人主持、出席,甚至代替现任"组织负责人"完成本届任期。"章程"中还应该规定,如果在两届选举之间"当选主持人"也出现了空缺,又当如何填补。这些规则要制定得非常严谨。"章程"也可以为"当选主持人"分配一定的职责。

【副主持人】

{47:23} 在"组织负责人"(president)缺席或因故要让出主持人席的时候(请参阅 43:29、47:11 和 62:12—14),"组织副主持人"(vice-president) ＊要代替行使各项职责(但请参阅上一段,若组织设有"当选主持人",那么"当选主持人"优先代替)。所以,选择有能力的副主持人,在需要的时候能够代为行使组织负责人的职责,这也是非常重要的。当组织的全体会议进入"全体委员会",通常是由副主持人主持全体委员会的会议[请参阅 52:2(1)和 52:7]。

{47:24} 副主持人在主持会议的时候,在称呼上可以省略"副"字(除非这样可能造成混淆,例如正职本人也在会场并在主持台上就座)。

{47:25} 如果州、跨州或全国级别的组织的章程规定,每个组成机构的"负责人"自动成为该组织的"代表大会"(convention)的代表,则每个组成机构的"副主持人"就成为其"负责人"的候补代表(请参阅 58:12),通常也是这个组成机构的代表团副主持人(请参阅 58:19)。

{47:26} 如果章程规定由"组织负责人"指派所有委员会,那么即使副主持人正在主持会议,即使"组织负责人"缺席,该权力也不能转移给副主持人[请参阅 50:13(4)的第二段]。

{47:27} 组织负责人和副主持人有时需要就组织章程或其他规则规定的行政职责作报告(请参阅 48:19)。组织负责人已经起草了报告,但因故不能

＊ 术语"vice-president"指是组织架构上的职位头衔,即"组织负责人"的副职,本书用"组织副主持人"或简称"副主持人"泛指这一头衔,在具体语境下则情译为"副总裁""副会长""副董事长""副理事长""副主席"或"副主持人"等。术语"主持人"有可能指"组织负责人"(强调组织架构上的职务),也可能指"会议主持人"(强调正在主持会议的角色),但术语"副主持人"只可能是组织架构上的职务。如果组织副主持人不止一位,那么依次为"第一副主持人""第二副主持人"等。——译者注

出席会议提交报告,由副主持人代为提交。但是副主持人不能仅因组织负责人不在场就修改组织负责人起草的报告,或者用不同的报告代替。

{47:28} 如果"组织负责人"在任期当中辞职、逝世或被免职,则副主持人自动接任,并完成本届剩余的任期,除非章程明确规定填补组织负责人职位空缺的其他办法(请参阅 56:32)。

{47:29} 有些组织为"组织负责人"设立若干有排名的副主持人,如第一、第二、第三副主持人等。在这种情况下,在场的排名最前的副主持人有责任在需要时,代为履行"组织负责人"的职责。如果"组织负责人"辞职、逝世或被免职,那么第一副主持人将自动接任(除非如上所述,章程对填补组织负责人职位空缺另有明确规定)。同样,如果任何副主持人辞职、逝世、被免职或自动晋升为排名更靠前的副主持人,则排名在其后的副主持人,依次提高一位排名(除非章程另有明确规定)。例如,如果第一副主持人辞职,第二副主持人成为第一副主持人,第三副主持人成为第二副主持人,依此类推,最后再填补排名最后的副主持人的空缺。副主持人不能拒绝自动晋升的职位,如果不能或不愿意履任新职,唯一的办法就是提交辞职,且一旦辞职被接受,就意味着原职和新职已经一并辞去。

{47:30} 有时候"章程"还规定不同排名的副主持人分别掌管不同的管理部门。在很多这样的组织中,如果在出现空缺、自动接替、依次晋升的同时,仍然要求各副主持人改变分管的职责,就是不可取的做法了,因此章程还应明确规定针对组织负责人和所有副主持人的空缺填补方法。

{47:31} 虽然很多时候,即将到任的副主持人(或第一副主持人)是下一任"组织负责人"职位的理想候选人,但是组织仍然有权推举其他在当时看来更优秀的候选人,除非章程已经明确规定了继任规则(对比上文"当选主持人")。

【秘书】

{47:32} "秘书"(secretary)负责对会议进行记录并保管这些记录,但不包括"财务账册"(the treasurer's books)这样的特别规定由他人保管的文件。有时这个职务也称做"文书"(clerk)、"书记"(scribe, recorder)或"文书秘书"(recording secretary)。如果称做"文书秘书",那么组织通常还设有其他职责的秘书,例如"联络秘书"(corresponding secretary)和"财务秘书"(financial secretary)等。

秘书的职责

{47:33} 秘书的职责包括:

(1) 记录、整理并保管"会议纪要"。

(2) 掌管所有的"委员会报告"。

(3) 掌管正式的"成员名册",除非另设专人管理;并在需要时进行点名。

(4) 向所有成员出示"会议纪要"和其他文件以供查阅(请参阅47:36)。

(5) 把当选或受到指派的消息通知给相应的官员、委员会成员或代表; 为委员会提供各种工作所需的文件;在每次会议上准备好一份所有委员会及其成员的最新列表。

(6) 向代表大会的代表提供"资格证明"(credentials)。

(7) 签名鉴证组织文件的复印件。

(8) 掌管组织的"档案"(record book),其中装有"章程""特别议事规则""一般管理规则""会议纪要"等,以及所有这些文件的"修正案"。在每次会议上携带这些档案。

(9) 向各成员发送会议的"会议通知"(the call of the meeting),执行一般的联络任务——除专门负责联络的委员会或者官员管辖之外的联络任务。请参阅后面的"联络秘书"和"执行秘书"。

(10) 在每次会议之前准备"会议程序"(第41节)以供主持人使用。按顺序并依照不同的标题,列出所有需要考虑的事务。指定了具体时间的事务,还要列出具体的时间。

(11) 在组织负责人及副主持人都缺席的情况下,宣布会议开始,并主持会议直到选举出"临时主持人"(chairman pro tem)。

{47:34} 如果"秘书"缺席,则需要选举一位"临时秘书",即使组织另外还设有"联络秘书""财务秘书"或"执行秘书",他们也不能自动填补"秘书"的空缺。在"会议程序"中"官员报告"标题下的官员报告如果是通信的形式(邮件等),那么通常是由"文书秘书"而不是"联络秘书"来宣读。

秘书的记录

{47:35} 在收到委员会的报告之后,秘书在上面写上日期,记录对其采取的进一步的行动,并存入"档案"。所以,对是否把委员会报告存档这件事情表决是毫无意义的。存档这件事情是一定的,不用动议,也无须表决。

{47:36} 只要时间和地点合理,任何成员都有权查阅秘书保管的档案(re-cord book),请参阅 47:33(8),包括"闭门会议"的"会议纪要",但不可滥用这个权利来干扰秘书的工作。除了受"闭门会议"保密规则保护的内容必须保密(请参阅 9:26),成员可以向他人分享这些文件的内容。同样的原则适用于董事会和委员会,它们的"会议纪要"对它们的成员是开放的(请参阅49:17—19)。如果委员会需要一些特定的文件协助自己的工作,组织的秘书应该将这些文件交给委员会主持人,但如果秘书有疑虑,则应该事先与组织负责人确认。美国很多州的公司法要求本州企业在需要的时候向相关政府部门披露自己的档案。

【联络秘书】

{47:37} 比较大型的组织设立了"联络秘书"(Corresponding Secretary)专门负责发布会议通知,以及各种通信和联络事宜,如 47:33(9)所述。"联络秘书"也要经选举产生。有了"联络秘书","秘书"就只指"文书秘书"(recording secretary)。

【财务官和财务秘书】

{47:38} "财务官"(Treasurer)受组织的信任与委托,负责掌管组织的资金。"财务官",以及其他负责组织资金的官员,应该提供保险或者抵押,以保证组织不受意外的财产损失。组织的规模和结构不同,财务官的职责也有很大的不同。但无论如何,未经章程或者组织会议的授权,财务官无权支配资金。财务官要在章程规定的时间(一般是"年度会议"上)做完整的"财务报告"(financial report),有时也会应会议的要求,或者应"执行董事会"(executive board)的要求做"中期财务报告"(interim financial report)(请参阅 48:22 简单的财务报告的格式)。

{47:39} 对一般的组织来说,会费的收集工作通常也是"财务官"的职责,除非章程有不同的规定。但是这项工作有很多文秘的性质,尤其是对于那些规模较大或者会费的支付频率较高或者会剥夺拖欠会费的成员的表决权的组织(请参阅 1:13n3、45:1 和 56:19)来说,更是如此。为此,很多组织设置"财务秘书"(Financial Secretary)来专门负责寄发账单、收集会费、记录各成员的会费缴纳情况、将会费转交给"财务官"并取得收据等工作。

【其他官员】

{47:40} 除了前面所述的官员以外,组织还可以根据自己的意愿在"章程"中设置其他官员及其"副职"(assistant officers)。一些常见的职位及其职责分别是:

- "董事"(directors)或"理事"(trustees 或 managers)。跟其他一些官员一起,是"执行董事会"(executive board)(第49节)的成员,履行章程所规定的职责。但有些组织中,"trustee"用来指选举产生的"审计师"(auditors)(请参阅 48:25)。

- "史记官"(historian)。在任职期间用叙事体记录组织的活动,经组织批准,载入组织的官方历史。

- "图书管理员"(librarian)。掌管组织的图书和其他文字资料,并根据组织的命令进行管理。

- "物管员"(curator)。负责保管组织所有(除图书馆收藏之外)的重要物件。

- "牧师"(chaplain)。负责在会议开幕、闭幕以及其他事件中,主持诵经、祈祷、祝福等。

- "警卫官"(sergeant-at-arms)。也称"保安"(warden, warrant officer),站在会场上,听主持人的调遣,协助维持秩序。在大型会议或者代表大会上,警卫官可以领导"礼宾人员"(usher)。他还可以负责会场的设施布置等工作,确保设施摆放在适当的位置上。有些立法机构或公共机构有权处罚缺席成员或强制成员出席,那么警卫官可以负责发送"传票"(warrants)或"罚单"(notice of fines),或者在实施"强制出席"(Call of the House,请参阅 40:13—16)的时候,负责把缺席的成员"强行带到"(arrest)会场。

- "门卫"(doorkeeper, guard)。如果只允许成员或者符合条件的人参加会议,那么可以由门卫在门口检查资格文件,拒绝无关人员进入。

{47:41} 上述官员中,"董事"是必须经过选举才能产生的,其他官员通常也要选举产生,但是章程也可以允许指派。

【荣誉官员或荣誉成员】

{47:42} "荣誉官员"(an honorary office)事实上并不是职位——类似

"荣誉会员"(honorary membership),它只是形式上的称呼,可以授予成员或者非成员。如果想表达对组织之外人士的敬重,通常将此人选举为本组织的"荣誉会员"。"荣誉官员",例如"荣誉主持人"*、"荣誉财务官"等,通常都是那些在相应的实际职位上长期享有崇高声誉的人在退职的时候被授予的。必须有"章程"的允许才可以授予"荣誉会员"或"荣誉官员"。类似大学授予的荣誉学位,"荣誉官员"或"荣誉会员"也是终身性的,除非被撤销或者章程限制了荣誉身份的时间。伴随着荣誉身份的权利包括出席会议并发言,除非本身也是正式的成员,否则不能动议,也不能表决。但有的章程也会赋予"荣誉会员"所有正式成员的权利。②"荣誉主持人"或者相应副职应该坐在会场前面主持台上,但他们并无权主持会议。荣誉身份并不附带任何责任。持有荣誉身份也丝毫不影响成员担任正式的官员职务或者承担职责。在正式公布的荣誉官员的名册中,可以包括那些已故的人士,但应给予说明。

指派产生的官员和顾问

【执行秘书】

{47:43} 术语"执行秘书"(executive secretary)或"执行董事"(executive director)通常指组织的全职、带薪的行政长官(administrative officer)或总经理(general manager),尤其是在那些全国、跨州或全州级别的组织中。除非另外说明,否则这两个术语在本书中就是这样定义的。在大多数的组织当中,"执行秘书"是由"董事会"签订合同雇佣的,但也有一些组织的"执行秘书"是由代表大会选举产生的。

执行秘书的职责

{47:44} "执行秘书"执掌组织的中央办公室,并且直接在"董事会"或者"执行委员会"(executive committee,请参阅 49:13)的领导下工作。有时候,"执行秘书"自动担任(ex officio)"执行委员会"的秘书(有时候还自动担

---

② 有些组织的章程中规定了如何选举"终身荣誉成员"(honorary life membership),或者规定了自动获得这样荣誉的条件——例如成员身份要达到多长时间,有时还有其他附加条件,诸如要达到一定的年龄。有的章程规定这样的终身荣誉成员可以免付会费,而且享有完整的表决权。

* 本书用"荣誉主持人"泛指"honorary president",具体语境中可能是"荣誉总裁""荣誉会长""荣誉董事长""荣誉理事长""荣誉主席"等。——译者注

任"董事会"的秘书),并负责保证"执行委员会"的指令得到贯彻执行。"执行秘书"负责提出工作计划,并运营组织的日常事务。本来由"联络秘书"(corresponding secretary)负责的工作也可能交给"执行秘书"来做。通常他有权雇佣或解雇其他职员,决定职员薪水。但这些要经过"董事会"或"执行委员会"的批准。而"董事会"或"执行委员会"可以制定人事政策来规范"执行秘书"的这些行为。章程应该规定"执行秘书"的职责,确定如何选择"执行秘书",以及任期多长等。

与组织负责人的关系

{47:45} "执行秘书"与"组织负责人"之间的关系取决于"章程"所定义的二者各自的"职责"和"权力"。在有些组织中,执行和管理的职能可能完全从"组织负责人"身上剥离出来交给"执行秘书"。"组织负责人"保留会议主持人和组织发言人的角色。除非章程赋予"组织负责人"相应的权力,否则,"组织负责人"不能直接而单独地向"执行秘书"发号施令。"执行秘书"只接受"董事会"或者"执行委员会"的命令。

【议事规则专家】

{47:46} "议事规则专家"(parliamentarian)以顾问和专家的身份,向主持人、其他官员、委员会和所有其他成员提供议事规则方面的咨询和建议。"议事规则专家"在会议中的身份纯粹是建议和指导性的,因为议事规则只赋予主持人一个人裁定秩序问题和回答议事规则咨询的权力。

{47:47} 一个小规模的地方组织,较少需要"议事规则专家"的协助,除非是要进行修改章程这样的复杂工作。但对于大型组织、代表大会或者事务复杂的组织来说,建议使用议事规则专家的服务。很多全国或州一级的组织常年聘请议事规则专家,协助解决在章程和规则的贯彻过程中,以及在董事会、官员和委员会的工作过程中出现的各种问题,并且起到了很好的作用。在这种情况下,议事规则专家的职责就不单纯是在会议中给主持人以建议,还包括协助主持人计划和协调将要处理的事务。

议事规则专家的指派

{47:48} 如果会议和组织需要聘请议事规则专家,那么组织负责人有权指派自己信任的人。但如果需要经费,则由董事会或者全体会议批准。如果只需要服务一次会议,那么应该尽可能早地进行指派,因为议事规则专家的工作更多的是在会议之外的。

议事规则专家的职责

{47:49} 主持人在全面了解需要处理的事务的基础上,应该在会前和会间休息时与议事规则专家交换意见,尽可能地预见可能出现的问题,并尽可能地避免在会议进行中过于频繁地咨询议事规则专家。对于长期聘请的议事规则专家的其他职责,并没有固定的规定,通常包括提供培训、在代表大会期间全职办公等。

{47:50} 在会议进行期间,议事规则专家的职责应该仅限于向主持人提供建议,以及应会议的要求向成员提供建议。议事规则专家还应该——但应该尽可能做到不引起注意——提醒主持人任何可能侵害成员权利或可能导致不良后果的错误行为。

{47:51} 在议事规则专家和主持人之间应该达成共识:必要的时候,即使令会议"稍息"(stand at ease)或者暂时忽略其他成员,主持人也要停下来听取议事规则专家的意见[请参阅 8:2(4)和 23:3]。这种做法可以帮助主持人及时了解并解决问题。而议事规则专家也不应该被动地等待问询。有经验的议事规则专家能够洞察问题的出现并及时地对主持人说上几句话而将其化解。

{47:52} 只有非常棘手的问题,才会请议事规则专家直接对会议发言。这种情况应该尽可能地避免。

{47:53} 应该给议事规则专家在主持人旁边安排座位,这样他们之间的交流就可以压低音量而不至于打扰其他成员。但主持人仍然应该避免过于频繁或者过于明显地求助于议事规则专家。

{47:54} 在议事规则专家提出建议之后,仍旧由主持人做出最后的裁定。在多大程度上采纳议事规则专家的意见由主持人决定。但如果在重要的议事规则的问题上,议事规则专家的意见被经常性地忽略,那么必要的话议事规则专家可以在合同期结束或本届会议结束时,提出辞职。

{47:55} 如果组织成员担任会议的议事规则专家,那么跟主持人一样,他也应该保持中立,所以不能动议,不能辩论,不能参与表决,除非是书面不记名表决。另外,即使议事规则专家的参与能够影响表决的结果,他也不能参与表决,只有主持人才有权这样做。如果不能做到这些,那么他就不要担任议事规则专家。与主持人不同的是,议事规则专家不可以暂时离开职责而去行使他作为成员的权利。

{47:56} 关于代表大会上议事规则专家的职责,请参阅 59:9。

空缺

{47:57} 除非章程明确另有安排,否则对于一个官员或董事的职位来说,它由谁指派或选举而产生,就向谁提出辞职,并由谁来填补空缺。如果章程赋予董事会全权以处理在组织全体大会两次会议之间的事务(请参阅 56:43 的举例),并没有把填补职位空缺的权力保留给组织全体大会本身,那么在组织全体大会两次会议之间,董事会有权接受辞职并填补空缺。对于具体的职位,请分别参考 47:22(当选主持人)、47:28—30 和 56:32(组织负责人和副主持人);对于委员会内的空缺,请参阅 13:23。

{47:58} 填补职位空缺时,包括填补"董事会"和"执行委员会"成员的空缺,必须把选举的"事先告知"发送给所有有选举权的人,除非章程或特别议事规则另有明确规定。

§ 48. 会议纪要和官员报告

会议纪要

{48:1} "会议纪要"(minutes)是协商会议的正式记录。它在立法机构中通常叫做"议事录"(journals)。会议纪要应该使用结实耐用的文件夹装订。

【会议纪要的内容】

{48:2} 一般组织的会议纪要应该主要记载会议取得的成果,也就是完成了什么,而不是像流水账一样记录每个人都说了什么。会议纪要绝不能掺杂秘书本人对会议上任何发言或决定的意见或好恶。

{48:3} 会议纪要应该包括什么和不包括什么,都有通常的规则。如果要修改这方面的规则,建立不一样的标准,需要制定特别议事规则。但如果只是希望在某一次会议的会议纪要中写入特定的额外信息,那么直接用"过半数表决"就可以决定这样做。

{48:4} 会议纪要的第一个段落应该包含如下信息(但并不需要逐一写上数字编号):

(1) 会议的类型:例行会议、临时会议、"例行会议的后续会议"(adjourned regular meeting)或者"临时会议的后续会议"(adjourned special meeting);

(2) 会议或组织的名称;

(3) 会议的日期、时间和地点;

(4) 如果默认的主持人*和秘书出席,记下这个事实;如果缺席,记下替代者的姓名;以及

(5) 往次会议的会议纪要是否"宣读并得到批准",或者"更正"后得到批准。如果那次会议不是例行会议的话,还要记录它的日期。所有的更正都在那个得到批准的往次会议的会议纪要上进行,本次会议的会议纪要上只写上那次会议的会议纪要"更正后得到批准"(请参阅 48:8 范例的第一段),不必说明更正了什么。

会议纪要的主体部分,应该为每件事务、动议和议题单列一个段落,要包括:

(6) 所有的"主动议"(main motions,第 10 节),以及对主动议的再议类动议(请参阅 6:25—27,以及第 34—37 节),无论是"提出"还是"考虑"——但不记录那些被收回③的动议。对于其中每一个动议,需要记录的内容包括:

① 获得"解决"**(be disposed of,例如得到通过或其他解决方式)时的准确措辞(在括号里面说明在"解决"之前是否经过了辩论或修改);以及

---

③ 在一些特定情况下被"收回"的动议,有时也需要在会议纪要中提及,但要言简意赅。例如,在第一次会议上,某个主动议被指定为第二次会议的"专门议程"(the special order,请参阅 41:57),或者在第一次会议在考虑了很久之后被推迟到第二次会议,然而在第二次会议上,该主动议被收回了,那么第一次会议上的活动一定要记录,而第二次会议上的"收回"也应该记录以使记录前后完整。

* 在多数固定组织中,默认的主持人就是"组织负责人"。——译者注

** 对动议的"解决"方式,包括"暂时解决"(be temporarily disposed of),如改期、暂停、委托等,以及"最终解决"(be finally disposed of),如通过、否决、丢弃(dropped)或收回等。——译者注

② 获得的"解决"方式,并且如果是"暂时解决"(be temporarily disposed of,请参阅 9:7—11 和 38:8),还要包括当时仍然待决的"主修正案""辅修正案"和所有"绑定的""辅动议";

(7) 对于"辅动议",如果它们没有被否决,也没有被收回,那么为了使会议纪要清晰且完整,必要时可以记录,但只需提到或者暗指曾经通过了这样的"辅动议",也就是说,不必专门说这些动议是怎么提出、怎么考虑、怎么表决的,而只是在叙述的时候穿插一些语言表明这些动议出现并得到了通过。例如,"……会议在通过了……动议之后继续按议程进行……","会议决定采用书面不记名表决的形式,计票员……"。优先动议中的"休息""指定后续会议的时间",偶发动议中的"暂缓规则""请求免责"等,都是经常记录的"辅动议";

(8) 小型组织的会议上,特定情况下允许口头形式的委员会报告(请参阅 51:60—62),这些报告的实质内容也要完整记录;

(9) 所有的"事先告知" * (请参阅 10:44—51);

(10) 所有的"秩序问题"和"申诉",无论"成立"还是"无效",同时记录主持人裁定时给出的理由。

(11) 作为"纪律惩戒程序"(disciplinary procedure)的一种,主持人可以对违反议事规则的成员进行"点名批评",并指示秘书记录在会议纪要中,秘书应按主持人要求记录违规成员的名字、违规的言行(disorderly words),以及主持人对其进行了"点名批评"这一事实,请参阅第 61:12—14。

会议纪要的最后一段,要记录:

(12) 休会的时间。

{48:5} 其他的关于会议纪要的记录规则有:

(1) 主动议的动议人的名字应该记录,但除非会议要求,否则不记录附议人的名字。

(2) ① 如果是计数的表决,那么正反双方的得票数需要记录,但如果表

---

* 就是本次会议上给出希望在下次会议上考虑的动议的事先告知。——译者注

决的动议本身不需要记录在会议纪要中,则不记录这些得票数。

② 如果是书面不记名表决,那么要记录完整的计票报告(请参阅45:37—40)。

③ 如果是点名表决,那么正反双方的成员姓名和数量以及弃权者的成员姓名和数量都要分别记录。对于那些拒绝回答的人,为了说明有效人数是满足的,可以把其中一些人的名字记为弃权。如果主持人参与表决,会议纪要中不用特意说明这一点。

(3) "全体委员会"或者"准全体委员会"的活动不要记录在会议纪要中,只需要写上"会议进入了(准)全体委员会",然后记录该委员会的报告(第 52 节)。

(4) 如果用"非正式考虑"(consider informally)的方式考虑了一项动议,那么记录的方式与正式考虑的动议是一样的,因为所谓的"非正式"只发生在辩论阶段。

(5) 如果委员会报告非常重要,或者需要记录下来以说明法案的立法历程,那么会议可以命令"该报告记入会议纪要"(to be entered in the minutes),然后秘书将此报告完整地抄录在会议纪要中,或者直接将其作为会议纪要的附件。

(6) 嘉宾发言人的姓名和发言主题可以给出,但不要总结发言内容。

{48:6} 秘书可以使用录音设备,以帮助整理"会议纪要"。但绝不能将逐字逐句的录音笔录直接作为会议纪要。会议纪要应该是整理出来的。

【签字】

{48:7} 秘书要在会议纪要上签字。如果会议要求,主持人也应签字。委婉语"恭敬呈上"(Respectfully Submitted)虽然偶尔出现,但已过时,并不必要。

【会议纪要的范文】

{48:8} 下面是一份会议纪要的范文,其中反映了前面提到的各项原则:

L.M.社团的月例会于 20××年 1 月 4 日星期四晚上 8:30 在社团办公室举行,会长出席,并任会议主持人。秘书出席。上一次会议的会议纪要经宣读和更正,得到批准。

财务官报告了道斯建筑公司寄来的金额为 5 000 美元的账单。这是社团大楼近期装修所产生的费用。主持人提请对"同意支付"进行表决并得到通过。

约翰逊先生代表会籍委员会作报告并动议"接纳约翰·布朗先生入会"。经过辩论,动议得到通过。

会议收到计划委员会的报告并存入档案。

为调查解决社团大楼附近的停车场问题而设立的临时委员会由委员会主持人史密斯先生做了报告并提出决议。经辩论和修改,通过的决议为:"*决定,……[表决时的准确措辞,包含了所有的修改]*。"

接下来处理从上一次会议改期而来的、关于允许非社团成员使用社团图书馆的动议。该动议以及它的一个修正案被暂停。因为主持人宣布嘉宾发言人收到通知需要提前离开,所以请嘉宾提前发言。

主持人介绍嘉宾发言人,杰姆斯·米切尔先生,他演讲的题目为……

嘉宾发言结束后,关于允许非社团成员使用社团图书馆的动议被恢复。经过进一步的修改和辩论,通过的决议是:"*决定,……[表决时的准确措辞,包含了所有的修正案]*。"

乔丹先生动议"社团在其河岸的地产上为儿童建设一个夏令营"。托马斯先生动议修改,在"儿童"前面插入"贫困"。多尔斯先生动议把建设夏令营的动议连同这个修正案一起委托给一个三人委员会,由主持人指派委员,并要求在下一次会议上作报告。动议获得通过,主持人指派福琳、多尔斯和菲恩三人组成委员会。

会议于晚上 10:05 休会。

玛格丽特·多菲,秘书

【会议纪要的批准】

{48:9} 在例行会议召开较为频繁——例如每周、每月或每季度召开例行会议——的组织中,每次例行会议或临时会议的会议纪要通常在下一次例行会议开始时宣读并批准,紧接在宣布会议开始以及开幕仪式之后。临时会议不会批准上一次会议的会议纪要,除非在很罕见的情况下,这次临时会议就是为了批准上次会议的会议纪要而召开的。在持续时间超过一天的一次会议中,从第二天起,每天的第一场会议宣布并批准前一天所召开的一场或多场会议的会议纪要。特别是,在普通组织中,后续会议批准上一场会议(即设定了该后续会议的那场会议)的会议纪要;而后续会议的会议纪要则在下一场后续会议或者下一次例行会议上批准(以先到为准)。

{48:10} 在会议上宣读、更正和批准会议纪要的具体流程请参阅 41:9—12。

{48:11} 如果会议希望在本来应该宣读并批准会议纪要的时候暂不宣读和批准,换一个时间再处理会议纪要,可以经无须辩论的"过半数表决"要求"暂时跳过"(dispense with)对上一次会议(这里把它标记为第一次会议)的会议纪要的宣读和批准。然后可以在本次会议(标记为第二次会议)的晚些时候,在没有待决事务的时候,按照"恢复"动议(Take from the Table)的规则,无须辩论,以"过半数表决"决定处理会议纪要。如果直到这一次会议结束都没有机会处理这个(第一次会议的)会议纪要,那么在下一次会议(标记为第三次会议)开始的时候,在宣读和批准第二次会议的会议纪要之前,一定要先宣读并批准第一次会议的会议纪要。动议"暂时跳过会议纪要的宣读(和批准)"(dispense with the reading of the minutes)的意图不是彻底省去会议纪要的宣读和批准,只是暂停处理。只要会议纪要正处于待批准的状态,无论它是否已经被宣读或做了某种更正,都可以提出该动议。

{48:12} 通常的规则是,本次会议的会议纪要应该在下一次例行会议(或本次会议的下一场会议)上批准。对此规则的例外情况是:与下一次会议的时间间隔超过了三个月,或者在下一次会议开始之前将有部分成员的任期届满,或者在代表大会的最后一场会议上,代表大会将在本场会议休会时解散。在上述任何一种情况下,先前未获批准的会议纪要需要在休会前批准,否则组织会议应授权董事会或委派临时委员会批准会议纪要。在下一次会议上,虽然这个会议纪要不会再宣读和批准,但这并不妨碍任何人引用其中的段落以提供信息,也不妨碍会议提出进一步的更正——也就是把这个会议纪要当作"已经通过的决定"(previously approved)进行修改(请参阅 48:15)。

{48:13} "闭门会议"(executive session)的会议纪要只能在闭门会议上宣读和批准,请参阅 9:26—27。"代表大会"(convention)上批准会议纪要的通常流程,请参阅 59:55(9)。

{48:14} 会议纪要被批准后,秘书应该在最后写上"已获批准"(Approved)字样,并附上秘书的姓名首字母(或批准了该会议纪要的委员会的主持人的签名)和日期。如果会议纪要在批准前被更正过,秘书应整理出一份完全更正后的版本,分发给成员,并存入组织的会议纪要档案。[请参阅 48:4(5),所有此类更正都只应体现在被更正的那份会议纪要中,而不是做出更正的那次会议的会议纪要中。]

　　{48:15} 如果批准之后，发现会议纪要中的错误或者实质性的遗漏，那么即使是很多年以后，仍然要以"修改已通过的决定"（Amend Something Previously Adopted，第 35 节）的方式进行更正。此时需要"三分之二表决"，或者"过半数表决"加上"事先告知"，或者"全体成员的过半数表决"，或者"默认一致同意"。在这种情况下，原始会议纪要的内容不得更改，建议秘书在原始会议纪要的页边注明更正文本，或标记索引指向做出更正的那次会议的会议纪要。做出更正的那次会议的会议纪要必须包括"修改已通过的决定"的动议全文，其中应包含所有必要的信息，从而可以准确地确定之前那次会议的决定。

【会议记录的发表】

　　{48:16} 有时候组织希望或者需要向公众发布完整的"会议记录"，对于需要公开发布的会议记录，除以上"会议纪要"的内容外，还应该包含：针对每一个议题，列出正反两方参与辩论者的名单，概要或者完整地记录每个人的发言。在这种情况下，秘书需要助理的帮助。如果要完整地发表这些发言记录，那么应由速记员或者录音师担任助理。主持人也要特别注意让每一个发言的人清楚地说明自己的身份，这也可能需要一些硬件条件的支撑。委员会报告可以按照提交版原样付印，通过记录写明会议对报告采取了什么行动，也可以直接在有修改的地方做标记，新增的文字用斜体，删除的部分用方括号括起来，并且在报告或者决议的开头说明这些标记符号。但是，所有这些"会议记录"文本并不能取代"会议纪要"，只有"会议纪要"才是会议和组织的官方记录。

官员报告

　　{48:17} 从原则上讲，所有官员报告的内容都是由组织的章程和其他规则赋予官员的"行政职责"（administrative duties）所决定的。* 严格地讲，在纯粹的协商会议上，官员不需要做任何报告。

　　{48:18} 对于固定组织，章程可以规定在"年度会议"（第 9 节）上各主要

---

　　*　也就是通用议事规则范畴之外的管理职责。——译者注

官员要做述职报告。任何官员报告都应该紧跟在会议纪要之后进行处理。

【执行官报告】

{48:19} 除了"年度报告"以外,组织负责人及副主持人也可能不定时地需要或希望总结并报告与自己管理职责相关的工作。通常这样的报告只是提供信息,有时也会包含建议并提请会议决定。无论哪种情况,这类报告的格式、内容和处理方法都与"委员会报告"(第 51 节)类似。只允许成员动议"通过或实施报告中的建议",作报告的官员不能提出这样的动议。

【财务报告】

{48:20} 在组织的每次会议上,主持人都可以要求听取"财务报告"(Treasure's Report)。财务官可以简单地口头陈述现金余额,或者现金余额与债务的差值。会议不需要对财务报告采取任何行动。

{48:21} 除此之外,"财务官"必须每年都出具完整详细的年度财务报告,即"财务报表"(financial report),或者周期更短的财务报表。这样的年度财务报表必须经过审计(audited),并按照财政年度的最后一天为基准整理而成。如果章程没有特别规定财政年度的截止日期,那么就按照 12 月 31 日处理。

财务报表的格式和内容

{48:22} 财务报表的格式应该如何选择取决于不同的情况,如组织的类型和规模、经营活动的性质、报告的频率等。格式应该采用类似的组织所通用的格式。但无论哪种格式,财务报表都是用来向成员提供有价值的信息的,所以不要包含琐碎的日期和交易信息,以免妨碍大家对报表的理解。

{48:23} 下面的范例适用于多数小规模的组织。这些组织财务活动比较简单,而且只涉及现金。对于财务活动更加复杂的组织来说,可能适合甚至需要采用"复式记账法"(double-entry)建立财务报表,并应由专业的会计师协助。"财务报表"通常包括"资产负债表"(balance sheet)表明组织的资产、负债和所有者权益,还有类似下面范例的"损益表"(income statement),但去掉期初和期末的现金余额。其他报表根据需要提供,例如所有者权益变化表、资金来源和走向表、现金流预测表等。这些报表可以采用"权责发生制"(accrual basis accounting)或者"收付实现制"(cash basis accounting)。通常财务报表要求会计师的核查和审计。

　　L.M.协会年度财务报表

截至 20××年 12 月 31 日

现金余额(截至 20××年 1 月 1 日)		1 253.25 美元
收入		
会费	630.00	
春游烧烤	296.75	
罚款	12.00	
收入小结		938.75 美元
总额		2 192.00 美元
支出		
会议室租金	500.00	
保管费	175.00	
文具和打印	122.40	
邮费	84.00	
支出小结		881.40 美元
现金余额(截至 20××年 12 月 31 日)		1 310.60 美元
总额		2 192.00 美元

理查德·莱森,财务官

经审计以上财务报表准确属实,

　　　科林·博尔克

　　　鲁道夫·舒勒

　　　审计委员会

财务报表的处理

　　{48:24} 对于财务官的财务报表,会议没有必要也不应该采取诸如"接受"这样的行动。对于非常重要的报告,例如年度报告,组织会议可以决定委托给审计师,再由审计师出具审计报告,然后会议"接受""审计报告"。如果是这种情况,那么财务官的财务报表要尽可能提前准备,给审计工作留出时间,使得审计报告可以及时在组织会议上提交。

　　{48:25} 如果涉及金额巨大,财务报表很复杂,或者如果投资方有要求,那么最好请独立的注册会计师进行审计。但一般的组织没有必要支付这样的审计费用,通常就由组织的两到三名成员组成"审计委员会"来审计财务报表。如果没有常设的"审计委员会",那么就在会议之前指派。有些组织还设有选举产生的官员——叫做"审计师"——负责财务报表的审计工作。如果对于财务报表来说,专业的核查是必要的,但没有必要进行完整的审计,那么可以请会计师做一个"核查"也能满足要求。如果"审计报告"仅仅是在"财务报表"上进行"背书"(endorsement)——写上"经审计准确属实",那么财务官可以在宣读完自己的"财务报表"之后,直接读出这句审计鉴定并以此结束报告。在财务官向会议做出报告之后,由审计委员会的主持人对必要的细节进一步报告。最后,组织会议的主持人提请会议就"通过审计报告"进行表决。审计报告的通过,意味着在报告所覆盖的时间区间,财务官可以免除除了"欺诈"之外的其他责任。

{48:26} 如果章程要求审计,而"财务官"提交的财务报告或报表没有经过审计,而且又有常设的"审计委员会",或者已经成立临时的"审计委员会",或者已经选举产生了"审计师",那么在财务官报告之后,不用经过动议,主持人立即说:"财务报告委托给审计委员会[或审计师]进行审计。"但如果还没有产生审计师或审计委员会,那么要用"动议"的形式,将财务报告"委托"给由某种方式指派的审计委员会(第 50 节)进行审计。

【其他官员的报告】

{48:27} 有时,章程设立的其他官员,如"史记官"或者"图书管理员"等,也会作报告。这些报告一般都是年度的,而且仅以提供信息为目的,但也可以包含建议,并希望组织采取行动。如果报告将成为组织的永久正式文件,那么需要会议正式地给予"通过"。例如,"史记官"的报告只有在经过了必要的修改,并得到正式的"通过"之后,才能载入组织的历史。

第十六章

董事会和委员会

§49. 董事会

{49:1} "董事会"(board)的本质特征在1:22—23已经做过介绍。阅读本节内容的时候,请参阅1:9—23的"协商会议的类型"。

{49:2} 对于诸如"董事会"的"例行会议"何时召开、"临时会议"如何召集这样的规则,要由指派了"董事会"的上级权力机构在章程中或在指派的时候规定。但有时上级权力机构也会授权"董事会"自行规定(请参阅49:15)。

执行董事会

{49:3} 除非是那些结构简单、规模很小的本地组织,以及那些能够频繁召开例行会议的组织,通常情况下在"章程"中设立"董事会"是有必要的。组织的"全体会议"通过制定章程,授权"董事会"在组织的"例行会议"之间代替"全体会议"行使职能,甚至在一定情况下、在一定阶段内全权掌控组织的事务。这样的"董事会"准确地讲应该称做"执行董事会"(executive board, board of directors, board of managers, board of trustees),但如果它又下设了"执行委员会"(executive committee),那就仍称为"董事会"。本书中,无论是否还下设"执行委员会",所有提到的"董事会"都是指"执行董事会"(executive board)。

{49:4} 如果设置"执行董事会",那么组织的章程必须规定董事会成员的具体数量和产生办法,必须定义董事会的职责和权力,还必须规定董事会的例行会议何时召开、临时会议如何召集等问题。"执行董事会"通常由组织的主要官员(第 47 节)和一定数量的"董事"共同组成。* 组织的官员在董事会之外还承担官员自身的职责，而有些董事也兼任重要的常设委员会的主持人(第 50 节)，有些董事则不担任其他职务。(请参阅"章程范例"，56:62 第四章第 1 条和 56:64 第六章第 1 条。)通常"董事"跟其他官员在同样的时间、以同样的方式选举产生。很多时候，章程规定要定期改选一定比例的董事会成员，因而董事会成员的任期会彼此交错。例如，共设六名董事会成员，每年年度会议的时候改选两名，任期为三年。

{49:5} 除非组织的章程有明文规定，否则不能设立"董事会"，官员们也无权以"董事会"的身份行事。董事会只能在章程授权的范围内行事，或者可以由组织的全体会议通过表决来授权其具体的一件事项。

{49:6} 不同组织的章程中对董事会的授权千差万别。如果组织的全体会议的时间间隔在三个月(请参阅 9:7)以上，或者如果组织并不直接处理事务，那么组织的全部管理权力最好在组织的全体会议之间都交给董事会。而对于每月(或更频繁)召开例行会议的组织，有时也包括一些每季度召开例行会议的组织，董事会的权力就比较小，因为组织本身能够在例行会议上处理大部分的事务[关于如何在章程中分别对这两种情况进行规定，请参阅 56:43 和 56:64(2)]。

{49:7} 无论如何，董事会的决定和行动不能改变或抵触组织全体会议的任何决定，即使董事会做出了这样的决定或行动，这些决定和行动也是无效的(请参阅 56:41 和 23:9)。除非是章程中明确规定专属于董事会的权力，否则组织的全体会议有权命令董事会，而董事会必须执行组织全体会议的决定，而且只要为时不晚(请参阅第 35 节)，组织的全体会议有权取消或修改董事会的任何决定。但是要注意，对于企业组织的董事会来说，情况却恰恰相反。这些董事会独立地享有企业经营决策的最高权力。

---

*　由此可以看出，"董事会成员"(a member of the board)与"董事"(a director)是有区别的概念。"董事会成员"通常由"组织的重要官员"和"董事"组成。"董事"可以被理解为专门为董事会而产生的一种官员。"董事会成员"中的"组织的重要官员"是"董事会的当然成员"(an ex-officio member of the board)，但为了表述上的简洁，本书把"董事会的当然成员"也称做"当然董事"(请参阅 49:8)，所以通常可以说"董事会成员"由"当然董事"和"董事"两部分组成。因而严格来讲，"当然董事"和"董事"是分开的概念，"董事"的严格定义中不包含"当然董事"。但日常表达中，"董事"在广义上往往泛指所有的"董事会成员"，包括"当然董事"，需注意区别。——译者注

当然董事

{49:8} 董事会还经常会有"当然成员",称为"当然董事"(ex-officio members of the board)*,就是说组织的某些重要官员和某些委员会的主持人有权自动进入董事会,或者这些"当然董事"可能来自上级组织或结盟的其他组织,或者对于一些固定组织之外的独立的"董事会"来说,还可能来自政府等公共服务机构。在组织内的"董事会"中,如果"当然董事"隶属于本组织(也就是说,是本组织的成员、雇员、选举或指派产生的官员),那么他们与其他董事会成员没有任何权利和义务的区别。如果"当然董事"不隶属于本组织,那么他们享有与其他董事会成员同样的权利,如动议权、表决权等,但不承担义务,如出席会议的义务等。例如,州长是某私立大学的"当然董事",那么在计算有效人数的总数时不要计算州长,在计算出席人数时也不要计算州长。但是,如果这个"当然董事"又是董事会里的"当然官员"(ex-officio an officer of the board),那么他当然要履行这个官员的职责,因而要包括在有效人数的计算之内。

{49:9} 一旦"当然董事"失去使之成为当然董事的职务,那么也就自动失去"当然董事"的身份。

{49:10} 关于包括"组织负责人"在内的委员会的"当然成员",请参阅50:16。

董事会的官员

{49:11} 一个不隶属于任何上级组织的独立"董事会"跟其他的协商会议一样,也设有"主持人"①、"秘书"以及其他必要的官员。只要设立这个"董事会"时没有另外的规定,一般来说这样的"董事会"的官员由董事会自己选举产生,并且要在董事会的全体成员都确定下来以后尽快选举产生(请参阅49:22)。另一方面,一个组织下属的"董事会"不是完全独立的,一般由组织

---

① 关于这个术语的各种演变用法,请参阅3:10。
* 直接翻译"an ex-officio member of the board"应该是"董事会的当然成员",为表述简洁也译成"当然董事"。请参阅49:4。——译者注

负责人和秘书兼任"董事会"的主持人和秘书,如果还有"执行委员会",那也兼任"执行委员会"的主持人和秘书,除非章程另有规定。

董事会的下属机构

{49:12} 作为一般的原则,董事会不能再度授出自身权力,也就是说除非(组织的)章程允许,或者指派"董事会"的上级权力机构允许,否则不允许董事会授权自己的下属机构以董事会的名义独立行使权力。但是,董事会可以设立自己的下属委员会。这些下属委员会必须在董事会的领导和监督下工作,并向董事会汇报。

【执行委员会】

{49:13} 如果董事会的规模也比较大,董事会成员们的地理分布也很分散,那么组织的章程通常还会设立"执行委员会"。"执行委员会"由指定数量的董事会成员组成,并在董事会的会议之间,拥有全部或大部分董事会的权力(就像董事会在组织的全体会议之间拥有大部分组织全体会议的权力),但不可以修改董事会的任何决定(正如董事会不可以修改组织的决定一样)。所以"执行委员会"实际就是"董事会里的董事会"(a board within a board),所以虽然名字中带有"委员会",但实际要按照本书中关于董事会的规则运作,而不是委员会的规则。不过,"执行委员会"的成员组成通常由"组织的章程"规定,而不是由董事会决定。* "执行委员会"应该规模比较小,其成员最好居住得比较近,以便较为频繁地召开例行和临时会议,除非章程允许执行委员会召开电子会议(请参阅 9:30—36)。如果组织设有"执行秘书"(executive secretary),那么"执行秘书"应该紧密地参与"执行委员会"的工作。"执行秘书"是由组织直接指派的,或者至少也是由董事会指派的。除非"组织的章程"授权,否则董事会无权指派"执行委员会"。

【董事会的下属委员会】

{49:14} 本地组织中,"董事会"(executive board)往往会在内部设立分工不同的委员会,并在董事会每月或每个季度的例行会议之间,把董事会事务分别交给这些委员会。然后在"董事会"的会议上,这些委员会汇报各自

---

*　　所以从这一点来讲,"执行委员会"并不是完全意义上的董事会下属机构。——译者注

工作的完成情况。在这种模式下,这些委员会是董事会真正的下属机构,必须在向董事会汇报并取得董事会的授权以后才可以采取行动。(这跟"执行委员会"不同,"执行委员会"通常有权代表董事会独立行动;这些委员会跟组织的"常设委员会"也不同,"常设委员会"是组织的,不是董事会的,除非组织的章程把某个常设委员会划给董事会管理。)董事会可以自主地设立这样的下属委员会而不必得到章程的授权。

董事会的运作

【一般程序】

{49:15} 董事会的行为受到下列规则体系的约束:组织的章程、组织选定的议事规则标准、组织制定的"特别议事规则"和"一般管理规则"当中适用于董事会的部分。董事会可以制定自己的"特别议事规则"和"一般管理规则",只要不与上述规则体系冲突。董事会可以采用类似于 61:10—21 描述的那些"纪律惩戒程序",惩戒在董事会会议上违规的董事会成员,防止非董事会成员干扰会议,以保护自身的有效运作,但是董事会对其成员的最严重的惩戒就是令其离开会场不再参加剩下的会议。在组织之外的独立董事会可以自行制定规则,只要不触犯董事会赖以存在的法律基础。

{49:16} 根据通用议事规则的原则,对于规模较大的董事会来说,其运作规则跟一般的协商会议是一样的。而规模较小的董事会可以根据实际情况选用适当灵活的规则,下面将会具体说明。但无论如何,董事会只有在例行会议或合规召开的其他会议上才能处理事务,而且每一位董事会成员都必须在会议之前得到会议通知(请参阅 9:2—5 和 9:13—16),或者在上述会议的"后续会议"[②]上也可以处理事务,当然会议还必须满足"有效人数"(请参阅 40:5)。董事会必须聚集在一起有机会以"协商会议"(deliberative assembly)的形式进行"实时互动"的辩论才能做出有效力的决定。否则,即使通过电话、书信甚至面谈的方式,从每一个董事会成员那里分别取得了"认可"(approval),也不能成为董事会的决定。(另请参阅 9:30—36 的"电子会议"。)

{49:17} "董事会会议纪要"(proceedings)由董事会秘书管理,这跟其他

---

② 对于"后续会议"(请参阅 9:17—19)来说,除非是"由主持人召集"而不是在指定时间召开,否则会议通知不是必需的。不过如果可以做到,发出会议通知仍是更好的做法。

协商会议一样。一般只允许董事会成员查阅秘书手中的董事会会议纪要(请比较 47:36),除非董事会做出其他决定(请参阅下一段)。然而,董事会成员可以自由地与他人分享董事会会议纪要的内容,除非是仍然受到"闭门会议"保密规则约束的内容(请参阅 9:26—27)。

{49:18} 董事会可以通过动议决定允许某些人,包括允许组织的所有成员,查阅董事会会议纪要,甚至获得副本。这样的动议是"程序主动议"。如果会议纪要不受"闭门会议"保密规则的约束,该动议要求"过半数表决",否则该动议要求"三分之二表决",或"全体董事会成员的过半数表决",或带有"事先告知"的"过半数表决"。

{49:19} 无论董事会会议纪要是否受到"闭门会议"保密规则的约束,组织的全体会议都可以通过一项动议来批准上一段所述的许可,或者可以命令董事会会议纪要撰写好之后在组织全体会议上宣读。该动议要求"三分之二表决"或"全体组织成员的过半数表决",或带有"事先告知"的"过半数表决"。

{49:20} 在董事会的例行会议上,如果有"执行委员会"(executive committee),那么执行委员会需要就自上次董事会会议以来的工作向董事会作报告。该报告以提供信息为目的,不需要对此报告采取行动。

【小董事会的议事规则】

{49:21} 对于出席成员一般不超过 10 个人* 的小董事会,一些大型会议必要的正规程序反而可能阻碍会议的顺利进行。因而,"小董事会"所遵循的规则,与一般的协商会议所遵循的规则,在下面这些方面有所不同:

(1) 成员申请发言可采用举手而不是起立的方式,并可以坐着提出动议和发表意见。

(2) 动议不需要附议。

(3) 就一项可辩论的动议,每位成员可以发言的次数没有限制③;但是对"申诉"的辩论仍然适用正常的规则,也就是主持人可辩论两次,其他成员可辩论一次。

---

③　但是,限制和结束辩论的动议(第 15、16 节),包括限制每位成员对每项动议的发言次数的动议,即使在小董事会的会议上也仍然是合规的(但在委员会会议上不合规,请参阅 50:25),虽然比起大型会议来说这些动议的必要性可能不是很大。

*　原著是"about a dozen",即"约 12 个"。——译者注

(4) 没有待决动议的时候,允许非正式地讨论问题。

(5) 有时,如果"建议"的含义对于所有在场者来说都非常清楚,那么也可以不经过正式的"动议"程序,直接进行表决。但是,除非采用"默认一致同意"的方式,否则所有的决定仍然必须经过表决。表决的规则是一样的,除了一点——默认的表决方式可以是举手表决,因为会比较方便。

(6) 主持人在提请表决的时候不需要起立。

(7) 如果主持人也是成员,则不用起立或者离开主持人席就可以发言参与非正式考虑和正式辩论;也可以参加所有动议的表决。④

【董事会成员定期交替更新】

{49:22} 如果董事会的成员按照一定比例定期更新(例如,每年选举三分之一的董事会成员,任期都是三年),那么每一次更新都意味着一个新董事会的成立。因而,在指定比例的那部分董事会成员离职的时候,所有只得到"暂时而非最终解决"(temporarily but not finally disposed of,请参阅9:8—11和38:8)的事务,除了那些已委托给委员会且仍然在委员会手中的事务以外,都要如21:7(3)所述而被忽略。(另请参阅50:30,关于委托给董事会指派的临时委员会的事务如何延续。)如果董事会有权选举自己的官员和指派自己的常设委员会,那么在新董事会成员就职后应立刻进行这样的选举和指派,好比整个董事会的成员都更新了一样。但是,在其他时候,由于其他原因发生的单个董事会成员的更替,则并不重新选举官员或指派常设委员会。

§50. 委员会

{50:1} 根据通用议事规则的定义,"委员会"(committee)就是指由一名或几名成员组成的小组,由会议或组织选举或指派(或根据其要求而成立),

---

④ 在小董事会上,主持人本人可以发起非正式考虑,这种方式使得主持人能够提出自己的建议且不用经过4:4—8描述的正式的动议程序。在小董事会上主持人有权提出动议。

负责对指定的事务或议题进行讨论、调查或者采取行动。与董事会不同的是,委员会本身不被视作"协商会议"的一种独立的类型。

{50:2} "委员会"通常包含这样一种含义,就是说数量相对较少的一组人能够对一项任务给予更细致周到的考虑,而这种细致的程度是规模较大的组织全体会议无法实现的。但这个特点准确地讲只适用于"普通委员会",不适用于"全体委员会"。后者指的是组织的全体会议决定自身整体进入"以委员会的模式运行"的状态。对于大型的会议或组织来说,这种做法可以让每位成员在辩论中的发言次数不受限制。"全体委员会"在第 52 节专门讨论,本节的规则主要针对"普通委员会"。

{50:3} "普通委员会"又分为两种类型——"常设委员会"(standing committee)和"临时委员会"(special committee)。"常设委员会"是长期存续的委员会。"临时委员会"一旦完成使命就自动解散。

{50:4} "委员会"这个词通常还有另一层含义,就是它相对于"董事会"而言,在其受委托的职责范围内,较少具有代替组织或委派机构独立行动的权力。除了向组织报告自己的研究结果和行动建议之外,"委员会"通常也只是执行组织的特定的指示。即使被赋予一定的"长效权力"(standing power),它受到的限制和监督也比"董事会"多,也可能要向组织作更为详尽的报告。另外,"委员会"通常没有由规则建立的"例行会议",而"董事会"有。"委员会"的会议一般是按照 50:21~22 所述的方式召集的。但是,有一些"常设委员会",尤其是在国家级或州级的大型组织中的"常设委员会",基本上就是按照"董事会"的方式运行的,虽然没有那样的明文规定。

{50:5} 如果"委员会"在指派成立的时候被同时赋予"权力",那么这个"权力"仅指完成任务所必需的权力,这样的委员会称做"有权委员会"。

{50:6} 对于规模较大、事务繁重的组织,一般由"委员会"首先对议题进行讨论然后再拿到组织的会议上。这样能够使问题得到更细致的讨论,也使组织的全体会议更有效率。很多这样的组织会把每一个主动议都先委托给相应的委员会再在全体会议上做决定。

{50:7} "常设委员会"的任务是长期的,只要组织存在,这样的委员会一般就不会取消。对于一般的组织来说,除非章程或其他规则有不同的规定,否则"常设委员会"的成员任期跟组织官员的任期是一样的,或者直到选出继任者。通常在组织的官员换届的时候,也同时产生新的"常设委员会"成员。

{50:8} 要想设立"常设委员会",就要有所依据。可以是:

(1) 章程中的条款;

(2) 以决议形式通过的一条"特别议事规则"(要求"三分之二表决"加
"事先告知",或者要求"全体成员的过半数表决"),如果属于下列
情况:

● 如果希望这个委员会拥有就某一类特定的事务代替组织采取行
动的常效权力,不需要每次都从组织那里取得具体的命令;

● 如果希望把某一类特定的事务,自动地委托给这个委员会;

● 如果这个委员会的职权与通用议事规则有其他形式的冲突;

{50:9} 如果不属于上面这些情况,就是说这个委员会的职权不会与任何
通用议事规则有冲突,那么只需要通过一条"一般管理规则"就可以。"一般
管理规则"只要求"过半数表决",不要求"事先告知"。但即使如此,最好还
是在"章程"中明确地设立每一个"常设委员会"。需要特别注意的是,一旦
章程中列举了一些"常设委员会"的名称,那么就只允许设立这些列举出来
的"常设委员会"。如果要设立一个没有列举出来的"常设委员会",那么就
必须首先修改章程,增加这个"常设委员会"的名称,除非章程又有条款明确
允许设立新的"常设委员会"(请参阅 56:44—48)。除非章程有不同的规定,
否则"常设委员会"只向组织全体会议报告,而不向"董事会"报告。有些组
织的"常设委员会"实际掌管着一些部门的工作,这样的"常设委员会"本质
上具有"董事会"的性质。

{50:10} "临时委员会"是根据需要而设立的、执行特定任务并且在任务
完成之后,即向组织全体会议作出最终报告之后,就自动解散的委员会。委
托给"临时委员会"的任务不应该属于任何现有的"常设委员会"的既定工作
范围。

委员会的指派

【委员会的指派方法】

{50:11} 如果组织章程或其他规则没有规定如何指派委员会成员,那么
可以使用"默认一致同意"或者"过半数表决"的方式在需要指派委员会成员

的时候就决定对委员会成员的"指派方法"(methods of appointment),请参阅 13:13。而对于"临时委员会"来说,也可以在"委托"(Commit)动议中规定"指派方法"。"指派委员会"(appoint a committee)既包含指派委员会成员的权力,也包含指派"委员会主持人"(committee chairman) * 的权力,以及填补委员会空缺的权力。** 在阅读下面五种委员会指派方法的时候,请参阅 13:17—18 的"指派委员会主持人"。

{50:12} 非会议和组织的成员(non-assembly members,简称"非成员")可以加入委员会,甚至可以担任委员会主持人。但是除非章程有不同的规定,否则所有这些"指派权"仍然保留在组织的全体会议的手中。因而,如果采用下面(1)(2)(3)和(5)的方法指派委员会,那么可以指派"非成员"加入委员会。但是如果采用方法(4)由主持人指派常设委员会或者临时委员会,那么主持人就要遵循 13:15—16"指派临时委员会的成员"中关于指派非成员的规定。

{50:13} 委员会的"指派方法"有:

(1) "书面不记名选举"(election by ballot):主要适用于权力较大的重要的"常设委员会"。可以使用第 46 节中的各种提名方式。选举的方式跟董事会的选举一样,"过半数表决"即可。如果得到"过半数"票数的候选人超过或者少于委员会成员的空缺数,那么处理的办法请参阅 46:33。如果组织习惯于——或者在个案中希望——由组织全体会议选举"委员会主持人"(而不是留给委员会自己选举,请参阅 13:18),那么委员会主持人可以作为一个单独的职务,跟委员列在一张"表决卡"上同时投票。在规模较小的会议和组织中,可以采用两轮投票,第一轮投票只选举委员。在所有的委员名单宣布之后再由组织全体会议用第二轮投票从当选委员中选举"委员会主持人"。

(2) "公开提名并口头选举"(open nominations with viva-voce election),简称"公开提名":如果会议和组织希望把指派委员的权力留

在手中,而且不需要对投票进行保密,那么可以采用这种指派方法。主持人可以说:"现在接受对委员会成员的提名。"主持人每听到一个提名,就重复一遍,如 46:8 所述。第一轮每人只能提名一人,等到所有想提名的人都提过一次之后,已经提过的人可以再提另一个人。如果非要一次提名超过一人,那么需要会议"默认一致同意"。

如果提名的人数小于所需的委员数,那么没有必要表决,因为既然大家明明知道提名人数不够却不再有新的提名,说明大家都同意这些已被提名的候选人当选委员。所以主持人可以直接宣布说:"得到提名的候选人有 A 先生、B 先生、C 先生、D 女士、E 女士。还有新的提名吗? 既然没有,委员会由上述候选人构成。"

如果候选人数超过委员人数,那么主持人在确认没有新的提名之后,按照提名顺序重复所有候选人的名字,再按照提名顺序依次表决,过半数则通过,直到通过的人数满足所需的委员人数。这跟第 46 节的"口头表决"的流程是一样的。根据 46:37—39 给出的原因,提名越靠后的候选人当选的几率就越小。

在所有委员都确定下来之后,会议可以再从中选举一个"委员会主持人",或者也可以一开始的时候就单独选举委员会主持人。

(3)"主持人提名并会议口头表决批准"(nominations by the chair with confirmation by voice vote):适用于会议和组织希望利用主持人对成员的了解和判断,但又希望保留否决权的情况。主持人提名的数量要跟委员名额数量一致,并且必须首先提名"委员会主持人"。例如:"主持人提名 X 先生担任委员会主持人,委员有 Y 女士和 Z 先生。⑤ 现在的表决议题是:是否由他们构成该委员会?"此时成员可以动议"删除"某个候选人,但不可以"插入"候选人。如果"删除"得到通过,那么仍然由主持人补充提名。然后,主持人再次提请表决:"X 先生、Y 女士和 W 先生得到主持人的提名,所有赞成由他们构成该委员会的请说'赞成'……所有反对的请说'反对'……"

---

⑤ 即使不加说明,主持人提名的第一个人也自动成为委员会主持人。除非组织全体会议拒绝这个人进入委员会,或者这个人拒绝委员会主持人的职位。但最好还是说明一下是提名这个人做委员会主持人,请参阅 13:17。

(4) "主持人指派"(appointed by the chair):如果没有特殊情况,那么对于大型的会议来说,由"会议主持人"(the chair)或"组织负责人"(regular presiding officer)直接指派委员会成员是最好的办法。很多小型的会议也默认这种做法。但主持人不能擅自给予自己这样的权力,必须有章程的授权或者会议在每次需要的时候做出这样的决定[请参阅 13:8(3)、13:13、13:15 和 56:46]。

如果组织章程授权"组织负责人"(president)指派委员会,但他没有担任会议主持人,那么会议主持人并不能自动获得这个授权。所以章程中的这一条款应该足够灵活,应该规定如何暂缓自己,以应付这种情况(例如,在"组织负责人"缺席的时候,会议需要指派临时委员会)。另外,章程中的这一条款还必须规定组织负责人不能指派"提名委员会"(nominating committee),建议也不要让组织负责人指派"纪律惩戒委员会"。

如果章程授权组织负责人指派委员会(无论是否有上述的例外条款),那么这个委员会要么是在章程中提到的,要么由组织全体会议现场的动议所指定,不能由组织负责人自行决定一组人就是一个新的委员会。

主持人指派委员,一般不需要表决,除非在事先没有授权主持人指派非组织成员为委员的情况下主持人指派了"非成员"。可以直接在章程或者动议中授权主持人指派"非成员"进入委员会(请参阅 13:15 和 56:46)。但是主持人必须宣布所有委员的名字,并且首先是委员会主持人,跟上面的(3)一样,然后委员会才可以运作。需经会议授权,主持人才可以在会议休会后完成临时委员会的指派工作,且必须在下一次会议上宣布名单,并记录在会议纪要中。

(5) "在动议中指派"(appointment by adoption of a motion naming members of a committee):如果没有其他约束限制,那么在指派临时委员会的时候可以使用这种方法。在"委托"动议中,如果委托给一个临时委员会,那么可以同时指出委员的姓名。委员的姓名可以在动议时指出,也可以由"修正案"补充,甚至还可以在"委托"动议没有指派任何委员而得到通过之后,再用一个动议来指派委员。无论哪种情况,可以指明谁任委员会主持人,也可以不指明而交给委员会自己选举。在含有委员姓名的"委托"动议待决时,不能替换动议中委员的名字,但可以补充新的名字。所有这些名字都被当成是提名,并按照选举的方式来处理它们[请参阅 13:8(3)和 13:10—18]。

{50:14} 对于委员的任期,除非章程或其他规则明确规定委员会成员任期是"……[时间长度]且直到选出继任者",或者规定了固定的任期——如"任期两年",那么委员职务的解除和替换程序跟官员一样(请参阅 62:16),否则,委员(包括"委员会主持人")职务的解除和替换规则如下:如果指派是依照上述(1)(2)(3)和(5)的方法,那么解除和替换属于"取消或修改已通过的决定"(Rescind or Amend Something Previously Adopted);如果指派是依照上述方法(4),即"主持人指派",那么也仍然是由主持人决定解除和替换(请参阅 13:23)。

{50:15} "委员会"(除了"全体委员会"以外,请参阅第 52 节)可以设立"子委员会"(subcommittee)。"子委员会"只对所属的"委员会"负责和报告,不向组织全体会议负责和报告。"子委员会"的成员必须是所属的"委员会"的成员。但是,如果组织要求委员会采取的行动需要外人的协助,那么组织可以授权"委员会"指派"非该委员会成员"进入该委员会的"子委员会"。

{50:16} 委员会的"当然成员"也就是"当然委员"(ex-officio member) * 与董事会的"当然董事"规则相同(请参阅 49:8—9)。如果章程规定"组织负责人"(president)是所有"委员会"的"当然成员"(除 56:47 列出的那些不适合由"组织负责人"指派成员的委员会以外),那么组织负责人有权利但没有义务参加各委员会的活动。计算委员会有效人数的时候,组织负责人既不算入总数,也不算入出席人数。

{50:17} 委员会成员如有辞职,委员会应该向指派了该委员会的上级组织报告,并由上级组织填补空缺(请参阅 47:57—58)。

【委员会的合理构成】

{50:18} "常设委员会"的委员应该选择那些对该委员会事务而言最有能力的人。而对于"临时委员会",则因为设立目的不同,需要不同的规模和人选:

● 如果需要"临时委员会"去执行会议的一项决定,那么委员会规模要

---

* 对于委员会,可以认为"委员"等于"委员会成员","当然委员"等于"委员会当然成员"。——译者注

小,并且只指派那些赞成该决定的人。如果有人被指派但却不赞成这个决定,那么他应该请求免责。

● 但是如果需要"临时委员会"去协商或调查一件事务,那么委员会应该大一点,并且让组织中尽可能多的持不同观点的人参加。这样委员会形成的意见才有说服力,最能代表组织整体的意愿。通过精心挑选委员会成员,也能把敏感复杂议题的争吵最大限度地限制在委员会内,从而提高全体会议的效率。反之,如果有重要的意见没有在委员会里被提出,则会大大削弱委员会的作用。

【委托时的指示和文件】

{50:19} 委员会受到指派之后,组织的秘书应该保证所有的委员会成员都得知自己被指派。同时还应该准备一份委员会成员名单交给委员会主持人。如果委员会主持人缺席,就交给其他被授权的委员会成员。对于受委托的事务(对于"临时委员会",在委托时;对于"常设委员会",可能在任何时候),秘书还应向委员会主持人或其代表提供相关的文件、动议以及组织全体会议下达的"指示要求"。应委员会的请求,其他组织官员也必须提供必要的文件或材料以协助委员会工作。但如果这些官员不确定委员会的请求是否"必要",那么可以首先征求组织负责人的意见。

{50:20} 委员会必须注意保管得到的文件,必须在任务完成之后原样归还这些文件。即使拿到的是复印件,也只能在再次的复印件上做标注。除非组织全体会议下达的"指示要求"里面说明给他们的已经是额外的复印件,允许标注。委员会向组织全体会议建议的"修正案",应该单独列印,不能只是在原来的复印件上标注。

委员会的运作

【委员会的会议】

{50:21} 委员会受到指派之后,由"委员会主持人"(或组织全体会议主持人最先指派的那个人临时担任"委员会主持人",请参阅 13:18)召集委员会会议。⑥

---

⑥ 如果确实无法实现委员会成员聚在一起开会,委员会可以报告由所有委员会成员都分别表示同意了的意见(请参阅 51:2)。另外,有时允许委员会召开"电子会议",请参阅 9:30—36,特别是关于"委员会采用电子会议"(9:35)的部分。

如果有委员会成员认为"委员会主持人"未能召集最初的会议,或者未能在需要的时候召集之后的会议,那么任意两名委员会成员有权召集委员会会议(除非委员会规模较大,需要规定更多人数,可由组织的规则或组织给委员会的指示规定,也可由组织决定交给委员会自己规定)。无论谁召集,都应该保证提前合理的时间让每位委员会成员都收到会议通知,明确委员会会议的时间和地点。除非组织另有规定,否则委员会的有效人数就是所有委员会成员人数的过半数(第40节)。

【休会的方式和效力】

{50:22} 如果委员会决定休会再议(reconvene),那么既可以直接休会,也可以休会并在指定时间再议。对于前一种做法,休会时没有指定下一场会议的时间,下一场会议的召集方式如上一段所述。对于后一种做法,休会时就指定了"后续会议"(adjourned meeting)的时间,对"后续会议"不必发会议通知,但可行的话发送会议通知是更好的做法,至少应保证把后续会议的时间和地点通知给本场会议缺席的委员会成员。

{50:23} 一个"临时委员会"的所有"场"会议共同构成一"次"会议(第8节)。"临时委员会"在完成任务之后,要使用"解散"(Rise)动议——等效于"最终休会"(adjourn sine die)动议——并由委员会主持人(或其他委员)向组织报告。"解散"动议不可用于"常设委员会",在"临时委员会"中也只适用于已经准备好要解散的时候。

【委员会的运作程序】

{50:24} 小型的委员会,委员会主持人兼任秘书。但在大型委员会以及多数常设委员会上,由单独的委员会秘书负责记录"委员会备忘录"(memorandum),类似"会议纪要"(minutes),并且仅供委员会使用。

{50:25} 在49:21列举的小董事会适用的简化的议事规则,同样也适用于所有委员会的会议,无论常设委员会还是临时委员会,除非组织对委员会另有指示(参阅下一段);并且"取消或修改已通过的决定"和"重议"的规则变化也如35:2(7)和37:35所述。在委员会里,委员会主持人不仅有权动议、辩论,而且通常还应该是最活跃的。而且,为了使委员会的辩论更充分,不允许在委员会中使用任何结束或限制辩论的动议(第15节和第16节)。⑦

---

⑦　如果有成员滥用"不限发言次数"的规则,阻止会议正常进行,委员会要反映到上级组织,上级组织可决定免除该委员,建立委员会发言次数的限制,或采取其他适当行动。但是,如果来不及走这些程序,委员会主持人也有权不再准许该委员就同一议题发言。

{50:26} 固定组织的委员会受下列规则体系的约束：组织章程、组织的议事规则标准、组织指定的特别议事规则和一般管理规则中适用于该委员会的部分。只有组织的规则授权或者在具体的委托中由上级组织"指示"，委员会才有权制定自己的规则。如果常设或临时委员会的规模很大，遵循一般协商会议的议事规则更为合适，那么应特别指示该委员会，不要采用49：21 列举的小董事会适用的简化议事规则。上级组织可以经"过半数表决"通过指示，要求委员会不要采用上述的简化议事规则。

{50:27} 如果委员会受委托处理的事务非常重要，那么它应该举行"听证会"(hearing)，使得所有的组织成员——不仅仅是委员会成员——都有机会对此事务发表自己的意见。"听证会"的时间由委员会指定。"听证会"之后，在委员会实际展开对此议题的考虑和辩论的时候，只有委员会的成员可以出席。

{50:28} 委员会(常设或临时)可以采用类似于61：10—21 描述的那些"纪律惩戒程序"，惩戒在委员会会议上违规的委员会成员，防止非委员会成员干扰会议，以保护自身的有效运作，但是委员会无权直接处罚违规的委员会成员，必须向组织报告，由组织决定适当的处罚。如果时间不允许，为让委员会完成受托任务，委员会有权请违规成员离开会场不再参加剩余会议。

【委托的延续与终结】

{50:29} 对于一般组织的"常设委员会"来说，委员会成员的任期跟组织官员的任期是对应的。这样的委员会也需要向组织全体会议作报告，而且通常也是在年度会议上，就一年来受委托的工作做出总结。即使递交报告的时候委员的任期将要结束，"常设委员会"也不解散，已经委托给"常设委员会"的尚未解决的事务也仍然由该委员会继续处理，由新一届委员会接着负责，除非会议表决"收回委托"(第 36 节)。直到新一届委员会成员产生，旧一届委员会成员都可以继续任职。

{50:30} "临时委员会"只为受托的事务而存在。除非任务没完成就被"收回委托"(第 36 节)，否则它的正式终结是在组织全体会议收到报告的时候。在"临时委员会"完成任务之前召开的年度会议，并不取消"临时委员会"。但是如果组织本身都将不再存续或者组织的部分或全部成员的任期将到，例如"代表大会"、市议会(city council)和董事会等，组织本身的解散或更替同时也意味着该组织指派的"临时委员会"的解散，除非指派时就特别说明要晚些时候汇报。如果不汇报,则其上级组织的解散也意味着"临时委员会"的取消。

§51. 董事会和委员会的报告

{51:1} 作为下属机构的"董事会"或者"委员会"的"报告"(report),是由该下属机构表决通过并且以该下属机构的名义递交的正式文件,就该下属机构的执行结果、收集的信息或建议的行动向上级组织进行报告。

报告的基本考虑

【报告的内容限制】

{51:2} 能够在报告里出现的事务,必须是依据相应的表决额度(一般是"过半数表决"),由董事会或委员会表决通过的决定,并且是在例行会议或合规召开的其他会议上通过的(董事会例行会议、合规召开的董事会临时会议、合规召开的委员会会议,以及前面这三种会议的后续会议,请参阅9:17—19,而且所有的成员都得到了会议通知,并且满足有效人数)。对于得到超过半数支持但却是分别从每一位成员那里得到的信息或建议,董事会和委员会有不同的处理原则:对于董事会,这样的建议要向上级组织说明情况,但不能成为董事会的正式报告(请参阅 49:16);对于委员会,这样的建议可以成为委员会的报告(例如,委员会的成员分布在各个地方,正常的工作方式就是通过邮件信函进行的,那么这些成员的过半数的意见就可以成为该委员会的报告)。另请参阅 9:30—36 的"电子会议"。

【报告的类型】

{51:3} 为了本节叙述的方便,将报告分为两种类型:

(1) 例行报告,即董事会或常设委员会的周期性报告,例如年度报告,通常按照章程的规定上交。主要是提供信息,说明情况,总结过去一年或指定周期内主要工作的进展,也可以提出建议——这些建议既可以是组织的大政方针,也可以是希望采取的具体行动(请参阅下一段)。

(2) 专项报告,即针对一项或几项具体事务而做的报告,有几种特定的格式,请参阅 51:30 开始的段落。如无特别要求,通常应写得言简意赅。

【报告的重点是建议】

{51:4} 无论上述的例行报告还是专项报告,对上级组织的具体行动建议应该集中列举在报告的最后——即使已经在报告的其他部分提到过,而且应该尽可能写成一条或者若干条"决议草案"(proposed resolution)的形式,否则就容易造成歧义——上级组织"通过了报告",究竟是意味着批准行动,还是只表达了一种意向,还需要另外的、更明确的决议来批准行动呢? 董事会或者委员会最了解自己报告中的建议,所以最应该把它们写成决议草案。

{51:5} 如果报告仅就单项事务提出建议,尤其是"委员会"就受委托的事务提出的建议,那么正式报告应该尽可能以建议为主,无论是否采用"决议"的形式(请参阅 51:30—51 的举例)。即使希望提供一些背景信息(事实、理由等),也应该尽可能采用口头的形式,由报告人在报告时补充,或者在辩论中更深入地阐述。报告人有辩论发言的优先权,其他的委员会成员也可以补充。

{51:6} 这么做的原因是,在建议采取具体行动的同时给出理由,往往招致相反的效果。因为本来同意采取行动的人,可能却不同意所给出的理由,在听到这些理由之后,反倒可能反对这项行动了。

【详细报告的格式】

{51:7} 如果在某些情况下,在就某个问题提出建议的时候,确实有必要提供完整的细节,也就是说需要"详细报告"(detailed report),那么最好这样编排报告的主体:

(1) 描述开展工作的方法;

(2) 发现的事实和取得的信息;

(3) 得出的结论;

(4) 建议和决议。

即使在第 1—3 部分已经给出行动建议,在第 4 部分也必须重新以"决议"的形式整理出来。这样一来是便于查阅,二来是让"建议"和提出建议的"理由"分开来,以免有人同意"建议"却不同意"理由"。

【报告的陈述与听取】

{51:8} 报告由"报告人"(reporting member)在恰当的时间向上级组织递交。董事会的主持人如果也是组织负责人,那么应该由其他人或董事会秘书做"报告人",否则由董事会主持人作报告。对于委员会,一般由委员会的主持人做"报告人",但如果委员会主持人不同意报告中的建议,或者因为其他原因不想做"报告人",那么委员会需要选择其他委员做"报告人"。

{51:9} 报告人在作(make)报告或者说"陈述"(present)报告时,首先取得发言权,然后可以根据情况采用下面几种方式:(1)如果报告没有成文,那么就口头表述;(2)如果有书面报告,那么报告人可以自己朗读报告,然后把书面报告交给全体会议的主持人或者秘书;或者(3)如果有书面报告,那么报告人也可以只宣布"报告现已递交",然后把报告交给全体会议的主持人或者秘书,再由秘书或专门的"朗读员"(reading clerk)朗读。无论哪种方式,会议在"听取"报告之后,就算"收到"了报告。所以,"陈述报告"等于"递交报告",而"听取报告"等于"收到报告",报告的"递交"和"收到"是分别从报告人和上级组织的角度反映的同一个事件。

【报告的处理】

{51:10} 除非报告只提供信息,没有任何建议(请参阅 51:53),否则在"收到"报告之后,会议要立刻考虑报告中包含的行动建议或者由报告引发的行动建议,以"动议"的形式推动实施报告中的建议,或者偶尔可能会通过整个报告。

动议实施报告中建议

{51:11} 如果报告仅仅是对受委托的事务(受委托的事务在"委托"的时候是待决的,第 13 节)提出"通过"或"否决"的建议,那么在组织全体会议收到报告之后,受委托的事务立刻又变成当前直接待决动议继续考虑(请参阅51:37—43)。在其他情况下,报告人若是组织成员,在报告之后通常还要立刻"动议"实施报告中的建议(请参阅 51:31—35 和 51:44—51 的例子,在那些例子中,通常假设报告人是组织的成员)。如果报告是由秘书或"朗读员"朗读的,那么在朗读结束之后"报告人"立刻恢复发言权,以便动议实施报告中的建议。这些动议不需要附议,因为动议是代表董事会或者委员会提出的(请参阅 4:11)。

{51:12} 但如果"报告人"不是组织的成员,或者因为其他原因不能动议实施报告中的建议,那么任何组织成员都可以动议实施报告中的建议,但此时需要附议。还有,特殊情况下,如果这样的动议显而易见又必不可少,那么主持人可以不必等待动议,而是假设已有动议,直接宣布议题。

动议通过整个报告

{51:13} 在极少数情况下,在组织全体会议收到报告之后,可能需要投票"通过整个报告"(adopt an entire report),一旦通过,就意味着会议认可报告中的每一个字,包括所有的事实和推理(请参阅 10:52—53)。这样的动议只能由"报告人"之外的组织成员提出,而且必须得到附议。除非要以整个组织的名义发表这份报告,否则"通过整个报告"的做法通常不够明智。

【术语的用法】

{51:14} 在描述组织全体会议针对董事会或委员会的报告或其中部分内容所采取的行动时,可以说组织"通过""接受"或"同意"了报告或报告中的建议。它们都是正确的说法并且具有相同的含义和效力,都表示这些内容成为整个组织的声明或决定。但最好使用"通过"以避免歧义。

{51:15} 常见的错误是在报告被朗读之后动议"会议收下报告"(the report be received),以为需要经过这样一个动议,这个报告才能得到讨论,或者才能被承认为已经递交。实际上这样的动议毫无意义,也是不合规的。报告在朗读之后就自动被"收下"了。即使在朗读报告之前提出这样的动议也毫无必要,因为"会议程序"已经同意在指定的时间"收下"这个报告了。

{51:16} 另外一个不很常见但很危险的错误动议是:在朗读报告之后(甚至之前),动议"接受"这个报告。而其原因也是动议人以为需要经过这样一个动议,这个报告才能开始得到讨论,或者才能被承认为已经递交。这个动议的危险性在于它实际的效力却是等于"通过整个报告"。

【报告所引出的动议及规则】

{51:17} 在组织全体会议听取董事会或委员会报告之后,只要是由报告所引出的动议,无论是以哪种方式引出的(包括在报告递交之后自动成为直接待决状态的动议;包括为了"实施报告中的建议、决议或动议"或者为了

"通过整个报告"而由成员提出或由主持人直接宣布议题的动议),在主持人宣布议题之后,都将按照普通的"主动议"来处理,并适用完全一样的规则,可以辩论和修改,可以应用各种附属动议。所以,如果当时被委托的是主动议,而委员会建议"修改""搁置"或"改期",那么在组织全体会议"收到报告"之后这些"修改""改期"或"搁置"可以辩论,而且"主修正案"和"改期"还可以进一步修改,都遵循这些"动议"各自的规则。

{51:18} 但要注意,不能"反对考虑"(第 26 节)受委托的事务——无论"委托"的时候这件事务是否待决的。因为"反对考虑"只能使用在刚刚提出"实质主动议"的时候。受委托的事务(1)如果在"委托"的时候已经待决,那么它就已经不是刚刚提出;或者(2)如果在"委托"的时候不是待决的,那么在报告之后提出的主动议也属于"程序主动议"(请参阅 10:4—6)而不属于"实质主动议",所以也不能反对考虑。

【在通过之前修改报告】

{51:19} 如果打算通过整个报告,那么可以在"收到报告"之后,先对报告进行修改。为了不引起混淆,发表或存档的报告应该清楚地标明报告的原始版本以及做过的修改,以便让原本报告的内容和最后发表的内容都清晰可见。例如,删掉的内容用方括号括起来,插入的内容加上下划线或者使用斜体,并且在报告的开头加上一段对这些标注的说明(请参阅 51:13 和 51:22)。

董事会报告

【董事会报告的准备】

{51:20} 组织的"董事会"(executive board 或 board of directors)每年要在年会上向组织报告年内工作,或者在其他时间根据章程的要求或者组织工作的需要向组织报告具体工作。

{51:21} "董事会报告"(board reports)通常由"组织负责人"(通常也就是"董事会主持人")或者"秘书"起草,并且如果有"执行委员会"(executive committee)的话,要先经过"执行委员会"讨论通过,然后再由"董事会"讨论通过(请参阅 51:1—3)。"董事会报告"必须且只需由"组织负责人"或"董事会主持人"以及"秘书"签字。

【董事会报告的处理】

{51:22} 如果需要"董事会"作报告,那么在"会议程序"所指定的时间,或者如果没有指定,那么就在委员会报告之前,或者在"未完事务"开始之前,由组织全体会议的主持人请"董事会"的报告人作报告。在朗读完报告之后,"报告人"动议通过报告中的"决议"。这些"决议"也应该整理在报告的最后。如果董事会的年度报告需要在发表之前正式地由组织通过,那么在会议纪要中应该这样措辞:"董事会递交了报告。经过辩论和修改,通过的报告如下(其中修改过的内容已做了标记,方括号中的文字已经删掉,插入的内容加注了下划线[或斜体]):……"组织可以拒绝通过董事会的报告,甚至可以禁止它的发表,或者组织可以有选择地通过董事会的报告。但只要是发表或者记录下来的文字,就必须如上面这样清楚地标记所有的修改。

委员会报告的格式与听取

【委员会报告的一般格式】

{51:23} 委员会报告要求书面形式,除非是 51:60—62 所述的例外情况(小规模会议的特定类型的简短报告)。在这些例外情况下,也只有在报告内容非常简短、秘书在会上听过报告之后就完全可以把所有内容记录下来的情况下,才可以只进行口头报告,而且秘书必须当场完整记录口头报告的内容。

{51:24} 委员会的书面报告通常不写称谓,因为默认的称谓就是上级组织;也不写日期,因为日期就是组织的会议听取报告的那天,并且通过记录在会议纪要中体现。

{51:25} 委员会报告永远使用第三人称,不要说"我报告……"或"我们建议……"。主语应该是"……委员会"。另外在组织全体会议中谈到委员会报告的时候,应该说"财务委员会的报告"或"受托处理……事务的委员会的报告",而不要说成个人的报告,不要说"财务委员会主持人的报告"或"史密斯先生的报告",无论这个报告在多大程度上是由这个人起草、完成和陈述的。

{51:26} 委员会报告首先应该表明这是哪个委员会的报告——对于"常设委员会"来说就是委员会的名称,对于"临时委员会"来说就是受托处理的事务:

[对于常设委员会]

……委员会现就……报告如下：……

或者，

……委员会递交如下报告：……

[对于临时委员会]

受托处理……[受托事务的议题]的委员会报告[或建议]如下：……

或者，

受托处理……[受托事务的议题]的委员会现递交如下报告：……

{51:27} 如果报告非常重要，那么应该由所有同意该报告的成员在上面签字。[8] 或者，委员会可以授权由委员会主持人一个人签字，并在签名的后边注明"委员会主持人"。这意味着委员会主持人代表所有的委员会成员签字，且证明委员会按照 51:2 的方式通过了该报告。如果所有同意该报告的委员会成员都签字，那么习惯上委员会主持人第一个签，但不是必需。另外，委员会主持人只有在自己代表所有委员会成员签字的时候，才能在自己名字后面加注"委员会主持人"字样。在签字前面加注"恭敬呈上"(Respectfully Submitted)已经过时也没有必要。

【委员会报告的听取】

{51:28} 委员会报告在组织的全体会议上被听取的方式有如下几种：

● 通常，"会议程序"中安排了委员会报告的环节。组织全体会议主持人先按照常设委员会在章程中列出的顺序依次"叫请""常设委员会报告"。然后按照临时委员会成立的顺序依次"叫请"临时委员会报告。但主持人要跳过已知的没有报告的委员会(请参阅 41:13)。在自己的委员会被叫到的时候，委员会主持人或者其他报告人起立，称呼主持人并陈述报告。

● 或者，如果"会议程序"中没有安排委员会报告的环节，那么委员会主持人或者其他报告人应该在没有待决动议的时候取得发言权，告知

---

⑧　在某些特殊情况下，也可以签字表明不同意，请参阅 51:71。

组织全体会议"委员会已经达成共识并准备报告"。如果主持人认为会议希望听取报告,那么可以让报告人继续。如果有其他成员反对听取报告,或者主持人不确定是否应该现在听取报告,那么主持人可以询问是否有"希望听取报告"的动议,或直接假定已有这样的动议,然后提请会议裁定:

> 主持人:*当前议题是:"是否现在听取该委员会的报告?"所有赞成的请说"赞成"……所有反对的请说"反对"……*

这个动议要求"过半数表决",不可辩论,不可修改。如果遭到否决,那么组织全体会议应该以表决"程序主动议"的方式,或者以"默认一致同意"的方式指定之后的一个听取报告的时间。到时候听取报告的方式跟上文所述相同。

{51:29}(关于如何听取"少数方报告",请参阅 51:69—70。)

委员会报告的处理

{51:30} 不同类型的委员会报告有不同的陈述方式和处理方法,下面将分别讨论和举例。举例中假定,在适用的时候,报告人自己在陈述报告之后动议实施报告中的建议(请参阅 51:10—13)。

【常设委员会的主动建议】

{51:31} 常设委员会在自己的职责范围内,可以主动提出建议。这些建议在报告中必须以书面形式体现为若干"决议"。这些决议草案要么本身就构成了这份报告,要么也是在报告的最后被集中整理在一起。如果还要对决议进行解释说明,那么除非在很小的会议上可以口头解释,否则最好也是书面的。报告人在报告之后动议通过报告中的决议。例如:

> 报告人(朗读书面报告):
> 建筑环境委员会报告会所的屋顶上周被飓风严重损坏。委员会建议通过如下决议:"决定,授权建筑环境委员会为会所屋顶修复工程展开招标工作并代表社团签订相关合同。项目预算控制在 5 000 美元以内,超出预算需重新授权。"
>
> 乔治·维尔森　委员会主持人
> 主持人,我代表委员会[或者"委员会派我"]动议通过刚刚的决议。

{51:32} 然后主持人宣布议题,按照主动议进行处理。如果报告中含有不止一个决议,那么报告人用一个"动议"通过所有这些决议,然后应用10:25 的规则进行处理。

{51:33} 在特殊情况下,如果报告里面的建议没有写成"决议"的形式(这通常不是最好的做法,最好把建议集中列在报告的最后并写成"决议"的形式,即使这些建议在报告前文就已经分别给出了),那么就不要说"动议通过委员会报告中的建议",因为这样做会造成动议效力的混乱(请参阅 51:4)。这种情况下比较好的做法是在"动议"中具体说明行动内容。例如,报告中建议拨款 2 000 美元聘请人力资源顾问,那么"动议"应该这样措辞:"根据委员会报告中的建议,我动议拨款 2 000 美元聘请人力资源顾问。"这个动议既可以由报告人在宣读完报告后提出,也可以由其他成员在取得发言权后提出。如果具体的动议内容不那么明显或者需要更仔细的措辞,那么其他的成员可以动议"委托"⑨一个委员会来负责措辞以形成动议,可以是同一个委员会,也可以不同。

【被委托的是问题】

{51:34} 如果被委托的只是一个"问题",也就是说在"委托"发生的时候,还没有提出任何解决问题的方案,没有任何关于如何解决问题的"决议"或者"动议"待决,那么委员会的报告通常应该提供一些"决议"来解决被委托的问题,或者也可以建议不采取任何行动。例如:

报告人(朗读书面报告):

俱乐部委托本委员会讨论为罗尼公园捐建健身设施一事。委员会发现罗尼公园尚无网球场,所以建议俱乐部通过下面的决议:"决定,俱乐部拨款为罗尼公园建设两个网球场。"

豪沃德·福特　委员会主持人

主持人,我代表委员会动议通过上述决议。

{51:35} 接下来遵循主动议的规则处理这份决议。如果报告中包含建议但没有写成"决议"的形式,那么处理方法与前一种委员会报告的类型是一样的。

---

⑨　这个"委托"是个主动议,因为被委托的事务不是待决的(请参阅 13:6)。

【被委托的是决议】

{51:36} 如果一项"决议"或者其他"主动议"(第 13 节)被委托给委员会,包括按照组织的规则要求,这样的决议或主动议必须首先交给指定的委员会仔细考虑并提出建议以后才能提交给组织全体会议考虑的情况,那么委员会的报告应该就此决议或主动议向组织全体会议提供处理建议。此类报告的格式和处理方式又可以分为如下几种情况:

委员会建议通过、否决或未形成建议

{51:37} 委员会可以对受委托的决议形成过半数的建议,可以是"通过"或"否决",或者如果委员会无法形成过半数的建议,那就报告"未形成建议"。这样的报告在小规模组织中可以口头进行,但秘书必须在会议纪要中进行书面记录。例如:

报告人:本委员会受托讨论如下决议:"决定,联盟同意拨款建设新学校。"委员会的建议是"通过"[或"否决"]。

或者,

本委员会受托讨论……决议,但未形成建议。

{51:38} 如果决议太长,不能放在上面的格式中全部朗读,那么可以采用下面的格式:

报告人:本委员会受托讨论关于部门重组的决议。委员会的建议是通过该决议,没有修改。

{51:39} 然后,报告人把委托时拿到的决议还给主持人或者秘书。

{51:40} 这种情况下,报告陈述之后,不需要动议,受托的决议或者主动议自动成为直接待决动议,主持人直接宣布议题。如果委员会建议"通过"或者"未形成建议",那么主持人在报告人就座之后,立刻说:

主持人:受托处理……的委员会建议通过决议[或"无法形成建议"]。决议是:……[朗读]。现在的议题回到这份决议。

{51:41} 注意,这里在宣布议题和提请表决的时候,针对的都是原受托决议,而不是委员会的建议,也就是说,宣布的议题是受托决议本身,而表决时只能针对"是否通过"该决议进行表决,因而"赞成"永远意味着支持受托决

议。如果委员会的建议是"否决",那么主持人的措辞应该是:

> **主持人**:受托处理……的委员会建议否决如下决议:……[朗读]。委员会建议否决该决议。现在的议题回到这份决议。

委员会建议如何处理被委托的待决决议和修正案

{51:42} 如果被委托的是一个待决的"决议"和它的一个待决的"修正案",在小规模会议中,报告人可以口头报告,但秘书必须书面记录在会议纪要中。还有,报告要先说对"修正案"的处理意见,再说对"决议"的处理意见。例如:

> **报告人**:本委员会受托处理如下决议,"决定,批准扩建游艇港口",以及对该决议的修正案,"添加'预算不超过 15 万美元'"。委员会的建议是通过修正案,并通过修改后的决议。

{51:43} 跟上面一种报告类型一样,不需要动议,主持人直接宣布"修正案"的议题,然后再在修正案表决之后宣布决议的议题。如果还有"辅修正案"也被委托,那么最先宣布"辅修正案"的议题。报告人报告委员会建议的顺序是:"辅修正案","主修正案","决议"。主持人宣布议题的顺序也是这样的。

委员会建议对决议改期或者搁置

{51:44} 如果"委托"发生的时候,有一个针对待决动议或主动议的"搁置"(第 11 节)正待决,那么这个待决的"搁置"就被忽略掉,委员会不考虑,在报告的时候组织全体会议也不再考虑。无论委托时是否有这样的"搁置"动议待决,现在要说的是,委员会在讨论被委托的决议 * 的时候,也都可以建议"改期"或者"搁置"被委托的决议。这又分为三种情况(但无论哪种情况,只要秘书进行书面记录,这些报告都可以是口头的):

(1) "委托"发生时没有待决的"修正案",报告人在报告之后,动议"改期"决议,或者"搁置"决议:

> **报告人**:本委员会受托讨论如下决议:"决定,……"委员会建议,进而我代表委员会动议,将此决议改期到……[或"搁置"]。

---

* 　这里用"决议"代表"决议或其他主动议"。下同。——译者注

然后主持人先就"改期"(或"搁置")宣布议题并辩论和表决，如果"改期"(或"搁置")被否决，再对"决议"宣布议题。

(2) "委托"发生时有待决的"修正案"，委员会的建议是"改期"，报告人在报告之后，动议把决议"改期到指定时间"：

> **报告人：本委员会受托讨论如下决议，"决定，⋯⋯"，以及待决的"修正案"，⋯⋯[宣布修正案的内容]。委员会建议、进而我代表委员会动议，将此决议改期到⋯⋯**

然后主持人先就"改期"宣布议题并辩论和表决。如果"改期"被否决，再就原有的"修正案"宣布议题，最后是决议本身。

(3) "委托"发生时有待决的"修正案"，委员会的建议是"搁置"。因为"修正案"的优先级高于"搁置"，所以需要首先对"修正案"进行表决：

> **报告人：本委员会受托讨论如下决议，"决定，⋯⋯"，以及待决的"修正案"，⋯⋯[宣布修正案的内容]。委员会建议、进而我代表委员会动议，将此决议搁置。**

然后报告人就座，不进行任何动议。主持人先宣布"修正案"的议题。在修正案表决之后，主持人宣布"搁置"的议题，或者请报告人代表委员会动议，后面的程序就跟(1)一样了。

委员会建议对决议进行修改

{51:45} 除非极其简单，否则这些"修改"建议(也就是"修正案")应该写成书面形式。对于小规模的会议，报告人可以口头报告，然后把单独写好的"修正案"递交给主持人或者秘书。对于大型会议，报告人应该递交正式的书面报告，把"修正案"包含在报告里：可以先写上完整的原决议，然后再描述如何修改(参阅后面的例子)；或者如果决议很长，且成员们已有决议的复印件，那么报告也可以只列出"修正案"，但要描述清楚修改的位置和方式。

{51:46} 如果"委托"发生时没有待决的"修正案"，那么报告人在陈述报告之后动议(只用一个动议)通过报告所建议的所有"修正案"。如果"委托"发生时已经有一个待决而且一起被"委托"的"修正案 A"，而报告建议的是一个针对"修正案 A"的"辅修正案",那么报告人首先动议通过这个"辅修正案"。如果"委托"发生时已经有一个待决而且一起被"委托"的"修正案 A",而报告建议的是另一个针对原决议的"修正案 B"。因为这两个"修正案"都是"主修正案",所以报告人先不动议。主持人要先就"修正案 A"宣布议题并辩论和表决,然后报告人再动议通过"修正案 B"。

{51:47} 下面的举例针对的就是"委托"发生时没有待决的"修正案"的情况,报告是书面的,被委托的"决议"文本并不是太长可以完整宣读,委员会的报告建议修正案(这个例子也同样适用于后面 51:49—51"委员会建议对决议进行替换"的报告类型):

报告人(朗读书面报告):

本委员会受托讨论关于设立新闻学奖学金的决议。受托决议是:"决定,协会拨款在州立大学设立一个四年期的新闻学奖学金,面向协会会员的子女开放,由协会董事会选择每年的获奖者。"

委员会建议对上述决议做下列修改:

(1) 删除"四年期",插入"针对大二至大四三个学年";

(2) 删除"面向协会会员的子女开放,";

(3) 在最后插入"并需要经新闻系系主任的推荐"。

最后,委员会建议对决议进行上述修改后,通过该决议。

米尔顿·罗斯,委员会主持人

[或者,根据 51:27 关于签名的规则:米尔顿·罗斯,约翰·哈雷,伊丽莎白·诺顿,艾伍德·奎恩]

主持人,我代表委员会动议通过报告中建议的三项修正案。

{51:48} 主持人在就"通过委员会建议的修正案"宣布议题之后,接下来的处理步骤可分为三种情况:

(1) 通常主持人立刻重读或者请人重读第一个"修正案",对它辩论或提出"辅修正案",然后表决;依次进行第二个和第三个。在所有委员会建议的"修正案"处理完之前,不可以提出其他的"主修正案"。而且在所有委员会建议的修正案处理完之后提出的进一步的"主修正案"不能与已经通过的委员会建议的"修正案"冲突。最后,主持人就"通过修改后的决议"提请表决。如果被"委托"的不是待决的决议,而是待决的"文件"(paper),那么也可以就"通过修改后的整个文件"提请表决。⑩

(2) 或者,主持人可以一次性提请对所有的"修正案"进行表决,但如果有成员提出对某个或某些"修正案"进行单独表决,那么就把它们先拿出来。⑪主持人首先就那些可以一并表决的"修正案"提请表决:"所有赞成通过委员会所提的(除刚才已经拿出来等待单独表决的)各项修正案的,请说赞成……反对的请说反对……"这种做法叫做"提请一并(in gross)表决"。然后主持人再就刚才拿出来等待单独表决的那些"修正案",按照报告中列出的顺序,依次提请表决。只要委员会对一项受托决议提出了多项修正案,就可以采用这种做法,但是通常还是用在这些"修正案"不会引起什么辩论或者进一步修改的情况,例如,这些"修正案"来自全体委员会(第52节),已经得到全体与会成员充分的辩论和修改。

(3) 以"默认一致同意"的方式(请参阅 4:58—63),会议可以允许引入一项动议,其内容就是用此一项动议通过报告中建议的所有修正案,而不必逐个辩论这些修正案。

委员会建议对决议进行替换

{51:49} 如果委员会建议用新的决议文本"替换"原来的决议,那么新的决议(或者叫决议的"新版本")必须是书面的。

{51:50} 如果"委托"的时候没有待决的"修正案",那么报告人在陈述报告之后,动议"替换":

报告人:本委员会受托讨论如下决议:"决定,协会近来从埃斯房产获得的赠款,将投资于联合发展集团的股票。"委员会建议,因而我动议,用下面的决议替换上面的决议:"决定,授权董事会聘请信誉好的专业人士帮助决定如何将把埃斯房产获得的赠款用于适当的投资活动。"

{51:51} 主持人接着宣布"替换"动议的议题。但是如果"委托"的时候有

---

⑩ 如果被"委托"的是组织已经通过的文件(请参阅第35节),而不是"待决"的文件,例如现行章程,而委员会报告的内容是一系列对此文件的修正案,例如章程修正案,那么在通过这些章程修正案以后,并不能再动议"通过章程"(请参阅第57节)。

⑪ 但是"关联修正案"不可以被分开表决。请参阅 12:14—15。

待决的"修正案",那么要先根据"辅修正案""主修正案"的顺序依次表决,然后主持人让报告人先动议"替换",再由主持人宣布"替换"的议题(或者,主持人假定已有"替换"动议,直接宣布"替换"的议题)。接下来遵循"替换"的一般规则(请参阅 12:69—90)处理。如果"替换"被否决,那么还要继续考虑原来的决议,仍然可以"修改"原决议。但是如果"替换"得到通过,那么新的决议只接受"添加"(adding)。另外请参阅 12:77—78 关于"委员会提交的'替换'"。

{51:52} 关于就"被委托的决议"陈述报告时要注意的其他问题,另请参阅"决议委员会"(59:67—75 和 59:80—83)。

【单纯信息型的报告】

{51:53} 如果仅仅是为"组织全体会议"提供工作总结、事实描述、观点陈述等,那么在报告陈述过之后,既没有必要,也不应该采取任何行动。这样的报告通常应该是书面的。如果需要"组织全体会议"正式通过这样的报告,那么就更必须是书面的(请参阅 51:13"动议通过整个报告",以及 51:19"在通过之前修改报告"。)

【其他委员会的报告】

{51:54} "会籍委员会"(Membership Committee)的报告如果只是列出会籍申请人的名单,那么可以采用口头形式。但是如果报告中含有该委员会推荐的申请人名单,那么必须是书面的。报告之后,主持人立刻宣布议题。议题就是"批准会籍委员会推荐的候选人入会"。

{51:55} "提名委员会"的报告一般也是由一系列候选人的名单组成的。但是"提名委员会"的报告不能表决,而是要遵照第 46 节所描述的程序来处理。

{51:56} 关于"审计委员会"(auditing committee)报告的处理,请参阅 48:24—25。

{51:57} 关于"章程委员会"(a committee on bylaws)报告的处理,请参阅第 54 节和第 56 节。

{51:58} 关于代表大会中履行议事职能的三大主要委员会——"资格审查委员会"(Credentials Committee)、"特别议事规则委员会"(Committee on Standing Rules)和"日程委员会"(Program Committee)的报告,请参阅第 59 节。

{51:59} 关于按照纪律惩戒程序而设立的"调查委员会"(an investigating

committee)的报告,请参阅第63节。

口头报告、阶段报告与少数方报告

【口头报告】

{51:60} 正如51:23所述,"委员会报告"应该是书面的。但也有一些例外情况,列举在下面两段(51:60—61)。总的来说,小型会议上的简短报告可以采用口头报告,只要秘书在会议纪要中对完整的口头报告内容进行书面记录就可以。下面具体说明哪些情况下的委员会报告可以采用口头形式。

{51:61} 当被"委托"的是待决的决议或主动议时:

(1) 如果报告只就如何处理被"委托"的决议或主动议提出建议,而且满足下面条件之一,就允许口头报告:
   ① 实施报告中的建议不需要新的动议。例如,报告只是建议"通过"或"否决";
   ② 实施报告中的建议只需要一个可以口头进行的"附属动议"。例如,报告建议"搁置",或者"改期",或者只涉及个别词语修改的"修正案"。

(2) 被"委托"的除了决议或主动议以外,还有同时待决的"修正案",甚至既有"主修正案",也有"辅修正案",但委员会没有提出新的"修正案",那么也可以口头报告。报告人依次说出对于"辅修正案""主修正案""决议或主动议"的表决态度。

(3) 如果委员会提出的"修正案"不止个别词语的修改那么简单,那么"修正案"必须采用书面形式。但是"报告"可以是口头的(在这里,"报告"的准确定义是:代表委员会做的一份声明;而声明的内容就是"委员会建议通过这些修正案"。这句话完全可以口头表达)。

{51:62} 如果被委托的只是一个"问题",也就是说在"委托"发生的时候,还没有提出任何解决问题的方案,没有任何关于如何解决问题的"决议"或者"动议"是待决的,而委员会的报告提供了一些"决议"来解决被委托的问题,没有额外的评论,那么这些"决议"必须采用书面形式。但是"报告"可以是口头的,也就是口头陈述这句话——"委员会建议通过这些决议"。

【阶段报告】

{51:63} 如果委员会没有来得及形成"最终报告"(final report),只能提交"阶段报告"(partial report),那仍然按照"最终报告"的方式来处理。如果"阶段报告"只是报告一下工作进度,没有提供任何结论或建议,那么就把它当做"信息型报告"来处理,不需要采取任何行动。否则,如果"阶段报告"中包含了建议,那么也要如同对待"最终报告"那样,采取相应的行动以通过报告所建议的"决议"、所建议的某种行动或者通过"整个报告"。在委员会提交"阶段报告"之后,组织的全体会议经"过半数表决"可以"收回委托"(第36节)。

【少数方报告】

{51:64} 所谓的"少数方报告"(minority report)是指委员会成员中意见不占多数的一些人,不完全同意委员会的报告,请求表达自己的意见,会议通常应该允许这样的请求,以下详述。无论是否有"少数方报告"出现,委员会中以"过半数表决"通过的报告永远都叫做"委员会报告",而不能叫做"多数方报告"。

少数方要求报告的权利

{51:65} 如上所述,陈述"少数方报告"并不是"少数方"的"权利",而是组织的全体会议通常应该给予的一种"特别待遇",因为指派委员会意味着组织的全体会议更感兴趣的是委员会"多数方"的意见。但是在组织的全体会议上,在针对报告展开辩论的时候,任何委员会的成员,都有"权利"作为组织全体会议的成员单独表达对报告的不同意见。但是,除了"委员会报告"本身披露的以外,不允许在组织的全体会议的辩论中泄漏委员会辩论的情况,哪怕只是暗示也不可以,除非委员会报告本身披露,或者组织的全体会议默认一致同意披露。

少数方报告的格式和建议

{51:66} 书面的少数方报告,可以这样开头:

以下签字的是受委托讨论……问题的委员会中的少数方,因不同意委员会多数方的意见,希望表达自己的观点……

{51:67} 如果"委员会报告"的最后建议了一个"决议",那么少数方可以(1)建议否决这个决议;(2)建议修改这个决议;或(3)建议通过其他一些适当的"动议"来解决这个决议。

{51:68} 即使"委员会报告"只是信息型的，"少数方报告"也仍然可以提供建议。

少数方报告的听取

{51:69} 如果委员会的"少数方"希望递交正式的"少数方报告"，那么习惯上在"委员会报告"之后，马上听取"少数方报告"，除非组织的全体会议经表决拒绝听取"少数方报告"。"委员会报告"之后，报告人告诉会议，少数方有另一份报告。主持人首先陈述由"委员会报告"引出的动议，紧接着他应该请委员会"少数方"作报告。如果有人反对听取"少数方报告"，那么主持人提请会议就"是否听取少数方报告"进行表决。"听取少数方报告"这个动议要求"过半数表决"，并且不可辩论。

{51:70} "少数方报告"应该仅仅被理解成"信息型"的报告。所以在组织全体会议听取"少数方报告"之后，不需要采取任何行动。如果要采取行动，那么只能做一件事情，就是动议"让少数方报告替代原来的委员会报告"。无论是否出现"少数方报告"，也无论"少数方报告"是否得到陈述，任何成员都总是有权动议对委员会所提供的决议进行"修改""搁置"等合规的处理。

【标注对特定问题的异议】

{51:71} 如果委员会的书面报告要由所有赞成这份报告的委员会成员签字，且一位委员会成员对报告中的某个特定的问题存有异议，那么他可以在所有其他委员会成员签字的后面，写上自己基本同意该报告，除了那个特定的问题，然后签上名字，而不管是否还会有"少数方报告"。同样地，对于"少数方报告"，也可以有同样的做法，即基本同意"少数方报告"，除了某个特定的问题。另外，如果存在意见不同的若干个"少数方"，组织的全体会议也可以选择听取不止一个"少数方报告"。

§52. 全体委员会

{52:1} "全体委员会"* 以及它的两个衍生物——"准全体委员会"和"非

＊　因为立法机构通常被称做"院"（house），所以在立法机构中这类委员会通常译为"全院委员会"。——译者注

正式考虑",是一类特殊的议事手段。它们既能使某个动议得到深入的考虑,就像委员会那样有较多的发言和辩论的自由,又能使全体会议的所有成员都有机会参与这个动议的考虑。这里所说的较多的自由,就是说只要能够取得发言权,对于任何主动议或者修正案的辩论次数是没有限制的,但是,未发过言者仍然可以优先获得发言机会,且每次辩论发言的时间长度还是有跟全体会议同样的限制。

{52:2} 这三种手段,分别针对不同类型和规模的组织会议,对可能出现的秩序混乱提供不同程度的防范。因为开放较多的自由,必然增加秩序混乱的风险,而且会议的规模越大,风险也越大。从防范这些风险的角度看,这三种手段的最根本区别是:

(1)"全体委员会"适用于大型组织。"全体委员会"内部的表决结果不作为组织最后的决定,只作为委员会的建议。因而组织全体会议还有机会按照通常的议事规则进行进一步的考虑和最后的表决。而且,"全体委员会"的主持人是重新指派的。组织全体会议的主持人可以不受"全体委员会"过程中冲突的干扰,能够在组织全体会议最后考虑阶段更有效地处理问题。

(2)"准全体委员会"适用于中型组织(约 50—100 名成员)。与"全体委员会"相比,二者的共同点是,"准全体委员会"的表决结果也只是向组织全体会议作报告,再由组织全体会议进一步考虑并表决。不同的是,组织全体会议的主持人要继续担任"准全体委员会"的主持人。

(3)"非正式考虑"适用于小型会议或者普通组织。与正常的会议相比,只是没有对发言次数的限制,其他不变,主持人不变,未发言者仍然优先发言,每次发言仍有时间限制,而且,"非正式考虑"的表决结果就作为组织的决定,不用重新表决。

{52:3} 下面全面介绍"全体委员会""准全体委员会"和"非正式考虑"的规则。

全体委员会

{52:4} 虽然只有立法机构才经常使用"全体委员会" *,但它是这三种手

---

*　在立法机构中可称"全院委员会"。——译者注

段中出现得最早的一种,也是其他两种的起源。从议事学的角度,只有它才是真正的委员会。因而在进入"全体委员会"之后,虽然成员是组织全体会议的成员,但是准确地讲,它只是委员会,而不是"全体会议"。

{52:5} "进入全体委员会"的步骤跟指派一般委员会的步骤一样。组织全体会议表决决定"进入全体委员会",等于组织全体会议表决决定把事务"委托"给这个委员,然后再指派全体委员会主持人。"全体委员会"讨论被委托的事务,制定并表决通过一份向组织全体会议递交的报告,然后表决"解散并报告"(Rise and Report)。最后,全体委员会主持人向"全体会议"递交报告,然后"全体会议"考虑委员会所提的建议,一切都跟典型的委员会是一样的。

【进入全体委员会】

{52:6} "进入全体委员会"(the motion to go into a committee of the whole)是"委托"(Commit)(第 13 节)动议的形式之一。例如:

> 成员(取得发言权):我动议进入全体委员会讨论当前待决动议[或"关于……的问题"]。(附议。)

在这个动议中也可以加入对全体委员会的"指示"。

{52:7} "进入全体委员会"的动议得到通过之后,主持人立刻请另外一个人——通常,但不是必需,是副主持人——担任"委员会主持人"并就座主持人席,然后自己变成全体委员会的一名成员。大型的会议中,也可以让组织全体会议的秘书暂时离开自己的座位,然后"全体委员会主持人"在秘书的座位上主持全体委员会。原来的助理秘书可以担任全体委员会的秘书。全体委员会秘书做临时"备忘录"(memorandum)供全体委员会使用。全体委员会的具体活动不能记录在组织全体会议的"会议纪要"(minutes)中。"会议纪要"对于"全体委员会"的记录跟普通的委员会一样,只记录"会议决定进入全体委员会讨论某某问题",然后记录全体委员会的报告,以及组织全体会议对这个报告所采取的行动。

【全体委员会的运作】

{52:8} 跟普通的委员会一样,"全体委员会"也不能修改被"委托"的"决议"的文本,只能提出修改建议。但委员会自己提出的"决议"可以在委员会内部修改,并且只向组织全体会议报告修改后的最终版本。

{52:9} "全体委员会"与"全体会议"(assembly)在议事规则上的区别有:

(1) "全体委员会"中能使用的动议,只有"通过"(只是在委员会内部通过,通过的决定只能写入委员会报告)、"修改"(修改向全体会议的报告)和"解散"(或"解散并报告")[12]。除此三项以外,还有一些偶发动议是允许的,如"秩序问题"(Point of Order,第23节)、针对主持人裁定的"申诉"(Appeal,第24节)、"起立重新表决"(Division of the Assembly,第29节)以及必要的咨询和请求(第32、33节)。

(2) 在针对"通过"或"修改"展开辩论的时候,除非在进入"全体委员会"之前全体会议就进行了限定,否则如前所述,每个成员的发言次数是没有限制的。[13]

如果"全体委员会"想要采取某个行动而需要使用除上面(1)以外的动议,那么必须先解散,并在报告中建议会议采取相应的行动(请参阅下文)。"解散"需要附议,不可辩论,不可修改。除了表决的过程中、验证表决的过程中以及别人正拥有发言权的时候外,该动议在"全体委员会"里总是合规的。

{52:10} 因为有了上述这些规则,所以:

(1) "全体委员会"不能指派"子委员会",也不能委托事务给另一个(普通的)委员会。

(2) "申诉"在全体委员会里不能被"改期"或"暂停",只能直接表决。

(3) 要想对"全体委员会"中的结束辩论和限制辩论做出约定,只能在"进入全体委员会"之前由组织全体会议做出规定。如果"全体委员会"中出现了这样的需求,那也只能先解散并建议组织全体会议施加这样的规定。如果根据组织全体会议的命令辩论在指定时间结束,那么"全体委员会"无权延长时间继续辩论,即使"默认一致同意"也不行。

---

[12] 对于任何委员会来说,"解散"(Rise)都是指停止以委员会的方式运作,准备好报告。如50:23所述,一般的"常设委员会"不能使用它。一般的"临时委员会"只在准备好进行最后的报告并准备好解散时才使用它。对于"全体委员会"来说,"Rise"泛指从委员会状态返回到全体会议的状态,全体会议可以决定再度进入"全体委员会"继续考虑同一议题,也可以不再进入"全体委员会"。

[13] 但"申诉"在"全体委员会"中的可辩论性以及辩论规则仍然不变。每个成员只可以发言辩论一次,委员会主持人可以两次。

(4)	"全体委员会"中不允许采用"点名表决"或"书面不记名表决"。而虽然允许"计数的起立表决",但却只有委员会主持人可以决定采用。

(5)	"全体委员会"无权惩戒自己的成员,只能向组织全体会议报告。如果全体委员会失去秩序而委员会主持人无法控制,组织全体会议的主持人应该恢复主持人席并宣布委员会解散。

(6)	"全体委员会"不可以"休会"或者"休息",只能"解散"。

【全体委员会的解散和报告】

{52:11} 在完成受托的事务之后,或者在希望结束会议的时候,或者在希望采取一个自己无权采取的行动的时候,"全体委员会"可以解散并报告。

{52:12} 如果是由全体委员会提出了一个新的"决议",那么全体委员会最后表决决定向全体会议报告完善后的决议。但如果是全体会议"委托"给全体委员会的"决议",那么全体委员会不能就这个"决议"本身进行表决,只能就委员会所建议的"修正案"进行表决。而全体委员会向全体会议报告的,也正是这些"修正案"。"解散并报告"(Rise and Report)可以通过动议的形式通过,也可以采用"默认一致同意"的方式通过。通过后全体委员会解散,组织全体会议的主持人回到原位,委员会主持人到发言人的位置(如话筒前)站立,称呼全体会议主持人:

　　委员会主持人:主持人,全体委员会已经讨论了……[受委托的事务],现在派我向会议作报告如下:……

{52:13} 51:31—51"委员会报告的处理"给出的报告范例和处理流程,对"全体委员会报告"同样适用。如果全体委员会没有推荐任何"修正案",那么全体会议主持人就受托的"决议"或者委员会提出的"决议"宣布议题,开放辩论和修改。如果委员会推荐了"修正案",那么委员会主持人要朗读这些"修正案",然后把书面材料交给全体会议主持人,再由全体会议主持人或秘书重复朗读一遍。全体会议主持人接下来一次性提请对所有推荐的"修正案"进行审议和表决(不用再动议)。如果有成员提出对某个或某些"修正案"进行单独表决,那么就把它们先拿出来。全体会议主持人首先就那些可以一并表决的"修正案"提请一并审议和表决(in gross)。然后再就刚才拿出来等待单独表决的那些"修正案",按照报告中列出的顺序,依次进行进一步的辩论修改并提请表决。所有的"修正案"都处理过之后,再处理主动议或决议,仍然是宣布议题、辩论、修改、表决等正常的流程。

{52:14} 如果"全体委员会"需要做一些自己不能做的事情,需要全体会议通过一项不可辩论的动议来实现,例如,限制委员会内的辩论次数,那么需要如下面这样先"解散":

成员(取得发言权):我动议全体委员会解散并请求全体会议对辩论施加限制……[期望的限制]。(附议。)

如果"解散"得到通过,那么委员会主持人向全体会议报告:

委员会主持人:主持人,全体委员会受托考虑……动议尚未形成结论。现请求全体会议在施加……的辩论限制之后再批准全体委员会继续考虑该动议。

全体会议主持人提请对这个请求进行表决,如果得到通过,那么全体委员会的主持人继续主持。*

{52:15} 全体委员会在形成结论之前,还可以为取得会议的"指示"(instruction)而解散。但是在提出"解散"之前要就如何请示达成一致意见。

{52:16} 如果全体委员会希望解散是因为大家觉得按照"全体会议"的议事规则来处理效果会更好,或者是因为大家希望休会,那么可以这样动议:

成员(取得发言权):我动议全体委员会解散。(附议。)

如果该动议获得通过,委员会主持人报告:

委员会主持人:全体委员会受托讨论……问题,结果未形成任何结论。

这样的报告之后,"全体委员会"就解散了。会议可以要求再次"进入全体委员会"。在报告的时候,委员会也可以请求"再次进入全体委员会"(sit again),既可以指定具体时间,也可以不指定。如果指定了具体的时间且全体会议同意该请求,那么"再次进入全体委员会"就成为"普通或者特别议程项"(第 41 节);如果没有指定具体的时间,它就成为"未完事务"(unfinished

---

＊　也就是全体会议自动再次进入"全体委员会"状态,继续考虑同一议题。——译者注

business）。全体委员会自己不能安排以后的会议。

{52:17} 如果预先已经安排的"休会"时间到了，可会议仍处在"全体委员会"状态，那么委员会主持人宣布："全体会议的休会时间到，全体委员会解散。"然后委员会主持人如上一段所述向全体会议报告说未形成结论。

【全体委员会的有效人数】

{52:18} 如果没有特别的规定，全体委员会的有效人数跟全体会议的有效人数一样。如果章程没有对"全体委员会"的有效人数做专门规定，那么全体会议在每次"进入全体委员会"之前也可以做一次性的特别规定，无论章程对全体会议的有效人数是如何规定的。全体委员会运行过程中一旦发现有效人数不足，就必须立刻解散并向全体会议报告这一情况。如果全体会议的有效人数也不满足，那就必须休会，或者采取适当行动以满足有效人数（请参阅 40:6—10）。

准全体委员会

{52:19} "准全体委员会"比"全体委员会"相对要简单，比较适合用于中等规模的会议或组织。事实上它不是真正的委员会，只是"会议按照全体委员会的形式操作"（the assembly acting as if in committee of the whole）。

【进入准全体委员会】

{52:20} 举例来说明如何动议"进入准全体委员会"：

成员（取得发言权）：我动议进入准全体委员会来考虑当前动议［或，我动议按照全体委员会的模式来考虑当前动议］。（附议。）

这个动议可以辩论。但跟所有的"委托"动议一样，只能辩论是不是应该进入"准全体委员会"。如果得到通过，主持人说：

主持人（宣布表决结果之后）：现在按照全体委员会的模式考虑这项动议。

{52:21} 全体会议主持人继续担任准全体委员会主持人。会议秘书为准全体委员会记录单独的"备忘录"，在"会议纪要"中只记录"准全体委员会"的报告以及"组织全体会议"对报告采取的行动。

【准全体委员会的运作】

{52:22} "准全体委员会"与"全体委员会"的共同点有：针对主动议和合规的修正案，可以辩论，每位成员发言辩论的次数没有限制，请参阅 52：1。"准全体委员会"与"全体委员会"的区别是：所有在"全体会议"中合规的动议，在"准全体委员会"也都合规，且其可辩论性也与"全体会议"中的规定一致。但是，除了"修正案"和那几项在"全体委员会"之中也合规的动议之外，一旦某个动议得到通过，"准全体委员会"就自动解散。例如，如果在"准全体委员会"中，有人动议把待决的主动议"委托"给某个普通的委员会，这个动议的效力就等同于在"全体委员会"中，下面三个行动的总和：(1)解散；(2)取消对全体委员会的委托；(3)把这个主动议委托给普通的委员会。

【准全体委员会报告】

{52:23} "准全体委员会"不使用"解散"动议。除了上一段所说的退出方式外，如果主持人询问是否还有其他修正案的时候，没有人回答，那么主持人立刻向全体会议报告，并就"准全体委员会"所建议的一项或几项"修正案"宣布议题：

　　主持人：会议在准全体委员会的模式下考虑了……的问题，并且提出了下面几条修正案……[依次朗读这些修正案]。现在的议题是，是否通过这些修正案。

　　至此会议退出"准全体委员会"。后面的过程跟"全体委员会"一样——主持人就"准全体委员会"所建议的"修正案"提请一并表决，除非有人动议一些修正案单独表决，等等，请参阅 52：13。

非正式考虑

{52:24} 在"全体委员会"和"准全体委员会"当中形成的建议，还必须报告给"全体会议"，再由"全体会议"针对这些建议采取行动。对于一般的组织，当会议规模不大时，"非正式考虑"(consider informally)是更简单的做法，这种做法跟"全体会议"相比，唯一的不同是，对于当前主动议及其修正案，不再有辩论次数的限制，效果等同于对辩论次数限制的"暂缓规则"。

{52:25} 当希望采用"非正式考虑"时，成员的动议格式可以是：

成员（取得发言权）：我动议非正式考虑这个议题。（附议）

该动议是"委托"动议的一种形式，可以辩论，但也只能就是否应该"非正式考虑"而辩论。如果得到通过，主持人这样宣布：

主持人（宣布表决结果之后）：现在非正式考虑，对这个主动议和它的修正案发言辩论没有次数的限制。

{52:26} 所谓的"非正式"，仅仅指的是当前主动议及其修正案不再有辩论次数的限制；所有的表决都是正式的也是最终的决定。除了这个主动议和它的修正案之外，所有其他动议的辩论都要遵守正常"全体会议"（assembly）的规则。还有一点与"全体委员会"和"准全体委员会"都不同，就是"非正式考虑"的过程要记录在"会议纪要"（minutes）中，跟正常的"全体会议"的"会议纪要"是一样的。同时，在"非正式考虑"的过程中，仍然可以用"三分之二表决"来限制发言的次数和时间长度，或任何其他方式的"结束辩论"或"调整辩论限制"。一旦待决的主动议得到解决，无论是暂时解决还是最终解决，"非正式考虑"就自动结束，不需要任何动议或表决。

{52:27} 在主动议得到解决之前，也可以结束"非正式考虑"。不过需要动议"退出非正式考虑"或者叫"恢复正式考虑"。这个动议要求"过半数表决"。

意见的形成

{52:28} 在组织的会议上，参会者可能会一时难以形成确切的观点或意见，为了提高议事效率，往往可以采取一些辅助手段，比较传统的辅助手段包括："休息"——会议暂停一下，成员们可以自由讨论；以及"委托"——交给委员会深入讨论，通常希望委员会的规模大一些，能够包括代表各种不同观点的人，甚至是"全体委员会"以及它的两种衍生手段。近年来还出现了一种新的手段，叫做"讨论组"（breakout groups）。所有与会成员都被要求参加某一个讨论组。讨论组的数量可能有很多，但每个讨论组的人数不要太多，一般控制在 10—12 个人左右。然后给每个讨论组"指派"一个"组长"（moderator）。通常，"讨论组"在"组织全体会议"休息或休会的期间开会，分别形成各讨论组的意见。接下来的做法有两种：一种做法是，各个讨论组把各自的意见都汇总到一个委员会里,由委员会尝试形成整合后的建议,再报告给组织全体会议;另一种做法是,在组织全体会议的下一次会议上,在所讨论的议题再次待决的时候,各个组长直接向组织全体会议报告,不过这些报告的性质,只是辩论中的发言。但无论哪种做法,所讨论的议题还是一定要回到组织的全体会议上,按照正常的议事规则,进一步考虑,并做最后表决,这跟委员会就受托议题向全体会议汇报的规则是一样的。只有组织的全体会议做出的决定,才能够代表组织的意志。

第十七章

公众集会与成立组织

§53. 公众集会

公众集会的特征

{53:1} 根据通用议事规则的定义,"公众集会"(mass meeting)是指一个没有形成组织的人群,响应公开或定向发布的"召集函"(call of the meeting) * 而召开的会议。

- 公众集会的目的是为解决某个特定的问题或者达成某个特定的目标而采取适当的行动,且这个目的应该由会议的"发起人"(sponsor)声明;
- 对这个特定的问题或者特定的目标有兴趣的任何人都可以参加(也可以限制在一定范围内或者符合一定条件的人)。

{53:2} 如果明确地规定了参与者的范围或条件——例如某个政党的登记选民,或者某个地方的居民等,那么只有符合条件的参与者才有权动议、发言和表决,"发起人"甚至可以选择拒绝不符合范围或条件的人员入场。归根结底,"公众集会"的召开以及参会者的参与都基于这样一种基础性的共识:"公众集会"的"发起人"(安排会场、承担费用)有权控制会议不偏离所宣称的目标,而所有参会者(发起人寻求支持的对象)构成的会议有权决定为达到目标而采取的行动。"公众集会"与"镇居民大会"(town meeting) ** 、

---

* 公众集会的"召集函"与固定组织会议的"会议通知"实质上是一样的,这两个术语可以通用,英文都是"call (or notice) of the meeting"。从使用习惯来看,对于尚未形成固定组织的公众集会来说,"召集函"比较适合;对于固定组织的会议来说,特别是对于例行会议,"会议通知"比较常用。——译者注

** Town meeting 的传统含义是镇居民的全体大会,一般要就公共事务、政策和预算等进行辩论和表决。但现代美国语境中,town meeting 与 town hall meeting 的意思接近,指由社会上或组织内的公共人物(例如民意代表)发起的"公众见面会",只包含演说、问答和讨论等环节,不表决。——译者注

"公众论坛"(public forum)、"讲授与互动"(lecture-and-discussion-period)
或者由政府部门召开的"公开听证会"等会议形式的一个重要区别,就在于
"公众集会"可以把出席权(或者放宽出席权但限制参与权)只开放给那些对
集会的目标持同情支持态度的人。

公众集会的召开

【召集函】

{53:3} "公众集会"的"召集函"应该说明如下事项:会议召开的日期、时间、地点、目的、受邀者要符合的条件(如果有的话),还可以表明发起人的身份。要根据资金情况以及目标人群的特点,选择最有效的传播手段来发出"召集函"。例如,报纸、广播、电视、网站、邮件列表、海报、传单、公告板等。

【准备工作】

{53:4} 如前所述,集会的结果最终应该由"会议"来决定,但是发起人也应该做好充分的准备以避免集会失败。

{53:5} 集会之前,发起人,特别是有几方发起人的时候,应该明确如下问题,或者就这些问题达成一致:

- 希望提名谁任主持人;
- 谁来宣布会议开始,并宣布主持人的提名;
- 由谁来提名秘书候选人,提名谁任秘书;
- 如果需要的话,需要动议通过哪些规则;
- 谁最先发言来阐述集会的目的。

(请参照后面对这些步骤的详细讨论。)

{53:6} 挑选主持人的时候,应该选择那些具备主持会议的经验,又对集会的目标持同情支持态度的人,也应该优先考虑与大多受邀者熟识的人。发起人应根据实际情况判断,有时候提前起草好一组决议在会议上直接提交是好的策略,有的时候却不是。如果需要在会议上把决议"委托"给一个委员会且委员会需要当场开会讨论,或者要在会议上指派一个委员会现场起草决议,那么要提前安排好在委员会开会的时候,其他人应该做些什么(请参阅下文)。

【公众集会的成员资格】

{53:7} 公众集会的成员,就是所有符合"召集函"中的条件并且出席了集会的人。如果"召集函"中没有规定条件,那么所有出席的人都是成员,都有动议、发言辩论和表决等协商会议成员的各项权利。如果"召集函"规定了条件,但入场时并没有检查,那么首先假定所有在场的人都有成员资格,直到有证据证明某人不符合条件,再请此人离场。如果入场时依据"召集函"的条件进行了检查,那么也首先假定能够入场的人都有成员资格。一旦发现有人假冒身份入场,也要请其离场。

【公众集会的规则】

{53:8} 公众集会通常还没有制定正式的规则,因此参会者都假设这样一个共识,即会议将遵守"通用议事规则"(common parliamentary law),通过引用广受承认的议事规则著作来解决议事规则方面的分歧(请参阅 1:5 和 2:18—19)。而较好的做法则是根据实际情况酌情选择正式通过一部"议事规则标准"(parliamentary authority):由发起人安排一个人在秘书选举出来之后动议,再经"过半数表决"就可以通过(请参阅下文)。一般情况下,就不再需要其他的规则了,除非在类似需要修改发言次数和时间等辩论限制的时候(请参阅 43:8—13),此时会议和组织可以在通过一部"议事规则标准"的同时或者之后,通过一些"特别议事规则"(standing rules) * 来加以约定。"公众集会特别议事规则"(standing rules of a mass meeting)(对相关联的一次或连续几次公众集会有效力)与"代表大会特别议事规则"(convention standing rules)在"通过"(adoption)、"修改"(amendment)、"取消"(rescind)和"暂缓"(suspension)的表决额度方面规则相同,请参阅59:32—37。

{53:9} 无论公众集会将制定什么样的规则,公众集会的"召集函"——虽然并不需要在公众集会上正式通过——都具有等同于固定组织的"章程"的效力;也就是说,公众集会的"召集函"指明了会议的目的和受邀参加的人,从而规定了会议上主动议和决议的宗旨范围,偏离这个范围的主动议和决议是不合规的;它也规定了什么样的人具备成员的资格(请参阅 53:7 和

---

* "Standing rules"在"固定组织的基层会议"和"董事会"中指"一般管理规则";在"代表大会""公众集会"中指"特别议事规则";在一些立法机构中指其全套议事规则。请参阅 2:23—24。——译者注

53:14—17)。这种效力源自"公众集会"赋予"发起人"的权利,如本节第一段所述。

{53:10} 在公众集会上,不听劝阻,执意进行偏离上述宗旨范围的活动,或者蓄意破坏会议的进程,都要受到"纪律惩戒程序"(第 61 节)的处理。

【公众集会开幕并选举官员】

{53:11} 一般公众集会只需要"主持人"和"秘书"两个官员。在宣布会议开始之后要立刻进行这两个官员的选举,通常采用"口头表决"的方式。根据第 46 节的描述,提名在先的候选人,表决也在先。因而,为了让最有能力的人当选,发起人对每个职位所做的提名应该放在最前面。其他的提名为公开提名。会议通过表决选出任何合适的人担任官员,但没有特殊情况的话通常都会选择由发起人提名的候选人。

{53:12} 可以让宣布会议开始的那个人 * 在宣布"开始对主持人提名"之后,接着宣布发起人对主持人职位的提名名单,也可以让另外一个人宣布发起人对主持人职位的提名名单。当然由一个人完成这两项任务的做法更简单一些(请参阅 46:5"由主持人提名")。如果是后一种情况,在预定的开会时间,这个人走到主持人席位上,示意并等待会场安静,然后说:"我宣布现在开会。我动议 A 先生担任本次会议的主持人。"随后他请大家进一步公开提名,然后依次进行"口头表决",而且是从自己的提名开始,请参阅 46:37—41 的"口头选举"(viva-voce election)。

{53:13} 主持人在当选之后即可就位,愿意的话可以简短致词答谢。然后说:"现在请对秘书进行提名。"这时发起人安排的人应该尽快抢先提名,其他成员也可进一步提名。在以同样的"口头选举"方式选出秘书后,秘书坐在主持人的旁边,开始记录"会议纪要"。如果还需要其他的官员,也用类似的方式选举。

处理召集函中指定的事务

【阐述公众集会目的】

{53:14} 所有的选举都结束之后,主持人说:"现在请秘书宣读本次会议

---

* 可以理解为非正式的临时主持人。——译者注

的召集函。"宣读的时候应该宣布会议发起人的姓名。然后主持人请指定的
负责阐述集会目的的人(可能是主持人自己)进一步阐述集会的目的。

【实现目标之决议】

{53:15} 在阐述集会的目的之后,可以由成员提出一项或几项决议,以达
到集会所设定的目标,或者如果会议认为更合适,可以动议"委托"一个委员
会来起草这样的决议。

{53:16} 如果希望直接提交决议,那么预先准备的决议最好以书面形
式、双倍行间距打印后分发给每位出席者,然后由预先安排好的人就动议
通过这些决议(关于如何起草主动议,请参阅 10:9—25)。在得到附议后,
主持人宣布议题,会议就决议展开辩论和修改,最后表决。请参阅第 4 节
关于动议处理的完整描述,而在一个动议中包含若干决议的处理方法请参
阅 10:25。

{53:17} 在宣布议题的时候,主持人应该尽可能让大家知道有哪些修改
决议的方法,并且在必要的时候进行提醒和说明(请参阅 10:29—30)。任何
修正案(包括"替换"型修正案,也包括在最初引入的决议被否决之后重新
提出的新决议),只要在召集函所宣告的公众集会目的范围之内,都是合规
的,而超出此范围或与之目的相反的,都是不合规的。例如,假设集会的目
的是要反对在某个特定位置修建飞机场,那么所有能够起到阻止飞机场建
设的动议或决议都是合规的,而任何有利于飞机场建设的动议都是不合
规的。

{53:18} 在公众集会中,第 42 节和第 43 节所描述的分配发言权和辩论的
规则通常是适用的。但是,不能对主持人在分配发言权上的裁定提出"申
诉"。如果公众集会没有通过其他的规则,那么针对待决动议的辩论一次发
言超过 10 分钟需要会议的批准。

【由公众集会指派的委员会所起草的决议】

{53:19} 如果事先没有起草决议,那么在会议上应该指派委员会负责起
草。如果希望在起草决议前先听取一下参加集会者的意见,就适合采取这
样的方式。在阐述集会目的后,如果会议规模不大,主持人根据自己的判
断,可以在没有待决动议的情况下让与会者简要就此发表意见,然后再引入
动议以指派起草决议的委员会。如果这样做,那么主持人应该规定每次发

言的时间限制(若公众集会没有为此制定特别议事规则,则该限制完全由主持人决定),因为这种做法实际上放松了议事规则的一条重要原则——禁止在没有待决动议的时候随意发表言论(请参阅 4:7—8)。另外,也可以先提出指派委员会的动议,然后在该动议的正常辩论中,也就是讨论如何指派和要给委员会什么样的指示的时候,大家把自己的意见表达出来。因为这些意见与指示的内容是相关的,所以合规,这样就可以指示委员会"起草决议以反映会议对此问题的意见",如下文所述。

{53:20} 不过事先发起人还是应该达成一致:由谁来提出指派委员会的动议,以及是否在动议指派委员会之前允许发表意见。指派委员会的动议可以是这样:

　　成员(取得发言权):我动议由主持人指派五人委员会负责起草针对……[公众集会目的]问题的决议并反映会议对此问题的意见。(附议。)

这个动议是主动议,因为提出时没有其他待决动议,所以它可以辩论,可以修改,可以应用各种附属动议。

{53:21} 公众集会倾向于让主持人指派所有的委员会,前提是选出来的主持人很有能力。但也可以采用第 50 节给出的方法改用其他的指派方式。委员会一旦得到指派,必须立刻"退席"(retire)起草决议。

{53:22} 在委员会成员离场工作期间,集会可以继续处理与会议主题相关的事务;或者可以用这段时间听取演讲、开展"论坛"(forum)或者"研讨会"(seminar)类型的讨论、观看相关影片等;也可以选择"休息"(请参阅第 20 节)。

{53:23} 如果没有休息,而且主持人看到委员会已经返回会场,那么一旦正在进行的活动结束(例如一旦当前演讲者结束发言),主持人就问:"负责起草决议的委员会准备好报告了吗?"

{53:24} 如果委员会主持人说"是!",那么主持人接着说:"如果没有人反对,会议现在就听取委员会的报告。[停顿。]主持人有请决议起草委员会的主持人。"(请参阅 4:58—63"默认一致同意"。)

{53:25} 如果主持人没有注意到委员会回来了,那么委员会主持人要尽快找到机会,取得发言权,说"决议起草委员会准备报告"。如果没有人反对,那么主持人就准许报告。如果有人反对,那么主持人就"是否现在听取报告"提请会议表决(请参阅 51：28 的第二点)。

{53：26} 委员会主持人称呼会议主持人后,这样报告：

委员会主持人：主持人,决议起草委员会建议,因而我动议,通过如下决议：……[朗读决议]。

{53：27} 在作报告的时候,委员会已经自动被取消委托(discharged)。报告之后,主持人就决议宣布议题,然后就按照正常程序进行考虑,与前面总结的成员直接提出决议时的考虑方式一样(请参阅第 51 节)。

公众集会的休会

{53：28} 在公众集会中,除非已经安排了下一场会议的时间(采用第 22 节"指定后续会议的时间",或者通过下面提到的临时规则),否则附属动议的"休会"是不合规的[也就是说,不能在有待决动议的时候提出休会,请参阅 21：2 和 21：3(3)]。

{53：29} 如果集会召开的主要问题显然已经解决,在没有待决动议的时候,应该有人动议"休会",或者由主持人询问是否有人动议"休会"。如果没有安排下一场会议的时间,那么"休会"意味着会议解散。所以如第 21 节所述,这样的动议是个主动议,可以辩论,可以修改,可以用修正案添加"下一场会议的时间",如"添加'周三晚 8 点继续'"。

{53：30} 如果希望在解决集会的目标问题之前就休会,那么：

(1) 如果下一场会议的时间已经安排,那么"休会"合规且属于优先动议,与在一般固定组织的会议上一样,适用第 21 节的规则。

(2) 如果没有安排下一场会议的时间,而且还有待决动议,那么休会不合规,应该先动议"指定后续会议的时间"(第 22 节),然后"休会"(第 21 节)才合规且属于优先动议。请参阅 22：17—20。

(3) 如果没有安排下一场会议的时间,但也没有待决动议,那么任何人可以动议主动议形式的"休会"并需要同时指定后续会议的时间,如"休会并于周三晚 8 点继续"。

{53：31} 如果"休会"的动议得到通过,但还没有指定下场会议的时间,那么主持人应该说："赞成方获胜,我宣布休会。"这等于宣布公众集会解散。

如果指定了下一次会议的时间——或者由之前的动议确定的,或者由"休会""主动议"里包含的条款所约定,那么主持人应该说:"赞成方获胜,我宣布休会,并且周三晚8点继续。"在宣布休会前,甚至在就"休会"动议表决前,主持人应该确保所有需要发表的声明都已经宣布了。

系列公众集会和临时组织

{53:32} 有时为了完成预定的目标,需要连续召开一系列公众集会,或者希望构建一个组织,那么就需要一个"临时组织"(temporary organization)来贯穿一系列的公众集会。如果是这样,那么第一场集会中选出的主持人和秘书就分别担任临时组织的"临时主持人"(chairman pro tem)和"临时秘书"(secretary pro tem)。在称呼他们的时候并不需要加上"临时"。如果要组建一个正式的固定组织,那么临时官员的任期一直要到选出正式官员的时候为止。如果第一场会议上没有制定特别议事规则,那么可以指派一个"规则委员会"(a committee on rules)来制定一些规则,包括规定以后每次会议召开的时间和地点,以及发言辩论次数和时间的限制(如果43:8—13给出的一般规则不能满足需要的话),以及采纳一部议事规则标准。如果这些规则规定了要定期召开会议,那么每一场这样的会议就构成"一次会议"(session)。但如果后面每一次的时间都由上一次会议临时确定,或者只是"由主持人召集"(at the call of the chair),那么整个这若干场公众集会共同构成"一次会议"。

§54. 成立固定组织

{54:1} 如果想要成立一个"固定组织"(permanent society),那么组织者基本上可以采用公众集会的程序和规则。但有一点很重要——应该只让那些对组织未来的建设持积极态度的人参与,所以最好是通过当面接触或者信件的方式逐一地进行邀请,而不是简单地公开邀请。

第一次筹建会议

{54:2} 组织筹建的第一次会议，议事的部分通常要保持简短，且有时会在午餐会或者晚宴之后举行，而宣布议事会议开始的时间可以根据情况比事先声明的时间稍微推迟一会儿。

【选举临时官员及开场白】

{54:3} 由事先安排好的一个人来宣布"会议开始"，然后接着说"首先选举临时主持人"。跟公众集会一样，此人可以第一个做出提名，也可以让别人开始提名。选举采用口头方式。临时主持人就任后，选举临时秘书。这些都跟公众集会一样(请参阅 53∶11—13)。

{54:4} 然后主持人自己，或者请对成立组织最积极的发起者讲话，提供背景信息。主持人也可以请其他人就筹建工作发言。但要控制场面，不允许任何人长时间占据发言机会。

【通过关于成立组织的决议】

{54:5} 在适当进行上述背景信息的非正式讨论之后，应该有人动议通过一个旨在成立组织的决议。会议的发起人应该事先安排好这个动议人，还应该准备好恰当的决议。决议应采取类似下面的格式：

{54:6} *决定，本会议决定现在成立一个组织[或"协会""俱乐部"等]致力于……[组织的宗旨]。*

{54:7} 在得到附议之后，由主持人宣布议题，然后展开辩论和修改。但注意，这样的一个决议只是宣告了意图，即使得到通过，也并不意味着组织成立。只有通过了章程，并且最初的成员在成员名册上签字以后，组织才真正成立，如下文所述。如果筹建会议的规模很大，通常更好的做法是，在开始时只简要陈述目标，紧接着就提出决议，在决议的辩论阶段再进行上面的介绍性发言。

【进一步的组建工作】

{54:8} 在上述"决定成立组织"的决议得到通过之后，一般还需要下面这些步骤：

(1) 动议成立"章程起草委员会"(a committee to draft bylaws)①负责
起草章程,该委员会应该由主持人指派,人数要事先指定。如果要
组建法人组织,那么还需要聘请专业律师,如下文所述。

(2) 动议指定第二次筹建会议的日期、时间和地点(第 22 节)。届时将
听取"章程起草委员会"的报告。如果无法确定时间和地点,那么
这个动议应写成"本次会议休会后由主持人召集第二次筹建会议"。

(3) 动议授权"章程起草委员会"提供章程草案的复印件给所有第二次
筹建会议的参加者。筹建工作的发起者应该考虑到不管能否完成
组建工作,都会产生费用。然而只有组织正式成立,才能以组织的
名义收取会费。不过到时候前期的费用可以报销。

{54:9} 其他可以在休会前处理的事务还包括:非正式地讨论组织的"宗
旨"(aims)和"组织结构"(structure),为"章程起草委员会"提供参考(请参
阅下文)。

{54:10} 第一次筹建会议的各项事务完成,而且"休会"动议通过之后(请
参阅 53:28—31),主持人宣布:"现在休会,第二次筹建会议将于……[日期、
时间和地点]召开。"或者:"现在休会,由主持人召集第二次筹建会议。"

章程起草委员会的工作

{54:11} 起草章程的方法与原则请参阅第 56 节。建议章程起草委员会
参考类似组织的章程,并仔细修改以适应未来本组织的实际情况,需要时应
咨询专业的"议事规则专家"(parliamentarian)。

{54:12} 如果预计组织将会拥有地产、接受遗赠、雇佣职员或者其他类似的
情况,那么根据所在州的法律,有可能需要"注册法人组织"(incorporated)
(请参阅 2:5—7)。如果是这样,那么应该授权"章程起草委员会"派出一名
或多名委员会成员向律师咨询"注册法人组织"的手续,以保证自身的合法
性,并在章程中体现。还应该由同一名律师起草"法人证书"(charter)或者
其他的法人资质,并且在第二次筹建会议上,在章程之前提交会议考虑,除

---

① "章程",有的组织也称"constitution"或"constitution and bylaws"(请参阅 2:8—13)。关于影响这
个委员会人数的因素,请参阅 56:4。

非有其他特殊情况(后面具体说明)。

{54:13} 如上所述,"章程起草委员会"最好准备章程草案的双倍行距复印件,在第二次筹建会议入场处发给所有出席者,或者如果希望,还可以事先发给所有参加过第一次筹建会议的人。

第二次筹建会议

【会议纪要的宣读与批准】

{54:14} 第一次筹建会议上选举出来的临时主持人和临时秘书一直任职到选举产生正式官员。第二次筹建会议的第一项工作就是宣读,并在适当的更正之后批准第一次筹建会议的"会议纪要"。

【章程的考虑与通过】

{54:15} 然后是"章程起草委员会"的报告。如果有"法人证书",那么首先提交"法人证书"。会议可以进行修改,但修改后的版本要交还给律师,由其审核后办理法人注册的法律手续。

{54:16} 如果没有"法人证书",章程起草委员会主持人在取得发言权后报告章程草案:

委员会主持人:主持人,本委员会受托起草组织章程,现已形成草案,并委派我动议通过该草案。[通常要完整朗读该草案(除非这第一次宣读被省略),各成员看自己手中的复印件。然后动议通过整个文件,如下:]主持人,我代表委员会动议通过上述章程。

{54:17} 不需要附议,因为委员会报告已经是多人动议。通常完整的章程都是采用"逐章考虑"或"逐条考虑"(consideration by article or section)组成的(请参阅第28节)。所以主持人这样继续宣布议题:

主持人:现在的议题是通过章程起草委员会起草的章程。委员会主持人[或者"会议秘书"]现在逐章(或逐条)朗读章程草案。朗读每章(或每条)之后,可以对此章(或条)展开辩论和修改,一章(或条)修改完之后,再朗读和考虑下一章(或条),依此类推。在整个章程得到修改之前,不对任何一章(或条)进行表决。

{54:18} 每朗读一章(或条),章程起草委员会主持人都要仔细解释其中具体内容。在所有章(或条)都朗读并修改之后,就可以辩论和修改整个章程;可以增加新的段落或条款,纠正修改过程中可能出现的前后不一致的或疏漏的地方等。

> **主持人:现在可以对整个章程进行辩论和修改。是否有进一步的修改?**

{54:19} 在整个章程考虑过程中,如果发现需要做出的补充和修改需要更多的时间和准备,那么可以提出"重新委托"(Recommit,第 13 节)章程草案,并指示委员会在下一次或下一场会议上报告(如果已经设定下一次或下一场会议的时间);或者也可以简单地"改期"到下一次或下一场会议。第三次筹建会议虽然很多时候没有必要,但很多时候可以加深成员对组织的理解,甚至吸纳更多的成员。无论哪种情况,在第二次或第三次会议上,如果对章程没有进一步的修改,就对"是否通过章程"进行表决:

> **主持人:现在的议题是通过修改后的章程。所有赞成通过这份章程的,请说"赞成"……所有反对的请说"反对"……[按口头表决的通常流程继续]。**

{54:20} 如果结果不明确,主持人应该要求起立表决,必要时还可以计数。成员也可以要求"起立重新表决"(第 29 节),以及"对起立表决计数"(请参阅 4:50—53)。跟修改已经通过的章程不同,组织成立最初的章程只要求"过半数表决"就可以通过。一旦通过,章程立即生效,而且通过后的这次表决不得"重议"。如果被否决,那么可以"重议"。

【休息并登记成员】

{54:21} 一旦通过了章程,就必须明确成员身份。因为从此以后,只有成员才有资格参与动议、辩论和表决。所以此时,会议休息并登记初始成员。临时秘书事先准备好签名册。必须在上面签名之后,才能成为正式成员。这个签名册要跟组织其他的初始文件一起,永久保留。签名意味着承诺遵守章程,以及及时缴纳章程所规定的会费(可以补缴筹备期费用,还可以预缴第一年或某段时期的会费。这些都要根据章程的规定)。这些签名的成员成为组织的"发起人"或"创始成员"(charter member)。[2]* 在正式的财务

---

② 有些组织把所有在成立日之后到某个指定日期之前入会的成员都承认为"发起人"或"创始成员"。

* 也有些组织把最初筹建会议的发起人称做"发起人"或"创始人",而把第一批加入的成员称为"创始成员"。——译者注

官当选就任之前,由临时秘书收取会费并开具收据。

【宣读成员名单并选举正式官员】

{54:22} 休息结束之后,临时主持人请临时秘书宣读成员名单。接着,临时主持人说:"下一项事务,依据章程提名并选举组织正式官员。"

{54:23} 然后按照第 46 节的规则进行提名和选举。通常"章程"应该规定这样的选举必须采用"书面不记名选举",会议应照此执行。每位成员都可以自由地投票给任何一位符合章程所列资格条件的成员,并不只限制在选票上已有的候选人。选举完成后,临时主持人宣布选举结果。除非章程中有"关于生效时间的附加条款"(proviso)(请参阅 57:15—17),否则选举立即生效,当选的正式官员立即代替临时官员。

【其他重要事务】

{54:24} 新当选的组织负责人就任会议主持人后,立刻询问是否有需要立即处理的事务。对于新成立的组织来说,非常需要给组织负责人以足够的时间研究成员名单,考虑各委员会的人选。所以通常建议要再安排一场后续会议,以完成组织的全部组建工作,然后再召开第一次"例行会议"。但如果组织负责人认为必要,可以立即任命一些重要委员会的主持人,比如"会籍委员会"(membership committee)和"计划委员会"(program committee)。

{54:25} 所有事务完成之后,或者即使没完,但已经指定了后续会议的时间,就可以动议"休会"。这个动议得到通过后,主持人就可以宣布休会。

{54:26} 之后,组织的会议就按照第 3 节和第 4 节的规则进行。另外,第 60 节还介绍了如何由不同组织的代表召开的代表大会来结成组织"联盟"(federation)。

§ 55. 组织的合并与解散

组织的合并

【兼并与合并的区别】

{55:1} 如果两个现有的组织希望结合起来,有"兼并"(merger)和"合并"

(consolidate)两种方式,在法律上不同。本书采用"合并"一词来泛指这二者。

- "兼并"(merger):一个组织解散,被另一个组织"兼并",或者说"吸收"。
- "合并"(consolidate):两个或多个参与合并的组织都解散,共同组合成一个新的组织。这个新的组织继承原有各组织的成员关系、财产和债务,并继续从事它们的工作。

无论是哪种"合并"形式,最后形成的组织都可以有新的名称。名称中也可以包含原来各组织的元素。

【法人组织的合并】

{55:2} 如果参与"兼并"或"合并"的组织中,有一个或者多个是法人组织,那么需要聘请律师起草相应的法律文件并完成必须的法律手续。

【非法人组织的合并】

{55:3} 如果所有参与合并的组织都非法人组织,那么合并的流程如下:

- 对于"兼并":被兼并的组织要首先通过决议,其实质内容类似于:"决定,本组织[或'组织 A']将并入组织 B,自……[日期]起生效,或自组织 B 接受兼并之日起生效。"这项决议对表决额度和事先告知的要求,等同于修改章程(请参阅 56:50—56)。这项决议中还应该包含,或者紧接着通过另一项决议包含如下内容:转移本组织所有的财产和债务到组织 B 的名下,以及其他的兼并细节。而兼并的组织也要通过决议,接受兼并。这个决议对表决额度和事先告知的要求也等同于修改(组织 B 的)章程,因为兼并对该组织每位成员的切身利益都有深远的影响。通常,双方的决议当中会包含约束性(stipulation)和限定性(qualification)的条款。有时甚至指定好兼并后第一年的官员。通常是由双方共同成立的一个"联合委员会"(joint committee)为这些决议提供建议。
- 对于"合并":每个参与合并的组织都要分别通过决议,同意合并。这个决议类似上面组织 A 的决议。有时所有组织都会选择同一栋建筑同时开会通过各自的决议。通常由各方共同成立的"联合委员会"为合并的技术细节提供建议。在各自通过类似的决议并设定合并日期之后,召开各方联合大会组建新的组织。与"兼并"不同的是,合并要求起草并通过新的章程,这个过程类似第 54 节成立组织的过程。文件中新组织的成立日期、新章程的生效日期、新官员就任的日期,一般要与各组织解散的日期吻合。

组织的解散

{55:4} 随着时间的推移和发展,当初成立组织的那些需求可能已经解决了或者不复存在,那么组织可以选择正式解散。

【法人组织的解散】

{55:5} 所在州的法律一般都规定了法人组织解散的法律要求和细节。组织需要聘请律师起草相应的文件并完成必须的法律手续。

【非法人组织的解散】

{55:6} 非法人组织需要通过类似这样的决议:"决定,××组织将于……[日期]解散。"决议可以带有一段前言,说明解散的原因。本质上,这个动议是要"取消章程",所以要求跟修改章程一样的表决额度和事先告知(请参阅56:50—56)。事先告知必须寄给所有的在籍成员。

{55:7} 同时还需要若干决议来处理组织的财产,以及明确其他管理细节。这些决议可以和前面的决议一起通过,也可以分开通过。有些慈善或教育性的组织享受免税政策,在处理组织财产的过程中,也一定要遵守联邦和州的税法。通常的做法是,将这些财产分配给其他有着类似宗旨的组织,或者交给上级组织。

第十八章

章　程

§56. 章程的内容和结构

章程的实质及其重要性

{56:1} 组织的"章程"(constitution, bylaws, 或 constitution and by-laws)* 定义了组织的根本性制度，是组织赖以存在的规则基础，这在第 2 节已有阐述。章程是组织为自身制定的最重要的文件，它集中、统一、完整、有机地规定了组织的各项活动中最重要的那些规则(请参阅第 2 节)。有些组织会把章程分成"总章程"和"章程细则"，但现在更普遍的做法是合并为一份"章程"文件。对于非法人组织来说，章程是组织最重要的规则文件。而对于法人组织来说，除了法律规定的必须写在"法人证书"中的内容以外，章程也是组织最重要的规则文件。关于"章程"在组织的规则体系中的重要地位，以及与其他类型的规则之间的关系，请参阅第 2 节。因为章程中诸多最重要的规则都必须由每个组织为自己量身定制**，也因为章程不是孤立的规则的罗列，而是紧密关联又有机统一的一系列规则的整合，在制定时有很多需要特别注意的地方，所以下面对章程进行更详细的阐述。

{56:2} 章程定义了组织内成员重要的权利和义务，无论是否出席会议。章程定义了组织的成员作为一个整体，在多大程度上保留对组织总体事务的控制权，又在多大程度上下放对组织具体事务的控制权。唯有组织的"全体会议"(也就是，在组织的例行会议或合规召开的其他会议*** 上，所有在

---

* 　根据目前通用的做法，曾经是分开的"constitution"和"bylaws"现在已合并成一份文件。本书中统一称做"bylaws"，译做"章程"。——译者注
** 　相对而言，各类组织的议事规则在主体上是相通的，也即通用议事规则。——译者注
*** "例行会议或合规召开的其他会议"默认包含"满足有效人数"的条件。——译者注

场的成员)才能全权代表整个组织的意志采取行动,并以"过半数表决"来形成决定。任何对"组织全体会议"权力的限制和长期的转授都必须依据章程的条款,或者如果有"法人证书",也要依据其中的条款。

章程委员会

【章程委员会的指派】

{56:3} 请参阅第 54 节,在组织筹建的第一次会议上,应该指派"章程起草委员会"(committee to draw up bylaws);或者,如果已成立的组织希望对章程进行较大幅度的修改(general revision),那么需要指派成立"章程修改委员会",而这个指派可以在任何一次会议上进行,跟指派其他临时委员会一样。

{56:4} 章程起草或修改委员会(以下简称"章程委员会")应该尽可能吸纳较多的参与者,尤其是组织中那些有见识、有判断力的成员,那些对组织的规章制度特别有兴趣的成员,以及那些即使不参与章程委员会也会在组织全体会议考虑章程时提出很多意见的成员。* 还需要包括有写作制度文件经验的成员,除非聘请"议事规则专家"(parliamentarian)负责起草章程文本。即使章程将由委员会成员执笔,"议事规则专家"对于"章程委员会"的工作还是会产生极大的帮助。

{56:5} 如果需要注册法人组织,那么必须聘请律师负责相应法律手续(请参阅 54:12)。章程委员会要帮助律师起草"法人证书",提供必要的信息,同时保证章程与法人证书的一致。在律师提交法人证书给"全体会议"之前,委员会必须审核法人证书。

【初步总体讨论】

{56:6} 章程委员会通常首先由所有委员一起对章程应包含哪些内容进行总体性的讨论。建议多参考其他类似组织的章程,或者同一个组织在其他地区的同级别分支机构的章程。如果是全面修订章程(revision),还要重点仔细检阅现有章程。但在套用别人的条款之前,要仔细分析区别自身的

---

* 这里的思维是尽量让不同的意见在章程委员会中得到充分的交换和折中,因为委员会相对全体会议,可以投入更多的时间,展开更充分的辩论。——译者注

实际情况。

{56:7} 如果存在上级组织,那么还必须考虑上级组织章程中对下属组织具有约束力的条款。不过只需要考虑那些明确的而且适用自身实际情况的约束条款。例如,如果上级组织的章程规定下级组织的规模不能超过 200 人,那么下级组织的章程就应规定成员数不得超过 200 人,或者更低。不要生搬硬套那些不适用于自身情况的条款,上级组织的章程也不应要求下级组织这样做。

{56:8} 为了在宗旨范围内给组织以最大的行动自由,章程的严格与细致必须以必要性为前提。

{56:9} 本书 56:16—57 的内容描述了章程的基本章节结构,以及在决定章程内容时要具体考虑的问题。而 56:58—67 给出了一个适用于规模不大的、独立的本地组织的章程范例。这样的范例仅供参考,必须根据组织的具体情况进行删改和补充。

【具体起草及指派子委员会分工起草】

{56:10} 经过上述的初步讨论,章程委员会就要根据预期的章程的复杂程度,决定是否指派以及指派几个子委员会分别起草不同的章节。另外还可能需要一个子委员会负责协调、统一各子委员会的草案,消除各个章节之间的不一致,统一前后风格,并且把相关的条款放在一起。

{56:11} 与一般的文件不同,章程必须非常严谨、周到,措辞、语句结构甚至标点符号都必须精准。章程中即使标点符号的错误也可能造成歧义。而不全面的规定、有漏洞的条款更会带来严重的后果。条款的内涵与应用都必须表达精准、无歧义。"无歧义"和"易于理解"不能兼得的时候,可以牺牲易读性。写每句话的时候,都要防止被断章取义,就是说,或者一个句子的意思本身就是完整全面的,不需要参考前后的句子;或者就要有起连接或引用作用的句子成分,迫使读者参考关联的其他句子。例如,以"按上述方式选举出来的成员……"这样的从句开头(很严谨地限定了选举方式)。在句子中要尽可能指出例外情况和限制条件。例如在句子后面加上这样的从句,"除了……"或"但必须以……为前提"。如果这些做法无法实现,那么句子中至少要包含暗示或者注释,指向那些定义了例外情况或限制条件的条款。如"除了本章程第二章第 2 条的规定以外,官员应……"。

{56:12} 临时性的规定,或者只涉及从旧章程到新章程的转换细节的规定,由于不具备长效性,因而不要放在章程中(请参阅 57:15—17)。

{56:13} 关于在章程中包含议事规则性质的条款,请参阅 2:20—21 的介绍。

【章程委员会整体审核】

{56:14} 在章程初稿完成后,章程委员会整体要对它进行进一步深入、详细和严格的审核,仔细衡量每项条款的长远影响,进一步排除自相矛盾和模棱两可的地方。宁肯在通过之前花大量时间完善章程,也不要草率通过,以防很快又要进行大量修改。

【章程委员会报告】

{56:15} 无论是全新章程,还是章程的修订,在章程委员会通过了章程草案之后,要向组织全体会议提交。组织全体会议要逐章逐节地讨论。具体流程请参阅 54:15—20,以及第 28 节。但注意:

(1) 对于修订章程(a revision of bylaws)的情况,在动议通过章程修订案的时候可能需要在动议中增加一些"关于生效时间的附加条款"以解决章程过渡期间的相应细节,请参阅 57:15—17;

(2) 成立组织时的全新章程,只需要"过半数表决"通过;而修订章程(a revision of bylaws)等于修改现行章程(an amendment to the existing bylaws),因此要求更高的表决额度(请参阅 56:50—56)。

章程委员会主持人在陈述报告的时候,要解释每一个章节和条款。如果是修订或修改章程,还要指出修改在哪里以及新版与原版的区别。

章程的章节设置

【基本章节与条款】

{56:16} 不同规模和性质的组织,其章程的复杂程度也有很大的不同。但下面列出的章节设置一般可以满足大多数普通组织的需要。其中的条款,虽然不可能是完备的,但基本涵盖了所有的主要问题。通常,章节编号采用罗马数字,而条款编号采用阿拉伯数字*(同时请参阅 56:58—67 开始的章程范例)。为了便于查阅,对于较长的章程,较好的做法是在一开始加上目录,特别是印刷发布的时候。

第一章：名称（Name）

{56:17} 对于非法人组织,这一章里要给出完整、准确、标点符号正确的组织名称。法人组织的名称在"法人证书"里面定义,还有些组织的名称在单独的"总章程"(constitution)里面定义,那么章程就应该省去这一章。如果名称同时出现在两个文件中,一旦出现不一致,就必须以级别更高的文件为准。

第二章：宗旨（Object）

{56:18} 对于非法人组织来说,组织宗旨必须简练地用一句话概括,但可以用若干从句或带项目标号的若干子段落分别从若干方面描述,并用分号隔开。因为组织的宗旨决定了什么样的事务可以在组织的会议上考虑和处理,所以宗旨要有一定的概括性,不要太狭隘。另外"三分之二表决"可以允许组织的会议引入超出宗旨范围的事务。跟第一章"名称"有类似的特点,如果宗旨已经在另一个级别更高的文件中定义了,那么这一章也可以省略。有些组织的章程把宗旨作为整个章程的前言放在最前面(第一章之前),而不是作为一个章节,那么第二章以后的章节编号就要依次修改。这对于那些历史很久的法人机构来说是很有用的,因为它们的"法人证书"的语言和细节已经不能适应今天的发展,但是它们可以在章程中用今天的语言进一步陈述宗旨。

第三章：成员（Members）

{56:19} 通常这一章会有若干条,包括:(1)成员的级别或分类,如"正式

---

* 对于章程中的章节与条款,中英文的习惯不尽相同。中文中,章程的格式可参考法律文件的格式,分为"编、章、节、条、款、项、目"这些层次,其中"篇、章、节"一般体现结构,只有相应的标题,而"条、款、项、目"体现具体规则。但英文在这方面的对应并不严格。本书原著中的"Article-Section"是英文中章程的典型模式,既可以理解为"条—款",也可以理解为"章—条"。其中的"Article"可以本身就是"一条"规则(而不只是标题),也可以包括若干"Sections",也就是"若干款";另外,"Article"连续编号,而每个"Aritcle"下的"Section"重新编号。但为了对应中文的层次规范,本中译本把"Article"翻译成"章",把"Section"翻译成"条"。本书建议在撰写章程时,用"章"划分结构(复杂的章程可以在"章"下设"节"),只有标题;再用"条"体现具体规则(需要的话在"条"下设"款"和"项");所有的数字编号都采用汉语数字,例如"第一章""第二节""第三十四条""第五款"等,用"(五)"代表第五项;另外,在整个文件中所有的"条"统一连续编号,而不是每章节重新编号。——译者注

成员"(active member)、"预备成员"(associate member)之类,并定义他们的区别,他们各自的权利、义务和人数限制等;(2)成员的资格和条件,申请和批准入会的流程,包括审核与表决的方法;以及(3)会费以及其他应缴款项,缴纳的时间和周期(每年、每半年、每季度等),对于欠缴成员需提前多长时间告知和告知流程,以及在多长时间的欠缴之后取消成员资格。在取消成员资格之前,欠缴的成员仍然拥有表决权,而且除非章程规定,否则不能以任何方式剥夺其表决权[请参阅 1:13n3、32:8、45:1、47:39 和 56:61(3)]。除非章程规定,否则也不得在所欠款项之外增加额外收费(滞纳金之类)。如果成员在经济上的责任比较复杂,需要另外规定的话,那么可以去掉这一条,然后紧跟这章之后单列一章专门定义成员的经济责任。

{56:20} 有些组织要求成员必须出席一定比例的组织会议或活动,作为保持成员资格的条件。这也必须在章程中加以规定方可生效。

{56:21} 有时这一章还会包括下列条:(4)退会(resignations)和(5)荣誉会员(honorary members,请参阅 47:42)。

{56:22} 对于全国或州级别的组织,或者组织联盟来说,本章中所指的"成员"也可能指的是分支组织或者成员组织,而不是个人。

第四章:官员(Officers)

{56:23} 如第 47 节所述,章程必定定义组织所需要的官员,包括荣誉官员,以及选举或者指派这些官员的方法。官员的排位根据他们在章程中出现的顺序由高到低,所以"组织负责人"应该第一个出现,副主持人或第一副主持人排在第二(除非还有"当选主持人",请参阅 47:21—22)等。"董事"(directors)应该纳入官员之列。

{56:24} 通常"议事规则标准"中(例如本书)已经很全面地给出了各主要官员的职责,所以在组织的章程中定义相应的官员的那一条,只需要写上诸如这样的句子"官员应该履行本章程以及本组织所指定的议事规则标准中规定的职责"。当然章程的其他一些章节和条款也可能会规定某些官员的更具体的职责。但如果某些特殊组织的官员,其职责有很多都在议事规则标准的定义之外,那么可以单列一章"官员的职责"紧跟在本章的后面,并且给每个官员单列一条。这种做法的好处是可以在一个地方集中所有相关信息。但这也可能造成同样的信息在几个地方重复,进而出现理解上的分歧。另外要非常小心,不要遗漏职责,因为这会被理解成无须履行。所以建议如果是单列一章,那么要在每个官员所属的那一条里面包括这样一句话:"以及本组织所指定的议事规则标准中规定的相应职责。"

{56:25} 本章可以用一条来指定官员提名的方法(第46节)。如果本章没有这条规定,而且组织也没有制定其他与此有关的规则,那么如果有惯例则应该沿用惯例做法,如果没有惯例,就在每一次选举的时候,会议表决决定一种提名方式(请参阅第31节)。如果章程定义了"提名委员会"并且规定由提名委员会对每个职位提名,那么除非章程同时规定每个职位只能提名一个候选人,否则,提名委员会可以为每个职位提名不止一个候选人。

{56:26} 本章应有一条规定官员的选举方式和任期,且通常应该规定默认的选举方式是"书面不记名选举",还要规定选举流程的其他细节,请参阅第46节。还可以规定如果每个职位只有一个候选人,那么可以省略"书面不记名选举"的过程,不过这样做实际上剥夺了成员"加写候选人"(write-in candidate,即写上一个选票上没有列出的名字)的权利。如果希望允许"邮件选举"(election by mail)、"相对多数选举"(election by plurality voting)、"优先选举"(election by preferential voting)、"累积选举"(election by cumulative voting)等选举方式,就必须在章程中明确规定,并且要规定必要的细节(请参阅第45节)。

{56:27} 要在这里规定官员的任期。此外,如果不希望当选官员在主持人宣布选举结果之后立刻就职,章程还要规定当选官员的就职时间。* 当章程规定任期是若干年时,实际的任期可以比刚好若干日历年或多或少,因为要允许下一次选举所安排的日期有一定的灵活性。例如,假设章程规定选举官员的年度会议应该在"10月或11月"举行,还规定当选官员的任期从"年度会议结束时"开始,官员的任期为"一年并且直到产生继任者"(或只说任期为"一年",但不建议这样做,请参阅下文)。如果上一年的年度会议在10月20日举行,而今年的年度会议在11月1日举行(反之亦然),那么在今年的年度会议结束时,新选举产生的官员即刻就任,同时上一任官员卸任,

---

*　　无论立刻就职还是指定时间就职,卸任官员的任期都终止于新一任官员就职的时刻。——译者注

即使这样意味着上一任官员的任期长于(或短于)一整个日历年。(有关未能在预定时间完成选举时的程序,请参阅 46:44—45。)

{56:28} 而为了避免出现职位的间断,例如出现公共危机或出现无人愿意参选的现象,章程中对任期的规定要严谨,不应该不加限定地写成"任期……年",以防止任期一到而又没有选出继任者时,出现职位空缺。此处准确的措辞取决于组织希望为自己保留什么样的手段以便可以提前终止官员的任期。

{56:29} 这个细节需要非常仔细的考虑,要结合每个组织的实际情况,可以选择:

(1) 要免除官员的职位,必须有充分的理由,且通过纪律惩戒程序来认定理由成立且充分才可以,这当中通常需要经过正式的审理过程;或者

(2) 只要成员作为一个整体希望免除官员的职位就可以免除,确定这一意愿的表决额度可以是以下三种当中的任何一种:三分之二表决,有事先告知前提下的过半数表决,全体成员的过半数表决(请参阅 62:16)。

{56:30} 针对上述第(1)种选择,章程的措辞应该写成"官员的任期____年并且直到选出继任者"。针对上述第(2)种选择,章程的措辞应该写成"官员的任期____年或者直到选出继任者"。因为一般成员不见得能很清楚地认识到"并且"和"或者"这样的措辞差异所带来的重大影响,所以虽然不是必需,但补充如下的说明文字会更加可取:

● 对于第(1)种选择,可补充如下说明:"免除官员的职务必须有充分的理由,且该理由必须经过议事规则标准当中规定的纪律惩戒程序认定成立。"

● 对于第(2)种选择,可补充如下说明:"只要成员作为整体,通过议事规则标准当中规定的表决程序表达了意愿,就可以免除官员的职务。"

{56:31} 因为对于所有的组织来说,终身制几乎都是不可取的,需要有任职的更替,所以章程在这一章可以安排一条规定"任何人在同一职位上连续任职不得超过____届"。另外,在一个职位上任职超过半个任期,就视作一

届完整的任期,在依据章程的限制判断是否还可以连续任职的时候可能需要考虑这一点。

{56:32} 章程还可以规定如何填补职位的空缺(请参阅 47:57—58)。除非章程有另外的明确规定,否则填补空缺时必须事先告知所有有选举权的成员。填补"组织负责人"(president)空缺的方法可以单独明确。如果没有明确,那么默认的做法是由副主持人或第一副主持人自动接任直到该任期结束,其他副主持人自动提升一位排名,由此造成的副主持人或排名最后的副主持人的空缺需要填补。如果组织希望采用其他的方法填补"组织负责人"空缺,那么必须要在章程里明确规定,并说明专门用于填补"组织负责人"空缺。

第五章：会议(**Meetings**)

{56:33} 本章的第一条应该规定"例行会议"的日期,如"每月第一个星期五"。如果在这句话前面加上"除全体会议[或'董事会']临时调整外",那么"全体会议"或者"董事会"有权在特殊情况下调整某一次例行会议的日期,但每次改变只对一次例行会议有效,不能永久地或者在一段时期之内改变例行会议的时间规则。因为这样的改变需要修改章程。另外注意,章程只规定日期,时间和地点这样需要更多灵活度的信息应该放在更容易调整的"一般管理规则"(第 2 节)里面,一般管理规则可以由全体会议制定,或者全体会议授权董事会制定。

{56:34} 有些组织倾向于用"决议"来安排会议,那么也要在章程中规定在"例行会议"召开前多少天"会议通知"必须发出,因为在这种做法下,成员无法根据章程推断会议日期。除非章程另有规定,否则天数计算的是自然日,包括节假日和周末,不包括会议召开的那一天,但包括发送会议通知的那一天。

{56:35} 再用一条规定"年度会议"。如"每年 5 月最后一个星期二的例行会议为年度会议"。如第 9 节所述,年度会议基本按照一般的例行会议的规则来操作,只是还要进行官员选举、听取官员和常设委员会的年度报告。

{56:36} 还要用一条来允许召开"临时会议"。这一条要规定谁有权召集临时会议,可以是"组织负责人"、董事会或者指定数量的成员(应该接近有效人数);规定"事先告知"要提前的天数;建议明确规定除了在"会议通知"

里面列出的事务,"临时会议"上不允许考虑任何其他事务——虽然即使不明确地写出来,依据"议事规则标准"这一条也是成立的(请参阅 9:15)。没有章程授权允许召集临时会议,召开"临时会议"是不合规的,但即使如此,全体会议为履行正式的纪律惩戒程序,为举行审理、决定处罚而决定召开"临时会议"则是合规的(请参阅 63:21n9)。

{56:37} 还必须有一条规定组织会议的"有效人数"(请参阅第 40 节)。

{56:38} 对于一些全国或州级别的组织,一般每年(或每两年或更长间隔)召开一次例行会议,一般称为"代表大会",那么本章的标题就应该叫"代表大会"。对于"代表大会"来说,本章的内容虽然大体上也跟上面的描述一样,但也有很多重要的调整,请参阅 58:6—10。

第六章:董事会(Executive Board/Board of Directors)

{56:39} 这章的标题可以是"执行董事会"(Executive Board)或者就是"董事会"(Board of Directors)。根据 49:3—7 的叙述,除非是很小的组织,否则成立以组织的官员而构成的董事会是必要的。组织的全体会议在一定程度上授予董事会行政管理的权力和责任,这个授权的程度对于不同的组织来说也是不一样的。如果组织要设有董事会,那么这章应该包括下面这些内容:

- 明确董事会的构成;
- 划分董事会的权力边界;
- 建立董事会的特别议事规则,如董事会例行会议的日期、周期、有效人数等。

{56:40} 董事会还可以称做"执行董事会"(Executive Board)。有的组织在董事会的内部还设有一个"执行委员会"(Executive Committee)负责在董事会休会期间代替董事会行使职能,请参阅 49:13。如果是这样,那么在这章的后面,还应该紧跟一章叫做"执行委员会",不过其中的条款与"董事会"的条款是很类似的。章程可以规定如何产生"董事会"和"执行委员会"的主持人和秘书,但如果章程未予规定,则默认情况下由"组织负责人"和秘书分别担任。"董事会"有很多不同的叫法,如"Board of Directors" "Board of Managers" "Board of Trustees" "Board of Governors" "Administrative Council"等。其具体的权力与义务都要依据章程的定义。

{56:41} "董事会"永远不可以改变"全体会议"的决定,"执行委员会"永远不可以改变"董事会"或"全体会议"的决定,包括采用"取消或修改已通过的决定"的形式,或者通过已经被否决的动议,除非上级明确授权允许这样做,或者章程明确授权允许这样做(请参阅49:7)。举例来说,如果组织的全体会议通过了一份年度预算,并且希望授权董事会在运营过程中为应对紧急情况可以做出预算调整,那么章程(或者预算决议本身)必须明确这样的授权。

{56:42} 后面"章程举例"的第六章第2条(请参阅56:64)中的措辞是一个很好的例子,使得董事会的权力恰到好处:负责管理,负责实施组织全体会议的决定,对组织全体会议决定的细节进行决策,在不违反全体会议决定的前提下,对无法等到下一次全体会议的组织事务进行决策。

{56:43} 如果组织愿意把全体会议闭会期间的所有组织事务的管理权力都交给董事会,例如一些很少召开全体会议的组织或本身的全体会议并不处理事务的组织,那么这条就可以简化为:

董事会全权处理组织事务,除了……[组织全体会议还希望保留权力的事务种类]。

第七章:委员会(Committees)

{56:44} 本章需要定义已知将要设立的各个"常设委员会"(第50节)。每个常设委员会单列一条,规定各自的名称、构成、产生办法和职责。一旦在这章定义了若干个常设委员会,那么再想成立其他常设委员会,就必须要修改章程,除非在本章中(通常)另设一条来允许由组织会议根据需要决定设立其他常设委员会。无论哪种情况,如果希望赋予常设委员会一定常效的独立决策权(即对于某些具体事务,不需要组织全体会议的批准就可以采取行动)、对某些类事务的自动委派权(即把具备某些特征的事务,不需组织会议的批准,就自动委托给这个常设委员会)、暂缓某些议事规则的权力等,必须在章程或特别议事规则中给予授权,以这些权责来定义这个常设委员会,同时给它命名。

{56:45} 组织的规模和性质通常决定应该设立多少个常设委员会以及它们各自的分工。通常来讲,本地组织的常设委员会不要太多。常见的有"会籍委员会"(committee on membership)、"计划委员会"(program committee),有时还有"财务委员会"(finance committee)。另外,"提名委员会"(nominating committee)的条款一般不列在本章,而列在"官员"一章,因为那里集中规定了提名和选举的规则。全国或州级组织的常设委员会可以多一些。但下级组织不要试图设立跟上级组织——一对应的常设委员会。上级组织也不应该这样要求。

{56:46} 通常在本章中,再用单独的一条规定如何设立"临时委员会",且如果如上文所述希望允许另行设立在本章中没有列出名字的"常设委员会",那么这一授权也要放在这一条里面。这一条通常授权"组织负责人"根据组织全体会议或者董事会的指示设立"临时委员会"或者其他在本章程中没有列出名字的"常设委员会"。但要注意,既然规定要"根据组织全体会议或者董事会的指示才能指派",那么组织负责人就不能根据自己的意愿随意设立委员会,必须有组织全体会议或董事会的命令。如果还希望组织负责人有权不经组织全体会议的批准就指派"非组织成员"进入委员会,那么也必须在这一条中给予授权[请参阅 13:15、50:20 和 50:13(4)]。

{56:47} 这一条还可以规定某些官员——通常是"组织负责人"——"是除提名委员会以外所有委员会的当然成员"(ex-officio member)。如果是这样,那么组织负责人有权利但没有义务,参与各委员会的工作(请参阅 49:8 和 50:16)。如果没有这样的规定,那么组织负责人就无权到委员会中表决,甚至没有受到邀请也不能出席委员会会议。如果有"提名委员会",那么必须明确规定组织负责人不能成为"提名委员会"的当然成员。另外还建议:对所有与纪律惩戒程序有关的委员会,例如审理委员会(trial committee)和调查委员会(investigation committee),章程要有条款明确规定"组织负责人"不可以是这些委员会的当然成员,也无权设立这些委员会或指派这些委员会的成员。

{56:48} 如果章程中没有关于委员会的一章,那么组织的全体会议可以根据需要不受限制地决定设立常设或临时委员会(请参阅第 13、50 节)。

第八章:议事规则标准(Parliamentary Authority)

{56:49} 组织应该采纳一本议事规则的著作为自己的议事规则标准——这是建立议事规则体系最简单、最有效的做法。本章只需要一句话:"本协会采纳《罗伯特议事规则》[或其他议事著作]的最新版本作为协会的议事规则标准,在不与组织的章程和特别议事规则①相冲突的前提下,必须使用议事规则标准中相应的规则来指导组织运作。"如第2节所述,组织可以制定"特别议事规则"来补充或代替议事规则标准中的相应条款。需要注意的是,上述用来采纳议事规则标准的章程措辞意味着,如果组织采纳的"议事规则标准"规定"某一条议事规则只能被章程这样高级别的规则所覆盖",那么"特别议事规则"这样级别的规则就不能覆盖。对于议事规则标准之外的议事规则著作中的规则,如果与议事规则标准相抵触的,那么是没有效力的;如果补充了议事规则标准中所没有的规则,那么这些规则可供参考,但并没有强制约束力。

第九章：章程的修改(Amendment of Bylaws)

{56:50} 章程必须规定如何对自身进行修改,且此规定必须要求在某种指定方式的"事先告知"的基础之上满足"三分之二表决"。如果章程没有这样的规定,那么默认的修改章程的条件是:或者"事先告知"(按照10:44的定义)且满足"三分之二表决",或者满足"全体成员的过半数表决"。在规定"事先告知"的时候,必须强调给出告知的会议和讨论章程修改的那次会议是紧挨着的。例如必须说"上一次会议",而不能说"以前的会议"。只有这样,那些关注章程修改的成员才有机会安排时间以出席;否则有人就可能会利用这个细节,在做出告知以后,等待一次出席情况对自己有利的会议提出章程修改从而达到操控章程的目的。另外,只能讨论那些在"事先告知"中列出的修改建议,而且修改不能超出告知的范围[请参阅57:10—13和35:2(6)]。

{56:51} 章程所规定的给出"事先告知"的方式应该符合本组织的实际情况。有些组织里"口头告知"就足够了,有些组织则必须"书面告知";有的组织只要求对修正案进行概括描述,有的组织则需要确切的措辞。如果章程只规定"修改章程需要事先告知",并没有限制在告知之后多久之内必须着手处理所告知的修正案,那么动议"指派一个委员会负责修改章程并在指定的会议上陈述报告"一旦得到通过,这个动议本身就已经构成了"事先告

---

① 地方、州和国家的法规中,对于某些类型的组织,在议事规则方面,有专门的规定,如工会或企业组织。这些规定有着法律赋予的更高的优先级,优先于组织自己制定的条款,无论组织的章程中是否明文承认这种优先级,除非这些法规允许组织的章程优先。建议在这个地方加上"以及所有相关的、优先于组织章程的法律"。

知",不用另行告知,而且在委员会陈述报告之后,全体会议可以立刻处理委员会所提的修正案。但是,如果章程规定"章程的修正案(或者'包含章程修正案的事先告知')必须要提前一次例行会议提交",那么就必须等到章程修改委员会提交修正案报告之后的下一次会议才能处理这些修正案。

{56:52} 如果组织的例行会议比较频繁但主要不是议事,另有议事性质的会议每月、每季度召开(请参阅 9:1),那么比较好的做法是,在章程中规定"只有在季度例会或年度例会以及它们的后续会议上才能处理章程的修正案"。

{56:53} 如果组织每年才召开一次例行会议,那么规定"章程的修正案必须要提前一次例会提交"显然间隔太久。所以应该规定,在年度会议前至少指定的天数前要把"包含详细章程修正案的事先告知"寄送给所有即将出席年度会议的成员、代表或组成机构。

{56:54} 如果还有独立于"章程"(bylaws)的"总章程",那么"总章程"(constitution)的修改应该规定得更难,否则的话单独的"总章程"就没有意义了。无论是否有单独的"总章程","章程修正案"的"表决额度"都不应低于"三分之二表决"。

{56:55} 但是在规定"章程修订案"所需的"表决额度"的时候,"全体成员的三分之二表决"对于大多数的组织来说,都是非常不可取的,特别是对于规模较大的组织,因为几乎不可能有那么大比例的成员出席会议,更不用说投票赞成,所以只能是"三分之二表决"(请参阅 44:3—6)。

{56:56} 在撰写这一章节的条款的时候,不要试图一一列举都有哪些形式的"修改"。例如有些组织的章程会使用这样的语言,"对章程的修改,包括添加、插入、删除、替换等,都要……"。因为"修改"这个词已经涵盖了所有这些修改方式。也不用列举修改的对象都有哪些(如字、词、句、段、节、章等),这些也都隐含在"修改"这个词里面了。也不要去定义什么是"三分之二表决",因为"议事规则标准"已做了严格的定义。

【其他章节】

{56:57} 有些组织还需要在章程中设置其他的章节。在前面的叙述中,已经提到了一些可以拿出来单列一章的内容,包括"财务管理""官员的职责""执行委员会"等。全国级别的组织会需要一章来定义组成机构以及整体的组织结构。设有"部门"的组织可以在"委员会"这章之后单列一章"部门"来定义它们。专业的组织可能需要专门一章来定义"纪律惩戒"(disciplinary procedure),或简或详地定义纪律惩戒的程序。但对于多数普通的组织尤其是本地组织来说,这些章并不是非常必要(请参阅第 61—63 节)。

章程范例

{56:58} 下面是一部完整的章程范例,关于这个范例的适用性,请参阅 56:9。虽然不是必需,但建议每一条都有一个小标题,尤其对较长的章程而言,因为这可以令章程结构清晰、逻辑严谨。

[协会名称]章程

{56:59} 第一章　名称

本协会名称为:＿＿＿＿＿＿＿。

{56:60} 第二章　宗旨

本协会的宗旨是:＿＿＿＿＿;＿＿＿＿＿和＿＿＿＿。

{56:61} 第三章　成员

第 1 条　成员总数的限制:本协会的成员总数应该控制在 200 人以内。

第 2 条　成员资格和入会程序:任何＿＿＿＿＿的成人居民都有资格加入本协会,只要由一名成员动议并由另外一名成员附议,并且向"文书秘书"(Recording Secretary)提交由这两名成员签字的推荐信。文书秘书在下一次协会例行会议上报告候选人和推荐人的名字。要等到再下一次的例行会议上,才能就是否接受该候选人入会进行表决。该表决要求"三分之二表决"。通过表决的候选人在缴纳"入会费"(initiation fee)以及第一年的"会费"(annual dues)后宣布为本协会会员。

第 3 条　入会费和会费:入会费应为＿＿＿＿元。年费为＿＿＿＿元,最晚在每年的＿＿＿＿月＿＿＿＿日缴纳。财务官对拖欠会费达＿＿＿＿月的成员发出通告,之后继续拖欠＿＿＿＿月的成员将被取消成员资格。

第 4 条　退会:希望退出协会的成员请向文书秘书提交书面的退会申请。文书秘书再提交给董事会决定。必须在缴清会费后方可批准退会。

第 5 条　终身荣誉会员:由一名成员动议、另一名成员附议并提交此二人签字的书面推荐信,再在年度会议上以书面不记名投票方式获得"四分之三"的赞成票,为本协会做出过卓越贡献的＿＿＿＿成人居民可以获得终身荣誉会员的头衔。终身荣誉会员不承担任何会员的责任,但享有除动议、表决、任职之外的所有权利。

{56:62} 第四章　官员

第1条　官员及其责任:协会设置"会长"一名、"第一副会长"一名、"第二副会长"一名、"文书秘书"一名、"联络秘书"一名、"财务官"一名以及"董事"四名。这些官员必须履行本章程以及本协会指定的"议事规则标准"所规定的相应职责。

第2条　提名程序和选举时间:每年2月的第二个星期二的例行会议上,协会要选举出五人组成的"提名委员会",负责提名官员候选人。选举于每年4月的"年度会议"上举行。"提名委员会"在3月的"例行会议"上要就提名情况陈述报告。在4月的"年度会议"的选举开始之前,都允许其他的现场公开提名。

第3条　书面不记名选举、任期与免职:官员的选举必须采用书面不记名方式。官员的任期为一年或者直到产生继任者。官员的任期从其当选所在的"年度会议"休会时刻算起。只要成员作为整体,通过议事规则标准当中规定的表决程序表达了意愿,就可以免除官员的职位。

第4条　任职限制:官员不允许兼任。任何人在同一职位上最多连续任职两届。

{56:63} 第五章　会议

第1条　例行会议:除协会召开的临时会议以外,从9月到第二年5月(包括这两个月),每个月的第二个星期二召开例行会议。

第2条　年度会议:每年4月份第二个星期二召开的例行会议为年度会议。年度会议上选举官员、听取官员和委员会的年度报告,也处理其他事务。

第3条　临时会议:会长或董事会有权召开临时会议,10名或更多成员以书面申请的方式也可以召开临时会议。临时会议的目的必须在会议通知中声明,至少要提前三天发出会议通知给所有成员。

第4条　有效人数:本协会会议的有效人数为15名成员。

{56:64} 第六章　董事会

第1条　董事会的构成:董事会由包括董事在内的协会官员构成。

第 2 条　董事会的责任和权力：协会全体会议在休会期间，授权董事会管理协会一般事务，包括确定全体会议的时间和地点，向协会全体会议提出建议，以及本章程规定的其他职责。

第 3 条　董事会会议：除董事会另行安排以外，从 9 月到第二年 6 月(包括这两个月)，每个月的第一个星期二召开董事会例行会议。会长有权召开董事会临时会议。三名董事会成员联名书面申请也可以召开董事会临时会议。

{56:65} 第七章　委员会

第 1 条　财务委员会：财务委员会由财务官和另外四名成员构成。这四名成员由会长在年度会议之后尽快指派。"财务年度"从每年的 4 月 1 日起计算。财务委员会需要在 3 月的"例行会议"上提交"年度财务预算案"。财务委员会根据需要在年中不定期提交本年度财务预算案的修正案。这些修正案要求"过半数表决"。

第 2 条　计划委员会。在年度会议之后会长应立即指派五名成员成立"计划委员会"，负责制定协会的年度工作计划，并在每年 9 月的"例行会议"上递交报告。

第 3 条　审计委员会。在每年 3 月的"例行会议"上由会长指派三名成员成立"审计委员会"，负责审计财务官的"财务报告"并在"年度会议"上报告审计结果。

第 4 条　其他委员会和会长的委员会当然成员资格：协会全体会议可以根据需要设立其他的委员会，包括常设委员会和临时委员会。这些委员会的成员由协会会长指派，除非在指派之前全体会议以"三分之二表决"暂缓本规则。除"提名委员会"和任何与纪律惩戒程序有关的委员会以外，会长是其他各委员会的"当然成员"。

{56:66} 第八章　议事规则标准

本协会采纳《罗伯特议事规则》的最新版本作为协会的"议事规则标准"。在不与协会的章程和特别议事规则相冲突的前提下，必须使用"议事规则标准"中相应的规则来指导协会运作。

{56:67} 第九章　章程的修改

可以在协会任何一次"例行会议"上决定章程的修改。章程的修改要求"三分之二表决"，而且必须在上一次例行会议上书面提交章程修正案的内容。

章程的解释

{56:68} 在撰写章程以及解释章程的时候,需要注意下面这些解释章程的原则(这些原则也适用于组织制定的所有其他规则和文件):

(1) 每个组织都有权决定自身章程的含义,组织保留对章程的解释权。当然这并不意味着可以歪曲文字中清晰的本义。如果章程中的某段文字不可能有任何歧义,那么即使组织成员全票同意,也不能曲解这段文字的意思。"解释章程"(interpretation)只能发生在存在歧义的情况下。在解释章程中有歧义的文字时,应尽量使其含义与章程的其他条款保持协调一致。解释的时候要尽可能判断组织在当初制定章程时候的意图,而不是根据解释章程时的情况。要再次强调:只有在出现含义含混或难以确定的时候,才需要去分析当初的立规意图,而在出现歧义时,组织全体会议可以以"过半数表决"裁定对章程的解释,然后应该尽快按照解释来修改章程中模糊和有歧义的地方。

(2) 只能保留与章程其他部分没有冲突的解释。在歧义发生时,如果一种解释与章程的其他部分有冲突,而另一种解释没有冲突,那么必须保留那些没有冲突的解释。例如,假设章程规定"协会设有如下官员:'主持人'一名、'副主持人'一名、'秘书'一名、'财务官'一名,以及另外五名成员,所有官员都是董事会的成员";同时,还假设章程的另外一处又提到"董事"是"董事会"的成员。那么,如果有人把"董事"解释成"不是官员,只是董事会中除了官员以外的人",那么这种解释就会与前面那一款规定相冲突,因而不能成立。实际上"董事"就是指前面那一款规定中的"另外五名成员"。

(3) 具体优先于概括。对于同一条规则,不可能每次在章程中出现的时候,都完整地陈述一遍,会在一些地方出现概括性的表述,可能无法在每一种具体应用中都严格准确。具体的条款能对特定情况下的使用细节做出详细的规定,所以概括性的条款要让先于具体的条款。例如,章程范例的第三章第 2 条(请参阅 56:61)规定,任何成人居民经过"三分之二表决"都可以加入本协会,这是一个概

括性的条款,而同一章的第 1 条规定的"协会总人数不得超过 200
人"就是一个具体的条款,所以后者优先。任何人都无权通过引用
概括表述的规则来推翻具体表述的规则。

(4) 若章程具体列举若干允许的事务,则未被列举的同类事务皆为禁
止。始终铭记,把一条规则写进章程,一定有它的原因。如果一件
事情,无论有没有章程的授权,都是可以做的,那么就没有必要写
进章程里;反过来说,如果写进章程了,那么目的就是要规定同一
类型的事务中哪些可以做,而没写进去的就不可以做。例如,章程
范例第四章第 1 条(请参阅 56:62)列出了一些官员的职位,那么没
有列出的职位,如"警卫官",就不允许设立。

(5) 不可超越授权。章程中授予的权力,可以使用不充分,但不可以超
越。例如,章程范例中第六章第 2 条(请参阅 56:64),董事会有权
安排组织全体会议的"时间"(指一天之内具体的时刻)或"地点",
那么董事会就不能越权去改变组织全体会议的"日期"。

(6) 若章程禁止或限制特定事务,则超过章程所定标准的其他事务也
一并禁止;而未达标准的事务则允许;若章程具体列举若干禁止或
限制的事务,则未被列举的同类事务,只要非明显不当,皆为允许。
章程范例的第四章第 4 条(请参阅 56:62)限制每个成员同时只能
担任一个职务,这当然就禁止了同时担任两个、三个或者更多的职
务。同一条的下一句话,连任不超过两届,所以三届、四届的连任
都是禁止的,但是可以少于两届。章程范例的第九章(56:67)规定
修改章程的表决额度是"事先告知且三分之二表决",所以,无论修
改章程的一个字还是替换整个章程,都需要同样的条件和步骤。

(7) 特定行为的明确处罚不可加重或减轻。如果章程中规定"对于'连
续三次董事会例行会议缺席的董事会成员'取消董事会成员资
格",这个处罚很明确,就是取消董事会成员资格,那么这个处罚不
能减轻——例如,董事会无权通过表决来留下他,也不能加重——
例如,不能在取消董事会成员资格的同时又罚款。如果希望董事
会有调整处罚的权力,那么章程就不能规定明确的处罚,或者章程
要明确规定董事会有免除、减轻或加重处罚的权力。

(8) 如果章程定义某个泛指的词完全涵盖若干特指的词,那么一条使

用泛指的词写成的规则适用于所有特指的词。例如,假设章程指出"成员"包括"正式成员""预备成员"和"荣誉成员",那么凡是使用"成员"的地方,就都包括这三类成员。但如果章程在"成员"这一章定义"成员"要么是"正式成员"要么是"预备成员",那么凡是使用"成员"的地方就只指那两类成员。如果像章程范例的第二章(请参阅 56:61)那样,"成员"这一条描述了成员资格但并没有对成员进行分类,那么虽然在另一个地方规定了"荣誉成员","成员"也只包括它的定义中所包括的人,也就意味着荣誉成员不是真正的成员。反过来,如果章程分别定义了"选举产生的官员"和"指派产生的官员"而并没有对"官员"做总的定义,那么在章程其他地方(例如在规定任期的条款中)出现的"官员"或者"所有的官员"这样的词的含义就既包括"选举产生的官员",也包括"指派产生的官员"。

§ 57. 章程的修改

{57:1} "修改章程"(Amend the Bylaws)或者叫做"章程修正案"(Amendment of Bylaws)实际上是动议"修改已通过的决定"(第 35 节)的一个特例。因而,"章程修正案"是一个"主动议"(而不是附属动议),遵循一般的主动议的规则,但是有如下这些例外:

(1) 章程中应该对"章程修正案"这个"主动议"的通过条件做出明确的规定,而且至少是"事先告知三分之二表决"(或者"全体成员的过半数表决")。这样的条件也是在章程缺失这条规定的情况下的默认条件(请参阅 56:50—56)。

(2) 能够在多大程度上对"章程修正案"这个"主动议"使用"主修正案"和"辅修正案"受到给出的"事先告知"的限制,下文会详述。

(3) "章程修正案"这个"主动议"一旦通过,就不可以"重议"(第 37 节)。

(4) 对于一般的主动议来说,一旦得到通过,任何与之冲突的其他主动议就不合规了。但这一条不适用于"章程的修正案",因为可能针对同一个问题会出现若干不同的修改方案,都被提出并给出了事先告知,那么所有这些事先告知中的"章程修正案"都理应得到考虑(请参阅 57:6—8)。

修改章程的方法

{57:2} "章程修正案"修改的程度决定了"章程修正案"的处理方法:

【个别修改】

{57:3} 如果只是个别修改,那么就可以按照一般的"修改已通过的决定"(第 35 节)来进行,只要同时遵循上文刚刚提到的限制规则。有时因同一修改目的,需要对章程的多处分别进行修改,例如,要取消"史记官"职位,就需要删除所有出现这个职位的地方,那么应该用一项动议同时提出所有这些修改。如果包含了多处修改的一项动议,其中这多个修正案之间的关系是:只要修改一处,就必须修改其他各处,才能保持章程的一致性,那么这项包含了多个修正案的动议不可拆分(请参阅 27:5)。

{57:4} 有时"章程修正案"会动议替换更大的篇幅,例如替换一整条、若干条甚至一整章,但通常真正涉及改动的只是其中若干分开的片段,只用一个主动议形式的"替换"来提出,比逐个动议这些修改更节省时间。这样的章程修正案要在"事先告知"中给出完整的替换版本,也就是新版本,或者"事先告知"还可以分开标注每个实际有修改的地方,而且会议只能考虑替换版本中实际包含修改的部分。替换版本中与现有章程保持一致的部分不能修改,因为对这些内容的修改并未给出"事先告知"。

【整体修订】

{57:5} 如果修改的幅度比较大,涉及的条款比较广,以至于需要一整套新的章程,那么这样的修改叫做"修订"(revision)。"章程修订案"(bylaws revision)也是主动议。对此的事先告知要声明,有人即将提交新的章程文件,并且这份文件将接受全面的考虑和修改,就好像在制定一套新的章程一样。也就是说,对于章程修订案,可以对任何部分提出任何修改,而不仅仅是"章程修订案"的"事先告知"中指出的那些修改。可以用"主修正案"和"辅修正案"对"章程修订案"进行完善。但是被完善的只是"章程修订案",

而不是原来的章程文件,因为原来的章程文件并不处于待决状态。如果"章程修订案"(也就是新的文件)整个遭到否决,那么原来的章程不会受到任何改变。在"章程修订"过程中,不可能对原来的章程做个别词句的修改,原来的章程要么整个被"章程修订案"所替换成为新的章程,要么不受任何影响。要想进行章程修订,必须由组织的全体会议授权一个委员会负责起草,或者如果董事会有权委托此类事项,也可由董事会授权一个委员会起草,只有这样获得授权的委员会起草的"章程修订案"才合规,才能被考虑。[2]

【考虑程序】

{57:6} "章程修订案",或者涉及多个条款的"章程修正案",应该逐段或逐条考虑讨论,请参阅第 28 节。如果出现了针对同一个问题的多个不同的"章程修正案"的告知,且它们彼此有冲突因而不可能都获得通过,那么应该由主持人对这些"章程修正案"进行逻辑排序,然后采取类似于"填空"(filling blanks,第 12 节)的做法来依次考虑。通常的顺序是把这些章程修正案当中综合性最弱的(the least inclusive)放在最前面讨论,综合性最强的(the most inclusive)放在最后面讨论,所谓综合性更强就是更能把多个章程修正案的修改意图综合在一个修正案中,这样越是综合更多意见的修正案越有可能获得最后的通过。会议可以调整这些修正案的排序,调整修正案顺序的动议需要附议,不可以辩论,可以修改,"过半数表决"通过。顺序一旦调整,就不可以重议,也不允许用一个后面的章程修正案来替换待决的章程修正案。

{57:7} 但是,正如 57:1(4)所述,所有的章程修正案,只要给出了相应的事先告知,都必须得到考虑,这是章程修正案动议人的权利,而且即使与前面已经通过的另一项章程修正案相冲突的章程修正案,也必须得到考虑。这实际上并不违反议事原则,因为任何章程修正案一旦通过,就立即生效,立即成为章程的一部分,所以后面的章程修正案要修改的对象是新的章程文本。

{57:8} 如果后面的章程修订案所要修改的对象或涉及的内容已经被前面的章程修正案删除了,那么这个后面的章程修正案当然也就没有意义了,

---

[2] 除了这样获得授权的委员会,其他任何人如果提出一份新的章程替换版本并动议替换现有章程,这样的动议并非不合规,只不过所提的替换版本不能被视作"章程修订案"(revision),而只是一般的"章程修正案"(amendment),按照前一段(57:4)的描述,只能考虑替换版本中与现有章程不同的部分。

只能丢弃。但如果按照上面的恰当的顺序排列并依次处理这些章程修正案的话，这种情况应该很少会出现。

{57:9} 需要对"章程修正案"的最终表决进行"计数"而且要把表决和计数的结果记入会议纪要，除非几乎就是全票通过。

章程修正案的修正案

{57:10} 虽然理论上可以对"章程修正案"这个"主动议"提出"主修正案"以及进一步的"辅修正案"，而且这些"主、辅修正案"只要求"过半数表决"而不要求"事先告知"，但是修改的程度却受到事先告知的限制。

{57:11} 如果章程规定章程修正案必须给出事先告知(应该这样规定)，或者虽然没有这样规定但已有事先告知，那么如果在场人数未超过组织全体成员的半数*，那么对章程修正案的修改范围不可以超出事先告知中给出的修改范围和程度[请参阅 35:2(6)]。这是为了防止有人在事先告知中只写上一个微小的修正案，避免引起成员们的注意，然后在考虑的时候把这个小的修正案修改成一个很大的修正案，从而利用很多成员不在场的机会。例如，如果章程规定年费每人 10 美元，"章程修正案"希望调整为 25 美元。"章程修正案"待决时，把 25 改成 10 至 25 之间的数字是合规的，但少于 10 或者多于 25 都是不合规的，即使得到在场成员的全部同意。因为如果告知中说的是调整年费到低于 10 或者高于 25，那些反对这么做的成员就会出席并投票反对了。

{57:12} 同样的原则还适用于"章程修正案"动议替换一条、若干条、一章或若干章的情况(修改范围小于"章程修订案")，对于"用来替换旧版本的新版本"，还可以再提修正案，但只能朝着减弱修改的方向，不能增大修改的幅度，也不能引入新的修改。例如，章程有一条关于入会费和年费的条款，"章程修正案"要修改入会费，但没有提到要改变年费，那么在"章程修正案"待决的时候，动议修改年费就是不合规的。

{57:13} 要特别小心"删除"(strike out)性质的"章程修正案"，例如删除一句话、一段话、一条规则等。在这样的主动议待决的时候，原来的章程并

---

*　　但仍然满足有效人数。——译者注

不待决,只有"章程修正案"待决,因而只能针对"章程修正案"提出修改,不能直接针对旧章程提出修改。例如,如果已给出了事先告知的"章程修正案"建议删除旧章程中一个不太好的条款,但有人认为可以适当修改这个旧条款并保留它,可是这种对旧条款的修改显然超出了"事先告知"的范围因而是不合规的,那么这个人就只能立刻再发出一个"事先告知",说他建议对旧条款进行这样的修改,而不是整个删除。这样其他成员就有机会看到一种不同的做法,可能投票否决"章程修正案"。否则,那些认为旧条款可以通过完善表述予以部分保留的成员就没有机会寻求这样的折中方案。

章程修正案的事先告知

{57:14} 章程修正案的事先告知的形式要正式,如"建议修改第四章第 2 条,在'第二个星期二'前面删除'3 月'并插入'4 月'"。如果章程没有限制谁可以提出"章程修正案"的告知,那么任何成员都可以。如果要在会议上给出事先告知,通常都在"新事务"这个环节进行,当然其他时间也都可以,甚至在"休会"动议通过之后,只要主持人还没有宣布休会,都可以给出事先告知。章程委员会可以在"委员会报告"这个环节给出事先告知。也可以在邮寄会议通知的时候附上计划在此次会议上考虑的章程修正案的事先告知,那么邮寄费用不应由提出章程修正案的成员承担,而应该由组织承担。事先告知要如实向成员说明所设想的章程修正案。首先以上述正式的语言说明章程修正案的修改动作,再用左右两列并排展示现有的章程条款和修改后的章程条款,以使问题更加清晰。在会议上给出章程修正案的事先告知时,不能立即考虑,最多是在主持人认为合适的前提下,进行非常简短且非正式的讨论(请参阅 43:31—34)。

章程修正案的生效时间

{57:15} "章程修正案"一经通过立即生效,除非"章程修正案"本身规定了其他的生效时间,或者组织通过了一项动议规定章程修正案要等到某个特定的时间才能生效。在"章程修正案"这个主动议待决的时候,可以修改动议的引导词(enacting words)来添加"关于生效时间的附加条款"(proviso),

如"等到年度会议结束之后方可生效"。或者在"章程修正案"这个主动议待决的时候,用一个偶发动议来规定即使章程修正案得到通过,也必须等到什么时候才能生效。上述两种方法都只需要"过半数表决"。章程中不应写入那些临时性的、过渡性的条款。如果向修订后的新版章程过渡的实施细节很复杂,那么可以把临时性的条款编号罗列在一份"章程修订案"附件上,标题叫做"过渡期附加条款"(Provisos Relating to Transition)。在动议通过章程修订案时,语言可以变成:"我动议连同'过渡期附加条款'一并通过修订后的章程。"

{57:16} 还要注意章程中关于官员的条款修改后何时生效。因为这些修改可能涉及已当选官员的报酬、权力和职责的问题,还可能废除一个职位。如果不希望影响现任官员,那么可以在对章程修正案表决之前首先通过一个动议,规定后面的章程修正案不影响现任官员。也可以在"章程修正案"中插入附加条款规定不影响现任官员。在组织和当选的官员之间,存在着一份无形的契约。虽然双方都可以在适当的情况下修改甚至终止这份契约,但这么做的时候,必须合理地考虑对方所受到的影响。

{57:17} 必须注意的是,虽然"章程修正案"的生效时间可以推迟,但是任何章程修正案一经表决通过,就已经是章程的一部分。如果修改后的章程打印了出来,那么要有脚注或者类似的标注说明这些条款还没有正式生效;而被删除的文字如果仍然起着作用,那么也应该一并打印出来,然后标明已经删除,但尚未作废。

章节条款的标题与编号

{57:18} 以前习惯上允许秘书在章程或者其他长文件得到通过之后再给文件加上章节条款的标题、章节条款的编号、项目编号或字母等,并且认为这些只是附属的标注,可以授权给秘书做。但现在一般认为,这些也是文件本身的组成部分,也应该由会议来决定。

{57:19} 但是,在修改已经存在的章程或者其他文件的过程中,并不需要每一次都提及对编号的修改,而是默认它们的修改包含在每一次的修改动作当中。例如,如果修改是"在第三章后插入第四章,标题为……",那么后面各章的编号当然会依次增加,秘书或者章程委员会要自动改写这些编号,即使"章程修正案"没有提到。标题的修改如果影响实质含义,那么只有组织的全体会议才有权修改,而且要按照相应的章程修改规则或其他文件的修改规则进行,此权力不可转授他人。但是不涉及实质含义改变的章节条款编号和交叉引用的更正可以交给秘书或者章程委员会来做。如果需要用正式的决议来授权,那么决议可以写成:

决定,授权秘书[或"……委员会"]对……的章节条款编号、标点符号和交叉引用等进行更正以及其他必要的技术性调整,以使章程协调一致并反映组织意图。

第十九章

代 表 大 会

§58. 代表大会

{58:1} 在通用议事规则当中,包括在本书当中,"代表大会"(convention)顾名思义是指由"代表"(delegates)们参加的协商会议,但这里的"代表"不是指那些长期存续的公共立法机构里面的代表(representatives)*,而是指那些大型组织的各个组成机构(constituent units)或者分支机构(subdivisions)推选出来且每一次代表大会都要重新推选的代表,这些代表共同构成一个协商会议主体,有权以整个组织的名义做出决定。最常见的"代表大会"就是全国或者全州规模的组织,由其各地方组成机构从各自成员中推选出来的代表组成的代表大会。一些组织用其他的术语来描述这类会议,如"congress""conference""convocation""general assembly""house of delegates""house of representatives"等,本书把它们统一称为"代表大会"。

{58:2} 另外,术语"house of delegates"和"house of representatives"还常常用来特指专业或者学术的协会中具有表决权的代表所举行的"代表大会"。而其他那些没有表决权的组成机构的成员,虽然也来参加会议,但只能出席研讨会、论坛等学术和社交活动。还有一些组织用这两个术语来指那些具有一定任期的代表大会,即代表们的资格在任期内持续有效,而不只是在一次代表大会的开会期间才有效。代表们在任期内根据章程的规定召开若干次会议。

---

* 代表大会的"代表"(delegate)和立法机构的"代表"(representative)有很多不同。例如,代表大会的"代表"代表的是组成机构,通常只在代表大会召开会议的一天或若干天期间任职。立法机构的"代表"(或称"议员"等)代表的是所在选区的选民,当选后在任期内持续任职,无论是否召开会议。——译者注

{58:3} 代表大会的规模、持续时间以及运作的复杂程度各不相同。较小组织的代表大会可能只需一天,分成两到三场会议,每场会议都由全体代表共同出席。较大组织的代表大会可能需要一周,分成若干个分会区,同时进行不同的议题,只有个别的几场会议才会召集全体代表共同出席。

{58:4} 另外,有时候召集代表大会是为了成立一个新的协会或者联盟,或者(类似公众集会,第 53 节)为了召集相关各方面人士、相关组织的代表一起为某个特定的问题而采取行动。

{58:5} 本章只围绕多数代表大会的共同特点进行介绍,并以固定组织的代表大会为主。(第 60 节给出了不同类型代表大会的区别。)

章程中的基本规定

{58:6} 对于由组成机构构成的州、地区、全国规模的固定组织来说,其自身的章程,或者更上一级组织的章程或其他治理性质的规则(请参阅 2:8—13 和 56:33 开始的段落,特别是 56:38)应该:

- 授权召开周期性的代表大会;
- 定义代表大会的权力和义务;
- 设定代表大会的有效人数;
- 划定代表大会的表决权成员;
- 规定代表大会的"代表"(delegates)和"候补代表"(alternates)的资格条件,如何决定代表的数量,如何推选代表;
- 指定"代表大会会议通知"应该在何时、以何种方式、向哪些人发出;
- 其他召开和运行代表大会所必需的条款。

{58:7} 可以在章程中对代表大会的"有表决权成员"(voting member)的构成做如下规定(例子中的组织是一类俱乐部在一个州所建立的"联合会"):

州代表大会的"有表决权成员"为:州一级的官员(包括州联合会的董事会成员)、州联合会各成员俱乐部的队长(或缺席时的副队长)以及各成员俱乐部选举的代表。

{58:8} 另外,召开代表大会的那一级组织的章程要规定:(1)组成机构参加代表大会的条件,例如规定只有那些正常运作,自身的成员数量不少于指定数额的组成机构才能参加代表大会;(2)各组成机构的代表名额,通常由组成机构的规模决定,"代表的数量"等于"组成机构的负责人"一人,再加上"组成机构的成员总数"除以"某个指定的数字"然后取整,或者说"每有多少名成员可以多选派一名代表"。

{58:9} 召开代表大会的那一级组织的章程还要规定如何推选"候补代表",请参阅 58:13—15。

{58:10} 为避免在代表大会进行期间更换官员,章程还应规定新选举产生的官员在代表大会休会后就职(请参阅 56:27)。

代表和候补代表

【取得表决权的方法】

{58:11} 对于固定组织(即已经建立的组织)的代表大会,要想成为它的"有表决权成员"(也就是获得"代表资格"),有以下几种方法:

(1) 由组成机构选举为这次代表大会的代表;

(2) 依据章程,各组成机构的"负责人"或"首席执行官员"(或者在他们缺席时,他们的副职)是代表,很多组织都是这样做的;

(3) 成为代表大会那一级组织的在任官员(incumbent),例如,根据章程,州级官员是州级代表大会的"当然官员"(ex-officio officer)和"当然成员"(ex-officio member),无论这个官员所属的组成机构有多少个代表名额;

(4) 成为候补代表,并在有代表缺席或者退出的时候替补为正式代表。

【替补程序】

{58:12} 如果组成机构的负责人不能出席代表大会,那么由组成机构的副主持人替补;如果组成机构有多个副主持人,那么由可以出席的、排名最前的副主持人替补,与副主持人接替负责人的其他职责一样。如果副主持人本来是当选代表,现在要替补负责人,那么就从候补代表中按下述方式再选出一名代表,这与因其他原因代表不能履职时候补代表的替补规则是一样的。

关于替补的条款

{58:13} 为尽量保证各组成机构在代表大会上获得完整的代表性,代表大会那一级组织,应该在章程中规定每个组成机构都要选举一定数量的候补代表——通常跟代表的数量相同。同时,为了保证代表资格的一致性,候补代表和代表的条件应该是一样的,例如都要求会籍已满多长时间。

{58:14} 候补代表一般在选举出来时就有排名,这样在替补的时候就有序可循。对于有多个代表名额的情况,候补代表和代表之间并没有固定的替补关系(除了副主持人要替补负责人)。每出现一个代表空缺,就由剩下的候补代表中排名最前的那个人替补。

{58:15} 但有些代表是专门代表某个特定的地区或者群体的。为了保证这个地区或者群体能够得到代表,往往规定他们的候补代表是专门对应的。但这种模式也有问题,就是如果这个代表和他唯一指定的候补代表都因故缺席,这个地区或者群体就没有代表了。

候补代表的位置和替补程序

{58:16} 一般发给"候补代表"不同颜色或者形状等特征的"代表证"(badges),他们跟"正式代表"就座的区域也不同。会议规模很大时往往只能保证"正式代表"们的固定座位。一旦经"资格审查委员会"(Credentials Committee)确认[请参阅 59:14(5) 和 59:25],候补代表成为正式代表,那么就要得到跟"正式代表"一样的待遇,一样的"代表证",并拥有同样的表决权和其他的权利义务。

{58:17} 如果想要用"候补代表"替换已经注册签到了的"正式代表",那么必须向"资格审查委员会"提供证据表明原"正式代表"确实希望放弃代表资格。"资格审查委员会"审查之后,把"候补代表"正式注册为"正式代表",此人才能以代表身份出席会议并表决。已经注册的代表,如果要退出会议(不是暂时离开),必须主动通知"资格审查委员会"取消自己的注册,并联系相关方面以找到可能的替补。已经注册的代表,如果只是暂时离开会议,那么任何人(包括"候补代表")无权代替仍在注册状态的代表进行动议、发言、辩论或表决,即使得到该代表的"授权"也不可以——除非组织的规则中允许这样做。

【代表的责任】

{58:18} 任何组成机构的成员,一旦接受任命成为代表,就有义务出席代表大会。其所在的组成机构也要提供相应的差旅补贴。除非有正当的理由，否则代表不能让自己的候补代表代替自己履行职责。代表大会上，代表有责任出席议事性质的会议。回到所在的组成机构以后，他有责任就代表大会的成果做出报告。在代表大会上，如果代表所属的组成机构已经就某些议题如何表决做出了指示，那么代表必须按照这些指示进行表决。但是如果没有这样的指示，那么代表可以根据自己的判断进行表决。

磋商会议

{58:19} 在代表大会之前，或者在代表大会期间，一个代表团的成员可能希望或者需要聚在一起，就某些代表大会将要面对的议题商议如何采取行动和如何表决，这类会议通常可以叫做"磋商会议"(caucus) *。除非上级组织有不同的要求，或其所代表的组成机构有不同的指示，否则磋商会议应该采用"委员会"(第 50 节)的议事规则，因为往往构成磋商会议的就是某个组成机构的代表团，而这个代表团实质上就是这个组成机构选出来的一个委员会，代表该组成机构出席代表大会。如果组成机构的"负责人" ** (或者缺席时候的"副主持人" ***)是代表大会的当然代表，那么他通常也担任"代表团主持人"(delegation chairman)；否则就按照一般的委员会规则由代表团选举自己的"代表团主持人"(请参阅第 13:17—18)。

{58:20} 有时候磋商会议由更大范围的代表组成，例如某个组织所定义的地理区域内的所有代表都来参加，也仍然使用委员会的议事规则。

{58:21} 如果没有优先级更高的规则禁止，那么组成机构可以要求自己的代表如何表决，这叫做"指示"(instructions)，跟委员会的规则一样。不过对于普通的组织来说，这并不总是一种很好的做法。此类"指示"对代表团具有约束力，代表大会的主持人和其他官员，对已经合规且正式地告知了他

---

　*　"磋商会议"的目的一般是要形成比较一致的意见，然后在代表大会上这些代表会有比较一致的表决。——译者注

　**　此处指组成机构的"president"，具体的头衔可能是"会长""总裁""董事长""理事长""主席"等，统一翻译成"组成机构负责人"。——译者注

　***　此处指组成机构的"vice-president"，具体的头衔可能是"副会长""副总裁""副董事长""副理事长""副主席"等。——译者注

们的"指示",有责任确保它们得到落实。"指示"的内容通常是就代表大会的某项议题投赞成或反对票,或在选举中投某位候选人的票。前面讲到,代表们除非收到"指示",否则可以依据自己的判断自由投票;但是一个组成机构可以通过"指示",要求代表团绑定起来一致行动,按照代表团内部"过半数表决"做出的决定,所有代表团成员必须对代表大会的所有议题、某类议题或某项动议做出同样的表决。

{58:22}"磋商会议"这个术语有时候还用来指:在代表大会或其他类型的协商会议中,所有已知的或被承认的对某项重大议题持有相同立场的人,为共同商议下一步的策略而召开的会议,并非正式地假定所有与会者都会执行"磋商会议"的决定。

§ 59. 固定组织的代表大会

{59:1} 大多数的代表大会都有严格的日程安排,需要在较短的时间内处理大量的事务。会场和设施一般是租来的,时间有限。对于组织和个人来说,每天都会产生相当的费用,因而最大程度地提高效率对于代表大会来说至关重要。

事先准备

{59:2} 代表大会的组办和准备工作往往要提前数周甚至数月开始。在组织的官员和董事会的带领下,由众多的委员会共同参与。

{59:3} 从议事规则的角度,与代表大会的组办工作关系最密切的委员会有三个,它们都是根据章程由组织负责人或者董事会指派的,分别是:(1)"资格审查委员会"(Credentials Committee):负责对所有的官员、代表、候补代表的资格进行审查和注册,并分别制定名单且要确保名单的准确性;(2)"特别议事规则委员会"(Committee on Standing Rules):负责起草本次代表大会所需的特别议事规则;以及(3)"日程委员会"(Program Committee):负责制定大会的日程,这个日程在一般的"会议程序"(第 41 节)的基础之上,还要包括那些能够鼓舞团队士气和增进整体利益的活动。这些工作的要求都比较高、比较严格,因而必须选择那些具备相关能力的人进入这些委员会。

{59:4} 另外,根据代表大会的规模,还可以成立一个或者几个负责会场安全和酒店预订等相关工作的委员会。如果只指派一个委员会负责上述这些工作,那么这个委员会一般叫做"组办委员会"(Convention Arrangements Committee)。

{59:5} 另外一个在大会前期和大会进行期间都很重要的委员会是"决议委员会"(Resolutions Committee)。这个委员会负责在会前对所有提交代表大会考虑的"决议"(resolution)和"实质主动议"(original main motion,因而不包括程序主动议)进行初步筛查并建议适当的处理行动。

{59:6} 本章后面的各节会进一步介绍各个委员会的职责。

{59:7} 组织的其他各"常设委员会",也要在组织负责人、董事会和"日程委员会"的指导下,精心准备与各自的职责相关的报告、演讲和活动。

{59:8} 在代表大会召开之前一天或几天,组织的董事会通常会在代表大会所在城市召开一场"预备董事会会议"(a preconvention meeting of the board),对一些代表大会上即将要处理的问题,事先做出一些安排。

议事规则专家的服务

{59:9} 在代表大会的准备过程中,聘请"议事规则专家"(parliamentarian)提供咨询服务是非常重要的,并且应该尽早聘请、提前介入。议事规则专家的实战经验越丰富越好。议事规则专家的作用虽然在会议当中也很重要(他应该坐在会议的主持人旁边提供议事规则相关的意见和建议),但最能发挥他的作用的时候是在会议的准备阶段(请参阅 47:46—54)。在会议之前和之中,代表大会的主持人、官员以及各个委员会的主持人,都应该把"议事规则专家"作为代表大会在审议和决策方面的主要顾问。资格审查委员会、特别议事规则委员会、日程委员会、决议委员会、选举委员会以及所有常设委员会的主持人,都应该向议事规则专家进行咨询,应该请"议事规则专家"适当出席各自的委员会会议。上面提到的"预备董事会会议"必须请"议事规则专家"出席。

代表大会的正式组织流程

{59:10} 在处理任何其他的事务之前,代表大会必须首先把自己正式地组建成一个统一的"表决体"(voting body),这要在代表大会的第一场"议事会议"(business meeting)上完成。各种仪式,无论是整次代表大会开幕的时候,还是每天开始的时候,都不属于"议事会议"(business meeting)。如果需要,可以在代表大会正式开始之前,另外单独举行开幕仪式以鼓舞士气。当一个固定组织的所有代表聚集在一起,按照章程或其他规则的要求完成下述的程序以后,这些代表就已经按照"代表大会"的形式被组织起来,就有权以整个组织的名义采取行动了,并且可以用类似"全国_____协会第十次年度代表大会"这样的名字来称呼这次大会。

{59:11} 代表大会的正式组建,要按照下面的顺序依次分别听取并通过前面提到的三个委员会的报告,即"资格审查委员会""特别议事规则委员会"和"日程委员会"。

{59:12} 对于上述的三个委员会报告来说,每个报告的报告人分别从各个委员会中选出,通常是各委员会的主持人。如果报告人有代表大会动议权,那么在报告最后,他应该说"受本委员会委托,我动议通过上述报告"。否则要由其他有动议权的人动议。比较简便的做法就是由代表大会的"文书秘书"(Recording Secretary)动议,这时需要附议;或者由本委员会的其他成员动议,这样就不需要附议。如果没有人及时提出动议,主持人可以请大家动议,或者干脆假定已经有人动议,并直接说:"现在的议题是可否通过日程委员会的报告。"

{59:13} 这些报告都是可以辩论而且可以修改的,但在一般组织的代表大会上辩论或修改都很少出现,而且只要委员会的工作足够认真负责,表决时也不会有什么反对票。("资格审查委员会"和"日程委员会"的报告要求"过半数表决","特别议事规则委员会"的报告要求"三分之二表决",请参阅59:34—35。)随着这三个委员会的报告依次得到通过,代表大会正式组建,可以开始处理事务。

资格审查委员会

【职责】

{59:14} "资格审查委员会"的职责有下面八条,其中(1)到(4)必须在大会之前很长一段时间就开始进行,(5)和(6)必须在大会马上开始之前在大会所在地进行,(7)和(8)是在大会进行过程中履行。

(1) 提前足够长的时间,向所有有资格参加代表大会的组成机构通知如下信息:①依据章程确定的各单位的代表和候补代表的数量、资格条件、选举的方式和时间①;②资格审查表,说明如何填写,必须在哪一天回执给委员会,可以用一张表,由组成机构列出所有的代表和候补代表,也可以给每人单列一张表或者卡片,而且代表和候补代表的卡片应该用不同的颜色加以区分;如果代表和候补代表有对应关系(请参阅 58:15),那么可以使用配对卡;无论哪种形式,都需要有该组成机构的秘书的签字,最好还有组成机构负责人的签字。

(2) ①审查所有收回来的"资格审查表",检验每个人的资格;②如果发现有人不符合条件(例如,拖欠会费,入会时间不足等),则需要通知相应的组成机构,并告知组成机构他们有权用审查合格的候补代表来替换这个不合格的代表,或者如果是有对应关系的代表和候补代表,那么这个替换是自动的。*

(3) 编制全体代表名单,列出代表资格的依据(例如,因为是组织的官员,所以属于代表大会的"当然成员";或者是组成机构的负责人,自动成为代表;或者就是选举产生的代表、候补代表等),名单应该方便查看和搜索,例如根据地域、俱乐部或部门分类,按照字母顺序排序,等等。

(4) 准备"注册签到"(registration)工作,通常应该在代表大会正式开幕日前一到两天(请参阅 59:16)。

---

① 有些组织用正式的、书面的"代表大会会议通知"或"代表大会召集函"来传达这些信息。
* 但是如果是候补代表不合格,就需要补充提交。——译者注

(5) 实际执行"注册签到"工作,通常包括下面这些步骤:

　① 代表(包括候补代表)提交证明文件;

　② 由资格审查委员会或者其子委员会检验证明文件有效;

　③ 收取"注册费"(可能事先已经缴纳),并请代表在注册签到表上签字,再标记该代表已经正式注册签到;

　④ 发给该代表与其代表身份相对应的"代表证"或"胸牌"(badge)、正式的"日程"(program)以及其他文件,例如各分组会议、委员会和"研讨会"(workshop)的时间和地点。

(6) 准备第一次报告,因为"资格审查委员会"的报告是整个代表大会的第一份正式报告,所以要提前准备,但也要尽可能包括最新的注册签到情况。

(7) 资格审查委员会要一直工作到大会结束,因为要一直登记代表名单的变化情况,这些变化可能是由于①继续有代表注册签到[组织的"章程"或者"代表大会特别议事规则"(请参阅 59:27 开始的内容)需要规定注册签到的截止时间,一般比预定的休会时间略早一些];②有代表正式退出大会,然后候补代表成为代表。

(8) 提交"资格审查补充报告"(supplementary credentials report)——在每天第一场"议事会议"的一开始,或者随时应大会的要求——向大会报告代表名单的变化情况。

{59:15} 如果组织有常设的总部,那么"资格审查委员会"的那些需要在代表大会之前做的文书性质的工作,基本都会变成年复一年例行的工作,因而基本上都是由带薪的员工完成的;但是一般意义上讲,这些工作仍然是"资格审查委员会"的权力和责任。

【注册签到的时间和地点】

{59:16} 在正式发布的大会"日程"中,应该明确说明注册签到的时间和地点。对于会期为若干天的大会,注册签到应该提前一到两天,尤其要准备好在预定开幕日的前一天下午、晚上以及开幕日第一天的早晨,接待大量集中注册签到的代表。注册签到地点可以设在单独的房间,也可以在大厅中,要根据注册签到的人数来安排。整个代表大会期间,每天从议事会议开始之前的一段时间,一直到当天会议结束,都应该有"注册签到台"(registration desk)设在醒目的地方。即使接近大会末期,也仍然应该有至少一到两名资格审查委员会委员在岗。

【注册签到的方式】

{59:17} 不同规模的代表大会,注册签到的方式也不相同。一般的做法是:

{59:18} 按照地域或者部门把整个组织分成若干"组"(parts),然后"签到册"(register,通常一式三份,第一份是原始的,其他两份是复印的)也相应分成若干"部分"(section)。在每个"部分"里,按照一定顺序打印上属于该"组"的分支机构的名称,再在每一个分支机构的下面按照一定顺序打印上该分支机构的合格的代表和候补代表的姓名。

{59:19} 注册签到开始的时候,也是签到人数比较多的时候,针对每个"组"设立一个单独且识别醒目的签到台,通常派两名资格审查委员会的委员负责。在大型会议上,最好由"礼宾员"或"领位"(ushers)帮助代表到达相应的签到台。代表出示证明,并在"签到册"上找到自己的名字,在旁边签上字。

{59:20} 最后,把"签到册"复印至少一份,但通常复印两份,一份附在资格审查委员会的报告后面,另一份交给选举时候的"计票员"以验证选票的有效性。对应整个组织的分组,"计票员"也应该分成若干组,分别检查"签到册"的相应部分,以提高效率。代表的胸牌也可以进行相应的标记或编号,以便识别其分组。

{59:21} 如果不是政治性质的代表大会,一般不会为代表资格的合法性产生争议。如果出现争议,如两个代表,或者两个代表团,互相指责对方没有资格出席,而资格审查委员会无法定夺,那么该委员会应该把二者都从列表上暂时删除,然后向大会报告这一情况,下面会具体描述。但是如果资格审查委员会经过取证得出了结论,那么它有权只保留合规的代表的名字。同样,更常见的情况是,组成机构没有代表名额,却派来了代表,或者派来的代表数量超过了名额限制,资格审查委员会有权拒绝这些没有资格的代表。

【资格审查委员会报告的通过】

{59:22} 在"资格审查委员会"的报告通过之前,代表大会的成员构成尚未正式确立,此时除了那些跟"审议资格审查委员会报告"或在这份报告通过之前"会议可以采取的行动"有关的动议,或者那些在"有效人数"不满足的情况下可以进行的动议之外,任何其他动议都无法进行(请参阅 40:6—8)。②即使有人在这个时候动议质疑本次代表大会的合法性,这样的动议也不合规。因此,一定要给报告的准备留出时间。资格审查委员会要设定一个注册截止时间,在此时间之前注册的代表,其名单会列入最初的报告。其后注册的代表,列入之后每天第一场"议事会议"开始时的补充报告。可以利用开幕式的时间来准备报告,但开幕式期间报到的代表就不再列入初始报告里。如果报告没有按时准备好,那么大会可以继续进行非议事性的(礼节性)的活动,例如致词等,也可以干脆进行短暂休息。

{59:23} 资格审查委员会报告由委员会主持人陈述,报告中需要明确说明:"随文附上截至……[指明名单列表截止的时间]注册的所有有表决权的代表大会成员以及候补成员的名单。"紧接着要给出一些统计。不同的组织有不同的惯例,例如可以按照成员资格类别[请参阅 59:14(3)]分别统计,但一定要计算出所有已经注册了的有表决权成员的总数,以及已经注册的候补代表的总数。一般不用宣读名单,除非有人要求就其中某一特定部分进行宣读。如果有尚未解决的关于代表资格的争议,那么报告必须特别指出,并且要声明争议双方或其中一方的名字没有列入上述名单。委员会主持人最后说:"我代表资格审查委员会动议,把上述提交的代表名单作为本次代表大会正式的有表决权成员名单。"然后把报告和名单交给大会的主持人或秘书。

{59:24} 如果没有辩论,也没有人动议修改,代表大会主持人在提请表决之前要问:"对这个报告还有什么意见吗?"如果有争议,那么其中一方可以这样提出修改:"在最后添加'在表决权成员列表中增加乔治·莫尔斯先生,作为密苏里州的代表'。"而另一方则可以提出辅修正案,"删除'乔治·莫尔斯',插入'法兰克·诺顿'"。但即使报告中没有争议,在这个时候也可以提出争议,甚至可以对某个代表团的资格整个提出质疑,但质疑的范围不可以更大,而且对他们的质疑理由必须是共同的,并提出依据。所有受到质疑的人,以及所有用以替换他们的人,都不能对该动议进行表决。如果有不止一起争议,那么已经被资格审查委员会赋予表决资格的成员,不能对涉及自己的那些争议进行表决,但可以对其他争议表决。在对资格审查委员会报告

---

② 但是,对于非固定组织的代表大会,情况就不一样了,请参阅第 60 节。

进行表决的时候,只有那些"有表决权成员名单"上保留的成员才能表决(随着代表大会对争议的解决,该列表也发生变化,以最新的变化为准)。

【有表决权成员名单以及补充报告】

{59:25} 一旦资格审查委员会的报告得到通过,其中的列表就成为大会正式的"有表决权成员名单"(the official roll of voting members)。这个名单要根据随后的"补充报告"进行调整。在初始报告提交之后报到注册的成员,如果没有争议,那么可以立刻拥有表决权成员的身份。但如果有争议,则必须等到资格审查委员会或者代表大会本身的裁决。资格审查委员会一般在每天"议事会议"开始的时候提交"补充报告"。但其他时候,例如某项重要的表决之前,也可以要求资格审查委员会这么做。如果补充报告表明表决成员列表没有发生变化,那么对该报告不需要动议或表决。如果有变化,委员会主持人在报告最后需要说:"我代表资格审查委员会动议,把上述修改后的代表名单作为本次代表大会正式的有表决权成员名单。"虽然这个动议看起来属于"修改已通过的决定"(第 35 节),但因为表决成员列表不可避免地要随成员的报到和退场而有所增减,所以它只要求"过半数表决"。

{59:26} 资格审查委员会的有表决权成员名单的"主表"(master roll)必须随时保持更新,并计算出有表决权成员的总数。该表以及该总数的准确性至关重要,因为它可能影响有争议的选举或者表决的结果。组织的章程或者"代表大会特别议事规则"应该规定"有效人数"(第 40 节)。如果这个规定缺失,那么"有效人数"默认为"所有当前实际到代表大会会场注册签到 * 的有表决权成员的总数的过半数"。如果有注册过的成员离开会场,但没有正式向资格审查委员会提出取消注册,那么也仍然算在总数当中。

特别议事规则委员会

【职责】

{59:27} 代表大会的"特别议事规则委员会"(Committee on Standing Rules)负责起草并向大会提交一套"代表大会特别议事规则"。这些"特别议事规则"得到通过以后,只对这一次代表大会起作用。这些特别议事规则

---

* 　不包括那些已经"预先注册"(pre-registered)但实际上没有到场注册签到的代表。——译者注

不能与组织的章程有任何的抵触，但优先于组织章程中规定的"议事规则标准"的条款。代表大会的"特别议事规则"除议事规则性质的规定外，还包括非议事规则性质的也就是一般管理规则性质的条款，所以它可以看成是"特别议事规则"和"一般管理规则"（请参阅第 2 节）的结合。* 但又有性质上的不同，它们并非"长效"，因为随着本次代表大会的结束，这些"特别议事规则"也失去效力。

{59:28} 经过一段时间的发展，同一组织的"代表大会特别议事规则"逐渐稳定，相邻两次会议之间的区别会越来越小。但有时也会需要该委员会对所有过去的做法进行深入的研究，以进行分析或者修改。所以该委员会的工作也是非常重要的。另外，无论是否需要大量修改，都应该征询"议事规则专家"的意见，而且通常都是由议事规则专家起草最初的版本，并交给该委员会进一步研究。

{59:29} 在每位代表注册签到的时候，应该随"日程"一起发放一份该委员会准备提交的"代表大会特别议事规则草案"。在代表大会特别议事规则获得通过之前，代表大会的议事规则遵照组织采纳的"议事规则标准"，例如关于如何安排代表和候补代表的座位（请参阅 58:16—17 和 59:2）以及如何分派发言权（请参阅 42:16）。

【代表大会特别议事规则的通过】

{59:30} 在资格审查委员会报告得到通过之后，紧接着听取特别议事规则委员会的报告。陈述报告时，这些建议的规则应该被完整地宣读，除非这些规则与过去几次代表大会的特别议事规则相比并无实质变化，而且在注册签到时或更早的时候每位代表都得到了书面版本，在这种情况下，委员会主持人或其他报告人可以省略宣读这些规则。陈述报告结束时，委员会主持人或其他报告人提出类似这样的动议："受特别议事规则委员会委托，我动议通过上述印发[或宣读]的代表大会特别议事规则。"（报告人不是代表大会的有表决权成员时的程序，请参阅 59:12。）

{59:31} 代表大会主持人这样宣布议题："当前议题是通过上述印发[或宣读]的代表大会特别议事规则。"如果在委员会陈述报告时没有宣读这些

---

* "代表大会特别议事规则"中的"特别议事规则"英文用的是"standing rules"（对多数组织来说，这个术语通常翻译成"一般管理规则"），但实际性质却主要是"special rules of order"，所以直接翻译成"特别议事规则"。——译者注

规则,那么此时代表大会的任何有表决权的成员都有权要求代表大会主持人或秘书宣读这些规则。

{59:32} 如果有对代表大会特别议事规则的辩论和修正案,则可以开展。之后,通常对整套规则进行一并表决。要注意的是,虽然这些规则被编排在一起看起来是一个文件,而且还一并表决,然而事实上它们是一系列独立的主动议,只不过是用一个"总领性"(enacting)的动议一次把它们都提出来了。大会的任何一个有表决权的成员都可以要求对其中某一条进行单独表决(请参阅 10:25 和 27:10),也只有在无人反对的前提下才可以"逐条考虑"(seriatim consideration,第 28 节)。只有在出现重大问题的情况下才应允许对某条规则单独表决,如果这样做了,那么先对其余的所有条款进行一并表决,然后再依次单独处理这些有问题的条款。如果在考虑委员会提交的规则的时候(或者在之后代表大会进行期间)有人提出新增的规则,那么也一样要在通过了委员会提交的代表大会特别议事规则之后,再逐个处理新提出的规则。

{59:33} 在提请代表大会就代表大会特别议事规则表决时,代表大会主持人可以先省略宣读这些规则,然而如果这些规则一次都没有被宣读过,那么任何代表都有权要求在表决前宣读一次;即使以前宣读过,任何代表此时也都有权要求宣读那些自上次宣读以来有过修改的规则。

{59:34} 如果一组规则中有些规则要求"三分之二表决",那么一并通过这组规则就要求"三分之二表决"。"代表大会特别议事规则"作为一组规则,要满足代表大会的需要就必然包含一些要求"三分之二表决"的规则,所以"代表大会特别议事规则"在一并表决时,也就要求"三分之二表决"(请参阅下一段)。

【单项规则的通过】

{59:35} 如果一条代表大会"特别议事规则"要单独表决,那么根据这条规则的性质,其要求的表决额度也不一样,可能是"三分之二表决",也可能是"过半数表决":

(1) 凡是在普通本地组织中要求"三分之二表决"的规则——无论只在当场或者当次会议中生效的规则(例如关于每个人辩论发言的时间的规定),还是对每次会议都有约束力的"特别议事规则"(第 2

节），在代表大会中也同样要求"三分之二表决"，包括单独表决的时候。这类规则在本书中称为"代表大会的议事类规则"（parliamentary standing rules in a convention）。

(2) 凡是在普通本地组织中要求"过半数表决"的规则，即除上面第（1）类之外的、在普通本地组织中通常作为"一般管理规则"（第 2 节）的规则，在代表大会中也同样要求"过半数表决"。例如，关于佩戴胸牌，关于报告和决议的书面格式的规定，都属于这类规则。

【修改或取消代表大会特别议事规则】

{59:36} 如果要修改或取消一条代表大会的特别议事规则，那么要满足"三分之二表决"，或者"全体已注册的代表（或'有表决权成员'）的过半数"。但是对于一条由"过半数表决"单独通过的规则，如果有提前至少一天的"事先告知"，那么"过半数表决"就可以修改或取消。

【暂缓代表大会特别议事规则】

{59:37} 任何"代表大会特别议事规则"（除了那条指定本代表大会所采用的"议事规则标准"的规则）都是可以暂缓的，只要明确地说明为了要做什么而暂缓规则，即使该条款本身是以"三分之二表决"才通过的，也只需"过半数表决"。很多"特别议事规则"的制定都是为了替换"议事规则标准"中相应的规定，那么在这样的"特别议事规则"暂缓的期间，相应的"议事规则标准"中的规定就恢复有效。如果想同时暂缓"特别议事规则"以及相对应的"议事规则标准"中的规定，那么需要"三分之二表决"。因为无论有没有"特别议事规则"，暂缓"议事规则标准"中的规则都要求"三分之二表决"（请参阅第 25 节）。③不可以说"暂缓某个规则，直到大会结束"。* 另外，只对某

---

③　议事类的特别议事规则，即使其本身要求"三分之二表决"才能通过，然而却可以用"过半数表决"来暂缓它。其中的理由是：代表大会当中的议事类的特别议事规则，其目的往往是在代表大会期间，暂缓平时使用的议事规则，使那些得到"超过了半数、但尚未达到三分之二"的支持的意见也能够得到执行，以提高议事效率。但这样又会减弱对"没有超过半数，但多于三分之一"的人群的保护。因而对于议事类的特别议事规则，它的通过要满足"三分之二表决"。一旦通过以后，这些规则保护的是"少于三分之二的过半数"，那么如果"少于三分之二的过半数"因为某种理由希望暂缓它，那也就足够了。（也就是说，通过特别议事规则，等于暂缓通用议事规则，这个自然要求"三分之二表决"；然后，暂缓特别议事规则，如果恢复通用议事规则，如果得到"过半数"，那就表明支持"暂缓通用议事规则"的人已经不到"三分之二"，所以"过半数"就应该可以恢复通用议事规则。）

*　暂缓代表大会的特别议事规则，其目的必须明确，只能为某个具体的行动提出暂缓，因而其时效也是短期的，也就是说，暂缓规则是因为要做某件事情，因而做完这件事情就自动恢复该规则。例如，为了某个议题，改变每个人辩论发言的时间限制，那么一旦这个议题处理完毕，辩论的时间限制就立即恢复。——译者注

个特定时刻的特定事件起作用的特别议事规则,是不能够"暂缓"的,因为这等于"取消"了这个特别议事规则。

【特别议事规则范例】

{59:38} 不同规模、不同目的或性质的代表大会,其"特别议事规则"也自然不同,很难给出通用的模板。但下面的范例已基本表现出很多代表大会所需要的"特别议事规则"的特点:

_____第____次代表大会特别议事规则

{59:39} 第 1 条:① 资格审查委员会应在开幕式之后的第一场议事会议上④首先作报告,内容主要包括当前有效注册签到的代表和候补代表的数量,并且在之后每天的开幕活动结束之后,首先进行补充报告。

② 会议期间,注册签到为候补代表的成员,经资格审查委员会履行必要的手续,可以随时转为正式代表。

{59:40} 第 2 条:代表、候补代表以及其他代表大会成员在注册签到之后,必须佩戴由资格审查委员会发放的胸牌方可进入会场,并在指定区域就座。

{59:41} 第 3 条:个人提交的决议必须是书面的,并且必须由动议人和附议人签字。动议人和附议人都必须是代表大会的有表决权成员。书面决议直接递交给"文书秘书"。

{59:42} 第 4 条⑤:① 除董事会和各委员会所提决议之外的所有其他决议,以及所有代表大会的官员和委员会报告中的非决议形式的建议,都必须不经辩论直接委托给"决议委员会"。董事会和各委员会提出的决议直接提交给代表大会。

② 所有提交了决议的成员,如果提出要求,都应得到机会向"决议委员会"解释自己的决议。

③ 决议委员会需要对所有收到的非决议形式的建议提出决议。然后,把这些决议和收到的其他决议一起,附上决议委员会建议本代表大会对这些决议所采取的行动,一并提交给大会。同时,决议委员会内部的"三分之二表决"可以拒绝某个决议,被拒绝的决议不向大会提交。⑥

---

④ 请参阅 59:10—11。
⑤ 关于在代表大会上处理决议时所采用的不同的规则与做法,请参阅 59:68—75。
⑥ 请参阅 59:74—75。

④ 代表大会以"过半数表决"可以暂缓本条规则(第 4 条),从而立即考虑一项议题,或者令决议委员会在指定时间报告某项决议,即使这个决议已经被决议委员会拒绝。

{59:43} 第 5 条:同一天内,任何成员只能就同一个动议发言辩论一次,且发言时间不得超过两分钟,除非代表大会不经辩论以"三分之二表决"允许。

{59:44} 第 6 条:所有希望存入档案或在会刊出版的报告或其他材料,都必须是书面的,且应在报告之后立刻交给"文书秘书"。

{59:45} 第 7 条:针对每一位被提名人,只允许提名人和一位附议人分别演讲一次以阐述提名理由,时间分别是三分钟和一分钟。

{59:46} 第 8 条:需要在代表大会上发表的声明,必须有事先提交给"文书秘书"的书面通知。通知必须有声明发表人或发表机构负责人(或者他们的委托人)的签字。

{59:47} 第 9 条⑦:最新版的《罗伯特议事规则》是本代表大会的议事规则标准。在不抵触本组织章程以及本特别议事规则的前提下,议事规则标准中适用的规则将作为本代表大会议事规则的依据。

日程委员会

{59:48} "日程委员会"(Program Committee)负责编排代表大会的日程,包括会议、仪式、活动等,作为建议向代表大会提交,并且在代表大会修改并通过之后,成为整次代表大会的"会议程序"(第 41 节)。"日程"中除了会议的时间以外,通常还穿插演讲、论坛、研讨、展览、参观等各类活动,以起到培训、交流、鼓动和娱乐的作用。

【职责】

{59:49} 对比普通本地组织的日程来说,代表大会的日程要复杂得多,因而日程委员会的工作非常复杂。代表大会的总日程要全面反映代表大会所对应的组织级别(地区、州、全国等)的工作,并且总结自上次代表大会以来

---

⑦ 只有在组织的章程没有对"议事规则标准"做出定义的情况下,才能够也才需要在代表大会的特别议事规则中包括这条。另外,不能直接"暂缓"这一条,只能以"三分之二表决"来"暂缓"议事规则标准中的某一条具体的规则。

的工作,规划未来的发展,至少要计划到下一次代表大会。日程委员会工作的目标,除了在有限的会议时间内,让代表大会尽可能多地处理组织事务外,还应该设法尽可能地鼓励每一位代表对组织的政策方针、过去的做法以及未来的机遇等问题做出评价,因为代表大会对整个组织和全体成员所起的作用,很大程度上取决于各组成机构的负责人和代表是如何传达大会信息的。

{59:50} 从上一次代表大会结束后不久,本次代表大会的日程委员会就开始工作了,且其工作一直持续到本次代表大会结束——所以日程委员会实际上扮演了整个组织的一个"常设委员会"的角色。日程委员会必须与组织负责人以及议事规则专家保持紧密联系。

【日程的计划】

{59:51} 虽然日程委员会只能建议一份"日程",而且必须提交给代表大会修改并通过后才能生效,但是,很多细节必须很早就确定下来。在代表大会之前,日程委员会有权[有时是"执行委员会"(executive committee)或者"董事会"(executive board)派成员担任日程委员会的顾问,更多的时候是跟"代表大会组办委员会"(Convention Arrangements Committee)联合工作]邀请组织之外的客人,并事先安排各项活动的时间。

{59:52} 有些组织会提前几周的时间发出"代表大会的会议通知"(Call to Convention)给各组成机构,同时会附上一份框架性的日程建议。而最终的日程建议,即日程委员会打算提交给代表大会的版本,必须打印出来,在大会注册的时候发到每个成员手中。

{59:53} 代表大会的"日程"中,议事会议的"会议程序"跟一般本地组织的"会议程序"(第 41 节)相近,但更详细准确。这主要有两个原因:(1)严格遵守时间安排对于代表大会的成功至关重要,尤其是在要收听、收看特定的广播或电视节目的时候,以及在有重要的客人来发表演讲的时候;(2)每个成员都有权事先了解每一件事务大约会是在哪场会议的什么时间处理,以避免错过重要的辩论或者表决。

{59:54} 有些时候,代表大会的日程被分成两部分。第一部分给出所有的会议或活动的时间和地点,对于每场议事会议,只给出预计的开始、休息和结束时间;第二部分则依次列出每一场会议上计划要处理的各项事务,或者至少是每类事务,这部分就是第 41 节所阐述的"议程"(agenda)。

{59:55} 虽然不能给出通用的代表大会日程的模板,但下面这些原则却是通用的:

(1) 注册签到的时间应该提前以邮件形式广泛发送,并且要写在整个大会的日程中。还建议包括董事会或者委员会所开的"预备董事会会议"(preconvention meeting)的日程安排,不过这些会议的参与者可能需要得到更早的单独通知。

(2) 开幕仪式的正确顺序是:首先进行"祷告"(invocation),然后要奏或唱国歌,最后"宣誓"(pledge of allegiance)。

(3) 如果接下来还有开幕致辞(address of welcome)——通常由代表大会会场所在地的政府官员致辞——那么出于礼貌,应该由大会主持人或者适当的人员代表整个组织在开幕致辞之后回应感谢辞。

(4) 对每一场会议来说,日程中应该指定开始和结束的时间,日程或议程中应依次列出将要处理的每项或每类事务。要根据实际情况和可能遇到的时间问题来决定这个事务列表的详细程度。要保证足够的时间给那些重要的政策性问题,最好直接指定一个具体的处理时刻——这样就等于自动设置一项"特别议程项",除非出现 41:58—59 所述的例外情况。具体列出但没有指定具体时刻的事务,成为那场会议的"普通议程项"。

(5) 官员报告的顺序一般按照章程中这些官员职位出现的顺序依次进行。通常是整个组织负责人最先报告。在"财务官报告"(treasurer's report)之后应该立刻进行"审计报告"(auditor's report),并采取相应行动。那些单纯信息性的、不需要大会采取行动的官员报告都事先打印并分发,因而可能不需要再完整地朗读这些报告;这种情况下,代表大会主持人可以暂时停顿一下,等待有人对刚刚的报告提出问题,陈述报告的官员也可以利用这个机会做一些补充说明。如果有董事会报告,那么它应该紧接在官员报告之后。

(6) 对于单纯信息性的、不需要大会采取行动的委员会报告,应该尽可能地放在一起陈述。也可以事先打印并分发这些报告,这样可以省去会上朗读的时间。主持人只需要依次叫请这些委员会的名称,停顿一下看看有没有问题或补充。补充一般由委员会主持人提供。

(7) 那些包含"决议"或者"动议"的委员会报告,一般安排在"决议委员会"的报告之前,但其他任何合适的时间也都是可以的。

(8) 每场会议结束之前的最后时间,应该安排一些声明。

(9) 从代表大会的第二天起,除非有规则或决议授权由董事会或某个委员会来批准整个代表大会的会议纪要,否则在每天第一场会议的开幕仪式结束之后,首先宣读前一天的会议纪要。不过,通常把批准会议纪要的权力授权给董事会或者某个临时委员会。这个授权可以在"特别议事规则"中授予,也可以由"决议委员会"引入并在大会上通过的一条决议来授予。

(10) 昨天没有完成的事务,在今天继续处理。如果需要宣读会议纪要,那么在宣读会议纪要之后接着处理;如果不需要宣读会议纪要,那就紧跟在开幕仪式之后;但如果日程中还有专门的一个标题是"未完事务",那么要放在那个标题下处理。另外,"特别议程项"永远是最优先的。如果日程中没有每天都留出一个专门处理"未完事务"的时间,那么时间的整体安排上应该相对留有富余。而且,最后一天的日程应该安排一个专门的"未完事务"环节放在接近结束的时候。如果有"特别议程项"与之冲突,也可放在其他适当的时候。

(11) 官员的提名和选举工作要安排在适当的时间,不要太靠后,要给投票、计票工作留出足够的时间,更要预计到可能需要进行多次反复投票。

(12) 如果计划要进行官员的任命仪式,那么通常放在闭幕晚宴上。闭幕晚宴上通常还进行各种颁奖活动,颁发各种奖章、奖状等。

{59:56} 在代表大会结束后的第一天,还建议安排一次董事会或者执行团队的"总结会议",请相关的董事会成员或委员再停留一天。"总结会议"的时间和地点也可以印在代表大会的日程中。

【日程的通过】

{59:57} 首先说明一点,即使"日程委员会"制定的日程尚未得到代表大会的通过,该"日程"仍然是会议初期代表大会主持人主持工作的指导。在

"特别议事规则"得到通过之后,紧接着由日程委员会作报告——通常由委员会主持人陈述报告。可以这样开始:"主持人,日程委员会建议的大会日程已经打印并分发给每一位注册代表。我代表日程委员会动议通过这份日程。"(如果报告人没有表决权,那么他不能动议,这种情况下的做法请参阅59:12。)

{59:58} 如果在陈述报告的时候,需要对报告中的日程进行修改,报告人可以说:"主持人,因为……[简要说明原因],日程委员会建议对分发给大家的日程做出如下修改:……[清楚地说明每一处改动,指明哪一页哪一行]。我代表日程委员会动议,按照上述修改后的版本通过这份日程。"这个动议可以辩论而且可以修改。注意,即使包含了"特别议程项",代表大会的日程的通过也只要求"过半数表决"。虽然一般情况下"特别议程项"的通过要求"三分之二表决",但这里的"特别议程项"只是本次代表大会的整体日程的一部分,所以整个的日程只要求"过半数表决"就够了。

{59:59} 在日程得到通过之后,就需要"三分之二表决"才能对它进行修改,或者是"全体已注册的代表(或'有表决权成员')的过半数",或者理由充分的情况下,也可以采用"默认一致同意"的方式。另外,日程在通过之后不可以"重议"。(请参阅 4:58—63、41:36 的"日程"以及 41:37—39"调整事务的顺序"。)如果需要在本次代表大会中增加一场会议,可以采用"三分之二表决"决定,或者在日程已安排的最后一场会议上,以"过半数表决"通过"指定后续会议的时间"(Fix the Time to Which to Adjourn,第 22 节)可以增加一场会议。如果很显然必须修改日程而没有别的选择,那么大会可以直接表决,否则最好还是委托给"日程委员会"先讨论,日程委员会在大会期间可以随时建议对日程进行修改,但是没有权力决定,代表大会主持人也没有,只有代表大会表决才能决定是否修改日程。

{59:60} (关于在一个议题所分配的时间已经用尽或预定的休会时间已经到来的时候所使用的议事规则,请参阅 18:8、21:10—12、21:14 和41:65—70。)

组办委员会

{59:61} 代表大会的组织工作通常非常复杂,需要大量细致的协调工作。

这些工作已经大大超出了本章已经提到的任何委员会的职责范围。为完成这些工作,至少要指派一个"组办委员会"(Convention Arrangements Committee)。"组办委员会"由代表大会所对应级别的董事会指派,但组办委员会成员通常大部分由本次代表大会承办方(host)的组成机构的成员担任,同时应该包括有相关组织经验的人员,而且如果是经过了"承办单位"的竞争[例如几个城市竞选"承办城市"(convention site)],那么获胜方中对竞争获胜做出过突出贡献的人最好也请进组办委员会。

{59:62} 可以授权组办委员会对外咨询专家,聘请专业的会务组织公司。还可以寻求会议所在酒店的工作人员的帮助。有些城市的政府还设有会展管理服务部门。

{59:63} 根据代表大会的规模和会期长度,有时候会把组办委员会的任务再委托给子委员会,甚至委托给其他几个委员会。一开始首先要选定代表大会的总部,然后预定足够的酒店房间。组办委员会跟资格审查委员会协作,根据代表注册情况,调整房间预定。对于嘉宾、客人、表演等,日程委员会负责联系和安排时间,但组办委员会负责安排房间、接待等细节工作。组办委员会还负责到机场等地点接送重要客人。

{59:64} 组办委员会还应该跟日程委员会合作,制作并提前向参会成员分发"会议向导"——包括乘坐各种交通工具到达会址的方法,举办城市的介绍,生活、餐厅、娱乐、旅游信息(日程委员会可能安排有组织的游览活动)等,以及对于自驾车的代表来说非常重要的周边停车场的情况。

{59:65} 组办委员会还负责安排会场内的座位,这个工作必须非常细心周到。如果在场的不都是有表决权的成员,那么安排座位的时候,所有有表决权的成员必须坐在单独的一片区域。除非代表大会的规模很小,否则需要培训适当数量的"服务员"(pages)、"礼宾员"(ushers)、"传信员"(messengers)和"门卫"(doorkeepers)。要使他们具备沉着而恭敬的素质,这对于良好的会议秩序是非常重要的。大会过程中,组办委员会必须与日程委员会保持联络,以安排好诸如"主持台"(platform)上就座人员座位这样的事情,因为每场会议的情况可能随时发生变化。

{59:66} 通常组办委员会要负责在整个大会期间,设置"咨询台"(information desk)并安排人员。组办委员会负责大会的公共关系与传播。如果代表大会全程都对媒体公开,那么要负责让各类媒体的代表了解大会的进展,可能需要把他们安排在会场的靠近"主持台"的位置,或者其他利于他们工作的地方。组办委员会应保证有方便的设施用于录入、打印、复印和分发文档,还应该保证足够的通信设施,如电话、互联网等,并且要在容量上留有富余。

决议委员会

{59:67} "决议委员会"[Resolutions Committee,也叫 Reference Committee,某些特殊情况下也叫"纲领委员会"(Platform Committee)]的主要目的是要对所有将由代表大会考虑或继续考虑但尚未被其他委员会筛查过的实质主动议(第10节)进行初步筛查。如果动议已经准备得非常正式和完备,例如是其他各委员会准备的报告中提出的动议,那么可以不用决议委员会审查。而所有的程序主动议都没有必要交给决议委员会审查(请参阅第51节)。

【决议委员会的规则】

{59:68} 对于协商会议来说,成员有一项基本的权利,那就是不用事先告知,可以当场提出动议并得到处理,而且动议的数量不受限制。决议委员会的引入,实际上是对这种成员权利的限制。但是对于代表大会来说,由于需要严格遵守事先安排好的时间表,又需要在有限的时间内处理大量的事务,所以这种限制也就在所难免。但对于不同的组织、在不同的情况下,这种限制的程度有很大的不同,因而决议委员会的操作方式也就有很大的不同。

决议引入时间的不同

{59:69} 最简单的情况就是允许当场提出决议,跟通常的会议是一样的。这种做法在 59:41—42"特别议事规则范例"的第3条和第4条的①已经描述。那么这样的会议的日程或议程中就应该有一项"新事务"以便参会者提出决议。在这种模式下,动议人可以这样提出决议:"主持人,我提出的决议已经送给秘书,我动议通过这项决议。"秘书宣读这份决议,宣布动议人和附议人的名字。然后主持人说:"根据规则,该决议委托给决议委员会。"

{59:70} 甚至可以把在会场上提出决议和宣读决议的时间也节省下来,直接把决议提交给"文书秘书"(recording secretary),文书秘书在收到书面的决议后,迅速地直接交给决议委员会的主持人。不过,大会可以随时暂缓这条规则——如果这条规则是在"特别议事规则"中规定的,那么要求"过半数表决",如果是由更高级别的规则所规定的,那么要求"三分之二表决"(请参阅 2∶21,即不用先经过决议委员会而由代表大会直接着手处理一项决议)。

{59:71} 如果通常都会有大量的由成员提出的决议,那么也可以设立一条相对固定的规则或在组织的章程中规定,要求所有的决议必须提前数天、数周甚至数月,直接提交给,或者通过"执行秘书"转交给决议委员会。这样做的好处是有足够的时间让决议委员会把所有的决议提前印制并分发给所有的组成机构,以提前听取代表们的意见,或向他们的代表做出指示。这种情况下,也建议应该有条款允许在"三分之二表决"的支持下直接处理在会议现场提出的单个决议。

决议发起人的不同

{59:72} 代表大会通常规定,只有代表大会的成员,也就是正式代表,才能向代表大会提出决议。而各组成机构的其他成员,必须得到代表大会的认可,才能够以提动议为目的而发言。所谓代表大会的认可,既可以是就某个具体问题而言的,也可以用一条规则授予某些非代表的人员以动议权。后面一种做法对于要求提前提交决议的组织来说很有用。

{59:73} 有的代表大会允许组成机构的任何成员,无论是不是代表大会的代表,都可以提出决议。有的代表大会要求决议必须以各组成机构的名义提出。有的代表大会要求即使是组织的委员会(常设委员会或者临时委员会)所提出的决议,也要由决议委员会初审,并且由决议委员会向代表大会作报告。有的代表大会的决议委员会主动起草并提出自己的决议。无论哪类组织,如果组织官员或者委员会提出了简单的建议,无论一条还是多条,通常交由决议委员会将建议改写成决议形式。

决议委员会权力的不同

{59:74} 最简单情况下,决议委员会的权力仅限于修正决议的格式,过滤重复或类似的决议,以及把关于同一个主题的所有相关决议放在一起,确保它们按照一个合理的逻辑顺序被依次提出。有些决议委员会有权对决议做出实质性的修改,但必须得到决议发起人的同意。有些决议委员会有权不经过发起人的同意,只要委员会内部达到表决额度,例如"三分之二表决",就可以按照修改后的内容向代表大会报告,就好像是决议委员会自己发起的决议一样。

{59:75} 如果没有不同的规定,决议委员会必须向大会报告所有收到的决议;但可以在报告某个决议的时候说明"没有建议"(就是既不建议通过,也不建议否决)。如果决议委员会有权对某些决议"不报告"——这意味着这个决议将无法进入大会,那么一定要以决议委员会内部的、很高的表决额度(比如"决议委员会的四分之三表决" * 或"决议委员会全体成员的三分之二表决")对这种做法加以约束。同时代表大会自身一定要保留(以"过半数表决")驳回决议委员会决定的权力,以命令决议委员会报告该决议。(请参阅 59:42"特别议事规则范例"中的第 4 条④。)所以这里要注意,决议委员会内部表决决定"不报告"某个决议,与"报告但没有建议",以及"报告并建议否决",其效果和处理方式都有很大的不同。

【纲领】

{59:76} 对于政治组织以及其他一些特殊类型的组织来说,决议委员会还有一项任务,就是起草一份"纲领"(platform)并报告代表大会通过。纲领中阐明组织的观点、目标和理想。在另外一些组织中,决议委员会有时会受命起草"政策声明"(statement of policy)或类似的文件,这些声明或文件采用更接近"纲领"的格式,而不是"决议"的格式。但无论是"纲领"还是"声明",很多在起草"决议"时候用到的原则仍然是适用的。

{59:77} 如果有"前言"(preamble),那么前言中每个段落的第一个词,不是"决议"中的"鉴于,……"("Whereas,"),而是另一个引导词,例如"相信……,"("Believing in the ... ,[etc.]")。每个段落以分号结束。倒数第二个段落的最后还应写上"以及"("and")。最后一个段落的最后应写上"因而"("therefore")。前言中的每个新段落都以一个新的引导词开头。在文件的主体部分,每个段落的开头不是"决定,"(*Resolved, That ...*),而是以一个表明态度的动词开头,如"确认"("Affirms ...")、"保证"("Assures ...")、"谴责"("Condemns ...")、"呼吁"("Calls upon ...")等。跟决议一样,段落之中不要有句号。段落之间也是用分号和"以及"("and")相连,跟前言中的规则是一样的。主体部分的第一个段落通常比较概括,可以这样承接:"发

---

*   "决议委员会的四分之三表决"指在决议委员会内部表决,不计弃权,赞成票达到反对票的三倍。——译者注

表如下关于……的声明;并且……"("Issues the statement of ...; and ...")
组织的全称可以放在这句转折语的最前面,也可以放在前言的最前面。
例如:

　　相信……;

　　记得……;并且

　　注意到……;

　　凤凰城促进会发表如下关于协会基本原则的声明;并且

　　确认……;

　　保证……;以及

　　谴责……。

　　或者,

　　凤凰城促进会,

　　相信……;并且

　　坚持……;因而

　　发表如下关于基本原则的声明;并且

　　确认……;

　　保证……;[等等]。

【礼节性的决议】

{59:78} 决议委员会通常还负责起草并发表适宜的"礼节性决议"(Cour-
tesy Resolutions)。这些决议通常用来表达代表大会对提供诸如场所、酒店
等服务的人或单位的感谢。

【决议委员会的会议】

{59:79} 通常,决议委员会应该在日程中或通过声明的方式公开决议委
员会会议的时间和地点。最好先以公开的"听证会"(hearing)的形式请决
议的发起人到场解释动议的原委并回答问题,同时也应该允许有兴趣的代
表出席甚至参加讨论。很多时候,这样的讨论有利于事先就化解一些摩擦,
使代表大会得以比较顺利地进行。在这样的"听证会"之后,决议委员会再
召开"闭门会议"(executive session,第9节)审视每项决议,做出最后的决
定并准备报告。可以邀请议事规则专家出席决议委员会的会议。

【决议委员会的报告】

{59:80} 决议委员会陈述报告的流程,跟其他委员会就受委托的决议陈述报告的流程是一样的,请参阅第 51 节的描述。即使是在代表大会开幕之前就已经递交给决议委员会的那些决议,也应该当做在代表大会上提出并得附议后再委托给决议委员会的决议,对它们的处理方法是一样的。决议委员会的报告人(委员会主持人或其他委员),不需要再动议通过自己报告中的任何决议——除非这个决议是决议委员会自己发起的,例如那些"礼节性的决议"。

{59:81} 如果决议委员会没有权力自行对收到的决议进行修改,那么决议委员会主持人可以这样建议修改:

决议委员会主持人:大会主持人,本决议委员会建议对……决议[或者"第 6 号决议"等]进行修改,删除……并插入……,并建议通过该修改后的决议。我代表本委员会动议通过上述修正案。

如果与会成员没有拿到决议的复印件,那么接下来代表大会主持人要首先宣读原来决议,然后宣布修正案的议题:

代表大会主持人:决议委员会建议在进行如下修改之后通过该决议:……[重复一遍修正案]。现在的议题是可否通过这个修正案。

{59:82} 如果需要把某个特别重要的决议作为"特别议程项"放在某个特定的时间来考虑,而不是跟其他的决议一起在决议委员会报告的时候考虑,那么就需要日程委员会的帮助来进行这样的安排。然后,决议委员会的主持人就可以在"日程"指定的时间报告这个决议。如果需要,决议委员会的报告中可以包含一个"引导性动议"(preliminary motion),专门规定在考虑这个特别重要的决议的时候要使用的特别规则,类似于美国众议院的做法。下面举例说明这种引导性动议:

决定,关于……的决议将在日程所指定的时间作为特别议程项来考虑。一般辩论限制在两个小时之内,时间平均分配给由 A 先生带领的赞成方和由 B 先生带领的反对方,并由此二人负责分配各方的时间。一般辩论结束之后才可以进行修改,对修正案的辩论限制为每位成员发言不得超过两分钟。

{59:83} 根据这样的规定,代表大会主持人轮流叫请成员 A 和 B 发言,他们可以自己发言,也可以把时间分配给自己一方的其他成员。他们通常是本方立场最为坚定和有力的支持者,通常首先发言,并且在最后为自己留出足够的时间做总结发言。另外一种做法是分配给 A 和 B 更多的时间,然后缩短其他成员的辩论时间。要求先"一般辩论"(general debate)再修改的做法通常是有益的,但不是一定要这么规定。

§ 60. 非固定组织的代表大会

{60:1} 有些代表大会并不属于任何"固定组织"(permanent organization),只是为特定目标而召集,或为组建全州或者全国的协会或联盟而召集。这类代表大会与第 53 节描述的"公众集会"在很多方面是相似的,例如,在代表会议召开之始,既没有章程,也没有官员。由于没有章程,在确定谁能成为代表的问题上就有很大的难度。

{60:2} 这类代表大会的"发起单位"(sponsors)应该指派一个"组办委员会"(Convention Arrangements Committee)(类似前面的描述)来负责安排会场、饮食住宿、沟通协调之类的筹备问题。

{60:3} 由发起单位指派一个人——通常是"组办委员会主持人"——负责宣布会议开幕,并主持开幕仪式和"临时主持人"的选举。发起单位应该事先约定"临时主持人"的候选人,以及提名这个候选人的"提名人"。"临时主持人"当选后立即就任,接着提名并选举"临时秘书",然后指派"资格审查委员会""特别议事规则委员会"和"决议委员会",或者对于事先选派的这些委员会给予"追认"。对于这类代表大会来说,如果事先没有选派这些委员会,那么所有这些委员会都由"临时主持人"直接指派。接下来就要等待"资格审查委员会"的报告,在此报告之前,除了本段已讲述的那些初始行动以及那些行动的相关动议,也除了那些在有效人数不足的情况下仍然合规的事务(请参阅 40:6—8),不得考虑任何其他事项。

{60:4} 如果没有事先选派"资格审查委员会"等几个委员会,因而这些委员会的报告也就没有事先准备好,那么在各委员会起草报告的时间里,通常可以安排一些演讲,例如可以展望代表大会在未来各阶段的发展目标。如果事先选派了"资格审查委员会"等几个委员会,那么就可以按照固定组织的代表大会的顺序依次听取这些委员会的报告。即使不打算组建一个固定组织,也可以,但就不是必须,在这个时候选举一个"正式主持人"和一个"正式秘书"。然后代表大会就开始处理目标事务。之所以要先选举一个"临时主持人",再选举一个"正式主持人",是因为在确定代表资格的时候,常常会遇到争议(请参阅 59:21 和 59:24)。由"临时主持人"首先主持并解决所有的争议,最终确定完整有效的有表决权成员名单。只有在此基础之上选举出来的主持人才是没有争议的"正式主持人"。

{60:5} 如果代表大会的目的是要组建一个固定组织,那么要等到章程确定以后才能够选举正式的官员。在章程确定之前,首先应该通过一个决议,如同"公众集会"组建本地的固定组织(请参阅第 54 节)那样,表明成立固定组织的意图。在代表大会之前,应该已经精心准备好一套章程草案,或者由发起单位指派的、代表大会追认的"章程委员会"起草,或者由发起单位自行起草然后交给代表大会刚刚指派的"章程委员会"初审。在后面这种情况下,"章程委员会"中应该包含若干实际负责起草工作的人以提高效率。

{60:6} 在章程通过之后,根据章程的规定,指派"提名委员会"由提名委员会提名官员候选人,然后组织选举。除非有不同规定,否则当选的官员立即就任。

第二十章

纪律惩戒程序

§61. 成员与非成员的纪律

{61:1} 任何组织都有自己的纪律，并且要求自己的成员有端正的品行和良好的声誉。有些组织还贯彻明确的"行为准则"（codes of ethics）。虽然一般的组织很少会惩戒自己的成员，但制定并贯彻组织的规则和纪律，禁止成员从事有损组织利益或背离组织目标的行为，是会议或组织的基本权利，会议和组织也有权开除严重违反组织纪律或威胁组织利益的成员。

{61:2} 处罚的手段包括"批评"（censure）①、"罚款"（fine）（需有章程授权）、"暂停会籍"（suspension）和"开除"（expulsion）。其中"开除"是最极端的手段。

{61:3} 如果章程中有"纪律惩戒程序"一章（请参阅 56:57），应列举一系列会场之外的成员违纪行为，以及对应的处罚手段。通常，这样的条款要描述违纪行为的性质，例如"损害组织声誉，干扰组织发展，妨碍组织工作"等。对任何组织来说，这样性质的行为都足够严重，都应该对其惩戒，无论章程有没有提到纪律惩戒程序。

{61:4} 但是，正式的"纪律审查"（disciplinary procedure）还是应该慎用。毕竟这是非常严厉的手段。只有在问题或者潜在的问题非常严重的情况下，才有必要使用，并且一定要注意分寸，讲究策略。对组织的利益来说，最好的做法通常是尽可能先私下寻求非正式的解决办法。

{61:5} "违纪行为"（offense）可以分为两类："会场上的违纪行为"（offenses occurring in a meeting）和"会场外的违纪行为"（offenses outside a meeting）。

---

① 没有正式纪律惩戒程序时，会议或组织也可用动议的形式实现批评。

会场上的违纪行为

【会场纪律的原则】

{61:6} 组织本身有权决定谁出席会议,有权在会议期间控制会场秩序。但是,除了那些章程规定的、因拖欠会费或其他原因而自动"暂停会籍"(automatic suspension)的成员,或者因过去的违纪行为、经组织表决而受到"禁止参会"(forbidden attendance)处罚的成员,所有其他的成员都有权出席会议。

{61:7} 然而对于"非成员"(nonmembers)来说,组织可以随时要求一位、一组或所有非成员回避会议的一部分、整个会议甚至所有的会议。会议的主持人有权在非成员出现违纪行为的时候直接做出这样的裁定。组织可以制定这方面的规则。会议的成员也有权在非成员出现违纪行为的时候动议制止[属于"权益问题"(a question of privilege),请参阅第 19 节,特别是9:25 和 9:28—29]。

{61:8} 所有在会场上的人,都有义务遵守会议主持人的命令和裁定。②当然,主持人的命令必须合理合规,否则任何成员都可以根据实际情况动议"申诉"(第 24 节)、动议"暂缓规则"(第 25 节)或者动议"重议"(第 37节)——无论主持人的命令或裁定是否针对动议人本人,或者是否关系到动议人本人的利益。

{61:9} 会场上无论出现什么失序的情况,主持人在处理的时候都必须保持冷静协商的口吻。虽然可能心里的态度非常坚定,但措辞时仍要留有回旋的余地。主持人一定要避免用失态的大声或重击议事槌来压制对方,更不能令自己陷入口舌之争。当然,如果违规的人不听劝阻,喋喋不休,那么采取适当的纪律惩戒措施也是必要的。

【成员在会场上的违纪行为】

{61:10} 如果成员只是有轻微的违纪行为——例如在辩论时没有对着主持人而是直接对着另一位成员发言,或者发言脱离了当前议题——只要不是屡犯,主持人只需要轻击议事槌,指出错误并警告不要再犯。如果违纪的

---

②   请参阅 62:2 开始的"应对主持人在会场上滥用权力"。

成员承诺不会再犯,那么就可以允许他继续发言。如果成员有较为严重的违纪行为,那么可采用更为正式的处理程序。

请成员遵守秩序

{61:11} 对于更为严重的错误——例如有成员不断指名道姓地攻击其他成员的动机,或者在辩论中不断偏离主题——主持人通常应该首先提出警告。但是无论是否有过警告,主持人或者其他任何成员都可以立即"请成员遵守秩序"(call the member to order)。如果主持人主动采取行动,那么主持人说:"发言人违反秩序,请发言人坐下。"如果其他的成员提出动议,那么应起立,不必等到主持人准许就称呼主持人说:"主持人,我请发言的成员遵守秩序。"然后自己先坐下。如果主持人认为刚刚所提的"秩序问题"(Point of Order,第23节)成立,那么就如上面那样宣布发言的成员违反秩序,并请他坐下。然后,无论是主持人主动采取行动还是其他成员提出秩序问题,主持人都要接着明确说明违反的是什么纪律,如果刚刚违纪者持有发言权,那么主持人再提请会议就"是否允许该成员继续发言"这个动议进行表决,且该动议不可辩论。

点名批评

{61:12} 对于成员顽固或者严重的违纪行为,在多次警告劝阻无效后,主持人可以"点名批评"(name an offender)违纪成员,这等于对其提出指控,所以必须在不得已的情况下才能使用。主持人在这么做之前,在他开始觉得可能会有这个必要的时候,他应该请秘书把违纪者的语言和行为记录下来作为证据。只有在主持人确实进行"点名批评"之后,才把这些言行和主持人请秘书记录这件事写入会议纪要。

{61:13} 虽然主持人没有权力对任何违纪的成员做出处罚决定,也无权勒令违纪的成员退席,但是全体会议有这个权力。这里需要注意的是,对于会场上的违纪,只要在违纪发生之后处罚及时(请参阅23:5),就没有必要再进行专门的"审理",因为所有的证人都已经在场,而且他们就是能做出最后裁定的人。

{61:14} 主持人的"点名批评"就是直接喊出违纪者的名字并使用第二人称指责他的错误,并且记录在会议纪要中。例如:

主持人:J先生! 主持人已经多次警告劝阻你不要进行人身攻击,已经三次命令你坐下,但是你仍然继续自己的错误。

{61:15} 如果违纪的成员在这个时候承认错误,那么会议可以选择不再追究,也可以经表决决定继续追究责任。有时候,违纪者公开道歉或收回攻击性语言就可以化解冲突。但是如果不是这样,那么任何成员都有权利动议施加处罚。主持人也可以这样建议:"对该成员应该采取什么样的处罚措施?"动议建议的处罚措施可以是:要求违纪者公开道歉,或者要求对违纪者进行公开批评,或者勒令退场直至会议结束,或者勒令退场直至公开道歉,或者要求暂停他的会籍,或者要求开除他。

{61:16} 在会议考虑处罚措施的时候,可以要求违纪者先回避,直到会议讨论决定如何对他进行处罚,但应该允许他首先为自己进行简短的辩护。"要求违纪者在考虑处罚措施期间回避"这个动议(主持人认为必要时可以不经成员提出动议而直接假定这样的动议已经待决)不可辩论,不可修改,过半数表决。

{61:17} 如果违纪成员不承认自己所说的话,秘书可以向其宣读自己记录下来的话,必要时甚至可以让所有在场成员表决是否听到了他说的那些话。只要有一个成员(但不包括被点名批评的成员,因为在其违纪问题待决期间,该成员不被视作有表决权成员)要求以"书面不记名表决"的方式表决"施加何种处罚"这个动议,会议就必须采用该表决方式,除非动议中的惩罚只是"违纪成员离场一段时间"或"离场直到会议结束"。开除成员需要"三分之二表决"。

{61:18} 如果会议按上述程序决定让违纪者退场,然而他拒绝服从,那么可以选择采取下面将要讲到的勒令退场的措施,而且这个成员将可能面临组织更为严厉的处罚。

【非成员在会场上的违纪行为以及勒令退场】

{61:19} 任何以客人的身份出席会议的非成员都没有权力干涉会议的事务(请参阅 61:6—8)。组织的会议有权保护自己不受"非成员"的干扰。这个权力不同于针对成员的权力,主持人一个人就可以决定并行使它。会议中的任何时候,主持人都可以请"非成员"回避,或者下令将"非成员"带出会场,而且"非成员"无权"申诉"。但是其他的成员有权对主席的这些裁定提出"申诉"。这样的"申诉"是不可辩论的[请参阅 24:3(5)①]。在"公众集会"(第 53 节)上,由于成员的定义尚未明确,那么任何明显损害公众集会利益、阻碍公众集会实现目标的人,都可以被视为"非成员",并可以采用本段前面提到的措施加以处理。

{61:20} 无论是不是成员,如果违纪者拒绝接受合理的"退场"命令,那么主持人就需要采取进一步措施保证命令得到执行,但也要根据当时的形势做出明智的判断,避免法律风险。主持人可以指派一个委员会送违纪者出门,或者如果有"警卫官"(sergeant-at-arms)的话则由其执行。如果仍然不能奏效,那么最好请警察来执行。但是除非组织表示要进行起诉,否则警察可能不愿意参与进来。

{61:21} "警卫官"或者主持人指派的委员会要注意不能滥用权力,事实上他们的权力仅限于想办法让违纪者离开会场,甚至即使在这样做的时候,他们也必须十分小心,因为如果出现问题,例如被驱逐的人受到伤害,到时候要负责任的不见得是组织本身或者是会议主持人,而是这些实施驱逐行动的人。而那些被勒令退场却不肯服从的人多半也是喜欢无理取闹的人,即使理亏也会去起诉。如果预计到可能会出现外来干扰——例如在公众集会上——那么最好事先安排警察,或请保安公司派遣保卫。

会场外的违纪行为和审理

{61:22} 对于组织的成员在"会场外的违纪行为",因为其他成员通常不掌握第一手的资料,无法完整地了解具体的情况,所以要施加纪律惩戒,就必须首先"提出"(prefer)"指控"(charge),然后再进行正式的"审理"(trial)。"审理"可以由全体会议实施,也可以由委员会(常设或者临时)实施。如果是委员会实施,那么还要向全体会议报告自己的结论和建议。此外,即使违纪行为发生在会场上,如果不想在违纪行为发生后立即启动纪律惩戒程序,那么之后在希望启动纪律惩戒程序的时候,也必须首先提出指控,再进行正式审理。但是,如果成员的违纪行为是辩论中的不合规发言,则惩戒这样的违纪行为只能采用 61:10—18 中描述的程序,而该程序只能在违规行为发生后立即实施。在某些组织中(取决于章程中特定条款的不同规定,请参阅第 62 节的详细解释),如果要免除组织官员的职位,也必须采用相同的"先指控再审理"的步骤。这一程序的详细流程将在第 63 节阐述。

§62. 处理官员的行为不当或失职

{62:1} 主持人和其他官员的职责与权力在本书(请参阅第 47 节)以及组织章程当中都有所界定,如果官员疏于履行这些职责、滥用这些权力或者有其他不当作为,引发对其是否胜任的质疑,就需要用到本章的流程予以救济。有些组织的章程允许成员作为一个整体依据自身的意愿来解除官员的职位,并不需要证明官员有过失或不胜任,本章也包括这样解除职位的流程。

应对主持人在会场上滥用权力

【使用"秩序问题"和"申诉"】

{62:2} 如果主持人在会场上出现任何不当行为或滥用职权,在场成员可以采取措施尝试纠正。首先,成员可以在上述行为出现时立即提出"秩序问题"。

{62:3} 例如,通用议事规则中的一些重要规则包括:(1)任何应该得到发言权的成员在申请发言时,主持人必须准许发言权(请参阅第 42 节);(2)成员恰当地提出了并非拖延性质(请参阅第 39 节)的动议,主持人必须对其宣布议题,或者裁定其为不合规动议并给出具体且正当的理由,要求澄清措辞或者改为书面提交,或者宣布因该动议未获附议(请参阅第 4 节)而不予受理;(3)不允许主持人刻意仓促推进议事进程,以至于剥夺成员正当的辩论权利和提出辅动议的权利(请参阅 43:7)。

{62:4} 因而,如果主持人在会场上忽略应该得到发言权的成员的发言申请,或者对并非拖延性质的动议置之不理,或者不当地"加速处理"(gaveling through)动议以阻止辩论,或者违反任何其他规则,任何成员都可以立即提出"秩序问题"。

{62:5} 要提出"秩序问题",成员不需要得到主持人的准许,可以直接起立并对主持人喊出:"我提出秩序问题!"或者就说:"秩序问题!"主持人必须马上请该成员陈述发生了什么秩序问题,并在该成员讲完之后马上裁定秩序问题是否"成立"(well taken),或者若无法裁定,就将此秩序问题提请会议裁定(请参阅第 23 节)。

{62:6} 紧接在主持人做出裁定之后,任何不同意主持人裁定的成员还可以提出"申诉"(Appeal)(除非已经有另一个"申诉"待决,或者显然不可能对裁定有什么分歧因而提"申诉"就属于拖延)。成员不需要得到主持人的准许,可以直接起立并对主持人说:"我对主持人的裁定提出申诉。"如果"申诉"获得附议,主持人必须对申诉宣布议题,清楚地解释当前存在争议的议事规则问题是什么,允许合规的辩论,最后提请会议表决,如第 24 节所述。

{62:7} 这些程序使得多数方可以确保规则得以贯彻(enforcement),除非主持人拒不理会"秩序问题",拒不受理"申诉",或者拒不遵从会议对"申诉"(或主持人提请会议表决的"秩序问题")的表决结果。

{62:8} 如果"秩序问题"并非故意拖延但主持人置之不理,"秩序问题"的提出者可以再提第二遍和第三遍,如果主持人依然置之不理,该成员可以站在原位,自行提请会议不经辩论立刻对"秩序问题"进行表决,可以这样问:"关于……的秩序问题是否成立?"如果上述情况中,就是因为主持人拒绝受理合规动议而提出"秩序问题",那么不必重复"秩序问题",可直接重复那个动议,如果那个动议又获附议但主持人仍然不受理,该成员可以站在原位自行提请会议不经辩论就立刻对那个动议进行表决。

{62:9} 类似地,如果主持人不受理合规且获附议的"申诉"③,成员可以重提该"申诉"第二遍甚至第三遍,都获附议但都被主持人忽视,那么成员可以站在原位自行提请会议不经辩论就立刻对"申诉"进行表决,可以这样问:"主持人的裁定是否成立?"

【免除主持人会场上的主持权】

{62:10} 如果主持人拒绝遵从会议对"申诉"的表决结果(包括对直接请会议表决的"秩序问题"的表决结果),或主持人在会场上有其他失职或不当履职的行为,会议可以采取措施暂时更换另外一个可以遵从会议意愿的人

---

③　如果问题的对错很明显,不可能有什么别的裁判[请参阅 24:3(2)②],那么对这样的裁判提出"申诉"不合规。还有一些情况下"申诉"也不合规[请参阅 24:3(2)①和 24:5—8]。不过主持人在拒绝受理这样的"申诉"时必须声明拒绝的理由,不能只是简单地拒绝。对于故意拖延性质的"申诉",主持人则可以直接忽略,具体请参阅 39:1—4。

来主持会议。

{62:11} 如果主持会议的是一位临时主持人[无论指派产生或选举产生，请参阅 47:11(2)—(3)]而不是正式主持人，那么更换主持人的门槛较低，动议"宣布主持人席空缺并选举新主持人"(declare the chair vacant and proceed to elect a new chairman)即可，这个动议属于影响整个会议的"权益问题"(第 19 节)，在引入会议之后则属于程序主动议，要求"过半数表决"。④

{62:12} 而如果主持会议的是正式主持人，不是临时主持人，那么"宣布主持席空缺"是不合规动议，这种情况下要动议"暂缓规则"来解除主持人在一次会议的某段时间内或整个一次会议期间的主持权。⑤"暂缓规则"在被提出且获得附议之后，主持人在宣布议题之后必须按照 43:29 的流程把主持人席暂时让给别人，如果主持人拒绝配合，动议人可以直接提请表决。

{62:13} "暂缓规则"在获得通过后对主持人的职责和权力产生的约束最多在一次会议期间有效(请参阅 8:12 和 8:16)。因此，如果希望在之后的一次或多次会议上继续类似的约束，那么每次会议开始都需要重新动议并通过这样的"暂缓规则"。还有，"暂缓规则"的作用在于"组织可以在会议中做跟现有组织规则有冲突的事情"(请参阅 25:1)，因而它的作用范围仅仅在于会场之上，不能用于解除"组织负责人"的管理职权(即使只是暂时解除也不可以)——也就是那些与组织的执行长身份有关的而与主持会议无关的职权(请对比 47:20)。

{62:14} 如果"暂缓规则"获"三分之二表决"通过，除非获得通过的"暂缓规则"动议本身就指明了新的主持人，否则排名其次的"副主持人"[或者在"副主持人"缺席时选举产生的临时主持人，请参阅 47:11(3) 和 47:13]接替主持直到本次会议结束(除非"暂缓规则"动议本身指定了更早的截止时间)。

{62:15} 要想永久性地解除主持人的主持权，并且解除其由章程授予的管理职权，需要经过下面的程序。

---

④　该动议一经提出和附议，主持人必须对其宣布议题，且因为该动议与主持人有着特殊的关系，主持人之后必须把主持人席让给秘书或临时秘书作为临时主持人。临时主持人一直主持"宣布主持人席空缺并选举新主持人"动议，直到宣布该动议的表决结果，而且如果该动议获得通过，还要一直主持直到选举产生新的主持人。如果受到挑战的主持人拒绝交出主持人席，并进一步忽视针对自己提出的"秩序问题"(或者忽视再进一步的"申诉"，又或者不遵从这个"申诉"的表决结果)，"宣布主持人席空缺并选举新主持人"这个动议的动议人可以直接按照 62:8—9 的方式提请表决，并且此时该动议不可辩论。

⑤　即使章程明文规定"组织负责人应主持所有会议"，这样的章程条款也显然属于议事规则性质，所以即使写进章程，也仍然可以被"暂缓规则"，请参阅 2:21。

解除官员职位

{62:16} 除非章程有其他的规定,否则固定组织中任何一位通过正常选举而产生的官员,组织可以采用以下方式"解除职位":

(1) 如果章程规定官员的"任期为＿＿＿年或者直到产生继任者",那么成员作为整体可以依据自己的意愿解除官员的职务,只要提出并通过以此为目的的动议。这样的程序主动议要求以下三种表决额度当中的任意一种:①三分之二表决;②事先告知加上过半数表决(事先告知在10:44定义);③全体成员的过半数表决。解除官员职位的动议,以及填补由这样的动议而产生的空缺的行动,都属于影响整个组织权益的"权益问题"(第19节)。⑥

(2) 如果章程规定官员的"任期为＿＿＿(指定的数字)年",如"任期为两年"(不建议这样措辞;请参阅56:28),或者章程规定官员的"任期为＿＿＿年并且直到产生继任者",那么要想解除官员的职位,就必须有充分的理由——失职或不当履职,且经过第63节中的程序来认定这些理由,即首先必须指派"调查委员会",在调查后必须提出"指控",最后必须进行正式的"审理"。

§63. 调查与审理

{63:1} 正如第61、62节所描述的,因失职或不当作为而解除官员职位(the removal of an officer for cause)或者因不当行为而惩戒成员,都要求经过提出指控和正式审理的程序。这一章就来描述这些程序的完整细节。⑦

---

⑥　组织通常不能在决定解除官员职位后直接填补空缺,因为通常要求事先告知(请参阅32:7)。如果"组织负责人"被解除职位,那么副主持人接替,副主持人的空缺需要事先告知后填补。如果希望解职和填补空缺在同一次会议进行,那么可以在预期要决定解职的会议之前发出事先告知。这样的话,如果职位确实被解除,在同一次会议上即可填补空缺。

⑦　纪律惩戒程序可能既影响一个人的官员职位也影响其成员身份。提出指控的决议中(请参阅63:13—20)可以包含说明,指出为什么被指控人不应该被免除职务或免除成员身份。如果章程要求官员必须是组织成员(请参阅47:2),那么免除成员身份也就意味着免除其官员职位。

双方的权利

{63:2} 为了贯彻自己的规则和准则,组织有权对其成员和官员的品行展开相关的调查。但是,无论是组织还是组织的任何成员,都没有权力把调查中取得的信息公开。即使某些信息因为调查的需要已经在成员内部公开,任何成员也无权向外泄漏。因而,"审理"必须在"闭门会议"中进行,在决定是否"审理"的过程中,所有决议的引入和考虑也必须在"闭门会议"中。

{63:3} 如果(在"审理"之后)组织决定开除成员或者解除官员的职位,那么组织有权以保护组织和相关的其他组织不受损害为目的,在必要而有限的范围内,表明此人已经不再是本组织的成员或官员。但组织或者组织的任何成员都没有权力公开被指控的成员或官员所犯的过失,包括任何相关的细节。任何类似的泄密行为都可能构成"诽谤"。任何组织对任何成员或官员的裁判都仅仅代表了组织从自身角度对是否适合作为本组织成员或官员所做出的判断,因而不具备任何法律效力。只有法庭的裁判才具有法律效力。

{63:4} 通常情况下,组织在纪律惩戒程序中也没有能力取得具备法律效力的证据。为了能在这样的"审理"中接近事实,听说来的口头证据(hearsay)甚至也是允许的,因为在很大程度上,组织只能基于这样的证据来判断什么是对自身最有利的。证人在提供证据的时候并不用发誓。掌握直接证据的人可能是非成员,因而可能拒绝作证,或者只愿意私下把所知道的信息告诉一位成员而且还以不披露自己的名字为条件。即使成员也可能不愿意提供对被指控人不利的正式证词。极个别情况下,组织会采用一种并不建议的做法,就是规定如果知情的成员在"审理"时拒绝做证,就会被开除。

{63:5} 成员和官员有荣誉权,就是说,不允许任何人随意散布有损自己声誉的言论,除非是有合理依据的正式"指控"。在"受到指控"(accused)之后,该成员或官员有"程序正当的权利"(the right to due process),就是说,有权了解自己所受的指控,有权获得充分的时间为自己准备辩护,有权出席"审理"并为自己辩论,以及获得其他的公正待遇。

{63:6} 如果成员或官员放弃辩护,例如因为知道自己确实有严重的过失行为并且被别人握有证据,那么他也可以直接递交退会或辞职申请。如果组织认为确实需要接受这样的申请,那么批准申请而免去"审理"的过程往往是最好的做法。但是,无论在事情发展的哪个阶段,组织并没有义务去建议这样的申请,而且即使被指控人主动提交申请,组织也没有义务一定要批准。

公正的审理程序

{63:7} 普通的组织一般不会采用过于正式的"审理"程序,甚至章程中也都不必出现关于纪律的条款。但是,我们还是应该了解纪律惩戒的基本程序,这既是为了保护组织的利益,也是为了保护成员和官员的权利。对于任何组织来说,这些基本程序都构成了公平正当的基本元素。即使建立特别的程序,也要以这些基本的程序为基础。如果没有规定特别的程序,那就必须遵循这些基本的程序。下面将要介绍的基本纪律惩戒程序包括:(1)调查委员会非公开调查;(2)调查委员会报告及提出指控;(3)正式通知被指控人;(4)审理;以及(5)全体会议听取审理委员会报告(如果审理主体不是组织的全体会议而是一个委员会)。

【调查委员会非公开调查】

{63:8} 启动纪律惩戒程序,组织首先指派一个调查委员会——由公认的正直而明断的人组成——进行非公开的调查(通常要合理地尝试当面询问违纪成员或官员),然后决定是否建议下一步的行动,包括必要时正式提出指控。

{63:9} 如果组织的规则没有另外规定"指控"和"审理"的具体方法,那么在没有非成员在场的情况下,任何成员都可以提出决议来指派"调查委员会",决议的形式如下:

　　　决定,经无记名书面投票选举产生一个……[例如"五人"]委员会,调查有关财务官J.M.有失职问题的一些传言,如果传言的问题查证属实,将影响其任职资格。若委员会认为这些指责是有充分依据的,则应以决议形式报告对下一步行动的建议。

{63:10} 上面决议是针对官员的,如果要启动针对成员的纪律惩戒程序,适当的决议形式如下:

*决定,由主持人指派[或"无记名书面投票选举产生"]一个……[例如
"五人"]委员会,调查关于 N 先生言行的一些传言,这些言行如果查证属实
会损害本组织的声誉。若委员会认为这些指责是有充分依据的,则应以决
议形式报告对下一步行动的建议。*

{63:11} 为了避免冤枉好人,这个最初的决议应该尽可能避免提到具体的
信息。即使有人掌握了别人违纪的证据,最好也不要由个人,而应由调查委
员会来提出"指控"。如果有人以决议(比如叫做"决议 A")的形式提出"指
控",但尚未有"调查委员会"提供建议来支持这项指控,主持人必须裁定该决
议不合规,并告知动议人在这种情况下合规的做法应该是动议成立调查委员
会(采用类似上面的决议)。决议中的语言不能有倾向性,不能有暗示——比
如暗示传闻是真的,或者任何对被调查的人不利的影射(insinuation)——即
使最后调查委员会的建议是提出指控。例如,下面这样的决议是"不合规"
的:"鉴于,财务官可能有贪污行为,……"在主持人听到"贪污"(graft)这个
词的时候,就应该立刻打断动议人,请动议人遵守秩序(call to order)。

{63:12} 根据上面的程序成立的"调查委员会"并没有权力传讯被调查人
或任何其他成员,只能展开私下的调查。但调查仍然要尽可能彻底,尽可能
了解事实真相。私下了解的信息可以帮助调查委员会得出必要的结论,但
是这些信息要保密,不能披露在给全体会议的报告中,也不能用在"审理"
中——除非有时候需要在隐藏需保密的细节的前提下,适当披露一些信息。
在调查委员会得出结论之前,为公平起见,通常要求调查委员会或部分委员
与被调查人进行面对面的坦诚对话,听取被调查人方面对事实的描述。此
时,应该告知被调查人,如果他确实有问题,那么他应该私下寻求和解,或者
申请退会,否则就可能要面对"指控"和"审理"。

【调查委员会报告及提出指控】

{63:13} 如果委员会的调查结果是被调查人并没有问题,或者问题可以不
经正式审理也能得到令各方满意的解决,那么委员会的报告中要照此汇报。⑧

---

⑧　如果调查委员会的报告没有建议提出指控,组织全体会议仍然有权通过决议来发起指控。全体
　　会议还可以指示调查委员会报告调查结果的时间,或者"收回委托"然后直接考虑发起指控的决
　　议。但是为了保证对被指控人的程序正当,所有上述做法都应该保证调查委员会有合理充分的
　　时间展开调查并准备报告,只有在调查委员会有了这样的时间却仍然没有完成报告的情况下才应
　　该收回委托。

如果委员会的调查结果显示被调查人确有问题,而且尝试其他的解决办法也未能奏效,那么委员会要准备书面的报告——并且要由委员会中每个赞成这个结论的成员的签字——概括说明调查的过程,并在报告中建议通过提出指控的决议,安排审理,需要时暂停被指控人的一些权利等,像下面的例子这样:

{63:14} *决定*,后续会议的时间是20××年11月15日,星期三,晚上8点。[不同情况下这一决议会有所变化,具体请参阅63:21。]

{63:15} *决定*,正式传唤J.M.出席上述后续会议,该会议将对其进行"审理",并请她对如下指控和依据进行辩护,以避免免职的处罚。

指控:失职。

依据1:无法解释交由其保管的至少1万美元协会资金的去向。

依据2:J.M.已屡次未能向审计委员会提交协会财务报告。

{63:16} *决定*,从本决议正式送达J.M.起,直到本案处理完毕,暂停J.M.作为财务官的权力、权利与职责。

{63:17} *决定*,协会委派成员S和T担任审理的控方代表。

{63:18} 如果指控对象是成员,那么上述第二、三项决议可以类似下面的例子:

{63:19} *决定*,正式传唤N出席上述后续会议,该会议将对其进行"审理",并请他对如下指控和依据进行辩护,以避免开除的处罚。

指控:行为可能损害组织声誉。

依据1:若干了解N的人认为,N有故意制造虚假报告诋毁其他成员的行为。

依据2:大约是20××年8月12日晚上,在麦特红餐馆,有顾客看到N煽动没有意义的骚乱,造成财务损失。

{63:20} *决定*,从本决议正式送达N起,直到本案处理完毕,暂停N作为组织成员的各项权利(审理当中的权利除外),依审理情况判定如何恢复。

{63:21} 在安排审理的日期时,通常要给被指控人30天的时间准备自己的辩护。如果由组织的全体会议进行"审理",那么应该在一次专门的会议上进行审理,例如上面例子中的后续会议。如果在通过上述决议的那次会议之后还有一次例行会议,然后才是"审理"会议,那么上述第一个决议就应该把"后续会议"(adjourned meeting)改成"临时会议"(special meeting)，请参阅第 9 节。⑨如果觉得有必要——特别是如果预计到审理过程会很漫长艰难，或者全体会议的规模很大，不适合在全体会议上进行审理，那么可以指派专门的"审理委员会"(trial committee)进行审理并报告结果和建议，上述决议中最前面的那两个也要改成：

{63:22} *决定，成立审理委员会，指派 H 任委员会主持人，A、B、C、D、E 和 F 任委员会成员，对 J.M.的案子进行审理，并报告审理结果和建议。*［调查委员会的成员不能进入审理委员会。如果不想直接指派，本决议中的人名也可以留成空白，由全体会议指派。］

{63:23} *决定，正式传唤 J.M.出席定于 20××年 11 月 15 日星期三晚 8 点在协会会议室召开的审理委员会会议，对如下指控和依据进行辩护，以避免免职的处罚。*

……［下面的决议不变，无论审理主体是组织的全体会议还是审理委员会。］

{63:24} "指控"(charge)定义了一种"违纪"(offense)，即根据组织规则，特定的一类违反纪律而应受处罚的行为。"依据"(specifications)指的是据说被指控人做了的具体事情，这些事情属于"指控"所指的那一类违纪行为。如果被指控人真的做了这些事情，"指控"即成立。必须首先"认定"(find)被指控的官员或成员确实"犯有"(be guilty of)被指控的"过错"(offense)，或者说认定"指控"成立，然后才可以实施"处罚"(penalty)。* 如果组织章程、行为准则或类似规则中定义了一系列违纪行为，且章程规定了相应的处罚，那么"指控"就可以包括这些违纪行为。如果没有定义好的违纪行为或者它们不适用，对成员的"指控"可以是"损害组织声誉，干扰组织发展，妨碍组织工作"(injure the good name of the organization, disturb its well-being, or hamper it in its work)或类似的措辞，对官员的"指控"可以是"履职不当、失职、不称职"(misconduct in office, neglect of duty in office, conduct that renders him/her unfit for office)等。

---

⑨ 组织的全体会议可以为举行审理并决定处罚而召开"临时会议"，即使章程中没有对"临时会议"做出规定，或者没有写明全体会议可以作为临时会议的召集人。

* 由于纪律惩戒中的"审理"不具有法律效力，调查或审理的结果都不能算严格意义上的"事实"，所以必须说"有人听到"或"有人看到"。——译者注

{63:25} 通常每项"指控"必须至少有一条"依据"支持,除非调查委员会和被调查人商定不在审理之外公开这些细节信息。每条"依据"的措辞必须十分严谨。其中所称的事实,要能使"指控"充分成立,又不至于扩大"指控"的范围。

{63:26} 提出指控的决议可以(不必须)伴随一条暂停权利的决议,全部或部分地暂停被指控人作为成员的权利(审理当中的权利除外)或作为官员的权力、权利和责任(authority, rights, and duties),从决议正式送达被指控人开始生效,根据案子处理情况决定如何恢复(pending disposition of the case)。

{63:27} 审理上的"控方代表"(manager)(请参阅上面完整决议举例当中的第四项决议)必须是组织的成员,负责出示指控的证据,但并不完全是"检察员"(prosecutor)的角色——"检察员"是要想尽一切办法证明被指控人有罪,而"控方代表"是要保证审理过程以事实为依据,保证审理结果的公正。

【正式通知被指控人】

{63:28} 在组织通过决议下达审理安排以后,无论是由全体会议审理,还是由审理委员会审理,秘书都应该立即以挂号信或其他可获得送达确认的方式通知"被指控人"按时出席审理,告知审理的日期、时间和地点,并提供指控决议的准确内容,包括指控、依据和这些决议通过的日期——即使被指控人当时就在场。秘书的通知信就可以简单地重复决议的内容并这样措辞:

> 尊敬的 N 先生:
>
> _____协会在 20××年 10 月 14 日的会议上通过了下述决议:
> ……[完整地抄写决议的内容]。
> 特此通知您在上述时间出席在协会会议室举行的审理。
>
> 约翰·克拉克　秘书

{63:29} 秘书有责任保存一份通知信的复印件,以及挂号信签收的回单,并带到审理上,作为被指控人得到通知的证据。

【审理程序】

{63:30} "审理"是一个严肃正式的听证过程,用以判断指控是否成立。"控方代表"代表组织出示指控的证据,"被指控人"(the accused)有权聘请

"代理"(counsel)进行辩护,也可以自行辩护。然后,如果"指控"成立,那么审理主体可能决定处罚,也可能提出处罚建议;如果"指控"不成立,那么立即宣布被指控的成员或官员无过错,所有被暂停的成员权利或官员的权力、责任和权利都自动恢复。"控方代表"必须是组织成员。"辩方代理"(defense counsel)可以是"律师"(attorney),也可以不是,但必须是组织成员,否则,需要"审理主体"(trial body)——或者是组织本身,或者是"审理委员会"——表决批准。"非成员"如果同意作证可以作为证人进入审理会场,只有在作证的时候才能入场。

{63:31} 如果被指控人在指定时间没有出席审理,那么审理在被指控人缺席情况下照常进行。

{63:32} 在下述"初始步骤"开始之前,审理主体可以在任何时候以"过半数表决"通过决议确定具体的审理程序,但不可跟下面描述的审理程序冲突。[10]这份审理程序决议可以设立时间表,安排审理各环节的时间长度,包括开篇陈词和总结陈词的时间限制。如果设定了时间限制,则必须保证辩方在每个审理环节都获得跟控方同等的时间,且除非辩方同意,否则这条规则不可暂缓。

{63:33} 审理主持人宣布会议开始,并提醒大家现在是"闭门会议"(第9节),所有在场人员有责任对会议内容保密。然后是一些初始步骤:秘书宣读会议纪要中组织全体会议通过的关于本次审理的决议;主持人向秘书确认"被指控人"已经收到指控的文件;主持人宣布代表组织的"控方代表"的名字,然后询问"被指控人"是否有"辩方代理"。接下来的审理步骤是:

(1) 主持人请秘书宣读"指控"和"依据"。

(2) 主持人询问"被指控人"是否"承认指控"(plead guilty)——首先依次针对每项"依据",最后针对整个"指控"。

(3) 如果"被指控人"承认指控,那么没有必要再继续审理,在听取简要的事实陈述之后,会议就可以决定如何处罚。

(4) 如果"被指控人"否认指控,那么审理按照如下步骤继续(主持人首先解释一下所有的步骤,然后依次执行):①开篇陈词——控方在

---

[10] 组织全体会议要想改变这里描述的审理程序,可以通过纪律惩戒相关的特别议事规则。这类特别议事规则的表决额度是"事先告知加三分之二表决"或者"全体成员的过半数表决"。

先,辩方在后;②控方展示证据以及请证人作证;③辩方展示证据以及请证人作证;④如果有,双方出示反证(rebuttal witness),控方在先,辩方在后;⑤双方总结陈词。在总结陈词结束之前,只允许控、辩双方发言,而且除询问证人之外,发言必须面向主持人。允许对证人进行交叉询问、重新直接询问和重新交叉询问,且可根据需要召回证人以进一步作证。

从上述"初始步骤"开始,直到总结陈词结束:

(i) 除非组织规则或有关审理的决议有不同的规定,审理的主持人,类似于法庭上的法官,主持审理程序,裁定所有证据问题,裁定控辩双方提出的反对或请求是否成立或是否准许。如果这些反对或请求需要辩论,则控方在先,辩方在后。任何成员可以对主持人的主持或裁定提出不可辩论的"申诉"(Appeal),主持人也可以直接将这些裁定问题提请会议表决,不经辩论。要修改组织已通过的关于审理程序和规则的决议,只有控辩双方和主持人可以提出动议,该类动议不可辩论直接由组织全体会议表决*,表决额度同"修改已通过的决定"(Amend Something Previously Adopted)。

(ii) 如果控辩双方以外的组织成员希望向证人、控方或辩方提问,那么这个问题必须书面呈递给主持人,主持人可以在合适的时机提出这个问题,也可以裁定这个问题不合规,或者在提出这个问题后控辩某方提出反对,主持人再裁定为不合规。可以对这些裁定提出不可辩论的申诉。

(iii) 在此过程中,合规的动议只有五个优先动仪和跟会议或审理的进程有关的动议。控辩双方以外的组织成员可以提出这些动议,但要受到上述(i)中的限制,且必须以书面形式递交主持人[⑪],主持人在合适的时机读出动议,询问是否有附议(如果需要附议),然后做出裁定或者不经辩论而提请会议表决。

(5) 双方总结陈词之后,必须请"被指控人"退场。如果审理是在组织全体会议而不是委员会上举行的,那么所有的成员,包括"控方代

---

⑪　但任何成员都可以直接面向主持人提出"申诉"。
*　这应该只适用于审理主体是组织全体会议的情况。——译者注

表"、"辩方代理"(如果是成员)、双方的证人(如果是成员)都留下,作为成员参与讨论和表决。* 接下来主持人像这样就"指控是否成立"宣布议题:"现在的议题是:N 所受的指控和依据是否成立?"然后依次宣读每一项"依据"和"指控",依次展开辩论,并分别表决——也可以等到最后把这些表决项放在一张表决卡上一并做书面不记名表决。

还可以根据审理的情况对"依据"或"指控"提出修改,但是只能缩小指控范围,不能增加新的指控。

如果所有的依据都不成立,那么相应的指控自动不成立,不用再为此指控进行表决(或者如果依据和指控在一张票上表决,那么忽略对该指控的表决)。如果只有一部分"依据"成立,但整个指控并不成立,且组织章程、行为准则或类似规则中定义了一个程度较轻的指控,那么可以动议一个相对较轻的指控并进行表决。

如果表决结果是指控成立,那么主持人接着宣布下一项议题是决定如何处罚。通常由代表组织的"控方代表"派一个人动议处以适当的处罚,不过其他成员也可以提出这样的动议,这个动议可以辩论也可以修改。无论是关于指控成立与否的表决,还是关于如何处罚的表决,只要有一个成员动议采用"书面不记名表决",会议就必须这样采用。

对于官员通常的处罚是"批评"或"免职",特定情况下也可以是其他处罚(例如补偿由其造成的组织财物损失,还可能加以罚金)。对所有这些处罚,包括"免职"在内,其表决都要求"过半数表决"。对于成员违纪的处罚,请参阅 61:2。"开除"需要"三分之二表决"。

(6) 在表决结束后,请回"被指控人",宣布结果。

{63:34} 在审理中,投票认为指控成立的成员必须切实相信,根据所见所闻的证据,"被指控人"的过错行为确实存在。

【组织全体会议听取审理委员会报告】

{63:35} 如果是"审理委员会"进行的审理,那么它要向组织全体会议报

---

*　根据委员会的规则推断,如果审理是在审理委员会上举行的,那么只有审理委员会的成员留下来进行讨论和表决。——译者注

告审理的结果。如果结果是指控成立,那么报告还要以决议的形式建议如
何处罚。报告必须在组织的"闭门会议"(第 9 节)中进行。报告必须是书面
的,要在尽可能避免泄漏需要在审理委员会内部保密的信息的前提下,总结
委员会的发现。

{63:36} 如果报告认为指控成立,那么组织全体会议要允许"被指控
人"——亲自或者通过"辩方代理",或者两种方式的结合,这由被指控人选
择——再做一次辩护陈述,然后再请"审理委员会"发表反驳陈述。然后,
"被指控人"退场,"辩方代理"如果不是成员的话也要退场。组织全体会议
开始讨论审理委员会报告中的决议。审理委员会的委员也跟组织的其他成
员一样参与辩论和表决。

{63:37} 组织全体会议此时可以不采纳审理委员会的建议而拒绝施加任
何处罚,也可以在审理委员会建议的基础上减轻处罚,但不可以加重。如果
审理委员会的报告认为指控不成立,那么组织全体会议不能施加任何处罚。

纪律委员会

{63:38} 对于一些专业协会或其他组织来说,某些特定方面的严格纪律
非常必要,那么可以在章程中定义一个常设的"纪律委员会"(第 50、56 节)
来简化这类事件的处理。一般定义"纪律委员会"的职责为:警惕违纪现象、
调查违纪问题、提出相关决议、在审理中代表组织担任控方代表等。

{63:39} 还可以指派"纪律委员会"作为审理主体来实际承担审理过程。
如果是这样,那么纪律委员会要足够大,在其中设立一个子委员会能够承担
如 63:8—12 所描述的非公开调查工作。在这种模式下,"纪律委员会"有权
决定提出什么样的"指控"和"依据",然后纪律委员会主持人向"被指控人"
发出传票并主持审理,"纪律委员会"和"全体会议"作为审理主体的审理程
序是一样的,但最好不要把定罚的权力下放给"纪律委员会"。由"纪律委员
会"提出定罚建议,请"全体会议"做最后决定,这一点跟由临时审理委员会
作为审理主体的情况是一样的。

{63:40} 如果组织的纪律问题比较频繁,那么"纪律委员会"的设立有利
于减轻组织全体会议的负担,有利于遏制谣言的传播,有利于避免采取正式
的审理来解决纪律问题。

附　　录

Ⅰ. 附属动议与优先动议的优先级顺序图表

在下页的图表中,"优先动议""附属动议"和"主动议"按照它们的优先级顺序依次列出。位置靠上的动议优于所有下面的动议,而"主动议"只有在没有别的"待决动议"的情况下才是"合规"的。

当某一项动议(动议 A)处在"直接待决"的状态时,在优先级图表中排在该动议上面的那些动议(例如动议 B)是"合规"的,但除了图表的右半部分所列出的例外情况以外。也就是说当动议 B 所对应的图表右半部分的限制条件满足时,动议 B 就"不合规"了。类似地,当动议 A 处在"直接待决"状态时,在优先级图表中排在动议 A 下面的那些动议(例如动议 C)是"不合规"的,除非动议 C 在动议 A 提出之前已经处于"待决"状态。另外,动议"修改"和"结束辩论"可以应用在比自己优先级高的动议上。请参阅下一段的图示,以及这两个动议的"标准描述特征(2)",分别在 12:7(2)和 16:5(2)。

图表中的箭头含义如下:

深色实线(➡):表示所有的"附属动议"都可以应用在"主动议"上。

浅色实线(➡):表示动议"修改"可以应用在一些其他的动议上。

深色虚线(➡):表示动议"调整辩论限制"可以应用在其他"可辩论"的动议上。

浅色虚线(➡):表示动议"结束辩论"可以应用在其他"可辩论"或者"可修改"的提议上。

t4—t5

附属动议与优先动议的优先级顺序

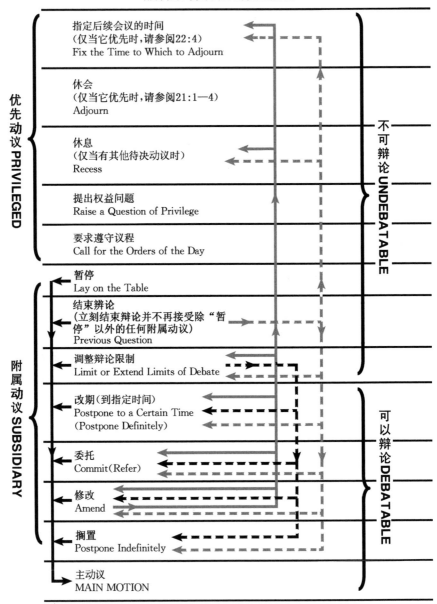

决定合规与否的其他因素
在如下情况下，左侧的动议不合规

- 如果关于事务处理顺序的"暂缓规则"正待决

- 如果待决动议含"秩序问题"、不可辩论的"申诉"或者五种"请求和咨询"之一，且该待决动议跟主动议没有绑定关系

- 如果直接待决动议既不可辩论也不可修改

- 如果直接待决动议不可辩论；或者，如果在执行"结束辩论"的过程中，仍有尚未表决完的动议

- 如果有除了"拆分议题"和"逐段或逐条考虑"以外的任何不可辩论的动议正直接待决；或者，如果在执行"结束辩论"的过程中，仍有尚未表决完的动议

- 如果有"重议"正待决；或者，如果有除了"拆分议题"和"逐段或逐条讨论"以外的任何不可辩论的动议正直接待决；或者，如果已经决定要"结束辩论"，但仍有尚未表决的动议

- 如果"修改"的对象是主动议，但是有除了"搁置"以外的待决动议；或者，无论"修改"的对象是谁，如果在执行"结束辩论"的过程中，仍有尚未表决完的动议

- 如果除了主动议以外还有其他待决动议；或者，如果已经决定要"结束辩论"

- 如果有任何其他的待决动议

---

t6—t7　## Ⅱ. 动议规则总表

动　　议	类[1]	别人拥有发言权时是否合规	是否必须得到附议[2]
1. 主动议(10)	M	否	是
2. 休会(组织中的一般情况)(21)	P	否	是
3. 指定休会的时间;指定后续会议的时间;在既定的休会时间之前立刻休会;休会并解散会议和组织(8, 10, 21)	M	否	是
4. 通过报告(10, 51)	M	否	是
5. 通过章程(在组织建立的时候)(10, 54, 56)	M	否	是[3]
6. 通过修订后的章程(35, 56, 57)	M/B	否	是[3]
7. 通过特别议事规则(2:14 及后续,10)	M	否	是
8. 通过一般管理规则(非代表大会的)(2:23)(2, 10)	M	否	是
9. 通过代表大会特别议事规则(10, 59:27 及后续)	M	否	是[3]
10. 通过议程或日程(10, 41, 59:48 及后续)	M	否	是[3]
11. 修改待决的动议,即主修正案(12)	S	否	是
12. 修改待决动议的主修正案,即辅修正案(12)	S	否	是

t8—t9

是否 可以辩论	是否 可以修改	要求的 表决额度	是否可以 重议
是	是	过半数,除了 10:8(7) 所列出的情况以外	是
否	否	过半数	否
是	是	过半数	否
是	是	过半数	是
是	是	过半数	只有在被否决后才可 以重议
是	是	要根据现有章程的规 定。如果章程中没有这 样的规定,那么同下一 行的规则	只有在被否决后才可 以重议
是	是	(1) 三分之二加上事先 告知; (2) 全体成员的过半数	只有在被否决后才可 以重议
是	是	过半数	是
是	是	三分之二	只有在被否决后才可 以重议
是	是	过半数;但与已确定的 会议程序冲突时或设置 特别议程项时要求三分 之二	只有在被否决后才可 以重议
如果被修改的动议可以 辩论[4]	是	过半数	是
如果被修改的动议可以 辩论[4]	否	过半数	是

动　　议	类[1]	别人拥有发言权时是否合规	是否必须得到附议[2]
13. 修改已通过的决定(一般情况,包括修改一般管理规则)(35)	M/B	否	是
14. 修改代表大会特别议事规则(当特别议事规则不待决时)(35, 59:27 及后续)	M/B	否	是
15. 修改既定的议程或日程(只能针对尚未着手处理的事务)(35, 41, 59:59)	M/B	否	是[3]
16. 修改章程(当章程不待决时)(35, 57)	M/B	否	是
17. 修改特别议事规则(当不待决时)(2:22, 35)	M/B	否	是
18. 申诉(一般情况)(24)	I	是,在被申诉的裁定做出时	是
19. 申诉(关于礼节、辩论发言规则、事务优先顺序等问题的申诉,或者申诉提出时不可辩论的议题正直接待决或跟申诉相关)(24)	I	是,在被申诉的裁定做出时	是
20. 要求以书面不记名方式对当前待决动议进行表决(30, 45)	I	否	是
21. 通过删除原文而创建空格(12:95)	I	否	是
22. 提出填空建议(12:92 及后续)	—	当主持人征求填空建议时	否
23. 调整若干章程修正案的考虑顺序(57:6)	I	否	是
24. 宣布主持人席空缺(10, 62:10—12)	M	否	否
25. 调整既定的代表大会议程或日程(立刻处理本来安排在其他时间的事务)(25, 35)	I	否	是

t10—t11 (对应第16行)

t12—t13 (对应第24行)

是否可以辩论	是否可以修改	要求的表决额度	是否可以重议
是	是	(1) 过半数加上事先告知; (2) 三分之二; (3) 全体成员的过半数	只有在被否决后才可以重议
是	是	三分之二;或者所有已经注册了的代表大会的有表决权成员的过半数	只有在被否决后才可以重议
是	是	同上一行;但经常是在计划委员会提出建议之后以默认一致同意的方式通过	只有在被否决后才可以重议
是	是	要根据现有章程的规定。如果没有这样的规定,那么同下一行的规则	只有在被否决后才可以重议
是	是	(1) 三分之二加上事先告知; (2) 全体成员的过半数	只有在被否决后才可以重议
是[4],参阅 24:3(5) 的规则	否	反对方需要超过半数才能改变主持人的决定	是
否	否	反对方需要超过半数才能改变主持人的决定	是
否	是	过半数	是
否	否	过半数	否
是,如果空格所在的动议可以辩论[4]	否	过半数	是
否	是	过半数	只有在被否决后才可以重议
是,除非动议人直接提请表决(请参阅 62:11n4)	是	过半数	只有在被否决后才可以重议
否	否	三分之二;或者所有已经注册了的代表大会的有表决权成员的过半数	否

动　　议	类[1]	别人拥有发言权时是否合规	是否必须得到附议[2]
26. 委托,或重新委托,把当前待决动议委托给委员会处理(13)	S	否	是
27. 把不待决的事务委托给委员会(10, 13)	M	否	是
28. 非正式考虑(13, 52)	S	否	是
29. 逐段或逐条考虑(28)	I	否	是
30. 批准在失礼纠正后继续发言(23, 61:10 及后续)	I	否	是,如果采用了动议的形式
31. 立刻结束辩论和修改		(请参阅本表第 70 行"结束辩论")	
32. 调整辩论限制(针对待决动议)(15)	S	否	是
33. 调整本场会议的辩论限制(10, 15)	M	否	是
34. 收回委托(36)	B 或 M/B[6]	否	是
35. 收回委托(在委员会未能按期汇报的情况下,或者当会议正讨论委员会的阶段报告的时候)(36)	B 或 M/B[6]	否	是
36. 起立重新表决(要求采用分别起立的表决方式来验证表决结果,不用计数)(29)	I	是	否
37. 要求对起立表决进行计数(如果主持人没有主动这么做的话)(4, 29, 30, 45)	I	是	是
38. 拆分议题(27)	I	否	是
39. 要求把由单个动议引入的、主题不相关的系列决议中的一个或多个决议拿出来单独表决(10:25, 27:10)	I	是	否

t14—t15 (行 32)

t16—t17 (行 39)

（续表）

是否 可以辩论	是否 可以修改	要求的 表决额度	是否可以 重议
是[4]	是	过半数	只有在委员会尚未开始考虑受托动议时[5]
是	是	过半数	只有在委员会尚未着手处理受托动议时
是[4]	否	过半数	只有在被否决后才可以重议
否	是	过半数	否
否	否	过半数	是
否	是	三分之二	是；但如果当时表决为通过，那么只有未执行的部分可以"重议"[5]
是	是	三分之二	是
是；可辩论被委托动议	是	(1) 过半数加上事先告知； (2) 三分之二； (3) 全体成员的过半数	只有在被否决后才可以重议
是；可辩论被委托动议	是	过半数	只有在被否决后才可以重议
否	否	只要有一个成员要求就必须执行	否
否	是	过半数	否
否	是	过半数	否
否	否	只要有一个成员要求就必须执行	否

动　　议	类[1]	别人拥有发言权时是否合规	是否必须得到附议[2]
40. 请求免责(32)	I	是	是,如果请求免责的人动议;否,如果其他人动议
41. 指定生效的时间(10, 12, 57:15及后续)	M, S 或 I[7]	否	是
42. 延长对当前待决动议的考虑时间,推迟既定的休会或休息时间(18)	I	是;当有人动议遵守议程,或主席宣布要遵守议程以后	是
43. 指定后续会议的时间(当有其他动议待决时)(22)	P	否	是
44. 指定后续会议的时间(当没有其他动议待决时)(10, 22)	M	否	是
45. 提问(33)	I	是	否
46. 暂停(17)	S	否	是
47. 批准会议纪要(当以动议的形式提出时)(10, 41, 48)	M	否	是
48. 更正会议纪要(会议纪要尚未得到批准,当以动议的形式处理会议纪要的更正时)(12, 41, 48)	S	否	是
49. 更正会议纪要(会议纪要已经得到批准,48:15)	(请参阅本表第13行"修改已通过的决定")		
50. 暂时跳过会议纪要的宣读和批准(48:11)	I	否	是
51. 着手处理被暂时跳过的会议纪要的宣读和批准(48:11)	B	否	是
52. 要求宣读下属董事会的会议纪要(49:17—19)	M	否	是
53. 提名(46)	—	否	否

t18—t19 (对应第45行左侧页边)

（续表）

是否 可以辩论	是否 可以修改	要求的 表决额度	是否可以 重议
是	是	过半数	只有在被否决后才可以重议
是	是	过半数	是[8]
否	否	三分之二	否
否	是	过半数	是
是	是	过半数	是
否	否	不表决	否
否	否	过半数	只有在被否决后才可以重议[9]
是	是	不表决 (请参阅 41 : 10—11)	是
是	是	过半数	是
否	否	过半数	只有在被否决后才可以重议[9]
否	否	过半数	否
是	是	(1) 过半数加上事先告知; (2) 三分之二; (3) 全体成员的过半数	是
是	否	选举要求过半数表决, 除非章程另有规定	如果当选者在场并且没有拒绝,或者已经得到通知并且没有拒绝,那么选举结果不可以重议

	动　　议	类[1]	别人拥有发言权时是否合规	是否必须得到附议[2]
t20—t21	54. 结束提名(31)	I	否	是
	55. 继续提名(31)	I	否	是
	56. 选举待决时,关于提名的动议(除结束提名和继续提名以外)(31)	I	否	是
	57. 选举未待决时,关于提名的动议(除结束提名和继续提名以外)(10, 46)	M	否	是
	58. 允许引入超出组织宗旨范围的动议[10:26(2)]	I	否	是
	59. 反对考虑(26)	I	在辩论开始之前,以及主持人宣布附属动议的议题之前("暂停"除外),是	否
	60. 把非待决的议题设定为特别议程项(参阅本表第 68 行)(10, 41)	M	否	是
t22—t23	61. 要求遵守议程(18)	P	是	否
	62. 执行议程(18)	—	当主持人发现,或经成员提醒后发现议程所安排事项的时间已到,主持人可直接提请会议表决是否按照议程执行	—
	63. 议程项(根据指定的时间或顺序成为当前待决的动议)(10, 18, 41)	M	—	—
	64. 秩序问题,包括请其他成员遵守秩序(23)	I	是	否

（续表）

是否 可以辩论	是否 可以修改	要求的 表决额度	是否可以 重议
否	是	三分之二	否
否	是	过半数	只有在被否决后才可以重议
否	是	过半数	是
是	是	过半数	是
否	否	三分之二	只有在被否决后才可以重议
否	否	三分之二(反对考虑的达到三分之二,则反对有效)	只有在被否决后(即反对有效时)才可以重议
是[4]	是	三分之二	是
否	否	只要有一个成员要求就必须执行,除非会议以三分之二表决决定暂不执行议程(请参阅 18:8)	否
否	否	反对方达到三分之二才可以拒绝执行议程	否
是	是	过半数,除了 10:8(7)所列出的情况以外	是
否;但主持人可以允许充分的解释;或者把问题提交给会议表决(按"申诉"处理,见本表第18行)	否	不表决,由主持人裁定(除非主持人提交给会议表决,那样的话表决要求过半数)	否

动　　议	类[1]	别人拥有发言权时是否合规	是否必须得到附议[2]
65. 咨询议事规则(33)	I	是	否
66. 搁置(11)	S	否	是
67. 改期,改期到指定时间(针对待决动议)(14)	S	否	是
t24—t25 68. 把待决动议作为特别议程项改期到指定时间(参阅本表第 60 行)(14)	S	否	是
69. 改期事先安排好的事件或行动(35)	M/B	否	是
70. 结束辩论(立刻结束辩论并不再接受除暂停以外的任何附属动议)(16)	S	否	是
71. 关于生效时间的附加条款(10, 12, 57:15 及后续)	M, S 或 I[7]	否	是
72. 提出权益问题(在不能以主动议形式引入这个权益问题的时候)(19)	P	是,但是不应该打断已经开始的发言,除非确有必要	否;但是如果通过权益问题而引入会议的是动议,那么这个动议必须得到附议
73. 权益问题,或者是(1)由上面第 72 行的动议所引入的,或者是(2)在主动议合规的时候直接以主动议形式引入的(10, 19)	M	对于(1),是,请参阅上一行;对于(2),否,应按通常方式取得发言权	是
t26—t27 74. 争取满足有效人数的动议,在有待决动议时	P	否	是
75. 争取满足有效人数的动议,在没有待决动议时	M	否	是

（续表）

是否 可以辩论	是否 可以修改	要求的 表决额度	是否可以 重议
否	否	不表决，由主持人回答	—
是，而且辩论可以涉及 主动议的利弊	否	过半数	只有得到通过后才可 以重议
是[4]	是	过半数，但如果要设定 "特别议程项"，那么要三 分之二	是[5]
是[4]	是	三分之二	是[5]
是	是	(1) 过半数加上事先告知； (2) 三分之二； (3) 全体成员的过半数	只有在被否决后才可 以重议
否	否	三分之二	是；但如果得到通过， 那么只有在由此产生 的任何表决开始之前 才可以重议[5]
是	是	过半数	是
否	否	不表决，由主持人裁定问 题是否有效	否
是	是	过半数，除了 10 : 8 (7) 所 列出的情况以外	是
否	是	过半数	是
是	是	过半数	是

动　　　议	类[1]	别人拥有发言权时是否合规	是否必须得到附议[2]
76. 追认(10)	M	否	是
77. 批准宣读文件的请求(33)	I	如果默认一致同意没有通过,可以由提出请求的人动议,也可以在前者有发言权时由另一个人动议	如果由提出请求的人动议,是;如果由另一个人动议,否
78. 要求对点名表决做分类重述(30, 45:51)	I	否	是
79. 休息(当有其他事务待决时)(20)	P	否	是
80. 休息(当没有其他事务待决时)(10, 20)	M	否	是
81. 重议(37)	B	是,在别人刚获发言权时可以打断,但是不可以打断已经开始的发言	是
82. 重议(在委员会上)(37:35)	B	不可以打断正在发言的其他成员	否
83. 要求考虑重议(37)	—	否	否
84. 要求重新计票(30, 45:41)	I	否	是
85. 听取报告,若尚未安排时间听取该报告(51:28)	I	否	是
86. 取消并从纪要中删除(35:13)	M/B	否	是
87. 取消或废除(35)	M/B	否	是

t28—t29

（续表）

是否 可以辩论	是否 可以修改	要求的 表决额度	是否可以 重议
是	是	过半数,除了 10:8(7)所列出的情况以外	是
否	否	过半数	是
否	是	过半数	是
否	是	过半数	否
是	是	过半数	否
如果被重议的动议是可以辩论的,是;而且可以涉及那个动议本身的利弊	否	过半数	否
同本表第81行	否	三分之二;但如果所有获胜方的委员都出席或者得到通知,那就只要过半数	否
—	—	—	—
否	是	过半数	如果重新计票尚未开始
否	否	过半数	如果报告未开始[5]
是	是	全体成员的过半数	只有在被否决后才可以重议
是	是	(1) 过半数加上事先告知; (2) 三分之二; (3) 全体成员的过半数	只有在被否决后才可以重议

动　　议	类[1]	别人拥有发言权时是否合规	是否必须得到附议[2]
88. 委托	(请参阅本表第 26 行"委托",以及第 27 行)		
89. 解散,或解散并报告(在临时委员会中)(50:23)	M	否	否
90. 解散,或解散并报告(在全体委员会中)(52:4 及后续)	P	否	是
91. 替换	(请参阅本表第 11 行"修改待决的动议")		
92. 暂缓规则(暂缓议事规则)(25)	I	否	是
93. 暂缓一般管理规则或者代表大会特别议事规则(25, 59:37)	I	否	是
94. 恢复(34)	B	否	是
95. 调整事务的顺序(立刻处理本来安排在其他时间的事务)	(请参阅本表第 92 行"暂缓议事规则",以及第 25 行)		
96. 关于表决方式的动议(当有议题待决时)(30)	I	否	是
97. 关于表决方式的动议(当没有其他议题待决时)(10, 30, 45, 46)	M	否	是
98. 批准动议人收回或修改动议的请求(在主持人宣布议题之后)(33)	I	如果默认一致同意没有通过,可以由提出请求的人动议,也可以在前者有发言权时由另一个人动议	如果由提出请求的人动议,是;如果由另一个人动议,否

t30—t31 (行 90)

t32—t33 (行 98)

（续表）

是否 可以辩论	是否 可以修改	要求的 表决额度	是否可以 重议
是	是	过半数	否
否	否	过半数	否
否	否	三分之二,除了那些保护小于 三分之一的少数方权益的规则 [请参阅 25:2(7)]	否
否	否	过半数	否
否	否	过半数	否
否	是	过半数,但"结束投票"要求三 分之二	"结束投票":否;"继续投票": 否决时[10];其他:是
是	是	过半数	是
否	否	过半数	"收回":被否决后可以重议 "修改":可以重议

1. 动议类别的代码:M—主动议;S—附属动议;P—优先动议;I—偶发动议;B—再议类动议;M/B—再议类动议中可以划归为程序主动议的(请参阅 6:25 及后续)。

2. 如果是由董事会或者委员会提交的动议,那么即使表中标记为要求附议,也不再需要附议。

3. 实际情况中,通常都是委员会的报告人动议,这种情况下不需要附议。

4. 对此动议的辩论仅限于此动议本身的利弊,不能讨论主动议的利弊,除非主动议的内容跟此动议本身的利弊有密切关系。

5. 如果该动议被否决了,那么要想对它进行"重议",就必须等到会议或辩论的发展变化使得该动议实质上成为一个新的议题之后。

6. 如果之前是用附属动议"委托"把一个待决的动议委托给委员会的,那么相应的"收回委托"就是"B"类。如果之前是用主动议把一个议题委托给委员会的,那么相应的"收回委托"就是"M/B"类(请参阅 36:10—11)。

7. 请参阅 57:15。这个动议可以是主动议,可以是针对引导词的修正案,也可以是偶发动议,但适用的规则是一样的。

8. 但请参阅 37:9(2),以及 37:30 及其后面的内容。

9. 如果该动议被否决了,那么要想对它进行"重议",就必须等到(1)会议或辩论的发展变化使得该动议实质上成为了一个新的议题,或(2)突然出现了紧急情况,而且会议在之前否决这个动议的时候并不知道这个紧急情况。

10. 请求"在指定时间关闭或者重开投票站"的动议的"重议"必须发生在执行关闭或者重开的动作之前。

Ⅲ. 动议的句型格式

t34

1. 主动议(实质主动议)

   Main motion or question(original)

   　　(请参阅 4:4—5,以及 10:9—25 的格式举例。)

2. 休会(组织中的一般情况)

   Adjourn, ordinary case in societies

   　　我动议休会。

3. 指定休会的时间;指定后续会议的时间;在既定的休会时间之前立刻休会;休会并解散
   会议和组织

   Adjourn at or to a future time, or in advance of a time already set, or when the as-
   sembly will thereby be dissolved

   　　我动议下午 4 点休会。

   　　我动议现在休会,并于星期二晚上 8 点召开后续会议。

   　　我动议现在休会。

   　　我动议最终休会。

4. 通过报告

   Adopt, accept, or agree to a report

   　　我动议通过这份报告。

5. 通过章程(在组织建立的时候)

   Adopt bylaws or constitution, initially in forming a society

   　　我代表章程起草委员会,动议通过由本委员会提交的章程。

6. 通过修订后的章程

   Adopt revised bylaws or constitution

   　　我代表章程修订委员会,动议通过由本委员会提交的章程修订案,来代替现有的
   章程,并附加如下关于生效时间的条款:……。

7. 通过特别议事规则

   Adopt special rules of order

   　　根据上次会议上给出的事先告知,我动议通过下面的决议,并写入特别议事规则:
   "决定,……"

8. 通过一般管理规则(非代表大会的)

   Adopt ordinary standing rules

我动议通过下面的决议,并写入一般管理规则:"决定,……"

9. 通过代表大会特别议事规则

Adopt parliamentary standing rules in a convention

受特别议事规则委员会的委派,我动议通过前面所述的代表大会特别议事规则。

10. 通过议程或日程

Adopt convention agenda or program

受日程委员会的委派,我动议通过这份代表大会日程。

t35　11. 修改待决的动议,即主修正案

Amend a pending motion(primary amendment)

我动议修改,在后面添加……。

我动议修改,在……前面插入……。

我动议修改,删除第二个段落。

我动议修改,删除"混凝土"并插入"沥青"。

我动议把当前待决的决议替换为:"决定,……"

(以上格式的变形,请具体参阅 12:32、12:53、12:67 和 12:82—83。)

12. 修改待决动议的主修正案,即辅修正案

Amend an amendment of a pending motion(secondary amendment)

我动议修改待决的修正案,在……前面插入……。

我动议修改待决的修正案(具体修改方式请参阅上面第 11 行"修改待决的动议")。

13. 修改已通过的决定(一般情况,包括修改一般管理规则)

Amend Something Previously Adopted, general case, including ordinary standing rules

我动议修改九月份通过的关于……的决议为……。

14. 修改代表大会特别议事规则(当特别议事规则不待决时)

Amend parliamentary standing rules in a convention, when they are not pending

我动议修改特别议事规则第 6 条为……。

15. 修改既定的议程或日程(针对尚未着手处理的事务)

Amend adopted convention agenda or program with reference to items not yet reached

我动议修改议程[或者"日程"]……。

16. 修改章程(当章程不待决时)

Amend bylaws or constitution, when not pending

根据已经给出的事先告知,我动议通过下面的章程修正案……。

17. 修改特别议事规则（当不待决时）

Amend special rules of order, when not pending

根据已经给出的事先告知，我动议通过如下针对特别议事规则第 3 条的修正案……。

18. 申诉（一般情况）

Appeal, general case

我对主持人的裁定提出申诉。

19. 申诉（关于礼节、辩论发言规则、事务优先顺序等问题的申诉，或者申诉提出时的直接 *t36* 待决动议或申诉所涉动议不可辩论）

Appeal, relating to indecorum or transgression of rules of speaking, or to the priority of business, or if made while an undebatable question is immediately pending or involved in the appeal

（同上面第 18 行。）

20. 要求以书面不记名方式对当前待决动议进行表决

Order the vote on a pending question to be taken by ballot

我动议当前待决动议的表决采用书面不记名方式。

21. 通过删除原文而创建空格

Create a blank by striking out

我动议删掉"10 000 美元"并创建空格。

22. 提出填空建议

Proposals for filling blank

我建议"20 000 美元"。

23. 调整若干章程修正案的考虑顺序

Bylaw amendments, to rearrange order of consideration

我动议以如下顺序考虑下列章程修正案……。

24. 宣布主持人席空缺

Chair, to declare vacant

我动议宣布主持人席空缺并选举新主持人。

25. 调整既定的代表大会议程或日程（立刻处理本来安排在其他时间的事务）

Change or depart from adopted convention agenda or program, immediately to take up a matter out of its proper order*

---

* 本动议实际上是附录Ⅱ"动议规则总表"第 92 行"暂缓规则"的一种具体形式，跟第 95 行"调整事务的顺序"的目的也是相同的，都是要立刻着手处理一件本来安排在其他时间处理的事务，只是本动议是用在代表大会上的，因而表决额度有所区别，详细请参阅附录Ⅱ"动议规则总表"的第 25 行。——译者注

我动议暂缓规则并着手处理……。

26. 委托,或重新委托,把当前待决动议委托给委员会处理

Commit, Refer, or Recommit a pending question

我动议把这个动议委托给计划委员会。

我动议把这个动议委托给一个三人委员会,并由主持人指派。

(其他的变形,请参阅 13:25。)

27. 把不待决的事务委托给委员会

Refer a matter that is not pending to a committee

我动议成立一个委员会开展一场关于……的调查[说明委员会的人数以及指派的方法]。

28. 非正式考虑

Consider informally

我动议对这个问题进行非正式考虑。

29. 逐段或逐条考虑

Consider by Paragraph or Seriatim

我动议逐段考虑这个决议。

t37　　30. 批准在失礼纠正后继续发言

Grant permission to continue speaking after indecorum

[对这样的情况,主持人通常直接提请表决,不走动议流程;但如果有成员希望走动议流程,那么这位成员可以动议说]我动议允许这位成员继续发言。

31. 立刻结束辩论和修改

Obtain immediate closing of debate and amendment

(请参阅第 70 行"结束辩论"。)

32. 调整辩论限制(针对待决动议)

Limit or Extend Limits of Debate on a pending question

我动议辩论限制调整为每位成员一次三分钟的发言。

(其他变形,请参阅 15:19。)

33. 调整本场会议的辩论限制

Limit or Extend Limits of Debate for the duration of a meeting

我动议在本次会议期间辩论限制调整为每次五分钟。

34. 收回委托

Discharge a Committee

[对于常设委员会:]我动议收回对财务委员会就……决议的委托。

[对于临时委员会:]我动议取消关于……问题的临时委员会并收回委托。

35. 收回委托(在委员会未能按期汇报的情况下,或者当会议正讨论委员会的阶段报告的时候)

    Discharge a Committee, when it has failed to report at prescribed time, or while assembly is considering partial report of committee

    (请参考第 34 行。)

36. 起立重新表决(要求采用分别起立的表决方式来验证表决结果,不用计数)

    Division of the Assembly (call for verification of a voting by an uncounted rising vote)

    起立表决!

    我要求起立重新表决。

37. 要求对起立表决进行计数(如果主持人没有主动这么做的话)

    Order count of vote on Division, if chair does not do so

    我动议对此表决进行计数。

    我动议[或"要求"]指派计票员。

    我动议对此动议进行计数的起立表决。

38. 拆分议题

    Division of a Question

    我动议拆分这个议题,单独考虑……。

39. 要求把由单个动议引入的、主题不相关的系列决议中的一个或多个决议拿出来单独表决　　t38

    Call for a separate vote on a resolution which is one of a series on different subjects offered by a single motion

    我要求对第三个决议单独进行表决。

40. 请求免责

    Request to be Excused from a Duty

    我动议[或"请求"]允许我放弃……的任命。

    我动议(会议)接受我的辞职请求。

41. 指定生效的时间

    Fix time for taking effect

    我动议关于……的修正案从……起生效。

42. 延长对当前待决动议的考虑时间,推迟既定的休会或休息时间

    Extend time for consideration of pending question, or time until scheduled adjournment or recess

    我动议延长对当前待决动议的讨论 20 分钟。

    我动议暂缓规则以便继续考虑当前议题。

    我动议推迟 10 分钟休息。

43. 指定后续会议的时间(当有其他动议待决时)

   Fix the Time to Which to Adjourn, if moved while a question is pending

   > 我动议在本次会议休会以后,于下周二晚8点召开后续会议。

44. 指定后续会议的时间(当没有其他动议待决时)

   Fix the Time to Which to Adjourn, if moved while no motion is pending

   > (同本表第43行。)

45. 提问

   Point of Information

   > 我要提问!
   >
   > 提问!
   >
   > 能请问发言人一个问题吗?

46. 暂停

   Lay on the Table

   > 我动议暂停这个动议。

47. 批准会议纪要(当以动议的形式提出时)

   Approve the minutes

   > [通常以"默认一致同意"的方式处理。当以"动议"形式来处理时:]我动议批准刚才宣读[或"更正过"]的会议纪要。

t39 48. 更正会议纪要(会议纪要尚未得到批准,当以动议的形式处理会议纪要的更正时)

   Correct the minutes before adoption

   > [通常用非正式的建议来提出更正,然后用"默认一致同意"的方式来接受更正,当用"动议"的形式来处理时,或者当"默认一致同意"遇到反对时:]我动议更正会议纪要,……。

49. 更正会议纪要(会议纪要已经得到批准)

   Correct the minutes after approval

   > (请参阅本表第13行"修改已通过的决定"。)

50. 暂时跳过会议纪要的宣读和批准

   Dispense with the reading of the minutes

   > 我动议暂时跳过对会议纪要的宣读和批准。

51. 着手处理被暂时跳过的会议纪要的宣读和批准

   To take up the minutes after their reading has been dispensed with

   > 我动议现在处理会议纪要的宣读和批准。

52. 要求宣读下属董事会的会议纪要

   To order the reading of subordinate board's minutes

　　　我动议宣读董事会上一次会议的会议纪要。

53. 提名

Make nominations

　　　我提名乔治·比尔。

54. 结束提名

Close nominations

　　　我动议现在结束提名。

55. 继续提名

Reopen nominations

　　　我动议继续接受关于……的提名。

56. 选举待决时,关于提名的动议(除结束提名和继续提名以外)

Motions relating to nominations (except to close or reopen nominations) made while election is pending

　　　我动议对于委员会成员的候选人,接受现场公开提名。

57. 选举未待决时,关于提名的动议(除结束提名和继续提名以外)

Motions relating to nominations made while election is not pending

　　　(同本表第 56 行。)

58. 允许引入超出组织宗旨范围的动议

To authorize motion outside society's object

　　　我动议允许引入如下动议。

　　　我动议会议考虑成员 A 刚刚提出的动议。

59. 反对考虑

Objection to Consideration of a Question

　　　我反对考虑这个动议。

60. 把非待决的议题设定为特别议程项

Make a special order, when question is not pending

　　　我动议把下面的决议指定为下午 3 点的特别议程项:"决定,……"

61. 要求遵守议程

Call for the Orders of the Day

　　　我请求会议遵守既定的议程。

62. 执行议程

Proceed to the orders of the day

　　　[当主持人发现,或经成员提醒后发现议程所安排的事项的时间已到,主持人可以直接执行议程,但是如果主持人认为有必要征求会议的意见,那么也可以提请

会议表决是否按照议程执行,所以这个动议没有提出、附议的过程,主持人直接宣布议题并提请表决,不可辩论,不可修改。]

63. 议程项(根据指定的时间或顺序成为当前待决的动议)

Order of the day, when pending

[之前已经作为主动议引入会议了,所以不需要再动议了。]

64. 秩序问题,包括请其他成员遵守秩序

Point of Order, Question of Order, or Calling a Member to Order

秩序问题!

我要提出秩序问题。

我请这位成员遵守秩序。[针对失礼行为。]

65. 咨询议事规则

Parliamentary Inquiry

我有关于议事规则方面的问题。

主持人,请问一个议事方面的问题。

66. 搁置

Postpone Indefinitely

我动议搁置这个决议。

67. 改期,改期到指定时间(针对待决动议)

Postpone to a Certain Time, or Definitely, applied to a pending question

我动议把这个动议改期到下一次会议。

68. 把待决动议作为特别议程项改期到指定时间

Postpone a pending question to a certain time and make it a special order

我动议把这个决议改期到下午 3 点并作为特别议程项。

69. 改期事先安排好的事件或行动

Postpone an event or action previously scheduled

我动议把之前安排在 9 月 15 日的晚宴改期到 10 月 17 日。

t41　70. 结束辩论(立刻结束辩论并不再接受除搁置以外的任何附属动议)

Previous Question(immediately to close debate and the making of subsidiary motion except the motion to Lay on the Table)

我动议结束辩论。

我对"委托"和"修正案"动议结束辩论。

71. 关于生效时间的附加条款

Proviso

我动议在动议最后加上:并于……之后生效。

72. 提出权益问题(在不能以主动议形式引入这个权益问题的时候)

Raise a Question of Privilege, while regular introduction as a main motion is not in order

　　我要提出权益问题。

73. 权益问题,或者是(1)在主动议合规的时候直接以主动议形式引入的,或者是(2)由上面第72行的动议所引入的

Question of privilege, to offer as a main motion when an ordinary main motion is in order or after being raised as in No.72 above

　　[直接提出主动议。]

74. 争取满足有效人数的动议,在有待决动议时

Quorum, to take measures to obtain, if moved while a question is pending

　　我动议主持人指派三人委员会负责在休息期间联系缺席的成员。

75. 争取满足有效人数的动议,在没有待决动议时

Quorum, to take measures to obtain, if moved while no question is pending

　　(同第74行。)

76. 追认

Ratify, or Confirm

　　我动议追认执行董事会关于……的行动。

77. 批准宣读文件的请求

Grant permission to read papers

　　[通常以"默认一致同意"的方式处理。但如果以"动议"方式处理:]我动议允许这位成员[或者"我"]朗读……。

78. 要求对点名表决做分类重述

Recapitulation of roll call, to order

　　我动议对点名表决做分类重述。

79. 休息(当有其他事务待决时)

Recess, if moved while business is pending

　　我动议休息五分钟。

80. 休息(当没有其他事务待决时)

Recess, if moved while no question is pending

　　(同本表第79行。)

81. 重议

Reconsider

　　我动议重议关于……的动议。

我动议重议关于删除……并插入……的修正案。

82. 重议(在委员会上)

Reconsider, in a committee

　　(类似本表第 81 行。)

83. 要求考虑重议

Call up motion to reconsider

　　我要求考虑……动议的重议。

84. 要求重新计票

Recount, to order

　　我动议重新计票。

85. 听取报告,若尚未安排时间听取该报告

Report, to receive when no time has been established for its reception

　　我动议会议现在听取财务委员会报告。

86. 取消并从纪要中删除

Rescind and expunge from the minutes

　　我动议取消关于……的条款并从会议纪要中删除。

87. 取消或废除

Rescind, Repeal, or Annul

　　我动议取消[日期]通过的关于……的决议。

88. 委托

Refer

　　(请参阅本表第 26、27 行。)

89. 解散,或解散并报告(在临时委员会中)

Rise, or Rise and Report(in a special committee)

　　我动议委员会解散并报告。

90. 解散,或解散并报告(在全体委员会中)

Rise, or Rise and Report(in a committee of the whole)

　　我动议委员会解散并报告。

91. 替换

Substitute

　　我动议用下面的决议代替当前待决的决议:"决定,……"

92. 暂缓规则(暂缓议事规则)

Suspend the Rules(as applied to rules of order)

　　我动议暂缓规则以便……。

93. 暂缓一般管理规则或者代表大会特别议事规则 t43

Suspend ordinary standing rules, or standing rules in a convention

(类似本表第 92 行。)

94. 恢复

Take from the Table

我动议恢复……的动议。

95. 调整事务的顺序(立刻处理本来安排在其他时间的事务)

Take a question out of its proper order＊

我动议暂缓规则并立即处理……。

96. 关于表决方式的动议(当有议题待决时)

Motions relating to voting, if made while subject is pending

我动议对当前待决动议采用计数的起立表决。

97. 关于表决方式的动议(当没有其他议题待决时)

Motions relating to voting, if made while on subject is pending

(类似本表第 96 行。)

98. 批准动议人收回或修改动议的请求(在主持人宣布议题之后)

Grant the maker permission to withdraw of modify a motion, after the motion has been stated by the chair

[通常以"默认一致同意"的方式处理。如果以"动议"方式处理，那么对于"收回"：] 我动议允许这位成员[或"我"]收回动议。(对于以"动议"方式进行"修改"的情况，请参阅本表第 11 行"修改已通过的决定"。)

＊ 本动议的目的是要立刻着手处理一件本来安排在其他时间处理的事务，实际上是"暂缓规则"的一种具体形式，请参阅附录Ⅱ"动议规则总表"第 92 行"暂缓议事规则"，以及第 25 行。——译者注

t44 ## Ⅳ. 发言权和附议的规则

● 下列动议在其他人拥有发言权时合规,而且不要求附议

    (1) 紧急情况下可以打断其他人正在进行的辩论发言

        要求起立重新表决(29)

        要求把由单个动议引入的、主题不相关的系列决议中的一个或多个决议拿出来
            单独表决(请参阅10:25和27:10),或要求把主持人提请一起表决的一系列
            修正案中的一个或多个修正案拿出来单独表决[请参阅12:14、27:11、
            51:48(2)、52:13和52:23]

        要求遵守议程(18)

        请成员遵守秩序(请参阅61:11)

        咨询议事规则(请参阅33:3—5)

        秩序问题(23)

        提出权益问题(19)

        提问(请参阅33:6—10)

        请求免责(32)

        请求("请求"严格地讲不属于"动议")或者批准其他成员的请求("批准请求"属
            于"动议"),包括:

           · 动议人请求收回或修改动议(请参阅33:11—19);

           · 宣读文件的请求(请参阅33:20—21);

           · 其他请求(请参阅33:22)

    (2) 在其他人取得发言权之后但尚未开始发言之前合规

        给出事先告知(引入一个要求事先告知的动议;"给出事先告知"不属于"动议";
            请参阅10:44—51)

        反对考虑(26)

t45 ● 在其他人拥有发言权时合规,但要求附议

    (1) 紧急情况下可以打断别人正在进行的辩论发言

        申诉(24)

        如果请求没有得到"默认一致同意",那么请求人正式动议会议表决批准自己的
            请求(32, 33:11—22)

    (2) 在其他人取得发言权之后但尚未开始发言之前合规

        重议(只能先提出来,当时不能考虑,"重议"的"提出"有这样高的优先级,但它的
            "考虑"没有;37)

重议并先记录(只能先提出来,请参阅 37:46—52)

● 在其他人拥有发言权时不合规,但不要求附议

对于之前已经提出但尚未考虑的"重议"或"重议并先记录",要求考虑(37)

提名(但在主持人征求提名时可以不经主持人准许发言而直接提名,46)

提出填空建议(但在主持人征求填空建议时可以不经主持人准许而直接提出,请参阅
12:92—113)

t46　V. 动议的辩论与修改特性

● 下列动议既<u>不可以辩论</u>，也<u>不可以修改</u>

　　休会(当本动议是"优先的"；21)

　　不可辩论的动议的辅修正案(12)

　　申诉，如果它(1)关于礼节、辩论发言规则；(2)关于事务优先顺序等问题；或者(3)申诉提出时的直接待决动议或申诉所涉动议不可辩论(24)

　　允许引入超出组织宗旨范围的动议[10：26(2)]

　　对不可辩论的动议提出填空建议(12：92—113)

　　要求起立重新表决(29)

　　要求把由单个动议引入的、主题不相关的系列决议中的一个或多个决议拿出来单独表决(请参阅10：25和27：10)，或要求把主持人提请一起表决的一系列修正案中的一个或多个修正案拿出来单独表决[请参阅12：14、27：11、51：48(2)、52：13和52：23]

　　要求遵守议程(18)

　　对于之前已经提出但尚未考虑的"重议"或"重议并先记录"，要求考虑(37)

　　请成员遵守秩序(请参阅61：11)

　　暂时跳过会议纪要的宣读和批准(请参阅48：11)

　　批准在失礼纠正后继续发言(请参阅61：11)

　　暂停(17)

　　反对考虑(26)

　　咨询议事规则(请参阅33：3—5)

　　秩序问题(但是，如果主持人提请会议裁定该秩序问题是否成立，那么只要相同条件下的"申诉"可以辩论，该"秩序问题"也可以辩论；主持人如果认为有必要，可以允许动议人阐述理由或由相关人士解释背景情况；23)

　　结束辩论(16)

　　提出权益问题(19)

　　听取报告(51：28)

　　对一个不可辩论的动议的重议(37)

　　提问(请参阅33：6—10)

　　动议人请求修改动议(请参阅33：11—13和33：19)

　　请求，或建议批准请求的动议，包括：

　　　　(批准)动议人请求动议(请参阅33：11—18)；

　　　　(批准)宣读文件的请求(请参阅33：20—21)；

（批准）其他请求（请参阅 33:22）

在全体委员会中动议解散并报告（52:4 及后续）

暂缓规则（25）

恢复（34）

调整事务的顺序（立刻处理本来安排在其他时间的事务）（25；14:11 和 41:37—39）

着手处理被暂时跳过的会议纪要的宣读和批准（48:11）

● 下列动议不可以辩论，但是可以修改

不可辩论的动议的主修正案（12）

调整若干章程修正案的考虑顺序（57:6）

逐段或逐条考虑（28）

拆分议题（27）

指定后续会议的时间（当本动议是"优先的"；22）

调整辩论限制（15）

关于表决方式的动议（30）

关于提名的动议（31）

休息（当本动议是"优先的"；20）

争取满足有效人数的动议（当本动议是"优先的"；40）

● 下列动议可以辩论，但是不可以修改

可辩论的动议的辅修正案（12）

申诉，除下面三种情况以外的所有其他情况：（1）关于礼节、辩论发言规则的申诉；（2）关于事务优先顺序等问题的申诉；或者（3）申诉提出时的直接待决动议或申诉所涉动议不可辩论（24）

提出填空建议（可辩论的动议中的空格，请参阅 12:92—113）

提名（46）

搁置（11）

秩序问题（如果主持人提请会议裁定该秩序问题是否成立，那么只要针对同样问题的"申诉"可以辩论，该"秩序问题"也可以辩论）（请参阅上文，以及 23）

对一个可以辩论的动议的重议（37）

● 下列动议的辩论可以直接涉及主动议的利弊，或者这些动议所针对的对象的利弊

修改已通过的决定（35）

收回委托（36）

指定动议生效的时间（10，12，57:15—17）

搁置（11）

追认（请参阅 10:54—57）

对一个可以辩论的动议的重议（37）

取消（35）

t47

Ⅵ. 要求三分之二表决的动议

t48

● 下列动议要求"三分之二表决"(前面有"＋"号的动议还可以采用"全体有表决权成员的过半数"作为表决额度,即使没有事先告知)

在已有"会议程序"的一次会议上,通过议程或日程,且该议程或日程中包含特别议程项或与现有的"会议程序"有冲突(10, 41)

＋通过组织的"议事规则标准"(如果章程未对此做规定),要求"事先告知"(2:14—22, 10)

通过代表大会特别议事规则(10, 59:27 及后续)

＋通过特别议事规则,要求"事先告知"(2:14—22, 10)

＋修改已获通过的议程或日程(35, 41, 59:59)

＋修改或取消已获通过的但未对如何修改自身做出规定的章程,要求"事先告知"(35, 57)

＋修改或取消已获通过的非议事规则性质的"代表大会特别议事规则"条款,如果没有在至少前一天给出"事先告知"(35, 59:27 及后续)

＋修改或取消已获通过的议事规则性质的"代表大会特别议事规则"条款(35, 59:27 及后续)

＋修改或取消已获通过的特别议事规则(2:22, 35),要求"事先告知"

＋取消或修改已通过的决定(一般情况,包括一般管理规则),如果尚未给出"事先告知"(35)

＋委员会上的"取消或修改已通过的决定",如果当初在该决定通过时投赞成票的委员有缺席的,且没有获得"事先告知"要在这次会议上讨论"取消或修订该决定"(35)

允许引入超出组织宗旨范围的动议[10:26(2)]

结束提名(31)

结束投票(30)

＋收回委托(如果委员会尚未提交任何阶段报告,那么在没有"事先告知"的情况下,本动议要求"三分之二表决")(36)

开除成员(如果违纪行为发生在会议现场,那么"三分之二表决"可以开除成员;否则还必须有"事先告知",并必须进行正式的审理,才可经"三分之二表决"开除成员)(61)

延长对当前待决议题的考虑时间(18),推迟既定的休息或休会时间(20, 21)

调整辩论限制(15)

把议题作为特别议程项改期到指定时间(14, 41)

t49 反对考虑(26,三分之二反对考虑则反对成立)

＋在未给出事先告知的情况下,要求宣读下属董事会的会议纪要(49:17—19)

结束辩论(16)

委员会上的"重议"(如果当初表决时处在获胜一方的成员有缺席的,而且没有得到要在
　　这场会议上进行"重议"的"事先告知",那么"重议"要求"三分之二表决",请参阅
　　37:35)

拒绝执行议程 * (18)

＋解除官员的职务(请参阅 62:16,在不需要正式审理又没有"事先告知"的情况下,本
　　动议要求"三分之二表决")

暂缓规则(25)

调整事务的顺序(立刻着手处理本来安排在其他时间处理的事务,或者在指定时间之前
　　立刻着手处理一项议程项)(14:11, 25, 41)

---

* 　在主持人就"是否执行议程"提请会议表决后,反对方达到"三分之二"就可以拒绝执行议
　　程。——译者注

t50

Ⅶ. 动议的重议

● 下列动议总是不可以重议

　　休会(21)

　　结束提名(31)

　　立刻结束投票(30)

　　逐段或逐条考虑(28)

　　创建空格(请参阅 12：95) *

　　暂时跳过会议纪要的宣读和批准(请参阅 48：11) **

　　拆分议题(27)

　　起立重新表决或者要求对起立表决进行计数(29)

　　延长对当前待决动议的考虑时间(18)，或推迟既定的休会或休息时间(20, 21) ***

　　咨询议事规则(请参阅 33：5)

　　秩序问题(23)

　　执行议程(18) ****

　　提出权益问题(19)

　　休息(20)

　　重议(37)

　　提问(请参阅 33：6—10)

　　解散，或解散并报告(50：23、52：4 及后续)

　　暂缓规则(25)

　　恢复(34)

　　调整事务的顺序(14, 25, 41：37—39) *****

　　着手处理被暂时跳过的会议纪要的宣读和批准(48：11)

● 下列动议在被否决后不可以重议(但得到通过后可以重议)

　　搁置(11)

● 下列动议在得到通过后不可以重议(但被否决后可以重议)

接受辞职或者批准免责的请求(如果当事人在场或已经得到了通知)(32)

通过或修改议程或日程(41, 59:48 及后续) *

通过或修改章程、议事规则或任何要求事先告知方可修改的规则(2, 54, 57, 59)

取消或修改已通过的决定(35, 57)

调整若干章程修正案的考虑顺序(57:6)

允许引入超出组织宗旨范围的动议[10:26(2)]

委托(如果在"委托"通过后委员会已经开始就受委托的事务展开讨论)(13)

非正式考虑(13, 52)

宣布主持人席空缺(62:10—12)

收回委托(36)

选举(如果当选者在场并且没有拒绝,或者虽然缺席但事先同意参选,或者虽然未事
　　先同意参选但当选后已经得到通知并且没有拒绝)(46)

开除成员或解除官员职位,如果本人在场或已得到正式通知[请参阅 35:6(3)]

批准动议人收回或修改动议的请求(请参阅 33:11—19) **

暂停(17)

反对考虑(26)

在重新计票已经开始之后不可重议"重新计票"的决定(30, 45:41)

结束辩论(如果在"结束辩论"通过后相应的表决已经开始)(16)

在已经开始听取报告之后不可重议"听取报告"的决定(51:28)

继续提名(31)

立即开始继续投票(30)

取消已经通过的决定(35)

t51

---

t52 **VIII. 选举计票规则**

(请参阅 45:31—36 和 46:33—34)

选票类型	候选人 是否得票	是否计入 总票数
选票体现了一定的倾向,且投票人有投票权		
选票意图明确,且选择了有资格的候选人	是	是
选择了没有资格的候选人	否	是
选票意图不明确,但不影响选举结果	否	是
选票意图不明确,且可能影响选举结果	提交会议裁决	是
两张或更多填写的选票叠在一起	否	是,但只计做一张
一张填写的选票与若干空白选票叠在一起	是	是
空白选票,或者选票未体现任何倾向	否	否
投票人无投票权	否	否①
一张选票选举多个职位(董事会或委员会)		
填写的候选人数量等于职位数	是	是(计一票)②
填写的候选人数量小于职位数	是	是(计一票)②
填写的候选人数量大于职位数	否	是(计一票)②

---

① 如果有证据表明有不具备表决权的人参与了投票,但不能确定有多少张这样的选票,只要这样的选票有任何可能性会影响表决的结果,整个投票无效,必须重新投票。

② 在选举董事会或者委员会成员的时候,如果有多个空缺名额,而且被放在同一张选票上的同一个部分(section)投票,在计算"总票数"的时候,无论这一张选票上出现了几个被选人(至少一人),只算"一票"。

IX. 电子会议规则范例

635

概述

本书在正文中已经提到,随着电子通信技术的发展,有一些组织越来越倾向于采用"电子会议"(electronic meetings)的形式举行会议。在这样的会议上,一部分或者所有成员通过互联网或电话等电子方式参与会议沟通。关于如何恰当地允许以电子方式召开会议,以及电子会议的局限性,请参阅 9:30—36"电子会议"。那里已经指出,无论是董事会还是其他类型的协商会议,必须有章程条款的允许才可以采用电子会议,而且还必须制定补充规则来规范电子会议的运作。根据这些规则的性质和组织章程中特定条款的约束,这些补充规则可以放在章程中,也可以制定为特别议事规则或一般管理规则,还可以包含在上级组织的指示中。

对于特定的组织来说,要制定恰当的电子会议补充规则,需要综合考量诸多因素,例如组织的成员数量、会议所考虑的事务的性质和复杂程度、组织对保密性的要求以及可用于此的资金。本附录提供了四套电子会议规则范例,用以满足不同的需要,也提供了相应的章程条款范例以授权此类电子会议。当然,每个组织都要根据自己的实际情况以及对通信技术的选择来对这些规则进行必要的调整。建议通览这四套规则,可以把几套规则当中的某些条款有机地组合起来,更能形成最适合本组织的一套规则。还有一点要特别说明,以下规则范例都是以董事会为例而编写的,电子会议可以适用于其他类型的协商会议以及委员会,只需相应地调整范例当中的措辞。

636

假设这样一个组织,该组织的章程就是以本书的"章程范例"为模版(请参阅 56:58—67)。下面给出四套规则范例,在每套规则范例之中,首先展示可以如何修改组织章程的第六章以授权董事会采用某种电子会议模式,再提供一组补充规则以进一步规范此模式之下电子会议的运行。

模式 A、模式 B、模式 C 和模式 D 是四种比较典型的电子通信技术应用模式,实际的应用模式可以是它们的某种组合或拓展。每种模式下的规则范例提供了此种模式下的一种具体实现,可以使董事会分别采用相应技术开会。这四种模式是:

模式 A:"全功能网络会议"模式、可选电话接入补充,以功能全面的互联网会议应用程序或服务 * 为核心,集成了音视频对话(音频为必选,视频为可选)、文本通信、投票 **

---

* 　本附录中,"互联网"简称为"网络";"服务"(service)通常以基于互联网技术的应用程序来实现,所以简称为"应用"(App);用户端/客户端设备可以是电脑等桌面设备,也可以是手机等移动设备,或专门制造的会议终端设备。——译者注

** 　常用的会议功能可以包括:文件共享、图片共享、屏幕共享、白板协作等;更进一步的会议功能还包括:申请和准许发言权、附议、计时、系列待决动议状态提示、语音与文字相互转换、会议录制、会议纪要生成等。——译者注

等各项功能,可用电话拨入作为补充。

模式 B:"电话会议加网络辅助"模式,以电话会议为主,借助互联网应用完成书面不记名投票、文件共享等特定功能。

模式 C:"现实会场加免提电话"模式,既有现实环境的会议室,也允许不能亲身到场的成员通过电话参加。

模式 D:"单纯电话会议"模式,没有现实会议室,没有互联网支持。

在模式 A 和模式 B 中,我们还假定电子会议已是通常的开会方式,而面对面会议则需要董事会决定或所有董事会成员都要求时才可使用。在模式 C 中,我们假定每次会议都安排了一个现实的会议室,较为多数的董事会成员在会议室出席,个别董事会成员通过电话参加。在模式 D 中,我们假定面对面会议仍然为通常的开会方式,但偶尔使用电话会议方式,所有董事会成员要么都面对面出席,要么都使用电话会议参加。

模式 A:全功能网络会议

在这种模式下,董事会使用某个互联网会议应用程序作为常态开会方式,该应用集成语音与视频(语音为必选,视频为可选)、文本和投票等各种功能,而面对面会议需要董事会决定或所有董事会成员都要求才举行。

为满足"协商会议"的需要而开发的网络会议应用在功能名称、设置方式和使用方法上会有所不同,但典型的全功能网络会议应用应包括下列功能:

每位参会者使用自己的电脑等客户端设备,可以查看当前所有参会者的列表,列表上显示各参会者的状态信息,例如哪位成员正持有发言权、哪些成员正在申请发言权;参会者可以申请发言权、提交书面动议、查看待决动议文本、参与表决并查看表决结果。下面给出的本模式规则范例要求网络会议应用既能支持不记名表决(也就是说,会议的成员在登录应用并进入一场会议之后,可以直接在其中投票,且该应用不会披露哪位成员投了什么票),也可以支持记名表决。

语音通话应该直接集成在网络会议应用中,参与者通过计算机或其他客户端设备上的麦克风和扬声器(或耳机)收听和发言。作为备选,还可以另外提供电话拨入作为补充,有些参会者使用接入码打电话拨入,通过电话发言和收听,但也要链接到网络会议应用的界面,其他功能仍通过网络会议应用实现(网络会议应用仍能知道每个电话拨入者的身份)。如果参会者有摄像头可传输实时视频,那么网络会议应用可以用屏幕的一部分显示各参会者画面,或者在参会者人数较多时只显示主持人和/或(辩论或作报告的)发言人的画面。

网络会议应用还应提供控制面板给主持人、文书秘书和助理等人,使其能够在会议过程中履行各自职责,例如更新或更正待决动议的文本、分配发言权、启动和结束表决、调整视频显示界面等。

假设一个组织的章程以本书的"章程范例"为模版,该组织可以将以下条款添加到章程第六章(请参阅 56:64),以便允许董事会以上述模式召开电子会议。

模式 A 的章程条款范例

第 4 条　以电子方式召开的董事会会议:除本章程另有规定外,董事会会议应通过网络会议应用程序进行,该应用由会长指定,须支持不记名表决,支持以可视化方式显示参会者,能显示申请发言者,能显示(或允许获取)待动议的文本,能显示表决结果。董事会召开电子会议时必须遵守本组织及董事会制定的所有相关规则,这些规则可对董事会成员的参与做出合理的限制和要求。董事会制定的此类规则优先于本组织的议事规则标准,但不得违反或改变本组织的任何其他规则和决定。通过指定的网络会议应用进行的不记名表决应被视为有效的"书面不记名表决",且满足本组织的章程和其他规则对"书面不记名表决"的要求。

第 5 条　面对面召开的董事会会议:在需要时,董事会会议也可以现场召开面对面会议,但需要以下面两种方式之一做出这样的决定:(1)会长或第一副会长分别获得每位董事会成员的书面同意;或(2)董事会以"事先告知加三分之二表决"做出这样的决定。①

董事会可以制定一套与下列规则类似的电子会议规则。

模式 A 的电子会议规则范例

第 1 条　登录方式:联络秘书 * 应至少在每次会议前＿＿＿(时间)通过电子邮件 ** 向董事会的每位成员发送会议时间、链接、接入码 *** 等访问网络会议所必需的信息,以及作为备选语音接入方式的电话会议拨入号码和访问代码 **** 。联络秘书还应附上本规则的文本或链接。

第 2 条　登录时间:文书秘书在预约网络会议时,应保证网络会议在每次会议开始前至少 15 分钟即为可用。

第 3 条　登录和退出登录:成员需要完成身份验证以登录网络会议,并应在整个会议期间保持网络连接和语音接入以表明出席在场。如果在休会前离开会议则要明确退出登录。

第 4 条　验证有效人数:有效人数应在会议开始时以口头点名方式验证。此后,应通

---

① 对比模式 D 的章程条款范例:在模式 D 中,面对面会议是常态,只在董事会决定或大多数董事会成员分别书面同意的授权下才允许召开电子会议(或者如果要召开的是"临时会议",则由召集会议的成员决定)。

* 对于只设有"秘书"一职的组织,规则范例中的"联络秘书"和"文书秘书"都可以替换为"秘书"。下同。——译者注

** 会议通知的发送方式,在满足发送方、接收方、发送时间和发送内容都可验证的条件下,可以在章程中授权采用指定的短信息或即时通信应用程序,作为电子邮件的补充或替代。下同。——译者注

*** 这里的链接和接入码有多种可能的组合,但可以归结为"应用、会议和密码"三个元素。例如,应用程序可以是网址或应用程序名称,会议可以是会议链接或会议号,密码可能有也可能没有。下同。——译者注

**** 可以选择为每位成员和受邀参会者分配不同且唯一的访问代码,以此提供身份验证和提高的安全性。请参阅"模式 B 的电子会议规则范例"第 1 条和第 2 条。——译者注

640 过参会成员在线列表确定始终保持有效人数,除非有成员要求通过口头点名方式再次验证有效人数。在任何一次宣布表决结果时,若总票数低于有效人数,则可提此要求。

第5条 技术要求和故障:每位成员负责保证自己的网络连接和语音接入。如果发生个别成员因网络连接丢失或质量差而妨碍参会的情况,任何成员亦不得以此为由质疑会议决定的效力。

第6条 强制退出:如果有成员对会议造成不当干扰,主持人可决定并实施对该成员静音甚至强制断开连接。该决定应在会上宣布并记录在会议纪要中。任何成员可对该决定提出不可辩论的"申诉"。

第7条 分配发言权:为申请发言权,成员应_____(根据所用网络会议应用的实际说明申请发言权的具体方式)。主持人在每次分配发言权后,应清除申请发言的成员在线队列。如果另一位成员希望申请优先发言,可在此时马上再次申请发言权,主持人应请后面这位成员暂时获得发言权,但仅用以确认其是否拥有优先发言权。

第8条 打断成员:成员若希望提出议事规则所允许的、可以打断发言人的动议或请求,那么应首先使用_____(网络会议应用的特定功能)向主持人表示此意愿,再适当等待主持人的指示,最后尝试通过语音直接打断发言人。

641 **第9条 提交书面动议:**成员若希望提出主动议、修正案或对委员会的指示,应在取得发言权之前或之后,将书面动议发布到文书秘书为此目的指定的线上位置 *,且在开头标注该成员的姓名以及在本次会议上该成员提交的动议顺序编号(例如"SMITH 3:""FRANCES JONES 2:")。文书秘书指定的这一线上位置应专用于此目的。

第10条 显示动议:文书秘书应指定一个线上位置,专门用于显示当前直接待决动议和其他相关待决动议(例如显示主动议,或者当主动议的修正案直接待决时显示主动议要被修改的部分);并且文书秘书或其指派的助理应尽可能把会议正在考虑的动议和相关参考文件显示在这里,直到这些动议得到解决。

第11条 表决:表决应通过网络会议的不记名表决功能进行,除非董事会决定或有规则要求采用其他的表决方式,则可被允许的其他表决方式为电子点名表决和口头点名表决。主持人宣布表决结果时,要宣布赞成和反对双方的人数,也要宣布表示"在场但不表决"的人数。应允许使用"默认一致同意"。

第12条 视频显示:[在使用视频且因参会人数过多而无法同时显示所有人时]主持人、文书秘书或其助理应让主持人的画面贯穿整个会议,同时显示正持有发言权发言或作报告的成员。

642 ## 模式 B:电话会议加网络辅助表决与文件共享

假设一个组织的章程以本书的"章程范例"为模版,该组织可以将以下条款添加到章

---

* "线上位置"(an online area)在这里应该指的是应用程序用户界面的某个位置,或者在用户点击特定的一系列按钮之后出现的某个用户界面位置。下同。——译者注

程第六章(请参阅 56:64),以便允许董事会采用"电话会议加网络辅助表决与文件共享"的模式召开电子会议。

模式 B 的章程条款范例

第 4 条 **以电子方式召开的董事会会议**:董事会会议应采用电话会议的形式,除非在必要时通过以下方式决定采用面对面形式:(1)会长或第一副会长分别获得每位董事会成员的书面同意;或(2)董事会以"事先告知加三分之二表决"决定。②董事会召开电子会议时必须遵守本组织及董事会制定的所有相关规则,这些规则可对董事会成员的参与做出合理的限制和要求,并明确规定通过网络提交书面动议的方式。董事会制定的此类规则优先于本组织的议事规则标准,但不得违反或改变本组织的任何其他规则和决定。在召开电话会议时,凡依规或依董事会决定需要采取书面不记名表决的,应使用支持此功能的网络应用或服务来完成。

董事会可以制定一套与下列规则类似的电子会议规则。注意,第 1 条和第 2 条中要求对每位成员提供不同且唯一的访问代码。这一要求提供了更大的安全保证,使得只有成员和其他受邀者才能参会;这与模式 C 和模式 D 提供的规则范例是不同的。(请对比 9:36。) *643*

模式 B 的电子会议规则范例

第 1 条 **登录方式**:联络秘书应至少在每次会议前____(时间)通过电子邮件向董事会的每位成员发送会议时间、电话会议的电话号码、每位成员不同且唯一的访问代码,以及用于实现表决和文件共享的网络服务的链接和登录信息。联络秘书还应附上本规则的文本或链接。

第 2 条 **拨入时间**:文书秘书预约电话会议时,应选择免费服务,且该服务须能为每位用户提供不同且唯一的访问代码,预约的服务时间应比每次会议的开始时间提前 15 分钟。文书秘书还应选择免费的可实现不记名表决和文件共享功能的网络应用或服务,并建立账户。

第 3 条 **技术要求**:为参与电子不记名表决以及访问共享文件,每位成员都应该在会议期间保持网络连接。

第 4 条 **加入声明**:成员应在加入电话会议后尽快寻找机会声明自己的加入,但应尽量不打断正在发言的人。

第 5 条 **退出声明**:需要在休会前退出电话会议的成员,应在退出前声明自己即将退出,但应尽量不打断正在发言的人。

第 6 条 **验证有效人数**:有效人数应在会议开始时以口头点名方式验证,此后应任何成员的要求也可通过口头点名方式再次验证。在有成员退出会议之后,或者在任何一次

---

② 对比模式 D 的章程条款范例:在模式 D 中,面对面会议是常态,只在董事会决定或大多数董事会成员分别书面同意的授权下才允许召开电子会议(或者如果要召开的是"临时会议",则由召集会议的成员决定)。

宣布表决结果时若各票数之和低于有效人数,则可提此要求。

644

第7条　取得发言权: 为申请发言权,成员应称呼主持人,并说出自己的姓名。

第8条　提交书面动议: 成员提交书面形式的动议时,将文件上传到会议指定的共享文件夹,并把访问或下载链接发送给主持人。

第9条　表决: 除非规则要求或董事会决定要以"书面不记名"方式表决,否则所有表决均应以"点名表决"方式进行。进行"点名表决",除非董事会要求完整记录每位成员的投票,否则只应将赞成和反对双方的票数和"在场但不表决"的成员人数记录在会议纪要中。"书面不记名表决"应以如下电子方式进行:文书秘书应使用网络服务或应用发布待决议题,然后主持人告知成员表决已开始,并提供必要的表决说明。表决时间至少两分钟,从主持人宣布表决开始后开始计时。应允许使用"默认一致同意"。

第10条　技术故障: 每位成员负责保证自己的电话和网络连接。如果发生个别成员因连接丢失或质量差而妨碍参会的情况,任何成员亦不得以此为由质疑会议决定的效力。

第11条　强制退出: 如果有成员对会议造成不当干扰,则主持人可决定并通过文书秘书对该成员实施静音甚至强制断开连接。该决定应在会上宣布并记录在会议纪要中。任何成员可对该决定提出不可辩论的"申诉"。

645

模式C:现实会场会议加部分成员免提电话

　　有些组织希望采用面对面会议与电话会议结合的模式召开董事会,即一部分董事会成员到现实会议室面对面出席,另一部分董事会成员通过电话参加。

　　假设一个组织的章程以本书的"章程范例"为模板,并假设该组织没有规则要求董事会所有表决必须采用书面不记名方式,该组织可以将以下条款添加到章程第六章第3条的后面(请参阅56:64),以便允许部分董事会成员通过电话参加会议,但还须遵守董事会制定的相关规则。

模式C的章程条款范例

第3条　董事会会议:……(请参阅56:64本条原来条款)董事会会议应在集中的实际会场举行,未到会场出席的董事会成员有权通过电话参加会议,但须遵守董事会制定的电话参会规则。

　　董事会可以制定一套与下列规则类似的电子会议规则。

模式C的电子会议规则范例

第1条　登录方式: 联络秘书应至少在每次会议前____(时间)通过电子邮件向董事会的每位成员发送会议时间、地点、电话会议的电话号码以及访问代码。联络秘书还应附上本规则的文本或链接。

第2条　拨入时间: 文书秘书预约电话会议时,应使用协会自己的设备或选择免费服务,预约的服务时间应比每次会议的开始时间提前15分钟。

第3条　会议室设备：协会应在每次会议上提供电话会议终端设备，包括有效的扬声器和免提拾音器，文书秘书应在会议开始前至少5分钟接通电话会议。

646

第4条　主持人位置：会议主持人必须到会议室现场实际出席。

第5条　加入声明：通过电话参加会议的成员应在加入电话会议后尽快寻找机会声明自己的加入，但应尽量不打断正在发言的人。

第6条　退出声明：需要在休会前退出电话会议或离开会议室的成员，应提前声明自己即将退出或离开，但应尽量不打断正在发言的人。

第7条　验证有效人数：有效人数应在会议开始时以口头点名方式验证，此后应任何成员的要求也可通过口头点名方式再次验证。在有成员退出会议之后，或者在任何一次宣布表决结果时若各票数之和低于有效人数，则可提此要求。

第8条　取得发言权：为申请发言权，成员应称呼主持人，并说出自己的姓名。

第9条　提交书面动议：以电话方式参加会议的董事会成员在会议期间可能无法以书面形式提出动议，但有权提出口头动议。但是董事会成员可以至少在会议前＿＿＿＿＿（提前的时间）将书面动议发送给联络秘书，联络秘书应在会议之前通过电子邮件将预先提交的动议发送给所有董事会成员，并向现场出席的董事会成员提供打印的版本。

第10条　表决：所有表决均应以"点名表决"的方式进行。除非董事会要求完整记录每位成员的投票，否则只应将赞成和反对双方的票数和"在场但不表决"的成员（包括电话参加的成员）人数记录在会议纪要中。应允许使用"默认一致同意"。

647

第11条　会议室掉线：如果会议室的电话会议终端与电话会议系统的连接中断，则在中断期间，在会议室的成员只可以采取那些在有效人数不满足的情况下仍可合规采取的行动，所有其他决定都没有效力。

第12条　其他技术故障和要求：每位成员负责保证自己的电话会议呼叫连接。如果发生个别成员因连接丢失或连接质量差而妨碍参会的情况，任何成员亦不得以此为由质疑会议决定的效力。

第13条　强制退出：有电话参会的成员对电话会议造成不当干扰，则主持人可决定并通过文书秘书对该成员实施静音甚至强制断开连接。该决定应在会上宣布并记录在会议纪要中。任何成员可对该决定提出不可辩论的"申诉"。

模式D：无互联网支持的单纯电话会议

假设一个组织的章程以本书的"章程范例"为模版，并假设该组织没有规则要求董事会所有表决必须采用书面不记名方式，该组织可以将以下条款添加到章程第六章（请参阅56:64），以便允许董事会在需要时通过电话会议召开会议，且无须使用互联网服务。

模式D的章程条款范例

第4条　以电子方式召开的董事会会议：董事会会议应采用面对面现场会议的形式

648 召开,除非通过以下方式决定采用电话会议的形式:(1)会长或第一副会长分别获得董事会过半数成员的书面同意;(2)董事会做出该决定;或(3)如果要召开的是"临时会议",则由召集会议的成员决定。③董事会召开电话会议时必须遵守本组织及董事会制定的所有相关规则,这些规则可对董事会成员的参与做出合理的限制和要求。董事会制定的此类规则优先于本组织的议事规则标准,但不得违反或改变本组织的任何其他规则和决定。

董事会可以制定一套与下列规则类似的电话会议规则。

模式 D 的电子会议规则范例

第 1 条　拨入方式:联络秘书应至少在每次会议前＿＿＿(时间)通过电子邮件向董事会的每位成员发送会议时间、电话会议的电话号码以及加入电话会议所需的访问代码。

第 2 条　拨入时间:文书秘书预约电话会议时,应使用免费服务,预约的服务时间应比每次会议的开始时间提前 15 分钟。

第 3 条　加入声明:成员应在加入电话会议后尽快寻找机会声明自己的加入,但应尽量不打断正在发言的人。

第 4 条　退出声明:需要在休会前退出电话会议的成员,应在退出前声明自己即将退出,但应尽量不打断正在发言的人。

649 **第 5 条　验证有效人数:**有效人数应在会议开始时以口头点名方式验证,此后应任何成员的要求也可通过口头点名再次验证。在有成员退出会议之后,或者在任何一次宣布表决结果时若各票数之和低于有效人数,则可提此要求。

第 6 条　取得发言权:为申请发言权,成员应称呼主持人,并说出自己的姓名。

第 7 条　提交书面动议:董事会成员在会议期间无法以书面形式提出动议,但有权提出口头动议。但是董事会成员可以至少在会议前＿＿＿＿(提前的时间)将书面动议发送给联络秘书,联络秘书应在会议之前通过电子邮件将预先提交的动议发送给所有董事会成员。

第 8 条　表决:所有表决均应以"点名表决"方式进行。除非董事会要求完整记录每位成员的投票,否则只应将赞成和反对双方的票数和"在场但不表决"的成员(包括电话参加的成员)人数记录在会议纪要中。应允许使用"默认一致同意"。

第 9 条　技术故障和要求:每位成员负责保证自己的电话会议呼叫连接。如果发生个别成员因连接丢失或连接质量差而妨碍参会的情况,任何成员亦不得以此为由质疑会议决定的效力。

第 10 条　强制退出:如果有成员对电话会议造成不当干扰,则主持人可决定并通过文书秘书对该成员实施静音甚至强制断开连接。该决定应在会上宣布并记录在会议纪要中。任何成员可对该决定提出不可辩论的"申诉"。

---

③　对比模式 A 和模式 B 的章程条款范例:在模式 A 和模式 B 中,电子会议是常态,要召开面对面会议需要董事会决定(比过半数更高的表决额度)或所有董事会成员分别书面同意的授权。

索　引

索引说明 *
1：3	**粗体数字**＝该词条的定义所在的段落编号
10：8, 37：9	*斜体数字*＝该动议的标准描述特征(请参阅第 7 节)所在的段落编号
§1、§63	节号＝整节内容
17：13n16	n＝脚注(n 前面是脚注所在的节和段落,n 后面是脚注的编号)
xxiii、xlix—l	罗马数字＝正文之前的"原著第 12 版前言""原著导言""通用议事规则的根本原则"等部分的页码
t1—t52	t＝附录页码(英文版附录部分的页码是跟正文分开重新编号的,且前面加上字母"t",页边染成灰色以示区别)
"动议名称"	英文斜体的词条为动议名称,中文用引号标注;英文斜体也可能是出版物的名称

在本索引中,每种动议的"标注描述特征"在以该动议的名称为关键字的词条中用斜体字的段落编号标注其位置,但是"标注描述特征"中的具体内容一般不被索引。"标准描述特征"的要点总结在附录 I (t3—t5)和附录 II (t6—t33)中。

附录 II—VII (t6—t51)中动议按照类别和字母顺序排列,其中内容未被索引。

---

*　本索引的词条后面的"数字：数字"为第 12 版的节和段落编号,也即每个段落开头的编号。一级词条用粗体醒目显示。以"t"开头的页码,即使不是斜体,也指英文原著页码。——译者注

译 后 记

虽然《罗伯特议事规则》第 12 版与第 11 版一样不是重大改版,但我们仍然利用这一次机会,几乎逐段逐句地重新检视了之前的译文,在更新变化、查漏补缺的基础上,进一步理顺了一些概念和逻辑,特别是进一步对照了原典与简明版,往复更正,使两本译著更为协调一致。《罗伯特议事规则简明版(第三版)》和原典第 12 版加在一起用去了一年多的时间,希望这样的工作能为读者带来更多的益处。即便如此,疏漏和偏误仍在所难免,期盼读者指正。

第 11 版出版以来的这几年中,罗伯特议事规则在各个领域的持续传播生机勃勃,既有我们的执着努力,更有广大读者的积极参与。我们在广泛推动的基础上把侧重点放在基层社区的治理工作上,在北京、深圳、南京等地的实践后,珠海和南宁等地的应用更为深入。珠海的社区协商广泛开展议事会议,规则的运用带来人的改变,无论社区还是小区,众多个体主动承担,有序地解决身边的切实问题,成效令人欣喜;南宁的老友议事会在老旧小区改造中将居民的参与置于施工之前,居民参与改造方案、监督施工过程、关注后续管理,开辟了不同的局面,展现了议事规则的价值。在这些实践的过程中,诸多良师益友和合作伙伴给予我们大量真挚而宝贵的鼓励、支持与指导,恕难逐一鸣谢,但都已深深铭记在我们的心里。

第 12 版在第 11 版的基础上进一步强调了对电子会议,特别是网络会议的支持,增加了一章附录专门提供相关规则的范例,允许在电脑、手机或平板等终端设备上,随时随地通过互联网接入会议应用,并且能够在不同程度上遵照议事规则来运行会议。例如,参会者可以申请发言权、提交书面动议、提出各种程序动议、有序辩论并参与表决,等等;主持人能够分配发言权、按照"动议六部曲"推进动议的引入和考虑、更新待决动议的文本、提请和结束表决,等等。今天虽已有很多成熟的网络会议应用,但尚未有效融合议事规则。基于这一思路,我们着手开发以罗伯特议事规则为核心的网络会议应用,在第 12 版中文版与读者见面的同时,这款原型产品也可供读者体验,欢迎到 imeeting.co 上了解这个初步搭建的平台,浅尝议事规则的奥妙。

在过去的几年当中,世界也出现了许多令人始料未及的变化和逆转。全球的追求从"天下大同"的理想,变为各种不同身份标签的群体之间的争斗,而各种自媒体又成为推波助澜的加速器。然而我们认为,越是如此,越能凸显议事规则的价值,越让我们相信议事规则应该得到大力倡导与推广,议事规则所致力践行的那些最根本的价值——客观、真实、逻辑、理性、科学、规则、法治、权利……,更应该被不遗余力地保护与重申。我们将继续倡导彼此聆听、折中妥协,避免极端分化;继续强调多元交流、兼听则明,不应动辄抵制消声;继续坚持对事不对人,不质疑动机,不扣帽子不贴标签;继续主张以事实和逻辑辩论议题,真诚说服,独立思考;继续相信以程序正义为核心的规则,权责对等,平和议事。

让我们满怀信心展望未来。

袁天鹏

2022 年 3 月 11 日

图书在版编目(CIP)数据

罗伯特议事规则 ：第 12 版 ／（美）亨利·罗伯特著 ；
袁天鹏，孙涤译. — 上海 ：格致出版社，2024.6
ISBN 978 - 7 - 5432 - 3353 - 9

Ⅰ. ①罗… Ⅱ. ①亨… ②袁… ③孙… Ⅲ. ①会议-
规则 Ⅳ. ①C931.47

中国国家版本馆 CIP 数据核字(2023)第 232309 号

| 责任编辑 | 顾　悦　刘　茹 |
| 装帧设计 | 陈　楠 |

罗伯特议事规则(第 12 版)

[美]亨利·罗伯特　著

袁天鹏　孙涤　译

出　　版	格致出版社
	（201101　上海市闵行区号景路 159 弄 C 座）
发　　行	上海人民出版社发行中心
印　　刷	上海盛通时代印刷有限公司
开　　本	890×1240　1/32
印　　张	22.5
插　　页	8
字　　数	713,000
版　　次	2024 年 6 月第 1 版
印　　次	2024 年 6 月第 1 次印刷
ISBN 978 - 7 - 5432 - 3353 - 9/C · 270	
定　　价	138.00 元

上海市版权局著作权合同登记号:图字 09-2022-0253